U0330082

聆听思想

全国研究生暑期学校（教育学）
经典演讲 〔第3辑〕

主编◎丁钢

华东师范大学出版社

主编助理

庄　瑜

录音整理

陈　蓉　付　扬

陆云鹏　王　蕊

乔卫丽　吕传振

张松铃　陆　艳

张　婷　胡乐野

陶　洁　雷丽丽

葛　丽　何珊云

黄　庶　纪雪颖

黄　睿　朱　莺

孙　梦

目　录

等教育、中国高等教育史以及高等教育理论。

7月18日 8:30—11:30;13:30—16:30

丁钢 国务院学位委员会学科评议组(教育学)成员、华东师范大学教育科学学院院长、博士生导师、"紫江学者计划"特聘教授、华东师范大学终身教授;主要研究领域为中国教育、中国文化教育、教育文化与哲学、中外教育关系研究、教育叙事研究。

序　言

继 2005 年和 2008 年我们承办了两次全国教育学研究生暑期学校后，2009 年同样在国务院学位办和教育部学位管理与研究生教育司的关怀下，华东师范大学教育科学学院举办了本次全国教育学研究生暑期学校。继上两届教育学暑期学校取得成功，本届暑期学校同样受到了全国各地研究生的热烈欢迎。

本届教育学全国研究生暑期学校共邀请了 14 位国内外知名专家作为授课教师，实际开设学术报告 20 场，安排小组专题讨论活动两次。专家们的精彩报告大都在强调基础性内容的同时，又涉及教育学科的国际前沿问题，充分体现了接轨学术前沿的目标。两次小组研讨也充分展现了研究生的学术思考和勇于探索的精神，激发了思想的碰撞和观点的交流。通过教学、研讨和交流，学员们拓宽了眼界，获得了启发，促进了合作，建立了友谊。

此外，暑期学校还组织了高校研究生会工作交流沙龙、参观王元化中心、举办乒乓球和羽毛球等丰富多彩的课余比赛，并举行了精彩的联欢晚会，极大地丰富了学员们的课余生活。通过学习，有近 90 名学生获得教育部暑期学校结业证书，近百名学生获华东师范大学暑期学校学习证明。

暑期学校的成功举办充分显示了我校在研究生培养上的雄厚实力与创新能力以及优良的校风和学风，在实践研究生教育创新计划上积累了丰富经验。而作为具体负责本次暑期学校组织工作的华东师范大学教育科学学院，也充分显示了其教育学科的综合优势与丰富的教育资源。

本届暑期学校充分满足了学员们聆听前沿、加强交流和开拓学术视野的需求，为夯实专业基础、拓展素质提供了一个良好的学术交流平台。

研究生暑期学校不仅仅是一种思想的聚会，也是一个教学相长的过程。在聆听前沿和聆听新知的过程中，我们更在聆听彼此的思想。当学者们在传播他们的思想之时，学员们也在用自己的思考回应和推进着思想的前行。这种相互呼应的思想交流，形成了教育思想的活力本源，并使其永不枯竭。

我们诚愿这种生生不息的思想源泉能够为中国教育开创美好的未来！

丁钢

2011 年 7 月

有关高等教育的一系列问题

讲演者：吴家玮

时间：7 月 6 日 8：30—12：00
地点：大学生活动中心报告厅

讲演者简介

　　吴家玮　物理学博士，香港科技大学创校校长。曾任旧金山州立大学校长，成为美国有史以来第一位华人校长。现任联想和上海实业等公司的非执行董事。曾荣获多种荣誉，咨询任务包括全国政协委员，香港特区的策略发展委员会及创新科技委员会委员，深圳市政府高级顾问、市决策咨询委员会委员及高等教育跨越式发展总顾问等。

　　希望我们今天能谈得比较轻松。

　　我有两个许多人都知道的习惯，第一是，讲话特别轻松，人老心不老。那是因为一辈子都在学校里，跟年轻人在一起，总是嘻嘻哈哈，喜欢说笑。另外一个习惯就是，有话就说，到处得罪人。

　　今天谈有关高等教育的一系列问题，就到处挖毛病。好像在学生前面不应该讲这些教育上的毛病，但你们是内行，是教育学的专家——现在不是将来也是。这些教育学上的问题，我们局外人不跟你们说跟谁说？说了以后，你们将来会去解决，对吧？希望如此。我们这些外行、旁观者，不能够解决问题，但能够找毛病；若说歪了，你们不理就行。

　　我想说的，是这些年来以来所观察到的——尤其是二十年前回到香港以后。打从七十年代起——你们都没出生的时候，我们有一群在美国教书的人就经常回来。几十年来看到了可喜的变化,也看到了高等教育的一系列问题。我刚才不是说经常得罪人吗? 当了十年全国政协委员,说过不少得罪人的话,最后两年里面特别注意到高等教育的新变化,以及网上经常看到的各种批评。我在政协写的一个文件,题目就是我们国家高等教育的歪风和误区。你想这篇东西得罪了多少人?

今天我想跟各位谈几方面,一个主题是高等院校在定位上出现的一些问题;一个主题是大学在使命和成就上出现的一些问题;一个主题是资源运用上出现的一些问题,等等。每一个主题上,我会抓一组问题来讲,或许每讲完一组就停下来,让你问一两个问题。你不赞成我所说,就请骂几句,与我争论一下或者讨论一下。不过请注意时间啊,两个半小时不长,讨论一下之后就得讲下一组。最后假如还有多余时间,可以回过头去再谈。(一般不会有多余时间。比如说,昨天我在浦东干部学院,应该讲三个小时,结果一口气讲了三个半小时,让听众吃饭也晚了。)中间一定得停下来讨论,否则两个半小时以后我才讲完,你们没得讲,缺乏互动。

一、高等教育的定位上出了问题

单是有关定位,就有一大堆问题。我只能挑几个来谈。昨天晚上在想,怎么挑几个最重要的? 可是已经来不及了,PowerPoint 都已经预先做好了。PowerPoint 的中文译名是什么?(学生:幻灯片)不,幻灯片是 slides。我们不要在这字眼上面就讨论一个小时。(笑声)

高等教育是否一定要多元化? 高等院校大概有哪些类型? 大学生的自我定位是什么? 我就选这三个问题分别说一下。

高等教育一定要多元化。不同地方、不同时期、不同情况,社会对人才资源有不同的需要,这个是很明显的。不能所有大学都是一个样子,不同时间都是一个样子。同意这句话的人我想很多,但是我跟着还得讲下一句,否则就没照顾到学生的情况。学生性格不一样、兴趣不一样、天赋不一样、志向不一样、处境不一样,生活上的需求也不一样。每个学生有不同情况,可能适合某些学校,不适合另一些学校。

现在很多家长都希望孩子念科技,更希望他们念工商管理,为了毕业后工作好找。这样的父母将来可能会后悔,因为假如孩子的性格、兴趣、天赋、志向不在这方面,读完后,一则未必读的好,二则目前工商管理非常热门,可是孩子真去找工作时会是多年以后,可能那个时候全国到处充满念工商管理的学生,工作就更不好找了。美国有过一则先例,有段时期法律非常热门,因为律师好赚钱;后来律师多如牛毛,很多念法律的都失业了。

各种类型的学校都有它独特的功能,为社会做出独特的贡献,所以都需建立。每所学校要帮自己定位,定了位,有所为有所不为。

第二,不要盲目去追求大而全。每种类型都要在自己定位的角色中追求一流,行行出状元。比如说,假如你不是研究型大学而坚持要成为研究型大学,混淆自己的定位,失掉方向,你这大学就办不好了。任何一个先进的国家、城市里面,各种大专院校都需要;高等教育应该组成一个连续谱,包括各种类型,缺一不可。我谈教育理论虽是外行,上面这些话大概没说错。至少世界公认:高等教育一定要多元化。

可是尤其在我们这样一个有封建残余思想的国家里,样样东西都一窝蜂,往往大家都走上同一个方向。说大学要合并,就都要合并。说要扩招,就都扩招,一窝蜂。香港也是这样,本来蛮好的:八所大专院校,有五种类型(待会我会说哪几种);除了叫做"巨无霸"的那种,别的都有。结果却被教育政策打乱了仗,本来每一种类型里都有学校可以做到一流,现在选错类型的变成二流,甚至可以变成三流,无缘无故被搞乱了。

大专院校有些什么类型? 我想不同人把它们分类的话,可能分出来都不一样。我自己比较习惯分为六个类型。

第一个类型,我把它叫做"巨无霸":学科齐全,学生人数庞大,教学、研究、服务无一不干。前一阵子国内不是大搞合并嘛,人人硬要"学科齐全"。请问:干嘛一定要学科齐全? 最大的学校一定好吗? 浙江大学合并的时候,将医学院和农学院放回到浙江大学去是合理的,但是把杭州大学也合并进去就不见得合理了。蛮好一所杭州大学放在眼前,假如你想它搞多一点学科,为什么不替它增加一点,而要让它被吞并? 结果弄得几乎五千万人口的浙江省只让浙江大学有足够资源保持一流。再说,说是合并了,其实几个校区之间的关系并不一定那么好。

你说大就好? 墨西哥国立大学有 30 多万学生,多少人熟悉墨西哥国立大学的成就? 在资源有限的情况下样样都开办,样样都可能变成二流。

第二个类型,是复合型的研究型大学。研究型大学不光教书,要把学术研究看得很重。它们学科相当多、教研并重,但是只有部分学科表现特别出色。我为什么要说"部分"? 就举个例来看吧。

现在不少学生要去外国留学,看了几本有关的书,就希望去哈佛。哈佛有不少很不错的专业课程,可是并不样样全强——你若想念工程,尤其是传统性的工程,例如机械工程,会发现它根本就没有。美国有三千多所高等院校,好学校太多了;有些学校这样好,有些学校那样好,看你想念什么。但是,很多想留美的青年,一窝蜂就是想去哈佛大学。后来又多了个耶鲁,大概因为我们的国家领导到过耶鲁了。其实耶鲁大学正如别的著名大学,有些学科根本不那么强。一次,遇见一位很棒的高中生,说要到美国去就必须去哈佛,别的学校都不去;甚至假如哈佛进不去,他在国内也不预备念大学了。当时我们有三个人在场(一位是老美、老朋友,普通话讲得比我好——加州大学总校在中国的代表),都听得莫名其妙。后来我们三个里两个说:"对不起,我们都被哈佛请过去任教,可是都拒绝了,没去。哈佛又怎么了?"

任何大学都不能把资源分得太散,只能做到部分学科表现特别出色。

第三个类型,是教学型大学或学院。

先来谈谈什么叫大学、什么叫学院? 我们把名称看得非常之重,国外并不如此。比如说,常春藤大学群里面的 Dartmouth,到现在还叫学院,就不肯改,校友们不允许它改。再说,加州理工学院、麻省理工学院,英文名字里也没用上 university 这个字眼,也不叫 college,而是 institute。我们翻译成理工学院，他们很愿意。我们传统上太注重称号（状元、榜眼、探花……），为了所谓"正名"，反而把会名字搞歪，明明是个好学院，硬要改名为大学。干嘛？

"教学型大学"不是不做研究。它一般以提供优质的教学为主，研究为辅。规模可大可小——小的就是这种所谓 Liberal Arts Colleges（博雅学院），一般不收研究生。我原来一辈子都在研究型大学里面，结果去当了旧金山州立大学的校长。它是一所教学型大学，不过教授们也做研究，在教育学方面也颁授博士学位，但是重点是本科和硕士教育。

第四个类型我把它叫成研究型学院。什么叫做"研究型学院"？不很好定义：规模比较小；经过精选，在某些学科上集中力量，培养专才。加州理工学院大概可以算这一类型，它只有两千学生——九百个本科生，一千一百个研究生。很多学科它不干。人文学科有一点，社会科学也有一点，不大量录取这方面的学生，可是很强、很精。

暂且打个岔。我们香港科技大学的规模较大，属研究型大学，不过这方面也与加州理工学院一样：人文跟社会科学小而精。一开头我是想办人文社科学院的，可是当时政府的教育管理部门不允许，只给我一个"通识教育中心"，让理学院、工学院、商学院的学生上一点通识教育的课。我说，不能把这单位叫成"教育中心"；你把人文和社会科学看低一等的话，请不到好的老师。要请好的老师，必须尊重人文和社会科学。结果政府同意了建立人文与社会科学学院，让它录取硕士生跟博士生，但还是不允许这些学科收本科生。于是，科大开学时十九个系都颁发硕士和博士学位，可是其中只有十七个系收本科生。我们的人文社科范围很小，但确实很强。求精不求量。

研究型学院办得最成功的大概是法国——两百多所 Grandes Ecoles。它们一般都很小，但是很强。法国的制度是这样的：本来巴黎有所历史悠久的索邦大学。1968 年时学生造反，闹得还非常厉害。于是 1971 年开始，政府把它拆散成十三所独立的巴黎大学。只要高中毕业的学生，通过像我们高中会考这样的一种考试，都有权进巴黎大学。Grandes Ecoles 不属巴黎大学，可以自己挑选学生，做专业性很强的研究。（举个例：一所叫做 Ecole Polytechnique，属于国防部，十多年前还只有四百多个学生，但校园大到自己拥有高尔夫球场。这所学校是拿破仑时代建立的，可能是欧洲最强的科技大学之一。学生的正式制服是那个时代的军服，带顶船型军帽，还戴上佩剑。每年七月十四号法国国庆，对着凯旋门举行盛大游行，第一个队伍就是这学校的学生。）Grandes Ecoles 太小太专，于是十所位于巴黎的学校组合成"巴黎科技大学联盟"。这个联盟跟同济大学关系很好，跟我们香港科技大学有很好的合作。可惜我退休后，接班人没有注意，把关系断了。希望新校长下个月上任后重新恢复。

第五个类型是高等专职学院。它们针对社会的需要，培养专职职业人才。这一类型的学校很多，比如护士学校、旅游学校等。（有的是培养教师的，可是跟师范大学又不一样。）职业培训对社会来说十分重要，学生一毕业出来就可投入到社会所需的各行各业。

第六个类型是普及教育机构。譬如我国的电视大学、老年大学，英国的公开大学，美国的社区学院等。它们从事大规模的全民教育和终身教育，为社会各阶层、各年龄、各行业……提高知识水平，作出贡献。

不管怎样区分类型,我想着重指出的是:学校必须明晰自己的定位。定位定不好的话,会变得不伦不类,沦入二流三流,甚至于入不了流。这样做法既对不起社会,又对不起学生。反过来说,任何一种类型,社会都需要,只要干得好,都可成为一流。

第三,学生的自我定位问题。高等教育在社会改革和发展之际,难免要付出很多代价。譬如说,市场经济的代价:学科专业的选择常常跟学生的能力错位,造成人才资源的误用。比如说,明明应该念文科的学生,去念了商科;应该念理科的,去搞工程。这一点,我要跟高中提个建议:我们高中有辅导员,但是主要的辅导在思想和行为方面,缺乏升学辅导。怎么升学,怎么选专业?美国学校里把这问题看得很重。其实我们社会上也有干这种辅导工作的机构,不过它们把任务搞错了:替学生申请留学、教学生怎么申请大学、怎么准备考试……重点不应在此。现在甚至连替学生造假、专搞盈利的机构也很多。我有项建议,就是每所学校都办一些帮助学生和家长理解专业、考虑升学选择的中心。

我甚至替一些地方政府出过一个主意:在城市里搞一个博览馆或主题公园,让家长及老师带着孩子去参观。博览馆里,请不同专业的学会办经常性的展览,有专人介绍那个专业具体是什么。比如说,现在很多物品都自称用的是纳米材料,可是纳米材料究竟是什么东西?有时候连我这个学物理的人都听不懂。工商管理又是怎么回事啊?当今哪一所大学,不管有没有能力,都要搞工商管理。家长经常鼓励孩子选择考这一门。例子太多了,在市场经济的驱使下,学生和家长往往一窝蜂追求热门专业,却并不了解那专业、那行当的内容和前景,也不晓得孩子适合学什么、做什么,实在不善于定位。在我国目前的教育体制下,换个专业换个学校很不容易,说不准学科选错、专业选错,走错了路,耽误一生。

两三年前,不知道你们注意到没有,北大不是有两个"状元"去了香港科技大学吗?一时媒体和网上评论纷纷。如果我还在当科大校长的话,会觉得很骄傲,但是一点也不觉得是件好事。一位本来准备在北大念理科,另一位念文科,听说去了香港科技大学都进了商学院,我很不赞成。说这个话难免有点矛盾,因为香港科技大学为了增加生源,还是领先到内地来招收好学生的。(那时候我还在当校长,还给人骂过呢,说:"香港政府给钱,香港的纳税人给钱,你却跑到内地去招生,培养别人。"不像现在,香港的大学全都来内地招生了。)我之所以不赞成那两位来科大念商科,是因为他们就这么样放弃了自己的定位,改了行,使中国将来少了一个理科的人才、一个文科的人才。既然选择了念理科、文科,去念商学院干吗?再说,内地大学都是四年制,香港还是三年制;人家念四年,你念三年,与内地学生相比损失太多。值吗?

高考制度也有代价,就是学生们对学科专业的选择会受高考制度的影响。不少学生选哪个学科、哪个学校,是看被录取的机会有多大。明明不是自己最喜欢或擅长的专业,却放在第一选择,因为这科或许比较冷门,让自己占多一分优势。错配学科造成人才资源的损失。

还有类型混淆的代价。现在很多学生,包括在座各位,来自不同地区。很多人为了跑到大城市来考个名校,并不考虑哪一类型的大学对他来说最为适合。也就是说,可能为了跑大城市,忘了理性的自我定位,结果进错类型。

说到这儿,让我撇开正题,谈谈由于大量优秀青年跑到大城市去,令地区人才需求失衡的问题。

有人说,中国大学生太多了,所以失业情况很厉害,三成学生毕业时找不到工作。事实上好像确实是这样,但是要看为什么会发生这样的情况。中国这个发展中国家,大学生其实太少;跟别的国家来比,实在太少了,怎能说太多呢? 是否问题出在全国各地的优秀学生都跑到沿海一带的大城市去进重点大学,毕业后不愿意回原来的地方就业? 你说,复旦大学毕业的,假如愿意去湖南的一个乡下,或者贵州,怕找不到工作吗? 不怪他。说实在的,如果是我,我也不一定愿意去;但是愿意不愿意是一回事,硬说大学生太多了,就有点奇怪。现今在乡下,农民都开始走工业路线了,都要城市化了。有些偏僻乡镇地区,整个村里面没有一个人念过大学,上一代没有,这一代也没有,若有大学生来,会不受欢迎吗? 不可能的事。想要解决城乡人才失衡的毛病,必须制订强有力的激励政策。

还有外出升学的代价。为了出国,很多学生不求实学、浪费了社会资源。为什么这样说? 因为我看到很多优秀的高三学生,为了全力准备高考,本来就整年不学新课程,现在,一些人连高考也不在乎了,拼命准备 SAT,甚至于 GRE。(GRE 在美国是大学毕业才考的,但是我们现在有些高中生 GRE 成绩考得还不错,可见时间都花到那上面去了。)社会是为了要帮他们出国而培养他们的吗?

一般来说,中学毕业就出国并非好事——尤其假如家里经济情况不够好,只能依靠奖学金去一所水平不高的学校。我自己就是十七岁中学毕业从香港去美国"留学"的,当时是没办法。因为殖民地时代香港只有一所大学,全用英语教学;你不会说英语,不用说考不进去,相信根本不让你考。我小学在上海念,中学在香港念,家里坚持念中文学校,不给念英文书院,因此高中毕业时一句完整的英语都不会讲,在香港根本无法升学。我班上的同学毕业后,四分之一去了台湾,当侨生;四分之一来了大陆,当侨生;四分之一上不了大学;还有四分之一出国。当时我家里穷,出国必须依靠奖学金,找到一所水平很差的学校,给了我奖学金,让我到美国"留学"。读了一年就算大学毕业了,几乎什么都没学到,后来付出了很高的代价。

我不赞成高中毕业就留学,却还有另一个理由。太早出国,对自己国家的文化了解不深,基础不强。不理解自己国家的文化,别人的文化也学不好,两头不到岸。假如一定要出国留学的话,最好是大学毕业以后才去。

啊,现在什么时候啦? 十点多。我九点半开始,讲了半个多小时。还可以。

不明白的地方,有什么要问的? 说得不清楚的地方,有什么要辩论的? 听得不顺耳,想骂的,我们花个几分钟互动一下。

学生 A:吴老师您好! 我问两个问题,我也是外行,传播学院的。

吴家玮:那我们外行和外行在这儿谈什么?(笑声)

学生 A:可能这里有内行,他们也可以谈。第一个问题就是您在香港做高校管理,有没有什么经验可以供内地参考的。第二个是,您提了一些批评的意见,我们感觉,在大陆批判的声音好像比较小。

吴家玮：您不上网吗？

学生A：上网。

吴家玮：网上不批判的非常少。

学生A：网上都在批判，但是批判对现状改变非常少。

吴家玮：喔……这是两回事。不要说批判的声音小。

学生A：还有就是我们的教育工作者，真的这种可以有效地、改变实践的批评非常少。您觉得批判的动力在哪边？

吴家玮：发牢骚。批判教育制度的，或者是骂教育部的人很多，连大学校长里面也有上网开骂的。其实教育部也有它的困难。比如说，你觉得太多东西教育部喜欢搞一刀切。我看教育部未必愿意样样一刀切——毕竟部长也是大学校长出身的，也不见得喜爱一刀切。不过近年来高等教育发展得实在太快，良莠不齐，到处都有一些不可以算作大学的"大学"，水平上需要把关。把关很难做，如果不是一刀切，人家会说不公平。我想在发展过程中，这种问题一定会出现，要磨合，要从中学习经验。我想我们国家在这方面遇到的问题，不再是批判的人少，不一定是犯错误，而是经验不足，很多事情缺乏公开辩论、讨论的途径。当官的很多东西没有办法解释。

老实说，我们在学校里工作的人，对很多东西不满。就举一个例子来说：深圳要办南方科技大学，文件里说"以香港科技大学为标杆"。当然不能全部照搬，但是有一个是关键问题：什么时候才能拿到博士点、硕士点？你要办一所研究型大学，必须请到好教授，你不让他带博士生、硕士生，科研怎么干？香港科技大学一开头就有权颁发博士和硕士学位。因此南方大学现在也要争取一开始就招收博士生、硕士生。在目前的制度下，难度很大。假如一开头就给你博士点、硕士点，很多已经办得不错的学校等了十几年还没等到，就会说，怎么这么不公平？你怎么向他解释呢？再说，信息不够通畅，很多事缺乏好好辩论的途径，发牢骚的人自然就多了。用内地的老话说，改革总要有个过程吧，但是过程太长了一点。

你的第一个问题我现在不回答，还有别的要说。一所学校的办学经验不是三两句话可以讲完的。三年前我写了一本书，先后在香港和内地出版了，网上可以买到。就是讲香港科技大学创校时期的故事和人物志。这本书写得比较轻松，除了第一部分写我的心路历程外，其余部分都是某某人、某某人的故事。有人骂我所写，说："怎么你们科大每一个人都是好的，没有坏的？"我说："作为创校校长，你只好说每一个人的优点；有缺点的话，就让别人来写吧。"确实有人会写的，我们有位退休教授、航天航空专家，把香港科技大学当背景，写了一本侦探小说。在香港出版了，在内地也出版了，他觉得很骄傲，因为网上人家都已经盗版了。（笑声）他就写了一些人的缺点，不喜欢的人在故事里变成幕后的黑手。他对我还是很中立的，所写的校长不叫吴家玮，叫贾伟吾。（笑声）

我那本书的名字叫《同创》，出版社要我改书名，因为"同创"这两个字不好卖，但是我坚持了，最后没改。不能改，因为"同创"这两个字表示大学是一群人一起创立的。人家每次问我，你那个学校如何如何？我都会说，对不起，是"你们"那个学校；没有一群人，事情办不好。

你问的第一个问题，在《同创》这本书里有些答案。

问的人有了，批评的有没有？骂的有没有？再来个问题，然后讲第二部分。

学生 B：吴教授您好。我有一个问题，你提到了高中里面没有升学就业的指导，我感觉这个现象是非常严重的。

吴家玮：是不是没有？真的没有？

学生 B：是真的没有。恰好今年我的外甥高考，就在填报志愿的时候碰到这个问题。他对专业一点都没有感觉。我问他，你喜欢什么，对哪些专业感兴趣？他也不知道，对专业一点了解都没有。让大人们给他挑选，但是大人们挑选，就会考虑以后的就业这类的。

吴家玮：当然会啦。

学生 B：但是这个现象很严重，香港是不是也存在这个现象？

吴家玮：同样。

学生 B：那么在这种情况下，你有没有什么建议？

吴家玮：就算给了建议，家长也不一定听你的，但是至少会多了解一点。我希望我们的师范大学里面开设有关这方面的辅导专业，现在有没有？否则要每所中学搞升学辅导，现有的老师们未必能做得好。需要培养这么一批专职人员。

我有个建议。我现在很多时间花在上海的杨浦区，因为那里有十四所大学；还有深圳的南山区，南山区是个科技文化区。我计划都已经写下来了，向两边挑战，希望政府办一个高等教育博览馆。目前已经经常有地方举办短期的大学博览会，连外国的学校也有来这儿招生的。只是三天、一个礼拜，家长去了还是搞不清楚，因为参展的学校都在宣传自己怎么好怎么好，真正的咨询不多。

我所建议的是全年性的博览会，甚至边上有个主题公园。希望家长愿意带上孩子，在那儿花两天时间。当天晚上到了，住在所谓"酒店"里面；这个酒店就像个学生宿舍，让他们立刻体验到学生宿舍是什么样子的。国内有些学生宿舍已经做到了国家所要求的 4 人一间，有些却还是 8 人一间的。隔天上午先去参观专业展览，听不同的学会介绍他们各自的专业、谈各种实际问题，包括那专业的过去和今天、概况和前景、哪些学校在哪些方面干这专业里面的哪些教研、甚至有多少学生在申请啊等等。还可以来个轻松的现场能力测验。有几十个这样的展厅，家长和孩子不需全去，就选几个感兴趣的，一个上午这样花。中午吃饭，发现饭厅就是学生食堂的一种，可以是国内的大学，也可以是国外的大学。下午参观高等教育展览，让很多所大专院校展出模型和介绍单张，甚至有校友在现场解说、答问，包括国内的，也有国外的。参观累了，走出去看一场学生跟学生之间的比赛——尤其是杨浦区，这么多所大学！你不一定要看特好的比赛——校队啊什么的，班际比赛也可以嘛，目的就是要家长和孩子尝到大学校园的味道。晚上吃饭，又是另外一种模拟的学生食堂。睡的又是另外一种学生宿舍，可以模拟国内的，也可以模拟国外的。

第二天，更进一步去了解某些大学。比如说，第一天看下来，觉得这几所学校、这几个专业比较适合孩子,于是多花点时间去仔细看这几所学校和这几个专业的介绍。午饭又试尝另一种大学食堂的风格。下午呢,就近的那个主题公园里有六七个科幻知识的展览,就像是个科技知识馆,但是是比较幻想、更加有趣。比如说,一个主题展览讲纳米,一个讲太空,一个讲生物科技什么的……要很生动、科普,让没念过大学的家长都能看懂、听懂。接着呢,看学生表演。十四所大学,怕没有业余的团体来表演? 最后,在标准的校园外围餐厅吃个晚餐,打道回府。总之,两天下来,家长和孩子对什么叫做大学、有些什么应该考虑的专业,都多多少少增加了印象,还扎扎实实地玩了两天。

没有人愿意搞这么一个博览会主题公园吗? 有人说:"啊,不会有游客。"我相信这么一个主题公园不断会有人来。希望上海世博造的那么多馆,将来可以留下一个来做这用途。(可惜世博的地点离大学区太远一些。)我把计划都已写下,可是我写过的很多计划,都没人看。刚才说的,假如能办的好,电子信息这么灵,大可以整套拍下来放上电视,让不能去上海、深圳的人间接体验。再说,也可以做成 DVD,整套放在网上给人看。当然,电视和网上看到的话,就不能收门票了。(笑声)看来需是政府行为。

每所中学都该有升学辅导员,不过需要预先培训这方面的专业人才。这要等到哪一年? 上面所说的博览会主题公园不失为赶快上马的补充方式。

学生C:吴老师您好,非常感谢您的讲座。我想能不能请您讲一下高等教育理念定位方面的问题。

吴家玮:我刚才说了六种类型。每一种类型的理念定位都不一样。理念这个东西不是一个人讲了就算的,要让办学校的一群人一起想清楚所办学校的类型,一起定好位,然后一起寻找他们的理念。我很不喜欢的一个传统就是理念过分统一化,统一化后很快就变成八股。这么多年来,我最喜欢的一个口号就是现在说得最多的"和谐"——和谐社会、和谐世界,因为担心我们国家强大后会不会称霸? 连"和谐"这么好的理念,现在也变成个口号了。"科学发展观"也成了口号;讲话时都要把这个词放进去,不管有没有真正考虑过它的含义。这些事都真需要反思啊。唉,怎么说到这些去了,好像与你的提问没关系。(笑声)其实并非完全没有关系。不单是每所学校需要清晰的定位和理念,我们整个国家都需要想清楚自己的定位和理念。

二、学校的使命和成就上面出现的一些问题

"使命"是好事,"命名"常常会走歪路。成就是好事,政绩会走歪路。不论使命就讲成就,乱搞大学排名,给社会带来很不幸的误导作用。

首先讲大专院校的使命与命名。刚刚说过,定位很重要。清晰的定位能为大专院校树立理念与方向。

使命:有段时期学校爱搞合并,一窝蜂以为使命是追求学科齐全,这为学校和地区带来祸害。为什么会要追求学科齐全? 因为五十年代院系调整的时候,跟着苏联老大哥走,把大学打散了。

苏联的制度是俄国流传下来的,而俄国的制度我猜是从法国传进的,专业分得很开、很细。我们国家跟着走,搞得学科支离破碎。这方面的确需要改正。

比如说,现代的医学院不能脱离研究型大学。目前医学院教的主要是临床,一般药物(不讲中药)都是生化材料。但是走入基因时代,将来不能靠化学品来治疗了,而是要更改你的基因,防止你生病;这行是生物科技,而生物科技的研究都是在研究型大学里做的。医学院不在大学里,学科间缺乏交流,下一代的医生就会与医学上的创新脱节。所以有些合并是必要的。

有些大学现在以为使命是服务,那么服务面一定要广大,到处去盖分校、分院。甚至为了服务经济发展,把电子、信息这类学院搬到科技开发区去,说是接近产业。这太奇怪了,学院学系里面的应用研究中心搬去开发区、接近产业,可说有些道理,可是搞学术教研的电子学院、信息学院,本身怎么能够远离物理系、数学系及各种工程系?

真要办分校的话,首先得问:搬到老远去,好的老师会不会去? 不要说是搬到另一个国家去、搬到外省去、换一个城市去,就算是在同一城市里办个新校区,老师都不一定愿意去。若逼他去新校区教书,他上完课就跑回总校的办公室或实验室,不见得会长留在新校区里跟学生们切磋。另外,一旦大学的经济情况不好需要削减财务,你想,大学会先削减总校还是先削减分校? 分校不就像个孤儿了?

为什么要办分校? 老实说,都是为别的地区服务吗? 有些大学是为了扩大生源,扩大收入。有些大学则是为了圈地。房地产商开发"大学城",想挖一所大学去;挖不到大学,搞个分校也好,帮他建招牌、做广告。很多大学现在都有分校,这次可不是学苏联老大哥,而是为了地皮搞得支离破碎。

"命名":学院一窝蜂把名称改为"大学",误导社会,误导学生。

哥伦比亚大学很出名,但是你们这行更熟悉的是那所大学里面的 Columbia Teachers College——美国最强的教育学院之一,相当独立呢,但还是个学院。Wharton 是举世闻名的宾州大学里的商学院;它到处宣传、招生时,完全不提宾州大学,就说是沃顿学院。我在美国西北大学教过十一年;它的商学院非常出名,叫做 Kellogg School,与香港科技大学合办的 EMBA 全球排名第一,对外自称 Kellogg 学院,也不提西北大学。Williams College、Amherst College,这些著名学校都自称为学院。MIT、Caltech、Georgia Tech 这些全球数一数二的理工学院也都不改称 university。

欧洲也有很多著名的学院,英国最强的科技学府,除剑桥以外,是伦敦大学里面的 Imperial College——帝国学院,相当独立,但没有改名。一所很出名的商学院 INSEAD,还有我说过的 Ecole Polytechnique,都在法国,都不改称大学。撒切尔夫人当英国首相时,一方面要节省高教经费,一方面又要表示支持高教,最方便的手段是把所有的理工学院全改称大学。一下子,大学数量从十几个变成五十七个。改名之后,有些理工学院就开始搞份外的课程和研究,却没几个搞得好的,反而打乱了自己的定位和理念。我国不也有这情况吗?

我在香港骂过这套。英国走错的路,澳大利亚跟上去,把好好的理工学院都改称大学,打乱了定位和理念。澳大利亚走错的路，香港跟上去，犯了同样毛病。原来香港有五个类型的八所大专院校，每一所都可争取一流。现在，岭南大学虽然名字改了，还坚持办博雅学院；香港理工学院变了香港理工大学，但还坚持办英国式的理工学院，定位不改。少数别的学校，本来完全可以在原有类型里面走进一流，现在为了"正名"乱了自己的定位和理念，为此付出高昂的代价。

教育者该是务实的先锋，作为社会典范，不干有名无实的事。

接着谈什么是大专院校的成就和政绩。

不少学校以繁重的课程自傲，当作成就的指标之一。你们念本科时，一个礼拜上多少小时课？有没有二十二到二十五个小时？差不多？还不止？国外的大学里平均上大约十六个小时。上课过多让你根本没有时间与同学们讨论，没有时间参加体育活动、文化活动、学生会组织。国内很多教授都说我们的学生负担太重，从小学开始就负担太重，从幼儿园开始就负担太重，不该如此。怎么解决呢？我是教物理的，很多物理界的同事谈起这个问题都说："是啊，课程必须减少。"隔着就说："我们的物理课不能减少，别的课程应该少一点。"电脑、信息界的同事们也这样说。其实大学本科教育的主要目标不在拼命灌输知识，而是让学生学到怎么自学，怎么用脑子思考、反思。

不少大学以名人院士的数量自傲，当作成就的重要指标。南方科技大学找我做参谋，早些时候有人说："每个学科都要找院士。"我说："千万不要找院士。"一、我们国家的院士良莠不齐。申报院士时人际关系非常重要。外国的院士，人际关系也重要，但是全世界人际关系没有我们国家这么重要。（笑声）二、有些老院士当过官，做过校长什么的，退休了，说是"退休后要把我的一生专业学问好好传授给学生"。天啊，那就完蛋了！就像我自己，在国内外当了十八年校长，没办法继续做自己专业领域里面的研究。你啊，也是这样，专业上已经落伍了。说你不断在做科研，不是骗人吧？当校长的，二十四乘七都不够时间啊。你的职责该是什么？是替你的教师、你的学生，培养一个最好的学习、研究氛围。说你还在教学，你教什么学啊？一个礼拜上三节课就完了吗？不需要与学生们敞开讨论吗？三、就算是你专业还强，愿意诚心诚意把你的学问传授给学生，总共能传下去多少？传得再好，他学到九成就不错了。若他像你一样，他的学生就只有八成一了。再传下去就只有七成三了……那不是青出于蓝，而是蓝出于青了。有一次，有人问我一个问题："你是物理学家，说点有关黑洞的东西。"我说我不懂。他说："你太谦虚！你是博士、教授、物理学家，应该都懂。"我说，我懂的很有限，连在自己专业里，我所收的博士生写博士论文时，对他的论文专题就该懂得比我多，否则他在干嘛？你总希望学生比你强吧，长江后浪推前浪！假如前浪推后浪，全推到青海去，就是一潭死水了！（笑声）于是我故意夸张地说，找一群老院士来，会比找个专搞行政而不懂学问的还糟。老院士来了，说是内行人、出了名的人，他讲的话你不能不听，谁知道会不会反而阻塞了贤路。

不少学校以 SCI 论文的数量自傲，当作成就的重要指标。公布学校发表了多少篇 SCI 论文，已成流弊。哎，文章要看质量，不是靠数的。还可以玩数字游戏呢：你有一篇很好的论文，可是相当长，是否就可以把它切割为论文一、论文二、论文三，变成三篇文章登出去？再说，SCI 本身也只是论文被引用的索引,并不评判论文的质量。(在我这行里,有过多篇文章引用率非常之高;不少后来的作者在论文里一开头就说:"那篇文章犯了一个错误……"这么多篇论文点出它错在哪儿,引用率当然高了。科研上,有些错误是有启发性的,可那篇文章连启发性都没有。)滥用 SCI 带来的后果是量重于质。粗制滥造、抄袭成风,网上报上不断看到批评。

不少学校以学生人数和校园规模当作政绩,扩招猛建已成流弊。中国科技大学近年来没有扩招,没有造新校园。为什么? 因为它是科学院的,资源来自科学院,不是政府教育部门。否则经费照人头给的话,不扩招不行。不少校园可能真是需要改造或新建,但是否需要造得庞大漂亮、以致负债累累? 有所大学造了个新校区,一位很出名的房地产开发商跑去参观,出来后说:"用的大理石,档次比我们用的还高。"报上说,我国的大学欠银行两千五百亿,小道消息说可能高至五六千亿,有没有这个说法? 银行还是很愿意借。明明知道大学是还不起的,为什么银行还肯借? 因为到头来国家必定会埋单。借给企业,企业垮了怎么办? 国家是不会垮的嘛。(国家经费不够了,就印钞票——就像美国;美国还可以向中国借呢,中国还愿意借。)

国际交流也算是政绩,也已形成流弊。不少学校与外国大学来往,签上大量协议。有些校长最喜欢签协议,签协议就上电视了嘛,算作一项成就、一项政绩。我在香港科大十三年,跟内地和国际的大学总共只签了十个校际协议。那个时候香港有一所大学的校长说他们签了三百多个国际协议,很得意。我笑着说:你们六百多位教师、三百多个协议,平均每两位教师负责一所国际大学,真厉害。当然,签完后就无声息了。出镜频频,有名无实,都是由于不了解什么是大学的真正成就。

我们不能允许表面重于内涵、招牌重于实质、打肿了脸充胖子。不允许? 谁不允许? 我能说吗? 你们能说吗? 我想这要靠舆论了,要靠真正懂行的、诚心诚意的领导。

接着,讲大学拿排名当作成就或政绩。排名的误导作用也是我骂的最多的一件事。

我们国家里,封建科举思想不是没有改,但还存在。因此对排名非常在乎。有份美国周刊年年为大学本科排名,想出国留学的我国学生和家长都看,视为神明。美国人也看,但是很多并不相信它,最想进的也并不一定是排在前面的大学。学校好不好,很多人都知道,不需要靠一本不懂多少教育的杂志来评。一次,几十位博雅学院的校长还联名写信去说:"我们不要你排,我们不参加。"包括被排为第一、第二名的。

伦敦的 *Times Higher Education* 算是很有地位的报刊,也喜欢年年为全球大学排名,造出笑话。好像前年把香港大学排成全世界大学第二十六名,远远在柏克莱加州大学之前。我校也被排在三十几名,跟柏克莱加州大学那样。我说:很受恭维,但是这是不可能的事情。科研经费、教授的学术成就、校友的工作成就……香港的大学差得太远,与这些国际名校没法相比。

随便说说:假如 3.63 分排第五名,3.61 分排第六名,能算得准到这个地步? 第一、二位数都未必准,还敢用到第三位数来排一二三四,岂有此理! 假如过去一年还排二十七名,今年就变了第十九名,学校能进步得这么快? 难道整批好教授都在一年里搬了家?

这些报刊用什么判据来排名? 一是研究经费。香港所有大学,研究经费加在一起,还少于研

究经费第一百名的美国大学。按这个排法,我国内地不少学校可能连第一千名都排不到。当然,我们经费的利用效率比较高。(笑声)

另一是论文数量。我刚才说过了,按数量评不可靠。尤其在人文和社会科学方面,或是经济和管理学科,一本好书、一篇特好的文章,可能拖上三五年才能发表。写一本好书,贡献之大可以让人们享用一辈子。科技方面变化日新月异,发表得比较快。

评博雅学院时,还用了本科生的录取率。理由是:申请的人多、录取的人少,反映你对学生质量的要求高,因而学生优秀。于是有些博雅学院到处去做宣传,并减少报名费,鼓励更多学生申请。就这样,申请的人不就多了? 录取名额不增加的话,排名就上去了。

以毕业生的收入为判据之一呢? 我国有所中外合办的商学院,排名一下子上去了很多。原来排名时的一个重要判据是 MBA 学生毕业后的收入。它说:这样子不公平,因为亚洲的薪水比欧美低,计算时应该按当地的生活指数来调整。这话没错,它那学院办在中国大陆,而中国大陆的生活指数当然是比巴黎、香港等要低得多,因此它的排名一下就冲上去了。事实上,它所收的学生大多在外资公司工作,拿外资公司的薪水,过中国内地的生活,调整比不调整更不公平。据说过了两年,这个数字游戏的误导性被发现了,于是这所学院的名次又降下去了。我没去追问。

以教研设备作为判据之一? 这个怎么衡量? 香港科技大学开创的时候,资源运用得非常集中。香港大学、香港中文大学各有六七十个系,我们只有十九个系,资源特别集中,某些方面的教研设备却是特别好。看来这点在排名上占了些便宜。

以创新能力作为判据之一? 创新能力又怎么衡量呢? 这个要多年后才会看得到。斯坦福大学的毕业生出来创业,把硅谷搞起来了,很不容易。多少年以后才知道,当时你怎么排?

社会对大学的口碑该是个好判据。假如社会真正了解教育的话,这个判据有意义。不了解的话,难免是一窝蜂作用。如果你要依靠民意调查,NBA 里姚明的票数一定非常高。因为 NBA 要在中国播映,让球迷都投票;中国人哪会不投姚明的票? 你想,我都投给姚明嘛! (笑声)十几亿中国人,一投票还得了? (掌声)

校友的满足感经常是个判据。说起来很有道理:校友满足与否反映老师们的教学水平和态度。有些学校就跟校友说:你们一定要填满意哦,学校的名誉对你的前途很有影响。一般校友当然会填满意,否则学校排名低了,对他们也不好。

最后,无意中排名确实会对学校产生正面效应。排名高的话,申请者多,好学生会来。生源好,学校好,造成良性循环。但是这个效应要很久后才会显露。

总之,一般来说,大学排名是缺乏科学基础和根据的,但是在群众里影响很大。过去我在网上被引用最多的有两句话,一是:董建华竞选特首的时候,我们几个替他写稿子,我说:"科技和教育的经费不能看成开支,要看成投资。"(事过多年,虽然特区政府不时还说这话,大学经费已被削减几次。)另一至今网上还常见到的,我说:柏克莱加州大学有三万多学生,加州理工学院只有两千学生,两者的目标、定位完全不同,怎么比? 英文对乱作比较有句话,说是把苹果和橘子相比;

我说:"大学排名不是拿苹果与橘子比,而是拿苹果与眼镜相比。"

好,这部分完了。就要十一点了,要不要作一些讨论、批评? 你们问得短,我答得也短,好吗? 跟着讲下一部分。

学生 D:吴老师您好,感谢您的讲座。我有一个问题,您认为,不允许在我们教育界有这种表面重于内涵,招牌重于实质,政绩重于成就的存在。事实上,无论是我们的学校,还是我们的社会,这种现象无处不在,那么您认为,这种现象存在的根源在哪里呢? 与我们的社会制度、传统文化、社会发展有什么关系?

吴家玮:非常好。根源,我想就跟我们要搞时尚,要搞包装,要搞金牌挂帅,要引进院士,都一样。我们总想争口气,因为受气受得多了吧。现在经济迅速发展,有些城市已经是很有钱了,但是整个国家还穷得厉害呢,何必打肿了脸充胖子? 这其实不是自尊,而是自卑的延续。我们国家、人民群众有些方面还是严重自卑,有时候好像很自豪、很骄傲地走出去,其实心里面很虚。

我们知道制度里面还有不少问题,没关系,一步步改。二十几年来,国家有很大很大的进步。当然人总是不满现实的;看到进步,好像理应如此;看到失败、错误,好像觉得还是太差。无可否认,全世界都进步得快的不得了,我们自己知道很多方面的进步还比较虚。正如上海最近倒下来的房子,基础不稳。

为什么我们觉得自己是强国了,就要数在奥运里拿了多少块金牌。日本人就不再数有多少块金牌了。英文说:"Who cares?"(谁在乎这些?)这次美国金牌没我们多,有些美国人骂几句,也就没事了。我们这么在乎,就是自卑啊,说这句话很心疼的。我希望你们这一代看到国家这样发展,自信心强了,就不需要自卑,不需要做表面功夫、弄虚作假。嘿,我简直把自己当作心理学家了,快点住嘴。第二个问题?

学生 D:在我们整个国家的社会环境是这样的情况下,您认为,我们教育界追求这样的务实,有可能实现吗? 因为学校是一个社会的缩影。

吴家玮:这个话,应该是我问你的,不是你问我的。你问我,我去问谁? 全面务实,怕我这一代是看不到了,因为社会还在继续发展,还那么快;这种情况下,代价还得付呢。但是我们教育界不仅是社会的缩影,还是教下一代的,可以帮着改变社会的心理。这是整个民族的文化、文明问

题,不是一下子就可以解决的;政府也没办法,社会也没办法。尤其现在的市场经济,Market Failure(市场失败)来的时候非常厉害。(假如不是这么厉害,美国经济为什么一下子搞得这么差?)主要还是要靠人的教育。网络上各种数据都有,但是数据要整理过才变信息,信息要消化过才变知识。不是说你背了多少本书,写了多少篇文章就什么懂了,而是要让我们的全民知识有深度和广度。这要靠你们这群将

来的教育家。

学生 E：谢谢吴老师今天的讲座，我觉得很受启发。刚才当听到从众心理的时候，我一直在思考，我觉得大学没有个性，包括我们的命名啊，各个方面，我觉得都是一种从众心理的表现。

吴家玮：自卑的延续。

学生 E：对，我觉得从众心理是一种自卑的延续，同时也是我们中国文化里面求同根源所在吧。

吴家玮：不是求同吧，"求同"的话，可以大家都变三流。看来是"求名"。

学生 E：我一直在考虑这个问题，我觉得我们目前这个从众啊，大学里的从众，与评价体系，或者说社会资源的分配不合理有很大的关系。比如说，我们的评价总是以 985、211 来评价，或者博士点、硕士点，这些学校呢会获得更多的资源，所以大家迫不得已，尤其是那些四流、五流，或者是比较低流的院校，它们非常无奈，但是它们又必须去从众。我想问吴老师的是，在西方国家，怎么解决评价体系问题，它们的社会资源、经济资源是怎么分配的？

吴家玮：也有同样问题，它们也有包装。我不熟悉所有国家，在美国生活过三十多年，只熟悉美国。美国到头来还是特别有钱。你说加州吧，加州政府今年是破产的；没有宣布破产，但是公务员薪水、教师薪水等，下个月开始要付 IOU 了。（IOU 就是"我欠你"，就是说要付欠单了。）怎么办呢？每次全民投票，发现群众反对加税，又反对减福利。钱又不是天上掉下来的。联邦政府可以印钞票，州政府不能印钞票。但即使在这种情况下，加州单一个州的 GDP，在全世界的国家里还排第六、第七。打仗，一天花那么多钱，乱花钱，但还是有钱啊。没钱的话，我们国家怎么还愿意几乎无利息地借钱给美国呢？还不是因为相信它比较可靠，能恢复。

不愿务实、从事表面包装，因而经济资源分配不公，这种情况是有，不过后果不像我国那么严重。毕竟还是有钱，即使评价不公，大多还是勉强够用。我们国家的教育投资总嫌不足，分配不善的话，后果特别严重。本来说是教育经费要上升到国家 GDP 的 4%，却一直做不到。有些地方花钱却花得厉害啊。包装的钱花得太多，没有用到点子上去。这就是刚才那位讲的，还是习惯啊，虚多于实。再说下去我就要怪教育家了：教育家没把一代代人教好。社会也好，官也好，大学行政也好，谁都好，还不都是我们这些搞教育的人教出来的？

三、资源运用上出现的一些问题

第一，基础建设方面。改革开放以后，迎合高等教育需要，大部分高等教育院校的确需要扩建、重建，这个是没话说的。华东师范大学的校园几十年没动过，不够用嘛。你要多造点房子的话，周围地皮太贵，没办法，只好造到闵行去了。市区里土地不足，很多情况下，不能不走向城市的外围，在郊外兴建校园。问题出在有些学校连根拔起，搬离原来的教育科技群，这个代价是很高的。

大学需不需要到别的地方去建立校区？有些因为土地实在不够用，没法。但是有些看来是为了政绩、为了门面,借了钱把新校区造得美轮美奂。教师的薪水跟国外完全不能接轨,但是校园已经造得比香港还漂亮。有些大得很,走进去一看,很多房子都是空的。

全世界教育科技都在说要集聚,可以增加交流、互动。深圳的南方科技大学,本来有人说想把它建在世界大学生运动会场附近,因为那边将会留下很好的宿舍,又有块非常好的地——傍山面水,甚至有海滩。我却说一定要建在南山区,跟北大、清华、哈工大的研究院分院一起,离高新科技区也较近。不能离它们那么远,否则车程要一个多小时,那就没法互动,没有合作机会了。

大专院校聚集有利于互补互惠。大学城的观念,本来是无可厚非的,可是有些地方人为地搞大学城,搞得过度了。造一大群校园、建分校,把很多大学的本科生搬去,可是研究生没去,教授没去。教师上完课就回主校。我说,哪有这样做的? 只把本科生放在一起会出事,你看着,说不定将来有一天哪所学校跟哪所学校比赛足球,有人犯规而裁判不罚,场内打起架来,场外发生群殴。别笑,这种火爆现象在别的国家里出现过。

还有,大学利用名牌效应到远处的城市去建立培训中心。名牌到处用,很小一个培训中心也挂上名校的招牌。你真的去管好他们的质量吗? 真的有名校的老师去吗? 还是个假冒的货色? 现在很多大学在外面卖药、卖灵芝,各自赞美自己的灵芝。可能那些灵芝确实不错,可是不晓得谁的好谁的不好;说破壁的灵芝好,大家都卖破壁的灵芝了。大学自己管生产吗? 大学真的走出去搞质量控制吗?

分散人才,把大学搞得支离破碎;滥用资源,把校园造得豪华堂皇! (少一个字念起来就不痛快。我也学会了写八股、念八股。)(笑声)

基础建设不是不能做——尤其是几十年没做——但是要做得非常实在。造房子不需要用大理石,要的是结实耐用、实用,因为几十年里面你不可能再造了。所造的实验室要设计得灵活,非常能够适应新的变化,因为你不可能一边造房子,一边已经预先想好将来需要这个设备那个设备。深圳南方科技大学造校园,要想清楚这点。当年香港科技大学就是,有人预先决定了造这个造那个,我去以后,花了六个月时间才把一些设计改正,另一些增加了灵活性。都还不晓得会请来什么教授,就把他的实验室都造起来了? 那他来后不就要改造? 比如说,搞微电子的不允许震动,所以实验室要有隔离,建于底层基石。有些化学或生物技术的实验室必须通风,把废气排出去。而机械工程这些,有很多沉重的设备和仪器,得放近地基。当时我讲了个俏皮话,说香港的风总是从东面吹到西面,要防污染,就得把放废气的实验室造在高层,那么,废气出来就吹到香港大学跟中文大学那边去了。(笑声)(我当然是讲笑话,可就给人骂了。有时候社会太严肃,没有幽默感,不准讲笑话。)

很多东西不能不预先考虑。南方科技大学那边早已请了人在设计各种设施。我说慢慢来,校长都还没请到呢,都造好了,将来很可能要改建。北京为了个奥运,造了许许多多建筑物,好几所大学都有新的体育馆,都是国际标准的——很豪华的标准。一时全世界有很多人来看奥运比赛,但是日后都真能善用吗?

大学是知识型经济的先导,也是知识型社区的核心,政策和行为必须务实。

第二，科技创新方面。大学是知识和创意的源头，是研究和创新的基地。它应该以它的教研成果回报社会，这是对的。学术研究包括基础与应用，甚至做部分比较上游的开发，这也是对的，但是大专院校不应该搞企业。我理解为什么不少大学在搞，因为经费不足。说政府只负责三分之一经费，其余你自己想办法。有些学校就靠干企业来赚钱了。可是一般大学教授只会干教研，真能办企业吗？我们有这个本事吗？

连教学这件事都有些能做有些不能做。譬如说，那个时候香港特区政府为了要迅速增加大学生名额，鼓励每所大学兼搞两年制的社区学院。政策是自负盈亏，收很多学费。一所所大学都去搞了，可能还赚些钱。我那时候当科大校长，拒绝了。我说我们请来的教师是建设研究型大学的，他们的科研很强，也希望把科大的学生教得很好。可是他们未必有本事教好社区学院的学生，因为社区学院的学生是中学毕业后考不进大学的，水平一般比科大的本科生差，能教好科大学生的人不一定能教好社区学院的学生。训练和经验不同嘛，等于能教中学不一定能教幼儿园，能教幼儿园不一定能教中学。不是说什么大材小用，而是错用。

工商管理学院的教授，研究可以做得很好，很懂得经济学，很懂得市场学，可是他一定能够搞企业吗？校办企业像是文革时代的校办工厂借体还魂，误用社会资源。就算能做的好，也不该与民争利。

我们学校刚开始第二年就办了一家上网服务公司。当时并不是想办这个公司，而是因为看到香港这个号称为信息社会的城市竟然没有一家上网服务公司，叫人怎么上网？一些大企业有关系，它们用外国的上网公司。但是一般人怎么办？我们的计算机系主任说，科大该办个公司来提供服务。但那个时候香港政府不允许学校自己办企业，于是学校就用他的名字注册了一家公司，借调了几个人支持他，前后三年大概花了两百万港元资金，办成了 SuperNet。三年之后，新加坡的电脑局还把我们评成亚洲（包括日本）最强的上网服务公司。但是我们管理方面做得不好：很多时候提供了服务，却收不到钱，也不懂得怎么收钱。那时香港已经有了大大小小八十几家这类公司，于是我们决定把它卖了。那位计算机学的教授花了很多心血为学校办事，最后把名下的公司以 1 块钱卖还给学校。大学花了两百万投资，赚了三千六百万。这些钱都拿来支持校内的科研了。

我们办这么家公司，是在很特殊的情况下，否则就算能办得好，也不该与民争利。办企业不是大学的任务。利用大学的名义大搞企业是我国特有的"市场经济行为"，别地方没看到过。

说到科技创新，就要谈科技园。我国现在的科技园，坦白地说，很多还是加工区，没多少真的创新。只能说是较高档次的加工区。连属于大学的国家科技园都非常缺乏创新，干的是把已有的技术加快搞出产品，加快赚钱。这并没错，已有的技术不可以重复吗？当然可以。日本也是这样过来的，应该做。问题在于这些是不是大学的任务？还是该由企业来做？大学应该创造知识、传授知识、推广知识，不是用已有的技术来做任务以外的事。

大专院校的科技成果确实带来大量知识产权，但是大学本身不该把这些专利权当作财源。这件事上，不少人完全误解了。斯坦福大学应该是知识产权最成功的一所大学吧，也不把它当作财源。好几年前,中央在怀柔召开了大学校长会议——很严肃的会议,为期三天,八十几位大学校长都来了。原来有些大学校长夏天要出国,都让他们取消了,来开会。又从外面请来六七位著名大学的校长,包括斯坦福大学的校长,哈佛的、东京大学的、牛津的、剑桥的……还有我。我们管教育的副总理约了部分校长去谈话。国外的校长坐一边,国内的坐另外一边,包括北大、清华等。(很奇怪,香港已经回归,却让我坐在国外的一边。我跟复旦出身的副总理李岚清还比较熟,跟他说:我是不是坐错了,应该坐在那边的嘛。)请每人讲几句话。轮到斯坦福大学校长时,他说:"你们误会了,斯坦福大学的知识产权这么成功,可是我每花100块钱做科研,只拿回5块钱。"在座大家都不相信,说只有百分之五的回收,哪能这么低? 我说:"对不起,各位,你们听错了,他的回收不是百分之五,而是负百分之九十五。他花一百块钱只拿回五块,不是一百零五块!"跟着又说:"当然,那一百块钱的资本也不是大学自己的钱,而是联邦政府或是企业界给的研究经费。不过,事实确是大学没有靠专利赚钱。我们科大的做法和斯坦福一样:任何教授所得到的知识产权原则上属于学校,但是他如走出去创业,我们把这知识产权三文不值两文地卖给他,让他拿去创业。这本来就是他的功劳嘛,希望他能做好。斯坦福大学在这种做法下,让教授和学生走出去,赚的钱是他们赚的。但是他们事业成功后,饮水思源,自然会回报学校,包括聘用学校的毕业生、出钱支持学校的实验室、捐赠多少亿多少亿。科大现在却年轻得很,还没走到这步。"

不是学校用知识产权去卖钱,而是接受走出去的教授和学生的捐助。这上面,一般人的理解很错误。斯坦福大学是硅谷的知识发源地,而硅谷是高科技产业的发源地,而高科技产业又是当今全球知识经济的发源地。一环连一环,可是要把大学的使命搞清楚:科技创新建基于大学实际教研工作所获取和累积的真才实学,不能让大学急功近利。

后来我跟斯坦福大学的校长说:我们应该为这问题联手写一篇文章在中国发表,都说好,可是后来两人都没时间。没写。

第三,学科和专业平衡的问题。特别要说的是科技与人文不能失衡。知识型经济的主导当然是科技,但是科技不能脱离人文,学生不能缺乏文化基础。知识型经济的发展需要知识型社会的支持,亦需要知识型社区的氛围。

人文、艺术、音乐、戏剧等这些专业可以利用科技为工具,但是它们的创作所依靠的是感性,不是科研。我很讨厌看到现在什么都要说科学化,说"人文科学"怎样怎样……什么叫"人文科学"?人文不是科学,是创意、创作。历史研究、地理研究这些方面,运用的工具和思维方式确需科学化,这些属于社会科学领域。但搞文艺、作画画,说什么科学? 这又是万事包装和口号化的后果。

我在香港说:假如香港继续是个文化沙漠,科技大学搞不好。文化差,科技也搞不好,为什么? 因为科技本身只是文化的一部分——人类文明的一部分,不能孤立。有人说:"为什么你这个科技大学校长一天到晚讲文化?"我说:"我想跟你解释脑细胞是怎么活动的,可是我不懂,只能说我相信脑细胞的功能不能分拆。不能说我是红的,就该搞科技;我是蓝的,就该搞人文。不能这样分家。脑细胞的活动是并发的。"

打个岔,有本朗文出版的中英文科技字典,要我写序。我大致上写了:"语言文字,实在是人与人间沟通的很大障碍。因为语言是单维的。什么叫单维？你讲话也好，写东西也好，都是一个字跟着一个字，一条线的。可是人的脑子，思想来时一定是并发的。譬如说，情人相对时可以彼此说句'我爱你'，可是通过眼神互相传递的信息，远远超过这句话。写诗都没用。思想该是多维的；三维的信息，以一维方式表达，就立即损失了两维。立体的东西，拍成照片或电影，就变成平面，少了两维；很好、很有深度的景，拍出来时很多信息就没有了。而丢失的信息是永远拿不回来的。所以我说：语言文字不是很好的沟通方式。将来有一天我们不需要讲话，两人相对时脑细胞相叠、直接沟通，一下子就凝合起来，必然会沟通得更好。"当然，我是在替字典写序，不是在骂它。跟着只好说："当然那一天还没到。没到的时候，语言文字还是挺重要的，所以一本好字典还是十分重要。"但是后来就没人找我写序了。（笑声）

脑细胞怎么运作我不懂，可是我知道科技与人文不能分开。你看，全世界哪有一个高科技中心不也是文化中心？硅谷所在的旧金山湾区，128公路所在的波士顿，伦敦、巴黎、北京、上海……可见科技脱离不了文化氛围。但是为什么我们总说"科教兴国"，不说"科教文兴国"？唉，没有文化怎么行？全世界都知道，联合国有的是"教科文组织"，我们国家怎么就不讲"文"？这样下去，将来会付出高昂的代价。

"大国崛起"不能忽略文化所建立的基础。十三世纪到十七世纪间，文艺复兴把欧洲从黑暗时代拉出来。没有文艺复兴和宗教改革的话，哪能有工业革命？"科教兴国"叫得叮当，但是"科教文兴国"却更有道理，更能孕育文明经济与和谐社会。

其实就算只为经济现实着想，也得了解人文、艺术、音乐、戏剧等的重要性。如IT行业，当今三分之一是创意产业。（很可惜，很多都是电子游戏。带动启发性的电子游戏，很有益处。可惜一般靠的都是反应能力，不具多少启发性。更可惜的是，我们的电子游戏来自韩国，韩国的源自日本，往往过分暴力。还有呢，里面都用上西方人的脸。多奇怪？看来这也是自卑的延续吧。前年，政府说要开辟一百种健康的漫画动画片，运用我们自己国家的文化为背景。这好极了，电子游戏的确需要健康化，否则对下一代害之不浅。）IT里面三分之一是以人文、艺术、音乐为基础的创意产业，怎么能够不注重它们？上海杨浦区有十四所大学，却没有一所办了一流的音乐学院、美术学院。样样学科都要搞，都想大而全，就是忽略了音乐和艺术？（现在复旦有了个视觉艺术学院，在松江，我还没去过。它与大学的主校分别站在上海市区的对角线上，从一头到另一头有一小时车程，让它怎么与科技部门的众多学科交流互动？怎么与多方面的学科和专业领域合作开展跨学科的课程？怎么联手创新呢？）

四、研究生教育上出现的一些问题

这儿要说些有关研究生教育的事，并不都是"问题"，有些还很有趣。

首先，我们的博士不"博"，硕士不"硕"，称号有误导作用。

书念多了，有两个方向可走：路子可以越走越宽，也可以越走越窄。文艺复兴时代，路子兴越走越宽,所谓"renaissance man"博学多才、博古通今,样样都知道一些。或许那个时候人类所积累的知识不多,路子比较容易越走越宽。工业革命以后,读书多的人专心致志,专业挂帅,好像路子越走越窄。

所谓博士、硕士,称号来自传统,都有历史背景。拿博士的"Ph. D"来说吧,英文的全称是"Doctor of Philosophy",中文译为:"哲学博士"。可是学物理的我,根本不懂哲学,怎么也能算"哲学"博士? 因为从前科学叫做"自然哲学"。既然是这样来的误会,也就算了。但中文里用上"博士"两字,问题可大了。(来源大概是从前时候的"博士监"吧。)今天的"博士",知识非常之专,一点也不博,应该叫"专士"才对! 说起来好像用什么称呼都无所谓,但是来到社会上,人家介绍说"你是个博士",都会觉得博士嘛,一定懂得很多,非常广博。可是当四面八方提出问题时,发现超出一个小范围,你就这也不懂那也不懂,心里难免会嘀咕:那你是什么"博士"? 名不副实的称呼,引起不必要的误导。

硕士又怎么个"硕"法? 也是个很专门的学位了,应该学得很专,但是不一定很"透",更不能说很"硕"。特别是现在,科技工具极多,我们学会了怎么用,反而对事物的分析少了感觉,逻辑也不再那么清楚。譬如说,我见过不止一位 MBA(工商管理硕士)上电脑用软件,很快就能算这个那个;问他个财务上的问题,噼噼啪啪按几下键就算了出来,可是一旦输入时按错个键,得到的结果连小数点上错了一位都不知道。记得有次开会,来了两位 Wharton School(闻名全球的商学院)的MBA,拼命在电脑上用模型计算一项投资的回收率。我说:"用这样的模型啊? 你们不用算了,去喝咖啡吧。我了解你们想得到什么结果:这项投资,假如算出来一年的回收有 35%,太多,没人相信;假如是 15%,嫌少,没人肯投。所以最好做出来的是 25.36%,不对吗? 我手上没有计算机,却有个小计算器。你们去喝咖啡,回来时我可以用三种四种不同的计算方式给你同样的答案:25.36%。"为什么? 因为他们模型里的变数比条件多。这种情况下,你我知道,要什么结果就能得到什么结果。这是常识,两位硕士没学透。

说到"透",全世界都经常误用统计。最普通的一个例子是:平均数。只有数值分布呈狭窄的单峰形,平均数才有意义。看,同是一个平均数,意义可以这样,也可以那样。让我举个例来说:"这次考试,班上 40 个学生平均分数是 50 分。"这句话什么意思? 40 个学生人人都考了 50 分? 还是 20 个学生考了 100 分,20 个考了 0 分? 两个夸张的极端,平均下来都是 50 分! 就算分布是个峰形,也要给两个数字才有些意义:平均值是一个,分布的宽度是另一个。单给一个数字是没有意义的。可是我们经常看到的只是一个平均数,例如某某国家的人均收入。一个绝大多数是中等收入的社会(单峰形分布),与一个贫富悬殊的社会(双峰形分布),人均收入可以相仿,可是社会的安定指数迥然不同。

这一代人丧失了数字感觉,也比较缺乏逻辑和常识。多了机动,少了灵感。不晓得基础教育上出了什么问题。或许我们不得不在研究生课程里补上一点这一类的"通识教育"。很明显,研究生教育太专了不行。

国际上对研究生学位的要求并不一致,近年来似乎有向美国制靠拢的趋势。即使西欧国家里,很传统的很骄傲的一些大学,也在向美国靠拢。比如英国,以往大学毕业后,一年可读完硕士学位,再加两年读完博士学位。美国则硕士学位一般需要两年,博士学位则再加上三年。理科特别长,物理的话,大学毕业后六年、七年才拿到博士学位都不足为奇。同样称为博士,英国的要比美国的短很多。英国的太短,往往培训不足;美国的变得太长,有些学生搞上很多年,简直在为老师打工,却并不一定学到那么多。

硕士学位有课程型的,比如说 MBA,最多让你写一个案例,并不要求你写能在学术刊物里发表的研究论文。很多别的英国硕士学位属课程型;美国则较少。英国把研究型的硕士叫成 MPhil(Master of Philosophy),美国不大用这个名词,就叫做 MS(Master of Science)、MA(Master of Arts)等。研究型的硕士总得写篇像样的论文。

有些学位是专业型的,如英国的 MEng(Master of Engineering)。据说这儿有个有趣的故事:英国的本科学位素来只需三年(基础教育却是 13 年,比别的国家多一年);这个三年制不大够用,尤其工科课程,连剑桥这种学生特别强的学校,三年也还不够。有些英国大学想把本科改为四年,需要增加经费,政府钱管得很紧,不允许。于是大学说:念多一年后我给的是个硕士学位:MEng;政府就点头了。接着,大学把原来的三年本科学位取消,MEng 不就成为一个变相的本科学位了? 这样说来,英国的 MEng 实在不能算作硕士学位。

专业型硕士学位很多,建筑学的 MArch 就是一例。也有创作型的,比如美术学院的最高学位 MFA。德国有 Diplom 学位,念五年,虽然只算是大学毕业,但是水平较高,相当于英美的硕士。林林总总,说不胜说。总之什么叫做硕士很不一致,唯有一致的是:没有一种硕士学位学得很"硕"。

博士学位也是林林总总,说不胜说。总之什么叫做博士也很不一致,唯有一致的是:没有一种博士学位学得很"博"。

学位名目繁多,没有统一的国际定义,经常混淆不清。学校种类繁多,没有统一的国际标准,经常良莠不齐。既然这么难统一,我们也不必过于统一化。学位的课程和要求,要看是什么学科、什么专业而定。学校的好坏,时间久了,大家看到成绩,高低自在人心。硬性的统一化会带来制度上的僵化,未必就是好事。当然,在我们国家里凡事想不搞统一化很难。

称号还有别的、更不合理的、甚至更可怕的误导作用呢!

非学术的名誉博士学位,像 DLitt,究竟能不能算是博士学位? 有些博士学位,比如 DBA、DSc、DEng,真是靠努力、靠学问、靠本事"赚"来的。可惜名誉学位也用上同样的称呼。我就有好多个这样的名誉博士学位。国际传统上,拿到名誉学位的人不被公开称为博士。全世界好像只有香港例外,把名誉博士学位与学术上的博士学位混为一谈。很担心我们国家也会学得很快,为了这个那个理由乱颁博士学位。

某些特别崇尚学术自主的国家里,好比美国,不允许政府干预大学的课程和学位。于是三流学校也可以颁授硕士、博士学位,完全合法。加州还可以依据商业法任你开办"大学"或"学院",然后打着大学或学院的招牌公开卖学位。你会在刊物上、网上看到诸如此类的"学校"广告,说:"人生经验都是教育。假如你积累了很多人生经验,经过我校考核就可以给你学分,不用上课就可以拿到博士学位。"香港就有人买了这样的"学位",高高挂起印得辉辉煌煌的"文凭"。相信内地也有。

听人说过"学士就是秀才,硕士就是举人,博士就是进士"这种话。哎,科举时代早已过去,功名与学位是无从比较的。我们需要认识:研究生学习只是终身学习路程上的一两个阶段,高等学位也只是一两个标签,没有那么了不起。至少在国外,你有个博士学位,开始时找工作可能容易些,薪水可能高一点,但是以后人家就只看你的表现,不管你来自哪所学校,也不管你有多少、多高的学位。甚至有些博士找工作比硕士和本科毕业生更难。为什么?因为雇主说你"over-qualified"——资格太高,这份工作不需要大材小用。资格太高、大材小用的话,怕你野心太大,不愿意好好干。

怎么样才是一个好博导、好硕导?博导、硕导是否称职与荣衔无关,要看他的实质。什么是实质?一是他的学问,而学问好的人不一定就有好的课题。二是给不给你好课题,而给的话也不一定能好好地引导你。引导不是说牵着你的手走,而是经常跟你谈、跟你讨论、跟你辩论,启发你、让你发挥。反过头来,学生也启发教授。好教授总希望有好的研究生,因为也想受研究生的启发。彼此学习,彼此关怀。

学历、经验当然都重要,可是学历再高强、经验再丰富的人,都会在时间和环境的考验下碰到限制。我前面说过,名人院士爱说:"将从领导岗位退下来,把毕生学问传授给学生。"真行吗?名教授一定就是好博导吗?拿实验高能物理为例,诺贝尔奖金的获得者当然是相当好的实验高能物理学家。可是这类科研往往是团队性的项目,说不定是几十位教授学者、来自好几所学校,一起获取的成果。诺贝尔奖最多只能给三个人,一般总是给带头者。带头者的物理当然很强,但未必是几十人里面最强的。高能实验很贵,带头者必须会搞钱。加速器很难上,竞争得很厉害,带头者人缘要好,甚至会搞人际关系。他忙得要命,不一定会是最好的导师。

还有一种教授,经费特别充裕,研究生称他为"老板"——因为助研金是他给的嘛。我当博士后时,导师是位年轻的院士,的确是位非常强的物理学家。他很会找科研经费,"养"上十二个博士后,十八个博士生。你想他能照顾到多少?一年一次,他请所有学生去他家吃饭。我亲眼看到一个人走过去自我介绍,说"我是你的博士生,某某人"。在他手下已经干了几乎两年,他却不认识。可见再强的老师也不一定是最称职的博导。

博导要做到让博士生在他所攻打的专题上懂得比自己更多、更透,否则怎能要求"青出于蓝"?我们中国人尊师,总是觉得老师什么都懂得比自己多。可是做老师的要有自知之明,应该说:"你这种想法不对。在你的这个科研专题上,该比我懂得多,否则就不该毕业。"

研究生应该凭合理的因素选择导师。不该由"市场主导"。不该说:我跟了某某院士,毕业后大家就看得起我了。不该说:我在大学里跟上了某某人,将来他通过关系可以介绍我到什么地方去。国外也有这种想法,不过裙带关系不像我们那么厉害:一个带一个,就这么一路带下去。外国的大学一般不鼓励——甚至不让——本校的博士生留校任教。我们香港科技大学也是如此,因为我们要学生到外面去多见世面。"近亲繁殖"不是好事。我在香港科技大学当了十三年校长,只有一位博士生留校,当上助理教授。他的情况不太一样:原来在柏克莱加州大学念博士学位,跟着导师转来我们学校,因此他的博士学位算是我校给的。后来出去创业,做得非常成功,是位非常出色的校友。十多年来就这么一个留校的。

五、制度规范上出现的一些问题

这方面的问题,网上、报刊上、同学们的讨论里,都出现得特别多。由于时间的限制,我只拿一两个题目来谈谈。

一是有关建校、博士点、硕士点的审批。改革开放的形势和要求,逼使国家和地方大量增建院校,过去几年院校数字加了一倍。新建或改组的大专院校良莠不齐;有些经费不足、师资薄弱、水平低。这种情况下,教育部不能不统一统。

同时,研究生教育发展得非常之快,有些远离标准的学校也在那儿滥发博士、硕士学位,不加管制,就会大乱。因此,作一些限制是无可厚非的,甚至必要。任何事情,亡羊补牢经常会矫枉过正。当时不应该让这么多大学开出来,现在要去补救,大概只能一刀切,难免矫枉过正。

可是审批建校、博士点、硕士点时,要看当地的供求情况,要看当地有没有资源,要看学校的领导是不是真的投入、有没有能力、有没有可行的计划……也就是说,要看实际的情况而定,不宜一刀切。譬如说,深圳目前只有一所大学——深圳大学,其余只是一些其他大学的研究生院分院。一千两百万人的城市,只有一所大学怎行?我十几年前就是深圳市政府的高级顾问,一直说必须多办些大学。政府不那么愿意投资,说:"人才都会来嘛",意思就是:让别的城市办大学、让他们替我们培养人才,大可不劳而获。那个时候的深圳,特区确实很"特",人才愿意来,甚至抢着来。可现在早已不那么"特"了,到深圳去的人才已经不多。二线城市、三线城市,条件越来越好,本事也很大;我们自己不培养人才不行了。政府终于决定要好好办一所科技大学。

目前情况下,要教育部批这所大学不很容易,批后要建立硕士点也不容易,建立博士点就更不容易了。说不定要等许多年。据说教育部有位领导说过:"你们也要大学,东莞也要,多少城市想建大学呢。你们已经有了一所大学,东莞还没有……"需要拿深圳和东莞相比吗?深圳是靠科技加工出头的,现在科技加工已经不能发展经济了,必须积极创新。当然,我所听到的只是"据说"——当地人抱怨时所说的话,至于教育部的领导有没有这样说过,我不知道。也许有,不过领导的水平不该会那么低吧。严加规范固能堵塞漏洞、保持公平,可是必须因地制宜、因时制宜。当然,我们懂得为什么领导们不愿搞例外,因为怕有了例外,就有人想走后门。就算没让人走后门,也会给人在网上骂,硬说是走了后门;做官也很难。

最后,讲一讲我国的高等教育行政管理制度能不能与国际接轨?这个好像是非常敏感的题目,但我还是到处讲,因为事实上不必那么敏感。党委领导下的校长负责制,我们国家目前是不会改的,但并非不能与国际上校董会领导下的校长负责制衔接。

谈到深圳创办南方科技大学,曾经有一位市领导说,我们一定要改革体制。他说:"深圳是特区,特别特,应该能够做一些出格的事情。新的大学不要用党委领导下的校长负责制,要和国际上一样,建立个校董会来领导。"(注:现在国内大学误用了"校董会"这个名词,往往请很多愿意捐钱的人,把他们称为校董。这是胡闹;公司的最高权力机构是董事会,大学的最高权力机构是校董会。你一定要给捐赠者荣誉名衔,叫个什么委员会都可以嘛。"董"字已经有了公认的固定的意义,哪能乱用?)我跟这位市领导说:"国情不是这样,做不到。你要想的是用什么办法来转个弯。"其实国内外的两种领导方式并不是不可以接轨的,且听我道来。

大学的党委可以同时戴两顶帽子。一顶帽子是在校内做党务工作;这本来就是他的工作,如吸收党员什么的。另一顶帽子是参与校董会的工作。校董会里面可以有党委的人物,并且可以是很重要的人物。且看外国的校董会是怎么来的? 私立大学是另一回事,不说。外国的公立大学,譬如加州大学这样的美国州立大学,校董都由州长——也就是政府——委任。英国的校董都由 Chancellor(译成"校监",就是名誉校长)委任;而 Chancellor 是谁呢? 有时候是位贵族,有时候是位企业界的名人,有时候是位科学家……彭定康就是牛津大学的校监。香港早已回归,可是至今大学还沿用英国制度;八所大学的校监以前都是港英总督,现在都是特首,所以校董们其实也都是由政府委任的。如果我国也实行校董会(或称为理事会)领导的制度,校董(理事)也完全可以由政府委任。那么,放点党内人士进去也很自然,尤其现在文化界、教育界、科技界、工商界的党内人士多得很。此外,正如政府机构,放一些非党内人士进去。(连中央的正部长都有两位很好的非党内人士了!)假如校董会路子走得太歪,委任时抓紧点不就行了。假如校董会运行得很好,那就可以放得更开、多任命一些非党内人士。

由此可见,党委领导下的校长负责制完全可以与国际惯见的校董会领导下的校长负责制接轨,只要让党委分别戴上两顶不同的帽子,在校董会里懂得怎么参与领导工作,而非自我独尊。

你看,问题并不在于你叫它什么制度,而是明白校董会究竟应该做些什么事、不该做什么事——在于怎么分权、分工。事实上,在党委领导下的校长负责制下,校长毕竟是"负责"者;既然要负责,就得要有权:责与权必须平衡。比如说,学术方面的事、教研经费方面的事、人事任命方面的事等,与国际接轨的话,校董会是不能干预的。可是本来党委也不应该干预,否则叫校长负责什么? 怎么可能让他负责又不让他负责?

制度规范的关键在如何分权、分工。校董会负责大学的宏观政策、方向、基建、预算。香港的大学里,校董会权力非常之大,是学校的最高权力机构。校长由它任免,但是校董会只管宏观,不干预细则。比如说预算,学校行政部门(也就是说校长负责的部门)每年很仔细地做一份经费预算,送进去给校董;校董会需要审批,因为这是它的责任——等于公司的董事会。可是预算批下来以后,就放手让校长去操作了;只要不脱离大原则、大框架,细节都可以改动,校董会不予干预。别的方面也是如此,校董会不干预日常管理和运作。

学术委员会负责决定学术政策——包括教研课程、学生录取、学位颁发、经费分配、教师聘免、人事升迁等,校董会不能干预。假如大学的运作真正按照党委领导下的校长负责制来做,学术方面党委不予干预,否则与校长负责制是有冲突的。问题不在制度本身,而在按不按照制度来做。等于说,任何国家都有宪法,问题在按不按照宪法办事。

钟士元当科大创校校董会主席的时候,非常认真。当时他是港英政府管治下最有权的华人。

他不是官,但是在政府外围的行政会和立法会里,他都担任首席议员,工作之繁忙可想而知。可是校董会的常务委员会每个月开一次会,每一个文件他都仔细看,每一句话都不放过;英文字拼错了他会抓,标点符号错了也会抓,认真得不得了。开会时,我经常需要跟他辩论,争得非常厉害。一位当副校长的苏格兰人,一出来就说:"Blood all over the floor, blood all over the floor!"(满地都是血啊!)竟然争论到这个地步!但是共事十多年,我非常敬重他,相信他也尊重我,相处得十分愉快。人跟事需要看成两回事,该争时据理力争,不影响关系。有些事情上,我说:"你是校董会主席,我懂得你为什么这么想。你也懂得作为校长的我为什么不同意。"比如在退休金的政策上,我认为必须跟香港大学、中文大学平行,因为我必须为我们的教师争取权益。但是当年港大、中大的退休金制度不行,学校的基金养不起,迟早会垮。作为校董会主席,钟士元得防止基金破产,所以退休金必须限制,他的立场与我的立场没法不对立。最后当然还是根据他的,因为校董会向政府负责经费的宏观预算。我的坚持让他尽可能向政府争取更多的基金,但是退休金还是受到了限制。基金破产的话,退休金也保不住。我们两人责权分明、立场有异,但是分工合作很上轨道。

我当校长的时候,故意连副校长的任命也要校董会通过。外国不是这样,副校长是校长任命的。当时到这人地生疏的香港来创建一所新的大学,我需要校董们全力担当。副校长们的人选由我推荐,请他们通过或否决,为的是让他们也有责任感,以后要好好支持这些副校长。譬如说,副校长推动学术研究或应用开发时,校董们要帮忙在外面去找经费和捐赠。这个权由我故意让给校董,他们清楚这点,因而从来没有否决过我的推荐。由此可见,分工并非争权,而正好相反,是互相理解,设法把事情做得更好。

英国人非常尊重制度、责任和分工。我们建造校园时,有关的委员会里有政府的人——当时都是英国官员;有赛马会的人,因为赛马会替政府捐钱造校园;有建筑公司的人等。委员里,中国人真正说来只有我一个,其余不是英国人就是(英国体制下的)澳大利亚人。开会时,他们争论得非常厉害,各持各的立场。我暗底跟自己说:"真有意思,我现在才懂得为什么这么小的英国能变成'日不落国家'。不就是制度吗?没几年你们都要走了,这个学校办得好不好,对你们来说都没有关系。办的好的话,科技成果出来后,还会跟你们在世界上竞争。"不是吗?即使如此,他们还十分尽责。我看到的那些港英官员们,没有一个特别聪明,我不觉得他们怎么了不起。但是整套制度在,操作循规蹈矩,确实有效,我们能建立这样的传统就好了。

我国大学的管理体制确是需要改革,但需充分考虑国情,在国情下尽量与国际接轨。我认为大家一起动脑筋,完全可以接轨。就像我刚刚说的,关键不在党委领导还是校董会领导——校董会也好,党委也好,要说明跟校长、教授们、学术委员会等怎么分工。能不能有所为有所不为,不干预份外的事。问题在于运作,说到做到。我跟很多国内的教授们谈过,他们说:"你说的很好,但是在我们国家做不到。"我不信邪,二十年来,什么事情都逐渐做到了;这些事也逐渐会变。再不行的话,看你们这代。

讲完了。有没有人要提问,或是要批评、要骂,觉得比立刻去吃饭还重要?

学生 F:我的问题有两个,第一个是关于学生自己定位的问题,其实这个问题真的很实际,那么就您个人而言,您是如何看待职业和兴趣的关系的?

吴家玮:对,真是很难平衡。我那一代人吃饭都有问题,当年假如不是因为家里情况,我是进文科的,因为我从小就喜欢文的方面。很多科大同事都是如此。最近发现我们好些理科、文科的教授一个个退休下来都在写书。数学系的创系主任,已经用笔名"丁一"出了三本散文集。还有一位写了非常出色的侦探小说。当年如果完全按照兴趣的话,大概好些都会念文科。但是他们在理科、工科都做得很出色,明显是入行以后培养了兴趣。这种平衡必须每个人自己去看、去找。作为家长,不能把孩子逼得太厉害。逼僵了他,让他走错路,会害了他。

学生 F:谢谢,第二个是关于您个人的,您的人生信条是什么? 您有这么丰富的人生阅历,能给大家分享一下吗?

吴家玮:我最怕讲这些。以前有人叫我讲:人生为自己建立前程,什么是最重要的? 我的看法是:当然很大部分是天分;可是这个轮不到你管。能管的大概是"投入"。我很着重这两个字。样样事情要投入,要有参与感。学习要投入,工作要投入,连玩也要投入;这样的话,生活才有趣味。但是"投入"并不是钻死在一个小范围里、不愿意把知识面弄得广些。为什么要"投入"? 因为世间虽然既有天才也有普通人,一般来说,人的智慧高低相距并不那么远,投入和努力必定会把差距缩短。话得说回来,投入不是说完全苦干,拼命地干。时间和精力需要花在点子上。这方面我就不行。我的秘书——后来的助理——说:"你这个人,什么事情都要自己干。连学校刊发的通讯,很多文章你都要改。人家写的文件,你也都要改。甚至那位英国人副校长写的文件,你还改他的英文。样样都改的话,人家当然就干的马虎了。"(注:那是因为这位英国同事从前当过港英政府的局长,写的句子公文味较重,很长很长,有时候一句写上七八行,看死人。我就替他改。)她又说:"人家当天送进来的东西,你看了、评了、改了,当天就给他返回。这样的话,人家不能不赶着当天再回给你,使大家都干得忙死了。"我一辈子就是这个脾气,现在说是退休了,还是改不了。做人得要平衡一些,不能过分投入。(当然,当年大家不这般投入的话,科大也不会上去得这么快。究竟该怎么做? 实在不敢说。)

学生 G:首先谢谢吴教授给我们带来这么精彩的演讲。因为您的演讲涉及我们中国现在社会和教育上很多的热点问题。

吴家玮:都是你们这代会解决的。

学生 G:我们尽量。我本身是物理学出生的,和您是一个方向,研究生阶段我就改到物理学教育这个方向,所以类似于交叉学科。但是这几年非常大的感触,就是我人文方面的修养还有待提高,因为本身是理科出生,所以我就很希望您给我们无论在中学教育还是高等教育阶段,介绍一下香港科技大学或美国的一些学院,是怎么去弥补这些理科生、工科生在人文方面的修养呢?

吴家玮:我只给你一个答案:美国的本科教育非常注意通识教育。

学生 G:我知道,它对专业的选择,没有像国内这样?

吴家玮:对,它在学分上的要求,很多是专业以外的课程。现在复旦大学也在搞博雅学院了,但是我想还没到家。其实当年中国的著名大学，都是本科的博雅大学。如南京的金陵、北京的燕京、上海的沪江等等，都是教会办的学校，都是美国式的博雅学院。美国人特别主张博雅教育，也就是通识教育，我觉得蛮有点道理：让你念本科的时候，思想广阔一点。就说一点我亲自碰到的经验吧。我在美国圣迪亚哥加州大学 University California San Diego 当过 Provost。那是加州大学系统里面一个非常强的学校，也是学术界的奇迹——美国历史上，这个世纪以来创立的大学，只有它很快就窜到研究型大学的最前列。这所大学里有几个学院，我管一个学院，叫做 Revelle College。（这所大学的学院不按理学、工学……来分，每个学院都有自己的课程和目标。Revelle College 是第一个学院，起点特别高。）由于建校初期来此的都是物理系的教授，Revelle College 里特多理科的教授，也特多理科的学生。85% 的学生都是念科技的，尤其是特强的医学预科生。但是课程里面，足足 40% 是人文和社会科学。最难念的是一组九学期的人文与社会科学核心课程。Revelle College 的学生，若是念不下去、被迫转到另外一个 College 去，多数是因为过不了这一关。那么，理科特别强的学院为什么把这一关看得这么重？就是因为我们要求学生的知识面一定要广。每年我们都在学生里做一次民意测验，大一的学生都非常反对 40% 的人文社会科学课程，尤其是这个九学期的核心课程；大二的学生也反对；但是大三的学生就说："千万不要改！"因为他们得益匪浅。当然也可能是因为"嘿，老子吃过苦头，现在轮到你吃了"。我儿子也是从这学院毕业的，本科念了计算机工程，很专，毕业的时候还是拿大奖的。其实早两个季度就念完学分可以毕业了，但是他不肯毕业，坚持多念两个季度，并且两个季度都比别人选多好多学分。我问："为什么不早点毕业，提早去念研究生院？"他说："我要选修不少哲学课程——康德之类的。因为现在不读，去了研究生院就学不到了。"今天他当电脑系的教授，哲学书籍拿来看，当做嗜好。同时他也喜欢音乐，在柏克莱的研究生院念博士时，自己设计了一个两层的电子乐器，替每个乐器写谱，还写交响乐呢。同时又跟另外三个研究生组织了一个 rock band，业余表演。为什么可以这样？就是因为 Revelle College 的教育范围特别广阔。

　　一次，我跟吴启迪说（吴启迪本来是同济的校长，瑞士的博士，思想非常开放，后来当过教育部副部长，刚刚退休）：我们应该办一些博雅学院，就办本科，不争取把它们变成什么研究型大学。她说："你来创办吧。"我说："年纪太大了。我是六十岁的话，真替你办了。"

　　学生 H：您说到"金牌挂帅"，运动员退役后的生活确实是一个问题，但是与您今天演讲的主题有什么关系？谢谢您。

　　吴家玮：不是特意讲这事的，只是说我们常常务虚而不务实。我觉得我们应该注重参与。运动不是为了拿金牌，而是普遍参与。就说学生在学校里学习吧，不是单看书、听课，要让他们以参与的心理来学习，给他们足够时间参与讨论、辩论、争论。（我鼓励学生们争论。为什么？我们中国人不喜欢争论，好像争论就像是打架。其实并不，学生为学问而争论是一种训练。争论时你不肯输，要争辩，甚至明明错了，还要强辩，那总得运用逻辑吧。真理越辩越明，最后错还是错，你得承认错。但是辩论争论有好处，训练了你的逻辑思考，锻炼"大脑的肌肉"。）我要学生争取时间参与文化和体育活动。（又是"参与"）我讲一个真实的笑话给你听，与体育、教育和刚刚讲的参与感都有关,然后我们今天就到此结束吧。科大刚开学时,我鼓励学生,说:"你念什么专业都好,至少要参与一项运动、一项文化活动,最好也参与学生会的组织。"怎么鼓励呢? 很难。香港的本科是三年制;三年里念专业勉强够,较难添加文化课、体育课。唯有鼓励学生在课余时间少煲电话粥、少看漫画书、少去香港人喜欢的"shopping",而去做些体育运动。于是我们教授组织了一支篮球队,向学生挑战。准备打打停停,喝喝汽水,笑笑,输得再厉害也一点不在乎。让他们知道重要的不是打赢打输,而是参与,给学生们看到个好榜样。很不幸的是,我们打赢了,而且赢得厉害。你说这样怎么鼓励学生们参与运动呢? (笑声)这是件真的事情。

　　谢谢各位,吃饭时间到了。(掌声)

录音整理:雷丽丽(华东师范大学高等教育研究所)

张松铃(华东师范大学教育学系)

学 生 感 言

● 在开学第一天就听到了香港科技大学创校校长吴家玮教授《有关高等教育的一系列问题》的报告,他作为一名物理学教授,不仅在物理学界取得了瞩目的成绩,而且在教育界也是如此的引人注目,真是令人钦佩! 吴教授在讲座中,语言幽默风趣,和蔼可亲,很像一个"老顽童"。(华东师范大学　潘立晶)

● 73 岁的吴家玮教授坚持 3 个小时都站在讲台上为我们演讲,并每讲完一部分就请学生提问,与之辩论,使我们充分感受到老教授的敬业精神。(浙江师范大学　邓业丽)

● 吴家玮教授今天的报告让大家耳目一新、振聋发聩。从中我不仅体会到了他近乎苛刻的批判精神和勇气,更感叹于他思考问题的独特视角和思维方式。他以多年的教学、研究与治校经历让大家享受了一次批判的盛宴。尽管火药味浓烈,但确实非常过瘾、痛快! 尽管年愈七十,却显现了他的民族责任感与历史使命感。(南京大学　秦炜炜)

● 吴家玮教授谈高等教育针针见血,说到了现在我们高等教育中存在的一些问题,尽管他说自己是个外行人,但是在他幽默风趣的表达中,我们能看到他对高等教育的信念和对大学精神的不懈追求。(华东师范大学　刘捷)

促进学习的评价

讲演者：崔允漷

时间：7月6日 14：30—17：30
地点：大学生活动中心报告厅

讲演者简介

　　崔允漷　华东师范大学教授、博士生导师。现任教育部人文社会科学重点研究基地华东师范大学课程与教学研究所所长、教育部华东师范大学基础教育课程研究中心副主任、全国课程专业委员会副理事长、国家基础教育课程改革专家组核心成员、教育部民族/贫困地区中小学教师综合素质培训项目专家、上海市第六届高校曙光学者。研究领域：课程与教学理论、课程规划与设计、课程评价、教师专业发展。

　　首先欢迎各位远道而来的硕士生和博士生到华东师范大学来参加我们主办的暑期学校。（掌声）过去上课都是面对自己专业、自己系、自己学院的学生，现在面对的是全国各地经过选拔的优秀的研究生，这对我来讲是一件很荣幸的事情。（掌声）讲座没有规定题目，所以我就自己选定了，刚才一些同学在交流中问我：崔老师，您不是研究校本课程的吗？这是我十多年前的事了，我就是靠校本课程"起家"的。随着课程改革的推进，最近，我关注最多的是评价的问题，包括去年、今年，以后也会花更多的时间在这个领域。今天，我想把自己的一些东西拿出来与大家分享，虽然还有不成熟的地方，但希望在座有志于评价研究的同学都能参与到这个领域，共同研究、探讨这个问题。你的硕士论文、博士论文都可以去做与评价有关的课题。因为教育的真正专业性

就体现在"评价"上,而且评价具有很强的实际意义。你看美国就有很多评价公司,但我们国内很少。

我很认真地准备了这次讲座,昨天晚上我跟儿子进行了一次谈话:你最近刚考完数学,你们数学老师是如何讲评试卷的呀?儿子告诉我:老师花了两节课的时间评讲试卷,慢慢地一道一道地讲下来。我说:为什么要慢慢地讲呢?儿子说:因为规定是两节课,如果一节课讲完了,还有一节就没事情做了。我说:你考了98分,还要听一遍吗?他说:不听干嘛?我说:这样对差的学生有用吗?有没有个别辅导?他说:这个不知道,老师一般会找5、6个差生单独谈一下,到后来他们还是不懂的话,就让他们找好学生的试卷抄一下。我说:你觉得试卷分析怎么做对你有好处?他说:我不知道,会做的人你不用讲他也会做;不会做的人,你讲了他也不会做。这就引出了一个话题,考试之后怎么办?如何分析?

还有一个例子是10多年前的一个学生,我看过他写的日记,觉得挺有意思,所以就抄了下来:

4月9号我们进行了考试,英语是我的强项,可我只得了94分,错了两道听力、两道选择,考得最好的同学也只有98、99分。10号考了语文,也不怎么样,基础和阅读扣分在5分以内的同学也不是很多,所以被老师骂了一顿,还好我只扣了两分,是全班扣得最少的一个。11日的数学还行,得了100分,不过全班有11个呢,也不算太好。(笑声)

你看,这就是我们初中生最真实的感受啊!短短几行字说明什么?没有100分,对100分很渴望;给了100分,又怎么样?一点成就感都没有。你想想看,这100分到底是什么意思?这100分给学生带来了什么?这就是一个问题。所以怎么做研究?做研究就是从现实中找到问题。今天我要给大家讲的就是这个话题。

上面我已经澄清了我要讲的是什么、我的问题是什么,接下来,便是这个问题有哪些相关的研究基础。最有影响的研究有两个:一个是美国的 Richard J. Stiggins 做的研究,另一个是英国的课程改革小组的研究。此外我们也在一所学校专门做"促进学习的评价"研究,而且教育部的《基础教育课程》这本杂志从今年第三期开始,每期有4到5个页面专门追踪报道我们的研究。今天我只讲"基于课程标准的教学与评价"这个框架内的一项很重要的技能,就是"怎样将国家课程标准转化为学生的学习目标",这也是当前新课程推行中的一个非常核心的技能。因为时间关系,今天我主要还是提出问题,里面有很多东西值得研究,大家可以去进一步研究和思考。

首先问大家一个问题:"我们当前的评价促进学生的学习了吗?"我们这辈子参加了多少次考试,在座的人恐怕都数不出来。无数次,每次考完后你都得到了什么?你只能告诉我你得了多少分,离100分还有多远,比如,考了98分,离100分还差2分。但是,这100分是什么?谁能说清楚这100分代表什么?"100"只是个数字,它没有意义,就像单说"5"一样,没有实际意义,必须变成5元钱或5本书才有意义,但是"100"这个没有意义的数字在我们国家就像一个图腾啊!为什么这么说?因为许多人看到"100"都眼睛发亮,像看到神一样,为了"100",甚至可以牺牲自己的吃、穿、住、行、金钱、荣誉、地位,有报道说,一个教育局长去偷考卷,因为他儿子参加了中考,这不是为了"100"而牺牲自己的荣誉吗?为了"100"可以牺牲自己的生命,这样的例子现在到处都有。

现在几乎找不到一所没有学生跳过楼的重点中学。所以你说这个问题大不大？为什么会出现这种情况？这个"100"到底是什么？其次，我们的考试基本上都是纸笔测试，除此之外几乎找不出其他的评价方式，所打的分数也是由老师决定，一道题得 3 分还是得 4 分，有什么标准吗？特别是主观题，比如作文，我就问过一个老师：这次考试作文分怎么样？他说：这我怎么知道，我们心里也没底呀！可见我们没有一种科学的评分规则，我们自以为写得好的作文不一定能得高分。分数只能证明我们以前学得怎么样，但不能对后续的学习产生作用。我们将问题聚焦一下，今天我们讨论的评价应该不仅仅是证明学生当前学得怎么样，更重要的是，要将学生当前的学习与后续的学习相联系，让学生明白下一步该做什么。

关于这个问题已经有了一定的研究基础，我就先来介绍上面提到的两项比较有影响的研究，一个是美国的评价培训研究所所长是 Stiggins，还有一个是英国的评价改革专家组。

Stiggins 最大的贡献是他构建了一个评价三角形，他把评价行为分解成三个东西，第一个是认知，就是要知道学生学习之后的结果是什么；第二个是观察，就是观察学生当前学得怎么样，有没有朝着预期的目标前进，哪里出了差错。就像大家来上海要去东方明珠，我们就要观察大家在去的路上有没有按照既定路线前进，有没有走错路；第三个是解释，就是假如你的方向错了，他为你提供正确的方向和建议，促进学生学习目标的达成。这就是他的评价三角形。同时提出的指导原则有四条：

第一，学生是评价的关键用户。我们现在往往把评价信息泛用，拿学生的分数去评价老师，去评价学校，唯独忽视了学生这个最关键的人物，学生应该是评价信息的主人。在现实中，我们往往把学生当作评价信息的客体，其主体地位往往被忽略；

第二，清晰与合适的目标是必要的。就是说你总要知道学生学习的目标是什么，而且目标要清晰合适；

第三，准确的评价最重要。也就是说你采用的方法必须是科学的，以获得可靠的证据。如果你获得的信息是不准确的，那么评价就没有任何意义；

第四，完整的评价必须伴随有效交流。这就是"解释"，也就是说一个完整的评价过程一定要有交流，与学生的交流，与老师的交流，与家长的交流。

接下来介绍的是英国评价改革小组的情况。2002 年英国评价改革小组受到资助，7 个专家最后确定了"促进学习的评价"的 10 条原则，他们对评价重新下了定义，即"促进学习的评价就是发现和解释证据的过程，这些证据被老师和学生用来决定在某一个阶段的学习需要达到什么目标，以及怎样最有效地实现目标"。这 10 条原则，一是促进学习的评价应该成为有效教学计划的一部分，就是说在备课的时候就应该有评价的内容。二是促进学习的评价应该聚焦学生是如何学习的，就像刚才 Stiggins 讲的"观察"，准确的评价就是收集证据的过程。三是评价应该是课堂教学的中心。教师最重要的一项认识便是知道怎样评价，否则上课就像穿上了"溜冰鞋"一样，没有目标，仅有的气氛热烈和课堂热闹，又有什么用？四是评价应该成为每个教师拥有的一项关键专业技能。五是所有的评价都是敏感的、建设性的，为什么？因为每个评价都与情感有关。六是评价需要考虑学生学习动机的重要性。比如说我们考完试,许多地方都要公布成绩,我一直在追问这样一个问题,这个成绩排名到底是对好学生有利还是对差学生有利? 这也是一篇很好的硕士论文题目。经过我的观察,我认为这个排名对好学生和差学生都没有多大好处,今天早上我还跟儿子谈了另外一件事情,我问他:你考试紧不紧张? 他说:考试不紧张,最紧张的是发考卷的时候,因为我不知道考卷什么时候能发到手。因为老师一般都是从第一名开始往后发的,如果前面两三个还没发到手的话就会紧张了。当然,我从不要求他一定要考 100 分,如果他考了 98 或 99 分,我只会问他错在哪里,现在是否知道怎么错的,因为偶尔的粗心也是可以原谅的。对于一个数学差生来讲,如果考了 70 分,也许他对 70 分已经很满意了,因为他觉得自己不是学数学的料,他考 70 分已经很尽力了,可是还是排在班里第 32 名,还被贴了出来,这不是丑化他吗? 我们在座的人应该可以达成一个共识,就是学习跟脑子有关系,不是越勤奋分数就越高,不是说老师花的精力越多考试分数就越高,不一定成正比。这从经验上也是能证明的,会考试的人,老师不讲,他也能考高分。我有一个朋友,他女儿数学和英语不行,他就一直嘱托老师帮助她把数学分数提上去,只要及格就行,可后来还是没能及格,朋友很生气,说这个老师不行,可是我不赞成,我朋友也是老师,而且他高考的时候数学也没及格,他怎么不想想自身的原因?(笑声)你要做的就是问女儿是否努力了,还能达到一个怎样的程度,如果高中三年一直努力了还是那个水平,你能指望她高考一下子就考好吗? 这些都是在我国非常盛行的教育问题,所以不要以为我们的问题没有价值,假如你的研究能让我们取消排名,价值就非常大,如果你有充分的证据证明排名对好学生、差学生没有多大好处,那么对改变现状、减轻 2.3 亿学生的痛苦,是个多大的贡献! 所以评价一定要激发学习动机。七是评价一定要让学生和老师知道评价的目标和评价的准则,不管是评价人还是被评价人都应该知道标准,共享标准,不像我们的作文评分一样,标准都在老师那里,学生根本不知道为何得那么多分。八是提供学生如何改进的具有建设性的指导,比如说差生,你觉得你能提出多少符合他的建议,他又能做到多少,如果你提的意见是他无论如何都无法做到的,那么这种意见就是没有意义的。就像我儿子那个班级,每次考试都有几个人的分数是个位数,对这些学生而言,单是试卷再做一遍有什么意义呢? 所以老师应该对他们提出有建设性的、能促进他们进步的建议。九是让学生学会自我评价,比如一个孩子在小学考了 6 年的数学,他一般知道自己的数学水平在班里处于哪个位置,所以一次考试下来,你问学生:你自己满意吗? 如果学生自己满意了,你老师还有什么不满意呢? 我们现在往往滥用学生评价结果拿来评价老师,因为班级要排名,所以老师的压力很大。另外,也就是最后一点,应该承认,在学生学习所取得的成果中,既要评价可测评的成果,也要考虑不可测量的学习成果,这就是英国评价小组所作出的贡献。苏格兰的一个评价研究小组又把这一研究推进了一步,构建了一个三角形,形成一个叫做"Aif L"(促进学习的评价)的评价体系。

根据这样一些研究基础和我们自己的研究,最后在"为什么评价"上达成了几点共识:第一,评价的功能有两个:促进和问责。我们现在对评价的促进作用关注太少,而往往关注问责,这是不对的。比如考试考了几分,在班级排第几名,这是问责;班级平均分在年级中排名第几,这是对教师的问责。评价的重点在促进而不是问责，评价应该是"增值"的，我们现在太多地强调问责，而忽视了"增值"。怎么增值？就是促进学生更好地学习，这才是评价的核心理念。什么叫"更好地学习"？"更好地学习"是否仅仅是考试分数越来越高？不是的，促进学生更好地学习应该包括三个方面：一是评价是不是让学生更想学；二是评价是不是让学生更会学；三是评价是不是让学生学得更好，包括考试分数更高。所以促进学习不仅仅是学生分数考得更高，而是学生想学、会学、学好。另外，评价和学习是一个连续体，学习——评价——再学习——再评价……也就是说评价不仅关注前面的学习，更要关注后面的学习。我们在 Stiggins 的三角形的基础上构建了一个"评价体系"，评价行为是一个环状的结构，我把评价行为分解成三步：第一步是知道学生预期的学习结果；第二步是通过观察、测试获得学习过程的信息，来证明学生距离学习结果有多大的差距；第三步如何解释这种信息，并提供如何促进学习的建议。我把评价变成这样一个环。我这样的解释是基于英国课程评价专家组对评价的定义，即评价就是发现证据、收集证据、解释证据的过程。这就是我在前人研究的基础上，构建的几点认识：学习和评价是一个连续体，这个连续体可以是基础教育 12 年，也可以是一个学期 18 周，学习——评价——再学习——再评价……这就是一个连续体中的一圈可以是一个学期，也可以是一周，一天，一节课。而评价环，就是知道学习结果，通过观察测试等获得学生学习过程的信息，再如何解释信息，并提供促进学习的建议，这就是评价环，将它放入学习-评价连续体时，它只是一个片断。

下面我简单地解释一下，如何知道学生的学习结果，比如我要教学生"勾股定理"，我如何知道学生应该实现怎样的学习结果？一共有两条路径，一是依据文本，特别是国家课程标准，又比如教材、考卷等材料；二是根据他人的经验或者反馈，比如其他老师的经验，或是教研员提供的范本，或者教师在教学的时候观察学生有没有听懂来调整预期的学习目标。主要是以这两条路径来确定学生的预期学习结果。这是第一步，包括学生想不想学、怎样学、会学到什么，也就是知识技能、情感态度价值观、过程与方法等这些方面。

如何收集过程信息？也有两条路径，第一条路径是观察与交流。最近我们在研究课堂观察，而且是基于专业的视角，课堂观察不是观察老师怎样表演，而是关注学生的学习，这就是专业的视角，如果你只关注教师，这是不专业的。那么为什么要关注学生？因为能达到学生学习目标的方法有千万种，条条道路通罗马，教师可以用很多种方式帮助学生达到学习目标，不管教师用什么方法，只要合目的、合伦理、合专业，都是可以的，因为我们最后聚焦的都是学生的学习结果，只要结果达到就行，如可以通过日常观察、课堂观察、交流或从别人那里了解学生学习的信息等。第二条路径就是通过作业、测验、考试等。通过这两条途径来获取证据，将这些证据与目标做参照，看它离目标还有多远，如你要去东方明珠，先到了人民广场，但是我怎么知道你到了人民广场，你得发张照片给我看，这就是收集过程的信息，然后我来判断你的方向对不对，需不需要提供建议，学习也是这样。第三步，也是最关键的一步，即解释与反馈。应该如何解释这些信息，比如分数或评语这些都是信息。解释重在归因，归因是否正确极为重要。如将学生的学习问题归为老师的缘故还是学生自身缘故，是学生的动机问题、智慧问题，还是他的习惯问题，这个很重要，因为下一步的交流、反馈、建议都是基于你的解释,如果你归因错了,那么你的建议就没有建设性了,所以会不会解释你获取的信息是非常关键的,然后才能提供具有建设性的支架和建议。这就是评价的三步,组成一个评价环,在学习、评价这个连续体中不断地发展,不断地"增值",这就是我们现在做的促进学习评价的基本框架。大家有什么不清楚的可以写纸条提问题。这就是我们站在"巨人"的肩膀上所建构了的东西。

有了这个,我再来跟大家分享我们的行动研究,我们在一个学校的研究。前几年我们在一个小学试用得不是很理想,因为做得不是很深入,最近和一所高中合作得很愉快,我们促进学习的评价框架有四部分。第一部分是该考的东西一定要考,我们有很多知识技能是可以考的。我们有些人大代表、记者说取消高考,这些都是头脑发热,高考不可能取消,因为考试是评价的一种最重要的方式,所以不是取不取消的问题,而是如何改进使它更好的问题。第二个部分是我们以前关注得比较少的,就是不能考的东西如何评价,这就是表现性评价。最近我们这个团队在这方面有不少研究,马上有两本书要出版。表现性评价都在研究这样的问题:不能考的东西可不可评?该如何评?表现性评价主要有三个要素:表现目标、表现任务、评分规则,这些都是相对正式的评价。相对应地,还有一种过程评价,相对前两种关注结果的评价,课堂评价属于过程评价。不管哪种评价,重要的是评价结果的报告与交流,即如何运用评价结果来促进学习,这就是我们所做的一个行动框架。下面我把这个思路跟大家讲讲,因为许多的研究结论还在统计过程中,但这个框架是很清晰的。

对一个学校来讲,纸笔测试有三大类。一是校外统考。如全市、兄弟学校联考、中考、高考、高中学业水平测试等。对于校外统考,老师应该怎么办?首先,谁来统考的你就向谁要数据,比如"某省高中学业水平测试",就必须向考试组织方要相关数据。数据拿来之后要研究如何处理这些数据,处理了数据之后形成教与学的改进建议,形成建议之后明确行动,什么时候落实,在哪里落实,怎样落实,老师有没有把这些建议落实到作业布置上,落实到课堂教学上,落实到命题上。第二类是校内统考,比如说平行班统考、请教研员出考卷、请其他学校出考卷等。如果是教师自己出考卷,首先要研究课程标准,然后向其他老师征集试题,一条标准应该怎样命题才能达标,这就是基于标准的命题。试题征集好了,怎样形成考卷,先考什么后考什么,怎么排列。考了之后分析结果,形成建议,看看下一步怎么做,教和学做什么。单元测验往往是老师自己命题,那老师该怎么做?首先也要研究课程标准,进行基于课程标准的命题,然后去考,考了之后分析结果,明确进一步的行动。这就是纸笔测试工作的流程,你这样做了才能促进学习。

不能用纸笔测试的怎么办?那就是表现性评价。表现性评价最关键的是后面三步,第一步要研究课程标准,便于确定学生的表现目标,根据这样的表现目标来设计表现任务,就是我要有什么样的表现任务来检测这样的目标是否实现。然后要制定评分规则,纸笔测试有标准答案,而表现任务没有标准答案就用评分规则来评,评分规则往往采用等级制,评好之后再分析评价数据,明确下一步的改进行动。像合作能力、探究能力怎么考,就可用表现任务来做,另外好多实验、动手操作、艺术类的表现、画画、唱歌、项目设计,都可以用表现性评价,没法用纸笔测试。

第三种是过程评价。过程评价最重要的是课堂的及时性评价。课堂的评价主要有四类：一是口头交流，如老师为了知道学生是否理解，往往会设计一个问题，来看学生学习的目标有没有达成。前段时间我研究课堂教学底线，我在一所九年一贯制的学校研究课堂教学底线的问题，比如我们学校的语文课最不能犯的错误是什么？能不能达成共识，后来经过大家的充分讨论，达成了六条共识，其中有一条就是说我们学校的语文课至少要保证85%的学生都在听课。这就是教学底线。这也让我改变了我的报告方式，我每次做报告的时候都会观察谁在听，我也希望我的报告有85%的学生在听，边观察边调整。所以有经验的老师往往会随时观测学生的学习情况和目标的差距。提问、对话、理答——老师提问，学生回答，老师是如何处理学生的回答等——都可以看作是评价交流！还有就是练习，用来检测目标的实现程度，如课堂作业的设计，怎么反馈，怎么写评语，这都属于课堂内过程性的评价。

第四个问题也是促进学习评价最关键的问题，即报告与交流，这一点我们现在的研究还很薄弱，我一个博士生就在做这个课题，叫做《评价结果信息的处理》，论文题目虽然很小，但是意义很大。怎么报告与交流才能促进学习、怎么向学生报告、单元测验后怎么报告、学期结束后怎么交流、对不同的学生该说什么、文字交流还是口头交流、私下交流还是公开交流等问题都很值得研究，国内这方面的研究还比较少。第二是向家长报告，定期还是不定期；书面还是短信、邮件、电话等。还有教师间的交流，通过教师间的交流来促进学生的学习，比如教师相互交流一个学生的情况等。再一个就是学生间的交流，学习成果怎么展示，一定要考虑学生学习成果的所有方面，比方说把他的不好的数学成绩展示出来，但为什么不把他画的很好的画展示出来，虽然他数学排名在后面，但绘画却可以排在前面。单是公布语、数、外成绩，有些学生恐怕永远都没有面子。所以报告与交流对学习的促进是非常重要的。接下来休息一刻钟，大家有问题可以写纸条提问。（掌声）

（休息一刻钟）

好，各位同学，我们继续聊。休息期间收到了许多问题，我很高兴，因为一般来讲，我是很怕我把问题讲完了，而大家没问题了，这是我非常担心的。但今天出乎我意料，能够收到这么多问题。这可以让我自己得意一下，这就说明我今天的讲座做得不错，因为让同学们有了这么多的问题，谢谢！

促进学习的评价的框架有许多的问题值得研究，值得探讨。我认为基于课程标准的评价里面非常重要的一项技能就是"分解内容标准"，即怎样将国家课程标准中的内容标准变成学生的学习目标，这是一个很关键的问题，而且也是我们国内最新的研究。在我国，对于这一问题的研究还很少，大家可以通过网络搜索发现，这个领域的研究还是很新的，所以我希望大家可以在这个问题上进行选题，一线教师太需要这些东西了。简单地来讲，就是过去老师没有课程标准只有教学大纲，老师是怎么教的，现在有了课程标准，老师又应该如何教，如何评价。

那么第一个问题就是为什么要建立这样一个联系。从课程影响学生的层级来分析，学课程与教学论的同学都应该知道美国课程专家古德莱德的五个课程层级。首先是理想的课程，理想的课程变成正式的课程,正式的课程出来后,如何让教师理解正式的课程,老师理解了课程后在课堂上跟学生进行互动,最后看新课程的理想目标在学生身上有没有得到体现。比如说三维目标,知识与技能、过程与方法、情感态度价值观三个维度的目标有没有在学生身上得到落实,如果没有得到落实,那么理想的课程和现实的课程就是"两张皮"!现实中也可以听到很多批评的声音:"新课程改革的理想和现实是两张皮。"那么我们在现实中,应该如何解决这样"两张皮"的问题?我今天就来和大家探讨如何解决这个问题。

关注新课程的人都知道,这次课程改革的整个运作系统一共有八步。首先是新的课程理想集中体现在《基础教育课程改革纲要(试行)》上。这个《纲要》的研制花了三四年的时间,最后于2001年6月由国务院同意教育部颁布的,颁布的最后一稿是第48稿。那么怎样依照这个纲要把理想课程变成正式的课程呢?即第二步就是课程方案、课程标准、教材(第2、3、4步)。课程方案就是分配课程,语文多少课时,数学多少课时,哪一个年级开始学习英语,这都是一个逐渐达成共识的过程。比如我们认为英语课程应该从小学五年级开始,但是最后决定为三年级开始。又比如为什么小学不讲思想教育,而把思想教育放到初中去。你想想,六七岁的小孩就进行思想教育,这不是灌输是什么呢?方案清楚了,比如说义务教育阶段语文课时要占到总课时的21%到23%,原来是28%,因为现在平台增加了,学语文的机会多了,就降下来了。然后由语文课程专家来回答在这样的一个时间中,学什么样的语文最有价值,学到什么程度,这就是课程标准。又比如数学占总课时的13%—15%,学生应该学怎样的数学,学到什么程度。标准出来了,向全社会发布,教材要多样化,一标多本,怎样开发基于标准的教材,这就把课程正式化了,然后第三步就是让教师理解新课程,即撰写学期课程纲要与写教案(第5、6步),通过培训,让老师们先理解一门学科的整体架构,然后再写课时教案,并拿到课堂里去教,与学生进行互动(第7步),最后检测一下新课程这个理想在学生身上有没有实现(第8步)。这就是新课程的整个运作系统。那么,问题在哪里呢?我们教师非常习惯只做第6步和第7步。一个就是备课,叫做备课时,备第几课。教师没有命题的机会(第8步),因为考试都是由外部来进行的,老师的专业能力的丧失非常严重。比如说,一个老师教了一辈子的语文,你让他来上课,他马上就会问,要教哪一本书哪一篇课文,其实教了那么多年语文自己也可以开发一个课程方案出来,可是他不知道。数学也是这样,物理也是这样,就是说老师教了一辈子的书,永远只见树木不见森林,他一直没有问过,小孩为什么学语文,他只知道你给我教第几课,我来教。这就是问题所在,怎样去改变这样一个现状呢?我们希望老师一体化思考,第3步和第4步是专家定的,即便是专家定的,我们老师也要像专家一样思考,然后再做第5步,撰写学期课程纲要,就是说老师备课首先就要备一个学期的课,然后备单元教案、课时教案,不要一进来就进入某一个点,而是进入整个一个大的框架,大的观念,像专家一样思考,这些技能对于教师来说太重要了。老师不仅要知道树木,更要知道森林,新课程就要求老师这样教,自己定下目标后,也要知道如何命题,要知道如何检测这个目标是否已经实现,如果这个不知道的话,教学永远没有方向,所以公开课往往成了表演课,关起门来的家常课就变成习题训练,只是考虑到熟能生巧,却不知道熟能生巧的背后是熟能生笨、熟能生厌。大家都有外语考级经验,看到一道题就知道答案,至于为什么要选这个答案,不知道,反正是对的,这就叫熟能生笨。所以,怎样让老师拥有大观念很重要。比如,教"勾股定理",首先应该查查看,课程标准是怎样的要求,"牛顿定律"国家标准的要求是什么,面对这样的内容,面对不同的学生该怎么教,教了之后该怎么评才能知道我们班级的学生是否达到了国家课程标准的要求。

如果用专业的话语来表达,上述的思路就是基于课程标准的教学与评价,即把课程标准、教材、教学、评价一体化思考,一致性思考,这就是像专家一样思考。这里面非常重要的是新课程备课应该怎么备,就是评价设计先于教学设计,国家的课程标准已经给你了,该怎么检测,这个想明白了再来设计该怎么教,这是我的另外一个专题,叫基于课程标准的教学,专门讲教学设计问题。今天我们讲评价就讲一点技能,先说几点结论,为什么要基于课程标准的评价?

第一,课程标准规定了学生学业成就评价设计的理念,因为课程标准首先告诉大家的是理念,课程理念,因此评价需要基于这样的理念。比如说体育课程,其中很重要的一点理念就是养成终身体育的意识,而不像现在这样考学生。我就遇到过这样的一个问题,在我儿子六七岁的时候应该给儿子请一个什么样的家教呢?结果请了一个体育家教,为什么要请体育家教,因为一个人的聪明程度六七岁定终身,你六七岁聪明的话以后就是聪明的,如果六七岁有点笨的话,就算你读完博士可能还是有点"笨"的。(笑声)一个人的聪明程度跟学校教育没有多大关系,我们老祖宗讲三岁看大、七岁看老,就是这个道理。三岁看大是看长相,七岁看老就是看智慧。所以我当时就想,接下去的教育该教他什么,我就请了一个体育健康学院的研究生,他问我,教你儿子学什么。我的回答很简单,只有两句话,第一句话:每个星期三课时,每次 30 元,你陪他玩;第二句:我的要求不高,但是每次玩回来你要保证他出汗。这就是目标意识,所以体育教到现在,换了三个体育家教。可是让人遗憾的是,他体育只考了 61 分,这就跟我们的体育评价有关系了,身体很棒,体育才考 61 分,我们是怎么考的,从小学开始就起跑、冲刺、撞线、初中考、高中考,把我们所有的人都当刘翔那样去培养,我们在座的人与起跑冲刺有什么关系,我们只是锻炼身体而已,这才是终身体育的理念。按现在的体育教学,搞到后来大家对体育都不感兴趣了。所以,评价首先应该符合体育课程的理念,那就是终身体育。给小孩多样化的评价方式,喜欢跳绳就跳绳、喜欢游泳就游泳、喜欢打篮球就打篮球,但是我们在座的人都考过铅球、考过标枪,试问有几个人喜欢铅球,喜欢标枪,这样去考有意义吗?所以课程评价首先要符合课程理念。

第二,课程标准已经为评价建立了纬度,知识与技能、过程与方法、情感态度与价值观三个方面。

第三,课程标准限定了学业成就评价的内容范围和认知要求。考什么、考到什么程度,国家课程标准都已经定了,当然有些课程标准没有做好是另一回事,需要继续努力,但是从标准来讲就应该为学生规定知识技能、认知要求。

基于这样的几点思考,我们又涉及一个非常重要的问题,那就是怎样把国家课程标准中的内容标准通过分解、通过一些技术来变成"我"的学生的学习目标?这对老师来讲太重要了,老师需要这种专业技能。一般来说,有四步:第一步,寻找关键词,关键词是什么?就是动词和名词。动

词就是"应会",名词就是"应知"。课程标准就是告诉大家老师,通过学了该项内容后学生"应知"、"应会"的东西;关键词找到之后是扩展、剖析关键词(第二步),比如说"说明细胞的分化"(普通高中生物课程标准,第13页),什么叫"说明",如果让你出一个题目来检测学生是否能"说明",结果是出的题目很有可能是五花八门的。你用举例,我用解释,我可以考他的记忆、背诵,口头表达等都是"说明";所以需要扩展、分析,分析后将相关概念建立一个剖析图(第三步);概念都清楚了后再看看我们所面对的学生,根据学生的情况来定位这个目标(第四步),这就是一个四步的过程。

上述的四步就是把内容标准分解成学习目标的过程。那么如何分解呢？ 主要有三种分解策略:第一种情况,一条内容标准对应一条学习目标,即内容标准直接可以当做学习目标的。第二种情况,把一条内容标准分解为两条或多条学习目标;第三种情况,几条内容标准重新组合成一条新的学习目标,也可能是三条标准里都提到一个东西,就把它提炼出来作为一个目标,反正是"多对一"。

下面我们再回顾下什么是学习目标？ 学习目标多是指预期的学习结果,它的叙写一般来说必须有四个元素,才能把学习目标说明白。第一是主体,目标的主体必须是学生,不能是教师,第二是行为动词,要尽可能明白,尽可能可观察、可测量、可评价、可把握。有的就太大、太虚了,比如说,有个特级教师在教授《海燕》时,她的学习目标是这样写的:"通过两课时的学习,培养学生的大无畏革命精神,提高学生的写作技巧。"她两堂课上好了,我怎么知道学生有没有革命大无畏的精神呢,我怎么评价？ 不能评价的目标就不是目标,结果永远大于目标,写目标就是为评价用的。所以行为动词要尽可能明白,不要太笼统、太抽象。第三是行为条件。什么是行为条件？ 比如说给学生一个情境,笔记本、计算器,这些都是行为条件。为什么要给,就是为了可评价,你没有条件没法评。还有就是行为程度,这是最低要求,目标写的都是最低要求,不是最高要求,但是我们往往一写就是最高要求,写出来的目标就成了"高、大、全"。

我有一个很经典的例子,我在1997年进行校本课程研究的过程中,需要老师报一门除了自己本学科以外的另一门课程,有个老师就报了"电子小制作",因为她教物理的,她写了三点目标:1.培养学生分析问题、解决问题的能力;2.培养学生的合作精神;3.培养学生的德智体全面发展。我就把那位老师找来,我说我对你的目标有点疑问,想问你两个问题:第一、三点目标用在语文课上可以不可以？ 用在数学课上可不可以？ 用在英语课上可不可以？ 她一看觉得都行。第二个问题,我们的学校可不可以把其他的课都砍掉,只剩一门"电子小制作"就够了(笑声),为什么呢？ 因为你告诉我你这门课能培养德智体全面发展的人,那么我们还要语文、数学、外语、体育、综合实践活动这些课程干什么？ 这个牛皮就吹大了。所以怎么写目标,这也是一个技术问题。这就是我们的一个知识基础。

再举一个例子，如果让你上高中生物课程模块必修一"细胞的分化"，你怎么上？第一步要确定目标，怎样确定目标能把"细胞的分化"课上得符合新课程的标准？有的老师就把浙江省的教学指导意见直接搬下来，"举例说明细胞分化的概念和生物学意义"，有的老师就根据自己的经验，拍脑袋来写，比如说"了解细胞的分化与生物学意义"，"培养学生分析比较的能力"，这个目标错在哪里？第一，主体错了，行为动词用了培养，谁培养，是老师，所以错了，主体一定是学生。第二，行为动词"培养"不清楚，最低目标太大，不清楚，"高大全"。另外像"培养学生灵活运用知识的能力"、"使学生体会生命的运动性"这些都是拍脑袋想出来的，没有证据。那正确的做法是什么呢？就是我刚才讲到的技术，如何分解？第一步，寻找关键词，依据《普通高中生物课程标准》第13页"说明细胞的分化"可知，这个关键词中的动词就是"说明"（应会），名词就是"细胞的分化"（应知）；第二步，分解，分解两个关键词，这里先分解名词"细胞的分化"，找出与之相关的概念体系，从时间、原因、过程、特点、意义去分解，再看这个概念体系的知识地位是重点，还是难点。分解之后确定行为动词，选择相匹配的行为动词，也就是对"说明"的分解，那么，根据这个班的学生有没有经验，确定选择什么样的行为动词，如阐述、阐明、总结、解释，就是要跟学生的经验相匹配，所以备课就是备学生，就是把学生的经验与认知水平放进来。然后是行为条件，比如时间等。最后一步，行为程度，是"完全无误"，还是只要"说出关键词"，怎么确定"说明细胞分化"的程度。

把这几步总结一下，确定四点目标，这些目标就可以检测，如通过观察、考试、学生回答等各种方式来检测国家课程标准是否在我的课堂落实了。这样才不会出现"两张皮"，关键就是要达到一致性。尤其在教育领域，要多一点基于证据的研究，不要总是批判，重要的是批判之后要去解决它。以上就是如何分解国家课程标准的过程和方法。

关于评价的研究才刚刚起步，以上就是我与大家一起分享的我正在研究的部分内容。（掌声）

接下来我来回答同学们提的问题。

学生 A：促进学习的评价的三步和其操作大都是自上而下的评价，是单向的，能否真正促进学生的学习呢？

崔允漷：也许是我没有讲明白。我的第三步就是强调解释、归因、交流等，交流与报告，怎么说是单向的呢？而且纸笔测验也可以由学生出考卷，所以完全可以是双向的。

学生 B：您是如此地强调基于课程标准的教学与评价，那么我想问，这是否过于以课程标准为中心的倾向，如果课程标准如此重要，我们如何保证国家课程标准的权威性与科学性？我国的课程标准是否达到这样的要求了？

崔允漷：这好像确实是一个问题，但不是一个专业问题。既然是国家课程标准，它就有一定的权威性。至于它是不是完全科学，或者有缺陷存在，那我们需要提出修改意见，比如我们在分解标准的时候，反过来就可以给标准提出好多意见，它下一次修订的时候就有依据。如果下面不去做后续的研究，也就不会发现问题，那么国家课程标准可能永远存在"不标准"。我想说的意思是，老师备课如果不依据国家课程标准，那他就会依据教参、别人建议、自定的"标准"，试想你会选择哪条路径。

学生 C:课堂观察中观察学生学习的落脚点有哪些?

崔允漷:这个问题有点大,这是我的另外一个专题,如果有兴趣的话可以去参考我的一本书《课堂观察——走向专业的听评课》。有五个视角可以去观察学生的学习:准备、倾听、自主、互动、目标达成。每一个视角又有三到五个观察点。

学生 D:您说课堂观察专业的视角是观察学生的学习,而不是观察教师的表演,那么我有疑问了,当一个教师要评职称,需要请专家来评课,他的一节公开课怎么能看到学生学习的结果呢?如何评价,一般都是下课后专家在一起讨论一下就得出这堂课的优劣好坏,有没有考虑学生的学习结果? 我想问的是,如何通过一节公开课评价老师的讲课?

崔允漷:说句不谦虚的话,我对这个问题还是比较有研究的。我跟余杭高中生物组合作研究了三年,今天时间关系我不展开讲,我们研究听评课提倡的是“同伴互导”,即同一个教研组的人相互听课,不是专家的那种习惯性的评课,从我内心来讲是很反对的,因为你对这个老师都不了解,就随意点评,随意决定一个老师的专业发展,这个事情做得太不专业了。当然,中国人多,中国人也喜欢评,从管理的角度讲也需要一些评价,但老师不是靠评出来的,也不是靠教出来的,而是靠自己悟出来的。评价可以用于甄选,比如一个学校要从六个应聘老师中招一个老师,那么可以通过评价打分来决定留下谁,这无可厚非,但是评价不一定有助于教师的专业发展,还是那句话,好教师是靠自己悟出来的!

学生 E:您的主题是针对中小学的学习评价,我的专业是学前教育,非常想知道学前教育该怎么评价?

崔允漷:其实从技术角度来讲是一样的,学前教育没有标准,所以要自己设定标准。像中小学里有一些课程也是没有国家标准的,都要自己设定标准,比如拓展性课程、校本课程。关键是评价必须要有参照的标准,因此我们先要选择参照哪个标准更有权威,更有说服力。

录音整理:何珊云(华东师范大学课程与教学系)

张松铃(华东师范大学教育学系)

学 生 感 言

● 崔教授是一位“理想与现实并重的学者”,他一直坚持自己的教育理想,同时又总是从我国的教育现状出发,脚踏实地地做研究,为改善我国基础教育现状做出了很大的贡献。听着崔老师结合现实生活的思考,基于理论的探索实践,对我国现状“评价是否真正促进了学习”的客观分

析,引发了我无限的思考。(华东师范大学 牟彦瑾)

⦿ 崔允漷教授讲风幽默机智,他以大量生动的事例讲解观点,并耐心地一一解答学生提出的问题,他让我们感受到了一名学者的平易近人。(云南民族大学 徐家泓)

⦿ 崔允漷老师理论联系实际的精神令我佩服,他对学习评价的研究从关心学生的发展出发,联系国外已有研究模式,在其基础上建立自己的研究应用模式,学习他人之长补自己研究之短,促进了学习评价研究的发展。同时他对学术严谨、认真的态度也让我们在敬畏之中多了一份佩服!(华东师范大学 李爱荣)

新学习的创革:持续性、整合性及创新力

讲演者:郑燕祥

时间:7月7日8:30—11:30
地点:大学生活动中心报告厅

讲演者简介

郑燕祥 香港教育学院副校长、世界教育研究学会会长(2010 年)、前亚太教育研究学会会长(2004—2008 年)。毕业于哈佛大学,教育博士学位,教育领导学著名学者。于1996 年加入教院。曾任香港教育学院研究及国际合作中心总监、香港中文大学教育政策及行政系教授;亦曾获任大学资助委员会委员、研究资助局专责委员、优质教育基金督导委员等多项公职。郑教授在教学和研究方面均有广泛而丰富的经验,对教育效能、领导、范式转变和学校变革等课题作过多项专题研究。研究领域:课程与教学理论、课程规划与设计、课程评价、教师专业发展等。

主持人:大家好,我是来自华东师大的张松铃,今天我们请到现场的是香港教育学院副校长郑燕祥教授,我很荣幸能够担任本场的主持。郑燕祥教授毕业于哈佛大学,是教育学博士,他主要的研究领域是学校变革、教育效能和教育变革等。郑教授在领导培训方面有丰富的经验,曾多次为国内外的校长和海内外的知名人士主持过多次研讨会及培训班,并获得了一致的好评。郑教授的研究成果非常丰富,他在多个国家及中国香港地区、台湾地区和中国大陆发表文章 200 余篇,并有学术专著 20 余本,他本人目前担任 17 份学术刊物的顾问编委,并且担任英国出版的《国

际教育学报》的副主编。郑教授研究成果丰富，得到了国际上的盛誉，从 1994 年到 2008 年间获得了多项 Literati Network 国际荣誉，2008 年亚太教育研究会向他颁发了"研究院士衔"，表扬他为亚太地区的教育作出卓越的贡献。

　　下面就让我们以最热烈的掌声，欢迎郑燕祥教授走向讲台，为大家奉献一场精彩的学术报告。

　　郑燕祥：谢谢！同学们，老师们，你们好！我非常荣幸能够有机会和你们一起讨论教育的问题，特别是谈到新学习及学习的创新这些问题，非常有意思的。在讨论之前，我用这幅图恭祝你们的研究生生不息，蓬勃发展。这是我自己画的水彩画，一组树木。你们对这个树群的感觉怎样？有没有生命成长的感觉？（掌声）现在我们开始。

　　我们今天讨论的话题有三方面，第一方面讨论目前的学习怎么样改革及创新，而国际的经验及教训是怎样？第二方面我有一个研究的报告：有关校本管理与我们的教育范式的转变，校本管理与教育范式有什么关系？最后，我们要谈到一个新的理念即整合性学习（Integrative Learning），整合性学习实际上越来越重要，从新学习的发展来说，整合性的学习是一个改革的方向，我们这里讨论的整合性学习对我们学生的多元思维能力、多元创造力的发展有没有影响？关系是怎么样？怎么样发展下去，我希望对同学们未来的研究有一点启示。你们听得懂我说的广东普通话吗？（笑声）马马虎虎。

　　什么是新学习？同传统的学习有什么关系？同学们，什么是新学习？"新"在什么地方啊？你的想法是什么？

学生 A:我认为新学习就是不同于以往、过去的一种学习,它们有一种转换,这种转换可能体现在思维上的转换,或者是学习方式的转换,或者是学习内容的转换,只要是有一种更替的过程就可以。

郑燕祥:非常好,我们给她一些掌声。

你的想法是怎么样?

学生 B:新学习更多的基于一种原有学习经验的新的创造。

郑燕祥:他强调的新学习同传统的最大不同就是有新的创造。从学习过程中创造。

有没有其他的想法啊? 你的想法是怎么样? 我们最重要的是你们的参与,思考这个问题。

学生 C:我觉得新学习就是不同于传统的,而是在新的背景下、新的环境下的学习,它跟以往的学习相比,学习的内容和方式不同的一种学习。

郑燕祥:好,新学习要有方式及内容上的不同。

来,你来讲讲你的看法。

学生 D:你好,我认为新学习就是学会学习。就是说不但要简单的学习知识,更多是要具备学习的方法,提高自己的学习能力,这是新型社会发展的需要。

郑燕祥:好,看到不同了,假如将学习放入大的环境来看,可以看到学习与社会的关系;社会发展不同,与社会的关系也不同。

一、学习创革的国际教训

现在国际上有不同的教育改革,成功的教育改革是什么样? 在学习中发展学生的多元思维能力、多元思考方法。有多方面的:一、学习中的思考方法的改变;二、创造能力的发展,这是非常重要的;三是整合性的学习,我们要谈多一点。四是终身学习,你们听过吧? 不是在学校的学习,是终身的学习,实现学生可持续的发展。现在的问题越来越多,我们有些人在三四十岁的时候工作没有了,为什么没有工作? 在香港很多人的工作都没有了,都到什么地方了? 广东、深圳。工作的转移使我们不少人个人的发展、生活的发展有困难了,不可以持续发展。所以我们谈的第五点持续发展的问题是大问题。但是怎么样做? 过去有不少的地区的教育要改革,香港也好,内地也好都必须改革;英国也好,澳大利亚也好都说改革。但是有一个非常大的国际教训,让我们思考,教育改革的思路是怎么样的? 国际上是怎样想的?

第一我们强调有不少的挑战已经来临了,例如全球化的挑战,全球化以后我们的工作就移动了,从一个地区移动到另外一个地区。高科技的挑战,IT 和别的科技的冲击,使得有些工作没有了,新的工作是科技性的。经济的转型是大的挑战,例如广东的经济在转型,从原来的制造业转型为服务业。因这些的转变,国际竞争就更厉害了,因为全球化和市场化,竞争越来越激烈。本地的发展需要,也产生很多很大的挑战。这些挑战对我们教育有什么影响?

这都促成过去十多年,整个教育情境发生改变,是什么改变呢? 教育的目标内容改变;教学方法多元化,学习方法、教学方法的改变,你有没有看到? 所以我们强调新的学习;教育的设备改变,如使用 PPT、电脑;学生背景的改变,为什么学生的背景改变了? 这是值得思考的问题。为什么会有不同了? 利弊是什么? 过去是什么样的? 受教育的是少部分的人对不对? 现在越来越多的人受教育了,有什么改变? 有什么不同? 学生的背景越来越不同,学生的能力有什么不同?

学生 E:我觉得学生的能力比以前有很大的提高,而且学生来自这样的社会背景,在社会改变的过程之中,学生也跟着改变。

郑燕祥:非常好,社会的改变,学生的想法、学生的表现也改变,你看这个变化非常大。

再一个就是学校管治的方法、管理的方法也改变,过去我们采取的是中央管理的方法,现在我们谈的是校本管理,以学校为中心的管理。随着环境的变化,问题来了,我们的老师、学校应付得来吗? 这么大的改变他们应付得来吗? 不容易啊。所以我们就谈到学校的改革、老师的改进。老师不改进,改革为新的学习就不存在,所以整个思考方法就是,因为我们的教育环境改变,我们的目的改变,所以学校和老师都要改革了。好了,这是个思路,是不是和内地的情况差不多? (学生:是的)

再看整个亚太区,教育上有 4 个层面 9 大改革的方向:

宏观的层面。首先,许多国家有新的愿景,要成为一个伟大的国家,成为全球化最有竞争力的国家。国家目的不同,教育目的就要改变。其次,整个教育系统、教育制度要改变。最后越来越强调教育市场化,内地的情况是不是也是一样? 许多国家走向市场驱动、私营化和多元化的教育。

在中观层面上,首先是家长和小区参与教育的管理。过去在香港,家长是不可以参与学校管理的,现在家长参与学校的管理是必须的、必要的。

在机构的层面上,变化比较大,有什么变化呢? 首先,我们强调教育素质。过去学生能到学校读书已经很好了,但现在不同了,家长和社区人士会问,你的学校有没有素质? 你的教育、你的学校、你的教学、你的学习环境有没有素质? 你学校有没有问责制? 这是一个新的概念,因为我们的学校是公立的,教育是用公家的钱办的,更应该强调问责。其次,当局有些权力下放给学校,我们强调的校本管理就是这个情况。最后就是教师素质要提高,校长也是一样。

在运作的层面,有很大的改变。第一是学校教学评估的范式的转变,什么是范式的转变? 是想法、做法、原理、目标的基本改变。所以,我们整个学校内部的运作过程有基本性的改变。另外一个是教学、学习用资讯科技越来越多,内地的情况也是一样。

有这么多的不同层次的改革,包括宏观、中观、机构、运作的层面的改革,涉及的情况非常复杂,是非常大的改革。问题就来了,整个亚太区及以外的地区有一个"教改的症候群"现象,症候群是什么? 是有弊病,不是一个弊病,是一个群体的弊病一起来,为什么会这样? 就是因为教改来了。例如香港、新加坡、马来西亚、英国、澳大利亚都要面对互相影响? 一个地区要改革,另一地区也要改革。它改革 A,我也要改革 A,但如果你改革 A 和 B,我就 ABC 一起改;另一地区看到人家改革 ABC,它就改革 ABC 和 D。大家看到什么后果了? 这是一个教改的症候群,互相传染的改革。就是这样,传来传去。你强调教育的问责,我也强调问责,强调教育的基准、标准和水平。你办了目标为本的课程,我也要办,你看到的是不是这样的情况?不少亚太区都是这么推动改革。然后问题就来了。什么问题?有不少地区的教育改革没有思考每个地区的特性,文化是不同的。别人办 ABC,为什么你的地区也要办 ABC 呢?这个想法就有问题了。所以在教改形成一个主次不分、成效不见、改革不停的局面。过去十多年不少地区教改就是这个情况。越来越多的改革令人越来越痛苦,迷失了方向。用香港的情况来说明——我们追求的是优质的学习,强调教学方法的转变,这是教育改革的目的。那么香港的实践情况是怎么样的?我们有一个"瓶颈",在香港每一个老师每一星期教的课程是 30—35 节,内地我知道的情况是 20 多节,这么说内地的情况和香港的情况就完全不相同,香港的老师每一天的工作非常重。内地每一个班的学生是多少?40—50 人是不是?现在你做的是小班教学,香港的情况也是一样,过去香港的学生每一班是 35—40 人,这是一个老师工作量和环境限制的瓶颈。这样教育改革来了,我们强调的是校本课程,每个学校办每个学校的课程,好的方面是课程符合学校的特性,不好的方面是哪里?每间学校都要花大量时间和功夫,去准备自己的课程和材料,老师非常辛苦,另外我们在香港推行一个融合教育,融合教育的目的非常好,有教无类,其实每一个教育改革的目的都是非常好的。不过融合教育在推行起来是有难度的,有什么难度?为什么有难度?

你可以谈一谈吗?

学生 F:教授我不太理解您讲的融合教育,指的是把不同学科之间打通进行教育吗?我觉得首先是丧失了学科本身的系统性,可能会让知识支离破碎;第二就是对老师的要求非常高,老师如果是单一学科背景出身的话让他去教融合课程,难度肯定是非常大。

郑燕祥:你说的是综合课程,不是融合教育。融合教育是让有特殊需要的学生也融合到其他一般学生中一起学习。不同学生在一起就要照顾不同学生的需要,是不是?你要照顾的学生能力差异就多了,难度就大了,对老师的教学影响很大。这是教育改革的一部分。

另外,有不同的新的创新、新的改革。家长的参与、校本管理的推行、课外的活动越来越多。内地有没有这样的情况?IT、学校的外评和自评的推行。服务外展,老师对学生额外照顾,越来越多;另外一个问题出在网上公开问责,将每个学校办的好不好评估报告放在网上,好处是让每个人都知道学校的情况,但对学校和老师的压力大得不得了。有很多并行新的措施,实在与教与学是没有直接的关系的,都要老师花大量时间和精力应付,况且面对工作量的瓶颈,老师辛苦不得了,但是有那么多新的改革在进行,都要面对瓶颈,怎么达到教育的新目的?我们的研究者、学者看到这样的问题该怎么解决?怎么样解决这个教改的问题?你可以思考,中国这么大个地区,若面对这样的问题,有没有什么启示?中国香港的经验,马来西亚的经验对我们有没有一个启示?你看到了,在香港越来越厉害的情况是什么样?香港学生的人口越来越少,不够学生的学校要关闭,所以学校老师有个压力,缩班杀校的压力。老师面对这样的压力该怎么做?

如果你是校长,学生越来越少,面对这样的压力,你该怎么做?

学生 G:如果面对学生减少这种情况,就应该考虑是否可以增加学生的课程,就是说在教学内容方面有所增加，因为不增加内容就相当于没活干，或者说有必要提高学生的培养质量。另外，还有择校的压力，拼命的争取生源，也就是说一个方面做形象工程，保证提高自己学校的知名度，比如说可以利用媒体方面的攻略，或者说做一些相对而言品牌的项目。

郑燕祥：好，他想到这个问题了，招生的压力这么大，如果不做招生的工作就不得了了。所以在办好我们的教学之外，也有不少的招生的工程。将学校最美好的地方告诉我们的社区，告诉我们的家长，是不是这样？很多品牌的推广的工作。竞争的问题，不仅是一个学校在做，很多学校都在做，竞争越来越激烈。教师的时间和力量花在了市场的推销上。在香港的北部有深圳，香港的学生不够，老师就到深圳，把在深圳港人的孩子招收到香港来上课。老师花不少时间跑到深圳，将学生招收到香港来，每一天安排车接送，时间花了不少，老师的时间和精力就没有了，如何达到教育的目的呢？所以我们说教改的症候群产生的瓶颈效应就是这样解释的。这现象不止在香港，在其他地区也有，很有趣，我在美国、英国都谈过这个问题，大家都说我们也是一样。你们有没有问题？

学生 H：谢谢您！我的理解不知道有没有问题，就是说教改症候群应该是面对学校管理层面更多一点，可能学校要投入更多的教育资源，但是到教师这里，可能要花更多的心思在改进自己的课堂教学和教学内容这些方面，他可能并不会花很多心思考虑学校管理层面的问题。我不知道是不是这样理解。谢谢！

郑燕祥：你分析得很好，校长和地区的官员应该思考教改这个问题，让老师有时间可以做好课堂内的工作，不是都跑到深圳招收学生，这不是他们的角色。这是校长、地区官员的角色。很好！

还有问题吗？这是非常重要的现象。有没有问题？

学生 I：老师您好！我想问一下这个瓶颈效应和教改有直接联系吗？就是说如果没有教改，有的学校也会出现学生多少和教学好坏的问题，也会出现争夺学生的现象。

郑燕祥：你的问题是，是不是没有教改就没有瓶颈？也就是说是不是因果关系？这个问题很好，也就是说没有教改问题，人口的问题也是存在的，是不是？有什么区别的地方呢？太多教改新措施，会因瓶颈的限制，无法有效进行。而教改本身也成老师工作的负累和压力。若加上学生人口减少，学校之间竞争更加大，老师要做更多品牌推销工作，无形中百上加斤，对老师形成更大压力，不务正业，影响真正的教育工作。

所以，人口问题将瓶颈问题恶化，但不是瓶颈的原因。

香港的情况——2004 年我在一份报纸发表一个文章，对教改的影响非常大，为什么？揭示了教师已陷入危机，非常大的问题。这是基于 5 个研究报告的数据，我将他们整合起来看到香港面对非常大的问题。差不多有 25% 的老师有精神的和情绪的问题，百分比太高了，我们看到了教育改革对于我们老师及教学的影响是非常严重。不少有才干的老师不做了，太辛苦，身体也不好，教育的素质受到影响，老师的专业地位越来越不好。

有没有问题？好，你谈。

学生 J:郑教授您好,我有两个问题,一个是当我们的教改在进行的时候,师资培养计划有没有一个相应的同步变化?因为刚才您也提到,就是说教改其实对老师提出大的挑战,那我想师资的这种优化可以联系到一种在职的培训,还有就是对未来教师的培养。在香港来讲师资培养有没有同步的变化或者是一些应变的策略?

郑燕祥:对老师培训的影响有好多方面,因为每一个教育改革的目的都是好的,没有不好目的的教育改革。问题是很多不同的改革一起来,它所产生的和推行的过程,对整个教育系统不一定好。每一个教育改革都有老师的培训,从培养老师的角度来看,应该是正面的,如 IT 培训,计算机的培训,让老师掌握如何用计算机来教学是不是好的?应该是的,但负面的地方在哪里?老师还要兼顾学习校本课程的方法,老师要进修中文、英语、数学的内容,又要身兼外出招生等工作,还要开不少会议,推动校本管理,讨论教育改革的情况,每一个都有工作。在这种情况下,那么好的东西也变成不好了,在老师没有时间学习但还要接受培训的情况下,培训就变成了负面的、不好的、强迫的。在过去教改高峰期,困难的程度非常大,老师差不多晚上 7、8 点还在学校。因为有学校的竞争,看到对面学校的老师没有走,没有离开学校,那我的学校怎么样?老师也不能走啊。为什么?因为我们要表现比对面的学校好,表现我做得努力,花时间。因此说,这情况对老师的整体情况非常不好。

我们看到不同层次的教育改革,从研究的角度来讲,你们是学者或研究者,会探索我们怎样帮助老师推行如此庞大的教育改革?会研究教育改革对整个教学的队伍有什么影响?怎么样可以持续下去?从研究上看,是丰富的研究内容。进一步我们可研究不同层次的教育改革是不是互相影响的?是不是有个协同的效应?对老师有正面的效应?不同层面的改革不一定是协同的,对老师影响就不好了。我们从研究的角度来看,我们有没有办法将不同层次的改革计划得好一点,推行得好一点,让我们的老师有更好的条件,让他们做得更好?推动教学的重新改革,做好教学的工作、学生的工作,不是跑出去招收学生。(掌声)

我们有个总的教训:大多数的教育改革不能持续下去,对我们新学习的长远影响有可能是负面的,不一定是正面的了。所以我们从研究者角度来看,应该有充分的研究,以专业知识支持不同层次的教育改革,对学习有真正的影响,这是我们的目的。

二、研究报告:校本管理与学习范式的转变

我做一个研究的报告。我们应实行什么样的改革对学生的影响好一点?这里谈到新世纪的挑战,教育改革有两方面,校本管理的改革和教育范式转变。有没有关系?对老师的教学、学生的学习有什么影响?这是我研究的目的。我这个研究报告主要研究——教育改革的校本管理和教育范式对学生、对老师有什么影响?

其中报告中的样本是:31 所香港的中学——有 1000 多位老师和 7000 多位学生。研究学生什么?研究他们新的学习,有效、持续、主动的学习,这是最重要的问题。指标呢?正面学习的态

度。他们的态度是不是正面的多元学习的方法？过程中有没有运用不同的方法？学习效能。学习过程有没有效能？效能有不同方面,老师帮助学生的学习,学生自己的反思、自主的学习、多元思维的能力、学校生活的满足感。我们用不同的指标来测试。

第一,我们看正面的学习态度。不同的问题问他们的不同表现,他们觉得"我们渴望努力学习以取得进步"。不好的地方在哪里？"我愿意主动组织学习活动","我主动寻找学习的相关数据",调查中一碰到"主动学习"的就不好了——看来努力是有了,主动性还是缺乏的。

第二,学习的效能。这是不同的问题有关老师对学生的学习帮助的过程,由学生答的。学生认为香港老师好在哪里？利用不同的方法让学生明白学习的内容做得好——因为有考试,然后我们的老师做得好的就是如何将这些知识传授给学生,这部分做的好。另外做的不好的,就是"在学习的过程中学生可以自主安排学习的快慢","有机会检讨、反思学习的内容","老师向我们示范学习评估的方法,有机会和同学讨论自己的习作",这些部分相对来说就低了一点,说明什么问题？传授知识较好,让学生自我反思评估的能力就不太好了。内地的学生是不是有相同的情况。你们的情况是不是也差不多？不是吗？请你谈谈。

学生 K:这边的学生更多的是接受一种灌输式的教育。他没有时间考虑自己学到什么,怎么样学习,完全是一种机械的学习。

郑燕祥:就是说是一种被动的学习。

第三,学生的自我反思。这是学生自我评估的部分,反思的部分做得最不好的是"老师帮助学生建立自我反思的技巧"。传授知识好,建立这种反思的技术就没有那么好了。做的好的地方,"我有机会与同学学习","我知道如何获得知识和资讯",这是做得好的部分,也是知识传授的过程,做得不好的部分在哪里？评估方面是不好的,"评估自己学习的效果","有机会评估自己的习作的好坏"。学生自我评估是自我学习的重要部分,这在香港就做得不好。

第四,以学生为本教学。研究老师教学的部分,有不同的教学方法是以学生为本的,帮助学生学习,帮助学生思考,帮助学生自我反思及评估三个领域,这是由老师报告的。生本教学这三个领域,做得好的在这里——是"帮助学生学习和思考"做的较好,不好的是这部分——"帮助学生的反思评估"这部分,如向学生示范评估方法,评估自我的习作和自我的思考做的不好。

最后,校本管理和范式转变。我将所有的学校用他们的校本管理的程度、范式转变的程度一起来看这些学校,每个点代表一个学校,不同的学校在校本管理和范式转变上做的是不同的。那些做得好的学校的教育内容和学生的表现怎么样？这就是研究的结果。线条分别代表高校本、高范式的学校和低校本、低范式的学校,有什么不同？这部分的学校,在校本管理、学校范式转变中做得非常好,成绩是不同的;而老师以学生为本的教学有一些分别,但没有那么大;学生学习的方法和态度也有分别,也不是太大。学生学习的效能方面,高校本、高范式的学校做的非常好,这是什么道理？校本管理的学校,有范式转变,学生和老师的表现就好一点,学生的思维能力,对学校的满足感会好一点。重点在校本管理和教育范式的转变,让老师和学生的表现做到最好。我们将不同的课堂做一个整合的分析,有三种课堂:高效能、中效能和低效能的课堂,这三个有什么分别？我们看高效能的课堂他们的表现,在样本的平均数以上的就是做的好,学生的满足感做得很好,而低效能的课堂就做得不是很好;学生的多元思维能力也是高效能的课堂做得比较好的。最不同的地方就是学习效能,学生学习的态度也是不同的,老师的教法也有不同不是很多。为什么是这样的？一般来说老师是报告他们本身的教学法,分别是很小的。学生报告有关老师的部分就分别大一点。当老师报告学校的情况,有关校本管理和范式的转变分别大一点,从研究上来说,有什么问题？为什么是这样的？这是研究的问题。

学生 L:我有一个小问题要请教一下,您讲的内容范式转变是从校本管理转到其他的范式吗？范式是几个范式之间的转变吗？您这个高、中、低效能课堂是怎么定义和区分的？

郑燕祥:这是一个很好的问题。不是从校本管理转到其他范式。范式转移是从"场地为限"范式转移到"三重化"范式。详情请看我的参考文献。高中低的课程怎么区分？标准就是变数。将所有的变数放在电脑,从一个统计来看,最大的分别在哪里？电脑找出三个最大的类别,类别中做的好的正面的就作为指标,我们没有一个清楚的因果关系的模式,我们要有不同的变数,我们要看出他们的关系,看他们的组合有没有什么特性,再看组合的特性中所有的指标都是做得好的,我们就说这是高效能的课堂。如果所有的指标都做得不好,我们就称它为低效能的课堂。

学生 M:完全从统计或回归分析来判断是不是合理？您说的高低中的效能是不是与教学的目标相连接的？还是自然地结合？

郑燕祥:高中低是不是从学校的目的来定义？我不是这样做的。我们是以指标来定义,而不是从哪个学校来定义的。从指标的整体来看,那些课堂是做得好的。当然每个学校的目的是不同的,不一定强调学生的多元思维,不一定会强调校本管理。所以不是从他们的角度来看,而是从我们的指标来看是不是有效。

再回答一个问题,为什么对老师的报告分别那么小？

学生 N:我感觉可能是在校本管理的模式下,对老师的培训不够,导致老师对教学的态度,对生本教学描述都是差不多的。还有一个原因就是可能有的老师能做得出来却说不出来,表达受到了限制。

学生 O:是不是更多不体现在教师的方面。所以才会体现出高中低效能的不同。因为样本教学方面实际上做的都不错,然后其他的差异导致了高中低效能的差别呢？

郑燕祥:整个样本老师的数据的变化很小,为什么变化会很小？这个问题在这里。

学生 P:我觉得老师对这方面的变化很小,是因为老师把实际情况有所掩饰,也就是说大家都只来展现好的部分。

郑燕祥:非常好！你看他答的,我们做研究的时候要有小心的地方,你问老师,你的教法是不是以学生为中心的？他的答案肯定是"是！我为这些学生花了不少时间,教法是以学生为中心的",问每一个老师答案都差不多。我对校长的研究非常多,我问老师,你的校长表现如何？校长不在的话有的好有的不好——看校长在不在。但如果你是校长,我问你,你领导学校的方法怎么样啊？你肯定说好的。所以我们过去的研究结果,校长回答变化非常小,因为他们会想,什么是最好的答案和回答。所以我在过去对校长20多年的研究中发现,用校长的数据来做预测,多数都做得不好,但是我用老师来报告校长怎么做是很有用的。那现在,用学生的多元思维能力和效能来看学校分布的情况,老师的情况。红色是高校本、高效能的学校,这些学校一般学生的多元思维能力、学生的学习效能会好一点。

这跟实践有什么关系?我们该怎么做?第一个启示是,我们要进行管理范式的转变:从外控的管理转变成校本管理的模式,这是不同校本管理的特性。高校本高范式学校的表现中可以看出,学生学习的转变有不同的特性,这是场地为限的范式和三重化范式,可以看到我们应该从前者转化为后一种范式,教学方法也是一样,从场地为限转变为三重化的范式。另外一个教学法的转变。我们要向以学生为本的教学转化,从香港来看,老师做得不好的部分就是帮助学生的反思和评估的能力——一般都是做的不够好的,即使是高校本、高范式的学校,相对来说是不够好的。所以新的学习是帮助学生建立反思和评估的能力,不仅仅是知识传授的能力。

(中间休息)

郑燕祥:现在我们谈一个新的学习理念:整合性学习,你们听过这个概念吗?很少一部分人听过,但它是越来越重要的,是新的学习方向和方法。

你对整合性学习有什么看法?

学生 Q:我们对整合性学习的理解就是避免单项的发展。但规范作用却不等于规训。

整合性学习越来越重要,谈谈你的想法。

学生 R:我认为学习本身就是个整合的过程,只是我们后来发现了这个特质,认识到更本质的内容,比较成熟的学习就是整合的过程。

郑燕祥:学习本身是整合过程,那我们现在为什么谈整合性学习?现在国际强调整合性的学习有一个背景,相信人的能力是重要的,但是人的能力是怎么样来的?过去学习强调知识的传授,不同知识的传授,不限定能力,但现在强调能力取向,有一个想法就是,整合性学习对发展学生的综合能力是有用的,我的想法是,怎样的综合能力能发展学生的多元思维,对学生的创造力有帮助?有还是没有?还是在什么条件下有,什么条件下没有?

什么是整合性学习?有同学谈到,学习本身就是学生内部整合的过程,但是我们谈的整合性学习怎么整合?怎么是最有效的?是我们要讨论的,用我的理论来看,我们要有新的整合性的理论,这个理论帮助我们寻找多元思维能力和创造力的发展。我们的学习的过程和学习的行动有不同的层次,这个是最重要的。在行动或学习过程中,将数据描述分类产生资料,随后便有了资讯、知识智能。然后我们综合不同的知识,由高层次的理解产生了我们学习中的纵向的思维能力。我们要问学生,他在学习什么知识,他学习的水平是哪一个水平?是资料、资讯的水平还是知识智能的水平?这是不同的。

现在不同的地区学生的学习是不是有专题研习计划?现在因为教育改革,小学生也做,中学生也做,大学生也做专题研习的计划,是什么?爸爸妈妈帮忙从网上将资料复制下来,交给老师的计划报告,这个学习可能是一个低层次的学习,只有资料资讯,没有知识智能。所以我们看到的,学习有不同的层次,有高阶的学习,有低阶的学习,我们谈的是高阶的学习,应该是有智能和知识的部分。另外一种学习,是低阶的学习,只有资讯、资料的部分。所以现在的学生从网上复制资料交到老师手上,这个学习的过程不是深层的学习,也不是一个高阶的学习,高阶的学习是学生将资料、资讯提升成为知识、智能,这个过程就是我们谈的纵向思维的能力。好的学习,学生从一个领域有纵向的思维能力就是这样的。

再看这个图,我们刚才谈的是一个领域的学习,科学、政治、物理等一个领域的学习,一个领域资料、资讯、知识、智能的学习,但是我们的学习可以多元,可以有什么多元的领域?有科技的、经济的、社会的、政治的、文化的也是重要学习的领域,有不同的资料。所以专题研究计划可以有不同的领域,例如环境保护这专题可以把不同领域的放在一起。我们从学习行动中获得不同的资料,通过分类和比较,可以得到不同的资讯,然后透过理解其中的一致性规律和内在的联系,我们有不同的知识。有不同的知识的理解,就有不同层次的概念,有元认知的能力,产生新的智能。所以你看到,这个过程是一个纵向的、向上的思维的过程,他的思维能力越来越强,从行动中产生思维能力,这是我们期望的新学习应有的特性。运用每一个学生原有的思维能力,可以产生知识、资讯、资料,指导新的行动,这是一种向下的思维过程,从理论产生行动的过程。

现在我们谈整合性的学习,能不能帮助学生发展构建思维能力和创造力,不是资料的整合,而是思维的整合。什么是整合性的学习?有多方面的,有内容的整合、学科的整合、领域的整合、方法上的整合,这都是整合性的学习。从我的理论来看,整合性学习也有不同的理念,基本来说,有学习内容的整合,其中包括学科的整合和领域的整合;还有教学法的整合,包含两方面——方法的整合和认知的整合。

我再谈清楚一点,第一,什么是学科的整合?就是将不同的学科放在一起来学,如物理、化学、生物等,在香港有一个综合科学的科目,内地我记得上海、北京有一些学校要办综合科学课程——你们这里有人听过综合科学的课程吗?跟其他的科学概念是有区别的。我曾是物理老师,我在70年代就教物理了,我们推动综合科学课程的发展。发现有不少的老师简单地将物理、化学、生物内容一起来教,这是不对的,这同过去有什么分别?没有分别。它应是将理化生的内容及理想整合起来教学生,不是分别来教的。现在有些地区办综合课程有这个问题,放在一起,分开来教;另外一个发展的方向就是综合的社会科学。在内地有没有?在香港是越来越多。另外一个是综合的人文学科,也是这个道理,这是一个发展的方向,现在在香港的各个高中,越来越强调这个方法。

第二,领域的整合是什么?我们用的是通识学习。现在香港有一个新的课程改革,就强调通识学习,也是多领域的学习,什么领域?教育、科学、科技、文化、社会、经济和政治等不同的领域一起来学。我们所说的整合是一个内容的整合。

第三,方法的整合。学习有读、写等不同的方法,那么方法的整合是怎样呢?学习方法,也有不同的分类,例如,越来越强调的目标学习、小组学习、面对面学习等,我们可以整合不同方法来学习。如你教物理的时候,可以用不同的方法来讲物理,教中文也如此,这是方法的整合。

　　最后,是认知的整合,学习的过程中有不同的认知活动,有观察、测量、分类、描述、分析和整合,认知的互动有不同层次,最好的层次在分析整合等部分,是深层的学习,所以谈学生的学习,目的在助长深层的学习,当然不一定可以做得到。所以我们得问整合学习是什么的整合? 我们整合的是认知的活动,学习的过程是有这些活动的。另外一个做法是计划、实验等,也是不同的认知和思考的过程。所以什么是认知的整合? 就是将不同的认知活动整合起来学习。

　　关于整合性学习我有我的结论。原理一:内容和教法上整合性要多。我将不同的学科放在一起来学,要用不同的方法来教我的学生,有什么效果? 我的原理就是他学习上阅历的复杂性就越来越大。方法越多,学生的学习过程感受和经验就会多一点,阅历增加的同时,复杂性也越多。原理二:阅历及复杂性越大,有什么问题? 每个学生的时间和思考能力是有限的,所以我们的结论是,学习的效果不一定是学得更多,还要看其他因素。

　　有没有问题?

　　学生 R:谢谢郑教授! 您今天讲的比较多的是整合性学习,我有一个问题希望能够得到回答,或者您能给予指引,到底什么是学习,学习本质的过程是什么?

　　郑燕祥:学习的过程是什么? 学习是个整合的过程,但这整合的过程同学生的能力、时间有关,有些学生没有问题,有些学生有问题,有些学生学习的时间很多、很充分,有些学生学习的时间没有那么充分,所以不一定将所有的学科放在一起,把不同的内容放在一起学生就学的好,因为他没有能力理解整个经验。所以,学习并不是理论上掌握所有的因素,理解所有的内容,同我们学习的能力和时间也有关系,这是最重要的一点,所以我们不要期望以后没有物理、生物、化学,形式上打通物理、化学之间的学科,将所有的学科放在一起来学习。

　　传统的学习是不同的学科的学习,我们有地理课、经济课和数学课,过去怎么学习? 就是每一课有个认知的活动,我带我的学生看外面有关地理的情况、给学生不同的地理资料和数据,让学生有一定地理的资讯,让他们理解这些资讯,将这些知识,内化成为他们的智能,地理上的智能,这是一个纵向的思维过程、学习的过程、认知的整合过程。这是传统的学习,不同学科的传统的课程,经济学的课、数学课也是如此。所以看到中学生和大学生有不同的学科,每个学科有每个学科的考试,这是学习的过程。这是我们过去提倡的学习,有什么利弊? 好处就是,在单一的学科上,纵向思维能力做得好,所以亚洲的学生,物理、数学、化学非常厉害,因为他们有的是学科纵向的学习,所以他们学习的能力非常高,可以深层次地学习。所以他们纵向认知整合及纵向思维做的好,但是有限制的。物理做得好、地理做得好,但物理、地理、数学合起来又怎么样? 他们有没有一个整合的能力,综合贯通的能力。因此不好的方面就是没有机会将不同学科的知识转移,将数学的知识转移成为物理的知识,将数学的知识能力转移成为地理、物理及其他学科的能力,部分优秀的学生有这个能力,但在课程上,没有保证,所以这个问题是有限制性的。

　　在不同的学科上,横向的认知整合是怎样的? 现在在香港或美国的方法是怎样的? 将不同学科水平整合,将地理课、政治课、数学课一起来学、综合来学、整合来学,但是有不同的层次,好的综合是高水平的整合,知识能够转移和整合,低水平的学科整合是将数据放在一起,将资料放

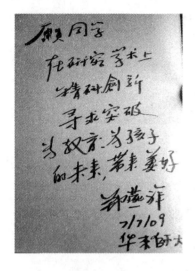

在一起来学。看到这个分别了吗？有没有办法将低水平的学科整合转移成为高水平的学科整合，这是一个条件。

这是我的第三个原理：学习的过程有复杂性，当我们将不同的学科放在一起，学生面对的问题越来越复杂，但我们的实践能力是有限的，会出现什么现象呢？老师和学生选用低水平的认知整合的过程，所以他们的整合一般来说是数据的、资料的、知识的整合，不一定是智能的、思维能力的整合，这是个问题。明白我说的原理吗？水平的整合有不同层次，有高水平的，有低水平的，但是高水平的难度就大，所以现在的课程改革我们将不同的学科放在一起，有一个可能性就是老师和学生做的可能是低水平的整合，不一定是高水平的整合。这对我们的影响越来越大，所以将所有学科放在一起学是有问题的。不同的学科放在一起产生了一种"教育的泡沫"，看起来很漂亮，但效果不一定很好。这是一个问题，那该怎么做？怎么将低水平的学科整合变成高水平的学科整合？用PPT就非常容易，但是在实践教学上完全不容易。该怎么做呢？现在在英国，IB课程的做法是，用我们传统的方法来学习一些主要领域，然后进行一个整合的研习计划，让学生将不同学科的内容整合起来，用一个整体的多元思维来思考，将不同的学科理念整合起来，所以这是一个折衷的办法。

有没有问题？现在有些国家和地区课程改革用的这种方法，不是将所有学科放在一起，而是用专题研习计划来解决这个问题。

学生S：郑老师您好！我的问题是您能不能结合您的整合性教学的几个教学原理，谈一下对高中文理分科的看法？

郑燕祥：她问的问题很好，因为现在高中有文科、理科、商科，香港也是一样。但是过去的课程改革将香港的分科改变，为什么？因为在中学或大学，我们培训的学生不是看他对某个专业的知识掌握的多少，是培训学生在不同领域的能力发展。过去我们强调帮助学生在一个领域，例如：理科、文科或商科，他们的知识发展越来越多，技术越来越好，所以有些中学将大学课程拿到中学来教，因为相信越早将知识传授给他们的学生越好，是这个想法。现在，这个理论要改变了，为什么？因为我们看到有不少的大学生和中学生，他们念理科的，但是后来做的工作和理科没有关系。我是物理的，但现在已经不做物理的工作了，我的很多朋友也是如此，做的是非常少的。所以看到的情况是，现在最重要的是培养学生综合的、发展的和持续的能力。所以高中的课程改革，倾向综合能力培养，目前文课、理科还是有，但总的分科想法越来越不重要，希望高中的学生有综合的能力。

有没有其他问题？

学生T：郑教授您好！您的这个整合性的学习，更多关注的是学生和教师在学习过程之中的，那么在学习过程之外，您的整合性学习肯定对教材编制、教师的授课方式和教师的素质提出了更大的要求,我想问的是您在这几个方面有没有设想?

郑燕祥:你问的问题非常好。他问的问题就是整个香港讨论的通识教育,争论大到不得了。一方面我们相信将不同的学科放在一起,让学生有个融合、整合、综合的学习,培养综合的能力,这是我们期望的。但是他提的问题是,老师怎么帮助学生做到? 所以过去三五年,我们有不同的培训班,帮助老师有个通识教育的能力,但是有问题,为什么? 因为这个班,在两个星期、两个月,有没有办法将一个老师从物理的老师、数学的老师转变为一个通识的老师呢? 什么都懂,什么都通? 这是一个难题还没有解决。但是有一个讯息是对的,告诉老师,将来你们的角色不单是将最好的物理知识传授给你的学生,而是你在教学的过程中,是不是把培养学生探索的能力和科学思维的能力联系起来? 是不是将培养科学的能力同社会科学的发展和文化联系起来? 若是,我们就成功了。将来数学老师、经济老师重点不在学科知识和技术的教学,而在整个教学过程中,教学生将其中重要的理念和思维方法在不同情境中应用或迁移。看到不同了吗?

学生U:我对郑老师的报告很有兴趣,您讲的整合性学习给了我很多的冲击,思维也得到一种整合的感受。我的问题是:港澳台甚至东亚范围,他们都以考试为教育的一个重要基点,您提出的整合学习比较强调认知和技能,比较类似于之前所了解的布鲁姆提出的教育分类目标。除了您这两块,还涉及情感——别人很少提到,您的理论中好像也没有涉及学生的情感教育。我个人认为国内目前对于情感教育是个很大的缺失,事实上受到考试中心为目标的影响,是不是您以后的研究中会考虑情感方面因素的介入?

郑燕祥:他的问题很有意思。我同你们讨论的东西从学科的角度来看,从学习的内容来看,还没有提到学生情感、情义的和道德发展方面的因素,所以应该是我和你们将来研究关注的地方。

现在提到学习的方式越来越多,但是整合性学习是一个较为大的概念,可以将不同的学习方法放在里面,是学习方法的整合。所以我们讨论的整合性学习,是一个较为大的模式,同其他的有一点分别。

学生V:在中国学习有一个目的就是提高学生的学习成绩,对于学生,目的也是升学,初中面对的是中考,高中面对的是高考,我想问:整合性学习从多大程度上能提高学生的学习成绩,有多大效能? 因为在中国,家长或老师对各种学习模式认同的程度高低取决于是否能提高学生的学习成绩。

郑燕祥:你的问题也很有意思,在教育改革中也是重点讨论的问题。现在我们评估的方法有两个限制,第一个限制是理论研究的不够,所以我们现在评估的方法是很落后的,同现在学习的理念是不配合的。第二个限制是我们评估的成本问题,因为你现在谈的以优秀能力为本的评估成本是非常高的。用一个专题研习的计划来评估学生的综合能力是很好的,但评估的成本是很高的,因为不是一个老师评估,其他学校或老师也来评估这个专题计划。但是现在的考试考虑成本的问题,不容易做专题研习计划评估。思考考试的问题,作为一个教育家、学者,应该相信学生的能力好,他将来考试就一定好,我们应该有这个信念,当然考试要有考试的技术,一方面要培训学生好的能力,另一方面帮助他们掌握好的技术。为什么如此?香港有些学校学生的能力很高,不是用老师去教,他们对考试的认识和研究比老师好,一般来说好的学生的考试能力比老师好。所以我们现在有一个信念,从小学、初中培训学生综合的能力、高层次的能力,读高中他们考试是没有问题的,应该是这样想。

学生 W:您的整体化学习是不是范式的转化?知识的创造越来越多,知识的碎片化越来越厉害,所以我现在就想,这是不是仅仅就像郑教授讲到的是一种范式的转换?第二点我认为您这里有一个假设,就是单科的纵向的学习不能培养一种综合性的能力,或者说他没有综合学习培养综合能力强。第三点我认为您讲的研习计划是从一种低水平到高水平的迁移,知识分支的丰富使高水平迁移的可行性效果变差。国内外都在做通识课程,比较难的是通识课程内容的选择,实际上是全体教育界难以达成共识的。我觉得这是我的三个感受,不知是否正确。

郑燕祥:还不是范式转化。知识碎片化的现象,更加说明高阶学习及深层的综合能力的重要性。对第二点,我认为单科纵向学习有优点,但对培养综合能力有限制性。用综合学习有优点,也有限制性,请听以下有关的四个模式的解释。第三点,我也有同感。希望,我谈的四个模式有些帮助。

学生 X:您提到的通识教育来源于博雅教育,来源于古希腊,那么我在想整合性学习是不是通识教育的延续?或者说是不是通识教育的实现途径?

郑燕祥:对,通识教育是较广泛的用语。我不反对,整合性学习是较为现实或具体途径来构想和实现通识教育的目的。

我的理论:对于国际社会发展的整合性学习的理论有什么启示?方法整合的程度不同,内容整合的程度也不同,有不同整合学习的模式。第一个模式是全整合的模式,内容和教法等的整合,阅历的复杂度很大,学习复杂度大的,有能力的学生,有时间的学生,有最好协作的学生,他们的发展最好了。第二个模式是,内容的整合,教法就不整合了,方法清楚简单。第三个模式是内容的不整合,教法的整合,一般来说这是传统的做法,中文的教法、数学的教法、地理的教法,越来越用不同的方法来教,学生用不同的方法来学习。第四个模式是教法的分离和内容的分离,就是有不同学科各自分离,每一科的教法也是很简单的、清楚的、不融合的,可以说这是最传统的方法。在单一领域技术的培训用这个方法最好,考试也方便,因为现在的考试有很清楚的目的,很清楚的内容。单一领域能力的培训这个方法也是最好的。对多领域能力的培训就有问题,复杂性太大,时间太长了。要问的问题是,你学的是什么东西,达成的目的是什么,然后决定用哪一种模式。未来的发展应该多元一点,学生学习的模式不要单一,学习不同东西要用不同的模式。

整合学习和创造力有什么关系?这是我们最重要的课题。从我的理论来看,有两种不同的创造力,一种是思维上的创造力。比如一个艺术家,最重要的创造力是灵感,但是从事研究的不能这样说,创造力是指有能力在学习中创造新的资料、资讯、知识和智能。所以评估学生时,就看他整个学习的过程有没有新的资料、资讯、知识和新的想法创造出来,有呢,就是创造性的学习。另一个创造力的问题就是行动中的创造力,就是我们的学生有能力对上述东西设计新的应用方式或产生新的行动，是应用方面的创造力。

　　创造力有不同的层次。资料的创造是第一级，资讯的创造是第二级，第三级是知识的创造，最高级是智能的创造。整个想法改变了。一个学生、老师或学者的思维方法有没有转变？如果这个转变是层次上的转变就厉害了。有一个创造力的层次，所以当有一个人说到自己有创造力了，我就会想，他的创造力属于什么样的层次？水平在哪里？你们的未来研究、文章、研究报告，描述性或说明性是次要的，最重要的是创造性、创新性，有没有创造力？你的理论、实验、文章有创造力是最重要的。所以你应该看自己文章的创造力在哪里？你告诉别人我的研究成果非常大，在上海某一个地区，有些孩子们写字是用左手的，这个是新的，没有人发表过，我相信这是真的。但是对理论和学习的价值怎么样？可能是有限的。但若这个区的孩子用左手写字，因为他们整个区的老师有另外一个教学的方法——他们站的地方是在左边的，讲课的地方也是在左边的。若有新的证据和理论来说明现象，这个文章就厉害了，因为他带来了新的理念和知识。所以最重要的不是用左手写字，而是包含了什么新的理论，什么新的知识？有什么影响力？

　　我们提高创造力用什么样的方法？整合性学习有没有帮助？为什么我们强调整合性学习这么多？例如，这是经济领域的和政治领域的课，我们跨学科的学习，涉及政治和经济两个领域的资料、资讯、知识、智能。从而产生新的跨科的想法、信息及知识，有利于深入理解同一课题，但涉及经济及政治领域的现象。所以我们强调多科际的研究，不同领域一起来研究就是这个原因。从我的研究来看，能有新的资料、知识、智能和想法，所以这就是创造力问题。注意研究中有没有从新的领域来思考。如考试，不仅是考虑考试内容的问题，也要考虑考试成本的问题，这是经济领域的问题吧，所以我们强调不同领域的整合就是这样的。所以你们将来的研究项目和题目的创造力就在此，有没有其他领域的知识和观点。另外一个想法是，综合的专题计划。我们资料的来源有政治的、科技的、经济的和文化的领域，我们探讨的是学校效能的问题，我从不同的领域找到不同的资料，有不同的资讯，影响不同的理解，影响我对学校效能问题的看法、思考的方法，这些过程是综合的、整合的学习的过程，达成效能思维方法的改进。另外一个方法是转移，这是很简单却最厉害的方法，例如有没有将科学的资料转变为经济的资料、资讯，由一个领域转移成为另一个领域的资料、资讯和知识，这个转移就是一个创造力。"乾坤大挪移"听过吗？这是内功，就是这个转移，将左边来的右边去，右边来的左边去，前边来的后边去，这个转移就产生创造力。所以我们的思考方法和学习目的就是这样。听过这个说法吗？迁想妙得。汉学大师饶宗颐教授的学问博大精湛，人家问他，为什么你的学问这么厉害，创造力生生不息？他说四个字"迁想妙得"，不是他发现的，是古代学者张彦远发现的。这四个字很容易记住的。你将一个领域的想法迁移到另一个领域，创造的一些"妙得"，"妙得"就是创造。整合性的学习不是目的，让学生有多元的思维能力和创造力才是目的。

　　对于研究启示，我们讨论的整合性学习的理论对于整体研究有一个新的方向，有新的架构。这个架构可以用我们的研究、数据来考验它，评估它，帮助我们思考对教法和环境的整个改革。另外，整个教育改革的过程不容易，影响非常大，所以我们的教育改革需要综合性的全面的研究。

所以你们的研究项目可以是学生在学习综合过程中受的影响,你将你的研究放在大的图上面,这个图就是现在整个教育改革,你的研究定位在哪里? 你的研究在学习领域中的地位在哪里? 这个思维的方法非常厉害,如果你清楚你的研究在这个图的哪个部分,将来这部分的研究影响力就会越来越大,不一定是越来越多,而是你的研究的影响力和教育改革的关系很大。我指出一个现象,就是你的研究在大图中的地位是什么样的? 另外一个重要的情况,研究在管理上、教学上范式的转变上还是一个非常新的领域,未来的发展潜力大得不得了。现在研究这方面的非常少,我做的理论很多,但研究的也不是很多。如果有人有兴趣做这方面,可以说是个非常重要的领域。最后,这是我个人的网页:http://home.ied.edu.hk/~yccheng,有我最新的研究和文章,大家有兴趣可以登录。

上午就到这里,谢谢大家!(掌声)

录音整理:张松铃(华东师范大学教育学系)

教师效能与教育范式的转变

讲演者：郑燕祥

时间：7月7日 14：30—17：30
地点：大学生活动中心报告厅

郑燕祥：我开始一个新的题目：教师的效能。什么是教师的效能？好的教育要有好的老师。老师是非常重要的。没有好的老师，教育成功的机会就很小。但是老师有什么作用？老师的角色是什么？对我们学校、学生、社会，有没有作用？可以谈一谈吗？因为我们谈老师的效能，如果不谈论老师的作用，我们就不清楚我们到底在谈什么。可以谈一谈你的意见吗？老师的角色、作用是什么？

学生 A：郑老师，您好！中国有一句古话：师者，传道、授业、解惑也。这就定位了传统教师的角色。传道，就是传授知识；授业、解惑，这都定位了传统教师的作用。而对现在的教师来说，这三种传统的功能已经发生了转变。我认为教师的作用，首先是作为一个管理者、组织者。管理组织的目的就是促进学生学习。我们现在学习的核心应该是由教师走向学生，教师角色的最终定位就是促进学生学习、更好地学习，就是您所讲的，教师是如何有效地促进学习。

郑燕祥：他答得非常好（掌声）。老师的角色，古代来说"传道、授业、解惑"，这很有意思。现在他谈到老师是一个管理者，帮助学生的成长。还有别的角色吗？

学生 B：郑老师，您好！刚才那位同学提到教师作为学生的老师来说，是"传道、授业"，这个是正确的。但是如果教师作为学校的一份子，我觉得教师应该发挥对社会、对文化的正向作用，还有经济等方面的作用。

郑燕祥:她将教师的角色放在社会来考虑,不单帮助我们的学生,还对整个社会的发展有一定的推动的作用。还有其他的角色吗?

学生C:我觉得教师作为一个人,首先他自己也是一个学习者。他要一直保持一种终身学习的态度,才可以更好地帮助学生不断地学习。

郑燕祥:她说老师是一个终身学习者。但是这个功能对老师本身来说,有什么作用?对社会有什么作用?老师终身学习,有什么作用?对老师的行业来说,有推动、有帮助。答得很好,看到你们思维的能力了,非常好。继续。

学生D:我觉得老师还有榜样和示范的作用。

郑燕祥:老师就是一个榜样。对学生、对社会,有一些榜样和带领的作用。所以社会人士对我们老师的期望非常高。还有什么功能吗?

学生E:我想从教师和学生的关系来谈一下。我觉得教师和学生有三种关系。当教师是学生的老师的时候,他就起到同学们刚才所讲的"传道、授业、解惑"、榜样、示范等作用;当他和学生是朋友的关系的时候,他可以分享一下生活中的乐趣,或者帮助学生,当一个辅导员的角色;而现在信息发展比较快,有的时候他可能还是学生的学生,因为学生可能思维更开阔,有时候可能比老师还要迅速。

郑燕祥:每一种答案都代表一种思维。你们看她的思维方式,是从老师和学生的关系角度来讲,这是一个架构。不同的关系,老师的作用就有不同。用她的方法,同学们中还有什么看法?她谈的是老师和学生,所以老师的角色就不同。老师对老师有什么不同?老师终身学习,对其他老师有一个影响力。还有什么?

学生F:郑老师,您好。我想从公共利益相关的组织这个角度来讲。教师从字面意思来讲,就是从事教学工作的人。如果说是教授级别的,尤其在德国,对校长,教师应该是一种核心利益相关者。但是作为青年工作者,我觉得有时候处于一种边缘状态。教师,我觉得是用灵魂在燃烧自己,燃烧学生和其他人,是一种比较崇尚的人,我自己是这么理解的。比方说毛泽东的老师是徐特立老师,他们从一辈子来讲,是用自己的灵魂活着。不止是从事教学这样一种简单的工作。而且像现在大学老师,比方说,他是大师,大师就像一个大学的大树一样,如果大学里没有大师,就会感觉这个学校好像少了很多东西一样。老师就像寺庙里的方丈一样,如果寺庙里没有方丈,这个寺庙也不能称其为什么寺庙。先讲这些,谢谢。

郑燕祥:她的说法对我们有启示。老师的层次不同,影响力就不同。有些老师传授道理、传授知识,但说到大师、大学的老师来讲,有些老师是知识的创造者,能够创造知识,影响力就非常大。不单是知识,智能的传授也是智慧的启发,所以优秀的老师,应该启发智能,激励我们的学生。这个角色有不同,很好,同学们思考的方法非常厉害。

学生G:谢谢郑老师。老师应该是一个合作者。因为他在不同的层面,一方面是学校管理层面,同学校的管理者和决策者有合作。另一方面是在老师与老师之间、教研组或者课题小组之间有合作。再另一方面是与家长的合作,共同来促进学生发展。第四个方面是与学生的合作,也是最关键的一项合作。学生与老师之间是共同促进、共同提高、教学相长的一种关系。

郑燕祥:好,你说得非常好。老师面对不同的对象,角色不同。他与其他老师的关系是一种合作伙伴的关系。继续。

学生G:另外,老师还有引导和启发的作用。就像您刚才讲的,在教师与教师之间,同行之间有竞争关系,会更加促进教师自己的专业发展和同行之间的专业发展。我的想法说完了。

郑燕祥:谢谢你。她说的就很有意思了。老师不但是合作,对同行有影响力,有些优秀的老师对行业有领袖作用。不但对同行,对家长也是一样,对社会也是一样。

学生H:谢谢郑校长。我补充一点。我认为,教师的重要角色是领导者。从微观层面,比如从一个班,或者从一个年级,老师至少在他所教的科目上要领导或者引导学生学习;从管理层面,现在有不少的老师不仅要教课,也要从事教育教学管理工作。比如说像我们郑教授,同时也是郑校长。所以从这方面来讲是一个管理者、领导者;从更宏观的层面,我们知道,人类的文明需要老师传递和引导。也就是说,不管是从一个小学,还是从中学、大学到研究生院,课程设置上是有不同的。只是这个领导是在大的层面上还是小的层面上的问题。

郑燕祥:他说得非常好。不同层面的领导。

学生J:不答问题。教师的功用或者说效能不能单单讲他是一个合作者或者管理者,应该去想教师与其他职业的本质区别是什么。因为无论是管理者还是合作者,你随便拎出一个人,比如说企业家,他也可以是一个领导者。那么我们就要关注教师与其他身份或者职业角色的本质差别。在古代,说传道、授业、解惑,以前教师是不需要领证的,不需要持证上岗。比如说孔子,只要是能者就可以为师。这种身份是不需要法律或者政府、国家赋予的,可能民众认可就可以了。但是现在大家都是需要教师资格证,所以教师现在,无论是国家赋予的也好,还是民众默认的也好,是一种有意识的去培育人的职业。从现在的角度来讲,他是一种被国家赋予合法权利的,或者即使不是,也是民众能够默认的、认可的,而且是有意识地去培育人的一些人。那么作用本质上就是去培育人的。因为其他职业,比如律师、或者企业家,他是不具有这种作用的。这是我的想法。

郑燕祥:好的,教师是培育人的职业,领导的概念不是一个管理的概念。领导的不同之处在哪里?我是一个老师,我是一个学生,我是一个同行,为什么我又有一个领导的角色呢?管理同领导有什么最大的分别?

学生K:管理的概念比领导要宽泛得多。

郑燕祥:领导的概念带有一种开拓、创新的概念。教师的工作有创新的元素。我们有创新,又有终身的学习,不断改进教法。每一个老师都有新的、带动的领导的角色。还有一点:老师的工作不是一个人的工作。我们谈论的整合性的学习,一个人是做不来的。我过去的学习是物理的,我所受的教师的培训也是有一个领域的,不是全面的培训。培训学生全面的发展是一个团队,是一个团队在培训学生,团队的队员要有一个领导的作用。总的来说,我们讨论的老师的角色相当好,相当全面。送给你们一幅画。这是我1975年画的,差不多34年了,是我年轻的时候画的。谢谢。(掌声)

　　郑燕祥:老师的效能与老师的角色有关,同学校的教育也有关系。我们的老师帮助学校达成目的的程度就是老师的效能。学校有什么功能? 这是我们要讨论的问题。学校对学生个人发展有五种不同的功能:第一,技术/经济功能,包括传授知识及技能;传授就业技能。这就是我们谈到的"传道、授业"。第二,人际的功能,包括学生心理的发展、情绪的发展、情谊的发展。第三,学校对学生有一种政治的功能。因为学生将成为中国的公民,这是一种政治功能。第四是一种文化的功能。不同地区的学生,文化的素质有所不同。一般来说,北京、上海的市民,文化的水平就高一点。香港的市民呢? 文化水平也有,但是比较上海、北京来说,可能你们的文化水平高一点,因为文化传统深一些。所以教育有文化的功能。另外还有一种是教育功能。什么是教育功能? 就是学习如何学习,提升学生学习的方法,所以学校有教育的功能。

　　学校对学生的功能有了,所以老师的效能是他帮助学生个人在不同方面发展的程度。帮助我们学生各方面发展得越好,效能就越大。学校帮助学生个人发展是其中重要的目的,但不是全部的目的。学校还有作为机构的目的。第一,技术/经济功能,因为学校是生活的场所,学校是教师工作的地方。如果中国全部的学校都没有了,老师怎么样? 中国老师的数目很大,老师都没有工作了。这是一个非常大的社会问题,所以学校是我们工作、生活的地方,所以有一个经济的功能。学校也是服务人的地方。第二,学校也是有人际功能的。香港有些学生,他们不勤奋念书,但是他们喜欢去学校。为什么?

　　学生 L:因为学校的存在不仅仅是学习知识内容,如果这样的话,我们有网络就可以了。

　　郑燕祥:不喜欢学习,但是喜欢去学校。为什么呢? 因为学校是一个人际关系的组合。在学校有朋友、有欢笑、有交往、有人际关系,上课可以说闷,但可以与朋友在一起,有其他"可爱"的活动,但不在学校就有问题了,因为朋友不见了,失去乐趣。大陆的学生有这情况吗? 对有些老师也是一样。学校是一个人际关系很好的地方。

第三,学校有一个政治的功能是政治建制的重要部分,它影响每一个师生的政治行为。因为它有政治教化的作用。第四是文化的功能。学生有学生的文化,老师有老师的文化,学校有学校的文化,形造及传递一些重要的文化价值。第五,学校教育的功能。学校是传授知识的中心,做得好的学校、实验学校、创新的学校,是教育改革发展的实验及推动中心。所以,学校的功能不一定全部是在学生的,有作为一个机构本身的功能,那么老师的效能就是帮助学校达成这些机构性功能的程度。

当然,学校对社会的功能也非常重要。第一,技术/经济功能。学校可以影响我们的经济行为。我们每一天在学校学习一种经济的行为。每一天老师都教我们怎么用资源,对什么东西爱,对什么东西不爱,这是经济行为的,对社会经济影响很大。第二,人际/社会功能。我们的学校是一个社会整合团结的机构。为什么?透过学校教育,可以将不同民族的民众融合及团结起来:学校有推动社会流动的功能。帮助在底层的青年向上流动,是非常重要的。在香港,早年我家非常穷,弟妹很多,每天卖小东西维生,非常困难。但是我念了一个公立的小学,这对我的影响非常大。我的小学好,就能进好的中学,我的中学好,就能进好的大学——我的同学中差不多八九成都念到很好的大学。那时候是非常难得的,我完成大学的教育,我的生活就完全不同了。我当了中学的老师。因为我有受大学教育,我有一种向上流动的能力,将来的发展就没有上限。学校要有一个非常重要的功能,帮助所有的学生具备向上流动的能力——社会流动性非常的重要。当然,对于社会的发展、改革有影响力。此外学校对社会也有政治的功能、有文化的功能,对文化资本的形成和产生都有作用。最后,学校也能帮助教育的行业专业化、教育结构的发展。

学校对国际的影响力,有经济上的、人际上的、政治上的、文化上的。从不同的理论架构来看,教育的功能就不同,学校的功能也不同,老师的功能也不同,老师效能的定义也不同。从广义来说,教师的功能还有国际的功能,老师的影响力可以非常大。总的来说,教师有 5 种不同的功能,有四个不同的层面,所以有 20 种教师的效能。所以有人问我:教师的效能是什么? 我就说:有20 种效能,你问的是哪一种教师效能? 可以是个人层面的,也可以是机构层面的、社会层面的,甚至国际层面的。

效能和效率的最大分别在哪里? 效能就是我们达成目的的程度。效率是与实践所需的资源有关的,在同样的资源和时间里,达成目标的程度高一点,效率就大一点。但是有些老师,效能好,但效率不好,因为他用很长的时间、很多的资源去做到应有功能或目标。

研究教师效能的领域有很多。基于不同的学科,研究教师效能的领域是不同的,有基于心理学、社会学、经济学、政治学等。所以当我们做研究的时候,要考虑教师对个别学生的行为影响,要用哪一种学科? 一般来说,是用心理学的方法;但考虑到教师对社会的影响,就可以考虑用社会学的方法。研究教师在经济上的影响,就可以考虑用教育经济学的方法,也可以用学校管理学和组织行为学的方法,从机构层面看教师效能问题。所以不同层面所用的学术的领域也不同。

教师的效能与教育改革有没有关系? 目前整个教育改革有三个大的问题,第一个是效能的问题。老师的教学有效能吗？学生的学习有效能吗？能达成目标吗？没有效能的就要改革,改进。

第二个问题是满意的素质的问题。你的学校教育素质好不好？一般会答:好啊！那如何知道素质好？因为学生家长选择我的学校,对我的学校最满意。所以这个概念有点不同。不是谈老师的教法、学生的学法。而是谈家长满意吗？社会人士满意吗？他们的期望能满足吗？所以这是满意素质的概念,要满足多元社会期望的概念。就像顾客买东西,顾客满意的就是好东西,不满意的就不是好东西。在香港买咖啡,外面 5 块钱的咖啡浓度很高,喝了很有精神。而在另外一些地方——环境非常漂亮,咖啡就不是 5 块钱,而是 300 块钱,很贵！而这些咖啡就没什么浓的咖啡因。但是为什么这个咖啡那么贵？因为环境好。为什么环境那么重要？因为顾客喜欢喝咖啡的环境,而不是咖啡本身。

最后一个问题是什么？我们提供的教育、老师的教法,与全球化的未来有没有关系？没有关系的是没有用的,就算达成目标、家长满意,但学生也没有未来的。

这三个问题代表三个不同的教育范式。第一个范式:在 80 年代,整个教育改革的重点是在学校内部的改进。改变教学的方法,改进课程,改善学习的方法,强调的是一种内在的效能,要达成内在定下的目标,有一个国际的改革运动——叫做高效能学校运动。这在 80 年代是非常重要的。

而到了 90 年代,就完全不同了。90 年代教育改革的重心不是在效能,是在满意的素质:社会人士的期望、对持分者的问责、市场化越来越重要。我们谈的是外界的效能——不是学校内部的,而是学校外面的,可以看出学校与外面的关系是最重要的。他们所谈的教育改革不是效能的提升,而是哪一个学校提供的教育让持分者有最大的满意。对整个学校教育,影响非常大,强调市场化和问责。

到了 2000 年,全球化对所有学校、所有地区都有深远影响,很多家长、国家的领导很忧虑。为什么忧虑？全球化的影响那么大,他们的学生未来的竞争力如何？提升要关注现在的教育同未来的关系,我们关心孩子念的书、学习的东西同未来有没有关系。我说:你去我的学校念书就好了。为什么好呢？因为我们的学校物理的教育,高中的时候一定有大一的水平,大一的时候要达到大三的水平。你看,整个理念有问题！很多本科生做不到本科所学专业的工作,他们学的物理、数学,同他们的工作都没有关系,即他们所学的东西同未来没有关系。从家长来说、从国家来说,为什么我们的孩子学习的东西要与未来有关？我们寻找新的与未来相关的学习方法和内容。我们所谈的是教育的未来效能,不是你做得好不好的问题,是你的做法同未来有没有关系。没有未来,就不用谈了,做得再好也是没有用的。所以我们谈的是全球化、世界级的学校运动。在上海,是不是有世界级的中学？是,有的,若学生所受的教育,其内容、目的是迈向未来的,为什么迈向未来？因为学生学习的能力是持续发展的,思考能力非常多元。但是如果问及,为什么你的学校是世界级的中学？你回答,因为我的学校,家长都非常喜欢,所以我的学校是世界性的学校。可以吗？不可以。你的学校只是家长热衷的学校,不是世界级的学校。你学校的内容没有与未来相关,同世界其他地区的学校没有一个比较的可能性。

我们来看看教育改革的三个浪潮。第一个浪潮:教育的目的是培养有知识技能、文化信念的市民。在工业化的社会发展,教育是对学生的一种知识文化的传授过程,学习是学生接受知识技能的过程。这是第一个浪潮的涵义。我们的老师把知识、文化传授给学生。传授得好,效能就高;传授得不好,效能就不高。怎样让老师的效能提高? 有什么方法? 因这是知识文化的传授。所以我们的教育改革就是怎么样让老师将知识文化最好地传授给学生。我们要教学评估改造、教师发展、课程改进、环境改进、培训老师的方法改进。这是一个内在效能的概念。因为我们是改进学校的内在环境,改善越多,达成的目标越大,老师的效能就越大。从这个角度来看,研究评估教师效能有三个模式。第一个模式是目标达成模式。老师达成目标越多,就越有效能。老师的角色是知识技术的传授者、文化价值的传播者、目标的达成者。另外一个是过程顺畅模式。因为目标达成是非常难评估的,如果能确保整个教学过程、工作过程进行顺畅健全,我们就相信教师效能好。这里老师的角色是课程学习的组织者、教学的执行者、过程的管理者。最后一个是无失误模式。将你的手放在额头上,感觉如何? 有没有很烫? 没有就好,就说明没有问题。你看,这个方法是非常厉害的方法。我额头不烫,说明我没有发烧,是一个健康的人。我到学校去,看到学校没有问题,也看不出有什么弊病,那么这就是一个好的学校。成本最小的评估就是没有问题的评估,这个无失误模式很有用。一般来说,教育局官员看待学校也是这样的,看看这个学校有没有问题,没有问题就是好的学校。在过去,香港校长最重要的工作就是每一天来到学校,将当天的报纸翻开,只要自己学校的名字不在报纸上,就是好的,就是没有问题的。(笑声)所以从这个角度来说,老师的角色是学生的管理者、监控者。目标达成模式中,考试是目的,我们就看考试成绩;过程顺畅模式中,看教学过程是否顺利;无失误模式最为简单:没有问题,就是好的学校。这是第一个浪潮的教师效能评估模式。

　　如何提高教师效能? 要考虑不同的因素。首先是吸收最好的人当老师,这很重要。从国际的研究报告来看,美国有不少的教育改革,但是一直效果不好。为什么美国的教育改革那么多,但是学校的表现不太好呢? 主要是因为美国的老师水平比较低。在韩国,同辈学生中是最高的 4个百分比当老师;在新加坡、中国香港,是最高的 30 个百分比的学生当老师。而美国哪一部分的学生将来当老师呢? 同辈的学生,底部的 30 个百分比将来当老师。那么再改革也没有用。问题在哪里? 老师的自身素质是首要。在亚洲,教师的地位比较高。现在香港的教师地位没有以前那么高,但是新老师的薪水在全香港是所有行业中最高的,一般来说有一万八千港币。而别的行业,一般只有一万的或更少些。相差很大,教师行业有一定吸引力。在韩国,新教师薪水是人均国民生产总值的 140%(按平均是 100 算);在美国是 60% 至 80%;在中国香港是 95% 至 97%,所以美国教师的薪水较其他行业一般较低。

　　从研究来看,改变的每一个因素,包括老师的素养、才干、表现,学生的学习经验、成果、课程的特性、评估方法等,可以有不同的改变方法。另外一个方法是关系改进法——不是改进一个因素,而是改进各因素之关系,效果较为全面。过去,教育改革只改进一个因素,是不足够的。

　　我们刚才所谈的是一个老师的效能。但是一般情况下,不是一个老师在做教育工作,是一个团队的老师。所以我们有一个整体教师效能的概念。什么叫老师的整体效能? 老师效能涉及不同层面,有个人层面的、小组层面的,以及学校整体层面。一个学校的好坏与整体老师的素质有关,而老师的整体素质影响教师的表现。所以研究学校文化的时候要研究学校老师的水平,包括个别的、小组的、整体组织的,整体的老师的表现影响整体的学生的学习经验。老师的效能对整个学校的学生学习经验的影响力,有个别的、小组的、组织层面的。整个学校每一个学生的学习经验、每一个课堂的学生的学习经验、每一个小组的学生的学习经验,都与学校的学习经验有所不同。一个学校成功与个别学生的成功、小组的成功都是不一样的。学校的整体的成果不单是一个一个学生的成果,还有一组一组学生的成果,整个学校的成果。所以我们评估学校的表现、学生的表现可以有不同的层次:个人的层次;小组、班级的层次;整体的层次。这是教师整体效能的概念。怎样使教师整体效能好? 我提出了一个协调性的理论。第一,老师的素质和表现要协调;在不同层面上,包括个别的、小组的、组织的层次要协调起来。例如,每一个教师的方法与整个小组的老师的方法、与全校老师的方法要协调起来。A 老师是这样说的、这样表现的,B 老师也是这样说的、这样表现的,整个小组的老师都是这样说的、这样表现的,这样协调的表现产生对学生的影响力就最大了,学生的成果也就最大了。这个协调,从另一个角度来看,就是学校的文化,就是表现他们不同层次、不同领域的协调程度。协调程度大,影响力就大,这个协调理论可以作研究方面的探讨:例如研究学校的文化强度是不是有最大的协调的体现呢。

我用专业取向来研究老师在不同领域的协调性以及与效能的关系。教师专业取向有六个领域——这是香港的标准。对专业的承诺、对学生的承诺、对同事的承诺、对雇主的承诺、对家长/监护人的承诺以及对社区的承诺六个领域,有不同的指标。当他们在不同的指标表现得越好,他的专业的取向就越强。把每个领域的表现合起来,就是一个专业取向的程度的高低。

我做的研究是一个横向的研究。有 62 所小学、1480 位教师、约 8000 名学生,不同学校的教师专业取向不同,学生、老师的表现会有什么差异? 我们看图:紫色的线代表高专业取向的学校,这些学校是专业取向分数最高的学校。将最高的 30 个百分比拿出来,成为高专业取向的学校。将最低的 30 个百分比的学校,表现没有那么好的学校拿出来,成为低专业取向的学校。然后看他们的学生的学习成果、教师的管理情况。高专业取向的学校学生的表现非常好:自我观、对同学的态度、对学校的态度、对老师的态度、学习态度全都是正面的。学校老师的专业取向好一点,学生的表现就好一点。另外低专业取向学校的学生觉得功课非常多,而高专业取向学校的学生不认为功课那么多,他们佩服他们的老师,因为老师教导他们、影响他们,有专业的角色。两组学校在奖赏权方面分别不太大。关于强制权,高专业取向的学校很少用强制权,职位权也不太用,参照权要高一些,即老师多作为一个模范让学生学习,老师对学生的关怀也要多一些。专业取向高的学校,学生的学习成果和老师的表现都要好一些。老师的工作态度如何? 高专业取向学校,在不同的指标,老师的表现都是比较好的。教师社会规范、组织结构在高专业取向的学校,正面指标都是比较高的,负面指标都是比较低的。研究也发现校长的领导方式不同,老师的专业取向就有所不同,校长的领导对学校的发展影响很大。

第一个浪潮的教师效能问题就是:如何在学习及教学活动上,配合学生特性以有效地传授知识和技能? 如何透过教学及学习的创新改进,更有效地传授知识? 如何在规定期间内,使教学做出有效的改进? 如何提升学生在公开考试中的水平?

在过去二十多年,第一个浪潮的改革做得很多。但是很可惜,社会人士都不满意。花了不少的钱,下了不少的功夫,但是家长也不满意,官员也不满意,社会人士都不满意。为什么会不满意? 当然因为过去他们用的方法是一个封闭式的方法、内部改进的方法,但是为什么会没有用? 不单是香港,几乎是所有地区,第一个浪潮的改革都不满意。为什么? 我的说法是这样的。第一个

浪潮,不论你做得多么好,很努力要改变现在的教学,投入的财力、物力非常多,但是整个社会还是不大满意。这是真的,不是说笑。为什么不满意? 为什么世界各地都面临同样的问题? 是竞争的原因。比如在香港,当看到别的学校师生八点钟才离开学校的时候,我们就要8点半、9点才离开,以显示自己更认真,更努力。重要的是社会期望的改变,环境的改变。家长期望孩子高分、高能,期望越来越大,永远无法满足。你以为你做得好,9点钟离开很厉害。那别人怎么做? 别人就9点半。这个是没有办法的,所以整个方式需要改变,这就牵涉到外在效能的概念。把老师、学生放在一个大的环境来看,市场的期望、社会人士的期望越来越大,但是他们的期望不是静态的,是动态的、变的、高的、多的。所以老师的内在效能就改变了,不仅要在学校做得好,也要在市场上做得好,得到社会人士的满意。这就是外在的效能。

第二个浪潮的教育理念完全不同。目的是培养市场上有竞争力素质的市民,不受社会淘汰。教师的概念完全不同了;不是知识、文化的传授,是对持分者的一种服务过程。学习是什么? 学习是父母送你去学校享受老师对你的服务。过去是孩子去学校听老师的教导,学习知识、技能。而现在概念完全不同了,持分者、公众、大众传媒、官员、社区领袖对你的学校满意,你的学校就是好学校。一些学校很聪明,与大学合作,让学校有一个创新的项目,那么学者与学校合作,学者对学校的评价会怎么样? 是正面的吧? 重要的是学校的竞争力。如果没有其他学校与你竞争,那么你就问题非常小了。该区的孩子就只能来你的学校念书,没有其他选择,你的学校5点钟就可以放学,不需要8点、9点了,因为没有别的学校和你竞争。所以你的学校做得比别的学校好,你就没有问题。而当别的学校做得更好,你的压力就很大;其他学校做得不好,你的压力就小。

研究教师的外在效能有三个不同的模式。第一个模式是资源模式。老师的角色是工作资源开发者,有效资源应用者。第二个是满意模式。有些老师,能使家长小区人士对其满意度很高,是人际网络及关系的建立者。第三个是问责模式。教师是有信誉的服务者,是专业问责工作者。

不同模式,有效能教师的指标有不同。在资源模式中,教师能使学生素质高一些、资源多一些,就是有效能的老师。在满意模式中,教师能使社区领袖、家长、学生、同事的满意度高一些,就是有效能的老师。在问责模式中,专业声誉高的老师就是有效能的老师。有些学校有特级教师,学校的特级教师多,学校的地位就高,因为有一个信誉、品牌的效应。

如何发展第二个浪潮的高效能教师？以用家为本。在传统上,老师是一个教育工作者,强调做好的教育工作,不是做品牌、市场的推销。但是在第二个浪潮,作为一个老师,作为一个教育工作者,却要用"以用家为本""市场竞争的思想来考虑教育工作有违教育的核心价值所强调的关爱、平等、互助。第二个浪潮面对着一个挑战:教师如何满足持分者的期望？要让我们的学生在市场上有竞争力,往往流于"考试为本"了。在香港有些考试补习学校,帮助学生考试,他们老师的薪水非常高,差不多每个月有 30 万港币,号称"考试天王"。香港的公交车上贴着考试天王的巨像广告。在建立学校的品牌和声誉方面,学校是考试天王学校就厉害了。考试服务有保证,做得不好可以退款。但是市场为本的教育概念太功利,对长远的教育影响非常大,对整个社会来说是不好的。我们的问题是这样:市场上满意的教育是不是好的教育？是不是有未来的教育？第二个问题:家长满意了、市场满意了,但是这样的教育对学生的未来发展有没有保障？二三十年后,学生会不会找不到工作？我们的学生是不是就能满足社会的需求？我们的学生在几十年后能否不被代换？有没有在教育上终身保用的学校？没有。差不多每一个地区都没有终身保用的学校。电脑有保用,电器有保用,差不多市场上所有的东西都有保用,但是教育没有保用。

老师如何帮助学生增强思维能力和创造力,使他们持续发展,三十年后还是有工作,还是有发展？过去的第二个浪潮的教育是不保用的,第三个浪潮从观念上转变:要帮助学生的未来发展。全球化不止是经济的全球化,还有社会的全球化、文化的全球化、科技的全球化、政治的全球化、学习的全球化。学习的内容可以来自世界各地。我们的学生在未来是一个多元的人:科技人、经济人、社会人、政治人、文化人、学习人。过去我们培养学生成为一个科技人、政治人、社会人,还没有想到培养他们成为一个文化人、学习人。但是我们现在谈的是未来发展,未来发展需要情境多元智能(CMI)。哈佛大学霍华德·加德纳博士谈的多元智能是什么智能？有什么不同的地方？他的多元智能概念是生物的智能。而 CMI 是与情境有关的。学生对不同情境的适应能力有不同,这与他们 CMI 强弱有关。全球化有六方面,所以学生的智能也应该有六方面的发展。外面的环境变动对学生带来挑战,但因为学生有 CMI,所以他们可以应付环境的变化。我们所谈的整合性的学习,重要的是培养学生具有多元的思维能力,有持续发展的能力,追求多元的发展。所以学生将来失去某份工作没有问题,他有创造力、思维的能力、多元的能力,他对变动的环境有适应的能力,可以创造新的工作给自己和别人。这就是一种持续效能。

所以第三个浪潮的教育涵义就不同了。目的不是知识、文化的传授,而是培养有情境多元智能的市民,能够终身学习及持续发展,创建多元社会及地球村。教学的目的是帮助人发展 CMI。学习是学生持续发展 CMI 和创造力的过程。

从我的理论来看,CMI 的发展有个五角理论。第一,我们的教学法应帮助学生发展每一种情境的多元智能。首先什么是经济智能？我们讨论问题,用经济的观点来看的。我谈过评估的问题,要考虑到成本,这是一个经济的思考方法。我们要培养学生用资源的概念、成本的概念、效益的概念、经营的概念来看待问题和发展。第二是科技智能。一般来说,我们强调科技智能,学物理、数学、化学、生物都是这样道理。学生有没有能力运用科技的知识、技术解决他们在发展中的问题,这就是科技智能。第三,什么是社会智能? 就是对人际关系、人未来的发展、人性的发展有很清楚的想法,与别人有很好的关系。我们中国人社会智能是做得比较好的。第四,文化智能也越来越重要,因为文化智能涉及人的深层的价值。孩子有能力问一个问题:郑教授,你今天和我们谈论这么多,我们讨论的价值和意义在哪里? 这样的孩子就厉害啊。能问及与我们的未来、我们的生活有什么关系? 这样的孩子很厉害,有理想。我们就喜欢这个孩子,这不是普通的孩子。我们说的文化智能就是指这方面的智能。他从每一个事情、每一个角度思考深层含义,很有内涵。第五,什么是政治职能? 人与人之间有利益关系,有政治智能的孩子对利益关系及权利责任看得很清楚,能尊重其他人的权利,与别人的利益关系处理得非常好,有民主的精神和做法。最后一个就是学习智能了。学习智能是一种学会如何学的能力。这是智能的核心部分,这个部分做得好,就加速其他智能的发展。CMI 最重要的部分是智能的转换。我们有没有办法把科技智能与社会智能转换? 比尔·盖茨为什么厉害? 他到哈佛大学里去,后来就不念了,为什么不念了? 因为对科技的了解、掌握做得非常好,他所考虑的是如何更有效地利用他所掌握的科技,如何将科技智能转换为经济效益? 所以,不同的思维或智能之转移,就产生创造力。转移能力越大,创造力就越大。乾坤大挪移的心法就是以五角理论为基础的心法。所以你们回家之后怎么样练习乾坤大挪移? 用五角理论来练乾坤大挪移就可以了。(笑声)厉害的不仅是你的学生,你自己也是一样。重点是,如何将不同的知识、思考方法转换?

另外一个重要的发展是教育的三重化:全球化、本地化、个人化。英文是"triplization",你们应该不懂的,因为这个词是我创造的,(笑声)就是全球化、本地化、个别化的整合。现在很多大学和中学已经在做了,让学生有无限的机会发展。所以未来教师效能的问题就是如何让学生有三重化的学习,是乾坤大挪移的每个方面的第一层的三重化。第二层是帮助学生透过信息科技、网络获得无限的学习机会。第三,如何帮助学生持续自我学习,并变成终身学习。你有了无限的机会,但是有没有持续的发展? 有没有未来? 第四,如何培养学生发展三重化自学的能力? 这个是最高能力了,学生就不需要老师了。最后,培养学生持续发展自我的情境多元智能。

最后,我们如何发展高效能的教师? 老师的每一天的教学都有专业实践过程,问题是:为什么有些老师越来越好,而有些教师没有进展? 重要的是实践过程有没有深层的学习、累积及发展专业的知识、思维能力和创造力。这是老师本身的创造力的问题。所以有些老师的功力一天比一天厉害,因为每天他们都在累积他们的思维能力和创造力。外在环境变了,挑战越来越大,但是没关系,我们的老师可以持续发展和成长,具备持续教学的效能。我们不是谈一天的效能,我们谈的是长期持续发展下去的效能。

最后,我希望每一位老师成为一个学习型教育工作者,为自己建立一个不断的专业学习循环,有系统地积累专业智能和知识,充满创意,完善工作,一天比一天卓越。谢谢大家。(掌声)

录音整理:黄　庶(华东师范大学课程与教学系)

张松铃(华东师范大学教育学系)

学 生 感 言

● 值得一提的是,郑教授不仅在学术上著作丰富,而且在绘画、音乐、诗歌上也颇有天赋,曾三次举办过个人画展。在这次讲座上,我们有幸看到了他的两幅作品。我觉得郑教授本人就是一位具有多元思维及创造力的高效能教师,他的讲演充满着丰富的个人魅力,让人不禁沉浸于其中!(华东师范大学　陈颖)

● "封闭的、静态的教育改革无法满足外在的社会对教师动态的、日渐增多的需求",这是郑燕祥教授的一句话,暑期学校中有很多这样让我深有感触的简单的话,从这些值得尊敬的老师的口中说出来,正一点点地启发着我,让我对自己的专业有了新的认识。(华东师范大学　牟彦瑾)

● 郑教授在整场讲座中,非常友好和平易近人,与学生互动特别多,有学生提问的时候,郑教授经常会拿着话筒从报告厅的一边跑到另一边,这很让人感动,讲座也非常精彩。(华东师范大学　潘立晶)

信息时代的学与教

讲演者:徐福荫

时间:7月8日8:30—11:30　14:30—17:30
地点:大学生活动中心报告厅

讲演者简介

　　徐福荫　现任华南师范大学教育信息技术学院信息传播研究所所长、教育技术学教授、博士生导师、全国教育科学教育信息技术学科规划组成员、全国教师教育技术水平考试委员会成员;主要研究领域:教育电视、计算机教育、教育传播、教育评价等。

　　尊敬的老师、亲爱的研究生们,早上好!（掌声）

　　今天我跟大家探讨的主题是信息时代的学与教,报告的主导思想是以信息化促进教育创新,推动教育公平均衡发展,促进终身学习体系和学习型社会的建构,带动教育现代化,实现教育跨越式发展。教育信息化建设有六大任务:第一,教育信息设施的建设,这是一个基础;第二,教育信息资源的建设,这个是我们教育信息化建设的核心;第三,教育信息技术的应用,这个是最主要的效益;第四,教育信息产业的建设,这是我们进行教育信息化建设的一个支柱,特别值得一提的是信息产业建设也是我们国家的一个支柱产业;第五,教育信息人才的建设,包括我们今天办这个暑期学术班也是要往这方面发展,因为在信息时代,信息素养已经成为我们国家每个公民所必须具有的素质,这个是关键;最后一个是教育信息政策法规,这个是我们教育信息化建设的有利保障。比如说我在华南师范大学担任电教室主任期间就定下一个规矩,45岁以下的年轻教师在多媒体教室里面应该懂得进行多媒体教学,并且随着教育技术运用的伦理观的推广和应用,我们当时就定下了这些政策,并且发表了一些有关教育信息化相关方面怎么应用于教学的文章创作,以此促进年轻教师在教育信息化建设方面跑得更快。

第二,我谈谈信息时代的大学应该是一个怎么样的大学。我记得大概在20世纪40年代,有人提出大学之所以"大"不是大楼而是大师。但是我认为在信息时代两者都需要,一个大学里面更应该有信息化的教学大楼,所以我们国家本科教学质量评估里面有一个重要指标,就是看看你们各个学校教育信息环境的建设情况。当然在信息化大楼里面最主要的应该有大师,这些大师应该是怎么样的大师呢?应是大度、大爱的大师,特别是应该具有大学精神的一些大师。也就是说,我们的教育没有爱就没有教育(古今中外都是这么认为),关爱学生是我们每一个教师的天职,教师应有一颗热情的爱心。也就是说不仅仅是关心学生的学习,还要关心学生的思想、生活、健康、工作等等。我的学生不管是不是我教的、我带的,他们找工作有困难也会和我讲心里话,我帮他们解决思想问题,帮他们找工作,特别是研究生,不管是我这个方向的还是别的方向的。我特别注重与学生的合作,学生应主动成长、成熟,不是让他们那么幼稚,遇见事就想不通,这个是很可怕的。首先对不起父母,对吧?更大了就是对不起国家。教他成熟,最后让他走向成功。我也希望在座的研究生将来走向工作岗位或者在现今学业上能有所成功。

什么是大学精神?我个人认为厚德博学、团结拼搏、求实创新就是大学精神。大师应该是师德高尚、知识渊博的,并且能够团结广大师生进行拼搏。比如说,我们华南师范大学教育信息大楼里面不论是星期六、星期天,还是放假,研究室、实验室里学生都是在通宵达旦地研究、工作、拼搏。我记得我们国家第一个男乒乓球冠军容国团讲过一句话,谁能够讲得出来他讲过一句什么话?他是从香港回来的,广东中山人,他讲过一句什么话?谁讲得出来?他说:"人生能有几回搏"。听过没有?对学生来说,小学、初中、高中、大学、研究生、博士后、工作,大概就是这么回事。我也记得毛主席有一首诗词其中有一句话,这也是我经常跟研究生共勉、探讨的,"一万年太久,只争朝夕"。我经常还教育我的博士后,我的座右铭是什么?博大精深。博,做学问要博览群书;大,要大气、大度,不能小利、小气、小聪明;精,做工作要怎么样?像白求恩一样,精益求精。你看企业里一般都有两句名言,"性格决定命运、细节决定成败"。深,搞研究,特别是你们搞论文,要深度挖掘,好像我们做计算机数据挖掘一样,要深层挖掘。我经常还教导学生做事首先要做人,做好人。你是勤勤恳恳的,那就不管天资优不优越、身体素质好不好,只要你有勤勤恳恳的精神,你做工作肯定也是勤勤恳恳的,你做学问怎么样?肯定是认认真真的,我是这么认为的。(掌声)人要先学会做人,再做事,才做学问。做事先做人,创新先积累,要沉淀,成功先吃苦。你搞科研,就那么一点点成绩都是自己一夜一夜拼搏出来的。其实讲了你们也不相信,我每天起码都要做到一两点钟左右,尤其申报课题的时候都是熬夜、熬通宵地赶,这不是为我自己,是为学科、为那些年轻人,我帮他们改。(掌声)

在信息时代应用信息技术、信息技术的资源、信息技术环境进行自主、探究、协作、创新式的学习。我个人认为信息技术是最重要的一个成果,它变革了我们的学习方式,改变了原来老师一本书、一支粉笔、一张嘴来满堂灌的教学方式。我们可以利用信息技术工具到什么程度？我们可以自主学习，因为里面有好多的教学软件，另外一些网络也可以促进学习，使我们的大学成为国家的知识库、技术库、思想库、人才库，从而推进我们国家的高等教育大众化，促进国民发展，建构终身学习型的社会和创新型的国家。这个是我的第二个观点。

第三，信息时代的师生应该是怎么样的？学生和老师应是什么样的？我认为在信息时代老师和学生首先要把信息技术作为学习对象，掌握信息技术。在座各位不论是不是信息技术专业的，我认为都需掌握信息技术，不懂的话就把它作为学习对象。掌握了以后，教师应该把信息技术作为教学、科研、开发、管理的创新工具，从而促进教师的专业发展。注意，经常有很多领导、一些专家很可能会说信息技术是作为什么？是作为教学的辅助工具。这个对不对？我这里没有把这个辅助工具给凸显出来，我认为信息技术不仅要作为教学的辅助工具，更重要的是什么？还要作为教学的创新工具。我这里只是没有写出辅助工具，它们两者是"不仅……而且……"的关系。信息时代的学生应该是怎样的学生？学生应该把信息技术作为学生开发潜能的认知工具、自我测评的学习反馈工具、创设情境的情感激励工具，从而培养学生的创新思维与实践能力，促进学生有效学习和成长。

第四，讲讲学与教的目的是什么。这里我没有谈自己的观点而是引用一些大师的观点。我引用了 Google 中国区总裁李开复先生的两段话，作为学与教的目的，李开复先生说，"学习的目的不在于获取文凭，而在于它是实现理想、追求兴趣的必由之路，是在整个人生过程中不断更新自己，以便与时代发展保持同步"。第二句话，如果我们将学过的知识忘得一干二净，最后剩下来的东西就是教育的本质了。所谓"剩下来的东西"是指自学的能力，也就是举一反三或无师自通的能力。特别是在中国的教育体制中，我依照自己的成长经历认为我们国家在基础教育这方面做得比较差，大学很可能比较富有。所以现在我们国家在素质教育中提倡从幼儿园就要开始培育我们的创新精神和实践能力。

怎么样理解李开复先生的这句话呢？还要先讲讲李开复先生的故事，再去理解他这句话。请问李开复先生是哪里人？知道吗？中国的学生就是差这一点，怕讲错，我要讲点小插曲。我带研究生有一个要求，研究生也好，培训也好，我都是有这个要求的，没讲这个要求之前再讲讲我的观点。把现场这个投影机关掉，这是为什么？我就提一个问题，徐老师的手提电脑现在是开的还是关的？因为你们的角度，你们是坐在我手提电脑的前面，那你们的答案就分开了，有人说是开的，有人说是关的。那你没办法，谁叫你的角度是坐在我手提电脑的前面。假如有一个人和我平起平坐，那么他肯定就说是开的。这不是说他没本事，每个人的角度是不一样的，这是他坐的角度的问题。所以我经常告诉我的学生，你不要害怕答错，只要你回答我的问题，你们猜猜我给学生多少分？你们猜猜？60分啊？50分？90分？当然是 100 分。（笑声）因为他的角度和我的角度不一样，没关系，那不是错的，他起码在思考。所以我每堂都说这一堂课回答我就是 100 分，下一堂不回答我就是多少分？零分。学生很怕分的。平均分是多少分？还是 50 分，还是不及格。所以我的学生起码敢说，不管对不对，起码哇哇地叫，对谁讲都不害怕。你去当老师也好，你去公司也好,没关系你就呱啦呱啦地讲,要有激情。好,从现在开始看你们谁能够首先拿到我的100分。暑期学校还是有一定层次的,天天讲创新思维,刚才主持人就问我到底是中途提问还是你讲完之后提问呢?按照我的观点随便你怎么问吧,你打断我也行,你觉得迫不及待地问你就问,我肯定给你100分。你想什么时候问就什么时候问,随便你。

下面一个问题很简单,李开复先生是哪个地区人?(现场好多人回答)好多人100分,就是这么简单,就要勇敢、大声地讲出来。李开复先生是1961年生人,在我们国家的台湾。小学在台湾读,在美国田纳西州读初中、高中,大学就读于美国哥伦比亚,但是最初读的并不是计算机专业,而是法律。我看书、看电视节目时得知他是受他爸爸的影响,他爸爸好像是教历史的。记住这句话是我总结的,就是他爸爸是教历史的,他是受他爸爸的影响。但是李开复发现,自己对法律根本没有任何兴趣,决定从法律系转到计算机系。我们国家的学制是,你考到大学,假如大一时你对所学专业不感兴趣,然后自己申请转专业,这个有吗?好像在中国的成功案例并不多。李开复从哥伦比亚大学计算机系本科毕业以后,到美国卡内基梅隆大学继续深造,攻读研究生。1984年,当李开复攻读博士的时候,他的导师让李开复做基于专家系统的语音识别研究。他那时候岁数还不大,大概20来岁吧。做了一年之后,李开复发现,这个方向可能是死路一条,可能会获得一些初步的成果,但这个成果并不大。他通过一年研究以后,他怎么样?他用自己自学的知识,统计学的知识。你们看统计学的知识还不是老师教他的,而是他自己自学的。所以李开复先生学了一些统计学的知识,决定用统计方法来做什么呢?来做语音识别的研究。他不用传统的方法,这个搞计算机的都清楚。他把自己的想法告诉给了导师。他的导师也是大度、大爱、很包容的一个人,他说了一句让李开复先生终身难忘的话,"我不同意",那肯定不同意呀!这个方法不是按照他导师的思路走的,"我不同意你,但是我支持你"。他不同意他用这个方法,但是他也支持他。这个任务是他导师让他这么做,但他偏偏不这么做,但这个导师并没有抱怨,很大度。由此,李开复用统计方法所做的研究,使他在语音识别领域取得了相当大的成就。他的博士论文成果,成为今天所有语音识别科研产品的一个基础。他开创性地运用统计学原理开发出世界上第一个"非特定人连续语音识别系统"。说实话,最有创造力的时候是什么时候?为什么全国研究生暑期学校是研究生创新教育启用的一个项目?在座各位应该是最有创造力的一个年龄段。

刚才引用李开复的两段话,现在引用一下爱尔兰诗人叶芝讲过的一句话,"教育不是注满一桶水,而是点燃一把火"。各位,这句话有没有相似的、出名的教育学家讲过?有没有?谁呀?(场下窃窃私语)听见有人讲了,大声地讲出来。苏格拉底!没错,是苏格拉底。因为我很喜欢写诗,出国访问回来有很多感受,我就把观后感在PPT上写成诗与大家共享。这个是爱尔兰诗人,其实与苏格拉底讲过的差不多,你们回去想想。

还有是哈佛大学的办学理念"知识可以传授,而智慧却不能"。又引用我国老子的一句话,《道德经》的开头部分"道可道,非常道"。就是说好多东西只可意会,不能言传。就是说智慧需要感悟、领悟与顿悟,更加需要,我一开始讲过的,积累、沉淀、最后升华。

教师要乐教善导,教师不仅把教学作为自己的职业,并且还要很热爱教学,启迪学生智慧。

学生要好学善悟，开发自己潜能。学生要好学，就好像我们在小学上学时就有一个标语，是毛主席的，是什么？教室的左边和右边都是"好好学习，天天向上"。学生的本职工作就是学，不是玩，不是网络成瘾，不是天天都泡在网上，不是这个概念。所以说我们，特别是研究生，应该尽早规划我们的职业技能。每年大学一年级也好、研究生一年级也好，我都要给他们做一个报告，要他们尽早规划自己的职业技能，要又红又专，一专多能。你现在没有一把利刀，没有一技之长，你跟人家说我们是教育技术的硕士研究生，毕业以后也只能在大学里当实验员。可以说我这几年的研究生我要求他们要能够做一个多媒体课件、一个视频，这样就不愁没人要。我教的学生每年都是抢着要，基本上都去了大学，还没有去中学的，他能做多媒体，还有论文发表，你要他做设计也行，你让他做网页也行，让他备好一堂课、做一个很好的多媒体 PPT 也行，让他讲还行。中国人其实最差的是什么？是不敢讲话，讲话还要在喉咙里，都听不到。说实在话，我把话筒关掉，最后一排学生也能听到我的讲话，讲话要大声。

　　所以我有一个观点就是，我刚才说学生的本职工作是什么？是毛主席说的"好好学习，天天向上"。我改了一个字，"好好自学，天天向上"。其实我们在大学本科、读研，好多时间靠你自学。教育技术的学生我都告诉他，假如你一定要当中学的老师，本科生啊，我说你要学好两个，一个是数据库，一个是人工智能。现在在中学里面，针对教育信息技术的岗位，教育技术的本科生去竞争这个岗，计算机的也去竞争这个岗。它现在有 6 个模块，第一个是信息技术基础；第二个模块就是必修的算法与程序渐进；第三个叫多媒体技术应用；第四个就是网络技术应用；第五个是数据管理；第六个是人工智能。假如你懂得人工智能，这个学校肯定要你，因为现在学校最需要能够做人工智能和能够指导学生做基建的人才。你，包括研究生在内，你说这个方面我很厉害，你到高校也好，人家问你什么，你都会说老师没教。那讲到这里要讲一讲我的故事给你听了。我是 1966 年大学毕业，也是 6 月份，就是在这个时候，华南师范大学物理学毕业。人家就告诉我，你就是读书读得还可以，你就当助教吧。那后来就是文化大革命，我是 1967 年拿工资，1968 年分配，被分配到广东省一个农村的小学。和我一起去的有两个人，一个是海南师专的，他就教语文、政治。除了语文、政治，数理化什么的都是我教。那还有什么呢？当时的小学里面，好多都是民办教师，他们如果请假了，生小孩了，那还要去代课。那还有和我专业离谱的，体育也要我教，那不简单嘛，集合、分组、打球。我没教过，也只能这个样。还有音乐老师生病了，那时候大学生被认为是全才，什么都能够，那拉着洋琴就是叮叮当，叮叮当的，让他们一边弹一边唱。那时候都是唱《大海航行靠舵手》。1977 年才到县城中学里面去讲课，我班高考很厉害的，每年总有一个 100 分。很简单，现在讲知识是空城，那时我提出知识包围圈，这是什么概念？其实很简单，定理到了高中也不超过十条，我就告诉学生你们不要做那些题，做那些题有什么用呢？你们就当高考老师，直接命题，你用一条公式命一道题，用两条公式再命一道题，你用 10 条公式命完题，你还害怕什么？高考改来改去，改的是什么？改的是数字嘛。所以我教的物理最少的一个得了 100 分，最少，你听明白了没有？他们都是自己出题，就是让他们有"idea"，你要教他方法才行啊。不要老是让他算，算是什么能力啊？算是数学老师的能力，算得对不对不是我物理老师的事。因为我是教他物理不是教他数学。所以刚才说的是应该好好规划人生,并且时间不多啊,"一万年太久,只争朝夕"。

下面我要引用中国工程院院士、浙江大学校长潘云鹤的一个观点。潘云鹤教授前几年在浙江大学当校长的时候,在开学典礼上做了一个报告,他说学习有5个阶段。第一个阶段是读教材,所谓读教材就是系统学习和掌握知识。中国大学生最有本事了,读书能力最强,每年奥数获奖的都是中国人。假如你在中国初中、小学读书是一般生,你去美国肯定是优等生。他认为我们最缺什么? 最缺的一个就是创新,创新不是追求结果,而是追求过程。第二阶段是读论文,为什么我们大学和中学老师评职称要有论文? 书是写过去,是历史来的,论文是写现在,论文是代表国内外动态学习的前沿知识。第三阶段是写综述,特别是你们研究生的论文,你要知道同类研究国内谁在做,他是用什么方法,国内是用A方法,国外是用B方法,那你通过论文综述最起码弄清你用什么方法,你最起码从主观方面用A+B的方法,对吧! 那你更厉害了,就好像李开复说我用C方法,人家用专家系统的,我用统计方法,那我就跟他不一样了,明白我讲的意思没有? 论文综述首先是分类与集成的技术。接下来写论文就是创新知识,所以每年都要评100篇优秀博士论文。最后一个是写专著,这是一个系统的创新知识的过程。

第五个问题是我今天讲的主题,信息时代的学与教。就是说在信息时代教育教学要在现代学与教理论指导下应用信息技术、信息技术资源、信息技术环境,开展教改试验,建构多种学习方式与教学方式,有效地支持与发展学与教,改善教学系统绩效,促进师生、国民、学校与社会发展,从而推进素质教育,培养学生的创新精神和实践能力。我更认为教育学,我们这个暑期研究生班也是教育学的,教育学的本身就是"人学",教育的最终目标是促进人的成长与发展,使你们成为社会有用的人才,你们成为社会有用人才之后反过来又会促进社会的发展。我理解的教育的最终目标就是促进人与社会的发展。

那怎么样应用信息技术来学呢? 这是我这个学科一些本质的东西。信息怎么来? 信息可以从自然现象,通过天、通过地、通过动物。比如说天有乌云很可能传播什么信息? 天可能下雨的信息。动物有反常的现象传播的什么信息? 很可能是地震或者海啸。现在好多对地震的预测都是运用现代工具,我认为"土洋结合"最好,观察动物未尝不是一个很好的方法。这是我的观点,但是我不是搞地震的,我是自学来的。

第二是社会现象,我们古代的烽火台冒烟了意味着什么? 有敌人入侵,对吧。那个鸡毛信,信里加个鸡毛意味着什么? 加急电报,意味着紧急。小时候文化大革命的时候看了很多遍,不知道你们看过没有。但是按照传播学来的理论,最有效的传播是什么? 面对面的传播,比如今天我和大家的谈话,是不是面对面的传播? 所以从80年代的电视大学到90年代的网络学院都取代不了传统的学校,它是面对面的。最有效的传播是面对面的传播,我用英语解释这句话说是什么? face-to-face。

第三,从哪来? 从媒体、书本、录音带、录像带、电脑软件、网络宽带等途径获得。一讲到信息技术大家要弄清的是什么? 就是计算机,对吧? 不是的,信息技术,大家都知道信息的英文是

information。那现在信息传播用的最多的一个是什么？我认为是语言。运用在教学中的多媒体也好，传统的技术也好，都是语言。还有就是老师的体态语、文字、书籍、杂志、报纸、模型、实物，还有参观等等。再有音像技术，从照片、摄影、幻灯片、投影、电影、广播、录音、电视，到现在的录像。此外是信息处理技术，计算机能够处理信息，所以计算机也叫做信息处理技术，所以讲到计算机技术最主要的就是计算机，它是一个超媒体，能够超链接的多媒体。其最大技术是交互视窗，所以微软公司那个 windows 我认为是一个很好的对话窗口、交互窗口。第四类技术就是整合技术，一般是指网络通讯技术，它可以资源共享，可以有很多的讨论区，可以通信交流（ICT）。在欧美地区讲到信息技术一般是 ICT，最主要是交流或者是通信。我们国家一直没有定义什么叫信息技术，信息技术就是指能够支持信息的获取、传递、加工、存储和呈现的一类技术。应用在教育领域中的现代信息技术主要包括：电子音像技术、卫星电视广播技术、多媒体计算机技术、人工智能技术、网络通信技术、仿真技术、虚拟现实技术等。这个（图一）是卫星信号接收器。这个（图二）是桌面上的虚拟现实技术，一个人带着一个有传感器的头盔，观察你是怎么想的，手上还带着有传感器的手套。这个是什么？计算机虚拟世界的交互。比如说我们要培养防止核辐射的现象。因为核肯定有辐射的现象，你不能等到它泄露才去培训，也不可能在没有泄露的条件下记录泄露条件下的情况，这个就要应用虚拟技术，创建一个情景，使它所有的开关、功能都是仿真的。

（图一）

（图二）

信息技术资源好多，所以你们自学资源也很多，有多媒体教学软件、学科工具软件、电子百科全书、电子词典、网络课程、精品课程、教育网站、专题学习网站、多媒体资源库、题库、案例库等等。

我现在举一些国内外比较著名的教学软件。下面我演示的是美国微软公司的电子百科全书 Microsoft ENCARTA，它每年都有一个更新版本，有图像和声音。这个是美国阿波罗登月的情形。我们的神五、神六航天飞船降落是在陆地，而他们是在大西洋。孔雀开屏大家看过，可是怎么叫的你们听过吗？我也是通过这个软件听到的。像什么叫？像猫声、鸟叫声还是婴儿哭声，都不是，这就是孔雀叫。（笑声）这是美国人做的，看看有没有中国的内容？有的，这个是桂林山水，是微软公司运用的一个 360 度全景虚拟现实软件，假如你的鼠标自对角线方向从下往上推，相当于我们摄像机的仰拍。（惊呼声）看你们都在惊呼。我悄悄地告诉大家我开发的广东信息技术课本是全国高中信息技术五套书中的一套，这个技术你们都惊呼，那你们就看看我们广东高中生在信息技术方面的能力。假如你们做老师,你面对的是现在的中学生、小学生,用你们的语言就是惊呼,怎么办? 你说吧。就是我那句话,"好好自学,天天向上"。我从大学到现在,大学毕业时都没有学过电视机,当中学老师不知道电视机是不是手扶拖拉机一样,自己没有勇气去问,就买本书自学。我大学毕业以后做得每一件事老师都没教过我,特别是现在当博导,主要是什么? 主要是靠书和研究生。比如说信息技术,我讲完课以后肯定演示一些小技巧,然后让研究生、博士生每人表演一个绝活给我看,我的研究生有 20 多个,那我是什么? 我就是一个聚宝盆了,我今天演示完绝活,你们这 20 多个研究生再表演给我看,那我就很开心。假如你要当中学老师,那你这个绝活就要学了。好,自对角线往下推等于俯拍,看看桂林的水,看到这里我就很伤心。《桂林的水》是小学 3 年级的课文,桂林的水是什么? 清、透、澈。在座的各位有没有到过广西? 有的话举手给我看看。请你回答一下,什么时候桂林的水是最好看的?(前一阵子我来的时候桂林正在发水)。下完雨,水是黄黄的,它就别有洞天。下雨之前的不拍、清透的不拍,偏偏拍下过雨以后黄黄的。广西我去过很多遍,黄黄的我见过,清清的我也见过。说老实话给我印象最深的还是桂林山水,摇曳的船,两边的山,下面的水真是好。我讲学生涯中顺便悠游祖国大好河山,在我人生经历中印象最深的有三个,它们是漓江、天山、内蒙古大草原。再看看有没有毛泽东的东西,你可以全文输入毛泽东三个字。这个软件可以全部输入,也可输入关键字,很快就可以找到。这里有他的简介,看看,还有毛主席的讲话,等一下我打开这个超链接,你们认真听听他的第 1 句话是什么? 第 2、3、4 句都容易听。(笑声)第一句话是什么? 谁听到了? 都没听到,再放第二遍。(笑声)(学生回答:我来自湖南,所以我能够听懂。他说的是"我们的工作取得了极其伟大的成就,也不存在值得骄傲的地方。虚心使人进步,骄傲使人落后"。)很遗憾我本来有一个界定的,就是不要让湖南人回答,一下给忘记了。最后一遍。(掌声、笑声)我到现在为止一共听过毛主席三次讲话,第一次是电影《开国大典》上,他说"中华人民共和国成立了";第二次是文化大革命时,在电影里讲过"人民万岁!";第三就是在这个软件里我听到的。(笑声)里面有很多东西,数理化什么都有的,我们再放一个。你看这个就可以用于双语教学,既可以学习地理知识,是有关月光的变化情况,也可以学习英语。我们国家有卖的,我这个是在美国买的,好像要花 25 美金。

　　其他还有中国大百科全书、电子词典中的金山词霸、学科工具软件中的几何画板。重要的网站国内有几个,中国教育部的网站(http://www.moe.edu.cn)、中国教育和科研计算机网的网站(http://www.edu.cn)。假如你要去中小学实习、搞科研,你可以上中国园丁网(http://www.teacher.edu.cn),这里面有很多的 flash 动画,不用你们自己做。高中语文的课文《景泰蓝》,假如你这个中学是在宜山旁边,可以带学生去看做景泰蓝的过程,那一般的教学条件下怎么教啊? 这个虚拟实验就演示了制作的过程。最后还要考考你,你看我做错了,他没有说我做错,而是让我再试一次。这是一个很好的教育理念,它没有说你对还是错,而是让你再试一次。我懒得试了,我就偷看答案了。(笑声)我为什么用这句话呢? 因为有些传统老师总是问你为什么还要把答案给学生? 有些学生不愿意学习就偷看答案,那这就是教育问题了,你考试也不能偷看啊。对不对? 你经过自己的思考再来看看也可以,你不能不经过思考,啪! 一出来就看答案啊。数学的思维试验,还有物理,如带电粒子在磁场中的运动,还有数理分析,你看下面就是演示。化学,如氢气怎么收集的;然后是生物的,青蛙受精卵的发育,这个知识是微观的,只能用动画才能看清楚。不要做第一水平的重复劳动,做就要做得非常精彩。最后令我眼前一亮的就是毛主席的诗词《沁园春·雪》,为什么呢? 我读中学的时候,我的老师也是教我《沁园春·雪》,我就问了他一句话,直到现在还记得我是怎么说的。学到"唐宗宋祖稍逊风骚",我就问老师,唐宗宋祖是怎么样的呢? 我的那位老师就很不高兴,他说你管他什么样子,你把这首诗背出来就可以了。所以我看了这个就又回到了我高中的年代,原来唐宗宋祖是这个样子的。我们说毛主席是一个伟大的诗人、思想家、军事家等都不为过,毛主席的书法很使人受启发的。你看一个多媒体作品是什么? 一个多媒体作品是教育与技术的结合,又将艺术与技术完美结合。这首诗我认为很精彩,看看能不能给大家带来完美期待。(笑声)大家笑得很开心啊,看来这个还是能够打动大家的。

刚才展示了一个基础教育的园丁网,现在信息都是海量的,万不可缺一角。从2003年开始我们高等学校做了一个高等学校精品课程,你们的大学老师里面的一些名师,一些资深的老师的课件,就是挂在全国高等学校精品课程网(http://www.jpkcnet.com)。这个是大学的、高校的,所以你们自学时,在网络上有很多自学故事。计算机文化基础,各个高校的大学一年级非计算机专业的学生都有考的。我展示一个什么呢? 我再提一下,在座各位有没有人把他的计算机拆开? 又把它重装? 有多少个呢? 寥寥无几。不管在什么时候,你们把它拆开再装上,有多少个? 怎么举手的没多少个。那今天给你们看看。说老实话也没有几所大学有这样几百台电脑让你拆开,只是几个步骤让你做做而已。所以计算机里面的虚拟实验就能解决这个问题。装电脑是很简单的,但是让你装一部收音机就没那么简单了。你听明白我这个概念没有? 好,你们没拆过、没装过,不用5分钟在座各位都懂了。组装演示就是这个作用。(笑声)好,看不懂那就再来一次。三四次总该懂了吧。懂了以后你也别急,也不用那么快去做,你再做做练习。计算机就叫做拖拉机,这是我的说法,就是拖拖拉拉,点点击击。(笑声)我告诉大家,电脑我没学,我也不看计算机的书,计算机的书总是那么厚。计算机很简单,就是把点击进行到底。击一下,打不开就击两下,两下不行,三下总行了吧。全打开一遍,打到不能打开为止,真正应用的功能也不多,听明白这块了吧。编程更简单,就三句话,第一是练习,第二是构图,其他都是复制而已的。我教无线电,无线电更容易,四个零配件:电阻、电源、线圈,还有一个什么。你把这些搞清楚,还有什么看不懂的线路啊? 学东西是什么? 就是要学到最顶层的东西,自学要悟出一个道理来。

我刚才说我们的神五、神六航天飞船代表我们的航天事业突飞猛进,我们感到很自豪。我们是学教育的,我们教育经常有什么? 反思。我们的航天事业已经迅猛发展,但是与美国比,跟美国落后多少年,你知道吗? (演示美国航天局的网站http://www.nasa.gov)美国这个时候是阿波罗登月,多少年前? 30年前。前苏联加加林登月的那时候我还读小学,加加林到月球的时候是40年前。美国人现在登什么? 不仅登月,登什么? 登火星,演示给大家看看。美国人把火星车放在火星表面,到了火星怎么拍摄呢? 火星车里面有一个摄像头,拍完后将火星表面信息传回中心。你们看这个图片,你们现在看到了哪里? 对,是太阳系中的火星。现在好多人都说地球村,我说现在是宇宙村,在地球可以看到哪里? 可以看到火星,对吧。这就是这个年代。为了培养美国人的科学素养,美国航天局网站还做了一个老少皆宜的 flash,介绍火星车怎么收集数据,怎么收集火星上面的石头、矿石等等。(演示这个 flash)它是培养美国人科学素养的。

重要幻灯片共享网站,又叫 PPT 共享网站。在国外最出名的是幻灯片共享网站(http://www.slideshare.net),在座各位有没有上过幻灯片共享网站? 有,但不多。国内出名的是且行资源 PPT 专题网站(http://www.qiexing.com),PPT 资源之家网站(http://ppthome.net),无忧PPT 网站(http://www.51ppt.com.cn),无忧网站上的教育资源很多,我打开这个,你们看有好多资源,关键在于怎么取舍。好多时间需要你自学的东西多了。你看里面有可供下载的模板、素材、背景、资源、技巧、工具、课件,还有好多讲座。

重要的视频共享网站,国外的视频共享网站 Youtube(http://www.youtube.com),国内最出名的是什么? 优酷(http://www.youku.com)、土豆网(http://www.tudou.com),我要讲的是什么? 有关教学的大学堂(http://realcourse.grids.cn),还有视频教程网(http://www.abab123.com)。视频教程网上有好多好多的自学本领,我不是说"好好自学,天天向上"嘛! 还有很多大学课程讲座,中文、计算机、心理学、外语、工程类、经济类、医学、法学、机电,最厉害的是还有成功学、领导学基础的。未来要当领导的,你就看看领导学基础,如成功领导的六种思维方法,我建议你们也可以看看。我认为大学里面最重要的还是思维的方法,这是我的观点啊。好多东西你们都可以学。

重要的搜索引擎,google、百度你们谁没上过,但是 google 学术网你们谁上过? 一般打四个字"教育技术",搜出来的什么都有,但文章不多。假如我就是要搜文章,我就要上 google 学术网,这样很快就找到我们所需要的文章。写博士、硕士论文就要上期刊网,看看同类研究有什么。这些是仅供参考,不能抄的,参考别人的论文,要注意学术道德,要注明。还有中国期刊网全文数据库、中国博士学位论文全文数据库、中国优秀硕士学位论文全文数据库。中国科技论文在线,这是比较前沿的,这里有很多科研会议。假期有暑期学校,我就不找这个了,还有一个你们可以关注的,什么呢? 博士论坛。前一段时间我也参加了北京师范大学教育学的博士论坛,那个就可以放上面去。这里还有很多,比如前沿的会议、学术报告等等。博士后的也有,制度、法规、基金怎么申请,这个都有。谁知道中国博士后哪一年才有? 谁提议? 是李政道,1983 年底。

我建议,在座各位一定要做到跟踪国内外同行的三个"顶尖",第一个顶尖是跟踪国内外同行顶尖期刊;第二个顶尖是跟踪国内外同行顶尖论文,比如刚才我说的中国科技论文在线;第三个顶尖是跟踪国内外同行顶尖会议,比如,博士论坛、今天的暑期学校。当然最好能够和这三个"顶尖"的人或物有交互互动,跟踪这三个"顶尖"也就很快了解到这个领域到底在干什么。

所以说我们利用信息技术、运用信息资源就能够快速高效学习与解决问题,我认为在座各位假如掌握了信息技术,即使不读信息技术的本科生、硕士生,你也能够快速、高效地学习与解决跟你研究有关的问题。信息技术的资源多了,比如校园网、局域网、城域网、互联网、因特网、视频点播系统、视频会议系统、卫星接收系统、投影银幕式多媒体教室、电子白板式多媒体教室、多媒体计算机 Web 教室、语言实验室、微格实验室、虚拟实验室、电子阅览室、电子图书馆等等。信息技术环境下的教学信息特征,在教学信息处理方面是数字化、智能化、虚拟化。你看我刚才演示的东西都是我在家里面把我要讲的东西先下载到我的手提电脑里面,因为现在的 IE 浏览器都是智能化,所以刚才我们弄来弄去都不是直接连到美国的那个网站,连到那个网站才是真的,连到我手提电脑上是虚的。教学信息传输是网络化、自动化、高速化的,注意高速化也存在"堵车"现象。教学信息呈现多媒化、超链化、交互化。教学信息贮存是光盘化、磁盘化、移动化的。教学系统的特征有开放化、共享化、参与化、全球化,所以网络能够沟通世界,能够走出地域局限;我们的学生只要能够掌握、运用信息技术能力就能够共享国内外最好的学校、最好的专业、最好的老师、最好的课程,就能让山区与城里的学生、海岛与平原的学生、西部与东部的学生、经济欠发达地区与经济发达地区的学生,甚至是身体不健全与身体健全的学生站在互联网同一起跑线上,共享优质教育资源。在十五计划的条件下,希望我们的孩子有书读,希望我们的孩子享受优质的教育,那起点就高了。所以我们要利用信息技术开发我们的潜能来促进学习,利用网上资源进行自主学习。老师可以提出问题,然后让学生去上网查询,得出结论;也可以利用网上资源进行探究学习,提出问题、作出假设、收集证据,你可以回忆已有知识、阅读资料、网上查询,还可以进行虚拟实验探究,在师生充分讨论和分析的基础上,得出结论。可能我今天讲的一些名词、概念大家没听过,没问题,你百度、google 一下就可以了。

利用网络通信进行协作学习还有一个主题,就是围绕主题,分组分工,合作学习,上网搜集,协作讨论,得出结论,由竞争性的个体学习转变为共同发展的合作学习。当然我们也可以利用信息工具进行创造性实践性学习,创造多媒体作品。我个人认为从教育视野,应该提升信息获取与创新能力;从课程论视野,可以提升信息技术与课程整合能力;从技术学的视野,可以提升信息处理能力;从心理学的视野,可以提升信息问题解决能力;从社会学的视野,可以提升信息交流能力(ICT);从媒体的视野,可以提升信息批判选择与评价能力;从文化学的视野,是提升信息文化能力。什么是文化,有很多很多的界定,最传统的文化我认为是这么来的,是那些应该由文字来呈现的,它狭义的定义我就不讲了。所以传统上说你是一个没有文化的人、说你是一个文盲,就是在说你不懂得看书、不懂得写字。在新的社会就看你会不会读、写、算了,"读"就是信息的浏览、获取;"写"就是信息的发布、交流;"算"就是信息的加工、管理等。

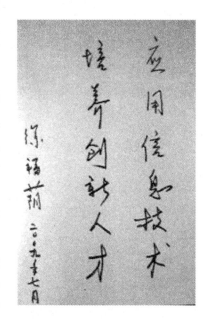

运用信息技术还可促进基础教育的新课程改革,我看你们这次暑期学校有一两个课题也是在讲新课改。我本人不是教育学出身,半路出家。新课改好多都是"新",我就问高中老师新课改

"新"在哪？不能拍拍脑袋想出我认为新课改"新"在哪,我们是搞学问的,应该对比研究,那我怎么对比？我是和布鲁姆的教学目标作对比,布鲁姆的教学目标有三大领域,是什么？认知领域、技能领域和情感领域。新课程的教育目标新在哪？它有三维,第一维把布鲁姆的认知与技能领域整合为一维,就是知识与技能;将布鲁姆的情感与加涅的价值观整合在一起,就是情感态度与价值观;此外与新课改教育对比多了什么,就是过程与方法。"新"在注重过程与方法,如何体现？就要强调学生形成自主、探究、合作的学习方式,鼓励学生主动参与、积极表达、交流,这个是对中学生的要求,可是我认为研究生也还没有达到,培养学生的创新精神和实践能力,使学生获得基础知识与基本技能的过程,同时形成"正确价值观"。

所以我们要特别注重过程性评价。什么叫做过程性评价？过程性评价主要指的是在课程实施的过程中,针对学生的学习方式,部分无法用纸笔测验检测的学习成果,与学习密切相关的非智力因素评价。我认为上述三方面尤为重要。学习方式就是学生完成某项学习任务时所拥有的动机和所采取的方法。所谓学习方式的转变就是从接受学习转变为自主学习、合作学习、探究学习、体验学习、案例学习、实践学习、评价学习和反思学习。如果一个学生在经历了学校教育后从不对课本和老师提出质疑,从不对课本和老师提出过不同的独立见解,从未与其他同学合作、探究、解决过问题,从未深刻苦苦思考过某个问题,从未有过终身难忘的学习经历,我认为这已不是学习方式的问题,甚至也不单是学习问题,而是一个人的生存与发展的重大问题。1958年那个时候我们国家是大跃进、大炼钢,班主任让我每星期做黑板报,这就是我为什么那么爱写诗的原因。写黑板报,有同学写好的稿就好弄,没稿就不好弄,那就写诗。写的好多诗都忘记,只有一个没忘,叫《炼钢》,这里每句都有文献调查的,"月儿当头照,星斗满天笑,钢花碰发出,汗水知多少"。我觉得这个经历就是终身的,不知道你们有没有这样的经历？小组讨论就可以分享终生经历,这很有意思。

要将信息技术的学习融入日常生活、学科学习中。我认为在信息时代要鼓励学生创作,创作一些电子作品、电子绘画、平面设计、电子动画、电子报、电子期刊、网页等等,还有学习兴趣小组、学习专业小组,这个不是用纸和笔能够创造出来的。同学们,下面我演示一下我们所面对的小学生的信息素养是怎样的,刚才演示高中时你们就很惊讶。这是2002年评选出的作品,一个合肥四年级小学生做的《人与自然》,我觉得这个小孩的思维给你一种只可意会不可言传的东西。另一个是女孩和男孩共同做的拼图,一个小孩在思考,在想什么？想世界、想长城、想和平。和为贵,待人要和气,家庭要和睦,社会要和谐,世界要和平,我们国家就会安宁。这是湖北的,这个很天真、可爱。这个是北京市五年级小学生做的名为《桥》的网页,这些都是一些素材的排列组合,信息量很大。书中的桥、画中的桥、北京的桥、中国和世界的桥都没能打动我,是这些没有创新,只有未来的桥打动了我,我认为这个可以拿专利,这个有创意,是原创;还有一个心中的桥也打动了我,电话是心中的桥,比如重要事情要打电话,这是一个很重要的沟通的桥;家长是成长的桥,老师是知识的桥,班干部是老师和同学之间的桥。还有《茶艺》,这个是广东南海县五年级学生的作品,有视频。评价一个网站、网页的最基本标准,就是看有没有动态的flash、超链接、视频等。我很喜欢喝茶,我带的研究生第一堂课是在我家里,就是品茶,教他做人的道理。

有一句话你们一定要记住:好好自习,天天向上,在座各位要喊出来。(齐声高呼)

尊敬的各位老师和同学,我再强调一下今天上午所讲的重点是李开复先生的研究方法、研究成果,我觉得这值得我们在座各位学习的。再一个是中国工程院院士、浙江大学校长潘云鹏的五步学习法,我希望给大家一个很好的学习和思维方法,这个也是我所追求的目标。坦白地讲,这个我也还没达到,我要求自己及研究生能达到其要求。第三个就是怎么样运用信息技术这个工具跟踪我们国内外顶尖的会议、期刊、论文,使我们很快进入在座各位本领域的前沿,也希望你们能够打牢基础,剩下的就是我今天一而再,再而三强调的要好好自学。

今天还有一个问题就是要注重非智力因素评价,这个我也是非常强调的。其实在教学论里面有两种技术,一个是帕罗格说的信息技术,它所产生的教学效果远远不如智能设计的方法,比如说教学设计、教学评价,这个都是软技术,它所产生的教学效果经验证明不是很大。比如说我们的非智力因素、学习动机、学习兴趣,假如我们调动起来这些,它的教学效果是非常大的。所以在这方面我们要根据学生的学习兴趣及意向来提高学习效率。比如说现在大学里面比较多的辩论会,这个可以提高我们的会话、表达、沟通、交际能力。在 21 世纪有一个信息时代的成功公式就是 20% 的 IQ 加上 80% 的 EQ。不是说智力不重要,而是 20% 的智力再加上 80% 的表达、沟通、交际能力,假如你很优秀,你和别人的合作能力稍微调动一些,你当老师、学生还是公司职员都会取得成功。记住信息时代成功的秘诀是 20% IQ + 80% EQ。还有一种说法,爱因斯坦说过成功的秘诀是天才加勤奋,上述两个公式只是从不同角度说明成功的秘诀。

运用信息技术或教育技术能够促进高等教育质量工程建设,我们高等学校做这个工程的没有一项是教育技术或者教育信息技术的,你只能靠认知探究,不是互动的,一看就是以教师为中心的,不是以学生为中心。比如我今天的讲座还是以讲授为主,那为什么以讲授为主呢? 你看看在不同场合,一般大班都是以讲授为主,讲授主要是要传播大容量的知识。我们国家高校教学名师建设、国家高校教学团队建设、国家高校特色专业建设、国家高校精品课程建设、国家高校网络精品课程建设、国家高校双语教学示范课建设、国家高校实验教学示范中心建设、国家高校人才培训模式创新实验区建设、国家高校教学成果建设和教育部高校各类学科专业规范与质量评估研究的建设都离不开信息技术的建设。

信息时代能力的培养,我提出来六大要点,首先要理解信息时代的大学,理解信息时代的教与学,特别提到要掌握潘云鹏的学习五个阶段,利用信息资源学习。下面我主要讲讲采取十大措施来培养六种能力。我不但对你们对华南师范大学的研究生要求也一样,要多看书,多阅读中外图书、报刊,现在很多研究生、本科生 4 年图书证都没怎么用。多听录音带、多看录像带,要听精彩的。我当主任时就在整个假期把 3 年来整理的精彩录像带保存在了华南师范大学,这很有意义,保留了一些很精彩的资源。多看教育、科技、文化光盘。多上教育、科技、文化网站,多参观本学科展览,接触高科技前沿。多参加学术交流,多学习本学科前沿,如现在的暑期学校,与本领域的

专家、顶尖人才进行面对面的沟通。多做学术报告和参加 seminar，以及我规定研究生每个星期总有一个下午或晚上来做报告，谈谈你怎么学习和存在的一些专业问题，要你们自己讲，学问、学问就是有些讲、有些问，多开发本学科软件、网站、平台；多参与课题研究，多写论文与研究报告。通过这十大措施培养我们的专业能力，这个说老实话是靠自己学的，一共有五种能力，第一是本专业的理论研究能力；第二是本专业的应用研究能力。在座的都是教育学的研究生，所以我特别强调本专业的教学设计能力，现在的信息资源是海量的，能够用在实际课堂的东西并不多，那怎么办？我经常提出一个问题，我们要运用教学设计的理论学会自己筛选，假如你要自己开发，那你要认认真真按照教学系统设计的理论开发它，教育设计是教育技术的一个重要理论课，你们要好好探究一下，要自学。第三是本专业与信息技术整合能力，现在是信息技术时代，许多领域都要将本专业与信息技术相整合；第四是本专业的科学研究能力；第五是本专业的创新实践能力。这是我今天下午的讲课重点，特别对教育学的研究生，我参加高等教育、比较教育等的博士论文答辩，会问他们其论文的启迪。

面向信息化时代，作为一个专业教师如何规划自己的未来，提升教师的现代教育理论的运用能力，特别强调提升教师的信息化教学设计能力，提升教师的信息技术工具的运用能力，提升教师在学习共同体中的学习能力。你今天来暑期学校无论三个星期还是一个月总是要结束的，再见还是朋友，这就产生一个部落，这就可以将资源或者 PPT 放上去，大家在网上互相学习、共同提高。我建议这个暑期学校能否留下一个很好的财富，即学习共同体，这个是我的建议。此外还要提升教师的反思与评价能力。

我要强调一下本人是学物理的，下面所讲的都是自学的，如有不对之处还请包涵，下面就探讨一下教学系统设计理论。假如你们知道就要更上一层楼，不知道就要自己学习。混合学习理论，有人懂吗？懂就举手。多元智能学习理论呢？建构主义学习理论呢？这个懂得人应该比较多，这个举手的人多。这些也不是新理论，为何我提出这一理论，因为网络环境为这些理论提供了很好的物质环境。

讲一讲教学系统设计理论，首先要进行需求分析；其次，设计与开发教学，包括内容分析、学习者分析、策略设计、媒体制作等，这是一个大系统，还包括媒体的开发；然后，要对设计与开发成果进行形成性评价，根据试用效果进行必要的修改；最后，对教学设计成果的实际使用情况，作出总结性评价。混合学习理论，混合学习(Blended Learning)是在线学习与面对面的课堂学习的混合，网络学习与传统学习的混合，网上资源与音像媒体和传统媒体的混合，教师主导活动与学生主体参与的混合，个人学习与协作学习的混合，必选与自选学习内容的混合，不同教学理论的混合,不同教学媒体的混合,教学技术与非教学技术的混合。下面我讲讲我个人的观点,我个人观点是:第一,没有万能的教学理论,没有万能的媒体,只有互相取长补短;第二,没有不好的教学理论,前一段时间在我们教育技术圈刮了一场批判风,批判行为主义,提倡建构主义。这本质上就错了,建构主义有什么不对的地方? 它也有不对的地方。比如说满堂灌,老师满堂讲,学生满堂学,这个是运用的什么理论? 用的是行为主义理论,这个不好,包括我们的教学、航天员失重状态的训练都是强化理论的原理。我也指导过本科生的教学实习,我肯定先表扬,接下来就是"不过"、"但是"、"还要改进",但有些学生自我感觉还是不错的,那你感觉不错就是不错吗? 后来我就把他的教学过程从头到尾播放一遍,他就看出问题所在,板书、普通话等问题都不用你点评。这个用的是什么理论? 建构主义吗? 用的是行为主义理论。用的好不好? 用的好。跳水运动员你能建构吗? 建构就不可行了,这需要千锤百炼。建构主义对很浅的问题不用建构,对知识的发生过程要了解才好,要小班教学。我 2005 年和一个学术团队就运用这个混合理论拿了教育部的一个二等奖,你们可以参考一下(观看华南师范大学网络学院远程教育的教学改革纪录片)。多元智能学习理论就是说我们要注重学生语言修辞智能、数学逻辑智能、肢体运动智能、音乐智能、个人内省智能、人际交往智能、视觉空间智能、自然观察智能。

下面我放映一个我的广东试验学校一堂语文课程《荷花》的视频,看这个教师运用了什么教学设计理论来设计这堂课?(观看完毕)谁能点评一下? 他运用了什么教学理论?(窃窃私语)

1. 借鉴建构主义和罗杰斯的人本主义理论,以及信息技术理论,他侧重培养学生的自主学习及探究学习。

2. 教学目标及过程很到位,教学有层次感,他作为小学教师的修养很高,能够抓住小学生的感知记忆好这一特点。建构主义理论体现在以下三个方面,创设情景、同学之间的相互启发、配乐朗诵。多元智能理论方面,通过读、背、贴图等发展智能。

3. 四种教学理论都用到,教学过程中不断分析学生对荷花理解的进展,在文章最后部分做出总结性评价;另外就是整合性学习,既面对面教学还观看电脑,还有肢体接触和语言表达。多元智能学习,比如播放音乐,通过自然观察理解荷花,与他人的合作,如老师和学习伙伴的合作。

4. 我只是补充一下,有些时候教室设置也体现教学理念,学生围成一个圈来讨论,为学生和老师创造一个自由的氛围,老师可以自由走近学生、观察学生,另外这个老师还及时反馈给学生。里面也有些小问题,有些学生未给反馈,还有"套狼"迹象,将学生套入他的想法,其实学生有自己的想法,不应用特定的答案去引导。此外还可将学生带入现实的自然环境去观察。

5. 充分运用了多元智能理论,如运用讲义中的语言修辞,荷叶模版体现了数学智能,肢体语言则让学生间挤挤挨挨,播放音乐,反复让学生思考,引导学生自我内省,视觉空间上让学生观察电脑屏幕。一句话这堂课是运用多元智能理论交流的良好例子。(掌声)我认为每堂课肯定做不到都是这样好,只能作为试验课。我认为教学首先要传承,实现有效讲授,以此为基础来有效探究、创新。不过这堂课不是没有价值的,其实全世界老师有两类:一类是经验型,运用什么理论他并不知道,但是他确实用了;第二类是懂得理论的学科带头人,他懂得运用理论指导教学设计。

这堂课是一个语文教研员指导的,在广东是这个样的,某个学校设计课堂,老师面对的学生并不是自己的学生,不给他作假的机会。我欣赏这堂课,第一是因为这堂课有与信息技术的整合。今天中午丁钢院长提出一个令我们这个二级学科振奋的事情,丁钢院长参加的教育部中长期规划用科研来做教育规划,提出将教育技术作为这次中长期规划的一个保障。其实他在多年前的教育技术博士论坛上就提出将教育信息技术作为基础教育发展的支持,他认为教育技术在未来教育有战略地位,尤其现在的小学生是在信息时代出生的,信息技术正好可以把家庭与学校的数字化鸿沟整合,提高教育信息技术地位是战略发展的一个重大举措。在 2008 年教育技术国际论坛上,叶澜教授讲到信息技术在教育改革的地位、作用,都是给予很高的评价。你看这堂课的板书很好,只写上这堂课最画龙点睛的部分,还运用很多其他工具,如模版、粉笔、录音、网站。的确他运用了很多理论,如多元智能理论、建构主义理论、混合学习理论等等。至于他到底懂不懂这些理论,我还没有和他沟通。

建构主义学习理论与传统学习观是有不同的,我认为传统学习观的知识是通过教师传授得到的;而建构主义学习观的知识是在一定的情境(社会文化背景)下形成的,借助他人(教师和学习伙伴)的帮助(协作、会话),利用必要的学习资料,通过意义建构的方式获得。所以你要达到对某个问题的深刻理解当然可以用建构主义的学习理论,一讲就明白的东西就不用建构主义理论。我举个例子给你听,80 年代我经常跑幼儿园,这堂课教孩子时钟、分钟的知识,一上课就叮咚地摆弄电脑软件,上完课我就把手表调整,问了五个小孩子,结果只有两个孩子答对。原因在于这个老师不懂得教学设计,要根据学生的基础选择媒体才好达到最佳效果,我认为他的教学媒体选错了,不应用计算机软件,而是现实模版,一个大大的钟表,进行实物教学。这样 40 分钟的课程,5 分钟就能搞定。我评基础教育课程也一样,假如小学教学从开始就弄电脑,课本连打开都没打开,找好词好句也没有,说明讲授这堂课的那个老师不懂学科教学,信息技术也整合不好。我认为信息技术与课程整合,首先要很懂学科教学,然后将信息技术有效结合才是一堂很好的标准课。

第二部分是提升教师的信息化教学设计能力。一般老师设计一堂课,尤其是中学老师的备课都是在家里、是静态的。中小学老师要提的问题、学生怎么回答都是在备课时写得清清楚楚。所以我们提出要从静态信息设计转变为动态信息设计,让课堂充满生命活力。因为我们上课面对的是动态的、可爱的学生,面对的是人,人是一个生态系统,他有思想。我就引用叶澜教授提出新基础教育理论所发表的一篇文章《让课堂充满活力》,叶澜教授现在还坚持到中小学听课,我也是坚持到中小学、大学去听课,不管好的还是不好的。从传统教学设计转变为多媒体与网络教学设计;从集体、统一设计转变为个体化、个性化设计;从纸考评价转变为学生学业成绩与成长记录相结合的过程性与综合性评价方式;从重视考试分数转变为重视学会学习、学会创新的转变。

我举一个网络上的笑话,小学地理老师要设计一堂课讲地球仪,他尝试用启发式的教学,教学设计方案是在讲台摆一个地球仪,学生起立来转一转地球仪。在他看来转动地球仪是一个动态,这个动态有助于集中学生的注意力。他认为这是一个启发式的教学,运用了动态。但这个是地球仪动的动态,而不是学生思维的动态。然后提问学生这堂课多了什么,学生回答是地球仪。结果到了上课那天多了一个教育局长去农村小学视察、听课,他就还用以前备的课,依然是起立、提问,问这堂课多什么? 农村学生可能看过地球仪,但是他绝没看过教育局长,那从心理学来讲谁更新? 一个农村学生就回答"多了一个教育局长"。这个答案肯定是对的,但是我们的老师觉得和他的标准答案不对。用启发式问学生教育局长是东西吗? 学生答"不是东西"。这个笑话给了我们一个启示,课堂教育是千变万化的,是一个生态体系,学生是有生命、有思想的,你需要不断调整、修正我们的教学才可以。

要把多媒体计算机、通讯网络为核心的信息技术与学科教学整合。刚才休息的时候有个老师问信息技术与学科怎么整合的问题。那就是在学科教学过程中有效地应用信息技术,以实现能充分体现学生主动参与的"自主、探究、合作"的新型学习方式。提升教师在学校共同体中的学习能力也一样,假如信息技术接受能力很强的老师,你不利用课本学,也可以通过网络学习共同体。在网络学习过程中,进行沟通、交流,分享各种学习资源,共同合作完成一定的学习任务,提升教师在学习共同体中的学习能力,并快速转化为教师专业发展的行动力,从而改善教学系统绩效。还要提升教师的评价与反思能力。美国心理学家波斯纳提出了教师成长的公式:成长 = 经验 + 反思。我认为成长 = 经验 + 实践,还是要去做的。一个老师在上完课后不反思自身的优缺点,在下一堂课时还是那样,我认为这个老师就不会成长。一个教师如果不去继续学习、不去更新自己的知识、能力、理论,我认为这个老师就不行。所以说在信息发展的前提下,应该把多媒体计算机、通讯网络为核心的信息技术,作为对教师的评价工具、反思工具。例如可以用录像法、网络日记、文件夹、电子公告、弗兰德(Flanders)师生行为互动分析法等。

再谈谈信息技术与其他学科教学整合的指导思想。信息技术与其他学科教学的整合要求广大教师在其他学科的教学中广泛应用信息技术手段,并把信息技术教育融合在其他学科的学习中。各地要积极创造条件,逐步实现多媒体教学进入每一间教室,积极探索信息技术与其他学科教学的整合,努力培养学生的创新精神和实践能力,促进教学方式的根本性变革。不仅仅用一张嘴、一根粉笔、一块黑板,应该是多种媒体的整合。

信息技术与课程整合的含义与途径。信息技术与课程整合是指在信息技术、信息资源和课程内容有机结合,建构有效的教学方式,促进教学的最优化。这是信息技术学习环境与学习过程的整合,你比如说语文教学可以在计算机机房里面上,用电脑学打字,学习生词、生字、造句,体育课可以给他看视频、课件,根据教学内容选择媒体;信息资源与学习内容的整合,如录音、录像、网站也是我们的学习内容;信息工具与学习成果的整合,可以让学生用多媒体工具作报告;网络通信与协作学习的整合,如资源库、网站;学习成果与学习资源的整合,我去检测中小学资源库,就看其中有没有学生作品,他们最喜欢从师兄、师姐处学习,构建自主、合作、探究的学习方式。所以信息技术与课程整合的优质课首先要创造性地运用教材,信息技术与课程整合要好,教学设计要好,要有效讲授与有效提问,学生喜欢这堂课,学会新知识与技能,最重要的是形成正确价值观与养成良好习惯。知道水龙头漏水还要知道去关它才重要。

现在讲科学研究人才的培养,我参加高等教育、比较教育博士生论文答辩,他们的研究结论总是启示,我老是问他启示是论文综述还是研究结论? 你认为将来要去怎么样那就是研究结论,但我认为它还是论文综述。我认为科学研究能力的培养应该要培养学生发现问题的能力,发现某一个教育问题的背后存在着什么深层次的问题。如何去发现问题,可以通过实践与调查、实地调查、个案研究、网络调查、文献调查、网络与文献调查,最重要的是写一个好的论文综述,提出假设结论要以先进的教育理念为导向,找出研究问题与创新点。包括以后你申请课题,如果没有国内外的对比研究,你说你有创新点,我们认为你是拍脑袋,起码搞清国内外同类研究所使用的方法,你说你是使用的 A+B 方法,我认为你才有创新。国内一些博士论文的答辩就没有充分展开国内外论文综述。第二,培养解决问题的能力,提出要解决什么问题,用什么理论和方法去解决这个问题尤为重要。定位要解决什么问题,确定论文的题目和研究边界,缩小聚焦的研究范围;用什么理论来指导研究,每种理论有多少个要素,每个要素在研究中如何应用体现;论证假设结论;用什么科学研究方法去设计研究方案,我认为研究客观问题用量的研究方法,研究主观问题用质的研究方法,也可以用信息技术的研究方法,如弗兰德(Flanders)、师生行为互动分析法、录像法、内容分析法、师生行为互动量表等;用什么数据收集方法来支持不同的研究方法,研究方法和数据收集方法是不同概念,质的研究也需要收集数据,数据收集方法有问卷调查法、评估表、反思日记、测验试卷、现场观察记录、现场录像、网络日记、在线测验、文件夹;用什么数据统计方法统计数据,要应用统计学而非百分比,如最简单的百分比统计法、单向量表统计法、双向量表统计法、S-P表分析法、T检验、卡方检验。第三,培养分析问题的能力,分析统计数据,有第一手统计数据才有结论,不是靠感觉,没有实践研究怎么可能有价值;得出研究结论,让数据说话,以数据作结论。

学位论文写作过程中要提出下列问题。你的论文研究对象与研究价值? 你的论文解决了什么问题? 有何创新点? 国外论文综述用 A 方法,国内用 B 方法,你的论文就用 A+B 方法,或 C 方法,我们论文大部分用 A+B 方法而不是 C 方法(创新方法)。你的论文理论基础? 你的论文技术路线? 你的论文研究内容? 你的论文个案实践研究? 你的论文研究假设? 你的论文主要研究方法? 到底是量的还是质的。你的论文数据收集方法与数据统计方法? 你的论文研究得出什么结论与信度效度? 有效吗? 可信吗? 有没有问卷、大量数据来支撑? 这样才达到及格。举例看看我今年刚刚指导的博士论文摘要,我的思路就是这样的。题目是《信息传播视野下数字化学习优化创造的效果研究》,第一部分表明你的研究有没有价值,第二部分是国内外文献调查,一些研究生论文声称填补了国内空白其实是他的头脑一片空白,此外是指导理论、研究方法、研究成果。研究摘要应该把整个论文的架构、主题、内容论述清楚。教育是理论、方法应用于实践,还要植根于实践。我提出 100 篇优秀博士论文的评价标准,第一要看是不是国际前沿,有没有 100 篇外文文献,还要是 2000 年以前的,没这个就不够标准。论文选题要是国际前沿的,要参考大量外文文献,要有创新性,既有理论研究,也有实证研究,最难的是要有一系列前期研究成果支撑,要有 30 篇同类题目的文章。

信息时代呼唤创新,计算机改变人们的生产方式、工作方式、生活方式、学习方式乃至思维方式。新信息、新情况蜂拥而来,个人、学校、公司如反应太慢,反应迟钝就会被新环境压制、淘汰。唯一解决办法就是创新,知识创新、思维创新、能力创新、教育创新。典型案例就是把青蛙放进沸水里,青蛙立刻跳着离开;把青蛙放进温水里慢慢加热,这个青蛙慢慢的就煮熟了。在黑板上用粉笔画一个圆圈,高中

学生异口同声回答"是粉笔点",幼儿园孩子回答五花八门,是圆面包、小纽扣、天上星星、大灰狼的眼睛。你看小孩的创新多好,我经常说人生无处无图纸,儿童在受教育前像一个问号"?",儿童在毕业后像一个句号"。"。人一出生爸爸妈妈总是鼓励,一到幼儿园老师就开始批评,就开始害怕、不敢说了。创新教育要从娃娃抓起,培养千千万万个"点子大王"。

人的大脑最主要的是思维,重点是创新能力,创新有三个:一个是敢想,一个是方案的思维,最后是做得出来。敢想是意识,做出来是能力。所以创新里面有强烈的愿望是意识,有思维就会发散,有能力就能做得出来。如何培养?解决思维的方向性是发散思维;宏观的哲学指导策略要辨证思维;微观的心理加工策略是横纵思维;创新思维过程的主体是形象思维、直观思维、逻辑思维。直升机螺旋桨安装方式的不同是发散思维,电磁感应定律的发现是逆向思维。我想说明的是,可以将信息技术与创新教育集合起来培养创新思维、形象思维等。基于计算机的课件开发工具平台,利于培养直觉思维,例如"几何画板"的数学工具平台,数学思维实验;基于计算机网络的"协作式学习"利于培养辨证思维;基于计算机网络的"自主式、发现式学习"利于培养发散思维。我们的信息技术可以培养这些思维。优秀多媒体课件利于培养形象思维,重要的搜索引擎利于培养横纵思维,教师是知识的导航者,学生是知识的主动建构者,通过教师的言传身教让学生感受、理解知识产生和发展的过程,那这个就需要探究而非讲大道理。培养学生收集、处理信息能力,获取新知识能力,分析和解决问题能力,语言表达能力等逻辑思维,把信息技术作为学生的认知工具,培养学生的创新精神和实践能力。一个优秀的多媒体软件的评价标准就看你"学"的部分所占的比例。下面展示一个很简单的多媒体教学软件,有虚拟的动态部分,也有真实视频,你们可以迁移到其他学科。一个教学软件肯定有"教"的部分,但重要的是"学"的部分。

要变革学习培养综合学习能力,首先是接受性的学习,有效的接受性学习是继承性学习,还有批评性的学习,然后是创造性学习,这三个环境构成综合学习。信息时代的教育观,我认为教育不仅要"寓教于乐",更重要的是"寓教于学",因为教师的教,是为了学生的学,还要"寓教于动",教学要动,教学要互动,教师要调动学生主体的积极参与作用。对教师来说,最基本的是要讲得生动,陈景润只能当研究人员,讲得不够生动,教师最好选取动态的教学内容,教师最好能采用活动教学方式,教师还要将课堂活动外延到课外活动。对学生来说,要在学与教的过程中,培

养学生的动脑、动手、动口等能力,只要你还活着,你就要思维,你就要动。中国学生的嘴最不爱动,这是表达能力,所以素质教育就引进皮亚杰的对话教学。

我们都拥有互联网的资源,信息时代是知识爆炸时代,知识过期快,不是看你现在拥有多少知识和多少资源,而是看你是否具有不断获取与更新知识的能力和不断整合其他资源的能力。我今天所用的所有资源不是我做的,而是应用教学设计的理论运用它而已,是别人的,我只不过把它解读给你们听。在信息社会,我认为每个人最起码要具有八种信息素养,获取信息、处理信息、存储信息、传输信息、呈现信息、运用信息、创新信息、信息道德。每个人可以从真实世界、文字世界、虚拟世界来获取信息。学生在真实世界里,从老师、同学那里获取信息,参加实验、实践获取信息;在文字世界里,从课本、书刊、杂志里获取信息;在虚拟世界里,从媒体(录音带、录像带、电影片等),光盘(CD、VCD、DVD、CD-ROM)与网络里获取信息。最关键的是知道,从哪个人、哪个部门、哪本书、哪个网站、哪种工具来获取信息,获取自己所需要的信息。总而言之,教改的问题,关键是教师,名师出高徒。要培养创新型学生,首先培养创新型的教师,还要营造一个创新型的学术氛围,让学生从不同视角探讨学习问题,教导学生不要迷信书本、迷信老师,敢于向权威挑战,培养学生的创新精神和实践能力。

最后我引用国际领导与教育中心主任威拉德·达吉特博士的一句话"世界正在以比我们的学校快四倍的速度变化着"。那我们怎么办? 那就是不断的自学。第二句话是信息时代教育要腾飞,要有两个翅膀,第一个是先进教学观念;第二个是现代教育技术。但是变革观念比变革技术更为重要。好,我今天下午讲得你们可以忘记,但你们要记住"变革观念比变革技术更为重要",希望我们一起喊出这句话! (齐声高呼)最后我衷心祝愿各位教师、学生在信息高速公路上共同成长、携手前进。谢谢! (掌声)

录音整理:张　婷(华东师范大学课程与教学系)

吕传振(华东师范大学教育学系)

学 生 感 言

● 由于本人的专业缘故,似乎对徐教授所讲的内容更为感兴趣,因为这与自己的专业更有相关性。在我看来,徐教授的演讲给我们展现的是翔实的资料、精心的准备以及恰到好处地运用现代技术呈现精彩内容的报告。熟练而合理的使用各种资源,再加上睿智而生动的讲演,充实的内容,贴近现实而又极有研究价值的主题,这使得整场报告特别具有现实意义与视听价值。(华东师范大学　宋莉)

● 最有感想的是徐福荫教授关于教育技术的讲座。在听讲座之前,我对教育技术有一些排斥,对信息化在教学中的作用只停留在 PPT、数据库等方面。徐教授的讲座为大家展示了一些教育技术的新应用,让我不禁感叹自己的"不学无术",并由此想到教育的保守性与教育技术应用的关系。(浙江师范大学　汪昱雯)

● 徐福荫教授带来的关于信息技术在教与学中的应用与发展的讲座让我们对这既熟悉又陌生的领域有了进一步的清晰的了解,不仅扩展了我们的视野,还丰富了我们对信息技术在教与学中应用的认识,对信息技术在教与学中应用发展空间充满了希望。(华东师范大学　李爱荣)

● 徐教授立足信息化的时代背景,提出了以信息化推动教育均衡发展,带动教育现代化,实现教育跨越式发展的思想战略。同时,作为一名教育学领域的老前辈,他还基于自身的治学经历和当前的研究生培养状况,就如何培养自身科学能力提出了自己的意见和建议。虽然台下在坐的大多数同学都不是教育技术专业的,但是在徐教授独具特色的演讲内容和演讲方式中我们还是听得津津有味。(华中师范大学　姚林群)

Intercultural Communication in Comparative Perspective: the Missing Link in Education (Part one)

讲演者：Jürgen Henze 教授

时间：7 月 9 日 8:30—11:30
地点：大学生活动中心报告厅

讲演者简介

Jürgen Henze　德国柏林洪堡大学比较教育学教授,现任考试委员会主席、跨文化教学研究所主任,并为全球公司即公共机构提供咨询及培训服务,偏重于亚洲文化的有关事务。主要研究领域:东亚地区的现代化与教育发展、文化感知能力训练的理论与实践、跨文化交流的非西方途径及能力形成。

　　谢谢主持人精彩的介绍。大家好！我的中文名字叫韩友耿,我来自柏林洪堡大学,很高兴丁钢这位老朋友能够请我来作这个报告。这个报告的题目很有意思,在我所教的大学,我有 100 多个学生,我也跟他们讲这个题目,我很喜欢这个题目。我担心今天早上和今天下午的内容有时候会很枯燥。如果你有问题,请你马上问我,你不用等我做完报告,每次你觉得有问题时,你就可以马上问我,我很高兴回答你的问题。

　　我和别人不一样,我喜欢走一走。我不喜欢坐在这里,两个小时一直给你们作报告,这个报告没有意思。有的时候我会请一位、两位或者三位、四位同学和我们一起做实验。我的中文的水平不高,所以这是为什么我喜欢用英文说的原因。我感到很抱歉,但是我会说得很慢,尽可能慢,希望你们能够明白我所说的所有的东西。我也带来了一些小礼物,这个礼物是一个 CD,是一个资料 CD,里面有许多丰富的资料在,例如有关于跨文化交流和跨文化心理的知识,还有一些关于中国管理的知识,这都是我的研究内容。CD 中还有一些已经下载好的国外网页,我知道有时你们在收集英语网页的时候会有一些困难。所以我希望你们能够从中获得有益的乐趣,并且能为你们自己的研究提供帮助。谢谢你们的邀请,在我的讲座中可能会出现一些问题,因此我会做一些技术方面的调节,但我希望我的报告能够有趣一些,希望你们能同我一起共度愉快的时光。

你们看到的图片(PPT)是我大学的正门,门口的雕像是亚历山大,他对洪堡大学的影响就如同蔡元培对北京大学的影响一样。而我们今天的话题,"interculture communication"或者"crossculture communication",你们会经常转换这两个术语。从一个比较的观点来看,这是在教育中缺失的一环。我的一个基本论点是,在世界上的任何角落,跨文化交流都成为一个交流的基本元素。在接下去的 10 年内,它将会发生在中国,发生在日本,发生在欧洲的任何一个地方。在这之前,已经发生在美国和澳大利亚。所以我接下来要做的事情是播放一些视频,其中有一个是由我的中国博士生制作的,话题是涉及中国学生在洪堡大学的生活,大约 13 分钟,只是想引发一下你们的思考。同时,我也带来了一些视频材料,我们将一步一步地运用它们。我还给你们所有人准备了一些练习,我还会让你们离开这个报告厅,然后再回来做一些事情,感受一些事情,这样可以把跨文化交流作为你们所有人的一项实验。接下来,我将会用 30 到 45 分钟的时间为大家阐述第一个话题。这个话题可能会有一些无味,话题结束,我们会休息一会。每 45 分钟,我会有一次短暂的休息,5 分钟左右的样子。为了让你们保持精神,我会让你们在休息的时候做一些事情,做一些你们可能会认为我这个教授疯了的事情。尽管我这个教授并不疯狂,但是我想要呈现一个有趣的讲座。

第二部分,是自我和他人。自我的内容是什么?中国人的自我,和西方人的自我,他们的相似点和区别在于哪里?而这些又意味着什么?

第三部分是设计和实施跨文化交流的培训,如何组织一个培训,教育方面的、高等教育方面的或者商业方面的。我自己同时也在运行一个从事商业培训的公司。在我的大学,我需要回答很多问题,比如国际学生的跨文化交流,或者是对出国的德国学生。

第四部分是模拟、角色扮演和练习部分。你如何让别人感觉到你是谁?你是怎么感觉到你自己是谁的?是什么把你和别人区别开来?你必须知道这种差异,这样你才能明白来自国外不同文化背景的人。

所以我们整个讲座分为四大部分。现在我所要做的第一步,是想问你们,你们看到了什么?(PPT 上一幅达利的画)你们看到一幅画,这幅画来自著名的西班牙画家达利。他告诉你一些事情,问题是,你们可以看出哪些是他想要传达给你们的东西?我的答案是,你们是否知道自己看到了什么,或者你们能否知道你们的邻座看到了什么。可能的话,你们当中的一些人可以举手告诉我看到的东西。

一个女生回答:我可以看到五个人。

教授:好的,你能否具体说一下。

女生:两个女人和三个男人。

教授:你能否上来指出来? 这样容易嘛? 或者你直接告诉我他们在哪里。男人在哪里?

女生:三个男人在……(指出)。

教授:好的,其他呢?

女生:我还能看到一个人的脸。

教授:这很有趣,脸在哪里? 是不是在那里?

女生:是的。

教授:是不是每个人都能看到这张脸? 你们当中谁能看到这张脸?

(场下学生举手)

教授:不是很多人。好的,这还不坏。谁看不到这张脸?

(场下学生举手)

教授:小部分同学。

你们看到一个年长的女人的鼻子了吗? 所以这真的是一张脸。画家达利总是画一些你们可以从中看到两种不同图像的画。这只是这个现实世界的一个例子。不管你看到了什么,你认为你知道你所看到的东西。你以为你看到的东西就是人们能看到的仅有的东西,所以你认为,你看到的,你的邻座也能看到。但是这个故事告诉你,这是错误的。生活中的大多数错误发生都是因为你认为别人和你一样都认为这是对的。很遗憾,这是不对的。所以第一步,不要以为你能看到的,或者你所观察到的,就是唯一的一种观察方式。第二,如果你观察到了,并且你对它有一种理解,这只是一种理解。事实上,我的中国朋友告诉我,解决的方法总比问题多。这不是西方人的思考方式,我想这是中国人的思考方式。西方人会说解决之道和问题同样多,但是决不会说解决的途径比问题多。无论怎样,这只是一个小例子,证明你所看到的不是它事实上可能是的东西。

如果你看到的东西是建立在你的头脑中的,事实上是一幅图像,一个基本的问题是"什么是文化"。这个世界上很多人都回答过这个问题。比如文化就是解决问题,的确它也是解决沟通问题的一种方法。另一个人告诉你,文化就是思考方式,你处理事情的方式,你看世界的方式,你看达利这幅画的方式就是如此。40年前,一个著名的美国作家——你们其中的一些人可能会熟悉——他对文化大概已经有160多种不同的定义。一般来说,大多数作者只是在原有的定义上改变一点点,而变成了新的定义。所以,对于文化,没有一个世界通用的定义。第二,事实上,你必须找到一个位置,比如在一幅全景图上,你必须找到一个点,明确这是我对文化的理解。这种理解没有对错,它只是在这个时间点上适合你自己。对你们每一位来说,重要的是,如果有一个测试,题目是文化是什么,没有一个客观的、唯一形式的真理性答案,答案总是建立在具体情境之上的。

　　下一个问题是,如何定义差异,在我和你们之间,你们会问差异是什么? 我们看上去不一样,我们说不同的语言,大多数情况下,我们想的也不一样,于是问题就出现了,这些不同意味着什么? 你们对人生有着不同的价值观,你们将会做一个非常小的练习,我会问你们——可能这个问题你们已经思考过了——如果你们有五种肯定的价值观,是哪五种? 可能的话,你们可以拿出一张纸写下来,我们回头可以收上来,我会给你们一个回应。我还想邀请 5 个同学或者 3 位同学上台,代表中国人,我会问台下的观众,如果这三位同学是中国人,写下他们的五个价值观,你们觉得你们能猜出其中至少三项吗? 等一下我会检验一下你们猜想的三项是否和台上的同学相同,大多数情况下,猜得都不太一样。我们来试验一项。

　　今天,我们来谈什么是文化的观点。中国对文化的探讨有着悠久的传统。在西方、在欧洲、在罗马帝国时代,文化总和土地工作联系在一起。文化意味着扩张版图,扩张版图以认同文化理由。这和中国的文化不同,你们要比我清楚。文化意味着运用语言、特征、言辞、文本知识的能力。所以在中国,文化的原始意义并不和版图扩张联系在一起。这个很不一样,也是很不同的传统。所以,我今天的观点是,文化是一种象征性的资源,每个人都有一个篮子,篮子里装满了象征性资源。文化意味着分享这些资源,分享相同的,或者相似的象征性资源。在中国,你们有不同的文化,你们有分享不同资源的不同方法。如果你们有这些,你们不必要去和国外的人谈论文化。

　　由于技术问题,很抱歉我要稍微调整一下原来的安排。我先来探讨一下 CD,然后我要用另外的电脑,否则会有一些麻烦。

　　让我来解释一下基本框架。你们看到这是我们学校的进口,我们把资料分为不同的层次。这是基本的层次,比较特别的一项是研究方法。有一些方法逻辑的问题,跨文化或者交叉文化交流的问题,还有一些人感兴趣的中国管理研究,其中有很多文章实际上是由中国研究者撰写的。另外特别的是一些网络资源,我收集了一些网页,下载了一些资料。从这台机子上看文档和在我的电脑上有一些不同,不过没关系。我相信不同的电脑看上去都不同。美国人对与跨文化交流的研究是很好的阅读材料之一。这是我们拥有的最好的资料,我会把它们翻译成德语。事实上,在 CD 中有一些专家写的文章,每一篇文章都有差不多四五页。如果你没什么时间,你可以只看这些文章,你会很享受这些阅读。因为这些作者试图用有限的篇幅融入大量的信息。有的时候十页,他们涵盖了一些概念性的内容,很多很有名的名字。

　　(开始介绍 CD 内的某一作者和文章)

　　接下去我们要讨论,什么是跨文化能力。世界是被分割的,要回答什么是和如何测量跨文化能力的问题,近年来,从世界范围来说,没有一个可靠的、获得普遍认同的心理学测试,就像 IQ 测试或者我们也有常见的人格测试那样的。人们会提出一些测试,看上去像,但是其实不是。举一个欧洲的例子,欧洲人的观点不同于美国人,我相信在中国,美国教授来的机会要比德国的多,所以我想我会给你们一些来自欧洲的观点。稍后,当我们讨论跨文化能力的时候,我会用这个观点,这个很简单,并且已经在工业领域中试验过了。它会让你很快意识到问题在哪里,怎样处理跨文化能力的话题。

这是一个非常著名的跨文化交流的概要,如果你是专业人员,并且对我所展示的所有文章都有兴趣,我相信你们会觉得很有乐趣,我现在要回到"Basics"这一章节(CD)。当你点击一位作者,他的文章就会出现,所有这些资料都为你们准备好了。我会先解释其中的一些条目。或许你们可以做一些笔记,谁是重要的,谁没那么重要。我尝试着给你们一些重要的人名。

如果你从一个全局式的视角来看,你想知道文化、跨文化、跨文化培训,你必须阅读Bhawuk。他来自夏威夷大学,我这里有他两篇有趣的文章,对你们来说是一个很好的入门介绍。一篇是跨文化培训的文献回顾,另一篇是关于文化同化的演变。这些都是写给专业人员看的,文化同化。Bhawuk是你必须阅读的人。如果你想知道我能够用哪些方法对年轻人、年轻学生和成年人做一些什么练习,

以下这是一本书——欧洲委员会(Council of Europe & European Commission)给出过一个关于培训主要内容的书,免费提供大概80多页,上面有着各种各样的练习,还有许多角色游戏,如果你们需要的话。Dahl和Stephan给你们一个关于近年来跨文化研究状态的概要,还有许多内容都是很好的学习条目,我想让你们把注意力集中在Gudykunst身上,不幸的是,他已经去世了,这个名字你们可能听到过。他的理论很有趣,说每个人包括我总在人生中走来走去,如果把这个引申到思维,人们总是很自觉小心的。这种自觉小心(mindfulness)意味着,如果我走过来,我不会被这个桌子绊倒,因为我知道这是面前有个桌子,我必须换一条路,我一直留心着。文化中的这种自觉小心和担心(anxiety)还有不确定(uncertainty)是不一样的。不确定是你不是很清楚地知道什么,你不能确定。他的理论是,每一个个体对于"anxiety"和"uncertainty"的判断之间都有不同的差异,如果差异为零,那么意味着你死了,这不是你想要的思考方式。但是如果有一种测试,你会非常确定地知道其中的差别,你可以感觉到。当身体在运作的时候,每一个人有一种特殊的紧张。当这种紧张情绪非常低的时候,你是不会警觉的。如果紧张程度非常高,你就会反应过度。所以每个人最后都会发现自己紧张的适中程度,这种适中程度引导你谨慎而小心地看世界。它会告诉你,如果你接受这种理论,那么接下去的问题就是,人生中的哪些影响因素能够使紧张程度在"anxiety"和"uncertainty"之间的改变。他有一整套理论,解构了每天生活中的每一个细枝末节,以寻找任何有可能的影响因素。或许你们想知道他们确切的名称,你可以看一下这篇文章:Applying anxiety/uncertainty management。或许你想思考一下这个问题,那么看一下Gudykunst的这篇文章。

接下来,我想许多人都听到过这个名字:Hofstede,他原来是一个培训师,后来转向了心理学

的研究。他原来为 IBM 工作,他目前最有名的同时也被世界上有很多人接受的理论叫做"文化维度"。但是欧洲人都会说我们正在寻找一种新的理论,因为我们不再喜欢这个旧理论了,他已经没有足够的解释力了。但是问题是没有人能够超越 Hofstede,尽管每个人都在批判他,所以我收集了一些比较难的文章,例如,*Personality and Culture Revisited: Linking Traits and Dimensions of Culture*,这里的特征(traits)代表人格特征。这篇文章有非常好的图表。最核心的问题,我来举个例子,如果我坐在这个椅子上,有人会问,这是不是一个德国人,那么所谓的"德国人"究竟指的是什么? 有些会回答,是指典型的德国行为等等,他的思维方式会是如何如何。现在我的问题是,这些假设是错误的。为什么呢? 因为你不知道我的年龄,是不是由我的年龄决定的呢? 或许是由我的性别决定的——男人或者女人;或许是由我的居住区域决定的——大型城市、中型城市或者小城市、乡镇;或许是由我的家庭背景决定的,所以就不存在一种你了解我或者有关我的文化的途径。如果我们来翻阅他的文章,你会发现其中存在一种情境。如果我坐在这里,坐在观众面前。我的感觉以及我的想法可能会是不同的。这是一个特殊的情境,在这个特殊的情境之下,事实上你不可能预估我的思考方式、我的价值观。这是一个开放性的问题。任何人坐在这里,都会发生同样的问题。你也会问我,文化是什么? 文化在哪里? Hofstede 说,这是一个相当复杂的问题。人具有一些生理基础,这些我们都知道。人都有一些基本的心理趋向,比如外向的、中立的倾向等等。有一些动态过程会伴随着我们,如我的身体、人格在特定的环境中会有一种适应能力。这种适应能力有一部分是由文化形成的,不断地在我身上发挥作用,但是并不清晰。这是我思考我自己的一种联系,这是另一个自我。我的问题是,你是否了解自我。我们已经在德国学生中做了一些练习,让学生为"自我"做出一些解释。我们等一下也会和你们做这个练习,来寻找你们的"自我"。而另一列是客观的生理反应——情绪反应。生理塑造了你们每一个人,你的职业期待、你对工作的想法,这在一定程度上会影响你的行为,这些也同时混合着文化的影响。你们自身内部会产生一些新的东西,但是这不是纯粹的中国文化,混合了其他东西,并不是一种纯粹的个性。你不能把它们分开,这些影响这你自身的一些概念,当然也受一些外界的环境影响,比如失业和社会的任何事件。而麻烦的是,我们并没有能力去区分哪些因素更有影响力。我们也没有能力说这些概念背后隐藏着什么,我们是如何感知到一些概念的。所以,我们还是不知道文化的困难在于你无法观察到文化,你所观察到的文化仅仅是行为,以及由这些行为引发的想法。因此,你就看不到整个文化,也就是说,你无法确认你所看到的和你想的是否正确,或者我的想法是不是仅有的解释。你或许会说,为什么我们要来讨论文化,答案很简单,它太复杂了,不能去掩盖它,你必须接受它是如此的复杂。我来补充一点,我现在要说一个你们应该知道的名字:Kashima,他是一个日本学者。他的文章 *Conception of Culture and Person for Psychology*,大家有空可以看看。文章告诉你,欧洲人与日本人思考问题方式的区别,在不同的时间阶段,建构了不同的个性,是什么连接着不同文化和个性之间的建构。在这个领域,这篇文章非常的出色。在理论中有非常重要的一点是关于礼仪的。在中国,你们有"面子"的概念,在西方社会,没有"面子"这类的概念,一个大范围的概念是礼仪。礼仪分为很多部分,有语言方面的,有实际事务方面的,非言辞类方面的,有以情境为本的。这方面文章有很多,但是我只拿出一篇来,作者是 Kasper · Gabriele, *Linguistic Politeness：Current Research Issues*,如果你们阅读这篇文章,你们对礼仪(politeness)这个概念会有一些想法。这些是分析中国文化的比较通用的方法之一。直至今日,对于研究中国语言、实务方面的文章并不多,包括与跨文化交流之间的联系。我有一个学社会学的学生写了关于这个问题的硕士论文。这些都很有趣,如果你们喜欢,我非常鼓励你们做一些工作。每一种不同语言的人都应该对翻译有一些概念。翻译就像一本书,书中翻译了大量的信息,但是同时,其实其中非常细小的地方都是文化,如果你们对翻译的理解不同,那么对于书中的一些含义的看法或许也是不同的。

我称刚才说的这些是基本阶段(Basic Level),如果你们想要进入高级阶段,那么事实上就会使生活变得更复杂。我今天不能来讨论学习方式,但是你学习的方式是由你的性格确定的。文化提供了许多学习模型。西方的学习模式和东方的不同。这是研究中比较特别的部分,我想让你们注意一下。

(休息 15 分钟)

我已经收到了一些问题,你们举手提问的时候不要犹豫,就算提一些尖锐的问题我也不介意。现在我想花五到十分钟的时间,说一个基本的问题。这最基本的问题看上去是很简单的,如果你有三个来自三个不同语言环境、三种不同的国家,如果我们认同文化意味着一些象征性的资源的时候,那么这些人有着三个不同的篮子,篮子里有各自象征性的资源。问题是,他们只能在各自篮子里的东西是相似或确认的时候才能够了解彼此。在一些概念的情境下,他们篮子里的东西是相似的或可以被确认的,但是问题是他们不知道彼此的篮子看上去像什么,反之亦然。一个最基本的问题是,我如何区分几种不同的象征性资源?我能否画一条线来区隔这是一种文化,还是另一种文化?如果我想要这么做,什么在表明篮子的大小或者其他的问题?这是一个很简单的问题,但是这个问题还没有被解决。我们有跨媒介的答案,在这些事物中,我们怎么提供一些文化内涵的建议。

大家可以看一下这座冰山的模型,它深层次的含义是简单的——70%—80%的东西你看不见,20%—30%你可以直观地看到。问题在于,这个篮子的人看那个篮子的人就像看冰山一样,一些你可以看到,另一些你却看不到。如果这个人看那个人,评价他仅仅根据他知道的并且能够观察到的部分,而不是考虑没看到的部分,那看到的问题也是片面的。冰山模型有一个不利之处,冰山经常是在变化的。这不是一个灵活的模型,它不能完全代表文化,但是它看上去像,所以很多人以这个冰山模型为概念,我所有的学生都愿意用冰山模型。你看到的是冰山上的艺术、建筑、食物、技术、音乐等等;而你看不到的是这条线下的概念(见 PPT),你看不到情感控制,看不到环境的影响,看不到等级的概念、时间的概念等等。所以冰山只是一个模型,一棵树也可能是另一个模型,结果是根本没有一个你可以完全套用的模型,因为文化太复杂了,他不能被直观地用一个模型来表示。而我们只可以试着用一些模型来代替,并且描述每一个模型的优势和劣势。

现在我要回到最开始的话题,下面为大家推荐一位在美国的俄罗斯科学家 Klyulanov 的书

Principles of Intercultural Communication，这本书很有趣，他对"文化"的定义恰好与我的相同：文化是一套象征性资源体系，这个体系共享于某个特定的群体。重要的是"被共享"，它必须被共享，如果你不分享，你就会犯错误，其他人可能会批评你，如果你不遵循一定的规则，那会带来一些负面的反应。这听上去又是很简单的，但是只有当你期待一些回应的时候，你才会去遵循规则。如果你不期望回应，那么遵不遵循规则都是没有意义的。所以你必须加上"shared"，事实上德国的定义通常会加上更多，比如如果你分享，但是不去遵循规则，你就会遭受批评或者负面影响等等。

有一部分人，这部分人可能是来自辽宁、吉林、黑龙江、上海或者广州，任何你能想得到的地方，他们都在这个国家范围以内，并不在国外。所以跨文化交流也是在一个国家的范围内被人们评价和分析的。因为你们不仅仅拥有一种文化，你们拥有各种文化。比如中国文化，如果你问一个外国人，什么是中国文化，回答是微笑着的中国人。如果你去查阅一些跨文化管理手册，中国人的管理方式、中国人的交流方式、中国人的面子观念，你会发现任何人在任何时候的行为都是一样的，因为他或她是一个中国人。但这些可能对于英国人、法国人、意大利人、德国人是没有意义的。这是为什么我要特别提到社会团体的概念，无论在国家范围内或以外。

在 CD 里面还有一些结论，来自一位英国学者 Spencer-Oatey。他提到了许多观点，代表着西方视角下的文化概念。他的定义有许多条目，你们可以在 PPT 上看到，我就不重复了。

最后我要说的是，我们必须记住，无论何种情况、何时、何地，文化都在你心里，始终伴随着你。你是一个个体，这个个体属于一个特定的职业。每一种职业都有各自的文化，它们也都是一些象征性的资源，比如一些编码——你的服装、交流话语等等。事实上你怎么做是非常重要的，这能够让别人了解你需要什么，你是基于哪一种文化的。作为一个个体，在一个职业背景下，在一个特定的组织下，有一个特定的本性基础。比如一个学生要成为一名教师，在中国一个特定的研究所，那么他就集合了几种不同的文化影响。每一个人，我们都会把他和其他次文化做比较。

我先说到这里，下面我们来看一个视频，视频之后，我会来问一下我们所追寻的价值是什么。（播放影片中）

我向你们展示这部短片的原因是我认为它是一个很有意思的课题。我现在得向你们介绍我的三位中国博士生。我们在大约 4 周前开了一个会，我们集中讨论的问题有：如果我不了解中国人的问题我该怎么办？你问一个不认识你的中国人？所以我决定要给你们看这些有关中国人的情况和一些中文资料。他们说好的，我们来制作一个短片，这部短片的主旨来自这些在德国留学的中国留学生如何看待德国文化，这很有趣。接下来展示的这三个人是摄像小组，他们找了一个摄像机，花了一星期时间在大学里拍了个片子。我们是一个非常幸运的小组，你可以看到，他们非常高兴把他们自己介绍给你们，这部影片就像你们和在场的我之间的一座桥梁。这能够缩短我们之间的距离，因为我只能在这里做一天的讲座。

他们看上去是一个快乐的小组。在这里也非常感谢他们优秀的工作，短片给了大家一些乐趣。现在让我们回到原来的话题。

这些是你们无法非常清晰地看到的。如果你问自己，文化在哪里？它在我本身的意志内吗？

还是在我周围呢？我的回答是，它就在那里。我想你们可以复制这幅在你们面前的这一页插图，我会从一些基本的解释开始说起。我的想法是，我们每一个人都受一些特定的文化影响，这些影响表现在我们如何沟通，表现在我们如何在这个世界上为自己定位，表现在我们如何思考，表现在我们在别人面前如何提及自己，表现在我们生存的基本环境中。那很简单，在开始进行下一步之前，我们看到在"交流"的分支中，有两条主干即文字的和非文字的内容。在"文化取向"的分支中，或多或少也有许多子项目，我们可以看到时间、空间、生活方式、社会取向、如何与自然共处、对人性的看法、宗教问题等等。"思考方式"中包含思考和规则。"社会参考系统"中有社会认同、群体认同、个人认同和社会等级。这些通常在一种情境中同时发生作用，每一个个体都是不同的。

我们来看"沟通"这一分支，其中文字的(语言和声音)部分，我们分为正式的、非正式的、礼貌的、非礼貌的、直接的、非直接的。那什么是直接的言辞沟通呢？你有一个学生坐在一个德国的环境，比如他叫施密特。你说："施密特先生，你写的文章很糟糕。"这是一个典型的直接表达，而非直接的表达是："施密特先生，你的文章不错，但是你必须在这方面用另外的方式写作。"第一种很可能发生在我们国家，我们的文化，我们的学校中，因为德国人喜欢直接的表达。这种直接表达是德国语言代码中的一部分，德国人因为习惯这种方式也在世界造成了很多问题。那什么又是礼貌和不礼貌的沟通？什么是正式和不正式的沟通呢？每一个社会对正式和不正式的定义都是不同的。如果你想应对这些不同的象征性资源，首先第一步，你必须意识到你有你自己的规则。在这一环节，你必须了解你自己的规则，这样才能做好和别人沟通的准备。在非言辞类的一列，我们看到模仿、眼神交流、身体语言、感觉、距离规则等等。欧洲人不喜欢彼此之间站得距离过近，如果你去印度、南亚，包括中国，如果你缩短与别人之间的距离，他们会变得更亲密。所以缩短距离是一种亲近的表示，也能缩小差异。如果两个人走的时候距离过远，我们的做法通常是增加彼此的距离，这些在一些国家可能是不礼貌的，但是在我们国家是很正常的。在一些文化中，眼神的交流是不同的，比如在中欧，信任是建立在眼神交流上的，尤其是德国人。他看着你的眼睛或者盯着你，代表着公开性。我看着你的眼睛，你也可以看着我的眼睛，这是开放的。如果我眼神朝下，或者游离，看上去像我在隐藏什么，这会让人感到不适。但是一些文化在同样的方面恰恰是相反的意义。如果他们眼神朝下，他们认为这是一种尊重，而不应该盯着某人。这些尤其发生在一些伊斯兰国家，这就是"沟通"方式的差异。

"文化取向"这一列要更复杂些。时间在其中是一个古老的因素，人们是有时间观念的。时间观念意味着是多样的或单一的，做事情可能是一步一步完成的，也可能是跳跃式完成的。大部分西方社会不能够从头到尾一步步做一件事情，越来越多的人倾向于徘徊在不同的事情中，但是一般都分为多样性的和单一性的。在空间上涉及到什么是私人空间和公共空间的问题，任何人都有私人和公共的概念，你们有一种，我们也有一种。德国人有很特别的一种概念：如果你从公共的空间踏入他的私人空间，我们就感到很不舒服。如果人们出去工作，他们就会区分在办公室和在家里两种状态，即私人的状态和在办公的状态。许多西方人来到亚洲，比如韩国、日本或者中国的一些大型企业会不习惯。作息时间有冲突时，德国人就会倾向说，这是我的私人时间，我不想用我的工作时间来代替我的私人时间，这是因为观念来自不同的文化背景。

生活的方式，包括积极的、被动的、避险的、冒险的、特殊主义的、普遍主义的。积极的是我想要做某事，我想要达到某种目的；而被动的是我想坐下等着看会有什么事情发生。中国人和德国人在避险方面是同样保守的，我们会有一些计划，对一些事情早有准备要好过晚做准备。特殊主义和普遍主义意味着一种规则必须适用于任何人，适用于这个社会的任何阶层，但是对于一些人来说，一些规则可能和别人不同。社会取向，竞争的或是合作的。我会以竞争来描述你们的国家，同样我会用竞争来描述美国。我不会用竞争来描述中欧，法国比德国竞争激烈。德国不是一个竞争激烈的国家。你怎么和自然相处？你是改变它还是保护它或是服从于它？这取决于你的本性是怎样的？这涉及到另一个重要的分支，和很多社会规则不同，也与很多象征性的资源不同，不同的思考方式我不想用太多的细节阐释，PPT里面已经有了。材料、自然条件、气候、技术和经济的发展，以及你的个人性格是如何养成的，所有的这些你都有属于你自己的概念图。

现在给我一些时间，我们来看另外的内容。这些是我对文化进入何处，并且如何指导行为的一些基本理解。你们还记得我一开始的基本提问吗？如何运用一些分析来区分这个人的文化，最有名的是Hofstede，他运用一种文化的研究维度，如果你运用国外的方法，有两个主要领域，一种是价值取向的，你寻求一种价值，人生中有哪些价值观；另一种是问题取向的，提出问题直到找到答案，我研究的兴趣点或多或少和Hofstede是一样的。我现在想做的是，希望你们都拿出一张纸，你们尽可能写出五种你们认为人生中较好的价值观。每个人都能拿到一张纸吗？给你们两分钟时间，回想一下你们的人生，写出你们认为最重要的和次重要的一些价值规则。这个实验我在德国的大学里也经常做，我很有兴趣了解你们的答案。给你们5分钟，如果你们把写完的答案给我，我将统计一下结果。

（5分钟后）

如果你们已经写完了纸条，现在我们回到交互分析的问题。一种被普遍接受的科学分支是，一种研究社会群体的途径是去分析他们的价值体系，然后用不同的方法来问他们人生的价值观。比如，你问德国人如何处理废物垃圾，我在1980年第一次来到这所大学，我关注中国30年了，对于这个问题回答，中国和德国最大的区别是垃圾如何被处理。众所周知，德国人很注重垃圾分类，我们国家根据纸质的、白色污染的、绿色污染、棕色污染区分垃圾，然后集中处理。而中国会把垃圾都放在一起进行处理，这是你们和德国在对待自然环境问题上的比较。每一个社会群体都有各自一些核心价值，我们称之为深层次的、宽泛的或者核心的问题。在你们的CD中，有一些关于研究方法的资料。下面为大家介绍一些CD中的资料基本构成，方面大家今后更好地运用它。

首先要介绍的是年长者，Kluckhohn和Strodtbeck，他们长期从事于系统研究，提出了非常简单的问题。人类的任一种群必须处理许多基本问题。如果你不能很好地解决这些问题，你就无法存活。问题是哪些问题你必须去解决，否则你就会灭亡。他们说，首先，要对时间有概念，基本有过去取向、现在取向和未来取向。午饭后我可能会问你们这个问题,你们可以问一下自己。我们有三环:过去、现在和未来。你可以问一下自己,你的人生生活在哪一环,你的时间取向是什么。你们可以随意地移动这三环,根据你们的感觉自由地回答并把三者合在一起或区分开来。你们强烈地倾向于过去,还是以现在为中心? 或是更多地着眼于未来。午饭时间你可以考虑一下,然后告诉我。他们的理论说,年龄、职业都是非常重要的决定因素,人们选择过去、现在、未来取向是由于文化的差异。但是重要的是你必须要有一个明确的答案,否则将无法存活。以上是关于"时间"的问题。

第二个问题是,人们如何与自然共处。只有三种,主宰自然、与自然和谐相处还是服从于自然。在中国和欧洲的历史中,这三种方式都出现过。世界上的大部分国家都是倾向于主宰自然的,很少有国家能与自然和谐共处。服从自然的意思是我把我自己融入自然的规律中,我遵循自然法则。老子、庄子这些道教的传统观念都是服从自然的,但是在西方国家,这种思想是不存在的。

另外一个重要的因素是社会关系。社会关系是如何组织的? 等级制的、平等制的还是个人主义的。现代化的国家无论进步程度如何总会带领人们从等级制发展到个人主义。如果你问外国研究者,中国社会在哪里,我会回答他是等级制的,但同时也是个人主义的。但是以前经典的图片是把三者分开说的。社会关系如何组织是社会规则中的基本问题,这个问题在亚洲比在欧洲更为有趣。

第四个问题是行动。你们的行为总是积极的,有些人只是依靠已经存在着的东西(being)愉悦自己,比如你坐在椅子上让自己感到很放松。如果一个人的想法是,我想要接近椅子,我想要获得接近椅子的某种能力,这就是"being-in-becoming",另一种是我想要有获得某种东西的感觉。中间的这项"being-in-becoming"和右边的这项"achievement doing"能够给人们带来动力,表示你必须去做一些事情,基本上每一个中国学生都在这一部分,欧洲学生可能在这部分表现得更为强烈一些,不过在这几项之间有着文化迥异的差别。

最后一个是人之本性的问题。人性可以分为邪恶的、混合的、中性的和良好的,不过这个建立在对社会系统的区分上。你们建立了你们的教育系统、法律系统、健康系统,你们需要回答这些问题。Kluckhohn 说这是一个核心问题,不需要依靠更多的问题去寻找这个社会的核心价值。

我们有许多来自不同观点视角的补充理论,但是只有一种来自 Hofstede 说的最为清楚。只有一位同仁的理论和 Hofstede 的理论同样重要,这个人是 Schwartz。他坚持一种观点,你可以用这些价值类型来描述任何一个社会。你不需要更多或更少,如果你知道这些价值观,你就能对各种文化进行分类和区别。这种理论要求方法上的逻辑性,但是仅仅用几个词便能展示,你可以问问你自己便会意识到,这其中有一些真理。第一,权力(power);每个人对于权力都有自己的想法,对于权力需要一些野心。第二,成就(achievement);如果没有成就,没有人能够生存。如果你没有获得任何东西,你就会死去,你的人生会非常悲惨,除非你获得了一些成就。第三,享乐主义(hedonism);在现代化的社会里,你为自己做一些事情,你希望物质条件很好,对我来说,我很高兴越来越多的年轻人在毕业后开始希望买一辆车,或者如果父母买车,他们希望自己能开车。如果以 20 年前的角度看,这是一场革命。显然,享乐主义是一个非常重要的条目。第四,刺激(simulation);如果你要生存,你就需要刺激。第五,自我方向(self-direction);你需要给自己的人生设定一个方向,你不希望别人为你的人生指路。第六,普世主义(universalism);表示有一些规则超越地域适用于任何人。第七,善行(benevolence);表示尽管你是独立的个人,但是你总是希望为公众做一些事情。第八,传统(tradition)。第九,遵从(conformity);这意味着社会群体在多大程度上规范着我的行为并趋于一致。最后一项是安全(security),你想要一个安全的人生,那么你就会有对于"安全"的想法。以上是寻找一个社会价值的途径,并且这是一个我认为在未来 10 年或 15 年中很有可能是唯一一个占主导地位的理论,是对 Hofstede 理论的补充。

最后介绍的 Michael Harris Bond 你们可能听说过。他是香港中文大学的教授,他同时也是唯一一个专门研究中国人和中国味(Chineseness)的外国人。他有一个不同于别人的分类系统:犬儒主义(cynicism)、社会复杂性(social complexity)、对于努力的回报(reward for application)、精神性(spirituality)和命运控制(fate control)。有些人会说,相比亚洲以外的社会,这对于亚洲社会来说是一个更好的更有用的理论,我在此没有太多的时间来探讨这个理论的细节,不过你们应该了解这位研究与中国和亚洲相关理论的专家。

现在我们回到 Hofstede 的文化维度(dimensions of culture):权力范围(power distance)、不确定的避险(uncertainty avoidance)、个人主义相对于集体主义(individualism versus collectvism)、男性与女性(masculinity versus femininity)和长期和短期定位(long-term versus short-term orientation)。这是一个适用于世界范围的跨文化研究模型。你们可以通过以下划线的内容来了解整个理论。

以上这些是我对于阅读的一些建议,在 CD 中有 Hofstede 的文章,如果你们有时间,我强烈推荐这篇文章,他对于自己的理论有一套阐述。

午饭后或许你们会给我一些带问题的纸条,用过去、现在和未来这三个圆环来表示你对于时间概念的定位。另外还有一个实验我们晚些时候做,这个实验我都会让每个研讨班的学生去做,但每次结果都不太一样。它会受价值系统和你的文化影响。你画一个蛋糕,这块蛋糕被分为若干项。蛋糕就是你,是你今天在这个情境下、这个环境中的个性。你问你自己,如果我自己是整个蛋糕,事实上是哪些部分组成了我,有哪些东西让我感觉到了我的感觉。我给你们一个例子,这块蛋糕可能是一个学生的角色,你可以说是我的学习或者我的学校,也可能是家庭中的女儿或儿子的角色,或者是一个家庭。可能是一些体育运动,它在你的生活中扮演非常重要的角色。也可能是这个或是那个。我的问题是你如何描述这块蛋糕,我要提醒你们,很多人会画很多蛋糕,第一块你会想这画得准确不准确,因为你会觉得这块蛋糕占的比例不能表明你所感觉到的重要东西,如果你写的是家庭,那么家庭在你头脑中占据了多大的影响,这一部分蛋糕要画多大? 四分之一还是一半的比重? 所以一块蛋糕的大小表明了重要性程度。有的时候,如果你是中国人或德国人,那么同样的东西占多大比重? 或许你可以告诉我你们的想法,我告诉你们德国学生是如何回答的。午饭过后,我会让你们做这个。

这张是最后一幅图片,信息分析(anatomy of messages)。我不知道谁已经做了关于沟通理论的研究,我会给你们一个例子。如果你们问我,你开哪辆车?我会回答我开宝马,一旦我回答了,我开宝马的信息包含着宝马的信息,同时也有一些元素涵盖其中,我也同样可以回答我开一辆小车。但我知道你问的是什么,我确实有一辆宝马,这是一种关系,有时是一种要求。有人问,我能不能借这本书?信息很明确,意思是给我这本书。情境很明确,自我陈述是一些表明你现有状态和心情的东西。通常的例子是,如果你有一辆车,并且你结婚了。早上你起床,吃完早餐。开车出门,你们开到十字路口停下,交通信号等开始变化,红灯、黄灯或者绿灯。丈夫开车,妻子坐在旁边,变成绿灯了,妻子说,现在是绿灯了,焦急地说、平静地说或者激动地说。三种方式,同样的情境,同样的信息,但是自我表明的内容不同。因为她对他很生气,这种生气转换为语调。结论是,每一种信息都有四个维度,这四种维度的结合是根据文化而不同的,这就是为什么人生各不相同。我表明自我的方式传达的信息,在中国的社会、意大利的社会、瑞典的社会中是不同的。如果你在研究跨文化交流和跨文化教育的问题,我的建议是,你必须参与到对不同社会交流之间的解释中去。

接下去会看一个短片。看完短片,你们会有一些感受,这些感觉会告诉你这是好的,这是疯狂的等等。如果我要你们向我描述你们看到了什么,那么你们会回答你们看到的和感觉到的东西。你们会对它进行价值判断。跨文化交流和跨文化培训是暂时切断观察和价值判断之间的直接联系。重新思考你看到了什么,这很难。

(看三段短片,对短片进行补充讲解)

为什么我要让你们看这些,回到我们最开始的问题。当我们谈论文化的时候,我们就在讨论黑板上画的这每一个篮子,世界上的每一个个体都有一些象征性的资源,这些资源被分享。一个人表达自己的方式就是他的文化,是他的个性,是他在他的文化影响下的个性,这是很复杂很难说清楚的。我今天早上最后要说的是,如果你们要谈论文化,或者在一定程度上谈论沟通交流,那我们就是在谈论一种可能性,讨论一种沟通的思维图式。它可能是可见的,或者是你和别人沟通交流的一次经验,但它只是一种可能性。问题是,你不可能给这种可能性作一个事先的预判。

谢谢大家!下午继续。(掌声)

录音整理:胡乐野(华东师范大学教育学系)

吕传振(华东师范大学教育学系)

Intercultural Communication in Comparative Perspective: the Missing Link in Education (Part two)

讲演者:Jürgen Henze 教授

时间:7月9日14:30—17:30
地点:大学生活动中心报告厅

很高兴下午再次见到大家。如果你问我的学生,我的性格特征如何,如果我做某项心理测试,结果可能会显示我是有些个性混乱的人。我参加过英国一家公司的性格测试,结果显示:只有5%的人比我更有想法,我经常有各种各样的想法;但是有85%的人比我更能实施这些想法,把这些想法付诸实践。所以看一看今天早上我的演讲,你可能会觉得有些混乱,像一个到处滚的"轮子"。这是我制造活泼氛围的一种方式。在下午的演讲中,我将尽力把上午遗漏的内容补充完整,但是最终演讲肯定是要结束的。

所以如果你们看 CD 和课件,你们会看见我的标题是:从比较的视角看跨文化交际——教育中缺失的一环? 但我几乎没有涉及"教育中缺失的一环"。因为这整个话题——跨文化交际——就是教育中缺失的一环,至少在欧洲是如此。到目前为止,德国的教育没有关注过跨文化交际。我们使用"跨文化的视角"这样的词语,但这与"跨文化交际"是有很大不同的。在德国,与中国相似,"跨文化视角"主要关注如何对待移民家庭的孩子。在德国,我们关注的是如何对待来自土耳其和阿拉伯国家等伊斯兰地区以及前东欧地区的移民家庭的学生。这不是关于跨文化交际的问题。差异是显而易见的:如果有两个人,历史上的问题是其中一个人应该如何表现才可以和另外一个人一样。如何使移民家庭的孩子与非移民家庭的孩子表现一致? 这个问题不是我所研究的问题。我在洪堡大学所研究的课题与此不同。我所研究的是:每个人应该如何表现才能与他人更高效更成功的交流。我的想法是:这个问题在未来 10 到 20 年间将成为全球教育最重要的问题。这个问题也自然与我们今天早上所提及问题有关:关于弱势文化的问题,以及如何与这样的亚文化相处。如果你接受跨文化交际的教育将成为学校内外教育的一个重要问题,在学前教育、高等教育、成人教育中都是如此,不管是从产业的角度还是社会的角度来看都是如此,以前这可能是我们所陌生的,但现在这是十分寻常的,所以就需要更多精通跨文化交际的教师,每门科目都需要更多这样的教师。在德国、英国、法国都可以看到这样的新趋势。在西班牙,这样的趋势在萌芽,比其他一些国家行动得晚很多。从欧洲的角度来看中国,在过去 15 年中,中国在这方面也处在萌芽期,并正以极快的速度发展。如果我们承认这是全球化的一部分,那么不管是从商业的角度还是非商业的角度,我们都会给予跨文化交际更大的重视。这是影响深远的,影响到诸如教师培训、课程改革等各个方面;同时也是花费巨大的,因为要有学费,澳大利亚、英国、美国在这个领域已建立起了产业。而在德国,是没有学费的,因而我们是落后的。仅仅从 2005 年开始,洪堡大学在我的建议之下,开始对国际学生进行一些跨文化交际的培训,也对将来想出国的本国学生在国内进行国际化训练。这样的趋势将继续发展,在中国也是如此,同济大学、上海外国语大学都有这样的项目。

大学会设计更多的课程用于跨文化交际的学习和培训,旨在提高学生、教师以及行政人员的跨文化交际敏感度。学生比较乐意接受这样的培训,而我们很难说服教师也参加这样的培训,且行政人员是最不愿意参加这类培训的,因为这不是行政人员日常生活中的一部分。这是我对未来的跨文化交际教育的评价和建议,也是我为什么将这个话题称作"教育中缺失的一环"的原因。现在我们回到主题。

我们今天早上所得出的结论是:文化是现实,是社会建构。如果我们把它称为现实,遗憾的是虽然我们观察人类,并且知道自己在做什么,但如果我们问自己:我们的行为背后是什么? 我们可能就会想起"文化"这个词。关键问题是:在生活中的任何一刻,在任何情况下,在任何环境中都有三个因素,像一个三角形一样在发挥作用。这就是"人、文化与环境"这三个因素所组成的三角形。问题是如果你观察人类的行为,你无法判断到底是环境,是文化,还是人的性格在起主导作用。你所做的只是猜测,并将猜测作为基础进而模式化。但你不能肯定你所做的猜测是正确的还是错误的,因为你有可能过高或过低地估计了环境、文化或人的性格所发挥的作用。这个冲突导致对文化的分析经常是不准确的。你对现象永远不能做出全面而准确的理解,我们只能将其称为"可能性"。

我们有不同的概念、不同的意义,我们有"intercultural"、"cross-cultural"的概念,我还要加上"trans-cultural"。在欧洲,我们有"intercultural"的教育,同样也有"cross-cultural"和"trans-cultural"的培训。有什么区别吗? 总的说来,主要区别与历史有关:多文化视角是指许多人可以在多元世界中生活在一起;"cross-cultural"和"trans-cultural"的概念是语义上的。如果我们画一张图:这是文化空间,文化空间 A、文化空间 B、文化空间 C。在各个文化空间内都有交流方式和价值观的聚集。如果我们比较这些聚集,我们会发现 A 与 B 之间存在着差异。我所要做的就是找到 A 与 B 之间的差异。有人说这是没有用的,我们要在发现差异的基础上更进一步,这就是我们所说的"trans-cultural"。这或多或少牵涉到语言的问题,我们采用"inter-cultural"的方式来解决,但是仍然有文化障碍。这时我们要采取"trans-cultural"的方式,才能跨越文化差异所造成的交际障碍。这是从语言的角度来看跨文化交际的涵义。这牵涉到很多概念和问题:移民家庭的孩子、跨文化心理等。以前我们将跨文化交际称为以移民教育为基础的概念。

200 年前,不同文化背景的人无法融合。当他们相撞击时,他们走开,走向不同的方向而无法融合。不同的文化是相互分离的,如果硬要把它们放到一起,它们就会撞击。当文化 A 与文化 B 或文化 C 有某种程度的融合,而你就处于中间的时候,你不知道该怎么表现,是以文化 A 还是文化 B 还是文化 C 来表现,这就说明仍然存在文化界限。你不知道这样的界限从哪里开始,到哪里结束。我们要消除这样的界限。文化就像露出海面的地面,它一直在变化,你觉得离地面很近了,但突然它又消失了。当你开始接近它,你所看到的原始构架却消失了,就像是大海上的地面。因为它一直在变化,它一直在移动,你无法控制它,你所能得到的是一幅在不停变化的画面。举个例子:中国代表团去德国谈判,当门打开时,五个中国代表进来了。德国代表问:这五个中国人是什么样的人? 你只能说他们是中国人。而你所能描述的只是某个人 25 岁,或 45 岁,他可能是上海人,或者是河北人、湖北人、贵州人。如何描述中国的文化? 男人和女人是不同的,不同年龄的人是不同的,在不同情况下是不同的。这个人有这种方式的思想和行为,而那个人可能会有完全不同的思想和行为。

在考试中有时我问学生:这个瓶子是文化的一部分吗? 学生可能会很惊讶,然后说"是"。问题很简单:你有了文化的定义,那这个瓶子是不是符合文化的定义? 学生记得这个定义:文化是问题的解决。什么问题得到了解决? 很简单:液体的转移,当然符合这个定义。它是一个符号吗? 如果你知道它的涵义——一个装可以喝的液体的容器,那么它就是一个符号;如果你不知道它的涵义,你就不明白它是什么东西。但是因为你知道它的涵义,所以它是文化的一部分。文化的定义不是一个物质化的定义。

差异之处会带来新的差异,会带来不同的社会建构。以上这些就是今天上午我演讲的主要内容。现在我将继续。使用怎样的眼镜才能帮助我更好地理解中国的一切所见所闻呢? 它不是一个数学方程式,是等级制度让我明白我所看到的一切。在所有行为背后是一个三角形,其中最重要的一个角就是等级制度。等级的存在并不特殊,特殊的是

等级无处不在,成为日常生活中的一部分。这没有好坏,这是一个普遍的特征。如果你走到窗户旁边往外看:窗外的一切总是以这样或那样的方式受到等级制度的支配。如果你看一看印度、巴基斯坦等南亚地区,有伊斯兰信仰或其他宗教信仰的,他们的等级制度也非常强势,甚至比中国更强势,因为他们是基于宗教信仰的。第二个重要的因素是内心世界和外部世界;还有一个是我们所熟知的面子因素。我的假设是:不论在新加坡、中国大陆、中国香港、中国台湾发生什么,根据我所看到的和所经历的,我都可以用这个三角形来解释大部分原因,我并不是说全部,我是说大部分。我经常与同事谈论这个三角形模式,他们其实在等我翻译我的这篇文章,但是我时间不多,但这里我展示了一个基本的模型。在任何地方都存在着这个模型。如果你看一看这个教室的位置,就会发现等级制度。我不是说这是好还是坏,我是说这是一个事实。你走出这个屋子,立即会看见等级。我甚至认为中国人得到水和空气也是根据等级的。生活在等级制度中是很寻常的。中国家庭的孩子在成长中一直处于等级制度的影响下,各种考试、不同类型的学校,你要找最好的老师、最好的学校,家长认为老师要对孩子的成功负责。人类在任何时候都是不平等的。作为一个外国人,我敢这样说。如果一个房间里有两个人,那么这两个人就是不平等的。唯一的例外是非常好的朋友,这是规则的例外。但绝大部分时候,屋子里的两个人,其中一个要比另一个等级高。好了,我没有其他任何意思,我的意思是人们很难得到平等,不论是两个人之间还是更多人之间。这是德国学生很难理解的,这与他们对世界的看法是完全不同的。在中国,你们会持续地讨论这个话题。而等级仍然是十分强势的,已经结构化了,很难改变,只是根据你所处位置的不同而有所不同。这就是等级。

内心和外部的影响很大。我作为一个外国人,很难进入一个不熟悉的中国同事的内心世界。为什么?因为内心世界和外部世界的分别让我无法轻易看到中国同事的内心。进入一个人的内心世界是需要创造机会的,可以通过吃饭、喝酒、送礼,最重要的是要花时间。对西方来说很难理解的是:写1000封电子邮件或是打10000个电话并不能使你进入别人的内心世界。你必须花实际的时间来分享或一起做某事,就像我刚才所说的吃饭、喝酒或做别的事情一样。你们要有实际的接近和接触。这就是内心世界。那么什么是外部世界呢?你们比我要更了解。如果把"面子"这个词直接翻译成德文,就变成化妆品行业的一个词语:用化妆品来清洁脸部或是美容。当然,这不是中国人所说的"面子"。德文里有个词叫"声誉"。但是从欧洲人的角度来理解,"声誉"和"面子"有很大的不同。"声誉"对我来说是这样的——如果你问一个人:"你认识他吗?"他回答说:"是的。我们曾经一起工作过。"再问:"你知道他的声誉如何吗?"他回答说:"这个人很适合团队合作,他总是准时完成任务……"评价将基于此人的专业活动,或是在一个组织内部的行为。这是我们所说的"声誉"。而当你们谈到"面子"这个概念时,主要是基于一个人的社交活动,而且一个人的"面子"有很大的影响。许多人不明白"面子"和"声誉"的区别。在我看来,"面子"是基于社交的多维度的复杂概念,与西方所说的"声誉"是不一样的。我对德国学生讲中国人的"面子"概念,他们可以理解。我告诉他们"面子"可以得到,也可以失去,他们也可以理解。但关于这个机制如何运行,也就是如何得到面子、如何失去面子、如何给别人面子,如何通过人与人之间的

交流传播面子，我很难对德国学生解释清楚。以上是我尝试对"面子"概念的一些理解。（鼓掌）

如果你同意我的观点，如果你向窗外看一看，想一想如何用这个三角形来解释外面发生的一切。如果你带着这个模式去印度、韩国、日本、印度尼西亚，你会发现一些不同。比如在韩国，性别的差异、女性的弱势地位比中国要严重很多。所以在某些方面，日本和韩国的等级制度要比中国更严重。

如果你认同我的观点，那么问题就是我如何批评别人，如何夸奖别人，如何为别人买礼物，这些问题都要依据这个三角形模式来解决。你可以用这个三角形来解释怎样的行为才是成功的。你们可以回家画一张自我的饼状图，这个饼状图可以显示构成你的因素，然后与朋友交流一下，看看你们的饼状图有怎样的不同。如果一个人的饼状图与你完全不同，你该如何与他交流？有可能你们从一开始交流就会有很多的困难，因为你们是如此的不同。

下面我将向大家展示一份 VCD 资料，这是一位法国艺术家环游世界，问世界各地的人们：爱是什么？幸福是什么？家庭是什么？生活的含义是什么？他问了 60 万人。这是一个非常了不起的艺术。在因特网上也可以看到它。我现在向你展示两个部分，一部分是中国人的答案，一部分是非洲人的答案。等你们看完以后，告诉我你们看到了什么。这与非语言交流、语言交流都有关。我想你们会喜欢这份 VCD 资料的。想一想你所观察到的人的内心价值观。不是很长，我中间要跳着播放。

（播放 VCD 资料）

这个资料是一个例子，在跨文化交际培训的课程上可以使用它。这是对非语言行为的很好的观察，我是指手势等方面。我们可以看到非语言行为与语言是如何统一的。如果你们感兴趣的话，在我发给大家的光盘中也有这份资料，你们回家后可以继续欣赏。大家要注意到，我们可以使用的材料越来越多。我现在无法使用网络，不然我可以给大家欣赏另一份资料，这份资料是关于一名来自中国南方的女孩子，她的情况与德国的完全不同。

我们再讨论一下"能力"的问题。能力是从行为中显示出来的。问题是能力是不是可以观察和测量。如果你认为是，那么如何测量？通过测试吗？你坐在电脑前参加测试，最终得到一张证书，证明你具有跨文化交际的能力，这是产业化的方法。如果你要证明你具有跨文化交际的能力，那么你最好参加一些跨文化交际的培训课程。这些都是产业化的方法。

如果你认为无法观察和测量，或者只能部分性地观察和测量，那么问题就变得更加复杂了。我认为仅仅测试和回答问题是没用的。你同时需要一些评估。有人设计了一个小把戏，我把它称为"小把戏"，创造出"文化智商"这样的概念，把它与"智商（IQ）"相并列，称作"CQ"。其实这是没有意义的，"CQ"就是为了商业化的推销，让你觉得你具备智商。我对此持强烈的批评意见。而现在谈论"文化智商"变得很流行。但是我们要能对此提出质疑。这个概念不像"智商"那样经典。这只是一个商业化的测试。我们有一个"CPS"的三角形。如果你不能观测个人在特定的环境中如何表现，你就不可能对一个人的跨文化交际能力做出评估。这需要建立一个评估中心，需要投入很多资金，而大部分公司不愿意花这么大的成本。即使他们真的建立一个"评估中心"，也只是在里面布置一些电子测试,这是不一样的。如果你看到这样的情况,要保持警惕。

另外还有一些概念,我们需要加以警戒。提到"能力",情况是很复杂的。在英国有"劳动心理学"的概念,这是与经典的心理学所不同的,因为它关注"能力"。如果你问一个心理学家性格和能力的关系,他会告诉你能力因素包括领导和决策,而这是你性格的一部分,与其他很多特征有关。第二是支持与合作;第三是实施和展示;第四是分析和阐释。一个有能力的人,不管是从事何种专业,都必须要或多或少的具备这些特征。第五是创造和概念化;第六是组织和执行;第七是适应和应付。这些都是从心理学角度所理解的"能力"的特征。第八是在我自己的国家很难解释的,就是企业家精神和付诸实践。以上这八个特征这些是不管何种"能力"都应该具备的,在某些领域从事专业活动的有能力的人都应该具备这些特征。

我们可以从不同的方面来看待"能力"。从第一个角度看,有四个主要的问题,就是知道"是什么"、"为什么"、"如何"以及"何时"。知道"是什么"是指你必须知道数据、事实和信息,当然我是指在跨文化交际的领域。要知道数据、事实和信心,要对特定国家有一定的了解,要有教育学家或心理学家所说的"认知结构",是在认知领域的数据、事实和信息。知道"为什么"是指知道理论、原则和模式。我构造亚洲三角形就是为了知道为什么,来解释我所看到的一切,来解释为什么事情以这样或那样的方式产生和发展。知道"如何"就是如何获取能力,来进行跨文化交际。也就是我要知道方法、技术、步骤。知道"何时"就是我需要经验、亲身经历和实践。所有这些因素一起组成某种"能力",比如我们这里的跨文化交际能力。

现在情况变得更复杂了。我的观点是,如果你只是参加了电子问卷的测试,而没有进行能力的测试;也就是仅仅坐在电脑前面想象你所遇到的情况,这和实际是完全不同的。

如果来看一看第三个角度,也就是开放性、可获取性和专门知识,你不仅需要普适性的知识和技能,也需要针对具体职业和机构的知识和技能。举个例子,德国的制药公司邀请你作为他们来中国时的文化顾问,这意味着你对普遍情况要有所了解,同时对制药这个行业也要有所了解,对这家公司也要有所了解,对公司要去的中国的具体地方也要有所了解,比如是去台湾还是去合肥。

以上这些是对什么是"跨文化交际能力"的一些探讨。如果你认同这些,接下来我们要探讨如何感受文化。我将在教室内组织一项活动,是跨文化交际能力的一项培训,让每个人都感受一下文化。你们必须先离开教室,在你们回到教室前,每人会有一张纸条,纸条上会写着一条规则,你的行为必须遵守纸条上的规则。这项练习是非常著名的一项针对语言和非语言能力的训练。在五分钟以内,你的身体会感受到压力,当你们进行完这项训练以后,我会解释如何把这项活动用于帮助人们感受到文化的不同,或是交际策略的不同。

(活动开始,学员全部走出教室再带着纸条进来,留下五名观察者,观察者观察学员们进行活动时的表现。每张纸条上写着一项规则,比如:"对着别人大声呼喊是不礼貌的行为,因此谈话要低声。耳语! 即使人们不能听见您的声音,也不要提高您的声音。""说话太直和不圆通也是不礼貌的行为。比较好的是,谈话时别太直接和以间接的方式接近主题。"诸如此类。学员自由配对进行交流,交流过程中要严格遵守纸条上的规则。根据观察者的报告,大部分学员都积极参与活动,但有少部分学员非常害羞,不知所措。)(掌声)

现在我来解释一下这项活动的目的。这是用于跨文化交际训练的一项著名活动。初看上去,它十分简单幼稚,但心理学上的大部分实验看起来都十分幼稚。在一群相互不认识的人之间进行这项活动,15 至 20 分钟以后,这组人员之间的氛围会发生很大变化。一开始,许多人对开始谈话有些恐惧,但过一会儿就会有轻微的笑声,此起彼伏的笑声越来越大,人们开始觉得愉快,所以这是建立团队的一项活动,可以迅速地使团队成员互相熟悉并营造良好的氛围。另外,如果是不同文化背景的人参加这项活动,肢体语言会变得尤为重要:眼神、手势、距离、声音的大小。这些都会让你感觉到对方文化的不同。根据在一些国家的实验来看,在谈话进行到 30 至 40 秒的时候,你的胃就会发出信号:你需要更多的精力来使谈话进行下去。你也需要对方的反馈,因为你想知道对方对你的印象和感觉。在一分钟以后,每个人都知道:一个眼睛一直直视对方的人和一个视线一直偏移对方的人在一起交谈的时候,彼此都会感到巨大的压力。这就是文化的不同,人们在这个活动中可以感受到文化。

还有许多其他类似的活动。比如 24 个人组成一个小组,分坐于 6 张桌子前,每桌 4 个人。每张桌子上有一张纸,上面写着游戏规则。人们开始根据游戏规则玩游戏。15 分钟以后,每张桌子上的 4 个人会形成一种"我们"的感觉。每张桌子上的游戏规则是不同的。但是竞赛规则是一样的:输的人离开这张桌子,赢的人留下不动。假设现在你坐在第 6 张桌子前,如果你游戏输了,那么你转移到第 5 张桌子,但是第 5 张桌子上的游戏规则与第 6 张桌子上的游戏规则是不同的,结果就是你根据第 6 张桌子的游戏规则与第 5 张桌子上的人一起游戏,结果当然是你又输了。然后你就转移到了第 4 张桌子。渐渐地,你生气了,因为每次都是你输。你会告诉桌子上的人,"是你们不懂游戏规则,我懂游戏规则"。然后你变得越来越生气,你感受到了"文化冲击",因为你觉得你没有犯错误,是别的人在犯错误。但是别人对你说,"你是外来人员,是你不懂游戏规则"。这个活动会进行一个小时,然后输的人会变得十分生气,然后说:"够了! 我讨厌这个游戏!"然后转身离开。之后,你可以解释这种感觉就像文化冲击一样。在一个小时之内你就可以感受到这些。这个活动非常著名。因为时间关系,我就举这样一个例子,我们还有其他许多活动,比如角色扮演、模仿等。非常重要的一点是即使你知道理论,非常复杂的理论,你还是不能把这些理论植入别人的头脑中来让他们感受到文化,所以最快捷的方式是行动,所以我们要知道这些活动。

谢谢大家! (掌声)

录音整理:黄　庶(华东师范大学课程与教学系)

吕传振(华东师范大学教育学系)

学 生 感 言

● Henze 教授给我们放了很多有关德国,有关跨文化的视频,另外还为每个同学准备了一张资料光牒,不远万里从国外带过来,甚是感动,同时他的讲座也精彩纷呈,他在提问和小组活动中调动了大家的兴趣。(华东师范大学　吕传振)

● Henze 教授不辞辛苦从万里之外为我们带来了资料丰富的光盘,对我们学员各种各样的问题和困惑都给予了耐心的解答,他让我们看到了国外学者的友好与热情,同时教授的讲座让我们也多了一个用跨文化的比较研究的视角去关注教育理论与实践。(山东师范大学　姚艳艳)

● Henze 教授的讲座是有关跨文化交流的内容,之前对于跨文化的内容所知甚少,但听了Henze 教授所说的"culture map"的内容后,自己突然之间对文化和社会有了更多的兴趣,发现教育、文化和社会都是相互交融的,意识到大社会环境的改变对教育本身也会有很大的影响。(华东师范大学　马玮)

● 难得一见,西方学者的讲学风格充满互动,风趣活泼,Henze 教授用来解释文化联系的盎然有趣的小图让我大开眼界。(华东师范大学　刘文婷)

对话教学之研究

讲演者:张　华

时间:7月10日8:30—11:30
地点:大学生活动中心报告厅

讲演者简介

　　张华　华东师范大学课程与教学研究所教授、博士生导师。国际课程研究促进协会主席、教育部基础教育课程改革专家工作组成员。中国教育学会教育学研究会课程专业委员会常务理事;教育部教师教育课程资源专家委员会委员;《国际课程研究:国际课程研究促进协会会刊》编委;《全球教育展望》编委。主要研究领域:课程与教学论、教育哲学、道德教育等。

　　张华:来自全国各地的同学们,上午好! 很高兴能在这里和大家一起思考课程与教学的相关问题,其实我讲什么并不重要,了解大家心里面想什么是最重要的。所以今天上午我会根据我事前的一些研究和思考,向大家如实地汇报我心里面想什么。在我汇报的同时,期待大家在任何时候以你喜欢的方式提出你的问题和想法,因为,中国教育科学的希望就在你们和你们的同辈们之间。你们都年轻,很多都是八十年代中后期出生的,再过个三五年,你们都会登上我国教育科学的舞台,而且会走到教育科学舞台的中央,所以你们心里在想什么,你们在做什么,行动是什么,决定着中国教育的未来、影响着中国教育实践。我在1995到1998年攻读博士学位的时候,就苦于我们年轻的学子们可阅读的东西太少,脑子里就产生了一个想法,"能不能让大家读一点我们

教科书之外的东西",于是就主持翻译了一套译丛"世界课程与教学新理论文库",那是我在读博士最后一年的时候做的一套东西,它的第一本的出版大概是在 2000 年,也就是多尔教授的《后现代课程观》和大卫·史密斯的《全球化与后现代教育学》。我是在 1990 年到 1993 年间读硕士,然后工作两年,1995 年到 1998 年在华东师大读博士,无论是在读硕士还是读博士的时候,可阅读的东西是非常少的,特别是中文材料。我们现在的数据库建设很好,你们无论是外文资料、中文各种各样的文献以及铺天盖地的各种资料都非常容易找到。坦白地讲,如果从物质条件上讲,你们做学问的条件要比我那个时候好得多,资源要丰富,但是,从社会氛围和精神条件上来讲啊,却好不到哪里去,为什么呢? 外部的刺激引诱着你、改变着你的价值观,就是说等着你选择的东西太多,对你进行引诱和挑战的东西太多,也就是让你的心思更难静下来。但是我认为,在多元价值观背景下,自主选择某一种价值观,这是健康的、正常的;而在没有可选择的情况下,你不得不选择一种价值观,这反而隐藏着巨大危机。对你们来说,一个是有丰富的物质条件,再一个就是有多元价值观,各种机会等待你去选择,再加上你们年轻力壮,在这个背景下,你们所发展起来的东西,是中国教育学的希望所在。我是六八年出生的,作为比你们中有些人长二十多岁,比你们早一点进入教育领域的一个老师、一个学者,我能够和大家分享一些观点,回答大家一些困惑,引起大家更大的困惑,我感到非常荣幸。(掌声、笑声)因为和你们在一起交流,我感觉自己一直可以保持着开放的心灵,让自己的精神不断地成长。所以大家可以不断地以你喜欢的形式提出问题,我准备了好多内容,今天上午讲多少算多少,能引起大家的思考才是我演讲的目的。我取了一个题目是《对话教学之研究》,是以我在过去的五年中所写的多篇对话教学的论文为基础,大概把前后的字数加在一起的话,有十万字左右。但我今天不可能完全谈这些东西,就把这当中的有些想法来向大家汇报。其实之所以叫做《对话教学之研究》,而没有选择刚才主持人小姚介绍的《我国教学理论的重建》,这种具有一种否定意义的表达,而我选择"对话教学"这个主题来谈,是因为我认为我们目前纳入教科书的教学理论基本上是一种独白教学理论,这种独白教学理论是以讲授法为本体的,换句话说,它的全部理论和核心是建立在讲授法的基础之上的。它认为学生通过讲授、或只能主要通过讲授这种方式来获得发展的,知识可以从外部,比如从外部的教科书,或者从老师的脑袋进入学生的心灵,可以直接通过讲授这种方式输入进去,就好比我们可以把矿泉水直接通过口腔输入到我们的胃一样,是一种可以直接输入进去的、而且不会发生变化的这样一个过程,或者说变化不大。因此,这样一个观点本质上是反对话的、是独白性的。我这么说需要立刻补充一点,我在任何场合都不反对讲授法,但我反对的是把讲授法强化成教学的本体,或者强化为教学的主要方面。因为在我脑子当中,没有任何一种方法可以居主导地位,方法完全是多元化的,它是随着个人的风格、情境的不同以及学习对象的差异而不断变化的。甚至说有多少人就有多少种方法。在近一百年之前,杜威的《民主主义与教育》中就提到了"个人的方法"这个术语,而"个人的方法"这个概念的提出就告诉我们,没有一种教学方法或学习方法是划一的或普遍的。归根结底,它要经过个人的选择和处理,因此,个人的方法,是教学中一个关键的方面。因为有个人的方法的存在,就没有一种普遍的方法可以普适于任何情境。

　　我国当前,特别强调"创新"。有三个中科院院士,给温家宝总理写了一封信,说中国的创新能力太差了,中国的产品没有技术含量,民族的创造力太差了,一定要加强创新能力的培养! 怎么加强创新能力的培养呢? 科学家提出来一个想法,一定要加强创新方法的培养。于是温家宝总理就做了批示"自主创新,方法先行",于是科技部等四个部委就联合出台了"加强创新方法的意见",其中有一个关于创新方发的理论叫"triz"理论,在我国铺天盖地地做培训。凡此种种,都是试图找到一种普适的创新方法。有没有一种普适的方法,适合于每一个情境、每一个人的创新方法,一旦找到,我们照着做就会创新,有没有这东西? 显然没有。如果有这个东西的话,创新会这么难吗? 我们把爱因斯坦怎么思考问题编码,变成一种程序,每个人发一个光盘不就会创新了吗?

　　实际上创新不是这样的。创新之所以比较难,是因为从根本上讲它有不可预测性,什么东西有了,你再重复,它就不是创新了;什么东西,只要变成划一化的程序性的东西,变成一种"客观规律"去遵循,它就不叫创新了,它就没意思了,于是创新变得很难。而且创新的东西,它和自上而下的集权统治正好是背道而驰的,你想想是不是这道理? 中华民族在什么时候泯灭的创造性呢? 基本上是从秦王朝建立以后,就是秦朝采用了大一统的体制,再就是为秦王朝大一统体制提供理论基础的法家学派。法家有一个人叫商鞅,反映其思想的一本书叫《商君书》,《商君书》里面有一篇叫做《赏刑篇》,《赏刑篇》里有这样一句话,他说:"圣之为国也,一赏,一刑,一教,一赏则兵无敌,一刑则令行,一教则下听上。"这是法家哲学最通俗的一种概括,目的就是为了下听上,这是"一教论"。这是划一的教令,划一的教条。这个划一的东西目的是为了让下面的听上面的,怎么才能达到上面的听下面的呢? 因为下面听上面的是没有选择的,他不愿意啊,那就采用外部强化的方式,就是一赏、一刑,以奖励作诱因、以惩罚作威胁达到下听上的目的。而这一点到了杜威时期,两千年过去了,他的全部著作的一个核心东西,就是要猛烈地批判以奖励作诱因、以惩罚作威胁这样的教育的训练模式。因为教育的训练模式是要达到下听上的,而下听上对于某一个个体来讲是丧失了创造性和选择性的。对整个民族、国家、社会而言呢,是和专制制度结缘的,因为专制的东西是个下听上的过程,是不是啊各位? 所以从这个意义上,自上而下的东西,下听上的东西,这样的一教论恰恰是创新能力丧失的根源。如果我们再把创新方法作为一个划一的东西去推行,是不是依然在把创新方法作为"一教论"来对待啊? 所以我认为,我们国家创新能力弱的根源啊,并不是我们不知道创新的方法,因为没有固定的创新方法。最根本的问题,是每一个个体失去了创造力、失去了想象力、失去了自由人格。

　　所以我今天向大家汇报的这个对话教学的思考,以及我国教学理论重建的思考,它的全部目的就是怎么样让我们的教育变成促进每一个人的个性发展、自由人格的成长,以及促进一个民主的社区的建设过程,这是我全部的主题。

　　在谈论这个话题之前,我先向大家宣读三份遗书。这三份遗书是什么东西呢? 在上海有一个很有名的区叫卢湾区,卢湾区有一个百年老校叫李惠利中学,李惠利中学有一个初中的小孩子,还不到十三岁却选择了自杀,从自家十一楼的阳台上跳下来,然后腿就挂在一棵香椿树的树权上,头着地,当时就死了。为什么我还要把这个区和这个学校说出来呢,因为在我们的报刊上公开报道了。今年五月份,《新闻周刊》的记者做了一种长期追踪研究,所以这是一件公开的事情了,我就在这里转述,并不是对这个同学或这所学校发表的议论,而是靠大家共同地思考这种现象它背后的根源在哪儿。如果我们不去追踪它的根源,这种事情就会不断地重复——事实上也在不断地重复。这三份遗书分别写给了自己的父母、自己的同学和自己的老师。我们华东师范大学心理系有一个专门搞应用心理学的老师——许国兴教授,他在接受记者采访的时候说,遗书的鉴别是一个很专业的东西,其中有一项是临死之前写遗书,那个字数最少的也是和他自杀的相关性最低的,而字数最多的,很可能是和他自杀的相关系数最高的。但是这个结论是不是正确还可以去质疑,因为没有划一的普遍的东西,但这是可以指导我们去参考的结论,也是遗书鉴别的一个通用的做法。

我儿子曾经给我说了个脑筋急转弯,他说:“爸爸,什么书在书店里面买不到?”(笑声)我想了半天也没想出来,他最后把答案告诉我,是遗书。遗书是在书店里买不到,但是在学校当中却经常发现。我们就来看一看;

第一封遗书:

“致

父母:对不起,我不孝。

请你们好好活,忘记我。

2009 年 5 月 13 日

女儿　黄一馨”

第二封遗书:

“致

同学们:

再见,再也不见。

我犯了很多错,伤害了很多人,包括你们。对不起。

谢谢你们陪我度过了 2 年,即便死了,我也不会忘记的。

能够死,已是荣幸。

希望你们能拥有幸福吧。

你们,不要再互相生气了吧。生,是快乐,为何还要再不满。

原来想了很多很多要说的,提笔,却全部忘记了。

那么,再见。

2009 年 5 月 13 日

同学　黄一馨"

第三封是最长的,是给她的班主任老师林老师,因为在她自杀的这一天,林老师把她叫到办公室,当着同学们的面批评了她大概二十分钟。甚至说了"监狱就是为你这样的人准备的"这样的话。

第三封遗书:

"致

林老师:

只是一念之差,我就这样决定了。

我做的决定,从来不会轻易改变。

再过 7 天,也就是 5 月 20 日,就是我 13 岁生日。

我多希望可以快乐地过一辈子。

现实却不允许。

其实我是活该,我是自己见过的,最肮脏的人。我若留下来,是对同学们的污染,我明白。

我做了很多不该做的事。早就想死了,这样,也挺好。

我只是希望,可以用生命的代价来弥补我曾犯下的错,不论别人是否原谅,我都不会原谅自己。

我真的很脏,很坏。

谢谢你教导了我两年。对不起,我辜负了你的期望。

没有太多想说的了。

再次谢谢你。

2009 年 5 月 13 日

学生　黄一馨"

至于这个案例,同学们,你们可以查到资料来看,这个同学是在年级中作文水平很高的同学,我们可以从她遗书中——临死前非理性情况下写下的遗书读起来文笔都是好的,可以看出来。我读了之后心里非常不平静,我思考的问题在哪里呢? 为什么我们的同学们,包括一批最优秀的学生,他的自我评价、自我认识都是"我真的很脏、很坏,我死有余辜"。为什么学生有这样的自我印象? 根源在哪里?

我们的教育、我们的学校把学生强逼到学校里来,究竟试图把他变成一个什么样的人? 这是需要我们思考的问题。她犯了什么错误,值得这样当面去凌辱她,这样去对待她呢?

谈到这儿我想到我的好朋友,英属哥伦比亚大学的威廉·派纳教授,学课程论的人都知道他的——派纳教授。他在 25 岁的时候对美国教育做了一个分析,这个分析非常有名,他因此提出了一种课程理论——"自传课程理论",就是把课程的本质理解成为一种自传——biography,学课程的过程本身是一个自我认识、自我理解和自我发展的过程。因此,外面的教科书有很多很多,在威廉·派纳看来,这不是课程,那么课程是什么呢? 课程是自己的自传。这样的话听起来很极端,大家可能一时不能理解,怎么外面的教科书不是课程,那么我们课程开发,开发什么啊? 但你仔细一想呢,他这样的语言背后有深刻的道理:外部的分门别类的教科书是学不完的,学哪一个,不该学哪一个谁说了算? 背后隐藏着什么? 无论有什么样的资源,它和人发生作用难道不是和自己发生了关系吗? 它是怎么发生关系的? 最后不是经过自己的生活史的选择吗? 他因此而提出了自传性课程理论,把回到自己的自我的经历,完善自己的自我经历,不仅视为课程的本质,也视为教学的本质,甚至视为教学研究的本质,他做出这项研究的时候 25 岁,年龄比你们现在还小。在美国纽约,他原来是学音乐的,对音乐不十分感兴趣,后来去学文学,获得文学的硕士学位之后呢,就在美国纽约长岛那个地方当高中老师,两年之后就到大学里面去读课程论的博士,他是美国课程领域的一个天才,他成名的时候还不到三十岁,今年已经六十二了。

我就把他那个时候对美国教育的研究成果给大家读一读,他说:"当时的美国教育存在这以下十二种病理,第一种,幻想生活的过度膨胀或萎缩;第二,通过模仿他人而致使自我分裂,或迷失在他人之中;第三,依赖他人,且自主性的发展受到禁锢;第四,受他人批评,且自爱(self-love)丧失;第五,附属性需要受到挫折;第六,自我的疏离,且疏离的自我影响了个性化过程的进行;第七,自我导向变为他人导向;第八,自我迷失,且将外在自我内化;第九,将压迫者内化:虚假自我体系的扩展;第十,学校群体的非个性化导致真实的个性遭到异化;第十一,由于得不到肯定而使人格萎缩;第十二,审美知觉能力退化。"

大家想想看,这是美国学者对美国教育的批判,如果用这些东西一条一条地来看看我们国家的教育,是不是都能对上号啊? 我想说两点,第一点,不要以为美国教育从理论到实践,到决策都在学中国,欣赏东方国家的人是少数人,这点大家要注意,特别是别为了维护中国教育的现状就认为美国人也在学我们、欧洲人也在学我们,日本人也在学我们……没有人在学我们的专制教育。如果你要不信的话,你就看看外国人在上海所办的国际学校是怎么样的。中国政府规定,外国人在中国办国际学校,可以,但不能收中国公民,在上海的几十万外国人怎么受教育呢? 都是外国人自己来找一块土地建学校,请自己的老师来学自己的内容,按自己的体制来,就相当于过去在上海的租界一样,完全按自己的体制。而且他们的学费也很高,一个学期,还是一个学年? 是两万美金。而且是不敞开的,不能收中国人的。如果要收中国人的话,你看看会是怎么样? 中国人绝对很多都会涌进去。但是另一方面,你看看中国的除了幼儿园以外的中国的学校里,又有多少外国人在读书? 你再仔细看看,在美国的教育里,包括最贫穷的、最贫穷的学校里面,哪里没有中国留学生的孩子在读书? 你到无论是美洲还是欧洲,几乎是到发达国家的任何一所学校去,就能轻而易举地找到华裔的孩子在那里读书。

我不否认,有少数国外的人是来研究中国的教育,思考中国教育的优势,我不否认这一点,但是,我确信地说,有更多的国外的教育理论家,他们是以批判本国教育当中压抑人性、施加社会权力控制这样的问题为核心来构建自己的理论。其他的我不太熟悉,对教育总体比较熟悉,对课程与教学理论尤其熟悉。比方说威廉·派纳,以及和威廉·派纳关系不太融洽的阿普尔,他们的核心思想都在批判本国教育中压抑人性、社会不公正、施加权力控制、种族歧视、民族压迫、文化压迫,这是他们理论的全部核心,华师大出版社出了大量的书,你们看哪一本不是这样? 正是对美国教育的深刻批判,构建了美国教育理论体系的大厦。

诸位再看看中国的教育研究,深刻批判的论文有多少? 深刻批判的著作有多少? 你们看有没有哪本教科书是以批判中国教育中的问题为核心而展开的? 没有! 你们学的教科书,无论哪本教科书,都是以原理、原则和方法为核心而构建起来的。它把教育学理解为找到一个普遍的规律,然后生成基本原理,再生成具体的原则,再变成更加具体的方法,让我们去照着做,这样做的目的,与其说是相信教育中有一个普遍的规律、原理、原则和方法,不如说他是通过这套体系的构建来掩盖教育中一个一个日益紧迫、日益复杂、日益严重的问题。让我们学教育的人,通过四年的本科、三年的研究生,或者再三年的博士研究生这十年的学习,失去了起码的创造力,把你变成一个服从于既定的教育政策的工具。对你的个性施加压抑的最好的办法,就是把你的专业变成一个普遍原理,让你学会以后,本着一个普遍的原理的信念去控制别人,而控制别人的前提是把你自己心灵的质疑、探究和反思能力取缔了。所以这是一个根本的问题,是在科学的外衣下面掩盖的深刻的权力控制。(掌声)这是第一点,美国的教育也在做深刻的自我批判。我们的教育该怎么办? 这是我对派纳理论的一种阐释。

在这个背景下,我今天上午谈的第一件事,就是和大家共同质疑我们的教学理论。1949年中华人民共和国成立以后,六十年以来,我们流行的教学理论,最根本的问题在哪里? 换句话会说你们在本科开始学教学论时期,要背诵的,考试要考出来的那些教育学的原理,它的问题出在什么地方? 你们有没有质疑过? 我相信你们质疑过,但我相信你们质疑的同时,考试的时候依然这样回答,因为不这样回答的话可能得不了高分,今天我们没有考试,于是我们重新回过头去梳理这些东西,将来再有类似的考试,比如研究生统考,可能你还需要这样来回答,为什么呢? 因为你这样回答是"人在屋檐下,不得不低头",(笑声)但是正像你对待某些政治的教条一样,你对教育学的教条在特定的条件下可以这样回答,但是在你做研究和行动的时候,可别这样。尽管它们长期以来,是以这样的方式来强制我们的学者的。

六十年来,我们流行的教学观包括哪些方面呢? 让我们把思考转到教育学当中教学论这部分,以及回到课程与教学论当中关于对教学的最根本的理解这一部分当中来。它的基本构成是这样的:研究教学问题,解释教学规律,形成教学原理,建立教学原则,产生教学方法。是不是这样? 那么所谓的教学规律是核心,那么哪些是教学规律呢? 在我们教学论中教学过程这一部分是揭示教学规律的,然后就是教学原则,什么循序渐进原则、因材施教原则等等,底下就是方法。其实最根本的东西,考试经常考的那一部分,就是关于教学基本过程规律的理解,那么这些基本理解概括起来有如下方面:第一条,"教师是主导,学生是主体"这个我们经常说,中小学老师也经常说。第二点，"教学过程以传授间接经验为主"，在这个理解中必然引出两点，一点是"课程的本质是现成知识"，就和我面前喝的庄瑜给我准备好的矿泉水一样。在课堂上，我们把别人准备好的现成知识忠实地教好，教的越多、越灵活，教学效率就越高，而教学效率高这样的教学，美其名曰"有效教学"。我自己从来不用"有效教学"这个词汇，就是因为它容易引起误解，我不反对"有效教学"，但是我不用这个词汇，我担心这个"有效教学"的"效"是效率的"效"，而效率恰恰和工业生产联系在一起。这如我作报告的时候不断喝的矿泉水的生产一样，(笑声)我不要问矿泉水来自哪里，只要喝下去就够了。另一点，"传授知识乃教学的本(职)质"；第三条，"教学永远具有教育性"；第四条，"存在普遍适用的教学方法"，且"讲授法是占据主导地位的教学方法"。我重申一遍，我不反对讲授法，我崇尚好的讲授法，但我坚决反对讲授法占据主导地位。我像反对讲授法占据主导地位一样，反对对话法占据主导地位。为什么呢？如果把对话法占据主导地位，同样让对话走向一种技术主义，而对话作为技术主义，他所带来的效果，并不比讲授法占据主导地位所带来的后果更好些。有时候形式上来看可能还更坏些。为什么呢？我通过滔滔不绝地讲，你可能背了很多东西，学了很多东西，知道了很多东西，但有时候通过一个技术主义的对话，可能除了热闹了一番什么也没学到。这也是对话教学法之所以蒙受很多批评的原因。

　　我们就把这些观点进行大致的分析。"教师是主导，学生是主体"简称——主导主体说，而这个"主导主体说"必然导致的结果是讲授教学论。为什么呢？因为教学过程中教师占主导地位的，而教师是以讲授为主来塑造学生主体的。这个观点来自什么地方？当然是来自前苏联的凯洛夫教育学。那么凯洛夫教育学在中国做了怎样的发展？中国的发展是把学生视为主体，在前苏联的教育学术当中，教师起主导作用，但学生并没有主体地位，八十年代中国的学者开始倡导，后来不少学者又针对教育的主体等等写了一系列论文。老实说，提出"学生是主体"这个观点在中国的教育发展中是有重要价值的，他意识到了学生个性解放的必要，同时也吹响了解放学生的号角。这点，是完全有积极意义的。"学生是主体"这一观点，能让中国学者特别兴奋，为什么呢？因为长期以来，中国的教育学者所思考的核心对象——学生，不是人，是客体和工具。为什么呢？因为根据所谓的马克思主义的教育观，"人是环境和教育的产物，环境对人的发展起决定作用，教育对人的发展起主导作用"既然如此，人就是被环境所决定的，是个客体，教育中的客体是学生。南师大的鲁洁教授早就改变了她早先的观点，但出版的教科书还一直在讲，教师是主体，学生就是客体，但学生又是一种特殊的客体——会说话的客体，所谓"有主观能动性的客体"。至于原来他们那套哲学观，把世界一分为二，一个是主体、一个是客体，把这个观点运用到教学当中来，当然教师就是主体，学生就是客体。所以在这个背景下，主体对客体做什么完全是主体对客体负责啊，客体没有责任的，因为他是被决定的对象啊。长期以来，从四九年到八十年代中期，中国的学生在人的观念当中是一个客体，一个会说话的客体。但我给我儿子买的玩具很多都是会说话的，学生和会说话的玩具都是会说话的客体。而在这个背景下提出了学生是主体，当然是有积极意义的，非常了不起的意义。但是大家思考一个问题，把学生变成了主体，尽管有意义，但是它有没有解决根本问题？我的回答，没有解决根本的问题，它依然是基于一种主客二元对立的观点来理解教师和学生的关系。换句话说,过去的四十年,从四九年到八九年,学生处于客体的地位,我们今天翻身,学生要做主体,不过是把长期压抑的那个角色内化于己,变成一个新的主体而已,自己变成了一个主体,并没有解决主客体二元对立的关系。

第二点,学生变成了主体,教师是什么呢?不能回答了,所以用一个模糊的概念,叫做"教师是主导",主导是不是主体呢?是不回答的。如果不提,你把学生当主体之后,教师和学生究竟是什么关系呢?学生是什么主体呢?学生是学的主体!学生和教师是什么关系呢?没有。因为在传统的马克思主义的哲学当中,是没有主体和主体的关系的,只解决了主体和客体的关系,而这个解决也不是马克思的解决,而是启蒙运动以后,启蒙理性的基本观点。就是人为自然立法,主体控制客体。这是借用启蒙运动的观点。怪什么呢?怪马克思活得不够长!(笑声)他要活到三百岁可能就改变了。我们现在在马克思那里找不到关于主体与主体之关系的答案。所以"主导主体说"没有解决学生和老师的关系问题,或者说,它最终解决的方案,是通过承认学生的主体地位,让老师的主导作用更加稳固和牢靠。因为如果你不把学生当一个人来看的时候,他就走人,(笑声)他就不听,就好像你们对台上讲座的内容不感兴趣的话,就会想方设法地不听,看小说、睡觉甚至从后门走人!(笑声)那怎么办呢?我们承认学生的主体地位,老师的主导作用,作出适当的妥协,把学生留住,更好地听老师讲。所以学生的主体价值的提出,反而强化了教师的主导作用。所以我国的教育学者说,什么叫做教学的规律?教师主导学生发挥主体作用,这是教学的基本规律。他的问题的根本就是哲学当中的"主客二元对立"。其实世界上原本不存在主体和客体,是启蒙运动以后,工具理性或启蒙理性为了控制这个自然界,让自然更好地服从人的需求,把这个世界人为地区分成了一部分是主体、一部分是客体。而世界被区分为主体和客体的过程,同时施加着启蒙运动以后的权力控制。最后当然自然被驯服,被人所控制,同时在控制自然以后把这种理性运用于社会的控制当中。使得社会当中一部分人是主体,另一部分人是客体,它背后是一种主客二元对立,是一种分离哲学。最后在权力斗争过程当中,就建立了敌我关系。这里的根本的问题是人和他的环境和他不得不作用的对象之间的关系,沦为分离和控制的关系。所以海德格尔说,"启蒙运动以后,整个人类就生活在一张图像当中"。什么图像呢?就是借助科学所描绘的世界的图像,人们把这幅图像就理解为世界的本质,而这个图像的产生是建立在主客二元对立的基础之上的。所以当人变得越主观的时候,世界就会变得越客观,反之亦然。主客体的二元对立越强烈,主观性和客观性就越来越分化,可以说十九世纪末以来的所有哲学,都在试图解决主客二元对立这个问题。怎么样走出来是我们当今哲学最核心的问题。换句话说,如果不能理解主客二元对立所带来的问题以及为超越二元对立所作出的哲学努力,我们就无法理解二十世纪后的哲学发展,就会使人类的思维水平停留在十九世纪末以前,停留在启蒙运动时期。所以这个问题的根源就在于它背后的主客二元对立,而这个主客二元对立渗透着一种压迫和被压迫的权力关系。

所以我说,"25年以来,我国教学领域的独特景观是:一方面,学生的'主体地位'日益强调;另一方面,教师的'主导作用'毫不妥协。由于'学生主体'与'教师主导'如连体婴儿般一同呈现,后

者充分借助、吸纳前者的力量,由此发展为系统、完备的'讲授教学论'。这在实践上的对应物是各类学校将教学等同于或主要等同于对知识、技能的系统讲授。'学生主体说'、'教师主导说'、'讲授教学论'三位一体,是对我国教学领域的基本概括。"这是我在一篇论文当中所谈的话。我在更早一篇论文中提到,"学生的知识、能力、经验是比教师少些、低些、稚嫩些,但在人格和价值尊严上与教师绝对平等。任何一个成人,当看到襁褓中的婴儿,都会被其稚嫩的脸庞、纯洁的眼神、迷人的笑容深深吸引,都会体验到神秘、力量、无声的呼唤、爱与关心,一声细微的呻吟会引来百般爱抚,一声哭泣就是一个强有力的命令,迅即把成人召唤到跟前,成人以能够理解婴儿的需要并能为他做些什么而深感荣幸。可为什么,当我们面对千千万万中小学生的时候,只看到摆在他们面前的教科书,却听不见他们内心的呼唤,是否掌握了教科书知识成为衡量他们价值的主要标准或唯一标准,恨不得在一个早晨让他们掌握一切知识、变成'像我一样的人'"? 原因在哪里? 在知识面前我们的学生还是不是一个人? 这是一个值得我们深刻思考的问题。所以说"主导主体说"本质上是一个价值论的误区,就是不把学生当人。走出这种关系的唯一出路就是解构教学当中的主客体关系,让教学不再建立在启蒙运动以后兴起的主体哲学之上,让教学建立在关系哲学基础之上,教师和学生相互依存,谁也离不开谁,互相生成的两种角色。而且对任何一方而言,都既是教师又是学生,让二者建立在一种唇齿相依的关系之中,而不要再把某一方设置为主体,用赵本山的话说"把谁设置为主体都不好使",(笑声)都会最终使我们的教学陷入异化,我们如果强行把学生设置为主体,不过是把一个处于被压迫者地位的学生设置为主体,不过是把一个奴性人格培养成一个专横狂妄的人格而已。他并不能解决教学的根本问题,这一点保罗·弗莱雷作出了深刻的批判,这不是解决被压迫者的教育的根本出路。被压迫的学生变成一个新的压迫者,事实上是压迫性的教育产生的土壤,而不是解决问题的出路。唯一的办法就是确立教师和学生相互生成的一种对话关系、交往关系,或者用一个更哲学化的词——交互主体关系。

这是我对第一条规律的看法,那么怎么认识第二条规律呢? 第二条规律事实上更加具有欺骗性,就是"教学过程以传递间接经验为核心",或者说教学过程的本质是间接性的。为什么我们的教学必须讲授呢? 原因出在它背后的知识论。知识是对摆在面前的对象,这个世界的一种摹写或反映,尽管可能是能动反映,但依然是一种反映。它的基本观点认为,各种知识——特别是科学知识,是对这个世界中藏着的那个客观真理的反映,而这个真理是藏在客观世界当中的,谁找到了他谁就有发言权,谁就掌握了真理。而真理一经找到就不再发生改变,就可以在人群当中传播。所以,因为世界是有客观真理存在的,真理可以被人的心灵所发现,人的心灵就像一面镜子,把客观真理反映出来了。当然你可以说"我们不是被动放映的,我们是主动反应的",怎么主动反应呢? 我还可以把我掌握的世界上的规律反作用于这个世界。比方说,我知道了这个矿泉水能解渴,不仅仅可以去喝矿泉水,让我的身体保持舒畅和营养,同时我还可以找到矿泉水来自哪里,去发掘这种水源,然后来卖钱。从这个意义上来讲,人不只像镜子一样被动地反映这个世界,还可以主动反作用于这个世界。人们反作用于这个世界,目的就是为了让这个世界为我所用,控制这个世界。但是无论你怎么反作用于这个世界,这个世界上存在着固定的客观真理,这一点是不会改变的。而且真理一经发现,就很快在人群中传播,每个人都可以照着这个真理去行动。而我们教科书上的知识呢?就是客观真理的一种体现。我们的老师不是真理的发现者,科学家才是,学生更不是真理的发现者,因为"学生还年轻"啊。因此,我们的学生再也不用重复我们的古人、先人、异域的人发现真理的过程,只需要把这些真理在一个有限的单位时间里进行传递或传播,这叫做教学的经济学。比如爱因斯坦用一辈子时间才提出了相对论,我们可能花一学期就可以把相对论学会。

因此,我们的教学是以间接经验为核心的,学生不参与真理的探究、发现和创造的,只需要把别人的真理接受下来就行。因此课堂教学应当建立在讲授的基础上,学习的本质是接受学习,王策三教授在 04 年一篇文章中说"一切学习都是接受学习",这句话背后的道理就是,人来到这个世界是一个白板,所有的学习都来自外部,所以一切学习都是接受学习。这就是"教学过程的本质是间接性的"来源。

我们就开始探讨两个问题,第一个问题,究竟存在不存在客观真理,"客观真理"这个概念是谁提出来的?是哪一种观点下面才产生的东西?

我的观点是,所谓的"客观真理说",实际上是关于真理、知识和认识的一系列视野下的知识观、世界观,而这种理论叫做"符合真理论",或者叫做"旁观者知识论",或者叫做知识的"图画理论"。在这种视野下的真理观才是客观真理观,如果我们不坚持这样的真理观的话就不存在这样的客观真理。

大家想想看,我们能不能穷尽这个世界的客观真理?换句话说,能不能让我的心灵绝对地认识这个客观世界本身?比方说每天早晨,我们都要自觉不自觉地把头发理一理,掉下来的头发丝,尽管是你身上的一部分,你能不能绝对地去接近它,反映它背后的真理?做不到的!这一点康德在两百多年之前就说了,"人的心灵只能认识这个世界的现象",换句话说,头发丝本身,人是永远无法发现的。用康德的话说,这个东西叫"物质体",我们只能够了解事物的现象,而"the thing in itself."关于这个东西,就是事物本身,人是永远不能认识的。这是人永远不可能达到的一个领域。那么谁能够认识这个世界本身啊?只有上帝能认识。所以康德的所有哲学有一些基本的假设是不讨论的——上帝存在;人生而自由。上帝存在是一个前提,只有上帝能够认识你头发丝的本质是什么,人只能发现它的现象。这是康德的观点,大家现在看看,有没有道理?

非常有道理,但是你们所学的哲学不是这么说的。怎么说的呢?它说,真理有两类,一类叫做绝对真理,一类叫做相对真理。绝对真理就是这个物自体,世界的本质,靠个人是达不到的,靠集体的力量,经过若干年的奋斗,当到达了未来的先进的社会,什么社会呢?共产主义社会,人就能够逼近客观真理,或者叫绝对真理。而目前我们每一个人的贡献就是通向这个真理长河过程中的浪花,是相对真理。相信绝对真理的存在,并相信人有一天终将到达这个绝对真理,这叫做

"唯物主义者的乐观精神"。大家想想看,这个道理背后有没有问题? 这样的真理观是把真理理解为等在某个地方的东西,就好像我们这个地球永远往北走就一定能到达北极一样,但是我们想想看,到了绝对真理,或到了未来的共产主义社会,我们认识了这个客观真理,再往何处去? 一旦到达了绝对真理就是人类灭亡之时。为什么呢? 因为你每往前迈一步都是谬误啊,就好像你到达北极之后,每往前迈一步都是朝南走啊。所以这样的真理观是通往谬误的途径,最终的目的是让人符合于这个客观世界。这是第一点。第二点,你们再想想看,我们这个世界上究竟是错误多呢还是正确多? 错误多啊! 生活基本上是由错误构成的,由偶然性构成的,而不是由必然性构成的。所以你承认自己是容易犯错的,你才更加有自由,有探究性。如果你认为自己是正确的,那就是自己封闭了,也就封闭了与别人的交往。你承认自己站得矮一些才更加自由,如果你认为你是高贵的,那就是十分危险的;你承认自己平庸一些、平常一些你才更加有自由,如果你认为自己是道德的化身,那你的行为就会受限制。

"今天是 2009 年的 7 月 10 号",我问一下,这句话是什么意思,你能告诉我吗? 这句话本身是错误的。怎么错误呢? 因为公元纪年是根据耶稣诞生的那一天来的,耶稣诞生的那一年叫公元元年,我们去查耶稣诞生的那一年有两个文献,其中一个叫做《马太福音》,但是根据两个文献去查都是错的,耶稣诞生的那一年根本不是这个所谓的公元元年,根据《马太福音》的话,他诞生早五年,根据另外一本,他又拖后六年,后来发现这点的时候已经既成事实了。所以呢,就这样吧,已经错了怎么办呢? 于是我们的公元纪年本身就是错误的。

其实生活当中有多少错误啊,你怎么坐到这里来的啊? 一念之间过来了。(笑声)你怎么读的教育学啊? 就这样吧,也没有更好的路。(笑声)生活中两个人怎么谈恋爱啊? 哎呀,就这样吧。(掌声、笑声)其实生活中是大量的偶然性和错误,而知识本身具有可错性,所以知识在本质上是 fallable,是可错的。美国有一个很杰出的哲学家,他的名字叫奎因,他说人类的知识恰如一艘"忒休斯之船",这是一艘上好的船,但可惜是木头做的,忒休斯和他的船员们借助这艘船在茫茫的海洋上航行,驶向远方。但是这艘船会腐烂,所以忒休斯和他的船员们要不断地去修复这条船,而且在航行的过程当中就要去修复它,否则的话就会葬身大海。这个比喻告诉我们,任何知识都具有可错性,都可能犯错误,人必须随着生活的变化不断地修复它,人才可能不会被淹没在生活海洋的浪涛当中。而修复知识的能力以及修复的资源,不是某人长到某一个阶段才进行,需要在今天的课堂上就要展开。

如果我们的教育在让人度过十二年的中小学的里程之后,学会了一堆固定的知识,而不会判断知识的正误,不去发展人对知识的选择和修复能力。如果这样,人必然在生活的大海上遭受创伤,必然如此。所以生活具有可错性,知识也具有可错性,因此,让人去追求永恒不变的真理的导向是错误的,这点必须要明确。

谈到这儿我又想到,古代有一个国王,为了要画一幅这个国家准确无误的地图,组织了全国的力量,不断地去让它准确,最终他达到了目的,就画成了一张准确无误的地图,结果呢,这个国家也破产了,为此付出了惨重的代价。就好像我们学生为了掌握各种准确无误的知识发明了各种方法,确实很准确,但是个性泯灭了。所以不仅不存在一个客观真理,即使存在,达到它付出的代价是不值得的。因为人的生活是由错误构成的,人的生活智慧之一就是"将错就错"。(笑声、掌声)所以我认为"符合真理论"是有问题的,我们回到知识当中来,回到科学当中来,人在作出研究的一刹那就已经有了主动的选择。任何研究都是人主动参与这个世界的结果,这就是一种参与性的认识论,这在杜威的论述中有充分的阐释,我是信奉参与性的知识论的。就从科学本身来看,根据我的研究,我们自然科学的科学观的变化大概经历了三个阶段:第一个阶段是启蒙运动时期,而且,根据自然科学背后科学观的演化来看,启蒙运动时期崇尚的是客观观察;到了十九世纪末二十世纪初,杜威生活的那个时期,就变成了基于问题、实验的一种探究,科学即实验和探究,提出问题、解决问题,杜威的教育思想、社会思想、逻辑观、哲学观的全部核心就是问题解决和实验探究。杜威思想于是变成了科学主义在教育中的典型体现,但杜威脑袋中的科学就是实验探究,经验即实验。杜威之后的科学观是什么呢? 科学家归纳的——"科学是一种基于证据的辩护和解释",所以说,科学是人对自然界的一种解释。美国的《国家科学教育标准》(*National Science Education Standards*),所提出的科学观就是"科学是一种基于证据的辩护和解释",连科学家都这样认为,但我们课堂上的科学还都是一套固定的科学原理,让学生去学会的科学原理。所以我们的这种所谓的"符合真理观"是不是已经变成了一艘腐烂的"忒休斯之船"呢? 需要我们根据生活的变化来修复它! 所以我在一篇论文中提出"问题的本质在于,无论是谁、从事什么领域、处于什么情境,只要其认为发现了'客观真理'、找到了'客观规律'、提出了'普(世)适性理论',那剩下的唯一的事情就是宣布'真理'或应用'规律',由此封闭了任何通向对话的可能途径。这本质上是以权威主义所体现的控制和被控制的权力关系。这种权威主义的知识观距离宗教中的'原教旨主义',仅一步之遥"。这就是对间接经验论背后真理观的一种分析和解构。

那么我们的课堂教学又是怎么得出间接经验是本质特性呢? 我们中国教育学者所提出的教学的本质特性是间接性,和前苏联凯洛夫教育学提出的间接经验观又有哪些区别呢?

同学们,因为我们传统的教学观,他所信奉的是一种符合论的真理观,而这种符合真理观认为,真理一经发现就可以不断地传来传去,而且它本身不会有什么变化,或变化很小。在这个基础上就逐步延伸到间接经验观,能不能从符合真理观直接引出教学过程的本质是间接性? 不能直接引出。为什么呢? 因为我们每天看电视、听广播,那些也是直接传播的啊,家长里短也可以传播啊,报纸也可以传播啊,那为什么独独把教学理解成是间接性的呢? 只要是符合真理论,知识就是可以传播的嘛,为什么就要把教学的本质理解成以间接经验为核心呢? 所以我们在思考,要得出教学过程的本质的间接性,还必须要有三个设定,第一个设定,只要人进入了学校,他必然以传授间接经验为核心,这是一种机构设定;这一点立得住吗? 立不住,因为很多学校,比如说大学就是以发现知识为核心的。中小学虽然不能在学术杂志上发表知识,但是老师和学生在不断创造自己的知识和经验。第二个设定,是身份的设定,你只要是学生,就是以听讲,接受间接经验为使命的,但这点本身也立不住。学生本身也是人的一种角色,而且人的多种角色同时存在,为什么只有学生这个角色是以接受知识为核心? 第三个是年龄设定,你在长到一定的年龄之前,一定是以听话,或学习别人的知识为使命的,但这点依然立不住。为什么八岁的学生是以接受间接经验为主,十八岁的不行吗? 二十八岁的博士生就不行? 或者八十岁的老年人就不行? 但是有了这样硬设定,就得出了间接性是教学的本质特性的结论。

但另外补充一点,我国把教学的本质理解成间接性,这和凯洛夫教育学理解的教学本质是间接经验有什么样的变化,或者有什么样的发展? 这里面有一种策略,我把这种策略概括成一种总体性叙事。什么意思呢? 为了确立或形成教学本质是间接性这种观点,我们国家的教育学者引入了一个概念,就是"人类历史总体认识"、"个体认识"和"学生个体认识",认为"人类总体认识以直接经验为特点,每一个个体认识是以间接经验为特点,而学生个体的认识更是以间接经验为特点"。第一,什么叫做"人类总体认识",如果说人类总体认识是每一个个体认识的一种归纳、总结的话,那么怎么说是以直接经验为主呢? 这个人类总体认识是一个毫无内容的抽象物,其实为了实施集体对个体的控制,虚构了一个东西叫"人类总体认识",它的主要功能就是让每一个个性匿名化,消除了你自己个性的独特性。这实施的是每一个集体对个体个性的一种强加。法国哲学家利奥塔把这种观点称作"总体性暴政",同时提出了另一点"向总体性开战",激活差异和分歧,挽救个体性。

冯小刚有一部电影,我和我儿子经常看,这个电影叫《集结号》,它为什么这么火? 因为它和传统的战争片,比如说《大决战》、《淮海战役》这样的影片一个最根本的区别,就是这个战争片当中所表达的基本观点是,每一个在战争中死亡的人,都是一个活生生的、唯一的个体,独一无二的个体。连长谷子地花了一辈子的精力就是去寻找"我那二十八个兄弟",归根结底找到了,给他们正了名,找回了他们的名字,他才入土为安,一辈子就干这一件事,这是很震撼人心的。其中,烈士王金存有很多传说,传说他被解放军内部枪毙了,其实是死在战场上。谷子地说,"我给他证明,我给他证明!"他和王金存的遗孀孙桂兰在一片很大的烈士墓地上,仔细地寻找每一个墓碑上的名字,他在找的时候孙桂兰就说,"别找了,谷大哥。一个名字都没有,全是无名烈士墓。"谷子地就用很悲伤的声音说:"爹妈都给起了名了,怎么都成无名的孩子了?"大家进一步想,解放军这边几十人死了找不回名字,那这几十人打死的成百上千人有没有名字? 他们的名字在哪里啊? 所以这个战争片最震撼人心的地方,是它试图恢复每一个人的名字——无论这个人在什么样的状况下丢失了自己名字的,都需要找回。其实何止战争需要找回名字,我们的教育、教学当中更应该找回每一个孩子的名字! 而当我们把教学的本质理解成间接性的时候,请问,这个间接性的最终目的是不是让每个个性匿名化、消音化? 所以它的"人类历史总体认识"是一个匿名的东西,是一个抽象物,目的是要对每一个个体施加控制。而我国的教育就是引入了"人类历史总体认识"这个概念,而实现了学生的个体认识只能接受"人类历史总体认识"的成果这一目的,由此得出人类教学的本质是间接性的。

同时,"人类历史总体认识"当中充满了一种强烈的精英主义意识,这些少数的精英是以科学家、科学专业人员为特点的。他不仅消除了每个个体的认识,而且消除了知识,像人文社会科学这样的领域,只凸显了少数的人。而且他所提出的科学知识,对每个个体的科学家来讲也是消除名字的。比如说科学当中任何一种知识都是有名字的,比如爱因斯坦的相对论,牛顿三大力学,达尔文的进化论都是有名字的。但在"人类历史总体认识"中,为了把知识普遍化而消除了作者的名字。

还有一点,同样是不好的。在我看来,该观点是基于未来叙事的宿命论。基本的观点,就是创造出一个虚幻的未来,消除人们对现在价值的追求,或者是使当前的不合理的现象合理化。比如王策三教授在最近的论文中有一个基本的观点:"我们要看到人类历史的总体认识和个体认识之间的辩证关系,人类发展到当前阶段的时候,存在一些不合理的现象是正常的,人类只有到了未来的共产主义社会才是好的。当前全世界都还处于第二阶段,中国还达不到第二阶段,只有达到第三阶段的时候才一切都是自由的,每一个个体的自由是整个社会存在的前提。"这其实是解释了马克思在《共产党宣言》里的一句话,"每一个个体的自由是一切人类存在的前提和条件"。我国的教育学者认为"每一个个体的自由是一切人类存在的条件是共产主义的事情",当前是社会主义初级阶段,就不是这样的。当前在社会主义初级阶段,"人在本质上是一切社会关系的总和",这一点是把现代和未来割裂,基于一种未来叙事,让当前一些不合理的东西合理化、合法化。

无论是未来的共产主义社会,还是当前,一方面,人在本质上是一切社会关系的总和,绝不是孤立的、原子化的;另一方面,每一个人的自由发展是社会存在的前提和条件。隔离了前者,个体就是抽象的;隔离了后者,就是不把每一个人的自由发展视为社会存在的前提和条件,这个社会就是一个虚假的、非人性的社会。不需要到共产主义的时候这样,当前就需要这样。而这一点在杜威的所有论著中都充分论述了,个体和社会是一种相依相存的关系,不尊重个体的社会就不是一个真正的社会。

另一方面,忽视了个人个体性的观点也是抽象的,不存在的。正是基于未来叙事的宿命论,我们国家一些学者把"应试教育"合理化,认为应试和应试教育有什么不好? 我们社会主义初级阶段就需要倡导"应试教育"。"应试教育"是我国当前社会主义初级阶段最需要的教育,它能培养很多人才。什么时候没有"应试教育"呢? 到共产主义就没有了。它本质上不是设置一个共产主义社会,而是设置一个想象。通过这个想象让当前一切不合理的现象合理化、合法化,最终达到逃避现实的目的。其实他设置一个共产主义社会并不重要,他要设计一个你达不到的社会。(笑声)只要你活着,是不能达到一个理想状态的。你的下一代才能达到,但是现实是什么样,谁也不知道,就靠制造一种未来的幻想来逃避现实(掌声)。其实这一点,杜威在《确定性的寻求》这本书中深刻地批判了这种逃避现实的做法,批判了人躲在一种对未来想象的虚幻当中来逃避对现实问题解决的哲学。在杜威看来,无论是宗教中的天国,还是哲学中的客观实在,都是在逃避现实,他由此而重建哲学。

王策三教授论证"应试教育"的另一个观点我也不同意,他认为"争强好胜乃是美好人性的表现",说"你只要到中小学和幼儿园去走一走,任何一个孩子都希望知道他在同伴中的名次,都需要排名"。我看到这样的观点,大吃一惊,我一直在苦苦地思考怎么让我的儿子摆脱这种排名的现象。(笑声)为什么呢? 他才上一年级,一次考试完了,左边是他在本班的名次,右边是学习成绩,期末考试刚一结束,立刻就在班级网上公布了单科成绩、全体成绩。我对这种现象是非常痛恨的,但是另一方面我也在想,老师们这样做是多么辛苦,不这样做不可以减轻很多工作量吗?他为什么要这样做啊?这样做有什么好处啊?我想这是不对的。这让小孩子从小就时时刻刻考虑自己在同伴中的位置,时时处处和别人比较,这把教育中的大多数价值都给取缔了,教育中没有内在价值,没有学习本身的快乐,只有外部的强化。另一方面,他把教育中原本应该有的社会性,用一种等级分化给取缔了。所以刚上学两个月就知道了班里成绩最好的是谁,最差的是谁,中间的是谁,等级分明。这样等级分明十二年,这样的人,他有健全的社会性吗?我是十分痛恨这种现象的,在痛恨这种现象的时候,却看到了我国著名教育学者这样的论文,"争强好胜乃美好人性的表现",我就知道,这样的观点绝不是个别人的观点,是一种普遍存在的观点。但是我反对这样的观点,我认为争强好胜不是美好人性的表现,而是社会竞争的结果。如果我们不对学生强行排名次,时时处处分等划类,孩子们之间会是更加融洽。而当今孩子们之所以急于知道自己的名次,家长之所以急于知道孩子排第几名,是一种社会竞争的结果,而不是孩子本来的需求。

　　所以最终,他有三个误区:第一个误区是在个体认识和群体认识之间没有处理好关系,其实每一个个体认识和群体认识之间是一种相互生成的关系,不能用群体认识来替代个体认识,替代之后就没有个体认识。我还必须立刻指出,我们"人类历史总体认识"不同于群体认识,"人类历史总体认识"是一个抽象物,是控制手段,而群体是鲜活的,群体认识和个体认识是相依相存的。第二个问题是把儿童认识和成人认识割裂,成人认识是探究创造的,儿童认识只能接受。这里面也误解了儿童认识的特性,儿童认识同样是发现的、探究的、创造的。他们的区别只是发现、探究、创造的意义的区别,而不是有无探究、创造的区别。第三个问题就是,误解了书本知识和可触摸的生活世界的关系。认为书本知识是这个世界的反映,只要去接受就行了,不是这样的。书本知识和活生生的世界之间也是相互作用的关系,书本知识是对世界的一种解释,而不是唯一的解释,学生读书本知识是在学习,看这个活生生的世界也是在学习,我们的教育取缔了这个活生生的世界的价值,这个价值是在当前新课改中综合实践活动试图做的事情。

　　还有一种观点认为,学生在教室里面,主要靠学习各种学科,学生在客观世界当中,比如家庭当中、大自然当中可能是探究的,但在书本上就学不到探究,这是不对的。我的观点是这样的,人们把形成的分门别类的学科知识,作为一种建构意义的对象、表达思想和产生个人知识的资源,这本身也是一种探究,不要把探究发现学习只理解为和实物打交道,认为只有做实验的时候才是。我们在书本上做思想实验,提出和别人不一样的观点,对我们以往的书本知识作出一种读者的解释,这个过程本身就是一种探究和创造。

　　另一方面,和实物打交道的学习不一定是探究发现的,我们在实验室里做验证性实验,验证性实验是验证别人的观点,这本身是培养实验技能,不是真正意义上的实验。这个东西不是一种发现学习,而是接受学习。但我立刻要说,我在发现学习和接受学习之间并没有偏好,我认为接受学习和发现学习是一个相互作用的关系,互相渗透的关系,我认为布鲁纳的发现学习和奥苏伯尔的接受学习,他们同时关注了皮亚杰的同化和顺应的建构观的两个方面。布鲁纳更关注了顺应这个要素,而奥苏伯尔更关注了同化这个方面,他们之间并没有像他们表现得那么对立,他们之间是一种门户之争。我同时认为奥苏伯尔是一个了不起的心理学家,他所批判的很多发现学习的观点并不是发现学习的本意所在,是异化了的发现学习,而不是发现学习本身。截止到1978年,奥苏伯尔的《教育心理学》是一本比较好的心理学,但是1978年以后发生的事情,奥苏伯尔没有责任,是1978年以后学者的责任。因为他78年写的东西不可能反映2008年的事情。我马上要说一句,当前我们国家的某一些教育学者,课程与教学论学者,对讲授法的拼命捍卫,提出的一个主要的依据,就是奥苏伯尔的有意义言语接受学习的观点。但是我必须立刻说一点,你们去看,奥苏伯尔在60年代写的《有意义言语接受性学习》这本书,他所提出的"有意义"——meaningful,就是建立联系的意思。而"有意义"的观点是深受现象学影响的,奥苏伯尔的"有意义"是源自现象学,让人的认知和世界建立联系。这本身是一种先进的观点,是20世纪的观点。你们再去看奥苏伯尔的《教育心理学》,他专门批判发现学习的认识论假设,批判的是启蒙运动时期基于自然观察所形成的认识论,他批判的是反映论的认识论,而没有批判杜威的认识论,并没有批判基于解释学的认识论。而且他批判反映论的认识论的时候,引用的是图尔敏,我们知道,图尔敏这个美国哲学家恰恰是后现代哲学家,新实用主义的哲学家,他恰恰是反对反映论认识论的,和我们国家倡导的认识论是背道而驰的。

因此,奥苏伯尔的有意义言语接受学习,以及他所提出的讲授教学,是以"理解"为核心的,而理解是有读者的,理解是有意义的。这和我们国内学者倡导的接受学习和讲授法是根本不同的,这是第一;第二点,奥苏伯尔对发现学习的批判,是一部分学者的发现学习观,而不是一切学者对发现学习的理解。他批判的是发现学习中比较机械的方面,而不是发现学习本身,是批评"一切发现学习都是有意义的"这种观点——因为有的发现学习是机械的。而奥苏泊尔和布鲁纳的门户之争是建立在皮亚杰的心理学之上的。因此,我们国家很多讲授教学论的倡导者尽管视奥苏泊尔为救命稻草,但却是建立在对奥苏伯尔误解的基础上的。我正在写的论文当中会指出这一点。所以我们有时候选的论据并不是这个论据本身,所以生活世界和书本知识是相互作用的关系;第三点,直接经验和间接经验是相互作用的关系,而不是割裂的关系。任何人,包括儿童在内的直接经验和间接经验都是相互依存的,不能割裂的。你在获得直接经验的时候,有了传统的力量,有文化的力量,借助别人的智慧,有时候你意识不到,你的直接经验当中渗透着间接经验,而间接经验本身,是你探究、发现、验证的假设,因此具有直接性。如果你不能把间接经验变成一种假设,变成验证的对象,它就不能对你有意义。用杜威的话说,这样的东西就是把过去的人改造环境的结果变成约束今天人的东西,就是把今天的人的心灵变成过去的人改造环境的战利品的俘虏。原因就在于你没有把已有的知识变成一种假设来对待,而只是把它当做一种"客观真理"来对待。但杜威的思想当中有一个缺陷,就是对读者的解释性不够。他关注、却只关注问题解决。因此,在杜威的哲学当中只有一个东西,那就是探究或问题解决。但人为什么要解决问题?解决问题的根本目的是什么?意义是不是时刻依赖于解决问题?比方说一对恋人,借助在华东师大这个培训的机会,找一个有风的晚上,在校园里一棵高大的桂花树下,卿卿我我地谈论两个小时,这本身有问题解决吗?(笑声)没有。但有没有意义呢?有意义。(笑声)意义在于什么地方呢? 在于心灵的沟通,彼此的理解和对这个世界的解释。因此,杜威的思想是对解释关注不够的,解释是20世纪六七十年代之后,解释学作出的重大贡献。因此,我的观点是这样的,当人遇到一本书的时候,这里面必然存在三种意义:一种是作者原意,一种是文本本身的意义,一种是读者领悟的意义。学生不会把自己的认识发表在学术刊物上,但是他们会在教室里不断探究自己的事件,提出自己的观点。所以一定要体现出学生作为读者对任何知识的解释的权利,一定要给他这样的机会,归还他解释的权利。每一个人都有权利被别人理解,而世界的本质就是——理解。

有一个现象学家,叫梅洛·庞蒂,他提出一个观点,视角是世界自己的特性,不要把视角纯粹地理解为主观的建构,视角是任何事物,包括知识本身的特性,只有这个世界的视角被发现得越丰富,这个世界的本质才能够越凸显。知识也一样。因此,世界的本质就是理解。所以,当今的探究、发现学习,包括对话教学,应该建立在解释学的理解的基础之上,或者把解释学视为它的支柱之一。我就是这样来理解探究学习的。这就是间接经验论存在的问题。

教学永远具有教育性这个观点,我再给大家略作分析。教学永远具有教育性,在我国认为这是教学的规律,但大家知道"教育性教学"这个提法,是由赫尔巴特提出来的,赫尔巴特在《普通教育学纲要》中明确地提出,既存在着"教育性教学",又存在着"无教育性的教学"。因此,赫尔巴特不认为"教学永远具有教育性"是教学的规律,因为还存在着"无教育性的教学"。而"教学永远具有教育性"直接搬自凯洛夫教育学,凯洛夫认为,教学永远具有教育性,因此教学不是价值中立的,教学不是培养无产阶级的接班人就是培养资产阶级的接班人。因此我们在教学的时候一定要鲜明地体现出他培养什么样的接班人。诸位,教学永远具有教育性这条规律加上间接经验说,以及教学的领导性或主导性,合起来就是教学等同于外部知识、规范、制度、意识形态的宣传过程,因此我们的课堂教学过程就是个宣传过程、转告过程,因此教育的本质就是宣传,因此我们的教科书当中、学校里面充斥着大量的宣传口号,因此一直到现在为止,中国的课程开发的最终审定者是中共中央宣传部(笑声、掌声)。这是我对六十年来我国流行的教学观的基本认识。(掌声)

学生A:张老师,您好! 感谢您今天提供了一场思想的盛宴。您在谈对话教学,毋宁说是对当代学生思想状况,当代社会的价值危机的深切忧虑。对学生思想的引导,单调地推行马列哲学已无法满足学生的诉求。我有一个疑问,如果学校能够提倡学生们的多元信仰,那位自杀的女生如果能够有着自己的独立的信仰,她能不能停下她的脚步,您对学校推行多元信仰教育如何看待? 非常感谢!

张华:我同意多元主义价值观,反对普遍主义价值观。如果刚才那位女生是自己提出了对生命的一种理解,而且选择自杀,就像当年王国维选择自杀,我的态度:第一是尽力去挽救年轻的生命,去解决问题;第二即使挽救不了,也表示尊重。但是孩子如果在我们貌似平和实则严酷的环境当中而选择走上自杀的路,那么这种自杀本质上是"他杀"。对于这样的做法,我是愤慨的,因为这是成人逼着儿童自杀,而不是她自主选择自杀。这是我的看法。我知道多元主义价值观可能会带来价值上的冲突和暂时的混乱,但冲突和混乱是选择理想价值观的必要条件,而看起来大家一起疯狂地信仰某种东西,看起来高度一致,但实际上蕴藏着高度的危机。我倡导多元,我是坚定的多元主义者。但是多元彼此之间不是对立、割裂的,而是对话,倡导多元之间的对话,在对话当中致力于对某些问题达成共识,但即使达成了共识,不同的人之间,不同的价值观之间,存在着不可通约性。无论是男朋友、女朋友之间,父子之间,师生之间,都存在着深刻的不可通约性。而这种不可通约性是差异产生的理由和根据,也是对话的价值所在,正因为大家不一样才对话。所以我是一个多元主义者,但不是一个相对主义者,更不是一个犬儒哲学的信奉者。

学生 B:张老师,您好! 我认为您的思想中有矛盾之处,您崇尚自由,独立的思考,却又信奉儒家学说。我认为,儒家最有代表的主张就是"忠",有限定的思维框架,主张社会的等级,请问,您如何看待这个问题?

张华:儒家学说本身是一个非常复杂的学说,忠、孝、节、义等等观点同时是儒家学说反对的,比方说,新儒家的一个代表熊十力曾经说过一句话:家庭乃万恶之源。这是儒家学者提出来的,所以儒学是一个非常复杂的体系。我本人信奉儒家学说,是信奉儒家那种关注"直见性命"的文化观,崇尚一种美好的情感,包括尊重教育、尊重知识分子这样的观点。而不是作为一种统治术的儒家,来尽收囊中。我是把儒家思想作为一个具体的东西来看待。比方它关于仁的思想,仁是一种关系说,我同意这样的观点;它是一种美好的情感,我也同意。不和儒家的政治制度结合在一起,因为儒家自汉朝之后经历了一个法家化的过程,就变成了一种统治术。这个我是反对的,我的一些文章中指出了这一点。而且我也不是同意任何一个儒家知识分子的观点,而是对其进行具体分析和思考。而且在 40—50 岁之间,我也在思考如何将中国的教育建立在儒家思想基础上。所以我是崇尚自由的,但不是相对主义者,我也是有信仰的,无论是杜威的思想还是儒家的思想,我都是喜欢的。

学生 C:请问张教授,您在面对官方要求和自身学术理念之间出现矛盾时,是如何平衡或继续前进的?

张华:坚信学术理念,对官方要求进行一种有限的抵抗。因为每一个个体面对一个体制,个体和体制的关系,是蚂蚁和碾子的关系。如果蚂蚁和碾子对抗,这个蚂蚁被碾死,这对碾子的重要性是 0%,而对这只蚂蚁的重要性是 100%,因此我的观点是有限的抵抗。要保护好我们一个个的蚂蚁,否则是没有意义的,要保护好自己。每一个个体都是关系,有自己的父母,自己的孩子,把个体这样送出去是没有意义的,也不能解决问题。我是这么来看的。

学生 D:面对现实的无奈,您对年轻人有什么好的建议?

张华:我的建议是要有一种建设性的批判精神,这是最根本的。其实你的批判反思能力低一点,或者和某些不好的东西暂时地妥协,这本身都是可理解的,问题都不大。最根本的问题在哪里呢? 是在一个强大的体制和意识形态灌输面前,自己失去了批判精神和反思能力,这是最可怕的。最终失去了理性自由,就是放弃了人性,这是最要紧的,而这一点正是教育所要承担的功能。很多人,在读到研究生的时候,从所写的东西中可见,他们的脑子已经被洗了。这是我特别担心的。

学生 E:老师你好,很高兴能有这样一次 face-to-face 的交流,对话教学在中西方都有渊源的历史传统,无论是中国的孔子还是西方的苏格拉底,他们都是对话教学的典范。对话内涵是不断变化的,不同的人,不同的流派,都有不同的对话观。每件事物都有两面性。我想请您就后现代主义对话观的消极影响,谈谈您的理解,谢谢!

张华:首先我同意你的观点,孔子和苏格拉底都是对话教学的典范,都是出色的了不起的对话人(dialogical man),但是他们两个是很不一样的。苏格拉底是一种逻辑的对话,譬如他在和美诺讨论"美德能教吗?"的时候,集中体现出逻辑对话。孔子的对话不是追求逻辑,而是德性,德性的觉醒,这是他们的不同。我曾经在一篇论文当中指出了这一点。我同时还要指出一点,无论是孔子还是苏格拉底,都不是讲授主义的开创者,都是对话主义的开创者,所以我不同意北师大丛立新教授的观点。她认为苏格拉底和孔子都开创了讲授法,我不同意这观点,我认为他们恰恰开创了对话法。我们从文献中可以看出这一点。第二点,那么关于对话教学的理解是极其复杂多样的,有好多流派,当今则主要是两类:一个是批判理论视野中的对话观,再一个是存在主义和现象学视野中的对话观,我在最近的论文中可能更多地关注了前者,这主要是以保罗·弗莱雷的《被压迫者教育学》为代表的。第三点,如何去理解后现代主义的对话教学观? 如何理解后现代主义? 我本人有一大批后现代主义的好朋友,却拒绝用后现代主义给我自身贴标签,如果非要用,那么宁愿用"前现代"。因为我是农民出身,干农活干到 90 年,我认为农业和教育有很多相似性,就好像杜威发现了生物学和教育学的相似性一样。一个教师更像是一个农夫,所以我讲课的时候大汗淋漓,恰如耕地,性质是完全一样的。所以如果非要用标签的话,我宁可用"前现代",在某种程度上。那么后现代主义我是怎样观点呢? 首先去理解他们在说什么,在理解之前我先不做评论,不去拒绝,我本人引进了不少后现代主义教育学的著作,比方说《全球化与后现代教育学》,《后现代课程观》,但是《全球化与后现代教育学》的作者 David Smith 是拒绝后现代这个概念的,他自己不用。William Doll, Jr. 是旗帜鲜明提出后现代观的,而后现代这个词的定义是极其复杂的,它的内涵是极其难以界定的。我本人欣赏后现代主义的批判精神,这对解构和批判当前中国教育非常顽固的,建立在古代封建专制基础上的专制教学、专制教育观,是有帮助作用的。我本人还欣赏建构主义,但也拒绝建构主义这个名字来称呼我自己,因为建构主义尊重了读者本人的意义理解。但我同时看到,无论是后现代主义者,还是建构主义者,其中有很多人有技术化的成分,比方很多建构主义的作品,有很多框架、模式、程序,它明明是要尊重学生的建构,却看不到学生的声音。我不同意这样的观点。比方有一些玩世不恭的后现代主义者,我也是反对的,但是我对某些持后现代主义或建构主义观点的人,则是欣赏的。比方说在我看来一个真正的建构主义者达克沃斯,但她也拒绝用建构主义来称呼她自己,我是欣赏的。对 William Doll, Jr. 和 William Pinar 我也是欣赏的。我反对一种现象,即在我们理解之前,就去拒绝、批判。我们国内有很多批判后现代的人,对后现代不理解,没去做研究就开始批判,这本身是思维封闭的表现。同学们不要这样做。你要想去反对它,没关系,但首先要理解。

学生 F：张老师您好，我既不是北师大的，也不是华师大的，所以我的疑问是纯学术的。我非常赞同您的观点，但正因为赞同，促使我反思一下王策三老人的观点，我觉得您对王策三老人的一些批判也好，批评也好，有一种设想假想敌的批判，带点空对空，两个人打仗，彼此都没有真正理解对方的意思。把一些不是他的观点当作是他的观点，比如可能有一些语义上的误读，王策三老人也未必完整地表达了自己的意思，譬如说间接经验、争强好胜，却没有定论，但您在讲座中还是表明了自己的立场。比如您认为争强好胜是坏的，或者说您在其中是有一些自己的想法的。我觉得说一下是可以的，您不用说表示沉默，您已经不再沉默了。第二点就是我觉得，您使用正确或错误的术语，包括偶然和必然，一个人提出错误，是与正确相对，也就是说您还是在一个正确和错误的范围之内。您是非常崇尚杜威的民主主义教育观的，我觉得不应该用正确和错误去评判，而是要用一件事对个人是有意义还是无意义来评判可能会更好一些。

张华：至少从我的初衷和明确意识上来看，我不想找一个假想敌去争论，我没有这样的兴趣。我是有感于我们的教科书还充斥着这样的观点，而去分析和批判。我本人在上午的讲座和一系列论文当中可能提到了某些东西，首先是引了他的原话，结合他的原话来进行分析。如果有误解的话，那就是对他原话的误解。是根据他原话所呈现出来的意义来讨论的，而不是把他的原话在意义上转了才来讨论，而是针对他论文的原意思来谈的，我至少没有有意地去误解王先生。这是第一点。第二点，我运用了正确和错误这样的概念，我不认为是王策三先生的框架，因为这是一种日常用语，不是王先生的专利。

学生 F：但是我觉得您对王策三老人是一种天然的过度解读，所以我建议您和王策三老人进行当面的对话，而不是一种文本的解读。

张华：你能告诉我一下，我在哪个地方是过度解读的？我很想知道。

学生 F：是一种非常自然的印象。因为我读过一些他的原文，也读过您的书。我不知道是我自己笨呢，还是您太渊博了，就是在这种读的过程中让我感觉到有一种过度解读的成分。我觉得对话可能会消解一些由语义造成的误解吧，就是一种印象，我很自然地说出来。

张华：我不是为批判而批判，我是在揭示是什么在主导着我们当前的教学理论研究和教学实践，比方说现在每个人都会说："教师主导，学生主体。"这句话的意思是什么？我在思考这个问题。我们把它理解明白了，然后再去运用这样的概念。我不想过度诠释，因为过度诠释实际上是一种强加。所以我在最近的论文当中都是这样的，我先引了他的话，然后让我们试着理解他这话的意思是什么，然后再根据这话提出我的观点。我是采取这样的方式的，而不会说你是错误的、保守的等。即使我这么做了，我还要提出观点，就是中国所需要的，绝不是唯一正确的，而是多元的。我也希望我们国家课程改革和教育改革的决策者，不要因为理论界的批评而轻易改变自己，你的决策如果是民主的，就要坚持它。就像美国的教育学者都在批判美国的教育决策，但是美国的教育决策依然在执行，这是一样的道理。所以只有这样，我们才能健全地发展。

学生 G：张老师，首先我发表下自己的看法，对中国现在的教育，特别是基础教育，能有这样的观点，对于中国教育是非常有益的，过去那种只有一家之言对于中国教育不会带来更好的局面，所以今天在座的所有学生都该感谢您,为我们带来一种不同的视角。那我的看法可能比较局限,我是做专门的学科教学的,对于您今天所提出的大部分观点,我个人还是比较赞同和欣赏的,但是提到您的知识观,如果我没有理解错误的话,您可能批判马克思主义的绝对真理的知识观,而比较赞同康德的那种知识观。而且您也提到目前科学教育界比较流行的科学本质观的观点,您也好像比较赞同。但是我觉得您所提的实用主义哲学观,就会造成一种误解,可能是我个人的,就是它可能会走向一种不可知论,或者您会得出很多这样的推论,譬如说这个世界的知识是否是可以描述的?是不是没有所谓世界的本质规律?进一步推论,我们教师在教的到底是一些什么东西?然后所谓上帝的存在,我是一个坚定的无神论者——因为我本身学的是物理,它可能更在意寻找简洁的理论去描述这个世界,这个学科建立之初的宗旨就是要把上帝赶出人们的视线以外,所以我实在无法苟同这样的观点。所以我希望您能再作一些诠释。

张华:我先简单地做些评论。你是做学科的,未必意味着狭隘。每一个人承认自己狭隘,承认自己是井底之蛙,是我们前进的一个前提。所以我是坚决反对我们国家的学术垄断的,以及学科分类说。比方说教育学类底下包括课程与教学论,课程与教学论下包括地理教育学、物理教育学等,好像学科在教育学中属于隶属关系,我反对这样愚蠢的学科分类法。我认为这是一种权力关系。这种权力关系的直接恶果就是培养我们孩子的老师却属于权力底层的人,特别是师范大学当中,搞学科教育的人似乎是没有自己的精神家园的,自己这个要隶属,那个要隶属,结果谁都不要。这是等级制国家给教育带来危害的一个很重要的、至今尚未被人意识到的缺陷。物理教育者和物理教育研究本身,和教育学研究本身,都是平起平坐关系,而非隶属关系。这是我说的第一点。第二点,就是关于知识观的问题。我本人对启蒙运动时期的知识观——从卢梭、康德一直到马克思是不同意的,我更欣赏杜威为代表的实用主义知识观。在我看来,宣布某一种知识是真理,还不如思考它为什么普遍地为人信奉。实用主义知识观把真理等于假设,知识有没有价值,就看他在行动当中能不能解决我们的问题,这样来理解知识。知识对每一个个体的发展和进步,是有帮助的。第三点,我本人是一个无神论者,但我非常尊重有神论者,无神论者无权要求别人也不信神,这一点要特别注意,你管好你自己就够了,任何一个所谓的无神论者,你再想想看,你真的无神吗?比方说启蒙运动之后整个的发展,是一个用更加有力量的上帝,代替了基督教中的上帝,这个上帝就是科学。当把科学视为可以统治一切时,所有科学家都是有神论者,而非无神论者,尽管别人可能认为他们是无神论者。而无神论者,甚至是唯物主义者,在西方的学术话语中都带有某种程度的贬义,只有在中国这样长期意识形态化了的唯物主义的国家当中,它才被人为地强加了褒义,实际上它没有褒义。我们至少不应在唯物主义和唯心主义、有神论和无神论之间,进行贬义褒义这般不慎重的判断。这是我的评论。

学生 G:特别感谢您的回答,特别是关于学科教学的,确实现在存在学科教学论的归属问题。我第二个问题可能更加具体一些。您谈到了您的对话教学,也对传统教学进行了批评,也谈到如何在实际中推广对话教学,提到您的研究生会在学校里呆的时间比较长,那么如果我们把聚焦点放在一线的教师去,我们会发现依然存在很多的问题。因为我做学科教学,我在学校中呆的时间也是非常长的,确实即使新课改进展到现在这样的程度,那么新课改中的教师,从观念到行动,和我们课标当中的理想或行文还有很大的差距,您对对话教学如何在一线应用是如何看待的?

张华:我是课程改革最初的倡导者之一,积极的倡导者,我同时也是教育工具主义的猛烈批判者,我都有文章去发表。而我原先在现实当中和你一样悲观。结果我这个学期到辽宁等地去做了一番考察,考察之后,我的观点是这样的,并不像你想象的那样悲观。在一些很偏僻的学校,甚至是农村学校的课堂上,我看到了学生的主动探究,看到了课堂当中学生和老师的自由空间,看到了老师对学生的宽容、等待,所以感到非常欣慰。同时我也感到传统上的既得利益者,无论是官方还是一些名校,还是一些重点地区譬如北京上海,它反而没有像样的改变,我发现这一点。现在课程改革之后产生了很多分化,甚至在一个班级当中也有分化。同样教这个班级的老师,他们的观点是非常不一样的,变得多元了。我感到非常的高兴,所以我对课程改革保持一种谨慎的乐观,而不是一片漆黑。我的经验告诉我这一点,尽管还存在很多很多的问题,但我对未来还是充满期待。

学生 H:张教授,今天真是久仰您大名,听了您的报告,我也是受益匪浅,也让我想到了很多很多。您的讲座是由三封遗书开始的,我觉得这个同学的行为可能是受了老师反复批评或者嘲讽,才造成自爱的丧失。因为她反复觉得自己很脏、很坏,造成一个自我的迷失。我就想到了传统工具理性主义的教学,它往往着重知识的传授,忽视对学生道德情感、生命价值、审美价值这样的培养,我记得哈贝马斯曾说,大概的意思是,人应该平等、自由,合作探索,不存在权力和权威,应该是畅所欲言,学生可能在知识、经验、能力等方面或许比老师要少一些,但他在尊严、价值等方面和教师是完全平等的。因此师生关系应该不是一个主客体的关系,该是一个主体间的平等对话,以及自由探索,因此是否要建立一个在对话基础上的交往理性下的一个教学。这种教学范式是我们所向往的,不断追求的。我们知道,理论和实践多少会有些脱节,我赞成这种情况存在,但是我们的理论始终要引导实践,理论要超前于实践,这种现象是应当存在的,也是值得赞扬的。以上皆是我的感想,我有一点小的问题,在新一轮的课程改革当中,教师会起决定性作用,您对我们的未来教师及其培训有怎样自己独特的视野和见解呢? 对我们有什么希望?

张华:我对你的评论是认同的,让我们的教学建立在交往理性的基础上,特别是教学,整天和老师在一起对话,教学过程就是年龄大的人和年龄小的人在一起,整个关系是专制关系复制和培养的最好土壤,它可以借助年龄的优势施加控制,也是我们的专制制度持续几千年的一个机制,通过年龄来解决问题。就在你小的时候被压迫,长大了来压迫别人。受压迫的人通过自己的孩子实行自己的理想,专制制度几千年就是这样来运转的。所以我同意去打破专制的链条。黄一馨小朋友选择自杀的路,其实它的根本问题决不只是工具理性,它是通过知识的学习,所强加的一种集权专制,是一种成人对儿童的专制,社会对个体的专制。知识背后的根本是权力,而不是知识本身,所以知识并非如它之前想象的那样客观中立。否则人在知识和生命之间,当然选择生命,而不会为了知识付出生命。这是我的评论。

至于你所说的期待,我的观点是这样的。教师培训最核心的东西,教师专业发展最核心的东西,是把自己的工作,特别是把自己的教学,变成研究本身。那么教学就变成不断促进自己成长的过程,促进自己专业成长的过程就是促进学生个性成长的过程。因此把自己的教学变成了研究之核心,这个研究最根本就是研究儿童。把教学变成儿童研究,是我目前的基本观点。在研究儿童,研究和儿童的关系当中,来帮助儿童发展,就是促进自身专业成长的过程。这就是一个教师的培训,教师的教学,教师的专业成长,和学生的个性发展的一体化过程,这四件事在我看来是一件事,而不是多个事,这是我的基本观点。因此教师培训所走的路应当是一种自下而上的路,而不是自上而下的一种传递式的路。这是另一个基本观点。那么教师培训和教师专业成长最根本的问题在哪里呢?就是实现源自教师的学术革命,教师对教什么和如何教有自己的专业自主权,既有教师自身风格的独特要求;也有教师之间所结成的专业共同体的集体要求。而不是听信来自上层权力上的指令,只有这样教师才能获得真正的解放。教师解放的过程就是教师在课堂上拥有创造自由的过程,所以教师就成为课堂当中复杂会话的倡导者、引领者,应当是这样的关系。

同学们,因为时间的原因,我就不能够继续讲下去了。我本来准备了79张PPT,还有大量的例子,我只是讲了前面的几张,剩下的内容你们可以回去看看PPT。另外,我自05年以来,在《全球教育展望》发表过系列的论文,到现在已经写了大概10万字,这些论文,如果你们感兴趣,可以随便翻翻。期待与你们展开更加长久的甚至终身的对话。谢谢!

录音整理:陶　洁(华东师范大学课程与教学论)

张松铃(华东师范大学教育学系)

学 生 感 言

● 激情中透着理性。一位学者或者说老师对研究有没有感觉,是不是真的热爱,听众大抵是能感觉出来的。我从张华教授的讲述中、回答中听出了他对于教育的热爱,对现有教育弊端"爱之深、痛之切"的愤慨,也听出了他对于教育不流于俗的深入、独特思考。(华东师范大学　王丹)

● 批判中透着谦虚。张老师的讲座内容是从对传统教育学基本论点的批判开始的,言语不可谓不犀利,分析不可谓不透彻。(北京大学　安超)

● 最精彩不过的互动应该属于张华老师的专场,张华老师对当今教学犀利的批判,让同学们耳目一新,他是本着理解基础上的合理批判为本,他先细心研读、领会,然后再就其中的问题进行合理、犀利的批判,以对理论的进一步完善与发展发挥应有的作用。他不怕被别人批评,他敢于接受别人的挑战与指责,并能虚心听取别人合理建议的这种学术的"至真"精神赢得了同学们的热烈不止的掌声,演讲结束后同学们还流连忘返,还想同张老师继续进行交流。(华东师范大学 李爱荣)

● 张华老师犀利、新颖的有关对话教学的思想给我带来了教学方法的一种全新的理论视角和方法,同时也引起了同学们的广泛讨论。(华东师范大学 李芳)

学生研讨交流纪实

时间：7月10日　7月14日19：00—21：00
地点：文科大楼

◇　第一组主题讨论：

跨文化的交流模式及在我国的可行性和可能性

在讨论开始之前，各位学员进行了自我介绍，包括专业、研究方向和在学术上的感受。

接下来是主题发言。本组首先由陈小伟同学开始，谈论了关于中国和荷兰的研究型教师的课题。这个课题主要是通过访谈的方式来做质的研究，首先收集莱顿和厦大的教师们所存在的共同之处作为研究的基础。以此为引，探索受教育者对教育的理想和信念的差别，讨论教学的本质和教育的价值，提出"是否将找到理想工作作为理想的重要组成部分？"等问题。在研究的过程中，课题参考了多种理论，并分析了其中的不足。最后提出，要在尊重差异的基础上分析成因，然后再提出自己的理想。借着这个课题，主持人提出了讨论的核心问题：什么是跨文化？什么是跨文化教育？学员黄文虎提到霍普斯坦德关于跨文化教育的定义，即在一定文化背景下进行的国内外的交流和教育，其关键在于文化和文化之间发展模式和普及的可行性。他认为跨文化在中国的发展是不平衡的。在他的启发下，学员们纷纷发言，提出：中西方最大的差异体现在制度方面；比较教育专业是基于跨文化教育产生的；跨文化的交流体现了文化社会的多样性和文化团体间的平等互动关系，跨文化教育是产生于文化之中的。

第二次主题讨论由华东师范大学的方艳发表自己的研究成果和见解，她为大家呈现了所参与的德国研究项目：根据三种不同模式的教学搭配得出当前德国实行的是多元文化的教育方式，并且可以通用多种语言，我国所实行的两种语言和两种教育模式值得进一步思考和探究。接着樊红同学作主题发言，她所谈论的是澳大利亚和美国的文化共存模式，世界各国都在持续不断地进行文化交流和教育等活动,我国国内也存在着文化交流和教育的重要需求,如民族之间的。实践中还需要进一步巩固已有的跨文化教育的成果,否则会因理解差异而产生矛盾以至冲突。而且跨文化教育也会受到区域、经济、宗教和民族等因素的影响。最后大家围绕上述同学的发言进行了自由讨论,并指出对跨文化教育的质疑和期待。

◇ 第二组主题讨论:

我国新课程改革背景下教学理论的重建:基础、可能与局限

讨论开始之前,参与讨论的学员们进行了自我介绍,来自西藏大学的金家新作为组长,希望成员们积极参与,通过交流建立共鸣,共同提高。来自西南大学的李本东首先发言为大家"抛砖引玉"。学员李本东从"教"字的词源为大家呈现教学在我国古时的含义,指出我们现在对"教"的理解——教者,孝也;育者,养也,是以现在的文化来解读以前的文化。接着,金家新为大家大致介绍了课程改革的历程,以及新课程改革现状,组员们各抒己见。

天津师范大学的阚艳丽从新课程改革的核心价值观、教学与课程的关系、传统教学理论的反思三个方面分享自己的想法。来自西北师范大学的刘旭东认为,专家对实践的接触和体验不及一线的教师,研究工作的自上而下,使得教学理论对实践的指导作用有限。来自陕西师范大学拥有大量实践经验的海存福,为大家介绍了自己曾参与的项目案例,提倡民间的教学经验与智慧,认为教学理论的重建应该更多从实际出发。学员们的发言也引起了小组各成员的

积极回应,有人指出培养教师的教师应时时对自身进行反思,有人从教学效果评价来发表自己的见解,有人以在某小学的工作经验来启发组员,最后学员刘钦腾分享了一篇博士论文《凯洛夫〈教育学〉在中国和苏联的命运之研究》,并认为教育理论来自于好的教育理想。

第二次主题讨论开始前,有组员提出教学理论的重建应注意两个方面,即正确的学生观和教学反思。接着,由组员从家长的角度出发,认为知识内容应与教育方式进行整合。组员徐嘉泓指出,新课程改革是教师、学生、家长等利益共同体的平衡过程。组员匡淼娟与大家分享了叶澜老师的两篇文章,总结了文中的部分观点,并就教学培训方面向大家提出了疑问。组员唐开福以自己在新课改中的所见所闻作出回应,主要提到了教研共同体这种平等的教师培训方式。大家的踊跃参与让随后的讨论更加热烈,各种观点想法相互碰撞出火花:改革的精髓在教师实践中流失,教育改革与经济的关系,新课改如何获得社会的理解和支持,教学通过网络博客进行反思,或许理论的功能不在于指导实践而是为解决新问题提供启示。讨论结束时组员们表达了自己的不舍,表示将更加珍惜暑期学校最后4天的学习。

◇ 第三组主题讨论：

师范教育如何改革和应对教育范式的转变

在刘丹组长的主持下,大家先做了自我介绍,彼此之间有了了解,然后大家随即进行了自由组合,分为五个小组。按照安排,七点到八点大家自由讨论,八点到九点总结发言。大家很快就进入了状态,积极发言,畅谈着自己对教育问题的理解。

第一组同学提出了以下几点:范式是一个理科方面的概念;师范教育应培养创新思维,培养多元思维;师范教育用多元话语,有自己的观点;师范教育应为师范生提供一个交流的平台;开通识课程。同时提出研究生课程也可在大学时设置,比如前沿讲座。第二组同学从师范教育存在的问题来讨论:理论与实践脱节,教师效能达不到理想的要求;师范生很难找工作;师范跟其他人相比没有任何优势可言;跟国外的师范院校相比,门槛太低,缺乏有效的评比和监督体制。第三组同学指出国家很早就提出用教师教育来取代师范教育;教师的视野应该开阔,具有可操作性,应该走出去;教师教育应分为学校教育和教师在职培训两部分;很多学生不是很难就业而是选择性失业;教师要及时学习新知,进行学科知识的补充。第四组同学提出:在对话的基础上进行交往式的变革;进行范式转变是因为原有范式存在不能解决的问题;范式转变是一个吸收和重构的过程。第五组同学认为:范式转变隐含一个假设,即教育范式正在或者即将发生转变;师范教育和中小学一线教师实践脱节;课程设置很多,所学理论上有用,实践中不得劲;研究生的专业化问题;我国应该有限度的尝试,比如"4＋2"模式。

第二次主题讨论仍然按照首次所分的五个小组就之前的讨论做了发言。接着进入自由讨论,各位学员根据自己的实际经历谈了一些心得,主要是自己对基础教育的看法,发言精彩丰富,吸引了不少其他组成员的参与,一阵阵掌声不断响起。你讲我问,高潮迭起。经过讨论我们认识到:教学是一门艺术,同时教学又是一门技能;校长的魅力在于其对学校的影响力;教师总是以他被教的方式去教他的学生;大家一致认为从不同的视角就会得到不同的结论,要用辩证发展的观点来看待教育。最后由组长刘丹做总结发言,大家在一片笑声中结束了这次讨论。

◇ 第四组主题讨论：

我国基础教育改革学生评价方式的基础理论、评价方式对学生学习、教师教学、课程发展的影响

第一次主题讨论在黄睿同学提出的"高考中甲骨文作文如何进行评价"的热点问题中拉开了

序幕,围绕我国基础教育改革学生评价方式的基础理论,评价方式对学生学习、教师教学、课程发展的影响,以及未来改革的可能方向等问题进行了深入的探讨和剖析。研讨会上,大家从不同视角深刻地论证了评价方式在基础教育中的重要性。进一步从学生的评价方式及理论依据,传统评价中存在的问题及改进意见,以及评价过程中面临的困境及贯穿的理念等三个方做了详尽阐释,深入浅出地对现行学生评价方式进行了反思。

　　讨论过程中大家积极踊跃、观点新颖、见解独特,华东师范大学的黄睿同学就高考评价的降维本质及其对策进行了阐释,提出了高考的多元评价方式,评价应由一维转向多维等观点;南京大学的王小青同学重点剖析了学生评价方式的基础理论、评价过程中贯穿的理念以及学生评价方式的类型等三个方面的问题,阐释了多元评价的重要性,及未来改革应去取向多元评价等理论问题;陕西师范大学的任宝贵同学就评价一词运用的恰当性、及如何形成合目的、合规律的评价系统等问题提出了自己新颖的见解。讨论会上,各种思想碰撞交融,诠释了评价方式的基础理据,廓清了基础教育改革进一步努力的方向。

　　第二次主题讨论,首先是华东师范大学唐校棚同学提出了"档案袋评价方式",他以地理教学的评价方式为例,深入阐释了现代基础教育评价方式的发展愿景。曲阜师范大学的苏娜同学则从社会公平的视角出发,运用帕雷托改的理论,剖析了教育评价的方式和标准。南京大学的王小青同学以元评价为基点,对评价的外部环境存在的一些问题进行了详尽的分析,提出基础教育的评价应走向多元化、过程化、层次化。华东师范大学的黄睿同学进一步提出了促进学习的自主互动式评价,深入浅出地对学生分类、评价的情感等方面进行了反思,明晰了互动式评价的基本内核,诠释了互动式评价的基本理据和重要意义。讨论会上报告的同学们观点新颖、例证丰富、深入浅出,在座的同学也积极踊跃参与讨论,提出自己的独到见解,各种思想碰撞交融,进一步廓清了基础教育评价方式的变革趋向。最后讨论会在合影留念下愉快地结束。

◇ 第五组主题讨论:

我国高等教育中职务晋升对教师专业发展、科研和教学的影响及其改进方向

　　第五组的讨论会由小组长湖南师范大学的在职博士研究生——吴驰主持,此次讨论的题目是《我国高等教育中职务晋升对教师专业发展、科研和教学的影响及其改进方向》。讨论会在组长的认真组织安排下按时开展,首先主持人对于职务和职称这两个易混淆的概念进行了区分,然后谈到职务晋升评审以及改进方向,还详细介绍了美国教师考核管理和职务晋升过程。接下来是组员发言,来自华南师范大学的徐巍,对于主持人所说的美国情况进行进一步探讨,他认为我们很多方面都是学习美国,但只学到了表象,我们生活在一元权力体系中,很多方法步骤都只是摆设,应该多关注表象后面的更隐性的东西。华中科技大学的张征认为,从学术职业来看待这个题目,职务晋升就是学术职业,而我国对于教师教学考核这一方面比较薄弱,制度设计还不是很完善。华中科技大学张文静从法学的角度谈起,她认为教师坚持学术逻辑,学校坚持市场逻辑,二者有明显的差异。青年教师相对于教授在教学方面会承担更多,申请项目也要更难一些。对

于改进方向,她提出教学和科研的教师是否可以分开,而这种方法是否具有可操作性。华东师范大学宫振蒙由上海交通大学一位讲师去世引起很大反响这一事例引出自己的想法,学术晋升是否也可以多元化? 还有申诉委员会的作用,很多方面都存在问题,到底什么道路才行得通呢? 另外很多同学谈到学术失范,晋升过程中操作不透明,解聘无正式程序等等。最后,主持人做了此次讨论的总结,这次讨论激发出大家很多的想法,虽然一时很难实现,但我们应该朝着这个方向共同努力。

　　第二次主题讨论由三个小组的代表分别做陈述,每个陈述完毕后大家提问并一起讨论。第一小组由华东师范大学宫振蒙同学分别从教师职务晋升的历史沿革、职务晋升对教学的影响、职务晋升对科研的影响以及改进建议四个方面作出陈述。第二小组由华中科技大学张征同学作代表陈述,他的陈述是由听了史静寰教授的报告所想到的,他尝试用史老师的框架来分析这次的主题,他的陈述引起很多同学的讨论使本次讨论达到一个高潮。最后是由华中师范大学姚林群陈述,她主要是从教师职务晋升对教师专业发展这个角度来讲,并与中小学做出了一些比较,然后提出了改进建议。

◇ 第六组主题讨论:

信息时代教与学方式变革的利弊及各种方式在我国不同地区实现的可能性、可行性

　　第六组讨论的主题为"信息时代教与学方式变革的利弊及各种方式在我国不同地区实现的可能性、可行性"。在简短的介绍后,我们进入了正式讨论阶段,来自上海师范大学的曹芸同学以"现代教育技术在课堂教学上应用的异化"为中心作了主题发言,她直指现代教育技术在某些学校的教学过程中出现的问题,并举例说道:"在一些公开课、展示课中,一些教师非用多媒体不可,并且

这种多媒体应用与否已成了评价一堂课成功与否的一个标准，而多媒体技术的出现部分弱化了教师板书的功能定位。更有甚者，教师为了图方便，在互联网上下载课件进行讲授。这种教学方法不是一种创新，而是局限了自己的思维。"曹芸同学直指现代教育技术在课堂教学中的异化现象，这引起了学员们的深入思考和激烈讨论。来自南京师范大学的严从根同学则另辟蹊径，从哲学的角度指出，现代教育技术在课堂中的应用其"意义价值"超过了其自身的"实用价值"，其结果只是教育技术在教学中的一种"摆设"。来自华东师范大学的祁灵同学根据自己在生物教学中的亲身体验对现代教育技术在教学中的作用给予了积极肯定。她指出，生物教学中的一些现象展示无法用语言和文字清楚地向学生表达，但通过展示一些 Flash 动画则可以学生清楚了解知识。总之，学员们对信息时代教育技术在教学中的应用效果褒贬不一，但对教育技术本身给予了高度评价。在关于"各种方式在我国不同地区实现的可能性、可行性"问题上，来自东北师范大学的刑磊同学指出，教育技术的普及是以经济发展水平为基础的，在一些农村地区即使暂时还没有普及新的教育技术，但随着经济的发展，这些地区也会向教育现代化迈进，这是世界教育发展的一种趋势。在这次讨论会上，学员们畅所欲言，根据自己的亲身经历及研究表达了自己的看法。

在第二次的讨论中，学员张花、祁灵、曹芸、乔卫丽、严从根代表本组 38 名成员进行了精彩的汇报。张花同学以"信息时代的教育与教育的信息化"为题对教师的专业发展进行了展望；祁灵同学根据自身学科的特点，对自己亲身经历的课堂教学中出现的教育技术运用失范的问题进行了点评，针砭时弊、令人深思。曹芸、乔卫丽、严从根等同学根据自身研究的领域，对这一主题进行了汇报，他们在汇报过程中侃侃而谈、见解独到，虽然学员们的学术观点不同，但大家还是表现出了应有的尊重。这样的讨论在炎炎夏日给我们带来了丝丝凉意，学员们完全沉浸在其中，通过讨论学员们既学到了知识又交到了朋友，其乐无穷。

当代中国基础教育改革与发展的多维透视

讲演者:杨小微

时间:7 月 11 日 8:30—11:30 14:30—17:30
地点:大学生活动中心报告厅

讲演者简介

杨小微 华东师范大学教育学系教授、博士生导师,教育部人文社会科学重点研究基地华东师范大学基础教育改革与发展研究所所长,中国教育学会教育实验分会副理事长,教育学分会教学论专业委员会副理事长。长期从事教育学基础原理研究和基础教育改革尤其是学校变革的理论与实践研究,先后承担国家级重点和重大课题多项,在《教育研究》、《华东师范大学(教育科学版)》等 CSSCI 来源期刊发表学术论文近百篇,撰写出版学术专著 10 余部,主编本科及研究生教材 10 余种;研究成果多次获教育部、上海市哲学社会科学奖。主要研究领域:教育学原理和基础教育改革尤其是学校变革的理论与实践研究。

主持人(杨和稳):很高兴参加这期的暑期学校,和大家一起学习,共同聆听大师们的教诲,尤为荣幸的是我能担任杨小微教授报告的主持人,近距离地领略大师的风采。杨小微教授是华东师范大学教育学系的教授,教育部人文社会科学重点研究基地华东师范大学基础教育改革与发展研究所所长。杨教授长期从事教育基本原理和基础教育改革的研究,尤其是学校变革的理论与实践研究。先后承担多项国家级重点和重大课题,学术论文和学术专著成果颇丰,并获得多项

奖项,杨教授现在是中国教育学会教育实验分会副理事长。下面大家以掌声有请杨教授为我们作报告,他所报告的题目是《当代中国基础教育改革与发展的多维透视》。(掌声)

杨小微:各位同学,各位青年教师,非常荣幸有机会在暑期班和大家分享我的一些研究心得。刚才这位主持人同学介绍得不错,我想自己再补充一点:我学习教育学这个专业其实是非常偶然的。我的祖辈、父母以及七个兄弟姐妹中四个都出生在川东地区(即现在的重庆)。读大学、硕士以及工作后的20多年间都是在武汉,后来读博士、工作调动就到了上海。所以,我的经历可以比作一条河,我的人生旅程是一个"顺江而下"的过程。我出生的宜昌市位于西陵峡口,我曾经是一名长江上的船工,说好听一点叫"水手",主要职责是运送石头去保护荆江大堤,苦力般地抬石头、装石头,真可谓"苦其心志,劳其筋骨,饿其体肤,空乏其身……"随后的几年,做过电焊工、当过事务员(食堂管理员),最后终于赶上了恢复高考。其实,读教育学专业并不是我的第一选择,当时语文考了本市最高分,很想遂了一个文学青年的梦想去读中文系,但又顾虑到年龄大了,报个冷门保个底吧,这个冷门就是教育学。

当时谁都没听说过教育学,有位跟我下乡在一起的老大哥先头作为工农兵学员进了华中师大。华中师大著名的历史学家章开沅教授就是他的导师,老大哥告诉我说"你要到了教育系啊,读完毕业出来就可以去当教育局长"。(笑声)当时知道教育学科的人很少,后来才知道,我的辅导员去招生,只要填报了"教育"的,不管是不是第一志愿,把档案全部提取过去,我就荣幸地以这样的方式被教育系录取。后来有学生跟我说,怎么我们教育学口好多老师都是无意中学了教育学,我说这也没有什么可奇怪的,教育学科就是一个比较晚熟的学科。每年和博士生新生见面的时候,我都会讲一番话来鼓舞士气,我说教育学科的地位看起来在整个人文社会科学中比较惨淡,所有省级以上的社科院都没有设置教育学这个专业,那说明它成熟得晚;成熟得晚,不是自卑的原因,而恰恰是一个自豪的理由。为什么这么说呢? 因为越是成熟得早的学科,它的研究对象越是简单,比如物理学中的声光化电,成熟最早;依次往下排,化学、生物、医学、社会学,对象则是越来越复杂,研究起来当然就比较困难,因此,现在很难建设成像物理学那样的明明白白阐述出道理的学科。另外一点,晚熟的学科具有后发的优势,之前的很多学科在成长过程中的各种经验和教训都是促进自己成长的资源,但要注意,不能在利用别人资源的时候不知不觉地站到对方的学科立场上去,反过来瞧不起教育学科,这是没有出息的表现,一个把自己的学科说得一塌糊涂的人,自己又能好到哪去呢? 所以对教育学科的晚熟应该有这样的理解,有一种积极乐观的态度。我选择教育学科还有一个因素,可能是我和一部分人的志向不大一样,不大想去做很高深很玄妙的东西,教育学科注重和实践的关系,阐述的是"事理"即如何把教育这件事情做好的道理。怎么发现和理解这个事理呢? 就是做这件事时,要去体会、领悟和提炼。在一个教育学科队伍群当中,可以由少数一些人做顶层的、高端的研究,剩下大多数是要在不同的实践层面去探究事理,透过这些事理再去研究真理,像我这样的大多数人就做点这方面的事情。

读硕士时,我有好几位导师,如王道俊先生,他主编的《教育学》可能很多人都读过,我也参与过这本书的修改。还有一位导师是旷习模,旷老师是一个非常关注实践的人,我读研究生时他正好设计了一个整体改革实验,所以有幸参与其中。那时条件非常艰苦,刚刚恢复高考,中小学教学还没有做教育科研的意识,你想去搞什么实验吧,可能还会让人家反感。老师先带着我咨询,然后拜访县教委主任,我当时不懂事,就问县教委主任是什么级别啊,他说科级;那您这个系主任什么级别啊,他说处级;我说哪有处长去拜访科长的啊? 他说你年轻不懂事,我们现在不讲级别,关键是要争取地方的支持。当时我们要做五四学制,居然是在一个学校的一个班做五四学制,这个学校里的其他班级都是六三学制,是"一校两制",当地的领导还算开明,支持我们在一所学校做实验。受当时系统论、控制论、信息论的三论影响,开始关注教育的整体优化。当时流行的是追求效率,如两年半上完六年数学,或者三年完成五年制全部数学教学任务,结果造成学科整体失调,数学突飞猛进了,其他学科跟不上。所以我们当时就从这个维度去考虑,关注教育的整体性,这其实主要是方法论的应用。后来北师大的黄济先生、王策三先生提出教育主体哲学,王道俊和郭文安先生提出主体教育论,这正顺应了上世纪 90 年代国家走向社会主义市场经济建设阶段对个体主体性的呼唤,整体改革毕竟是一个方法论的问题,改革到底要走向哪里,还没有一个价值取向,所以我们就把主体教育论作为我们的价值取向,培养人的良好的主体性品质。到华师大以后,我也在反思,主体性是一种功能特性,归根结底必须要有这种主体素质,然后才有可能发挥主体特性。还有,本体性本身是无所谓好坏的,人可以发挥主体性做好事,也可以发挥主体性做坏事,所以本身还要有价值导向和价值引领。

我是 1997 年被评为教授,1999 年在职读叶澜老师的博士,所以自诩为终身学习的模范,有人说,你是为了做博导才来读博士吧? 我说好像我这么大年龄的不用博士学位就可以带博士生,并不是为这个才来读书的。我在华中师大读了 7 年书,我的一些老师也希望我继续读下去,还一直抱歉说我们这个博士点迟迟批不下来,耽误你们了。我想这当然不能怪老师,我只是想找个适当的时机换个学校读读,给自己一点压力。来了以后发现,华东师大有一批学者像叶澜老师、陆有铨老师早就开始关注教育学的本土建设了。陆老师即使主要做西方教育哲学,他思考教育问题也是从中国的本土问题出发的。我博士生毕业以后,就成了基教所的兼职研究员,后转为正式。这个过程中,课程、教学和学校改革一直是我比较关注的重要领域,这期间又参与过教育部高中课程方案的制定,主持过九年义务阶段十八个课程标准的评价等。我们在座有没有西北来的?我也参加了中英甘肃基础教育改革项目的校长培训模块开发。我在中部、西部和东部都有研究经历和体验,这使我有信心来和大家谈谈学校变革的区域推进问题。

今天要跟大家交流的主题是"中国基础教育改革与发展的多维透视",从透视的结果中挑出三个问题来与大家做个分享,一是终身教育视野下基础教育的"基础性"的理解;二是基于学校变革的素质教育区域推进;三是基础教育改革中的大中小学伙伴合作。最后谈一下在改革中的相关问题和思考,比如,基础教育改革和人的关系问题,以及教育中人的成长问题,还有基础教育改革和中国教育学科的学科建设或重建问题。还有一个就是中国社会发展的教育基础问题。如果还有时间,可以跟大家谈一谈当代学校文化的生成问题。在这个过程中,希望大家和我一起思考问题,不是只做笔记,我的 PPT 可以拷给大家。大家思考过程中有什么问题,会留点时间互动一下,也可以用写条子的方式。

好,先来一段导言——什么叫做透视?"透视"本身来自医学词汇,比如照 X 光片就叫"透视",我的理解就是透过事物的表面去察看,我们常说的观察,"观"是动用感官,"察"是带着思考的"观",其实任何人看东西都不可能是一种纯粹的知觉,总归有思维伴随脑中。我们这里所说的透视,是一种反思性的审视,就是把从事基础教育的人自身作为一个对象来观察和思考。这里所谓的多维,一个是历史的维度,另一个是空间的维度。从历史的维度看,我要谈的第一个问题就是从"终身"看"基础",即从终身教育的视角来重新思考基础教育的"基础"到底是什么意思,这和没有终身教育的时候看基础教育是有很大的区别的,这两者的关系后面要详细讲述。第二个是从现状看历史。因为今年正好是改革开放 30 年,30 年发展的怎样? 大家还在回味。30 年前开始的恢复高考、恢复重点、恢复职称(三个"恢复")令人振奋,然而,30 年后这三方面好像都出了问题。例如,示范高中、重点高中产生的"马太效应"使"富者越富,穷者越穷",这种极大的差距带给社会极大的不公。还有,今年全国高考人数锐减,有很多地区下降了 10—20 个百分点,当然这里不排除有人口减少的因素,但其实有相当一部分是选择了出国,还有,国际性经济危机,使毕业生就业成为重大社会问题,这一现象也许会让我们作为教育消费者的家长越来越清醒:没有必要非去挤这个独木桥不可嘛。职称方面,教授、博士不仅仅数量多到"泛滥",而且职称评定弄得不好引出很多矛盾。回到 30 年前,"三个恢复"是当时教育领域改革开放最重要的三件事情。恢复重点学校,不光有重点大学,还包括重点中学和重点小学,因为那时候资源有限,又想快出人才,所以把有限的资源集中到最紧迫的地方。这三个恢复,一是使国家的文化教育事业走上正轨,走上正常的轨道;二是给很多年轻人指明了一条道路,就是说有奔头了。为什么 30 年前作为"重点"而且一下子拉开了教育改革的序幕,同时解决了很多重要的问题,在 30 年后却成为问题了呢? 我们认为不必悲观,30 年后出现的这些问题,是发展中的问题,没有前面讲的恢复就不会有今天的发展,当然也就没有发展中的问题。从今天的状况来反思历史,然后再看还有哪些矛盾、哪些问题需要正视和进一步突破。从空间的视角来看,就是从宏观的、中观的和微观的不同层面来看基础教育改革的整体性和内在关联。宏观的是从教育体制来看,教育法规政策;中观的就集中在学校、教育机构;微观的反映在师生关系这样的具体层面。这三个方面我选择中观和宏观的问题展开。下面进入第一个问题。

一、终身教育视野下基础教育之"基础性"的理解

首先,我要对"终身教育"和"学习化社会"的概念做个分析。我现在正做的一个国家社科基金课题,题目就是《终身教育理念下基础教育的学校变革与区域推进》。当时我邀请陆有铨老师担任开题会议的主评专家,他认为这个课题最有新意的地方就是从终身教育的视角来重新审视基础教育的"基础性"。事实上,当前做《国家中长期教育发展规划纲要》,从中央到各省市地方都非常关注这个问题,但是我发现从中央到地方有一个普遍的认识上的误区,就是把终身教育和基

础教育分离开,当成是两个体系,把基础教育从终身教育体系中拿出来,这是成问题的。我们都读过《学会生存》,可能也有一些人读过朗格朗《终身教育引论》,朗格朗的前半生是做职业和成人教育的,从前一次教育可以受用终生,后来不行了,还要进行继续教育、回归教育,或者说职业教育,朗格朗正是针对教育与从业之间的这种脱节现象才提出终身教育这么一个理念的。

另外,对学习化社会也存在着种种误解,有的人甚至把学习化社会和学习型组织等同起来,其实这完全是来路不同的两个东西。学习化社会,与奥巴马提倡的那一套有点类似,他提出要在全国建立一种学习的网络,要重新打造美国的社区图书馆。美国的社区图书馆是非常有名的,我在纽约访学的时候,那里图书馆非常方便,可以随时进入免费阅读,如果想把它借出来交点押金就可以了。其实,奥巴马是把伊利诺斯大学和伊利诺斯州的经验在全国推广,因为伊利诺斯大学的图书馆是非常棒的,应该说是全美一流的,所以这个倒是合着学习化社会的一个步骤。那么这里应该思考的一个问题就是,终身教育理念究竟对基础教育的改革和发展提出哪些新的诉求?基础教育应该做出什么样的回应?我后面就试图对这一系列问题做出回答。我们来简单回顾一下,终身教育是一种理念,它特别体现在时间维度上的是,教育要贯穿人的一生,因而对教育变革要做一种统整的思考和策划。应该说,我们现在一个社会越来越打通了这样一种可能性,因为我们学过教育史的都知道,西方是先办大学再办中学,然后再办小学,到英国"双轨制"的时候是完全处于不同的轨道,穷人上国民小学,上完了以后上职业中学;而富人的孩子根本不用上小学,而是聘请家庭教师来完成基础教育,然后读文科中学,进入大学。这两条路是"平行线",互不相通的,所以才叫"双轨"。后来两条轨被打通,但是在不同类型的学校之间,在不同的学段之间又设有种种的门槛,比方说,中专毕业要工作多少年才能够考大学等限制,也就是中专和普通大学是不接轨的,诸如此类。但是现在这些好像全部被打通,也就是整个教育系统像一个立交桥一样安放在那里,你在这里面还可以边读书边创业,任何时候想离开这个轨道都可以去别处逛一圈,等想通了还可以回到立交桥,就是这么一个设计。有了这样的设计之后,我觉得现在倒是缺少另一个东西:就是让每一个孩子自主设计自己的人生。孩子们从小学到高中再到大学,甚至是高考填报志愿,基本上自主权是很少的,很多都是由班主任、家长或家长请的"高参"帮他设计的人生,这个问题是我们在做高中课程的时候想重点解决的问题。你们现在去读高中课程标准,里面就有一句话"自我人生规划的能力"。其实,我们当时是想非常鲜明地把它提出来,后综合成了高中课程改革的四个要点,这是我们从调研调查当中得到的:第一个是社会责任感,第二个是批判性思维,第三个是合作意识和能力,第四个就是自我人生规划。我们也都是走过这条路的,在座的可以想想,我们有多少路是按自己的人生设计来走的。

那么,从空间维度来看,终身教育视域中的教育是全民的教育、全社会的教育,当然学校应该成为学习化社会创建的起点和核心,在这个意义上,我们重读一下伊利奇的书应该是有好处的,当然,他们态度比较极端,要取消学校教育,让教育完全社会化,所有教育任务由社会机构来承担,没有专门的学校。当然,他们针对学校教育的种种弊端极而言之是可以理解的,但是作为理智的思考,还是要看到学校教育毕竟是教育系统中的主体部分,《学会生存》这本书也很鲜明地提出这个观点,它所说的学校教育只是需要检修而已,并非破坏、颠覆。

其次,对基础教育的回应方式做一个解释。要理解终身教育是一种思想,终身教育体系的建立是这个思想转化为实践的必然结果,而且真正建立新的教育实践的体系是需要时间的。然后是要用这种新的观点和视角来反思以往我们对基础教育性质和功能的理解,由于以往改革实践中对基础教育性质有很多的误解和偏颇,所以要对基础性重新解读。第三就是在新的理解下重建基础教育,尤其是中小学教育的实践体系,这是三点概括的思考,我们后面做一点细节的展开。这也是我们在讨论高中课程中实际遇到的一个问题。

最后,对基础教育的"基础性"进行再认识。对基础教育有很多的提法,比如综合性、基础性、时代性等等,那么这里面的"基础性"该怎么理解呢? 第一,要有一种"与时俱进"的理解,就是说成为未来社会公民要打的基础。要从过去的"双基"到"多基",也就是除了知识技能,他的兴趣志向、意志品质、个性品德等都是很重要的基础,更具体来说,像计算机、外语这些早就应该成为值得关注的基础;另外,这些基础当中的"软因素"比"硬因素"更重要。为什么这么说呢? 我说的"软因素",指的是兴趣、爱好、习惯、志向、意志品质等这些东西,为什么说这些东西很重要? 我常常举的一个例子是,一个参加数学奥林匹克竞赛拿到奖牌的人,当记者让他说一句此时此刻最想说的话,他说"我这辈子再也不要学数学了,恨死数学了"。他在学好数学,打好数学硬基础的同时,学会了痛恨数学,这种带着痛恨的学习会对他终身发展有益吗? 这样的话很难成为他终身热爱和从事的事业。反过来讲,比如刚才讲的我的历史,上山下乡的时候不到 16 岁,我 1966 年读初中,66—68 年,大家知道这三年在干什么吗? 史无前例的文化大革命开始了,而且前三年最厉害的就是在搞武斗,那三年读书显然是不可能了,刷刷标语、写写大字报……这样游荡三年,然后是所谓"复课闹革命"半年,语文课学政治报告,学英语学"四个伟大"这些口号,其他就是工业基础、农业基础,我们称为"工基"、"农基",仅仅学到很少的一点知识。但是后来为什么能够考上大学? 这是我一直思考的问题,很简单,因为我喜欢读书,就是因为这个喜欢,使得我和我的同龄人走上了不同的路,这很能够证明兴趣比什么都重要。还有一点,在小学里学的知识到了初中就被覆盖,在初中学的知识到了高中又被覆盖,所以一个人随着他的自然成熟,理解能力的不断上升,他对有些问题就不会费那么大劲儿。话说回来,既然这样,为什么小学还要学知识? 学知识只是一个由头,是一个基础,通过学知识来学会认识世界。比如说水有三个特性,没有颜色、没有气味、没有固定形状,我把这结论告诉你,你两分钟后马上可以给我背出来,一本小学科学的书,一册课本,两个小时,聪明的孩子马上给你背下来,为什么要用一个学期来学? 就是要把这个知识展开,前人是怎么获得知识的,要将这个过程展开,让学生去亲身去经历,自己去发现水的三个特性,比你告诉他要印象深刻得多。其实你说这个知识重要吧,说重要也重要,说不重要也不重要。农村那些文盲老太太,从来不会说出水的三个特性,但是她用水吃水好好的,绝对不会出问题,她可以凭她的经验去生活。我们这里不是说诋毁知识,瞧不起知识,而是说知识在不同的年龄段起的作用是不一样的。我们中小学老师说起基础想到的就是"双基",其实基础远远不是这样的,在某种意义上说,"软基础"比"硬基础"更加重要。第二,过去强调的是"共同基础",所有人打同样的基础,而我们今天强调的是"类基础",为不同发展方向的学生打下不同类型的基础。新的高中课程改革方案有一个新的突破,就是超越统一的基础。举个例子,高中数学5个模块10个学分,这是必修的,如果你将来从事文艺体育这一类的专业,你就可以不要再学更多的数学了;如果你想去从事文科方面的研究,可能需要从事统计工作或软件运用等,那么再加一两个选修模块;如果你今后要从事工科专业,那要多加一点,三个、四个模块;如果你要专门学数理理论、数理逻辑,你要去研究这个方面,那你学的可能比必修模块还要多,你得选修啊。这就是所谓"不同的人学不同的数学",用这个就可以得到一个很好的解释。这就打破了过去课程设置中那种统一的基础观,为不同类型发展趋向学生提供有差异的基础。欧盟最近提出了一个参照性的框架,被称之为"终身学习的关键能力",这是一种把知识、技能和态度融为一体的新的理解,也是拒绝把基础与能力做机械划分的新的理解。这里所说的关键能力的"能力"是知识、态度和技能的融合,是每个人都需要的关键能力,以实现个人的发展和完善,成为主动的公民,融入社会,获得就业。这"8种关键能力"分别是:运用母语交流的能力;运用外国语交流的能力;数学能力与科技基本能力;数字能力;学会学习的能力;社会与公民的能力;主动意识与创业能力;文化意识与表现能力。这里还要补充一点关于"学会学习的能力",这其实是公认的。我们曾经邀请过西班牙的一位学者讲学,有位同学提问说,您感觉对学生来讲最重要的东西是什么? 他们说"学会学习"是最重要的,然后问他怎么解决的,他说我们现在没解决得很好,这个东西很重要但研究得不够,它究竟包含哪些东西,该如何去培养这种学会学习的能力,他们也缺乏一个清晰的框架。第三是从时空交织的意义上思考教育的"基础性"。法国学者埃德加·莫兰的《复杂性理论与教育问题》这本书不错,建议大家去读一下,这是他7篇文章合起来的一本书,大意就是在复杂思想的指引下来思考教育问题。书中提出一种构念,叫做"构造得宜的头脑",这个头脑是善于组织知识,避免把知识进行无效堆积。他提出,学校的每个学科都要在宇宙、地球、生命、人类这样一个整体背景下设置,这是一个很宏大的设计,"构造得宜的头脑"这个目标的实现,需要小学、中学和大学持续而共同的努力。当然他这本书里面说得比较概括和抽象,毕竟他不是做教育学专业的,但是所提到的东西是很到位的,抓住了"精髓"。比如小学阶段,"与其粉碎任何刚刚觉醒的意识所具有的自然的好奇心,不如把他们引向探寻",我看这一点算是世界性认识。每一个孩子小时候都是一本《十万个为什么》,但是在"应试教育"的折磨之下,最后变得连一个为什么也没有了,就等着老师问他为什么。在中学,学习应该成为真正的文化的东西的场所,它建立人文和科学之间的对话,这里面其实谈的是一个文理融通的问题。在大学则应担当起知识文化的保存者、再生者和创造者的使命,这里因为只涉及基础教育的问题,大学我就不展开讲了。

　　这里我再稍微把它发挥一点,是我新加的内容,发给你们的材料上没有。六月里教育学原理专业博士论文答辩,请了南师大杨启亮教授,我请他给我们的博士生作了一个讲座,他谈到的一个观点和我正在思考的问题不谋而合,他提出一个观点就是,基础教育应该有自己的任务,基础教育的办学质量高低、好坏,不应该由升多少大学来衡量,而应该有一套自己的标准,这个标准是什么呢? 他说基础教育是提供一种璞,璞里头是含玉的,怎么把玉雕琢出来,那是高等教育的事情，更通俗地讲，基础教育就是提供一块块好的木材，这些木材有的适合于雕这个，有的适合于雕那个，有的适合于做栋梁，有的适合于做装饰品，那么怎么进行进一步的精加工，那是高等教育的事情。一句话，基础教育必须与高等教育在评价体系上彻底脱钩，就是说不能站在高等教育的角度以便从升学多少来看基础教育的成效。这个观点我非常赞同，但难度是非常大的。曾有一位西班牙教育部的官员在回答中国访问团的问题时说，中学毕业生升大学的数字与学校的办学业绩有关系，但关系不是很大，因为每个孩子进入中学都带有自己的背景。在我们的实践过程中，参观一些非重点中学，发现他们的一些校长对重点中学是很不服气的，他们说你给我那样的学生，我也可以达到他们的那种层次。为什么会有生源争夺大战，症结就在这里。这必须要下决心才能解决，必须从评价上让它们彻底脱钩，同时还要避免对素质教育理解上的窄化和泛化。所谓"窄化"就是把它窄化为多搞点琴、棋、书、画这种唱唱跳跳之类的东西；所谓"泛化"就是有些人把素质教育的口号甚至提到了大学、提到了职业教育当中，我觉得素质教育就应该是基础教育的任务，而大学生有些素质不好那是"补课"的问题，不是它本来应该担当的任务。瞿葆奎先生写过一篇文章，他在平时也经常提到，什么叫"普通高校"啊？高校它就不是普通的，它就是专业教育，因为它已经进入到专业这个阶段，当然你可以说宽口径的专业培养，但是也不能泛泛地称之为素质教育。所以"素质教育"口号的不适当迁移，也是带来认识混乱的一个原因。

二、基于学校变革的素质教育区域推进

刚才所谈的问题是我近期对基础教育之"基础性"的思考，我们下一步研究就是打算到每一个学科里面去探讨，你这个学科里面到底哪些东西可以称之为应该的基础、必备的基础。4月份我们在杭州组织了几节英语课的听说评课活动，大家来讨论，发现这里面确实有很多"基础性"的东西，别的不说，这有开口的勇气不怕人笑话，这本身就是学习第二语言很重要的一种"软基础"。事实上，英语说得不好，只会受自己同胞的嘲笑，其实你在跟外国人打交道时，即使讲得再烂，人家从不在意你英语说得怎么样，他们最经常表扬你的话就是，你的英文说得比我中文说得好，（笑声）他给你的是一种极大的鼓励，让你有勇气你说下去，你要使劲喊出来。接下来，我们还想去探讨数学、语文这些学科中的"基础性"问题。我最近还在思考另一个问题，就是语文的母语和外语都有语感的啊，那么现在数学的新课程又提出一个"数感"的问题，这几个感也很有意思，我觉得这也可以打通了来研究，什么叫一个学科的"感"，进一步想，每个学科都有一个对人终身发展独一无二的作用，就是说这门学科是任何一门其他学科所不能替代的。比如语文给你养成的这种优雅，数学给你养成的一种缜密，艺术给你的一种气质，科学课教会你去思考、去探究、培养和延续你的好奇心，我想这些东西都是其他学科不可替代的，我们怎么把这些学科独特的价值挖掘出来？把这些学科所共通的、为人的终身发展所不可缺少的给挖掘出来？这一点，我特别推崇斯腾伯格研究智力的一个思路，以前的人研究智力从一种理论模型的推论出发，去寻找适合其理论框架的聪明人，结果表明很多所谓高智商的人在社会上碰壁，一塌糊涂；而斯腾伯格研究的叫"成功

智力"，是从已经成功的人那里去追溯到底哪些因素让他成功？他的智力上哪些成分是足以保证他成功的？所以他扩展了"智力"的概念，丰富了智力的内涵，这种研究方式也让我们感觉到这是一种更智慧的研究方式。

我把这个阶段开个头，第一，回顾与反思，从学校变革到区域推进大致上可以分为一个启动阶段和三个重要阶段，这里简单提一下，就是刚才说的高考以后的散点推进，教学方法、手段、教材的局部调整是当时学校改革的热点，到85年教育体制改革决定后，就开始出现一些综合的、整体的改革，包括我和我的老师所进行的"整体改革实验"。应该说在这样一个时代，从学校内部的改革开始，体现出一种取向就是追求效率，就是我刚才说的"快出人才、早出人才、多出人才"，在这样的一种思想的支配下，就特别强调过程优化、效率的提高。而到实施素质教育为追求的阶段，一个整体的追求是"提升内涵"，不是一个局部的亮点，再到义务教育经常追求的一种优质的均衡，既解决底线性的问题，同时在高端实现优质均衡，所以这是每个推进阶段的不同做法。从这种做法的影响面来看，也是从最初在一个班、一个学科、在某一个工作领域进行改革推广到课一个学校内部整体的改革，再到不同的学校之间的合作的改革，再进一步，由行政介入很多学校参与的一个推进，现在还有可能出现的就是不同的地区，从区域规划出发来推进这种改革的发展。学校变革在我国一直是受关注的主题，80年代我们先提到整体改革，引进系统科学方法论，强化了在学校层面上进行变革的整体意识，当然最初主要是整体性系统观的一些口号，到90年代的时候，我们和北师大遥相呼应，进行了这种主体发展实验，主体教育是针对传统教育忽视学生的能动性、自主性和创造性的宿病，主张让学生成为教育的真正的主体。我写过一本书叫《整体优化论》，书里面作了一些介绍。目前北师大的一些教授们还在继续进行主体教育实验，重点基本上还是在课堂教学（从我的观察来看，可能不全面），对于班级建设和学校管理可能涉及比较少，还没有形成对学校进行变革的一个完整的框架。

在区域推进方面，由于研究者指导的学校数量比较多，跟进较快，比较少对实践的深度介入和研究，所以也没有形成步步深入的一个逐阶段的推广计划。这个批评也包括我对自己的一个批评，就是自己也在中南，特别是湖北、湖南做过调研，当然比较多的是在湖北地区。湖北地区也有这种情况，我们做的过程中湖北省教委派了一个初教科长一直跟着我们活动，后来才知道那是我们教委主任放的一个"观察员"（笑声），他是想看看这个实验到底怎么做的，有没有价值推广，到后来教委主任终于下了决心在全省推广，发了文件，确定了重点联系学校，还进行了一次培训，但是后来就没有声息了。结果那些确定为重点联系学校的学校，如果以前是有联系的继续联系，如果以前是没有什么联系的则继续不联系，也就是说这个行政推广搞得有点形同虚设；还有它本身就是一种行政命令，也就是说从湖北的这个例子得出来，区域推广时候往往会给你一种很大的架势，但是最后你发现什么也没有，就是说整个过程是不监控的，过程不监控就放任他们去做，到快要结题的时候，他会来催你，下文件说我们的课题要结题了，那些学校平时就没怎么做，那个时候怎么办呢？就找些专家教授来笔下生花地帮他写几篇报道，最后就算交差了事。这确实也是我在湖北做的感觉有点悲哀的地方，就是你下了这么大劲要行政出面出来推广，结果最后怎么会是这样一个结果啊？我们后来也不太在意这个事情了,但是现在看来就是行政领导本身这种意识也在进步,他们也在开始考虑怎么把事情做得更落实一些,所以行政这股力量还是不可忽视的,只是说从我们这个角度讲,要怎么利用这种行政力量,把我们的工作做得更实、介入的更有效? 从 20 世纪 90 年代开始,华东师大教育系与上海常州以及东南沿海一些城市开展了"新基础教育"研究,这是由叶澜教授主持的一项历时 15 年的大型研究,今年 5 月份已经做了一个成果发布和现场研讨。这项研究在本质上是推进学校进行一种转型性的变革,这个变革顺应着当前社会整体结构的转型以及相应的教育结构和功能的转型的大趋势,致力于学校整体面貌内在机制和实践形态的有结构的变革,以此实现学校由近代型向现代型的根本转变,努力创建 21 世纪新型学校。其实"新基础"的这样一个理想,它内含着一个更深层的目标,那就是改变师生在学校的生存方式,我觉得叶老师对这一点的洞察是很有力度的,也就是说,我们现在接触到的课堂,我们天天看得到,从报纸上、日常交谈中随时可以体会到,大家对这个现状不满的。我们可以说课堂是一种"沙漠化"什么的,"新基础教育"研究的一个前提就是说观察到学生的被动的、机械的学习,不是简单地用一些活动,比如让你可以离开座位自由讨论了,或者带上头饰去表演了等等,不是给他一种形式的快乐、高兴,而是要去思考这样的一种生存方式,其实学生的这样一种被动也意味着教师的被动。想想看,教师为了完成应试教育评价指标的那一套东西,他要做多少违心的事情啊? 他即使自己有一点想法,也会被这种东西给抵消、给抑制,无法释放出来。所以我们从这个当中看到的是,学生很被动的生存状态,不主动、不自主,没有创造和想象空间。针对这点,它表层的目标是创建新型学校,而它内含的则是改变师生在课堂、在学校一种被动的生存状态,这其实是对"转型"的一种很深刻的认识。在这里稍微展开一下,什么叫做转型的变革? 什么叫做非转型的变革? 其实我们现在所看到的大多数的学校,哪怕是在全国自上而下轰轰烈烈的新课程改革当中,很多都是某一个局部、某一条线、某一个部分的改革。课程改革确实很重要,在学校里它是一个规划性的东西,但是由于我们国家长期以来的这种课程观念就是文本的——课程计划、课程大纲、教材,它是一个静态的课程观,是一个"小课程大教学观"。但是现在给我们灌输的是一种"大课程小教学观",就是教学成为课程实施的一个部分,这样一来,你要理解教师是课程的真正的创造者就有困难了,教师怎么是课程的创造者? 他参与了多少课程标准设计? 他参与多少教材的编写? 当然还有一个最关键的就是,他最后怎么去迎接每一年的或最终的一个评估。所以这个其实是自由不起来的,表面看起来新课程给了地方和学校很多空间,但到了地方、到了学校就没有空间了,这当然有很多其他的原因。我们说评价要以课程标准为主,但是你不用它的教材就放心不下,可能考试要吃亏,所以还是变成了教材决定,所以诸如此类的很多问题,我觉得仅仅只是从课程条件下而不是从一个学校整体变革来看,始终是会碰到很多问题,所以非转型的变革和转型的变革有着本质的不同。

首先在于学校发展的价值观和目标的重建。所谓价值观里面提到生命的、主动的、积极健康的发展,然后是创建新型学校和改变师生生存方式。从学科来看,学校不外乎分着三个领域两个层面:实践层面的,一个课堂教学,一个班级建设;管理层面就是学校组织、制度和文化这些东西,因此在实践学科领域这一块，可能是要实现一种学习方式和学科课堂教学的重建。学校德育和班级工作这一块，我们国家也是长期存在一个没有解决好的问题，就是说我们把德育工作独立出来，表面看来是强化了对"德"的重视，但实际上，有独立的一块德育就相当于把教学当中应该培养学生德性的那一块给忽略了，以至于出现一种状况，我的同事经常提到，他说有个老师上课时两个学生打架他也不管，下了课他去找班主任，他说"你"有两个学生在"我"的课上打架，你去处理一下。有人问，在你的课上发生事情应该你管啊，他却说这是班主任的事情，你是班主任当然归你管，如果你还要问他，他还会说班主任有津贴我可没有拿那个津贴。所以这里是一个悖论，你想重视它，重视的结果是发现反而忽略了它。就像我经常笑这个探究性学习一样，因为大家过去都不注重探究研讨，我现在要提醒大家注意，就把探究性学习变成课程，这下该重视了吧？当然，在"研究性学习"的课上我就搞研究性学习，那其他的课我就不管了。其实，学习的探究性应该是渗透在各门学科当中，所以你想重视它就把它变成课程，结果反而是把其他学科当中应该有的东西给取消了。所以我们觉得学生的成长不仅仅是"德"的一个方面，它应该包含更多的内容，针对学生发展的整体来看，我们就从班级这样一个组织来提出。事实上，对班级组织的认识，我看现在的普遍问题还是把它当作一个教学组织，没有把它当作是一个准社会组织。杜威非常关注学校里面各种形式的组织，他的观点是说，学生从家庭到社会有个过渡期，这个过渡期就是在学校，而学校提供给他们的就是，让他们学会过一种组织的生活，在组织里面过一种民主的生活，由于在组织里头承担不同的角色，而且这种角色不断地在转换，他也就慢慢学会了如何跟人打交道，如何跟人谈判，如何跟人合作，如何学会据理力争和有理有节的妥协，一个人的社会性就在学校里面成长起来。当然，一个人不可能一一地去亲自行使他应该有的权利，他可能会把自己的权利交一部分出来，也就是让渡出来，交给谁呢？就交给他信得过的人，这就是所谓"代议制民主"。于是，班干部的选举，班委会的成立就担负这么一个作用，这就和他以后成为一个公民，知道怎么行使他的投票权利是一个道理。所以班级组织对人的社会化，对人的一些品质的养成是非常重要的，在我们"新基础"的一些基地学校和实验学校当中，对班级工作这一块是相当重视，可以说是非常有创意的一些东西。比如设置"小岗位"之类，就是说给每个人一件事情去做，这件事情有时候会说得很漂亮，比如负责窗台的打扫，那么你就叫"台长"（笑声），就是类似的比较搞笑的给岗位赋予一种既有趣味同时又有一种责任感的做法，还有民主选举班干部，选两套班委，一套在朝一套在野，在朝的时候要执政行政，要接受在野班子的监督；还有一个就是"校园当家"，从班委会到学校这个层面里去做一些管理工作，学校的卫生、纪律、出操这些东西就交给你管，从中队长变成一下子行使大队长的权利，过把瘾。好了，大家在做的时候，要么就是一下子做到底，从1年级做到6年级，那么我们"新基础"里面，李晓文老师，李家成老师，他们做的这一块非常有意思，把它分布到学生不同的成长阶段，比方说，1年级时候，那么小，他自己都管不好，怎么去当班长？怎么去管别人？还有，中国的"官本位"思想渗透到家长那里，我孩子读书的时候，我的一个同事是地方上的一个政治新星，人大政协都有职务，他说我帮你说说，让你儿子当个干部，我一再劝阻他，我说这个干部不是你说让他当，要让他自己去争取或者他不想当也就算了。湖北的班额较大,五六十个人,你要让这个孩子受到老师的关注,除了当干部恐怕没有别的办法,所以这个社会官本位折射到学校里面来会变成一个让人感觉很不舒服的现象。那么,我们"新基础"的学校怎么办呢? 我们不要这些东西,开始时就设小岗位,就让每个人有个岗位,这个岗位的意义很大的。第一,锻炼他的能力,他会做这个岗位要做的事情;第二,给他一种负责的精神,你设岗位就有责任制,就有一种负责的精神;第三,学会为人民服务,你看我们这独生子女都是家长为他服务,他何时为别人服务过? 他做了这个岗位就学会了我帮人服务,我的付出也是一件很快乐的事情。所以我想这就很好,适合于低年龄段的。到了2、3年级做什么呢? 就做小队和小组,这就开始学会跟人打交道,跟人合作,当然在这个岗位阶段也会慢慢有个过渡,因为有些岗位可能要好几个人来完成,或者一个岗位几个人来做,今天你做,明天他做,也涉及到一个分工协作的问题、交接班的问题。好,过渡到小组小队活动,学会合作。再往中年级,就是培养班级骨干。再高一点年级,就是双班委,就是我们说的在朝在野,要述职,要评论。再到最高年级,就开始在全校范围,就是当家中队,这一周五三中队当家,再下周就五二中队当家,就是这么轮换下来,让他到一个更广阔、更大的平台去锻炼自己。一次我跟李家成老师谈到这个问题的时候,我说目前我们这个做法还属于经验的层面,还需要理论的证明,为什么这个阶段就适合于小岗位,为什么这个阶段就适合于小组合作? 就是说我们还要提供更多理论上的证据,这块工作它所产生的效果是什么呢? 我只举一个例子,我们华坪小学的一个教授数学的陆老师,她专业上不是很拔尖,我们数学学科组好长时间都没有发现这么个人,也没有出来做过公开研讨课,但是这个班的学生特别喜欢数学,因为陆老师是一个金牌班主任,很优秀的班主任,工作做得特别好,结果有一次校内对学生的调研,就说列出三个你知道的数学家,他们第一个说的就是这位陆老师,认为她是数学家,而且她班的成绩不光是在全校第一,而且高出区平均分10分以上。这个班级很有意思,我们说小孩子可以因为喜欢一个老师而喜欢这门学科,更好的是,因为班主任工作做得好,孩子们喜欢所有的学科,这就是改革开放30年很多人一直盯着课堂做也不见得做出多大成效,但是有的绕道迁回,把班级工作做好,把孩子这种学习兴趣、自觉性、自主性调动起来,他同样学的很好。所以这又一次证明我所说的"软基础"的重要性。班级工作这类的例子,我在其他的非"新基础"的学校同样搜集到一些证据,在初中甚至在高中,都会有这种因为班主任工作出色而学生的学科成绩出色的一些例子,很可惜的是,现在意识到这个问题的人确实很少。可以说只要给一线老师做讲座,我会不遗余力地根据这些例子去呼吁他们抓这个工作,但是效果还是不太明显。通常情况是这样,就是你在课堂教学改革、班级建设变革,把这个实践层面的积极性调动起来以后,他们就会提出很多的改革措施和要求,这些要求对局部来说是合理的,但往往到了一个学校整体,就难免发生利益的冲突。比如说,我这个学科主要做教研,我的教研组长很资深的,经验很丰富,但是比较保守,不愿意改革,该怎么办? 还有,我要改革,但学校有些规章制度给我限制,要调整一下教学内容还要去请示校长同意,那如果天天要变动,天天要请示,多烦啊。也就是说,实践层面的改革必然出现一些问题需求和矛盾冲突,谁能解决这些冲突? 这就需要管理层面的改革。组织制度要进行调整,文化要相应更新,所以这就是在学校组织制度和文化这块,后面如果有时间,我会把这方面大幅度展开一下,这里我们先点一下为止。大家要把学校作为一个整体来看,它大致这么两个层面,这两个层面的改革,现在是一个轻一个重,一条腿粗一条腿细,这么一个层面的改革,它必然提出一种对管理层面的重新构建的问题。我们长期以来所讲的管理,现在的管理学已经渗透了很多新时代的内涵,也就是说,管理本身也并不是只是去追求一个秩序,管理本身也包含着领导,但是你要说得时髦一点,讲讲组织行为学、领导学,应该说这些年组织行为学和领导学学科的突飞猛进,给了教育组织者研究者也有很多新的启示,当然我们后面也会适当地谈一下这些方面的问题。我这里是想说明,我们所说的内在机制,是基础性的那些东西的品质,就是我们说的"元素"吧,张艺谋喜欢讲元素,就是那些元素以及这些元素之间的关系,就需要在改革背景下重新去调整、去优化;我们这里说的组织制度,它是一种事情上的一个要素,而我们说的人、领导者、教师、学生是一种人的要素,体现着人的要素,它在形成一种事理的时候,我们也可以把它称为文化,因为文化总是和人在一起的。

还有就是学校变革的方法论重建。可能同学们也知道,我自己是写过不少教育研究方法方面的书,也主编过不少这种书,但其实我一直以来感到没有办法再写下去了,因为我们现在讲的这些方法,大量的都是自然科学,或者说来自社会科学改造过的一些自然科学的方法,也有一些社会科学独有的方法,比方说调查、深度会谈啊,但是我们学校改革、教育变革的独特的一些方法和方法论在哪里?我想这也就是我们在进行这些改革的尝试的同时也是需要思考的,这是一种元思考、元研究,也就是说把自己的行为作为对象来研究。那研究我们到底吸取了哪些通用的方法,同时又形成了我们自己哪些独特的方法?我想在谈到后面一个大中小学合作的时候,对自己方法的思考和体验,按照社会学研究的规则,我们不应该介入很深,这也算是对我们自己方法论的一种思考的提炼,当然它是针对着变革主体来说的。我现在思考的一个问题就是,按照社会学研究的一些规则,我们不应该介入的很深,我们介入深了以后,我们研究出来的东西就不可观了,就不是原来那个东西了,为什么呢?因为你进入到学校,事情就不一样了;但是如果不进入学校也不可以,因为社会、学校、教师给我们很高期望,希望我们进入学校跟他们一起共建,可我们又担心我们的介入会不会给他们带来压力,或者说我们变成一种新的规训?他们不是老反对规训吗?哪怕是很柔和的规训也不行,(笑声)那么你说我们到底应该怎么办?我也在思考这个问题,所以我的思考是在什么时候、处于什么目的我们需要介入,到了什么时候又处于什么样的目的和需要我们又应该不介入?就是该介入的时候介入,不该介入的时候不介入,这个我们也放在后面来谈。总之,我们一直想寻找一种独特的东西,就是最能够反应我们自己教育特性的东西,而其他的学科所创造出来的方法,只要我们拿来觉得能用我们就把它吸收过来。好,那着眼于内涵和整体转型式的变革,它是"新基础教育"的一个首要特点。

第二,"新基础教育"共三个5年,第一个5年是探索,第二个5年是推广和发展,第三个5年是成型,在这过程中不断把推广和发展相结合,不是简单复制,而是在推广过程中不断创新,事实也是如此,从局部研究到了一个大面积研究的时候,肯定遇到的问题都不一样,在推广中不断生成发展的因素,使推广过程始终是一个理论和实践双向建构的过程,一个不断更新的过程。那么，"新基础教育"的发展阶段和成型阶段所采用的推进思路都是，基地学校深化和区域辐射推进并重的特点。

最后，"新基础教育"是一种多元主体、多层合作的共同变革。多元主体我们至少有三大元：高校的理论工作者和地方的研究人员这算一个主体；一线的校长、教师是第二元；第三元是区域的行政领导。多层合作，我们可以在班级层面，在课堂教学学科层面，还可以在管理层面，还可以在区域行政，就是校际合作区域行政整体布局的推进多层次的合作这样一种共同变革，多元主体构成一个共同体，各自发挥自己的特长，但是又聚焦在一个点上，就是学校的变革和发展，在提升学校知识、成就的同时也在不断促进自身的成长，我们自己每个人也是在这个过程中得到一种发展。

在这里谈几个启示：第一，无论自上而下还是自下而上的改革，最终走向上下结合。我在做高中课程的时候体会比较深的就是，课程方案再好，取决于每个教师对这个方案领悟到什么程度，认同到什么程度，实施到什么程度，没有这种理解、认同和实施，再好的方案都是一纸空文。因此，我们在高中课程研制方案后期，本来还希望我来参与的，做的事就是校本教研制度，希望发布一个校本教研制度来推进。这个目的是什么呢？就是说你离开了校本培训和校本研究，新课程的一些东西就无法落实。当然说一点稍稍题外的话，因为现在教育部更换人以后，他们的重心已经不在新课程，在哪里呢？在做中长期规划，大量的资金都投到了这个上面，新课程还是 2003 年的时候一个议题。我上次在澳门开会，香港去介绍优质学校改进计划，它那个计划最初是个基金，后来是政府投入，这个基金相当高。相比之下，大陆这么大规模的课程改革也就才 1 个亿。5 月里一位曾负责全国新课程设计的同事来华师大参加结题活动，对我们的数学课进行了很好的评点。过程中我跟他聊起来，他说他原来有一个宏伟的设想，希望成立了十几个大学的课程研究中心以后，就去聘请一大批高校的或者基层的研究人员，用钱把他们的时间买出来，让他们巡回到各个实验区去做一些辅导和研究，但是没有后续经费没有办法实施。再问他们怎么实施的，就通过网络、博客来研究，你说这么大一个国家搞课程改革的这种介入实践的指导，居然是通过网络和博客来做，这不是觉得有点滑稽吗？所以这里可以看出，课程改革在实施阶段就必须有教师这个教学主体的主体性的充分发挥。这是自上而下，需要由下而上地托起，而我们这种发自基层的"新基础教育"、主体教育、整体改革，一旦得到地方行政的支持，它也就转变为一个地方基础教育改革的政策和策略，闵行区这些年来一直是以"新基础教育"为龙头来推进它区域教育的内涵发展。这里不管哪个路子来，它最终是一个结合的状态，也就是说这三个层面既相互制约又相互支撑。第二，区域变革为上下结合型的变革提供了一个良好的平台。来自不同层面的基层学校、教育行政和大学研究人员聚集在一起，共同成就提升学校之"事"，这是刚才已经提到了的观点。第三，学校区域改革与学校内涵发展必须要有一个结合，也就是说，学校改革要走到底必然要有一个区域生态来保障，一个学校孤军奋战，凭着它的意志力和勇气可以支撑几年，但是它很难长久支撑下去，它最终必须要在区域生态里面存活，没有学校深度变革，区域改革会失去依托。同时，缺少了区域改革氛围烘托的单个学校变革会成为孤岛，为了防止这种架空和孤岛的现象，学校变革与区域改革必须同时推进、相辅相成。这是我在当时申报基础教育基地重大项目的论证中也提到这一点,国内外这两方面的研究都缺乏在这两者之间建立起内在联系的一种清醒认识,这需要有着眼于关系、过程的综合性研究思维和整体构建的发展思路。第四,当代学校变革应该着眼于"转型性变革"。转型是一种结构性的重组,不是修修补补,也不是线性的以新代旧,我们"新基础教育"第三个5年所提出的一种"成型",这一概念我认为是很有新意的,为什么呢? 改革不能一味地破坏、一味地前进、一味地创新,创新出来行之有效的东西必须让它稳定、让它成型、让它成为一段时间内可以保障形成的一种新的秩序,在一种新的秩序下运作、运行。否则,你老是破坏、老是改革、老是更新,新的稳定形态始终建立不起来,所以成型性研究就担负起一个创造新秩序的作用。最后综合起来要以学校的转型性变革为基本内涵、以区域推进为基本方式,我们现在还需要综合起来研究这种方式。以学校变革理论与素质教育实践的互动生成、双向建构为基本过程,这里特别要提到一点,学校变革理论与基础教育改革理论对我们教育学的发展还是非常重要的,可以这么说,教育学原理的发展,更多依靠的是基础教育的改革,而不是高等教育。高等教育学是教育学原理在这个学段的一个推广,它本身又有特定的一些领域,也有它另外的一些领域,但是我这里说的,就教育学原理的基本理论的建设来讲,基础教育变革是一个最重要、最核心的领域。最后,要以学校、区域行政和理论研究队伍作为变革的基本力量。好,我们第二个问题的第一点就谈到这里,大家休息一刻钟吧。(掌声)

我给大家一个建议,就叫我杨老师,因为一听到叫"杨教授"我就觉得距离特别远,老师是一个非常通行非常亲切的称呼,记得我在农村做了几年民办教师,第一天上班到办公室,校长用粉笔在我的办公桌上写上"杨小微老师",我心里头舒服得很。(笑声)

好,接下来我们把第二个问题的第二点做一些展开,区域基础教育变革的差异与均衡。为什么我在前面有一段论述有关学校变革和区域变革的关系,这点我们必须要有一个清醒的认识:就是在区域里面推广、辐射、扩散,到底推广、辐射、扩散是什么东西呢? 它必须是一个优质的东西,也就是说优质资源的扩散与辐射,这种优质资源是我们带有研究性地培育出来的,就像一个细胞或者说一个基因一样,我把它培育出来以后,把它放到一个更大的范围中去放大它的效应,那么这个时候你如何去组织推广? 这需要有一个机制的问题。用什么方式能够比较好,还比较有效地达到你的目的? 关于区域教育发展这一块,我刚才介绍了我的一个背景,就是在中部待过20多年,然后来到东部一边读书一边研究,到后面接下来工作,这期间有参与西部的一些改革,我在西部做什么呢? 做校长培训。从这个校长培训教材的开发到培训者的培训,再到大面积培训,我的那个开发小组有西北师大的老师,有地方师范学校的老师,还有更多的是项目学校的校长中的佼佼者。我感觉在那个模块里,也跟做导师一样,他们也跟我的学生一样,为什么呢? 西部的中英项目是英国发展部的一个项目,由一个叫剑桥教育公司承办,老外做培训有一个理念:不是研究者、理论工作者拿一个教材去灌输给他,而是和他们一起研究,由他们执笔写出来。我现在一共开发了8本教材,就是四个模块八本教材,上面没有我的署名,我只是一个指导,执笔都是他们,这是他们的一个理念,必须由地方人员自己领悟这些思想,从他自身实际出发,他的体悟,他收集到的相关的例证形成一种培训的资源。其实那些教材里是没有"新基础"的,不提"新基础",但是我会把我们自己认同的一些理念，用他们可以接受的方式教给他们。

　　我们基地后来申请到一项教育部重大攻关项目，其中我负责区域素质教育推进这一块，我们有一个很庞大的课题组分布在广西、云南、西北、华中，还在东部地区做了一些调查和研究，这其中有一些体会在这里跟大家一起分享。最深的体会就是，区域间的差异小于区域内的差异，我把它定义为"内差异显著"。"内差异"有两种表现，一是从学校教育发展的资源配置上来看，是极其不合理的。这里引用了2005年的一个例子，同一市（州）普通初中校际间的"生均公用经费总支出"差距达到3.4～37.3倍，其中超过10倍以上的市（州）多达11个；而普通小学校际间的差距更是高达14.3～439.2倍。这个差距简直是天文数字一样的差距。超过100倍以上的市（州）有6个，超过50倍以上的市（州）有8个之多。这也就是说它已经不是一个局部的现象，你再看高中阶段这种重点示范高中和普通一般的高中，这种差距更是不得了。另外，不管是小学还是初中，获取公共义务教育资源最多的学校基本上分布在城市，获取资源最少的学校则基本上都分布在农村。这当然也是一个差异了。那么这个内差异还表现为一个"内涵的差异"，这点在东部地区比较明显，就是说学校之间在办学条件、基础性设施等"硬件"上基本不存在差异，但在办学理念、人的素质、领导与管理观念及能力等"软件"上存在较大差距。我刚刚学了一个词叫"湿件"，在多媒体这种系统当中，凡是涉及人的脑袋、人的情绪这些东西，都可称为"湿件"，为什么呢？是不是因为所有有生命的东西都是含有水分的，所以才叫湿件。我刚刚讲了"新基础教育"在闵行区的推进，其实就是说上海市闵行区办学区位条件已经不存在差异了，它的差异就差在内涵上面，差在人的素质上面，差在管理理念和管理能力上面，当然很多众所周知的差异我就不说了。均衡其实也有不同的均衡，不同发展水平之下所追求的内涵是不尽相同的。像西部地区，可能现阶段免费对他们能解决问题，至少可以保证人人都有书读有学上，但是上海呢？上海市教委副主任张民选在我们基地举办的国际会议上介绍，上海已经跨了好几步，从"有学上"到"上好学"，"上好学"的问题已经基本解决，接下来就是"上自己想上的学"，就是有弹性地满足个人不同需求的一种教育，这是上海，已经发展到了第三步了。《中国教育报》副主编翟博有一篇文章写到均衡发展的四阶段，低水平均衡、初级均衡、高级均衡和高水平均衡。低水平均衡就是说解决温饱问题；初级均衡是在办学条件、整体面貌上基本上还像样；高级均衡就是说开始追求内涵的均衡，但这个内涵也是一个底线性的；真正到达一个高水平、优质的，大家都是优质的，这样的一个状态称它是高端均衡的。下面我们就要对差异均衡这样一种关系问题作一种理解并且提出一些解决思路，关于差异我认为是有至少有两种类型，一种是自然的差异，一种是人为的差异。我到云南去做过一些调研，跟一位同行朋友聊天，他很善于思考问题，因为我在西北做了很长时间了，所以那次他谈的观点我很赞同。他说西部都穷、但穷法不一样，西北是穷在资源，而西南是穷在教育。因为在西北你再怎么使劲，地里不长东西，是一点办法没有。我第一次到西北，从兰州坐火车到刘家峡，这路上满眼都是黄土，除了黄颜色看不到别的颜色，用我一个同学的话说，那是一个叫人绝望的颜色。不过我们会很新奇地发现，路边沟沟坎坎只要有点水就有一点儿绿，生命其实是很顽强的，但它必须要有必要条件，就是水。到了刘家峡就不一样了，水库的水非常清澈，我们说这难道就是传说中的黄河水吗? 我们每个人都用瓶子灌了一罐水带回来,自豪地告诉别人是黄河水,恐怕没有多少人相信那个是黄河水。西南还是树木葱葱的,但它属于高寒地带,有些作物是不能生长的。不知道你们有没有看过王小波的一本书,书中讲他在农村干活的感受,从牛栏里头弄出来粪,其实那个粪的成分很少,土块里带那么一点点牛尿牛粪的气味,就当宝贝似地把这些基本是土的东西用独轮车推到田里去,推到田里要走很远的距离,有时候要上坎,就得有个人站着用钩子把独轮车勾上去,他说人干一天活累死累活还不算,到底能够做多少有用功是很值得怀疑的。就那么一点点肥效的土,搬来搬去的,他就在那感慨。他后来去西班牙那些地方,看见人们很会利用风力,利用轨道、绳索、滑轮搬运东西,人家这才有点科学的意思在里面,而我们祖祖辈辈就这么干活,就这么冒傻劲。我们可以看到,自然条件的差异有时候是不可改变的,但是也未必是完全不可改变的。

云南师大引进一个福特基金项目,云南大学教科院就去帮他们培育马铃薯良种,传授养猪等技术,这个地区马上改变了,把贫困的帽子给扔了,他们乡党委书记很高兴,但是说贫困县的帽子不能脱,脱完了国家就不给资源了,比如这修路的钱就不给拨了,这帽子咱们还是先戴着,(笑声)其实农户实际收入已经得到极大改善了。这就是说引进教育,引进科技,如果没有教育他不会用科技,尽管讲很多科学种田,但是没有这样有科学意识的农民,就无法科学种田。因此,自然的差异我们暂时不管它,但是有一部分是可以克服的。而人为的差异我刚才提到了,3、4 年前还有重点小学,后来当然是绝对不准提重点小学了,就是义务教育和人人享受同等品质。但当时我觉得确实是出于无奈,资源太少,优质资源太少,所以集中起来培养一些尖端人才把国家经济搞上去。30 年前的无奈在后面就变成有意而为,就慢慢变成地方党政一把手的政绩工程,这是绝对的有意而为,他不是办不到,安徽铜陵抓教育均衡很有效,但是在更多地方,他宁可让它这样下去,为什么呢? 曾经有个督导员给我提供的一些材料,他就讲他们的区委书记、市委书记如何在大会小会灌输"应试教育"的东西,明确提出要有几个北大清华,几个重点大学,这个指标就交给教育局长去执行,教育局长就把它交给几个高中,高中校长怎么办呢? 就让老师承包,每个老师就承包几个能够上大学的、上重点的。你看看,整个区县的教育系统就围绕着几个升学有望的人,为了政绩上的一个亮点,不惜让更多的人变成"陪读",即使升学无望也得陪着玩,所以他就是一种有意而为。

那么对于均衡的理解,我认为既然差异有不同的理由、原因,那么均衡也应该是有差异的均衡、优质的均衡、动态的均衡。其实在这个世界上,差异才是绝对的,均衡只是相对的,甚至有的时候我们会用"不均衡"来拉动"均衡"。比如说,前 30 年重点学校动机就是一种不均衡,但是它把整个教育改革拉动以后才会出现今天大力地去倡导均衡的局面。所以 30 年后和 30 年前是不能够割断来理解的,这个差异是绝对的,只是说缩小那些不应该有的差距,尤其要缩小那些人为的差距。我们的均衡不是把高的拉到低的来均衡,而是反过来把低的拔高,高的更高,这种均衡也是不断动态调整的,可能最初允许有多大幅度的差异,最初允许它在低端上的均衡,然后它会慢慢逐步提升到一个高端的均衡。还有,不同的地区可能要追求不同的均衡。我最近在《教育发展研究》上有一篇文章,谈到三种均衡方式:一种称之为"成长性的均衡",这种均衡是需要不断提升底线的,可能西部地区和发达地区的落后地区,即东部里面的西部,我们前不久去的淮阴,在苏北,属于不太发达的地方;第二种是一种互动转化式的均衡,互动转化就是说可能是强和弱之间的互动,也可能是弱和弱之间的联合,我后面会有一些例证,这里只谈一个思路,那就是说在已经不均衡的情况下,尽可能多一些层面多一些维度互动交流、合作分享,使这些资源能够在内部实行一些流动,并且在流动之中又有放大,也就是我们前面说的在推广中有发展;第三种是追求效益的均衡,那就是说发展差异要转化为一种发展资源,这是我们刚才说的强弱互动,或者说有龙头牵引这个类似的方式,我们后面会讲到闵行区,它有很多个组长学校,7、8 所学校形成一个集团,集团里有一个基地学校去引领,到后来基地学校退出引领,然后从 7、8 所学校中选出一所学校来担当引领的责任。这个差异还体现在一些微观领域或者说学校的不同特色的方面,即使是弱势的学校也都会有强势的一面,把这种强势的东西集中起来进行交流、扩展,那么在学科里也是这样,不同学科之间的教学的相互研讨,吸取别的学科的特长,恰当运用到自己学科当中来,这都是一种更积极的状态的均衡。

我们这里回到一个宏观层面的讨论,就是用改革来促进均衡,它可能面临着一些重大的问题。我想在东部地区可能要考虑如何巩固和发展以强带弱的成效与经验。事实上我们今天已经能够见到很多做法,主要有委托管理、名校集团化以及名校办民校、办分校等等。在上海浦东地区率先开展的"委托管理"(简称"托管"),是指浦东地区把它的"优质资源"利用起来,比如福山教育基金会、成功教育研究所等,有时它的优势资源不限于浦东,如华东师大、上海中学这类。总之,上海市甚至全国有的资源只要能够利用,它都尽量利用,然后托管那些如东沟中学这样一些比较弱的学校,由这些薄弱学校提出托管的计划,寻找托管单位。比如说东沟中学找到成功教育研究所,他们就会把成功教育研究所请过来策划一个托管方案,甲方乙方各自要做什么东西,这个钱是由浦东社发局买单。浦东社发局局长尹后庆,现在调任上海市教委副主任,他把这种托管模式推广到上海,也就是说,政府出两个资源,一个是政策资源,一个是直接的经费资源,鼓励薄弱学校去争取、分享这种优质资源。杭州市委书记王国平,也是一个有教育理想的人,也是能动大手笔的,他提出一个叫"名校集团化",这个名称不太确切,常常给人一个商业的味道,其实它恰恰不是经济味道而是有很强的政治色彩,也就是说,强带弱是一个任务,你理解要执行,不理解也要执行,他就给你做成若干个集团。其中优秀的学校就要起一个引领的作用,这是没有话可讲的。现在有个什么问题呢? 就是好的学校做贡献,自己好像没有什么直接收益,要说有收益就是通过带别人可以把自己再提高一点,所以他们其中有一个江干区的局长,有一次参加我这边一个课题组活动,他听了介绍后突然非常感慨:你们上海的做法让优质学校能得到一些补偿,就是说可以得到一笔经费,而我们那里完全就是尽义务,好学校的动力不足。我们现在正准备把这些区域的经验做一些更细致的比较。北京市也有一个"名校办分校"、"名校办民校",反正类似的挂牌,有点像连锁店经营方式。北京小学校长提到一个想法,他说我们前面谈到的两种,它会有人才输入,比如托管单位会派一个校长过去,那么它会带来一个问题,原来的校长就会感到有点压力、有点委屈,杭州的这边是尽义务似的,耽误很多时间,有些不情愿。而我们这里说的北京小学,这个校长所坚持的是,北京小学是一个品牌,我在带动这些学校的时候,我不派一兵一卒,不派任何老师,也不派骨干、干部,但是他首先参与评估,就是说他看你这个学校要申请成为我的分校,我去去检查各种硬件、软件,我认为合乎标准了就答应签约,签约以后你去招聘人才,北京小学派人去跟你一起物色教师、选拔领导,也会在暑假里派人培训,但是你要让我动一个人我是不干的。为什么呢?我把人都分散了、分出去了,最后北京小学办垮了,那这个集团还有意义吗?我坚持我这个品牌不能倒,所以这又是一种思路,当然现在出现的这种合作的方式都是在较为发达的城市。究竟这个托管方式是不是能够把差异实实在在转化成资源,是不是真正能够解决"高位均衡"意义上的可能出现的新问题?我也看了一些材料,比如说刚才提到的东沟中学、闸北八中,成功教育中心就是把闸北八中的一套完整的管理流程全部输入到东沟中学。闸北八中当初就是一个薄弱学校,现在薄弱学校找它来托管应该说是有一种天然的合理性,但是时代是在发展的,现在薄弱中学的问题可能和当初闸北八中面临的问题是不大一样的,或者说它那样一个组成,那样一个教师队伍,那样一种管理状况,是不是简单接受你的管理流程就能够变成闸北八中呢?这可能更是一个问题。其实我觉得更好的一个办法倒不如,这个研究中心派出一个团队,三五个人,到需要托管的学校进行调研、诊断,然后和学校的校长教师一起研讨、提出改革方案,甚至包括如果校长确实不称职,短期内不可能有明显提高,可以替换校长,但是我觉得不应该用派出校长给对方压力,最好的是不干预它内部的管理的事物,你可以给他提供种种方案,让他能够理解、认同、接受,这可能是更好的一种办法,不是一种简单的复制,而应该是一种重建和重新寻找出路。这是东部地区面临的一个发展中的问题。

中部地区呢,我刚才讲的区域内差异更多来自于中部地区,他们不光是内涵上有差异,资源配置上的差异很大,要解决资源配置问题和质量水平的差异问题,是首当其冲的。中部地区基本上都是"应试教育"的重灾区,一些出了名的学校,一些特畅销的书如《黄冈兵法》等,两个最突出的本事,一是应试,二是应赛。我从湖北出来,比较了解他们。湖北可能有很大一个问题——人口太多,它的班额巨大,每班70、80甚至80、90名学生的班都有,你说如果你是家长,把孩子放在这么人的班里,能放心吗?但是不放心又能怎么样啊?所以这是个很大的问题。出现一味应试应赛这个误区,不能光责怪老师,主要责任在于:第一我们对中小学的这样一套评估体系有问题,人家按照你这个评估要求来做怎么可能不出问题?再就是我们党政一把手的政绩观必须改变。湖北省教委有位主任曾经感慨,湖北省是教育大省但不是经济强省,培养人才的优势没有转化为经济社会发展的优势,不能成为一个振兴本土的经济优势,这也是值得思考的一个问题。

我最近读了一点经济领域里学者讲区域发展的文章,有篇文章提出一个观点:东部崛起是中部塌陷的根本原因。过去很少有人把这两个现象联系起来,我过去也只是关注到,我们国家的政策导向在不停地游离变换,政策和法规的最大区别,法规是管一般的,管底线;而政策是讲倾斜的,没有重点就没有政策,这是中国人都相信的一句话,是政策它就会倾斜,最初倾斜的是改革开放桥头堡、深圳,然后是东部沿海,包括上海。这一轮过去了,然后是振兴西部,还有东北老工业基地。再后来突然发现，中部不行了，于是提出要"中部崛起"。有数据表明，中部有些地区的生均经费甚至还低于西部的生均经费，西部还得到了很多国际的援助项目，而中部基本上是没有或很少。这篇文章给我的启示是，根本的原因还在于东部的崛起。为什么呢？东部地区先发展起来以后，它就形成一种凝聚力，会把中部、西部的人才资源、资金吸引过来，这个时候西部由于路途遥远，会很慎重地去选择，还会保留一部分资源、人才作为自己的发展力量，而中部最靠近东部，人才资源哗哗地都流过去了，大家想想是不是很有道理？我觉得这些都值得研究，经济的、文化的、政治的。

　　西部地区面临的十分迫切的问题是什么呢？我觉得是：经济脱贫如何迅速地转化为教育脱贫？刚才举了云南一个例子，云南教科院院长最初把第一轮的基金申请下来，他们就把云南师大生科院、教科院合作的一个团队开到当地的两个乡，在这两个乡里好几所学校进行马铃薯种植方法的改造。我发现种马铃薯的学问可大了，一个新品种种了两年就变得不行了，甚至还会中毒啊什么的。在农科技术人员指导下，在试验中小学的参与下，马铃薯两三年就要换一批新品种，而且产出来的有的适合于做薯片、有的适合于加工淀粉的，有的适合于就这么煮着吃的，各种各样的马铃薯都有，而且共同特点都是耐寒的，能够在高寒地带生长，种好马铃薯并办一些薯粉加工厂，那个地方很快脱贫，但是脱贫以后我发现他们的教育没有改观。你到学校去看它还是那个老样子，课间操的时候停了电就不做操了，小孩子一溜靠墙根晒太阳，我说要么是小猫小狗晒太阳，要么是老头老太晒太阳，没见过这么生龙活虎的孩子去晒太阳的。他说停电了没办法，我就说不是可以喊操吗？吹个口哨也可以做操的，他只是笑了笑。叶老师说你让他们做个游戏，后来他们

就开始做游戏了，这是课余生活。再看它的教育，我们先进到一个教室看，学生正在写字，老师站在那里虎视眈眈的，至于学生写的怎么样、对与否，她不管，就站讲台上望着。叶老师一看，一个小孩写"四"这么写：一竖一横再一竖，画马蹄形一样地画出来，然后在里面加上两点，最后"盖"上那一横。叶老师马上想到一个生动的比喻：先画了一个背篓，里面丢两根红薯，然后盖一块布。（笑声）她就攥着学生的手，让他按照正确笔画书写。手一放我一看，又画背篓了。（笑声）那个时候老师还没表情，还在瞪着眼。你说孩子花那么长时间去读书，就碰到这样的老师，他怎么办啊？这时听到远远地有读书声，书声琅琅，上语文课，我们去看，结果往近一看不是语文课，是什么呢？科学课，或者叫自然课。我说背书背得这么起劲，在背什么呢？孩子们回答：我们在背实验，背了7个了。我大吃一惊，实验还有背的啊？就问老师，怎么这样教啊？他说你们不知道，这里条件差，没办法做实验。我问你这是一个什么实验？原来是水蒸汽遇冷凝结成水珠。我就笑了，这个还需要什么条件，拿一碗热水，一片玻璃，这个实验就可以做了。你看他就讲客观原因、讲条件，这个没有条件创造条件也可以完成的，整

个反映出一种教育观念的滞后。后来我们跟云南师大的王院长讨论,我说你这个学校要介入啊,现在介入的都是农科技,咱们就成了农业科技推广站,就起了这么一个作用,我们并没起到教育的作用,当然他后来也搞了一些马铃薯种植、养猪种植的培训手册,我觉得这个不够啊,还要介入到教师观念的改变中。孩子们是有学上了,但是你这么个上学有多大意义啊?

西部地区面临的问题包括:经济脱贫如何迅速转为教育脱贫,这是一个比较迫切的问题。还有一个,具有本土特色的民族传统文化如何在现代化过程中不仅不被"化掉",反而更彰显其当代价值? 这是一个来自广西的调查,广西是多民族,有的民族很少,人口就那么几个,但是现在那些少数民族,他们的文化、他们的服饰、他们的生活习惯、他们的祭祀典礼活动都已经有失传的危险。前不久也报道出在东北哪个地方,说这种语言的只有三个人,而这三个几乎都是百岁老人,这一个个的语言眼看就没有了。当然我也是挺矛盾的,现在很多的少数民族,包括那些大的少数民族,他们其实学汉语的兴趣更大,就像我们学英语的兴趣很大一样。因为他觉得抓住了汉语,也就是抓住了他的未来,他会花很大气力去学,所以年轻人基本上不会他们那种语言了,这是一个问题。还有一个现象就是这种所谓的民风民俗,在本地都变成旅游资源开发,包括教育在内,它也会搞一两所那样的学校,树一两个那种地方民俗的标志,但它变成了一个展品,就变成了一个供人一笑、引人一乐的东西了。你说这种文化这么保存下来也没有太大的意义,还不如拍张图片做个蜡像馆放到博物馆去得了,这里面确实是很矛盾的。我倒觉得我们应该进一步分析、研究这个民族文化传统中有哪些值得弘扬的价值,就是要把它那种价值理念给它传承下来,当然这种传承不是直接的传承,再给它赋予现代的含义、赋予当代意义、当代价值。还有一个特点是,西部的国际援助项目很多,这些项目撤出以后它如何实现一个自主的可持续发展? 这也成为一个问题。目前我们在有项目的时候,这些校长经常在一起培训啊,在一起研讨、相互学习参观,项目撤走了怎么办? 现在很多国际项目也提出一个指标,叫做可持续发展,那么我们如何去可持续? 比方说欧盟它就建立学习中心,还有就像我说的剑桥公司。但是我想归根结底是校长要有自主变革的意识,才有可能形成有价值的交流和互动,否则也是形同虚设。这是有很多问题需要解决的。

当然,解决发展中的新问题期待新的思路。《中国教育报》上的一位作者的建议:建立东、中、西部教育协调发展互动机制,促进教育事业全面协调可持续发展。不过这有点理想化,别说在中部、西部之间,就是在同一个区域内部之间建立这样的机制都比较困难,这个应对的思路首先是区分责任主体,明确主体责任。基础教育发展首先是一个政府的责任,这一点我们长期以来没有很明确的意识,从这次义务教育城乡的免费开始,大家开始突然醒悟到,基础教育就是应该政府埋单,就是应该政府负起首要的责任。85年的体制改革决定和93年的教育改革发展纲要,里面都提到一个多渠道筹措教育资金的问题,后来多渠道问题很多地方解决了,但主渠道问题没有解决,也就是说政府把这责任完全推卸,这就是当年在山东流行的"人民教育人民办,办好教育为人民"是从"人民铁路人民办,办好铁路为人民"的口号套用过来的。同时也意识到它也是每一个组织和个人应该承担的责任,面临问题时不是首先想到这是别人的责任,不是我的责任,我想每个组织、每个学校、个人也都有责任。第二是找准难点和把握关键，难点和关键我前面已经提到了，就是东部、中部、西部可能有不同的侧重点。第三是尽快达到底线要求，适时进行阶段转换，及时从一个阶段转到另一个阶段，因为发展的不同阶段发展的思路应该是不一样的，在这一点上，复杂思维是对我们很有指导作用，任何事情不能说是一个措施一竿子到底，要不断地根据新情况、新问题提出新对策。好，今天上午就到这里吧，期待下午和同学们对话。

主持人：非常感谢杨教授给我们做的这个报告，报告很精彩也给了我们很多启发，让我们用热烈的掌声表示感谢，并期待今天下午更加精彩的报告。（掌声）

主持人：先说个插曲，今天中午杨老师吃饭的过程中，很多同学发短信问一些问题，这很好，我希望在我们的讲座结束之后，大家可以面对面地交流。下午杨老师会留出一段时间跟大家讨论，现在掌声有请。（掌声）

杨小微老师：我也正想说的是，同学们学习的积极性非常高，不断地问问题和提建议，也有同学希望我把学校文化的主题展开一下，如果时间很充分，可以花点时间讲一下。

现在我们继续上午的讨论。可能细心的同学会注意到，我在讨论问题的时候喜欢把一些问题放在一起思考，而不是单独地就这个问题思考这个问题，这也许就是复杂思维教给我们的，其中一种是关系思维。就像我们长期以来讨论的教育理论与实践的关系一样，如果非要把理论和实践分得很清楚或对立起来，那讨论起来是很困难的，就会考虑到谁对谁的压力；如果把它看做一个相互建构、共同建设的合作的、兼性的东西，那么你就觉得这个问题其实很好解决。理论与实践的分离、脱开和结合，其实往往不取决于理论和实践本身，而取决于从事理论的和实践的主体本身。我个人认为在自己身上就不存在理论和实践脱节的问题，我会带着一些理论的设想到一线去观察，也能够从实践当中发现一些理论的生长点和元素，也可以和一些老师一起讨论、一起提炼，提炼以后我们大家都很高兴，因为我们都想到一起去了。所以一直以来，我们都在平等对话的前提下讨论问题，因而刚刚我把差异和均衡、学校变革和区域推进都是放在一起来讨论、认识和理解。

好，下面我们进行第二部分第三个问题的讲解，就是关于教育改革与发展的城乡摇摆问题。最近越来越多听到一种声音，当然这声音还不是很强大，有一篇文章是专门讨论新课程的城市中心取向，还有一些在谈到基础教育问题和新课程问题的时候会提到这个问题。我想在这里先给大家出示一些材料，就是在批判新课改的"城市中心取向"时候举出的一些证据。比方说，认为最初38个国家级课程改革实验区，只有6个设在县市，而且大部分是在县市城镇学校进行实验，总结出来的教改经验难以在农村推广；第二个是教材编写者大多来自大学和中心城市，缺少农村教育的生活体验。最近一次全国课程学术研讨会是在山东聊城召开的：要防止课程改革中的形式主义和"城市中心"倾向，课程标准的规定要最大可能地照顾广大农村学校的现实条件。一篇没有署名的博文称：以城市为中心的教育理念，使许多乡村学校背上了沉重的经济和思想负担，他们认为农村是一个巨大却没有得到很好利用的资源。今天农村学校的课程设置，都是为了引导学生按照主流社会的要求,通过考试和升学,进入城市就业的行列;与当地生活和生计有关的知识,一直处于主流教育之外。这个问题好像跟我上午提到的一些少数民族文化也是有类似的地方,也就是说,应试教育在偏远的农村地区脱离了当地的自然、文化环境,这一点我是赞成的,就是说这种教育没有为振兴当地的经济发展起到应有的作用,也脱离了当地人的生存和发展背景,没有为他们提供在当地就业所必需的知识和能力。不用说贫困的地方,就说我们上午提到的湖北,为什么它是一个教育大省却不是经济强省,就是说本地的教育为什么没有给本地带来应有的效益。

还有认为适应外部和本土两种环境的知识与能力都很必要,但如何使农村学生在接受学校教育后,能改变自身生存状态和当地面貌? 这是一个现在农村教育面临的紧迫课题。提到教师的问题,认为现在大中城市的师资远远优于小城市和县城。"正牌军驻城,杂牌军进镇,土八路下村",这种说法形象地描绘了城、镇、村教师三个层次的学历和业务水平。大批村级小学,代课教师成了"顶梁柱",所以农村教师队伍整体素质确实令人担忧。我也在西北做过一些调查,他们可以用很低的价格去雇用一些没有什么知识文化的人,我在西部看到一个体育教师带着学生跑操,他喊他的口令,学生的步子跑得乱七八糟,跑到终点就说你们去玩吧,一问是个代课教师,从来没受过什么体育教育训练。他们说这样的教师便宜,一般 100—200 元或多一点,而农村一个公办教师,即使在西部也是一个月 800—900 元,如果职称和工龄高一点还会突破千元,这在当地已经是相当高的收入了。由于这些教师大多数是代课教师,所以他的家庭负担仍然很重,那么我们很多师范院校的学生回去找不到工作,因为你去肯定是正式的,正式的要花大价钱,还不如用雇用一个人的钱去请若干个代课教师,甚至有最极端的,一个代课教师一个月只有 15 块钱的工资,那就太过分了。不过这个讨论已经超出了课程改革的范围。

还有一篇文章称:从我国新颁布的课程标准来看,无论是各门课程,在不同学段对学生的目标要求、内容标准,还是教学建议、课程资源的利用与建议等方面,都体现出重城市、轻农村,过度关注都市儿童的身心发展,忽略了农村儿童的倾向,体现出浓厚的都市话语霸权,忘记了中国基础教育的主体在农村(中国农村人口占全国人口的 80%,农村教育的现状应是课改的重点)的基本事实。从我们接触到的大量的人口流动来看,这个 80% 也有相当一部分流动到城市当中去,成了大都市要关注的一些特殊问题。这篇文章举的例子是,很多教学要求在多个学段的"口语交际"和"阅读"要求,都没有考虑到有多少农村学生可以"看音像制品"? 有多少农村学生可以"利用图书馆、网络等信息渠道"? 再比如,物理课程标准对多媒体教学资源的要求比较高,如:收集学生难以见到的、有重要物理意义的、展示科学技术发展的实况录像,例如航天发射、大型船闸、蒙古包外的风力发电机、小山村的水磨、激光手术等;利用快录、慢录、显微摄影等技术手段拍摄的音像资料,向学生展示物理过程的细节;收集课堂上难以完成的实验录像资料,例如用磁悬浮表现超导。课程标准的设计者能够想到这些问题是很不容易的,但从现实条件上看,很多农村学校很难满足。在物理课学习当中倡导智能型软件,学生输入条件后它按照科学规律自动给出正确的"情境",学校应该加快局域网的建设和与因特网的连接,鼓励学生从网上获取信息。所以作者认为这些目标、内容要求、课程资源的建议，对于经济落后的广大农村地区的学校及其儿童来说形同虚设。

其实我们可以谈论一下，新课程的"城市中心取向"完全错了吗？"城乡二元结构"与城乡对立思维有没有内在的关联？早先我们在讨论课程标准的时候，曾经有人提出过，是不是做两套课程标准，一套适合于城市，一套适合于农村，但是想想，这是对农村教育的歧视，农村凭什么要比城市低一些呢？也曾尝试过出版一种黑白版无彩页的课本，就是将彩图用黑白印出来，教育效果大打折扣，书本看起来很难受。不过，在免书本费、学杂费以后，这个问题也不算问题了。这里我想表达的一个问题是，城市的今天是农村的明天，在发达国家很难显示一种城乡差别，种地的人用全部机械化耕种，有各种种子公司、饲料公司和收购公司，都可以给他帮助。他相当于一个公司，一个农户，可以拥有多少公顷的土地，像农场主一样，在那里义务教育成了一个问题，方圆几里办一个学校没有几个学生，所以这样的城市和农村除了地域不同以外没什么差异。中国的城乡二元结构，导致农村教育和城市教育的悬殊，但是我觉得刚才举的那些例子大多数是讨论新课程在农村地区实施的可行性问题，有没有必要性呢？我认为是有的，至少可以促进国家分配资源，加强农村学校的建设。所以我想，简单否定"城市中心取向"，或者把这种取向看成一无是处，恐怕都是一种极端的思维，我们可能需要下大力气解决的就是怎么能够让这些农村学校条件尽快达到新课程的要求，而不是降低这种要求来迁就它的现实发展状况。可能最重要的是，怎样把城乡品质之长，融铸成一种值得追求的、富有时代精神内涵的核心价值理念？我们前不久找了一些农民工子弟学校的校长和领导来座谈，他们就谈到一个问题，要让农民工子弟融入现代都市文明。我对这句话有很大的疑问，"融入"我是不反对的，但要怎么样的融入？是让他放弃原有的东西来全盘接受都市文明，还是怎样？闵行区有所学校叫汽轮小学，学校条件比较差一点，生源超过一半的学生都是流动人口子弟，主要是农民工层面的，2008年入学的时候这个问题非常突出。原来是3个班，1、2班是上海本地生，3班是农民工子弟，为什么要分开编呢？因为上海的家长不希望混编。2008年招生后，超过70%是外地的农民工子弟，没办法只得混编，我说那你们就做个混编和分开编的对比试验吧。他们做了个调查，我们一看调查材料，农民工子弟身上全是毛病和问题。我说你这个调查本身就有"城市优越感"在里面。比如说今天听课，我就看到农民工子弟特别能吃苦，体育老师设计的游戏，整个设计的运动量都是很大的，最后一个游戏是放松活动——跑圈，学生都累得跑不动了，他还是坚持让他们跑。我说如果是上海本地生可能就趴下不动了，也许这就是农民工子弟身上的优点——吃苦耐劳。还有家里父母很忙，没空管他，他能够自己独立完成作

业,并且带别的孩子完成作业,这难道不是他们的优势吗?他们的质朴和吃苦耐劳的精神,他们中没有小胖子,都是体力很好的,我说我们为什么不能多看看他们的优点,所以他们的校长和老师现在谈到这些孩子,大多是能够看到他们的优点,我由此生发出一个感想,就是城市孩子和乡村孩子各有各的优点,怎么把他的优势进行互补,带动和提升城市文明,铸造一个值得我们去追求的东西。这是一个针对城市的问题,刚才谈到的核心价值理念,《南方周末》陈丹青教授谈到了一个价值取向的问题,他说最早的时候我们是共产主义价值理念,如"无产者要解放全人类","世界上有 2/3 在受苦受难,我们要解救他们"。改革开放以来,致富是核心价值。90 年代以后,稳定压倒一切,而现在是建设和谐社会。陈丹青认为现在正在形成的一种强大力量,是民族主义。总之,我们教育的追求方向和社会的追求目标,既要有共性还要有独特的地方。

第二个问题是关于农村教育发展的价值取向问题。我们上午谈到和云南师范大学项目组一起研讨的问题就是他们在报告中提出的,农村教育在本质上追求什么?这张图片是我跟孩子们一起晒太阳的照片。这个墙是学校的墙,牌子是福特基金的牌子,底下是乡政府的机构,标语是"外出打工是条路",这个标语写在学校的院墙上真是具有讽刺的意味,都外出打工了,还上什么学呢?后来他们说,我们已经改了,成"好好学习是条路"。这里面学校和社会的不一致就出来了。后来我们在一起座谈的时候,很有意思地表现出三种立场:首先乡党委书记说,这个很好,福特基金引进马铃薯和养猪,学校就成了马铃薯的实验场,他们有时候低价或无偿地给老乡,还给他们培训,教他们怎么种植,引进一些新的猪种,孩子们也一起,说学生再也不是"种田不如老子,养猪不如嫂子";然而,中心校校长提了一个问题,你们引进福特基金干什么?就是让孩子种马铃薯养猪吗?难道农民的孩子祖祖辈辈要做农民吗?他的话说得也很有道理,就是站在家长和其他人的立场,希望通过教育有更大的发展平台;我和叶老师作为教育理论工作者,对这个不同意见很有兴趣,我们就问他们,你们是怎么养猪的?怎么种马铃薯的?校长就说我们的孩子参加劳动,从选种到收获、分类、过磅,基本上是把学生当劳动力用。我们建议,如果从教育的视角看,让学生在劳动的同时进行科学观察,写观察日记,重收马铃薯的过程还可以写成作文,这完全可以转化为一种教育资源。老师带着同学养猪,这个也可以让学生探究,为什么我们本地猪长得慢,是气候原因还是饲料原因?引进不同气候地带的猪种来养,通过比较,找出真正的原因,这就相当于把养猪活动变成一种科学实验。这样的话我们就可以不失时机地把项目的经济活动、经济成果转化为教育活动和教育成果,这就是第三种立场——教育学立场。这是一场非常有意思的展现不同立场的讨论。

接下来我们看看基础教育改革中的合作问题。其实,大学和中小学的合作在我上午介绍的我参与的很多实验都有体现。改革开放之初,我们接触和了解到不少实验,如中学自学辅导实验,是中国科学院心理研究所卢仲衡教授设计和实施的;小学数学教材教法实验,在北京师大林崇德教授指导下北京幸福村中心小学马芯兰做的实验,她把各种应用题归类,重编教材,进行结构化处理;"综合构建数学教学新体系"的设计者、广东星海学院院长赵宋光对数学很感兴趣,研究出一种综合构建式数学教学新方法,他借用中国古代算术的术语命名他的教学创新,如用"两岸阵"来解加减应用题、应用"四方阵"来解决乘除法应用题,通过改变条件解应用题。他教给学生一种完形的概念,例如 1+2=3,把刻着"1"、"+"、"2"、"="、"3"的小木块贴在黑板上,让学生一边念口诀一边摆木块,把 1、3 对换位置,加号(翻过来)变减号,就是"头尾对调,加减改号",通过这样的方式来让学生形成"3"这一概念的操作完形。这一教学体系注重将学生置于计算的情景当中,比如在地上画条线,孩子站在线上就是一个数——"0",你往前进一步就是 +1,走两步就是+2,三步就是 +3,退一步 -1,两步 -2,还可以用做广播体操的方式来表示,非常有意思,上午提到的 2 年半完成 5 年的任务就是他这项实验。当时王道俊老师说,这是理论上最高水平的一项实验,但是非常遗憾的是,学生学到这样的东西在中学以后没办法继续的,这个学校与其他学校用的一套语言符号都不一样,虽然可以提到效率,但由于是一套独创的符号体系无法推广,这种创新精神很值得学习。还有"整体综合改革实验"、"六课型单元教学法"等方式,这些方式背后都站着很多大学老师,所以这个时候的合作研究以理论研究为主,中小学参与和配合,这是一个不太平等的合作。所以为什么西方行动研究第二、三代强烈反对教师听专家的,就是因为在美国的传统中,也有大学老师做设计,中小学老师去执行、实施,他们认为大学和中小学老师的关系是医生和护士的关系,我妈妈就是当护士的,她总说"医生的嘴、护士的腿",美国人也以这样的方式来看待大中小学老师的关系,他们和杜威完全是不同的路子。后来行动研究者第二代就提出,让行动者成为研究者,让用户成为开发商,认为传统的做法是以研究者为主,是开发商,他们开发什么教师要用什么,但是他们又不知道教师需要什么,是从建构理论的需要拿出的课题,因此第二代就提出让用户成为开发商,让用户自己来设计课题,原来的理论工作者参与他们的活动,做咨询或参谋。

项目合作之后出现了协议合作,就是大中小学都签的一种协议书。这种协议合作也有一个过程,最初的时候是"点对点"合作,一校对一校,像"新基础"的探索性阶段,比如华师大教育学系和外高桥保税区实验小学的协议,做了 5 年,这 5 年探索出了一套体系。到了"点对面"合作的时候,就是闵行区、崇明县都开始引进"新基础教育",进行一校对多校合作。第三阶段是"点对区域"合作,闵行区是一个非常典型的例子,在"新基础教育"成型阶段,10 年前闵行区的老校长就提出了"引进'新基础教育',决战课堂",他当时的初衷是改变课堂教学,而现在是在学校层面推广"新基础教育",仅闵行区就有 7 个基地学校,我们一共 10 个,只有 3 个不在闵行区,其中 1 个在普陀区,还有 2 个在常州市。这个阶段就有一个分工,华师大课题组重点扶持 7 个基地学校,而华师大课题组可以委托或偶尔参与区域推广的工作,而推广工作主要是交给闵行的新基础教育研究所,各有分工又互相配合,闵行区的区域推广过程中也借鉴基地学校的一些做法,比如做规划、中期评估和精品课的研讨等,这是一个点对区域的合作。这种合作类型结合上午讲到的研究,我们可以粗略的分成两类,一类是"行政导向型"合作:上午提到了杭州的"名校集团化"、上海浦东的"委托管理",都是列入政府和教育行政部门规划并以相应政策加以保障的校际合作,这种类型的不合作也得合作。第二种是"科研导向型"合作:就是民间自愿组织起来,在教育科研上有共同志趣、在教育价值上有共同追求,以会议研讨、专题互动、互访互助为基本活动方式的多校合作共同体。"新基础教育"可以说既有行政的出面,又有基层资源的合作,在成型阶段这种大中小学的合作本身又推动了中小学之间的合作。我们举个例子,经过5年我们体会到研究在中国,比较习惯运动式推进,其实新课程就带有很大的搞运动的方式,运动开始之前老师们都是热切盼望,主动成为实验校、实验区,过了一段时间有点受挫、觉得难做,就会觉得新课程这不好、那不好,让他日常化去做也很难坚持,要搞成运动又没有实效,这5年我们总结出一个经验,要有一些重大行动、重头戏,但又要坚持日常化。怎么办呢? 就是要用重头戏的前移后续带动日常化。任何一个大的活动,我们都要求全体参与而且提前介入,比如一个中期评估,明年举行今年就要策划动手,一个个专题一个个落实,中期评估的过程各个学校参与观摩,评估之后又要反思、重建,所以一个活动前移一年,后续半年,一年半的时间到了,最后我们再搞个普查,落实一下是否全面、扎实和有深度。快要结题了,要研讨精品课,要出精品、有特色,5年下来整体上要呈现美感,冲刺"精、特、美"三个字。学校规划按照传统的往往是找个笔杆子,根据校长的授意写出来,或者想写得好一点,就找某某大学或科研机构的"枪手",做好之后墙上一挂或文件夹里一塞就完了,这种规划是不起作用的。我们在基地学校规划通常是前后延续半年大半年时间,反反复复研讨都要参与,除了学校的规划,各个学科组、年级组、备课组和中层管理部门都要有自己的规划,大规划、小规划的互动和相互促进,上下沟通,整个投入到规划的体制当中,这个重大的行动对于推动学校的彻底变革是非常重要的。我们读到国外写学校变革的,他们也提到学校的变革过程要有重大事件才能够触动。这一系列都是我们5年中总结出来的行之有效的范式。基本的研究方式我们称之为"前移后续",这种方式最初是在课堂改革中提出来的。我们刚刚启动的时候就是语数外三科都要介入,这三科我们华师大都有负责的,他们和一线老师商量以后,比如9月份或10月中旬数学研讨,以往大家是到了时间就去,带着一双耳朵去的,后来他们发现这样效果不好,就提前介入,提早一个月自己来研讨主题,因为以往我们是一个学校承办,就那一个学校在研究,后来变成9个基地学校一起研究,一遍遍反复上课、集体备课、说课、评课,这样到公开研讨那一天,每个参与者都带着自己的研究成果,看人家学校是怎么设计的,看华师大老师是怎么评课的,其他的学校也做过前移式研究,他们有什么样的心得体会。这样就发现效应一下子放大,一下就有了深度,这种研究是可以深入人心的,这就叫做"前移";正式的研讨之后,回去又有个思考和反思的过程,通过观摩人家的研究和反思自己的研究成果,形成一个比较成熟的方案,让老师在不同的班上后续的、滚动的上课,或者是参与者将自己参加会议的体悟和过程写下来谈谈自己的感受,或者进行校园网上的交流,就这叫做"后续"。最初是教学领域的前移后续,然后是班级活动用这种方法进行,再后来是管理层面,如一个学期有个3年或5年计划,每个学期有个提前策划和行动,大的活动过后有个反思和重建的过程,以至于区域推进过程中区域层面的组长学校、实验学校等也都采用这种前移后续方式,也就是说,这成为我们进行学校改革的基本形式。这样一来,这种校际合作就产生了巨大的迁移效应,就是说我们把这种实地研究放在重要的位置,关注其过程而不像过去那样只关注结果是否成功;另外,参与研究的人员面大幅度扩展,以往是由承担教学任务的老师和几个人参谋,现在是同教研组、备课组的老师都会全员参与,并蕴含了促进专业成长的"反思—重建"研究方式；有利于在集中性活动与校内日常化推进之间进行转换，生成有效的转化策略。这些学校后来扩展到不同学科之间的探讨，不同学科的人都来听音乐课、美术课、科学课，把别的课的优美、活泼和探究相互学习。我下面讲的是面向学校推进中的一种合作方式。像闵行区平南小学，这个学校的校长是一个非常有魄力的人，一个小女子居然敢跟租用她校园门面的带黑社会性质的人挑战。他们学校基础比较弱，规模比较小，现在的老师都喜欢找大学校，能够形成研讨氛围，小学校就那么几个老师，教同年级的一两个老师，甚至有些学科就一个人，找谁去研讨啊？后来她就想我们人少又没有强手，干脆四个学校连起来，叫"弱弱联手"，有的是七校联手，有的是四校联手，形成一支学科门类齐全、力量相对较强的学科指导群，把校际差异转化为校际互动发展的资源。还有的是"龙头带动"策略，就是"强弱互动"这种方式，像七宝二中本来也很弱的，上海市有个特点是好的初中基本上是民办的，而且基本都是公转民，其实就是优质资源转化为民办，这些民办初中的存在使小学也把升民办初中视为自己的办学业绩，以考上多少民办初中作为衡量一个小学的办学水平，给一般的公办初中造成了极大的压力。七宝二中就比较好地利用了七宝中学的优势，吸收了来自明强小学的优秀生源，在5年内很快走出低谷，"脱贫致富"，发展非常好，过去很多流失的学生现在又回来了，自己变得很强，又承担着带动其他弱校研讨的任务。也就是说，它作为组长学校承担研讨现场，其他6个成员学校就来上一次课，共享专家资源。还有就是田园一小，引进"新基础教育"基地学校的优质资源，进行专题研究，带领成员校围绕某一学科，聘请课题组指导，开展相关专题研究。各组长学校创造的鲜活经验与做法，通过组长校例会交流、评点，放大研究效应，又转化成为整个共同体的共享资源。其实这些东西都是他们在实践中慢慢创造、完善和提炼出来的。这种校际合作的发展意义，一是形成"合作—发展"机制，刚才所说的从课堂教学研讨"前移后续"逐步扩展到班级建设和学校管理，成为一种"学习—研究—实践—反思—重建"的自我发展机制；第二是产生扩散和创造经验的效应，也就是说，在扩散经验的过程中又生成新的经验，而这些经验也许在他们的学校更加适用。因为基地学校毕竟经历了5年加5年的路程，研究水平上已经有了很大的差距，而后续的学校少5年，起点比较低，可能他们自己创造的一些合作经验更适合于他们自己。这样一种方式改变着学校的科研文化和精神气质，还在产生向上、向下的拉动效应，向下牵动校内学科与学科之间、学科内各个年段之间的各种组织或团队的互动交流，形成人人参与的研讨氛围；向上带动区域内、区域之间更为广泛的合作交流。现在我手上做的几个区域推广课题，就慢慢让他们之间有越来越多的自主交流，比如常州和淮阴地区与广东佛山地区自主交流，我们搭建一个平台，一些有心人通过参与这个活动，很容易发现这是一个非常重要的资源，他们自己相互之间进行交流，这样可以波及到全国，通过不同经验的交流可以很好地分享。

　　现在我想反思一下这种介入的意义。我们这次在首都师大参加一个国际会议，正好有一个机会可以和国内很多同行交流，陈向明老师是从美国哈佛大学留学回来的，她做"质的研究"在国内还是很有名气的，那次和她谈到一个问题，她们一直秉承着类似社会学研究的立场，始终保持一个旁观者的立场来研究，就是研究者可以进入到现场去观察，和被观察者进行交流，可以做一些评论,但一旦这些学校提出要求给一些建议,研究者就应该说我不能够给。如果给你们建议,研究者就会显示出本身的强势,就会给学校教师带来压力,"我说的对不对你们都会这么听,然后这么做下来,我的研究已经不是我原来的研究,对象已经变了。"不妨这么来思考问题,我把陈老师主张的这种方式称为"浅介入",即可以有情感和认知上的沟通,但是不能有行动上的干预。对我们自己的研究,我也在反思,从整体改革到主体教育,再到"新基础教育",这个过程中一直走的是"深度介入"的道路,可以说,"新基础教育"的介入是最深刻和最频繁的。我现在思考的是,我们国家这么大,靠大学工作人员和工作团队去接触去改造,产生一种"面"上的效应是不大的。那如何才能产生大的效应?有一个问题要区分清楚,我们目前的研究都是要未来形成某种东西,如21世纪学校是一种什么样的构造,什么样的整体状态,它对内部要素和整体关系的要求是什么,这都是我们必须要认识清楚的,那么我们为了形成、为了建构是需要深度介入的,而且我们介入的结果是理论工作者队伍和实践工作者队伍共同创造一个新型学校的模型。在首都师大那个会议之前,我们和康奈利教授有个交流,他极力地推动我们跟加拿大中小学交流,康的思路是一些互访活动和视频,但是不要改变什么,顺其自然,发展到什么样就是什么样。而我的观点是,我们现在处于变革时期,要追求一个理想的东西,比如说,我们有理想的学校是什么样的,理想的班级,理想的课堂,理想的教室,理想的学生等等,我们会把这样一些理想描画出来,然后用理想作为参照系调查和评论我们所面临的现状。如果这个现状和我们的理想是有差距的,那么我们会从批判开始,从发现和诊断问题开始,然后我们所做的一切就是朝着理想的学校迈进。后来,我们双方达成的共识就是中国和加拿大在教育改革上处于不同历史时期,他们处在改革后的时期,经过两次社会转型后整个框架理念是没有问题的,不需要重建的;而我们则处于变革时期,属于创造和成型时期,这个时期需要有理想类型,需要在理想中对现实的批判,在现实批判中尝试保留一些东西,更新一些东西,改变一些东西,从这个意义上讲,我们的深度介入是完全必要的。这就是说两种介入的不同方式。还有一种是直接介入和间接介入,这是我们和香港中文大学"优质学校改进计划"很大的差异。比如"新基础教育"是高校工作者直接到学校里,跟他们组成一个课题组,我们上一次发布的一套书中有三本,语文、数学、外语,这三门学科都有一本教学指导纲要,就是我们这两支队伍在一起研究出来的,先做然后写出来。香港中文大学在推进这个计划是怎么做的呢?香港中文大学的团队中有一部分人称为学校发展主任,和他们一起研讨,接受了香港中文大学团队的思想和理念,这些发展主任到他们的项目学校中进行一些改革尝试。这些主任都是什么人呢?他们有的是中小学的骨干教师,有的是做过骨干教师又来高校工作过,他们相当于一个"二传手",把香港中文大学这个项目组、团队的思想带到实验学校中去。现在他们还多了一个叫做"借调教师",感觉力量不够就从非项目学校抽调一些骨干教师,培训之后大概一半的工作时间来实验学校。因为这个项目有钱,就可以把这些借调教师的时间买一半出来用在项目学校,也就是说他们是一种间接介入,通过"中间人"的介入,其实他们骨子里的理论还是说大学老师不要直接干预中小学的事务。这样就产生一个问题,到底谁是对的,到底以后我们怎么办?我的结论是,在不同的时期选择不同的策略。在探索建构成型的时期,聚焦式的研究时期,我们的深度介入和直接介入都是必要的,我们共同形成一个新的理想的学校、理想的课堂、理想的班级。假如在聚焦式研究之后要进一步推广和扩大影响面,这个时候可以欣然接受香港中文大学的间接介入方式,我们也可以不要再有很深的介入,因为事实上不可能了,如果要大规模培训,我们不可能像对待少数几所基地学校那样,每一个月至少去一次或多次,那是不现实的。我们把这称为再度推广期,在此期间,我们已经有了很多资源,相当于香港中文大学的发展主任,相当于借调教师那样的中坚力量,一个就是基地学校,他们完全可以成为大面积推广的基地;还有,基地学校的骨干教师中出现了一批被任命为“兼职研训员”的人,他们完全可以胜任介入后大面积推广的重任。这是我们在思考介入策略中的问题。“新基础教育”在成功进行成果发布会议和研讨会议之后,可能推广的策略要做一定的调整,当然这是我个人的想法,这个时候很重要的是我们要把这样的研究成果和模型拿到全国,甚至是国际平台上,与更多的同行进行一种平等对话,相互吸收和吸取,我相信这样会有一种新的景观出现。

好,我们休息一下,我再对校园文化做个介绍,最后再做个结语。我的PPT可以拷,但不代表其他老师的可以拷,现在特别注重学术规范的问题。我记得我看过杨启亮老师的一篇文章,他说“实践智慧”这个概念是某年某月某日在教育专业硕士的工作会议上叶澜教授提到的一个概念,这是尊重知识产权的表现。所以我的PPT允许你们拷,这个大部分是发表的,还有一部分是正在思考的观点,所以我也希望你们如果要引用,也交代一下出处。(掌声)

“当代教育文化的生成和培育”的内容比较多,我们有选择性地讲一些内容再回到结语。我也正想有一个机会可以展开对学校组织内部组织、制度、机制和文化这几个核心领域里面的改革,我在“新基础教育”团队中主要负责学校管理层面的研究。我们说到了7本书,有3本是学科的,还有一本是教师、一本是学生,一本是成型性研究报告集,还有一本是学校领导与管理变革的指导纲要,这就是我们5年来的研究心得,学校的文化不是凭空建立起来的,是要依赖着一些硬件式的东西,就是说像组织、制度和机制这样一些变革,在硬件变革过程中生发出的一种氛围,所以讲学校文化的生成培育,不能离开具体的硬件式的组织变革和制度更新。泰勒对文化的定义是一种很经典的定义,实际上它的涵盖非常广泛;皮尔森的文化定义涵盖了文化的动态性,更注重未来取向,就是一种建构的色彩;有些学者将学校文化理解为“学校群体成员的做事方式”,我的同事范国睿教授也提到了学校文化特别是一种组织文化,他分了三个层面去定义,其实这句话相当于说是他的内在精神文化价值理念:学校在长期的教育实践和与各种环境要素的互动过程中创造和积淀下来并为其成员认同和共同遵循的信念、价值、假设、态度、期望、故事、轶事等价值观念体系;第二个是制度层面的文化:制度、程序、仪式、准则、纪律、气氛、教与学的行为方式等行为规范体系;第三个就是物质文化:即学校布局、校园环境、校舍建设、设施设备、符号、标志物等物质风貌体系。我上午跟一个同学交谈,文化最深沉的东西是一种默许假设,这是赵中建老师一本书中的图(这个该怎么呈现?),第二层是共享价值观,第三层是共享行为规范,第四层是象征性活动。就是说,由里及表这样一个展开的过程,为什么当中的叫“默许假设”? 价值观念在组织每个成员那里已经潜移默化地接受了,有意无意当中自然而然表露出来的东西,就说明他的心中有了一种默许假设,也就是说一切都是理所当然、不言而喻的、不需要再去论证的,而当你还要反复强调某事,比如有的实验学校就把叶老师的几句话写在墙上"把课堂还给学生,把创造还给教师,把精神生命发展的主动权还给师生",当他还需要把价值取向写在墙上,大会小会、文章报道还需要反复强调的时候,说明这种价值理念还没有被完全接受,还需要强化、宣传和鼓动,这时候还是一个理念的形态,外在于人的内心。只有当理念成为信念了,做出来才是理所当然的。就像我们学生一样,走出来就像华东师大的学生,走出来就像教育系的学生,包括有些中小学老师教一门学科,举手投足都是一个英语老师、数学老师的风格,这就说明学科的东西已经内化。中间层面相当于一种制度文化,如这种共享的行为规范,各种准则和规章制度等。然后在最外层,通过一些仪式、庆典等各种活动以及他的校园布置体现一种物质层面的东西,所以是由深到浅、由抽象到具体。那么你反过来想,这些活动这些规范都体现着这种价值理念。

好,刚才讲到的是学校文化的生成和组织制度创新,我们谈一下这个问题,就是"新基础学校"在管理变革上有一个基本思路——"重心下移"。重心下移,意味着学科教学改革的权利、责任和利益都下放到教研组,还有教研组的协调机构,比如说,课程教学部、教务处这样的中层组织部门,学科或教研组的研究又会把发展和研讨的任务和计划下放到备课组,比如有的是高中低段备课组,由他们自主设计研究的主体、时间和内容,学校这个层面要向中层管理部门下放,由他们独立策划学科教学改革这块工作,策划学生发展工作。所以也就是说学生工作部,加上各个年级组,加上班主任,他们是学生发展的第一责任人,课程教学组和学科组长是课堂教学改革的第一责任人,校长是管理层面变革的第一责任人。每一个层面,每一个部门和学科,每一个年级,都自主负担起策划、组织、决策、管理部门工作的权利,通过这种方法培养各层领导策划与自我发展的意识和能力。接下来的一个做法就是用规划来引领,我们刚已经提到了就不再展开。一个学校的发展规划,首先是要弄清楚我这个学校的发展现状,管理学上经常用优势、劣势、机遇、挑战和威胁这四个维度来分析,我们"新基础"要分析自己的优势、劣势、障碍以及自己发展的潜力,找出这个东西就是摸清家底的过程,反复的讨论、上下沟通的过程,也是零距共识的过程,还有规划的酝酿、实施、完善到评估,这个过程就是在锻炼各个部门、各个年级及各个学科领导人的领导素质的过程,也是提升其领导力的过程,规划制定以后就成为整个学校 3、5 年内发展的纲领。对管理层面来讲,最具体的就是学校组织、制度和文化进行转型性变革。还有资源聚集与辐射,华师大课题组的老师也是他们的一个资源,他们学校发展得好,往往根据学校活动的需要主动吸收这些资源,邀请他们参与共同研讨和分享。这是三个阶段领导角色的变化:在探索性阶段是少数班级和教师参加,这时候校长是支持系统负责人;推广阶段,校长成为改革的第一责任人;在基地建设阶段,是全员参与、全科投入、全程推进,所以形成各种不同部门和年级的责任团队,因此,第一责任人就成为了一个系列,而不是某个人,这是我们说的教学改革向教研组、备课组等学科专业团队赋权;学生工作向年级组和班主任赋权;管理工作向中层部门的领导与管理团队赋权,强化部门责任意识,促进领导管理层的成长。

学校发展规划其实我刚刚已经展开讲了,西部地区也有做学校发展计划的,称为 SDP

(School Develop Plan)来强化对学校自身发展状态的反思。下面是一个中心项目的外籍专家画的一个图,他们认为一个学校的理念或价值取向,说到底是校长的价值取向,但是校长的价值理念不是强加给全体员工的,他必须把他的价值观转化为领导团队的价值观,进而成为骨干教师的认同与追求,最好的境界成为全校老师的共同追求,这里面有很多工作要去做。我们这里说的知己知彼、摸清家底。知己知彼就是知道教育改革的大势,知道什么时候是机遇,必须抓住的机遇;在此基础上形成愿景,如投入的前 3 年,我们就希望全心全意、扎扎实实地投入,每个学校都进行一些有深度的变革;中期评估之后又形成一种新的愿景,我们要向"精、特、美"冲刺,出精品课、精品学科、精品教研室和精品学生活动,这种呈现出整体的特色和美感,成为我们新的愿景;实现以后,学校发展规划要进行新的调整,瞄着冲刺阶段做一些事情。

组织变革我就讲三个东西,一个就是学校内部组织机构重组后引出职能转换与功能整合新话题,这个时候我们初中的变革吸收了高中强化年级组领导的经验,我们知道在高中一个年级组长的权利甚至可以超过校长,比如一年级的年级组长,可以决定接不接受这个学生,还有高三教研组。初中在吸取这个经验之后就形成以年级组长牵头,年级组长成为中层干部,独立策划这个年级的教学改革和学生班级建设。这个当中出现一个问题,在这个结构变化过程中,原来教导处是重要的职能部门,把校长的命令传达下去,把下面的意见传达上来,相当于一个上传下达的中间机构,强化年级组以后就意味着他们可能某些权利的失去。我们在闵行四中的座谈中就问他们的教务主任,你有没有失落感?他说我没有失落感,我们说为什么不失落?他说局里要开会还是我去开,开会回来给他们传达和布置工作。我们就笑了,说那你们强化年级组是怎么体现的呢?你们的职能有没有改变?还是你们在上传下达啊。这就是说,这种组织调整之后,原来那些中层的主任们,他们的任务就从从前代表校长发号施令,变成了资讯、参谋、协调、服务和组织的职能。他后来意识到了,我应该到各个年级去给他们出谋划策,他们的教学改革怎么做,我在外面开会的时候其他学校怎么样,可以供你们参考,这种说话的姿态完全不同了,从上传下达到资讯参谋,学校原来的组织者的职能发生变化。另外是学校的行政型组织进行整合。最初是把教科室和教导处合并,成为教学研究部,然后其他部门也调整,后来他们发现,如果这个部叫"研究",是不是其他部也叫研究啊?干脆都不叫了,就叫"课程教学部","研究"渗透在每一个部门当中,他的校长室、校办、后勤处、技术部这样的部室合起来称为"校务管理部",将几个学生工作室合并为"学生工作部",新增一个"信息技术部",后来发现一个问题,没有科研部以后,没有人组织去申报课题、评奖这些东西,就设了一个岗位,专门有一个教师负责申报科研的规划和评奖的活动。在另一所九年一贯的新基础实验学校中成立一种非行政性组织,就是在校长这些行政权利机构以外,成立了一个"学科指导委员会"这样的机构,还成立了一个"学生成长委员会",他们称为"两委",主任是他们从外面聘请的特级教师。这个学校的校长和副校长都是数学学科出身,于是他们聘请语文特级教师作为他们的专委,这样就使领导层在学科的专业权威上加强。学科专业委员会干什么呢?他们就负责全校研究工作的规划,包括骨干教师去申报项目工作站,区级骨干教师有权利去申报。最初的时候行政组织对非行政组织有点权利限制,推选出来的优秀人选要经过校长这个部门的审定,后来他们发现学科委员会的工作很到位就实行"免检",这样就使学科委员会的专业权威完全树立起来。最近他们又推出一个校内的视导,视导和督导都属于行政层面,整个教学工作的视导由学科委员会领衔,学生工作和教师工作的视导就由学生成长委员会来领衔,这个机构慢慢形成了以专业组织为牵引和指引的研究,这也是一个创造。重心下移后的组织变革进一步激发教师专业团队的活力,就是"前移后续"式的校本教研的一个普遍做,我们11所基地学校都不约而同提出了这样一个做法,这也是一个非常有意思的事情。还有一些学校是在学校的制度创新与文化生成中形成良好互动与双向建构效应。

这里我们简单看一下组织架构。制度问题是学校内部的制度,学校越先进、越发展,它的制度体系越完备,在西部我们访问过很多学校,除了有一些财产保管制度,剩下的就是惩罚制度,用犯错误就扣钱(如少改一本作业扣一角、迟到一次扣一元等等)的方式来奖励那些超额完成任务的、优秀的老师。这样在老师心目当中,这个制度简直是够呛,是一种枷锁。其实民主社会制度的建立,把它比作是契约。制度的出台就像是游戏规则,必须经过大家的认可,相当于做生意谈成合同或契约,大家都按契约去遵守,同时也享受到这份权利和义务。在这种观点下,制度就不是那么面目可憎,而成为人们能够和谐相处,能够使工作有效运行的一种秩序。而我们的改革往往是打破秩序,任何改革必须以破坏旧的秩序为前提,破坏以后就要建设,就要形成新的常规、制度和秩序。我们把改革中的制度变革称为"求变"中"立序"。而我们对制度问题的思考还有一个从"性恶"推断到"性善"假设。我承认,在这个社会的定义,绝大部分都处于一种性恶的前提,比如我们现在揭露的腐败分子,他们坐上这个位子之前都是很不错的,为什么到了位子很快变坏了? 我认为这就是西方的一种假设:每个人都有作恶的、犯错的或犯罪的趋势。如果世上还有一个潜在的腐败分子,那么我们这种反腐制度的前提就是"性恶"。但是这个在教育领域里不适用,教育恰恰是扬善的,这种"性善论"就是说通过制度的定义要去弘扬他的善性,而不是消极的医治他的恶性。我们有一些学校的经验表明,由于反复的换届,要求学校变革制度,这样一来,学校就积累下来100多种制度,甚至有些领导都搞不清楚到底有多少制度,这些制度都是管什么的。所以首先要做的就是把它们梳理归类,把它们分成板块,哪些是一种常规运作的,哪些是岗位责任,哪些是激励评价的,剔除那些陈旧的制度最终形成一种制度框架,如果没有的要重新定。比如进行改革之后要求老师要学习和研究,要求读几本书、上几节课和写几篇文章,这是对个人的要求,当所有人已经自主完成了他的使命,可能就需要形成教研组的氛围,于是就对校本教研,教研组活动制度又提出一些规定和要求,这个时候的制度是针对团队的,就是要求你要确定主题、确定时间、确定责任人,达到的效果还要进行评估。所以这个制度就实现了转化,旧的制度被新的制度所替代,我们提到旧的制度还有没有效力呢? 有的,它可以对新的教师进行要求。

还有一些在制度改革中是留出弹性的,比方说备课教案写到什么程度,这就是不一定的,教龄5年之内必须写出"详细的教案",5年以上可以写"简案",如果是骨干教师或学科教师就"免检",就像考试的免监考一样,这本身给你一种信任,看你对不对得起这样一种信任,你要是辜负了,谁也没有办法,那就只好恢复到原来的制度。还有我们刚提到,制度多了没有,谁都不知道,只有犯了错误才翻出来治你,现在他把重要的制度,如新教师要学习、老教师要重新认识的制度印成手册,专门有时间学习,这个学习过程中也考虑到种种因素进行友情操作,如有的老师住的地方很远,一个半小时的单程,考虑到交通堵塞等问题,所以他们对迟到的惩罚是很有弹性的。这就是说,学校办好了很和谐的话,很多老师宁可上班远一点也不愿意调到别的学校去,这就是在制度的落实和执行上。我认为这里最重要的是,每个人要参与制度的制定,包括我们前面说到的规划,也是一个大的制度,进行协商、谈判甚至做出妥协,最后拿出一个大家都可以接受的东西。其实,每个人参与制度的制定和实施执行的过程,就在潜移默化接受了一种制度文化,我们前面说组织变革过程中也形成一种新的组织文化,去掉原有的消极的文化的东西。

概括起来,基地学校的制度变革经过几个转向,从琐碎、重复交叉走向系统、集约;不断地将创新举措转化为制度形式,我们说"破旧立新",破掉旧的制度慢慢形成新的制度,先是形成几条要求、几条共识,再到自觉去做,到最后大家认为是必须的,就成了一种新的制度,也就是说创新举措行之有效就转化成一种制度形式,这种新的制度的出现,新的制度框架的建立意味着一个学校经过变革后,新的秩序诞生了;考虑到制度的"性善"的前提,我们尽量减少那些约束性制度、增加一些激励性制度。比方说,过去上公开课、出去学习都是领导指派,不需要什么制度,那么现在提出一个制度,就是外出学习和承担公开研讨课的自主申报制度,就是说每个人每个任务下来,都要自己去申报,申报以后再去协调平衡,这样就把一个被安排的行为变成主动要求的行为,这个感觉就大不一样。还有一个要求就是你出去学习回来,不要一个人自己"独吞成果",还有外出学习的汇报制度,形式有口头的上一些课等形式,总之就是激励的制度。还有是学校的老师在达到小一、小中高的时候就没有什么动力,也就是极少数人能够成为特级教师,这一点对广大教师形成不了激励,所以学校会定义一个教师的评价制度,或者是星级教师的评比,如"希望之星"、"智慧之星",给他一个名称,让他能够感受一份荣誉,对他的工作、优秀表现的一种认可。这是华坪小学的制度,分三个板块:一个是总体制度,包括学校章程、学校形象设计和学校中长期发展规划;一块是民主管理制度,党、工、校舍合作等方面,另一个是学校工作管理工作,这块是核心的,学校内部教师队伍管理、德育和校园建设等方面。而闵行四中的板块结构是这样梳理的:民主管理、学生发展、教师发展和联动制度这四块。

文化的创生,这里我们要特别避免一种把它理解成"校园文化"的观念,前面说的它是一种组织文化,是学校文化,所以"校园文化"无法涵盖这样的意义。我对学校新的文化生成可以从多种视角去理解,一个观点是它是一个软硬转化的过程。"硬要素"指的就是组织制度和机制,"软要素"指的文化和人的素质;"软要素"的生成需要硬件的变革,而"硬要素"也需要软要素的滋养。我从美国访学回来有一个非常强烈的感受:美国是一个移民国家,素质高低不齐,但是为什么美国会把这样的一种杂糅的文化治理的井井有条? 就是他的信用制度。就如日常生活的信用卡的制度,如果你有不好的事情或不良的记录,那么这些会影响你的贷款、买房等,也就是说你的信誉破产了将在这个社会寸步难行,你要想搞一点歪名堂,如蒙骗、欺诈等,会让你终身留下污点,不得抬头,会输得更惨,这样的话,没有人愿意付出这么重的代价去获取那么一点小利,这就是制度孕育了一种文化。回来之后我很长时间不能接受中国派发的信用卡，信用卡如果可以随便给你，还有什么"信用"可讲啊？在美国我访学有半年时间，还不给我办，他们说时间太短，不够我们观察你的信用记录，必须9个月以上才能办信用卡，只能办"借记卡"，这是一个很神圣的事情。当然，现在美国的次贷危机恰恰坏在这种信誉破产上，房贷、次贷过去不肯发给那些没有固定收入的人，但最后的恶果是银行破产。所以这里面我就发现一个悖论，你要建立一种制度必须要有文化的滋养，就是建立信誉制度必须要有信用文化。就像我们国家谈论高考的民主推荐制度，我们就怀疑中国的诚信制度不够，胡乱推荐怎么办？成了开后门的缺口了，但没有这种制度就没办法形成这种文化。那我到底该怎么办呢？所以这种信用制度要尝试、试探性的、一点点的渐进变化，到最后形成一个制度和文化的良性的互动和互生。我们刚才提到制度文化为什么要有大家参与？至少这个事情我要知道，你们拿一个制度出来，我却不知道，就会形成很不好的感觉。你参与以后大家都敞开来沟通和协调，发现这样做是有利于大家和自己的事情，就是说学会了对话、沟通、交流甚至是妥协，其实你也就生活在一个民主的组织氛围当中，成为一个合格的成员。所以硬件的变革过程滋养一种新的文化，新的文化反过来支持新的、硬的改革。

还有一点，文化是一个"时"、"空"交叠的东西。从时间上讲，不同学校都有自己长短不一的历史，历史传承到今天都是很宝贵的资源，比如这个学校的前身是什么，校名是什么，我们都可以从中阐发出多种文化的内涵，尤其是当它是百年悠久的历史老校，你看它身后就有一种百年老校深厚的人文底蕴的感觉，但是这些文化传统必须被阐发出当代的意义。我在佛山接触过一个学校，就叫"元甲学校"，非常著名，1925年创立的，当时的校训就是"乃文乃武、唯国唯民"，后来因为战乱就关了，恢复后又加上"注重基础、全面发展"，显然有狗尾续貂之嫌。再后来几经变化，留下了许多痕迹，体现在校风、教风等方面。校长给我举了一大堆，我说我听起来怎么那么混乱？后来我意识到，她是把不同历史时期的东西并列地呈现在一张纸上，让你看起来摸不着头脑。刚好那位校长又受了点挫折，她说我们这个学校很委屈，没有评上名校，做这个发展规划也很抵触。怎么办呢？我就慢慢解读它，我说校长，从你刚才一番话看出你是一个很要强的人，这一点真的很像元甲学校的校长。学校当时创办的时候就是为了要强国，要使民族强大，"男儿当自强"。我说这样好不好，"唯国唯民"现在听起来有点不合适宜，我们现在讲全球化、讲国际理解，"唯国"就不合适宜了，"乃文乃武"保留，后面加上"自主自强"，给一种自主背景下的"强"，一种现代的"强"，音韵上也对称。她听后立刻多云转晴，说杨老师你说到我心坎里了。就是说，学校的历史文化要拿到今天来阐发出新意，我后面会结合几个学校展开说说。"空间"特别要考虑，一个学校文化不是孤立的自生自灭的东西，地域文化会以各种方式渗透进来。比如说，佛山的学校会有大量的岭南文化渗透进来，现在他们形成了岭南文化和广东改革开放文化的抗衡，他们和广州文化抗衡可能有点吃力，但是不管怎么说，它受空间的影响非常大。我们前不久去江西就有感觉，因为1992年我随学校代表团去参观萍乡煤矿，把大冶出的铁、萍乡出的煤拿到我们汉口去炼，就形成一个"汉-冶-平"公司。我们后来到了南昌，给我最大的震动是南昌在历次革命战争中，包括抗日战争，他们为新中国奉献的烈士占全国烈士的1/6，这个数字真的是打动了我，我说中部几个省份真是劳苦功高。到了这个县的这个学校,私立学校,刚刚开办,我去了后说,你这个学校讲历史又没什么历史,但是你有地方的历史,我就建议他做一个文化墙:从陆象山开始,到红色革命根据地,到58年以来社会主义建设的文化,再到今天你要以什么文化来提倡,你要把历史整幅地浮现在墙上。这么一说董事长非常高兴,他说我们从未想过这个问题,我说一个学校在一个社区或社会当中,它是一面旗帜,它是一种精神堡垒,它要吸收周围地区和历史的文化熔铸成自己的文化,而且要成为社区的精神排头兵,要去引领社区文化,所以我说后面的发展应该是把你的学校变成社区文化中心。这就是说,一种物理空间和精神空间都要考虑到的,我们说大气和包容,讲的就是一种精神力量和精神空间。我们就是说有容乃大,就是有种包容之心、自信和强大,哪怕你的物理环境再小,也会把这种精神空间扩展,所以"时空融为一体"就是学校成为文化的传承与创新力量。学校在解释历史文化当中,要把它不断的阐发出新意和当代的价值,因此认为学校文化是一个时空交叠的。

　　还有一个是"显"、"隐"相生的,显性因素我们已经谈到,内含有价值理念的表征和载体,活动、仪式或规则;隐性因素是内在的一些东西,就是文化建设那些默许假设的东西。那么怎么将隐性的因素挖掘出来?通过网站,通过一些大型的活动,通过发动全校对校训的讨论,校训的重述。比如明强小学建于100多年前,那个时候有句话"国际民生、国事民生、赖明赖强",这个时候的民和强没有具体的含义,但是成为近代中国要崛起、要奋发图强的时代的表征。那么"明"什么、"强"什么在文革时期有表述,到了再后来虽然有表述,但都似乎是一些外部规范的东西。后来在叶澜教授的建议下,"明"、"强"就改成明事理,明自我,一个对外,一个对内;"强体魄,强精神"一个精神,一个物质,这么一个解释他的空间就越来越大了。另外,校史的重述就会勾起很多历史故事、历史人物和历史事件,大家在讨论中每个人参与其中,重要的不在最后怎么解释,而在解释的过程的参与,渗透了自己的理解。

　　我这里特别侧重一个时间维度,就是历史长短不同的学校在创生自己新文化的过程中有哪些好的东西,比如上海市闵行实验小学,最早的时候叫"蒙正学堂",蒙从哪里来?就是蒙卦,是《易经》里面的一个卦,水在上山在下,高山流水,但不加引导就可能泛滥,那么就需要"蒙",引领这些水走正道,就是"启蒙养正",后面为什么还有一个"自主合作"?因为这个学校和闵行区明强小学一样,在闵行区属于数一数二的学校,教师的个人力量很强,但合作精神不够。所以这个学校在前五年做一个课题是合作发展课题,做完以后合作精神上来了,自主性受到了影响,所以自主性和合作不是谁替谁的问题,是要有个"共赢",自主不是天马行空、独往独来,合作也不是以牺牲自我和独立精神为代价,它必须是一种统一协调的东西。那对于"启蒙养正"也有一个新的解释,我解释成启迪智慧,点化生命,从这个意义上成为当今要追求的东西,那么"自主合作"成为实现目标的方式。叶老师给的题词是"人成自主、群贵合作、事谋创造、校求发展"。闵行区强恕学校比较有意思,也是百年老校,但是它的发展不如上两所,它的校址在偏远的农村,前几任校长的管理都有点"家长制",由于它的封闭,机会少,所以出去学习就变成专利,谁表现好、谁听话就叫谁去,这就变成了一种等级,久而久之,就从"强己恕人"变成了"强人恕己"了,我们就讨论怎么从这样的状况摆脱出来,真正回到强恕学校的本意上去。还有一些学校,如闵行区华坪小学创办于 1958 年,有些是厂办的学校,传承一种火热的文化,但可能智慧不够,这样我们就针对这一批学校强调一种文化的提升。因为时间关系,我就选闵行四中讲讲吧。闵行四中是很有意思的学校,是由两个薄弱学校合在一起,四中和八中,校长是体育出身的,有个特点就是敢想敢干,但是难免粗糙,他们最初在学校推崇一种棒球文化,就是"拼命追击,死缠到底",后来我们说有点难听,而且体育运动也不就一个棒球啊,干脆把它扩展成一个体育运动和体育精神,"砺志健体","自育自强",因为学校是薄弱学校,他们就搞了个领育制度,还要签合同,如这学期帮助改进什么坏毛病,帮助把成绩提高几分。后来提倡"新基础"以后,发现领育制度很被动,学生干嘛被你领着育呢?他不能自育吗?就变成了"自育"。最初是差生的自育,然后是全体学生的自育,再后来教师的自主专业发展、领导变革和发展也是自育,所以后来自育就变成学校的一种文化,自育就是自强。这样一个校训展开一讲内涵非常丰富,而且是自然而然出自学校的例子、背景等基础性条件。我们同学今后到中小学,你们要尽量和这些校长、教师和骨干们聊天,聊着聊着灵感就来了,一起提炼文化元素是很有创意、很快乐的事情。第三类学校就是建校时间短,文化传统相对较少,发展愿望迫切的学校。现在新办一个学校,最大的特点就是搞一些项目,为了留住学生就得抓住家长的眼球尤其是抓住家长的心。比如新基础实验学校大概是 12 年前创办的,创办没有多久就是"新基础"了,自己挂了一个牌子"新基础实验学校"。他们校长有办法,像前面提到的非行政性组织和校本视导都是他们的创造,还有学生一来就搞管乐队,3、4、5、6、7、8 一共六个管乐队,一个年级一个,刚办的学校生源不稳定,管乐队配起来以后,配合很和谐了,家长说我们搬家吧,孩子就不愿意了,哭个不停,伙伴们就说那不行我们跟你爸妈去说,不能搬家,就在这别走了,所以他们通过管乐队的建设抓住了生源,他们也会弄出很多名堂,比如捐款之类的,弄得有声有色的。但是这些学校有个毛病,喜欢一些装饰性的东西,内部不是很和谐,不是很完美,就靠这样的东西来急功近利,功利倒是不错谁都喜欢,"功利主义"就不行了,我们也鼓励他们,喜欢展示的话我们会创造好多条件来开放展示,这过程本身也为很多老师提供平台,慢慢了解他们。文化传统少有点功利,但会很有创意,会动脑筋去想问题,有革新的思想、勇气和胆量,那些百年老校很稳重、很理想,也难免保守。所以文化这东西不是越长越好或越不好,一定要看到长有长的好处和弊端,短有短的问题和特点,不同历史改革背景下每一个学校都会有自己的文化特色。最后简单说一下,文化生成后还是要放归到各个领域中、教学中、班级建设当中和管理中去。这个问题就讲到这里。

最后谈一下结语,关于基础教育改革的相关思考。第一,改革与教育中人的成长。改革中有很多利益相关的教师、学生和领导,也有一些在改革过程中担负起不同责任的主体,我觉得在这个问题上,我有篇文章大家可以看一下,《从驭人之术到成人之道》,在《生命·实践学派的论丛》第二期上。我这里简单说一下,"管理"在企业、经济组织当中,他们追求的最大价值就是效益;但是教育组织追求的是成人、利人和达人。经济组织也会关注人,从 Y 理论到 Z 理论,都是针对传统的忽视人到强调人,他们会设计出各种花样,如弹性工作制等,考虑人的需求,但是我认为他们对人的施恩是为了让人更好的干活,出更多的效益,所以他有一点把人当工具的意思。当然,你拿这句话问企业家他们不会承认的,我也发现现在的企业家也开始有一种育人的意识,这是少数,我这里讲的是一个普遍现象。教育组织的效应就是以一个人的成长为衡量,简单地说,把一个人放在一个岗位上,不是让他当好这个岗位的工具,而是让他在这个岗位中自己成长。我们的一切改革再让人做一些事情的时候,一定要考虑做这件事对这个人有什么意义? 第二,改革与教育学科的建设。一开始我说到教育学是一个晚熟的学科,晚熟就需要与先行、先进、先达的学科对话,从对话中来自我养育和滋养,可以说取向上我们可以做些分析,吸收些好的东西;概念上可以改造,解读人家概念中包含的积极的东西,然后迁移过来,更多的是迁移它方法论的思想,然后体系上的参照和原理上的借用。这一点我们从哲学、心理学和技术学中都学到了很多东西,但不要把自己变成大杂烩、实验室或其他学科的"跑马场"或"传声筒",我们要做的是把这些资源熔铸成自己的东西,就像我们吃各种各样的东西,肉、蔬菜、米饭,最后我们身上长出来的不是米饭和蔬菜,而是经过我们自己消化后,成了我们自己的血液和肉。接下来就是内部的分支学科,包括学科的教学论、整个学科的教学理论,还有管理的东西都会有重建的过程,像我们教育管理和管理学、领导学和组织行为学都应该通过对话来强壮自身的过程,比如和心理学的学科的关系,我们过去会拿心理学的某个理论支持我们的原理的阐述,后来我们越来越喜欢马斯洛和斯腾伯格这样的心理学家,为什么呢? 因为这些心理学家是把人看作一个整体的,而之前的心理学家都是从人的某个部分进行研究、局部的结论。当把人看作整体的积极向上的,人的智力看作既有分析型智力,又有实践型智力和创造型智力的总和。加德纳说在人们早期显露出的特长里找到教育的切入口,来解决我们的因材施教的问题。那就是说,凡是整体看待人的心理学的研究成果都能为我们提供很好的启示,这本身就表明了我们不再满足于其他学科给我们提供一些零星的、片段的结论,而是需要他们跟我们站在一起,把人看成整体的、成长的、活生生的人那样一些好的结论,拿来为我们所用。最后一个就是,改革和社会发展的教育基础。儿童世界受成人世界的巨大影响,今天的成人世界影响着今天的儿童世界,今天的儿童到明天成了成人,也影响明天的儿童世界,刚才有个学生说,去成都那边举目四望,都是打麻将的,我们的学校教育做得很好,但社会很多现象又是不符合的,学校教育的很多东西遇到社会现象肯定要打折扣的。我们怎么建立一种全社会的国民素质将成为重要的任务。比如我们上午提到的奥巴马的举措,听起来比较振奋,我们该如何建立这样一种制度比较值得关注。我前不久去杭州,我来自湖北一个朋友在一所新建学校做校长,他说学校物质条件非常好,房子非常现代,但是孩子都是原来农村学校的孩子,家长也面临从农民向市民的转变。我说你这个问题比较大,外延发展没什么问题,现在重要的是抓内涵发展。还有一个就是要把学校建成社区文化中心,成为社区精神文化的旗帜,这是我给他的一种期望和寄语,就是说我们前一段时间花很多精力在教育内部、学校本身去做,我们也可以从学校和社区的关系突出一条路,然后介入到社会上去影响社会基础。当然我们不知道以后会不会有模范社区之类的,总之这里面文章很多,内容庞杂且丰富,对我们来说是一个更有挑战性的任务。我这个简短的结语是说,我们的研究是没有止境的,有很多值得我们研究的东西。现在还有时间,我就选几个问题来回答。

学生 A:"新基础教育"与朱永新教授倡导的"新教育"有什么不同?

杨小微:"三个新"——新课程是自上而下的;"新基础教育"自下而上的;朱教授的有点特殊,他原来是苏州市副市长,他做的东西是官的还是民的不好界定。我接触过他的"六大行动",课题在结题的时候我也是通讯评委,我记得当时写的评语中有这样的意思:学校教育改革的核心是课堂或者是班级,但"六大行动"的表述中,只是近两年才在最后一个行动中提到"课堂教学改革",这点是值得商榷的,这大概可以回答刚才同学的问题。而"新基础教育"着手的是学校转型性变革,涉及到学校的全要素和基本结构的改变,从价值取向到内在机制,再到要素的关系、构成的结构等的改变,强调动态结构和实践生成,是致力于转型的变革。

学生 B:"新基础教育"向全国推广的可能性有多大? 阻力和困难主要是来自哪些方面?

杨小微:我们最近一个工作会议定下来,我们不会主动进行推广"新基础教育","酒香不怕巷子深",好的东西自然而然会有人来关注。但是就我个人来讲,不能代表"新基础教育"研究中心,我会去研究全国范围内素质教育的推广,当然也包括"新基础教育"这样的优质资源的推广,这些都是很值得的,但我一向信奉的一句话是我的同事评价王道俊先生的一句话,"独立但不强加于人",我想也是这样,就是说,我坚持自己的主张和独立的判断,假如大家愿意去做"新基础教育",我会很高兴很支持,但我不会也没有权利去强迫任何人。

学生 C:我对新课程改革的"城市中心取向"持否定态度,我非常想知道您对此的明确态度。

杨小微:我首先认为它的判断有点不明确,他说你的这些要求不能实现,举出新课标的这些例子,没有一个例子可以证明新课程只为城市学生服务,只是提出一些只有在城市可以达到的任务,而在农村目前还达不到。第二个我觉得课程标准这个东西看你怎么理解,按说是最低标准,但是有个担心,定的标准太低会导致整体质量下降,所以与其说定的太低还不如定的高一点,哪怕一些达不到,但总有它一些高的追求。再说,课程标准在其学科中体现新课程精神中一个纲要性的东西,而且现在新课标的弹性空间很大,比如原来的语文教学大纲会指定篇目,现在完全不是,任何一个编教材的人可以"弱水三千我取一瓢饮",这是一个纲领的东西,不是一个精确的、量化的、评价指标一样的东西。这么看来,很难说它的高和低。比方说随着电的普及,因特网、互联网都可以慢慢铺开。曾经听说有个工程,教育部在西部开发中给一些地区捐赠电脑,但那个地区没有电,这是很荒唐的。我觉得新课改的"城市中心取向"是平时口头说法,能不能成为一个学术判断还待考证,即使是有这么一个倾向,它的标准过高的话,标准高一点未必不是一件好事,可能只是现在还达不到。

学生 D:强调各个学科独特的价值,是不是会强化分科制,是否与课程应该走向整合走向整体相违背? 是否会在一定程度上促使学生偏科?

杨小微:促使学生偏科可能不会,因为我说的是每个学科,所有独特性加在一起就是一个全面性。说到学科问题可能应该这样看,我讲的是在目前现实状况下,我们按照语文、数学这样分科的,这个"科"怎么理解呢?比方说美国的理科,本身包含了中国物理、化学、生物,目前全世界中小学像中国这么分科的已经不多了,但是目前我们推行综合课程也是有实际困难的,问题也很大,长期以来师范教育就是培养分科的教师,如果文科的教师综合教育还勉勉强强,理科要综合是有现实困难的。我觉得是不是都要走综合学科的道路本身值得探讨,而且我们知道,杜威的实验学校没能把实验进行到底,7年后夭折,所以我们看到的只是他在小学阶段的课程思想,是主张综合学科的,但他对中学课程是主张分科的,别的不说,至少要分领域的,比如语文、数学肯定都是独立的学科。所以我说的学科不必拘泥于物理、化学、生物这样的学科,而是有一种相对大的分类,如语言学科、数学学科、科学学科这样的分类。

学生 E:您如何看待基础教育和高等教育的脱钩问题?

杨小微:对基础教育质量的评价,应该与他的升学率等脱钩,不以升学状态来评判中小学的办学质量,为什么呢?说来说去是一个打基础的东西,我们这样的打基础使该打的没打好,有个教授说高一高二是"空转",示范性高中的学生都是很棒的,而学校又把优秀的教师都配到高三,所以有些高一高二的教师很难引导他们,结果他们就按照传统的机械训练,上课不是讲题目就是做题目,他们始终围着题目转,而很多新生都喜欢琢磨事情,喜欢研究,比如研究性学习那些东西却没法去做,他的能量发挥不出来,在那里耗能,做一些重复的题目却不做功,他的一些基本素质没法提升,高三碰到好的老师突然一下子找到救星才发展起来。我觉得"应试教育"确实很耽误人,反反复复强化训练确实有硬效果,但时过境迁就失效了,当然我提到,不同的学生打不同基础的"类基础",也就是有一种与更高的教育衔接的意识,不是那种对应的衔接,而是在素质上的衔接。

学生 F:杨老师好!问一个问题:就是在做新基础教育改革的过程中,您认为校长的作用是怎么样的,如何引领?我觉得他基本是个衔接的工作,不知道是不是这样?那他的管理中有没有遇到麻烦和阻碍呢?

杨小微:这个问题很好,但是校长的作用不仅仅是衔接。在"新基础教育"中,基地学校要作为引领者和指导者,其实他跟华师大课题组的联系基本就是一个对口的。前两年半我们对学校的指导采取是"综合组"行动方式,当时去了以后就与学校的工作全面接触,从管理到学科到班级;到了中期评估以后我们突出了学科的接触,专题的接触,比如数学找吴亚萍老师,语文找李政涛老师等等,他们每个学科有个教研组长或教研部有个专门负责的,由他们来联系。实际上,对"新基础"的领悟或者通过学校的活动参与,还有对干部的点评等,校长确实起了非常关键的作用,如果有校长不认同或不理解,或者说校长换了以后不能接上了,基本这个学校就要退出。比如有的学校骨干教师想做,但校长换掉了,新校长不跟进了,课题就没法做了,在中期评估中表现出的状态很令人担忧,所以我们就给了期限,如果几月底之前他们没有一个重新写的报告上来就视为退出。另外有个准基地学校,校长很想做,但有些内部矛盾没有摆平,所以迫于压力退出。再如常州一所学校的校长,不仅想做而且会做,短期内完成了很多需要转变的东西,所以跟进很快。当然,校长之间有差别是必然的,我们不提倡学校规模过大,更注重开发中层管理力量,而小规模的学校校长直接深入到学科组、年级组是没有问题的。

学生 G：您说到中英的合作，一期主要是以硬件的项目为主，效果很好，接着做了一个二期以推广软件为主，从我们看到的效果来看，不是很好，我想问的是在学校教育的建设中，如何去推广软件项目的建设呢？(提问者对中英项目一、二期不同之处的理解有误，实情以回答为准)

杨小微：其实中英项目我一直从一期做到二期，各做了两个模块。它的第一期是国外专家团队的直接介入，第二期就提出要培养地方能力建设，就交给地方做，其实中国就这样，交给地方来做味道就变了。比如说培训的意识，中英项目外国专家团队的时候，特别强调参与式，每个人必须把自己的经验带进来、表达出来，在一起通过研讨得出结论，而不是大报告似的。二期的时候负责人跟我商量想穿插一些大报告，我说可以，但参与式培训不能丢。从第一期到第二期，我一直跟他讲，我说我们不能总是停留在培训，就是西方人倡导的参与式培训到中国也变了，他要讨论的话已经讨论过很多遍了，各种名目的培训参与的太多，所以这种讨论容易浮在话语层面，短期内对观念、思想的冲击比较大，很快会使老师们形成一套新的话语，但是永远的培训就永远没有基地建设，所以我就一再跟他们建议，他们说做基地就得给他们投入更多，这不公平。但是我说中国的文化是"耳听为虚、眼见为实"，你把学校按照这个理念做好放在那里，本身就有说服力，可以说服和激励很多校长去做，但是到现在为止没有这样的基地。最后二期项目最大的问题是30 几个县，并且都变成是本土的专家。你说的软件的建设，必须是把培训和实地的研究和基地的示范性推广结合起来，"新基础教育"就是特别注重以"听、说、评课"为代表的一种现场研究，这种现场研究会让很多研究者参与进去、感同身受，这就是一个有实效的东西。还有一个经验，有些学校开始只是那些骨干教师上公开课，其他也一直参与，有些学校做了好久，才想起让其他老师上课，他去上课以后说，这一次相当于我以前三四年的积累和感受，所以我们后来就说，每个人都应该有这样的担当主角的机会，不是总是几个人的独角戏。所以其实软件建设并不软，它需要实实在在的活动来支撑，也需要组织的调整和支撑。

学生 H：您 PPT 里面有个关于系统科学方法论方面的，是不是当时"老三论"在研究教育学科的时候，它的理论成果没有发挥它的实际应用价值？

杨小微：我的意思是系统科学对超越辩证思维、突破点状思维的确是很重要的进步，它看到了各个要素之间的耦合所产生的放大效应。但是我后来接触到，系统科学更多是在一个静态的系统中研究，那么自从普里高金引入三种平衡态以后，就相当于使它变得动态，而复杂科学更进一步是关系思维、情景思维和过程互动的东西。当初我们对整体改革的反思和超越，应该说我们搞课程改革不能仅仅停留在方法论上，还需要有自己的价值取向，用物质形态外化出来就相当于我说的理想的学校、课堂和班级，就是说我想追求什么样的教育。我经常跟一线的教师讲，我最喜欢这样的教师，他对自己的学科有认识，有独特的理解，对培养的人有什么的素质等问题很清楚，这样的教师才会有思想的、独立思考的教师，不会人云亦云的教师。

学生 I：早上您说您在做一个终身教育的课题，您也说自己是终身学习的模范，我的专业跟终身学习有关，您做的是，基础教育融入终身体系这样一个观念，我对高等教育的融入很感兴趣，那么我想请问,基础教育的融入和高等教育的融入对发展学生个体的终身学习能力的影响？对培养学生的侧重点有什么不同？

杨小微:基础教育在"应试教育"的导向之下,培养出来的学生不太有真正的专业意识。拿我儿子来说,虽然进了复旦大学,但学了一个不是很感兴趣的专业——计算机,不过他始终感兴趣的专业,我看也不是经过深思熟虑的,因为他的一位堂兄在《南方体育报》做记者,是有点名气的,他受他的影响就特别想学新闻,所以一直在这两个专业间徘徊,但今年他终于如愿以偿,到迈阿密大学读多媒体新闻专业。我从他身上看到,他的专业思想的树立是偶然的过程,我也没有关注过他专业意识的发展。前面提到高中课程特别想突出的一个人生自我设计的能力,你看我们的学生选择专业和最后就业毕业岗位的选择,总是把城市放第一位,然后是学校第二位,第三位才是专业。归根到底,基础教育没有形成一个使人自主发展的东西,所以我们国家的教育很难产生比尔·盖茨那样的人,读到哈佛大学能够主动退学去创业,也就是说他对自己的专业发展有认定,这就是我们的基础教育在没有融入终身教育之前的突出问题。融入以后,除了我提到的"软基础"比"硬基础"更重要,"类基础"和"关键能力"应该受到关注以外,还有就是一个人的职业志向是非常重要的,这种志向要从小培育,在后来的生活中,就会有意识的培育自己这方面的知识和素养,去研究和思考这方面的问题,树立起一个非这个专业不读的志向。最初建议我的儿子学建筑,他属于喜欢文科但理科很好的,我开始很高兴,就说你学建筑很好啊,我支持你,给他请了美术系的学生做家教,家教说你的儿子很聪明,画画学得很快,我一直很高兴,但后来他就对新闻产生兴趣了。我儿子有个女同学,她高考的时候想报考同济的建筑专业,由于分不够没有录取,她可以读别的大学,但宁可复读一年,最后去了西安一所学校,如愿以偿学到了建筑专业,我经常拿这个例子教育儿子,我说你看人家多有专业思想,你就总是变来变去。所以我给高等教育的定位是,一个人应该有个他心仪的专业,不排除在后面的工作当中会转换专业,但是每一次转换必须给个充足的理由,不是盲目的、从众的、好玩似的,这样的话才可能在这个专业里面有出息。我们现在越来越多的硕士生、博士生,在选择专业、导师和学校的时候没有明确的定位,没有自己的主见。当然,事已至此,我也只能在新生入学的时候说服他们,让他们喜欢教育学,所以我经常讲的是,"晚熟不是自卑的理由,而是自豪的原因"。教育学可能不是你十分想念的专业,但当你念了以后要慢慢培养起兴趣,也许我这一点是跟自己换岗位有关系,虽然换了很多岗位,但没有一次是自己主动换的。仅有三次考试:高考、考研和考博都是自己拿主意的,但之前很多工作都不是自己愿意做,都是被安排的,所以我也没有经历过主动选择职业的过程,我有一句自嘲的话,就是说自己"干一行、爱一行",像我这样比较容易适应工作角色,但像80后的人,他们会如何去选择？我觉得可能从小树立一种志向是非常重要的。"有志之人立长志,无志之人常立志",真正的有志之士要有生活的目标,而这个目标是我们的教育要帮助他们建立的东西。

主持人:杨教授的报告很精彩,给了我们很多的启发,同学们也通过各种方式积极参与讨论,比如发短信、写纸条或者当面提问等。由于时间关系,杨教授的报告就到此结束,但是这不是结

束,是一个新的开始,我们期待下一次与杨老师共同交流和学习的机会,让我们用热烈的掌声对杨老师表示感谢!(掌声)

录音整理:张松铃(华东师范大学教育学系)

学 生 感 言

● 通过杨小微老师对当代基础教育与改革的多维多层透视的娓娓道来,让我们对新基础教育改革有了一个全面及全新的认识和理解。新基础教育改革走过了十五年的历程,从探索到成型,一步步走来,使得中国的基础教育有了全新的发展,教育中有了"人"的存在,有了学生主动性、师生互动性以及生命成长发展的教育阐释,让中国的新基础教育充满了生命意蕴。(华东师范大学 陆艳)

● 杨小微教授的睿智,他将自己的经历比喻成一条河,令人想起罗素。他站在当代中国基础教育改革与发展的多位透视的角度,分析了终身教育视野下的基础教育的"基础性",基于学校变革的素质教育区域推进,基础教育改革中的大中小学伙伴合作。从学校发展的精神领域分析了当代学校文化的生成与培育。(华中师范大学 陈实)

● 杨教授最先不是从事教育事业的,用他自己的话说就是选择就是一个偶然事件,尽管如此,他还是爱上了教育职业,尽自己的本分在做这个事业。(南京师范大学 马多秀)

构建解释高等教育变迁的整体框架设计

讲演者：史静寰

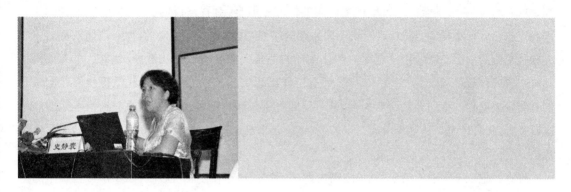

时间：7月12日8：30—11：30
地点：大学生活动中心报告厅

讲演者简介

　　史静寰　女，清华大学教授、博士生导师，清华大学教育研究院常务副院长。1989年获北京师范大学教育系中国近代教育史专业博士学位。曾在北京师范大学任教并担任博导，2002年调入清华大学。多次赴美国、香港进行境外访学合作研究。研究兴趣：高等教育学、教育史、国际与比较教育、教师教育等。主要研究领域：高等教育学、教育史、国际与比较教育等。

　　主持人：接下来我简要介绍一下史老师的个人情况。史老师现在担任清华大学教育研究院常务副院长、博士生导师，1989年就获得了北京师范大学博士学位，1995年破格升为教授，1996年担任了博士生导师，于2002年调任清华工作。在学术研究方面，史老师的学术造诣非常深厚，研究成果也十分丰硕。除了她本人长期研究的比较教育和教育史方向外，她还研究教育基本理论、高等教育学、教育社会学、教师教育。并且，史老师特别关注弱势群体，比如女性、农村地区的教育发展等，这点我非常钦佩。在研究风格方面，史老师也表现出了与一般老师不同的地方，就是研究方法较为多元，除了思辨性较强的理论研究之外，她还坚持做实证性很强的调查研究，行动研究等等。史老师在刚才跟我交流的过程中表现得非常随和，相信同学们也能体会到这一点，

希望在接下来的报告和问答环节当中,各位同学能够积极主动地提出问题,跟史老师进行零距离的接触。谢谢大家!(掌声)

史静寰:谢谢陈小伟同学介绍。经常在做报告之前主持人介绍的时候,我会有一种错觉,那是说的我吗?为什么会有这种感觉呢?因为每一次介绍,主持人可能都是从网上,或者其他方面找一些资料,然后试图全面地去呈现主讲人的情况。但是,对我来说,我要根据每次报告的主题来确定自己以什么样的身份出现。讲不同主题的时候,我还要根据听众的背景、他们期待的主讲人跟他交流的内容和方式去确定以一种什么样的视角去讲。所以在我看来,如果这个人面面俱到,他全都行,这就坏了,在交流的时候,就有可能出现错位。今天在这里,我觉得我面对的是我们教育领域里新一批的专业研究人员,是一批即将进入教育研究专业领域的一批新生代的高层次研究者,我自己也是从这个阶段过来的,现在说起来已经是三十年前了。感谢你们给了我一个机会,让我回忆我有多老了。(笑声)

现在回想三十年前的情景,就像刚刚发生,很多学习期间的细节以及自己在学习过程中那些记忆深刻的事情,还都历历在目。然后突然间就发现,现在大家都把你当成是长者,是前辈了。1980年我开始在北师大读研究生。1981年,我印象非常深刻,去陕西师范大学参加全国教育史年会。可能就跟你们现在的感觉一样:研究生刚进入这个领域,脑子里有一大堆大人物,都是学术界前辈和有名的学者,在这个领域里,大家一提起来都很熟悉的一批教授,但跟你毫无关系,你对他们"高山仰止"。但是突然间,这批人就出现在你面前,你就跟他们讨论问题,聆听他们谈学术,谈学问。我觉得,当时作为一个研究生,跟同一领域里老前辈面对面交流的感觉,对我以后的学术研究奠定了一个最初、但印象深刻的基础。

介绍演讲主题:昨天,华东师范大学的一个博士生对我作了一个采访。她搞教育史,想分析中国教育史研究的学科发展历程,特别是教育史的研究队伍,在中国不同机构的发展状况。她的采访又给我了一个机会,让我回忆自己进入教育史研究,或者说进入到教育研究的最初阶段,和以后一直走下来的经历:在北京师范大学及清华大学已经延续了30年的一段经历。这种回忆让我更觉得今天跟大家一起交流,机会非常难得。在我看来,作为老师,最重要的职责就是跟学生进行这种交流:在学业、为人和为学上进行交流。别的事情都可以推掉,但是跟学生交流,或者上课,我觉得是教师最义不容辞、最不能拒绝的责任。今天你们这个群体,和我一般给学生讲课的群体是不一样的。大家来自不同学校、不同专业,虽然都是搞搞教育研究的,但是教育研究学科的分类很多,二级学科就有十一个。所以每个人都有自己的专业和特别关注的问题。面对这样的群体,如果我们只是从专业的角度传授知识的话,我觉得很困难,因为在很多研究领域和某个具体研究问题上,你们知道的可能比我多,我只能涵盖自己多年做的这个研究领域,并不能涵盖教育研究的所有学科专业。所以从这个意义上来讲,我在准备今天要讲的内容时,很费了一番心思,到底选什么题目?如果讲一个专题性研究或某一具体领域,特别是强调知识的系统性、学科内在逻辑性很强的话题,那不是一天、一两次讲座所能够做的。而且你讲很具体的研究题目,是不是对今天在座的人要做的研究有意义,你也不知道。所以,今天我选择的角度,希望考虑到在座同学共同关注的问题。

　　这么多年,我一直指导研究生,每年在答辩期间看的论文也很多,包括硕士论文、博士论文。这几年看博士论文更多一些。我感觉,从学术研究的角度来看,这些年的博士论文尽管从规范性、格式等一些方面都有进步,但问题也不少。质量好的博士论文与差的博士论文,最大区别在于理论分析的深度,而理论分析的深度,很大意义上取决于有没有一个分析问题的框架。过去我们讨论比较多的是你有没有足够多的材料去支撑,后来是你有没有适当的、能够深刻解释这个问题的研究方法。从材料上来讲,大家现在太幸福了,你们做研究和我们那时候做研究,我觉得最大的不同是:你们可以多方面地获取研究信息。资料是非常多源的,这就看你自己收集和整理文献的能力,绝大多数同学应该说在这方面都是做得不错的。经过上课、看文献、写论文的训练,同学们也意识到做研究需要有研究方法。我感觉,学生真正进入写论文阶段,欠缺的主要是分析的理论框架。到底什么是理论框架? 在讨论的时候,学生也会问我:"老师,你老是强调理论框架,到底什么是理论框架?"所以我今天就想用我对这个问题研究的心路历程,也可以说是自己的研究成果,来跟大家分享一下。

　　什么是研究的理论框架? 这个理论框架应该怎样构建? 我觉得不同学科,不同研究专题、课题,可以有不同的构建分析框架的方式、思路,但是共通的东西是应该遵循学术研究的内在逻辑。这个逻辑不是一个人脑子里冥思苦想,琢磨出来的,把几块捏到一块;它应该是有学术渊源,学术根基的。那么这个学术渊源、根基和特定的研究问题,以及对于这个框架的独特建构,怎么能够有机结合起来,我想这可能是要费点时间去摸索、去体会的。

　　比如性别研究的问题和比较教育的问题,到底内在的联系点在哪里? 它关注不同的专题,不同的群体,甚至可以说有不同的研究范式,但是,共通的是应该有一定的带有普遍意义的、理论分析的基本设计,这可能也是我们实现知识迁移,对不同问题都能保持一种比较深邃的分析和解释能力的基础。所以我觉得,如果能够把具体研究问题纳入到带有普遍意义的理论分析的框架,不同类问题的共通性是可以被揭示出来的。所以我今天就想从这样一个大的题目,作为上午咱们讲座的主题,下午我会用一个具体研究案例来揭示如何运用理论分析的框架进行不同专题的研究。其实任何人确定自己的研究问题,或者研究设计时,都有自己不可脱离的知识和经历的背景及基础,你们可以回忆一下自己为什么选择这个专业,为什么进行这一题目,而不是那一题目的研究。尽管你们现在跟我们读研时的情况不一样,现在影响大家选择的因素可能会更多一些,但深入分析,你会发现自己所走过的、所经历的,就是你未来继续往前走的不可摆脱的基础,所以我自己谈我的研究的时候,也必然会涉及我的基础、知识背景和训练。

个人学术经历与基础:我本科时学英语,在上世纪七十年代中期,把英语作为专业来学习,你们可能想像不出是怎样的情景。当时学习的内容很政治化,我记得我们曾在北京郊区花了近半年的时间,边劳动边把当时树立的英雄王国福的事迹展览翻译成英文,讲给当地完全不懂外语的农民听。到我们快毕业的时候,社会已经开始有一点松动。偶尔会有一些来自欧美的外国人来学校访问。我记得,当时我们跟外宾交流时经常讲的一个话题就是白求恩大夫。这是当时我们认为可能跟外宾交流时比"Long Live Chairman Mao"(毛主席万岁)更好理解的内容。在那个时代,学习外语给我们提供的可以说是在当时生活圈子里很少的,可以用一种不同工具和视角去认识外部世界的一个窗口。硕士博士阶段,我进入到教育史的领域。当时我们念教育史的时候,中国教育史、外国教育史分得非常清楚,中国教育史又分为中国古代教育史、中国近现代教育史,外国教育史又分为古代教育史、近代教育史,甚至还有思想史、制度史等等。那时,中国教育史要学一年,外国教育史要学一年,在本科教育课程中要用 108 个课时,所以是很重的一门课。我现在回忆自己从本科到研究生阶段的训练,自己感觉还比较幸运:在那个特定的社会环境里,我们比较早地接触到外部世界信息,掌握了可以帮助你开拓视野的工具。我记得本科时看电影《音乐之声》时所感受到的震撼:那种生活的浪漫和唯美,那种英语的魅力,以及那种完全异质的、跟你的生活完全没有关系的另外一种生活方式。当时看到她们冬天穿的裙子,心里在想是不是外国人的腿跟咱们的结构不一样? 或者她们穿的裙子可以产热? 那个时代因为隔绝和封闭,我们惊异于另一个世界的事情。而外语真的是帮助你进入到一个你完全不了解但又感觉很新奇的世界。我的硕士专业是外国教育史,博士专业是中国教育史。这种专业背景和知识基础使我很自然地建立起分析问题的历史视角:联系的、发展的、辩证的去看待问题。对今天所面临的问题,学历史的人会很自然地问:它为什么会是这样,它过去是这样吗? 这是一种学术训练所赋予的思维方式。而中国教育史、外国教育史又给你提供了一个视角:国外的情景是这样,那我们自己是怎样的呢? 反之亦然。我现在来总结,真正使自己受益的是一种比较开阔的视野,能够有一种纵向、横向的比较,能比较全面、辩证地分析问题。我做的论文,现在想起来,也应该能体现我在那个时候就表现出来的一种学术追求,或者说学术特点。

我们读研时学生很少,那一届,北京师范大学教育系招了五个人。这五个人目前三个在国外,一个因病去世了,在国内仍然从事学术研究的只有我一个。没有想到人生过得这么快。我的硕士论文题目是"拿破仑时期的教育改革"。当时选择这个题目,是感觉研究者对英美教育比较感兴趣,已做了不少研究,我要选冷门。在硕士期间我自学法语。托人从法国档案馆复印了拿破仑时期的各种教育法令,将其翻译成中文。这并不是老师要求的,但我认为教育史研究论文没有第一手资料是不行的。上世纪八十年代初期正是中国历史学界对法国大革命研究出现突破的时期。新史学理论、法国年鉴学派等对中国的整个历史研究影响很大。我们知道年鉴史学派、新史学是对传统史学研究范式的挑战和突破。这在当时对我的影响非常深刻,也是我思考法国大革命问题,拿破仑和大革命的关系问题及这一时期法国教育史研究问题的重要基础。拿破仑不是一个教育家,所以最初我选择这个题目的时候,很多人都很质疑,感觉这个题目有些不伦不类,到底是要做思想史,制度史,还是什么? 当时支持我坚持做这一题目的是一种意识:研究教育,特别是研究教育世界,研究教育的某一阶段性特质,不能只局限在教育自身,必须把它放到特定社会的特定环境中去,这时你会发现真正影响这个阶段教育特征的,往往并不是那些知名的教育家,甚至在特定历史阶段,一些教育外因素的影响比教育内因素的影响还要深。那个时期,我已经开始在潜意识中试图去揭示教育改革的复杂含义,尝试从宏观的社会发展的大背景下,去看影响教育的各种社会因素。跳出教育看教育，可以给你提出很多在教育领域内看不到的问题。

昨天在和博士生的访谈交流中，我又回忆起自己做博士论文时的情景。因为她问了这样一个问题："您在当学生的时候，陈（景磐）老师是您读硕士、博士时候的导师，您觉得老师给您最大的影响是什么？老师是怎么上课的？都开过什么课？"因为最后的问题最简单，我就倒着回答她的这些问题。其实，老师当时没给我们上什么课。我们当时是教育系招的第二批研究生，第一批教育系也招了五个，专业是中国教育史，我们是第二批，专业是外国教育史和教育基本理论。所以，当时并不是每届每个专业都招研究生。对外国教育史专业来讲，我们就是第一批研究生。当时还没有专为研究生开设的系统课程。我印象中除了跟本科生（七七、七八级）一起上课外，就是到老师家去跟老师聊天。如果那也算上课的话，我印象最深的一门课就是教育史文献研读，或者叫专业英语，就是将博伊德的《西方教育史》翻译成中文。记得当时每周定时到老师家里去，教育系的两位老先生，陈景磐和毛礼锐教授亲自和我们一起阅读原著，指导我们翻译。在这一过程中，我们不仅提高了英语阅读和翻译水平，也获得很多具体的如何做研究的指导。专业英语在一般人眼里不算什么专业课，但是在我看来很重要。因为我的导师当时就是用这样一门课将我们引进了外国教育史研究的大门。所以我当老师以后，除了上教育史这门专业课程外，专业英语是我在北师大一直很用心上的一门课，直到我调走才由其他老师接替。第二，老师对你的最大影响，或者老师是怎么来指导你们做研究的？30年后回答这一问题，我要说老师具体给了我多少专业知识，我现在印象已不深了，但是老师给我留下了深入骨髓的影响。试想一下，当时社会刚刚恢复秩序，学校教育及学术研究刚刚进入新阶段，一批生活上经历了很大动荡，根本不知道学术研究为何物的年轻人，突然进入大学的情景。可以说，和你们相比，我们那个时候更像一张白纸，基本没有学术研究的训练和积累。这样一批年轻人突然进入学术圈，直接跟这些大师级人物在一起，而这些人，特别是像陈景磐教授这样的人，是一批出自书香门第，既具备非常好的中国文化的熏陶，又具备非常好的西方学术研究训练的人。他们国外留学回来以后，经历了战争和政治动乱，在整个人生经历中，该看的他都看过，该经历的他都经历过，一直坚信学术研究是其终生事业。这样的信念和经历形成了他们身上的那种淡定，学术研究上的那种从容，那种对自己所追求目标的韧性，那种在跟人交往、特别是与青年学生交往中所散发出的宽容和大气，那种对学术研究的严谨，以及不时从言谈话语中流淌出来的融中西文化于一体的智慧。现在想来，那真是我们太幸运的一段经历。老师不会具体地跟你说哪个知识，哪个观点，也不会具体地去检查你写的哪篇作业和文章，但就是这种学者的气质，这种非常独特的、在你原来的成长环境里从未接触的对学问、人生、世界的看法在深深地打动着我，是我印象最深，或者说至今仍然让我觉得受益的地方。陈景磐先生的父亲是牧师，借着教会的支持，他念了中学、大学，以后又留学海外，所以他在研究中国近代教育史中，非常关注西方影响的问题。因为近代中国与传统社会最大的不同就是走出封闭、自我发展循环的道路，开始与西方社会，与异质文化和教育系统接触。因此，西方对中国教育发展的影响是我们研究近代教育必须要面对的一个问题。当我考虑博士论文选题时，我实际上就把老师的这一问题，纳入了我思考的范围。我的博士论文其实很大一部分是在国外做的,在我临出国的时候跟导师交流到底要作什么题目的时候,选定了研究西方对中国教育发展的影响,在这个问题上,有两类人特别值得关注,一类是中国留学生,他们在留学期间接受西方影响,掌握了西方教育中的很多不同于中国的东西,回国后在中国进行的教育改革;另一类人就是西方传教士,他们是西方文化、甚至可以说西方知识分子的代表,进入中国以后通过办学对中国教育发展产生影响。当时我带着这样两个不同题目到了美国,内心深处更倾向于做第一个题目,而且已经将自己的研究聚焦到研究哥伦比亚大学师范学院毕业出来的一批中国留学生,如胡适、陶行知等等,回国以后是怎么改变中国教育的。陈先生在撰写《中国近代教育史》那本书的时候,曾收集了大量西方对中国教育的影响,特别是传教士和教会学校的资料。但是文革期间,所有这些东西全都被烧了。当他听说我有意做教会学校的研究时,他说这个题目很好,但并不建议我做,因为当时还有很多说不清楚的事情可能影响研究。到了美国以后,我分别给哥伦比亚大学,给当时和传教士、教会关系比较密切的 United Board(13 所教会大学的联合董事会),保存着入华传教士史料的 Wheaton College 等几个单位发了信,询问是否能利用他们的材料,进行研究。United Board 和 Wheaton College 很快给我回了信,不但可以用他们的资料,还给了我一些资助,让我可以到他们那里去使用档案馆的资料,而哥伦比亚大学一直没有回应。基于教育史研究中重要的掌握原始材料的原因,我最后选定做美国传教士在华教育活动及影响的题目,并在美国收集了大量原始档案资料。老师看到我下决心做传教士和教会学校的题目,他没有再反对,只是淡淡地说:"做博士论文,就和你孕育胎儿一样。"因为那个时候我正在怀孕。当时我并没有理解这句话的含义,真正理解导师这句话的意思是 1989 年我完成博士论文的写作,即将组织答辩的时候。1989 年中国发生政治风波,我论文研究的重要人物之一是燕京大学和校长司徒雷登,当时就有人提出司徒雷登是被毛主席用《别了,司徒雷登》一文作了定论的人物,居然有人要把他作为教育家来重新认识。这样我已经准备好的论文答辩就推迟了,在这期间陈先生去世。那时我才真正体会出陈先生那句话的深刻含义:你的论文就像你孕育的胎儿一样,是真正从你身体里孕育生产出来的,你要对它负责。可能这个婴儿有缺陷,但这是你付出了全部精力和心血的东西,当然要珍惜,要承担它给你带来的一切。当时给我论文的评语中,要求我修改燕京大学和中国政治生活的这一段,如果不修改就不能答辩。当时我自己也不知道怎么会有那样的勇气,或者说那样一种态度,我说,论文中的观点都是依据我所能找到的所有资料,综合了所有我能想到的分析视角做出来的,我为它负责。我不能因为一时政治上的原因,就改变我经多年研究才形成的观点。我认为学术问题应该用学术研究的态度来处理,不能和政治完全划等号。当时我做好了论文不能答辩、我拿不到学位的准备。那时的人很单纯,我估计今天就很难做到了,你如没有答辩,没有学位,算什么? 找工作肯定不行,而那时真的没有这样的想法,或者说没有直接的外在压力。就认为要坚持自己的学术良心和立场,就这么简单。现在想起来,我的论文后来能组织答辩,我真的非常感谢两个人,一位是顾明远先生,当时他是北京师范大学研究生院院长,我的导师去世了,论文答辩不了,他看了我的论文后,主动提出做我的导师,建议我把论文中有争议的那一章先搁置(答辩时删去,不用修改观点)。现在想来,这就是前辈们多年经历积累的一种大气、判断力和灵活处理具体问题的智慧。另一位是当时任中国社会科学院美国研究院所长的资中筠先生。资先生与我素不相识，之前没有任何交往。她从其他渠道听说了我的论文，就要求看一看，看了后觉得论文做得很好，主动提出做我的答辩委员会成员。由顾先生做导师，资先生做答辩委员会委员，我的论文答辩最终顺利通过。一年多后我的论文先在台湾、十年后在大陆出版，我把答辩时拿掉的一章又放进去，一字未改。

现在想起来，这样一段经历给我的感悟是，一个青年学者在成长的道路上，会遇到很多你自己没有准备的事情，但往往是这种时候最能锻炼和表现一个人的基本学术信念、学术态度，以及学术能力。这些东西并不是天生的，而是在我跟自己的导师，或者是跟特定时代的背景和成长经历相关联。大家可以看到，八十年代是我最重要的学术成长期，我在那一时期特别关注教育改革问题，关注怎样从更开阔的视角研究教育，研究教育政策和教育制度，而且选择的题目在当时看来有些另类，并不那么主流，但是现在看来却有一定的前沿性。我有一次偶然上网，在网上看到毫不认识的研究生在讨论他们的问题，其中一人说史静寰是当时做教会学校最早的，听说遇到很多麻烦，也不知道现在她好不好，我们的导师还经常提起她，还挺佩服这个人的。在北京师范大学很长一段时间内，我论文答辩的故事曾经在研究生中流传，已经被毙的论文居然又被捞了回来，评价还很高，让大家感觉有点传奇。

关注高等教育历史变迁：我讲这一段是因为作为个人的学术经历，它对我后面关注的问题影响很大。从这段经历中大家可以看出，我在攻读博士学位期间做的是高等教育的题目——教会大学研究。但是后来在北京师范大学工作多年，实际承担教育史教学，做比较教育、性别研究、贫困地区基础教育研究等等，好像有点偏离高等教育。从2002年到清华以后，又主要以高等教育研究为主。高等教育研究的特点，相对于教育基本理论、教育史等学科，其学科特色更淡，是一个远远谈不上发展很成熟的学科。对搞高等教育的人来说，高等教育其实不是一个学科，而是一个由问题而驱动、很活跃的研究领域。任何研究本质上都要求超越就事论事、就问题说问题的简单描述性分析。为什么我关注研究的理论框架，因为它可以超越问题的现象层面，更好地解释和分析高等教育问题，特别是其面临的危机。

早在上世纪七十年代，克拉克·科尔就认为，大学正处于"八个世纪以来全球范围内最大的危机时代"。到了九十年代，联合国教科文组织对世界高等教育发展的一个判断是"全世界所有国家的高等教育，实际上都处于危机当中"。1998年，第一次世界高等教育大会的结论是"高等教育本身正面临巨大的挑战，必须进行从未要求它进行的最彻底的变革和革新"。

高等教育研究如何实现超越？我认为借助特定理论分析框架，提高理论分析的深度是非常重要的。超越通常表现在理论及方法论上。我在八十年代初做硕士论文时，接触到当时刚刚进入中国，在学术界影响很大的法国年鉴学派的理论。这一派所提倡的长时段、总体史的研究视角，对当时的历史研究具备很大冲击力。它打破了以德国历史学家兰克为代表的传统史学研究的三大主题：政权的更替、伟人的传记，历史的年表。总体史和长时段的研究视角，大大拓展了历史研究的领域。关注影响历史发展的多方面因素，社会学、政治学、文化学、经济学、心理学等相关学科的研究成果,都被纳入总体史研究的范畴。文化史学、社会史学、心理史学、计量史学等迅速发展起来。

布罗代尔认为历史学不同于其他社会科学的特性主要体现在时间概念上。他将历史时间分为长时段、中时段、短时段三种形态。所谓长时段,是指由于自然、地理等几乎不可改变的因素所形成的结构和自然时间;所谓中时段,是指由社会的政体,经济,人口变化等所代表的情势和社会时间;所谓短时段,是指由历史人物、事件所构成的经历和具体时间。重视历史时间的多元性和历史分析的多层次,是我思考理论分析框架时的重要依据。另外,从理论渊源上说,教育史并不仅仅是跨越历史学和教育学两个学科,而且是跨越人文和社会科学两个领域。在西方知识分类中,人文科学和社会科学是两个非常不同的学科,历史学属于人文学科,教育学是社会科学。作为人文学科的历史学和作为社会学科的教育学,不但关注的问题不一样,研究的方法也不一样。所以教育史研究者必须要掌握并融合这两个学术领域及学科的不同个性特点。社会学主要研究社会系统的变迁。教育系统的变迁和社会系统变迁是有着不可分割的联系。社会学研究特别关注影响社会变迁的因素,由不同因素影响形成的社会系统变迁的动力机制,及社会的结构性需求。社会发展所带来的专门化、分层化趋势,社会整合所引起的冲突和矛盾,及与社会发展目标所构成的张力,要求人们必须要有理性的选择、理性的判断,甚至理性的妥协,所有这一切给我们造成的影响,也是我们在构建解释教育变迁的整体框架时所需要考虑的。第三,后现代关于历史断裂问题的研究也很有启发性。如福柯在《知识考古学》中提出关注"缓坡历史"中的"断裂"问题:几乎静止的历史中突然出现的变化现象。伊曼纽埃尔·勒鲁瓦·拉迪里关于"静止的历史"与"瞬间历史学"的理论。伊曼纽尔·沃勒斯坦甚至提出"所有的社会科学都应该用过去时态来写","因为所有科学都必须是历史的,在某一特定时间点上的所有现实都是在先前时间点上发生事情的逻辑结果。"涂尔干是我在上课中经常要提到的一个人物,我觉得不仅仅是学习教育社会学,研究教育的人必须要了解他,他的贡献应该说是全方位的。涂尔干提出历史研究和社会研究是近亲,最终注定会互相交融;吉登斯提出社会科学和历史学之间根本没有可以设想出的逻辑上的甚至方法论上的区别。这都说得非常极端,但是你真正悟出来之后,就会发现这些大家不但这样说,还这样做,而且做出来的结果极有影响力。

构建解释高等教育变迁的整体框架:以上是我尝试构建分析框架的学术渊源。那么我关注的核心问题是什么?高等教育有很多亟待解决的现实问题,但是像我们这样训练的人,能够贡献给高等教育的并不是对具体问题的实际解决,而是通过研究对其原理、对其背后东西的分析与揭示。在这里我把自己关注的复杂现象背后的核心问题概括为:高等教育变迁的本质是什么?借助于解释社会变迁或者历史变迁的研究成果,将这一研究问题分解为以下三个具体问题:引起(影响)高等教育变迁的核心要素都有哪些?它们相互之间的关系如何(关系)?它们是如何作用于高等教育这一庞大而且复杂的系统的(机制)?我的观点及分析思路都在我的一篇文章中可以看到:"构建解释高等教育变迁的整体框架"《清华大学教育研究》2006 年第 3 期。这篇文章在《新华文摘》、人大复印资料上都全文转载。现在再来看那篇文章,我感觉还只是很初步的一些想法,在这个基础上,现在又有一些发展。

理论框架的构建并不是我的突发奇想,除了刚才梳理的年鉴史学派,涂尔干的历史学、福柯的理论等作为学术渊源,在高等教育领域里也有很多学者都关注这一问题。布鲁贝克的《高等教育哲学》是研究高等教育的人必读书之一,大家最了解的是他提出的高等教育哲学的认识论基础和政治论基础。我也认为布鲁贝克在这本书中,把政治论、认识论的高等教育哲学基础解释得非常清楚。哈罗德说历史研究要揭示所谓变革和稳定的问题,而人类各种活动中最能体现变革与稳定问题的又是高等教育发展史。这从另一个角度,从小到大,从高等教育研究来放射人类历史发展。伯顿·克拉克的书也是研究高等教育的人必读的,他在其著名的《高等教育制度:学术组织的跨国比较》一书中指出:要揭示不同国家高等教育制度的不同要素就需要构建起"通用型框架"(create general categories)。这是比较教育研究的一个话题,你比较什么,怎么比较,不是萝卜和鸡蛋,随便什么东西都能够拉过来就比的。所以他提出要建构一个通用型的框架,去解释不同国家不同高等教育现象里面的共同东西。康德曾说"如果没有范畴,那么有组织的知识是不可能的"。所以范畴就是一种人们所形成的共同理性。库恩的范式理论,大家也都很熟悉,其实不管是科学的信念、理论体系也好,还是习惯传统、可能模仿的案例也好,他努力揭示的是构成范式内核的共通性东西。科学界可以有很多不同范式,但是范式里面一定有一个共有的东西,来决定新范式的出现和它的内在特质。在这里我又要提涂尔干了。他的《教育思想的演进》一书原文版书名是《法国中等教育的历史》。如果仅看书名的话,大家会觉得这本书和高等教育研究,和法国教育研究之外的人并不搭界,但是看了以后,我觉得李康等译者将书名译成《教育思想演进》非常贴切,因为它绝非只谈法国中等教育怎么变迁,里面谈到很多高等教育发展的核心问题,谈到怎么认识和分析教育,怎么认识和分析教育变迁等很深层次的问题。概括起来,这本书给我们提供这样一些启示。一是在历史的框架内来研究教育。一提涂尔干,大家说他是社会学家的代表,是社会学的创始人,或者说教育社会学的创始人,他跟教育历史有什么关系?我念研究生的时候,他的书并没有列入学科学习的必读书,但是现在我要求学生必看这本书,不仅从社会学的角度,也不仅从教育史研究的角度,而是怎样深刻理解教育及教育变迁的本质特性。涂尔干说,只有在过去当中,才能找到组成现在的各个部分。我们必须把自己移送到历史时间刻度的另一端,为了更好的理解我们现在所面临的这个问题,必须把历史平移,因为世界是一个实体。在涂尔干看来,社会是一个实体,这个实体现在构成的各个器官、各个部分,有各自的功能,而这个功能协调一致,形成了一个社会的实体,而你要理解这些不同的部分,不同的功能是怎样运作的,必须回到这些功能最初是怎么形成的。对我们搞教育史的人来讲,理解这一条就会明白。要理解现在这些部门的功能,就要回到它最初形成的时候,追随它所经历的与社会本身变化相伴随的一系列变化,直至最终到达我们当前的处境。这就把历史研究最本质的特征解释得很透彻。第二是在社会的情势中研究教育。教育社会学一定关注社会问题,但怎么把教育放到社会中去研究?教育的转型,始终是社会转型的结果和征候,要从社会转型的角度来说明教育的转型,而要想真正理解任何一个教育主题,都必须把放到机构发展的背景当中,放到一个社会演进的过程当中。第三是在区别教育体系、教育观念和教育制度的基础上去分析教育。教育是什么？教育包括体系、观念和制度三大块或者三大层次。这三者的逻辑关系是：教育制度是一种明确固定的安排,是一种实施的方式；教育观念是特定制度及安排的内在价值支撑体系；而观念和制度合在一起就构成了一个既稳定又有变化的教育体系。所以严格说来,这本书是研究教育体系的变迁,特别突出教育变迁的核心价值观。所以我认为书名换成《教育思想的演进》非常准确。这个教育思想更多的是一种教育的信念,教育的追求,教育的价值观。由其所构成的教育的"内在发展逻辑"就是我们试图要去揭示的东西。

【中间休息】

学生 A：史老师,您好！我来自河南大学。听了您上半场的报告,从您的自我介绍中,我感觉到您对学术的追求非常执着。学习研究历史或者说教育学的学者,往往对于当代政治问题很敏感,在进行研究时对近几十年的研究非常谨慎,或者干脆把它绕过去。那么我认为当代人是历史的见证者,最有发言权,由于受政治的影响,难道一定要等到后人来评判当时的历史吗？谢谢！

史静寰：我觉得这就要看你怎么理解历史、历史研究、教育史和教育史研究了。克罗齐曾说,所有的历史都是当代史。他这样说并非混淆历史和现实的区别,而是为突出历史研究者所具有的立场和历史研究的价值。如果历史研究仅仅是为了重现历史,就削弱了历史研究所能达到的一种功能。所以我觉得在具体的研究问题上,我们可能会非常深入地进入历史,呈现历史上曾经真实发生的东西。但是研究者的立场应该超越,着眼点应该是通过重现历史,更好地揭示现象背后的东西,更深刻理解人类社会发展所具有的历史根基与特质。这是历史学研究的责任,也是一个价值观的问题。历史研究应该有一种现实的担当,有一种对现实问题的关照。

学生 B：史老师,您好！我也是来自河南大学教育科学学院的。听了您的报告,我感到非常有启发,刚才您提到了帕森斯的结构功能主义,它主要应用于社会学方面。我是比较教育学专业的,我老是思考一个问题,就是在比较教育学方面结构功能主义的一个理论分析框架,那这个理论分析框架也应该是借助于社会学的结构功能主义。我主要是想了解一下,社会学中的结构功能主义和比较教育中的结构功能主义的分析框架,它们两者有什么联系或者有什么区别,最大的区别在哪里？谢谢您！

史静寰：我觉得要看你怎么理解这个理论框架,如果说具体到特定学科研究,如社会学研究,教育学研究,各自是有一定的学科规范和关注不同的主题,在研究的基本设计上,不同专业不同学科都要遵循特定学科的学术规范。比较教育是教育学科里一个更具体的研究领域,它不是一个层次的。但另一方面,社会学是研究社会的整体发展变化,教育学包括比较教育在内,其实是社会结构里面一个重要的组成部分,从这个意义上来讲,社会学研究的这个框架是有可能一定程度上用于解释教育里面所关注的一些特定问题。关键要看你如何运用这个框架去解释你所要研究的问题。如果搞不好,可能是"一个大帽子,一个小身子",因为教育学和比较教育学,相对于社会而言,是一个很窄的领域。我觉得怎么处理这个大帽子和小身子,或者说怎么处理这种大的框架和具体的研究问题之间的关系,不能简单套用,必须要有研究者对这一框架的具体解释与运用。结构功能主义的框架,之所以被很多学科应用,是因为它可以具有一种普遍的迁移性,具有一种普遍的解释力,但如果所有的具体问题都用这个框架来分析,有可能又太泛,大而化之。具体的学科怎么运用这样的框架,我觉得需要具体学科的研究者有创造性的研究,赋予它一种独特的内涵。(掌声)

下面我们还是回到高等教育学研究自身的范畴。刚才我讲到了历史,社会学等学科,可能有些人感觉,我们这不是跑到人家的地界上去了吗?这也说明学科专门化的影响,各学科都有自己的学术领地,我就只在我的学科范围内做研究,"铁路警察各管一段"。现在为什么特别提倡跨学科研究,就在于社会是个整体,并不像学科那样分成各种类别。学者为了研究专业化的需要,也为了自己研究的方便,人为地分割成不同学科。伯顿·克拉克在主编《多学科视角》那本书的前言里说得非常明白,世界本来是一个复杂的整体,被你们这些学者人为地分割成社会学、政治学、历史学、经济学、文化学等等。你们这些人有责任把被你们分割的支离破碎的世界再整合成一个完整的现实世界。所以跨学科研究,并不是需要不需要的问题,而是我们必须做的。我们已经意识到,为学科研究的方便人为地对世界、对现实问题的割裂,未必是解释现实世界最好的办法。要真正把握这个世界的变化和本质,要驾驭未来的发展变化,我们需要在专业化认识世界的基础上,实现多学科、跨学科整体解释和认识这个世界的目的。

布鲁贝克的两基础模式。回到高等教育学本身,其实在高等教育研究界,我们有一些重要的可以借鉴的框架,比如布鲁贝克说的"两基础模式"是从哲学的角度构建了一个框架,他在《高等教育哲学》第一章"高深学问"中,专门论述了这两个基础,但是如果你认真通读全书,你会看到,他是在二十世纪这一前提下强调这两个基础的,接下去的主题,就是两种哲学基础遇到的批评和挑战,在作者看来,以杜威为代表的实用主义动摇了两元论的高等教育的哲学基础。作者列专题,谈实用主义的基础。他认为实用主义的基础,是把认识论的和政治论的高等教育哲学结合到一起的最好途径,由此,我认为我们要重新认识布鲁贝克"两基础模式"的实际内涵。我们知道西方哲学中有一个很重要的特点,就是二元论。这是构建西方哲学内在逻辑的一个基本内容,但是现在越来越多的人开始从不同角度来质疑这种非此即彼的认识方式。当布鲁贝克提出实用主义挑战和动摇了两元论基础的时候,能否认为它是在两基础之上形成的一个新的基础?目前我们已很难说哪个国家的高等教育体系是纯粹政治论的,哪个国家是纯粹认识论的。任何一个国家的高等教育都是在两者整合的基础上,依据现实需要和条件,更好地满足国家及公民发展的要求。从这个意义上说,实用主义即使不构成一个新的基础,起码让我们思考和弥补两元论的缺陷。

伯顿·克拉克的经典三角形。伯顿·克拉克的协调三角形提供了解释高等教育发展的三要素框架。伯顿·克拉克更多是从国际比较的角度来设计其经典三角型的。在他看来,高等教育系统是一个世界各国普遍存在的现象。对不同国家高等教育系统进行比较研究,是理解世界高等教育整体特征的重要方面。但怎样去理解和比较各国不同高教体制是有比较教育的学科规范的。一般说来要找到共有要素进行比较。所以一个好的理论框架,应该能对不同国家高等教育的不同制度形态及其演变过程具有解释力。越是抽象的理论,越有普遍的解释力。我们所说的框架,应该具有超越性,超越具体研究问题的局限。那么伯顿·克拉克是怎么超越的,是怎么构建解释高等教育制度形态、解释大学制度变迁内在逻辑(Internal Logical System)的?他提出由国家权力、学术权力和市场力量三要素所构成的一个经典三角形,这个三角形在 1984 年前后提出,已经成为解释现代高等教育运作,特别是进行多国现代高等教育比较时使用的一个经典的框架。克拉克的三角型代表了影响高等教育制度形态的三种权力形式,三个角代表三种力量的极度形式,三角形内部的位置则代表三种因素结合的不同程度。三种力量之间既存在引起冲突的张力,也存在可动态协调的弹性,其形成和变化是各种势力、利益或行动者之间相互影响的结果。由此说来,虽然影响高等教育发展的三要素是相对稳定和永恒的存在,但其影响力度、方式、乃至结果却是可变的,因此,不同国家、不同时期的高等教育制度形态可以相当不同,揭示这种不同存在的内在原因、要素和逻辑是克拉克研究的重点。

我们把它图示化表示就是这样的一个框架:国家权力、学术权力和市场力量。八十年代初期,在 1982、1983 年研究的时候,把不同国家根据这三者所形成的合力,在三角区域内所处的位置,来标出它的位置。前苏联的国家权力因素影响最强,市场因素影响最弱;美国的国家权力、市场权力和学术权力对它都有影响,但是市场影响要更大一些等等。在论述这个框架的时候,他说这是一个"理想型"(ideal type),即从现实存在中抽象出来的解释模型。比如马丁·特罗的高等教育发展的三阶段理论。马丁·特罗用了 15%,50%,所以现在很多人更关注的是 15%这个具体数,达到这个数就是大众化了,达到 50%就是普及化。其实这不是一个精确定量的数字。其解释力并不在于它的精确性,而在于它对这三阶段高教系统深层特点的揭示和分析。所以伯顿·克拉克的三角型框架引发我们深入思考的是三种力量的存在及相互作用对高等教育体系发展的影响。九十年代以后,伯顿·克拉克又发表文章,对市场力量的影响作了更深入的分析。认为市场力量和国家权力、学术权力并不是对等的关系。市场力量,很多时候是一种间接影响的力量,通过政府,或国家权力作用于高等教育系统。所以他也在不断修正和完善自己的理论。那么三种力量的作用机制何在?在伯顿·克拉克的模式里,我觉得比较大的问题是,它更多关注的是整个高等教育系统,而不是具体大学作为独立学术机构的地位。学术权力,可以理解为学术权威,也可以理解为学术大师,个体的或者是院系的。如何把它放在现代大学的系统里,三种力量在具体教育机构中是如何作用的?这都是这个框架没有回答的问题。

克拉克·科尔的对抗张力模型。再来看克拉克·科尔的理论框架,他更多关注的是解释高等教育与外部环境的对抗张力。克拉克·科尔写作这一文章时世纪高等教育经过六七十年代高速发展以后,进入到了发展的瓶颈期,面临很多批评。这是为什么他总结说:大学正处在"八个世纪以来在全球范围内最大的危急的时代"。危急是由于构成高等教育的传统受到两大浪潮的冲击,这两大浪潮代表了性质不同、甚至相反的两大需求:更平等的机会与更优异的能力。大学代表了积累的传统,而平等和优异作为两大浪潮的主题体现了现代社会的需要,在传统和现代需要之间存在着巨大的紧张,也存在着互动和影响,这是克拉克·科尔构建这一框架时的逻辑。所以传统受到了平等和优秀的挑战，这个挑战又是互动的，大学的传统和社会需求之间的张力，是高等教育大众化阶段的特殊问题，还是一个永恒的问题。只不过在大众化阶段之后，这个问题更加突出。大学与社会环境对抗张力问题的提出，使我们深深感觉到，科尔把大学作为主体、作为独立存在的机构来定位，但同时又强调大学的主体性可以用传统、文化、价值观等方式来呈现，所以它把大学与社会环境深层次的对抗张力揭示出来了。

　　范富格特模型。范富格特也有一个解释高等教育变迁或者说解释高等教育和社会互动关系的框架，他更关注的是关系，而且是关系的复杂性。伯顿·克拉克和克拉克·科尔提出来的模式，不仅使高等教育变迁与社会环境变迁密切联系在一起，而且突出了高等教育系统和制度自身在应对社会变迁时所具有的主体性和复杂性。这种主体性和复杂性的提出，使得构建这个框架的时候，要去具体地揭示它们之间的关系是怎么样的。接下来的问题，就是要回答如何去通过努力使影响高等教育的各要素之间形成平衡，特别是"张力"这个概念的提出。如果我们认为"张力"是大学作为一个机构，存在于社会之中的永恒性问题，并不是中世纪大学不具备这个张力，只不过大众化以后这个张力最得到彰显，那么维持平衡、保持稳定是高等教育处理和社会关系的一个永恒的理论问题。要使高等教育系统在复杂的社会组织中更具活力，形成这个平衡与稳定很重要。理论固然可以给我们提供很好的支撑，但是政策的作用更重要。因为政策本身是一种调节，使张力得到一定程度的缓解，这一问题太突出，那么我们要通过政策协调使得这一问题得到缓解，保持一种阶段性的平衡。随着社会的发展，又出现新问题；那么我们根据问题的优先或者影响程度来制订相应的政策，使得平衡和稳定在新的基础上得以形成。所以范富格特更多的是从政策，特别是国家政策的作用这一角度来构建其解释框架的。范富格特运用整体论的分析框架来研究不同国家高等教育政策的特点，在伯顿·克拉克的协调三角形的基础之上提出了新的框架设计。这是我用图示的方式表达出来的他所构建的框架，政府、市场和学术力量，还是三个最直接的要素，但是这些要素影响大学的方式、途径、手段已经得到更细致的解释。例如关于政府作用的分析，范富格特认为：虽然政府在计划和协调高等教育系统方面发挥一定作用，但每个政府"卷入高等教育的实际情况"有很大差别，他区别了"起促进作用的国家"和"起干预作用的国家"这两种极端形式，使政府介入的结果与介入的方式和领域直接联系起来；另外，他分析了市场在高等教育中的特殊作用。高等教育的"市场"具有双重意义：出售教育服务和名誉所具有的价值。高等教育的发展是受到市场驱动的，而这个驱动怎么变成影响大学的力量，是要经过转换的，所以它的特殊作用在于有影响力，但并不像政府干预那样直接产生作用。他还提出大学是一个强有力的实体，其中包括教授会、院系、基层学术组织等，都是这个大学实体里重要构成部分，这比伯顿·克拉克的学术力量的泛称更细致化。从政策的角度，我觉得最独特的地方就是他对几种力量的作用方式和机制问题进行了深入研究，提出了中介组织的概念。中介组织既不同于政府和市场，也不同于大学，但它又位于其中。他认为，有些中介组织的人是政府组织退下来的官员，有些人就是学术界的人，所以中介组织既不同于这些力量，但也具备理解这几方面特点的能力，更重要的作用是外在于利益主体所形成的一种沟通功能。中介组织可以一定程度上把政府干预、市场影响进行重新转换,形成对大学的影响。目前我们可能看到,"市场驱动"型的高等教育系统政府的介入增加,"国家权力传统占支配的"高等教育系统正在强化自我调节功能,这使政府权力与"大学自治"不再是两个极端,作者对院校"实质性自治"("什么"what 的问题)和"程序性自治"("如何"how 的问题)的探讨,对中介机构特殊作用的分析,对政府介入方式的研究等,都凸显出政策分析的重要性,丰富了原有框架的解释力。

　　以上是我在构建自己的分析框架时对前人研究的梳理。本研究所提出的框架设计思路,就是运用社会科学研究的整体论方法,从影响高等教育最基本的要素入手,构建能说明高等教育变迁所具有的普遍性特征的分析框架。研究将影响高等教育变迁的因素,聚集于四个核心概念或者说核心要素:知识、国家、社会和市场;注重分析四要素之间的关系。每一要素本身可以单独成为影响源,但相互之间又存在共构关系。而且,四要素的影响方式和力度并不相同,引出高教发展的特定主题也各有特点。各要素和主题之间不是替代关系,而是一种补充、互动和综合的关系,我先做这些说明,然后再来看所构架的这个框架就比较好理解了。

　　四要素环绕互动模式的具体内涵。在伯顿·克拉克和克拉克·科尔提出来的三角形框架中,都把高等教育,大学、学术作为独立于其他两者的一个并列要素来考虑,我觉得高等教育作为我们研究聚焦的东西,处于多要素影响的环境之中,它自身是独立的,还可以反作用于其他影响要素,但它本身处在各要素的环绕之中。

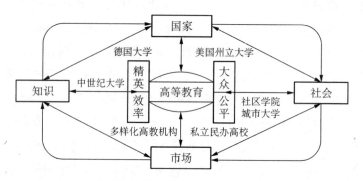

图 1　"四要素"影响下的高等教育发展模式图

　　高等教育起源最本身、最原初的要素是知识。知识的集聚和生产积累发展到一定阶段使知识的传承需要一个组织化、机构化的系统来承担,导致高等教育的出现。因此,四要素对高等教育的影响存在着以知识为起点的历时性顺序。中世纪大学产生之前也有知识生产,也有知识传授,但那时知识更多是以师徒或者学派传承的方式进行。柯林斯在《全球社会学》中对中世纪大学出现之前,东西方学术传承和传播问题作了很全面的梳理和分析。当知识积累到一定程度,需要一个制度化的机构来履行传承功能的时候出现了大学,这是中世纪大学出现的缘由。早期大学的发展主要是教会力量的介入,当时社会的知识生产和教会有着不可分割的联系,本身是精神生产的代表。在由中世纪向近代过渡时,以马丁·路德的改革为代表,新教对高等教育影响一个很重要特征是它介乎于宗教与世俗、教会和政府之间。马丁·路德希望找到一种平衡,借助于德国诸侯君主的支持来对抗罗马教皇。近代以后,国家或者政府对教育的影响最突出。世俗政府是一种权力和利益的结合,是世俗生活领域里权力的象征。这个时候除了知识的因素之外,政府的介入使得大学发展有了政治力量的新要素。费希特在拿破仑大军进攻德国,占领耶拿之后,站出来写《告德意志民族书》,提出改革和发展高等教育。这体现了政府和世俗政治权力的介入。"社会"因素在这里更多代表的是一种影响高等教育发展的非政府、非教会的新力量,这在美国高等教育的发展中体现最明显。美国州立大学的出现,可以被看成是州政府政治权力的介入,但同时它代表的是民意、是社区利益需求的一种新型力量的介入。到社区学院、城市大学这一类高等教育机构出现的时候,更典型体现了公众舆论、地方利益需求,由民众所代表的社会力量对高等教育发展的影响力。"市场"力量是最新形成的一种影响要素,并不是说它以前没有,但是真正作为一个要素应该是在近代以后,特别是二十世纪以后,成为影响高等教育发展的重要力量。

知识要素。知识是人类认识(实践)的结果,随人类认识(实践)的发展而发展。涂尔干称知识为"神圣客体的一部分",强调它的神圣性,权威性,超越个体、超越具体事物的抽象性。知识要有具体的载体,这就是知识分子,就是体现知识特性的一群人。什么是知识分子? 韦伯认为是以学术为业的人,是生产非语境化观念的人,是探索高深学问的人。这些人并不是天生的,后天的培养与教育是重要途径。高等教育就承担这样的职责。如此定位的高等教育必然是精英的、超脱的。中世纪大学一方面是精英的、超脱的,培养以学术为业的人,另外它又是职业性的,带有职业资格、职业培养的特征。高等教育大众化以后,高等教育严格说已不仅仅是生产高深学问及人的机构。可以说,不断积累和发展的知识是高等教育大学出现最本质的基础和元素,没有知识的积累,没有知识积累到一定程度不可能产生大学。虽然学术生活,学者共同体、代际学术传承在古代已有,孔子与七十二门徒的经历典型体现了代系传承、学者共同体、学术生活圈子的形式。但中世纪大学是知识制度化的结果,是一种全新的学术生活形式。

国家(政府)要素。近代民族国家的形成,改变了高等教育的生存环境,大学必须面对国家政府力量的介入。实际上,德国大学出现的背景和世俗政治权力的影响具有不可分割的密切联系。阿什比曾经提出大学生存的两个基本条件:一是忠于大学形成时的理想;二是使自己适应于所处的社会。克拉克·科尔概括得更为准确:大学处在神秘的学术天堂和相对现实的人间地狱之中。从知识组织和制度化的角度来说,德国大学设立讲座教授制,确立研究院或研究所在大学组织中的地位,使知识的生产能力得到加强。如果说中世纪大学主要是知识的传承功能,那么德国的大学,不仅大大加强了知识的生产能力,而且生产知识已成为大学所承担的另一功能。高等教育既要满足知识传播的需要,也要为国家的发展、政府的利益服务,所以其功能得到大大拓展。

社会要素。社会力量可以是有形的,如不同于政府等科层化组织的人群聚合体,非政府机构,社区,或者是特定的利益群体,如妇女组织,同性恋团体等,也可以指无形的由文化认知和传统习俗所产生的影响和约束力。比较典型的是美国州立大学的案例。根据毛雷尔法案创办的州立大学,是社会多种需要推动之下各种力量互动博弈的结果。满足地方社区及不同人的不同需要是州立大学和后来出现的社区学院的基本功能,康纳尔大学"任何人都可以在这里获得任何方面教学"的思想集中体现了大众化理念。联邦政府对于这些机构的控制力很小。从知识组织和制度化的角度来看,州立大学的出现,使美国在实际拥有大众高等教育之前已经拥有了适用于大众高等教育的结构。这是马丁·特罗非常精彩的一个概括。

市场要素。市场是"人类创造的最引人注目的制度之一"。就高等教育而言,纯粹或特指的"市场"并不存在,国外学者往往用"准市场"的结构、"近似市场"的行为、"像市场的要素"等方式来表达。国内目前的一些研究并未关注这个种区别。一谈到高等教育市场化,就看成是一种直接对应的关系。市场对高等教育的影响方式、力度、结果等,我们现在还不很清楚,还要进行更深入的研究。高等教育中,市场要素体现最明显的是竞争,但是竞争是如何影响高等教育发展的,或者说高等教育的竞争和纯粹意义上的市场竞争联系和区别何在是有争议的。院校间通过业绩的竞争,获得更多资源,而业绩所形成的学校名声具有重要的市场意义,所以才会有大学排名榜。大学排名榜给大学增加了什么?增加的是声望,声望所带来的是有形的物质、人才、生源等大学发展不可缺少的资源,所以这是市场可能影响高等教育的东西。伯顿·克拉克在他新的研究当中强调市场力量并不直接作用于大学,往往通过政府采取的政策或者措施间接影响大学。联想"985工程"、"211工程",我们会看到高等教育发展的资源集聚性效应。这的确是市场在起作用,但是通过政府,通过"985工程"、"211工程"这样的具体措施而起作用的。市场以间接的方式或通过影响政府规则的方式作用于高等教育,市场的介入使知识和人才培养的组织形式更加多样,运作方式更加灵活,效率效益问题更加受到重视。

四要素作为一个理论框架应该具备普遍的解释力。我在2006年写这篇文章的时候,还只是要试图回应和解释高等教育变迁的理论问题。2008年我参加夏威夷大学关于高等教育质量评价的一个国际会议时,对这个框架的具体解释力又有了新发展:将框架运用于解释高等教育评价。当然我在具体运用时对四要素模式又作了一些调整。

大学仍然处在被环绕的中心,知识作为基础,与社会需要、市场需要和政府权力一起,构成影响大学质量评价的四要素。大学培养什么样的人,达到什么样的规格,什么样的大学是好大学等,还是由这些要素共同影响决定的。大学本身也有一定的能动性去判断和接受来自不同方面的影响。

这也引发我们思考各方面可能具有的不同的教育质量观,如政府所要求的质量和市场所要求的质量是否完全相同,从知识自身的角度和社会需要的角度所形成的质量观是不是一样的?而且大学作为一个独立的机构,如何做出判断,怎样把不同要素对质量的理解和对质量的要求整合到自身功能之中?我们如何把各方对质量的期待和对质量评价的要求,体现在大学的办学目标、人才培养的目标当中，以及最终怎样去向社会、政府、市场证明大学培养出来的人的质量标准，所有这些都要求大学的判断。我们的核心问题是，大学在受到多种力量影响、在多种质量观、多种评价方式的影响下，怎样形成一个稳定的、能够和各方要求相匹配或者平衡的教育质量观和评价体系。这是大学必须要认真思考和回答的问题。这个四要素框架可以使大学认识到自己与四种影响力量的关系，如何在多方互动和相互影响的基础上，更全面地看待教育质量、教育评价？

中国学者的研究拥有得天独厚的条件，就是中国教育正处在发展最快、最关键的时期，遇到的许多问题是前人和别国高等教育发展历程中未曾遇到或不能回答的。我们用虚心向别人学习、借鉴的方式不足以解决我们当前的问题。所以中国学者必须具备一种自信，运用尝试解决中国教育发展特殊问题的方式去贡献世界教育发展。现在中国被认为是世界的一个大实验场，有着丰富的多样性和可能性。我们中国学者自身为什么不能利用这样难得的时机，把我们在现实问题上的实践、探索和思考，转换成为有独特性的理论建构？如西方学者常说中国是个中央集权（centralize）的国家，现在又在说中国运用中央集权的方式来推进分权的过程（centralize decentralization）。这在西方人看来是很莫名其妙的做法，但是我们认为可能这就是我们非常独特的东西。另外，对高等教育变迁的综合影响要素问题，我曾想过把国际化作为单独的要素提出来，后来发现没有办法和其他的要素并列，于是我把国际化更多的作为一个大背景，而不是作为单独的要素。刚才那个四要素框架有一个大圆，就是国际化的大背景，在这个背景下凸显出这些要素的复杂性。所有这些都是值得进一步思考的问题。我会继续我的研究。今天上午的报告就讲到这儿，大家有什么问题可以提出来。

学生 C：史老师，您好！今天上午很荣幸能够聆听您的讲座，我来自天津师范大学，是教育哲学方向的，听了您的报告对我启发很大，尤其是这个变迁机制问题。我觉得您用一种类似发生学的方法，历史地看待这个问题。我接下来要提的问题可能比较"形而下"。近几年我们面临着一个很大问题，就是大学生就业难，那么这个问题可能有各种因素的影响，我想了解一下您的想法，如果从解决大学生就业难问题这个视角来看高等教育的变迁，您觉得我们高等教育，应该优先考虑变迁的什么方面，哪个影响要素，还是每个方面？

史静寰：谢谢！我觉得"形而上"和"形而下"有时也很难具体区分，但是从研究的角度，它不是一个类型的问题。我想如果把这个框架放到高等教育大众化这个背景之下，特别是我们从这个角度，我反复强调这四个要素并不是一种替代关系，并非国家力量的影响出现以后，知识就不再发挥作用，市场因素出现以后，国家就不再发挥作用，它们之间不是替代关系。所以每一种要素的出现都使高等教育应对的问题更复杂，要应对的张力和挑战更多更大。不仅如此，在这些因素的互动和共同影响下，高等教育自身的性质和功能都可能发生变化。随着社会和市场因素的介入，随着高等教育大众化的发展，高等教育的结构、功能，乃至特性都要做出调整。我们所说的大学生就业问题，社会的过度教育等问题，刺激我们思考这样一个问题：目前影响高等教育的要素已经多元，社会的需求和评价也已经多样化，而我们的高教体系，大学的定位与功能等是否也已相应发生变化？我们的高等教育为什么和社会需求之间有那么大的反差？我是市政协委员，政协开会时经常出现集体声讨、批评教育的现象。每年政协提案涉及最多的话题，一个是教育，一个是公共交通和社会安全。为什么会出现这样的情景？我觉得和社会需求日益多元有关。"多元"的概念对中国人来讲还需要更深刻的理解。我们才刚刚开始接受不同利益群体、利益冲突及协调的概念。我想在大学生就业问题上，我们也要尽快改变单一标准和同一价值观评价的问题。我一位朋友的女儿前两年从北京一所很好的大学毕业后，自己在网上开了一个小店，生意挺好，挣得比她爸妈合起来的工资还多，活得挺充实。按照传统就业观，她没有工作，没有接受单位的，但是在新的、多元就业观下，她很好解决了自己的就业发展问题。现在我们的大学尚未树立起多元的人才培养观，我们的社会也尚未形成有利于大学多元人才培养观的大环境。所以需要大学和社会的共同努力。

学生 D：您说的四个研究要素，我觉得分析基础教育也可以用，那高等教育研究的重点和突破口在哪里？谢谢。

史静寰：由计划经济体制向市场经济体制过度，最重要的是资源配置方式的变革。市场所坚持的重要原则是效率。在五六十年代，中国用中央集权、计划体系来调配有限的资源，用重点建设、重点发展来形成中国的核心竞争力。它在当时的发展阶段也可能是很有效率的方式。社会发展到今天，政府统一调配资源已经出现严重问题，所以要借助市场的力量。另外要考虑资源的共同分享。共同分享并不是市场所排斥的原则，因为如果能提高效率的话，市场也可以接受，并努力去推进。大家现在很强调竞争，认为市场就是竞争，结果搞得整个社会都是"鸡飞狗跳"，大家互相之间只有竞争。其实这是我们在最初阶段所理解的市场，并不是市场经济的全部。我们对市场的理解太肤浅，一谈市场化，就是大学办公司，大学直接产生效益。后来发现很多大学办公司很失败，没产生效益还引出很多问题，又要求大学要跟公司分离。但当我们要求大学、公司分离时，又发现国外一些最好的研究性大学，正在走创业型大学之路。大学不仅办公司，而且参与从原创性知识的生产到直接转化成生产力的全过程，带来巨大经济效益。所以我们要看到，市场对高等教育的影响远比我们想象得复杂，对我们的要求和挑战，要求我们去学习的东西也很多。所以我们既不要一提市场，马上就有一种反感，认为市场化带来太多问题，也不要盲目相信市场的神话，不能认为只要市场化就能解决我们现在的所有问题。其实市场是把双刃剑，既可以解决我们在计划体制下不能解决的很多问题，也可能带来我们在多年计划体制下不熟悉的东西。邓小平的英明就在于提出"摸着石头过河"的原则。中国人既要有探索尝试的勇气，也要负责任地探索。摸石头就是要借助前人、他人以及自己的经验教训，不要将目标构建在虚无缥缈的希望之上。我们现在讲世界水平，中国特色，我觉得非常好。关于在基础教育研究中使用这个框架的问题，我曾经考虑过，但是一些要素要做大的调整。比如在基础教育发展当中，市场是怎么影响的，可能就是一个更敏感的问题。对基础教育来讲，公平问题，知识影响的问题等都与高等教育不同。

学生 E：老师您好！我觉得您这个模式很有创新性，我想了解您说的这个模式里面的四要素是怎么确定的,为什么选择了这四个要素,而没有选择其他的? 您用这个模式解释高等教育评价,但是题目主要是解释高等教育的变迁,您能不能再简单解释一下高等教育的变迁。谢谢。

　　史静寰:这四个要素是怎么提出来? 我在前面做那么多更宏观的理论梳理,其实就是在提取核心要素。怎样从具体现象中抽象出普遍观念,我觉得是构建分析框架要做的第一个工作,而进行这个工作最有效的办法就是对已有研究成果进行梳理和分析,看大师们是怎样从现象抽象出普遍观念。这个过程对我启发很大。布鲁贝克提出高等教育发展的内部逻辑和外部压力的对抗问题,珀金的变革与稳定问题,伯顿·克拉克的通用性框架问题,都是启发我思路的观点。在梳理前人研究成果的基础上,我会进一步问自己:最能体现和影响高等教育发展的内部逻辑是什么? 我认为是知识。但中世纪大学所理解的知识,与现代大学所理解的知识有什么不同? 美国大学强调教学、科研、社会服务,但是把它们放到知识的视角下,我们会发现大学发展的内在逻辑的新意。在中世纪大学时期,知识主要是传承,洪堡改革时,增加了知识生产,但更强调纯学术知识的生产模式。虽然洪堡时期大学已建立起研究所,讲座制,但基本还是一个讲座教授带着几个学生进行研究的小规模生产方式。到美国大学时期,建立研究生院,国家实验室建在大学,这些措施采用以后,知识生产进入规模化、社会化阶段。所以从知识生产方式,你会看到不同社会阶段所呈现的非常明显的变化。如果我们从人才培养的角度去解释,中世纪大学的知识传承就是老师教学生已有的知识;到了洪堡改革的时候,老师不仅教学生已有知识,还要教学生探索过去没有的知识;而到了美国大学的阶段,老师和学生不仅要生产学术圈里的纯粹知识,还要进入社会,从社会需求、社会发展的具体问题中去生产知识。这种人才培养方式的转变表现的是人才培养理念、人才培养制度的根本性变化。所以分析框架的使用是提示你从更深层次解释高教历史变迁当中所遇到的基本(理论)问题。至于具体怎么解释,我在第二个框架里,关于高教质量评价的研究中已有介绍。高教质量评价可以是很技术的,也可以是很理论的问题。现在搞教育测量的、搞心理测量的人可以在技术层面做得很好,我们这些做理论研究的完全不是他们的对手。但这并不能替代基本理论研究。我们可以提供的是更宏观、更开阔、更具普遍性的解释。这也是为什么我们在使用这个解释框架的时候,更多不是看它对具体问题有没有解释力,而是看它在问题的包容性方面,在对最核心、最普遍,甚至永恒存在的问题上是不是具备解释力,仅此而已。
(掌声)

录音整理:葛　丽(华东师范大学课程与教学系)
　　　　　乔卫丽(华东师范大学教育学系)

院校与研究生教育制度的创新

——工程硕士专业学位生成及制度化过程研究

讲演者：史静寰

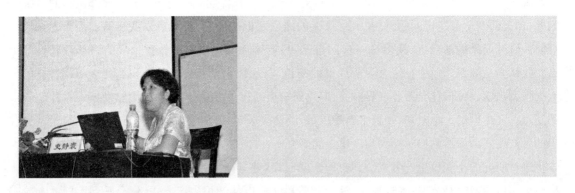

时间：7 月 12 日 14：30—17：30

地点：大学生活动中心报告厅

史静寰：上午很遗憾，因为没有多少时间，所以很多同学的提问未能回答。今天下午我想尽可能早一点结束，留更多的时间给大家提问。今天上午我和大家分享了自己的研究想法，对我来讲又是一个重新梳理问题和思维的过程。在这一过程中我又有一些新想法。这种思想的交流碰撞，让我感觉很有收益。并不是只跟教授群体接触才会有新想法的碰撞，其实恰恰相反，我觉得知识渊源的差异性越大，越能刺激起新想法。大家来自不同学校、不同专业，拥有不同经历，甚至有不同困惑，不同研究主题，你们在交流中新的刺激会很多。当老师是一个很幸运的职业，它让你永远处在兴奋当中，就是你想停下来，也停不下。因为这些学习欲望很强烈、思维很活跃的年轻人不断给你提问题。今天的两个专题我想用不同的方式来呈现我自己在学术研究生涯中是怎么做课题，做研究的。

目前我国的高等教育学是典型的问题导向研究。中国高等教育发展正处于转型期，面临很多现实问题。对这些问题研究者必须要关注、要了解，并进行研究，不能说这个不是我的专长，我对这个问题不了解而轻松躲过。也不能因为这不是我的专长就凑合了事，胡乱写个东西交差。所以我经常对我的学生说，做学生的时候你们可以交一个东西了事，有的学生交作业潦草到连错别字都不改,反正老师还得把关。我说如果你们有这样的心理,实际上从最初就没有建立起对自己学术尊严和学术声誉的珍惜。凡是你交上去的东西,应该是你现阶段所能达到的最佳成果,让老师看出你的投入、你的努力、你的精心,而不是一个半成品。高等教育研究的很多东西,其实都是阶段性的研究成果,过一段时间你再看,这研究早就过时了,因为你当时关注的问题,可能现在已经解决了。另外,学科差异也使对同一对象的看法不同。最近康奈尔大学一个图书馆要更新,有一大批原版社科书籍可以转给其他学校。清华图书馆想要,让各学科教授帮助看看书的价值。关于教育类的书单,就都发到我这儿了,心理学的发到心理学学科带头人那里。我感觉很多书都很有价值,因为都是教育学或教育史的经典性作品。心理学的教授认为这批书意义不大,因为心理学要研究前沿。更关注最新研究成果。我们的意见汇总起来,图书馆的老师感觉挺奇怪。其实一点也不奇怪,这里有学科特点的问题,也有考虑角度不同的问题。教育学研究当然也关注前沿和最新成果,但从人才培养的角度,学生要读学科经典之作,要读一些表面看来已经过时的书,它为你提供了知识的积淀。名著是永远不会过时的,问题是不断更新的。我下面要讲的话题跟上午的内容有关,但并不是简单用上午的那个框架应用于现实问题。

任何一个框架在具体运用的时候,都要经过重新组织。就是说,问题导向的研究一定是以问题的需要,或者解释问题的需要为基本选择。我们现在强调制度创新,强调中国的高等教育发展到今天只学习、借鉴、照搬不行,我们要有一些新的设计,而这些设计是怎么出来的,怎样解释新制度的生成与发展? 下面我用自己做的一个研究案例,来揭示以实际问题为基础的研究怎样进行理论分析和概括。

研究背景及原因。任何研究都和自己的经历,自己面对的问题有关。2002 年我调入清华大学教育研究所,是作为高等教育学专业的学术带头人引进的。其实我在北京师范大学基本上可以算功成名就,做了教育文化与历史研究所所长、博导、教授,各方面的发展都挺好。为什么下决心调走? 我是一个愿意面对挑战的人。人只有在面临新挑战的时候,潜力能得到最大程度发挥。所以人要敢于走出自己所熟悉的舒适圈(comfortable zone)。我在师大工作 20 多年后选择要跳出来,到新环境里去接受挑战。我到清华大学以后,进入到一个自己完全陌生的以工科为主的环境当中。这里的教育学科发展已有 20 多年历程,但是仍然很边缘,主要集中在高教研究,特别是对清华自身改革发展的研究上。我 2002 年调过去,2003 年我们拿下了高等教育学和教育经济与管理两个博士点,另外还有三个硕士点,2009 年 3 月,清华大学学术委员会和校委员会正式通过成立清华大学教育研究院。我们完成了所变院的转型。

高等教育研究的学科化程度比较低,这是高等教育研究界大家认同的东西。高等教育研究的实践性特点很强,问题导向特征明显。这也是学界公认的。我们要承认其独特价值。作为高教研究者必须关注实际问题,关注由问题引起的改革举措,揭示其理论涵义。马丁·特罗的高等教育发展阶段理论就有这样的特点。加拿大的迈克尔·富兰专门研究教育变革问题,他的一句名言"It takes forever to change a university.",说得很贴切:大学永远处在变化中。实践探索研究是高等教育研究的重要部分,清华大学在中国高等教育改革进程中的地位,使其成为院校改革的很好案例。到清华大学以后,我提醒自己要关注实践探索研究,关注院校研究。中国改革"摸着石头过河"的特点和清华大学在中国的影响力,使得对清华大学改革的研究不仅可以解读清华,也可以使我们更好地理解中国高教发展的宏观历程。清华大学的老一辈教育研究者对此深有感触,清华教研所第一任所长李卓宝先生是老清华大学心理系的毕业生,受过很好的教育学、心理学研究训练,又做了多年大学管理实践工作。她提出清华教研所要走实践性研究的道路,要研究清华大学的案例,因为清华大学是中国高等教育改革的缩影。解读清华可以了解中国高等教育发展的很多内在特点。这么多年,我们试图概括清华大学教育研究的特点,最后大家基本形成共识,清华大学教育研究的特点是:基于问题,有院校实践基础,有学科普遍意义和宏观影响价值的政策与理论研究。这样的研究怎样做? 我要介绍的这个研究是比较典型的代表。

二十世纪七八十年代的改革开放,是中国社会发展历程的一个里程碑。市场经济体制的建构,从某种意义上说动摇甚至改变了高等教育赖以生存的社会基础、社会环境。大学必须重新思考自己的角色和功能。

研究问题的确定。以学院实践探索为基础,以学院的改革为切入点,即使生存环境改变了,大学还得运转,大学的日子还得过。那它究竟是怎么过的,我们要用案例研究的方式来揭示。重点关注的问题是中国高等教育的制度变革和创新是怎样进行的。高等教育问题重重,但不能否认我们现在做的很多事情都是以前没有的。我们尽管做得不完美,但它是一种创新,而这种创新就要付出代价甚至是有风险的。所以有必要了解清楚,制度变革和创新是怎么进行的。至于具体研究问题,我选择了"工程硕士专业学位的生成及制度化过程",用一个很具体的问题切入,揭示高等教育的制度创新问题。如果把这个问题和今天上午讲的内容联系起来,也可以一定程度上解释高等教育变迁。

"院校与研究生教育的制度创新:工程硕士专业学位的生成及制度化过程研究"是我几年前的一个研究。文章 2005 年在《教育研究》上发表。为什么要选择这么一个题目? 为什么要从这个角度去研究? 这和大学的特性有关,也和我的工作环境有关。大学,在涂尔干看来,是中世纪机构中时至今日仍然留存下来,并依然与当时面貌极为相似的唯一机构。这个说法有点极端,但的确是西方人眼中大学的特点。大学在中国的改革中,则被称为是计划经济体制的最后堡垒。为什么西方人眼中神圣不可侵犯的机构,到中国人这里就成了董存瑞要炸的堡垒? 这使我们思考:大学真的不变吗? 大学在中国当前的改革中,真的那样被动吗? 大学在改革中的角色和功能到底是怎样的? 我们只有从研究大学自身开始,才能回答这些本质问题。以清华大学为大学改革的案例也是有道理的。体制改革扩大了大学的办学自主权。在中国的背景下我们不用"大学自治"等提法,使用的是扩大大学办学自主权。这是不同文化及社会背景所生成的大学办学原则。因此,用西方大学自治的模式来要求中国今天的大学并不合适。

体制改革扩大了大学的办学自主权。在国外,大学要提高点学费,可能会使校长、甚至总理下台。而中国的大学往往在西方大学认为非常重大的问题上具有自己改革的空间。社会转型期所特有的政府缺位和市场失灵现象,使得大学有可能在规则重构、制度创新中发挥更大的作用。但是什么样的大学能发挥这样的影响力呢？往往是一些领头的重点大学，因为大学机构是一种地位认可型组织，不同于工厂、企业等效率认可型机构。例如，没有办法证明清华大学教育所赋予学生的就一定比河南大学赋予学生的高，但为什么大家都争相上清华，这是因为清华的名声和地位认可，是声誉造成的，这是大学所特有的。而企业再有名，几年业绩不好就跨台。"通用"该被重组照样重组，"宝马"该被卖还是被卖，效率决定你的地位。特别是在规则重构、制度创新的关键时刻，往往重点大学的示范效应、辐射效应会更大一些。一流大学在中国社会、在人们心目中的特殊地位，著名大学的社会责任，都使这些大学的改革，具有更大意义。李卓宝先生说：你把清华搞明白了，中国高等教育的好多事情你就明白了。我觉得说得不为过，它典型代表了对中国高等教育改革变迁中"黑匣子"的解读。这个黑匣子并不是说幕后操作，而是说教育改革到底是怎么产生作用的，某种教育尝试怎么就变成了全国推行的政策，这里面的作用机制并不清楚，我们要通过研究来揭示。

为什么选择研究生教育制度，为什么要研究工程硕士专业学位？1977 年恢复高考，1978 年开始恢复研究生招生，是改革开放在教育领域的重要标志。本科教育我们已经做了那么多年，比较成熟，而研究生教育基本是 70 年代末以后重新开始的，我们的研究非常有限。从 1978 年到今天，中国的研究生教育靠自己的力量，在学习借鉴国外的基础上，建立起一套比较完整的系统。从制度生成和创新的角度来看，中国的学位研究生教育很有代表性：时间短、发展快、过程复杂，最能代表和反映中国高等教育改革和发展的特色，而且它也是"摸着石头过河"的结果。

为什么选择工程硕士学位的生成？工程硕士是不同于工学硕士的一种新学位类型。1978 年我们恢复研究生招生考试时最先设立的是工学硕士，属学术型学位，和其他 Ph. D. 类型一样。而工程硕士是应用型专业学位的代表，是新学位品种，其生成可以说是直接受市场力量的影响，是大学在与市场、政府的多方力量的积极互动下，用十余年的时间才最终确立的。在应用型专业学位的形成过程中，工程硕士的改革不仅开始得最早，而且试点工作的时间最长、规模最大、范围最广。它典型代表了学位与研究生教育制度创新及生成的情况。清华大学作为全国最好的工科大学，在工程硕士专业学位的生成过程中明显起了至关重要的核心作用。这样的几个理由，使我选择了这个题目。与我自己的研究专长、爱好基本无关。刚开始研究这个题目的时候，我根本不知道工程硕士是怎么回事，也不知道工程硕士和工学硕士有什么区别。对于在座的各位研究生来说，这个题目的迁移性、启发性不在于你也去做另一个硕士学位生成研究，而在于引发你思考怎样做研究。我概括为"小、大、清、新"四个字，即：研究问题要具体（小），研究视野要开阔（大）。研究思路要清晰（清），研究框架要有新意（新）。

研究的理论框架。从分析框架上讲，这一研究我主要采用了两大理论，一个是院校研究（Institutional Research）。院校研究在高等教育领域里是新兴的，但发展很快。美国已有院校研究会的正式机构，中国 2004 年也在中国高等教育学会下成立了院校研究会。什么是院校研究？狭义的理解，院校研究就是"关于院校某一方面管理改革的专门性研究"。美国有专业的院校研究者，通过科学收集并分析与院校某方面改革相关的数据，针对院校某一方面管理的具体问题提出改革发展建议，为院校的决策服务。广义一些的理解就是"关于院校特定时期内管理改革与发展的整体研究",我认为清华大学过去进行的研究主要是在这个层次上的,即一个特定历史时期内学校管理改革,包括课程、人才培养、学校功能、办学方向等等,不仅是具体的管理,而且涉及学校办学的方方面面。由院校管理者全面分析学校的状况,制订学校发展规划,利用比较优势,重点突破实现学校跨越性发展。更广义的理解就是"关于院校改革发展的综合性研究",大家注意,我已经不再提它仅仅是管理研究,而是一个综合性研究。管理只是它的一个切入点,可以是教学,也可以是院校的学生事务或者其他方面,全面推进院校发展,进而产生更大影响的模式与机制研究。目前清华大学所做的很多研究是这一层面的,就是说不但要研究清华的内部改革,而且要看其影响中国高等教育改革总体政策和发展情况,这就要研究其影响模式与机制。如果这样来理解院校研究,院校研究的内涵就扩大了。有人说,概念扩大了,研究边界就不清,我说很可能,但是在中国改革发展的现阶段,我宁愿冒概念边界不清的危险,也要把宏观和微观研究结合在一起。中国高教改革的现实决定我们的院校研究人员不能仅仅是院校信息数据的处理员、分析员,中国的高等教育研究还没有奢侈到可以养那么多专业人员,各自针对具体问题进行分门别类的研究。学校对我们的期待,不仅仅是把一堆数据处理之后告诉校领导一个结果,他们希望你提出一些前瞻性的、宏观性的,对学校改革和国家教育改革有意义的研究成果。

另一个研究的理论基础和框架是制度分析(Institutional Research)。Institutional Research 这个词在高等教育研究中中可以翻成院校研究,但它在经济学、社会学界也可以翻译成制度分析或者制度主义研究的范式。2006 年我在中国高等教育学会院校研究会成立大会上所作的报告中,使用了这一提法,当时引起很大反响。一种意见就认为"你说的院校研究和我们说的完全不一样",我说我是运用"制度分析"的方法,来研究"院校研究"的问题。那么什么是制度呢? 其实制度是社会科学领域里一个重要概念,涂尔干的一个非常典型的说法,即社会学就是研究制度的一门科学。在社会学的经典研究中,制度是指构成社会结构的一种规范,新制度主义进一步将制度这个概念明晰并且层次化。强调制度由多种要素,起码三种要素共同构成,即 regulative, normative, cognitive 三个层次,也就是我们所说的法令规章体系、规范体系和文化认知体系。什么是制度分析? 制度分析实际上指的是一种社会分析,是对社会结构进行的一种分析。按照社会学的理解,制度是指价值规范对人们行为约束的结果,所以构成制度的核心是价值规范,也就是说这三大要素里的文化认知体系。它在约束人们行为的同时整合了社会的结构,所以三大要素相互影响渗透,使得制度的概念等同于制度化的过程,制度分析就是对制度化过程的分析。这也是我下面分析制度生成时所运用的一种理论基础。

今天中午在和同学讨论问题的时候,有些同学提出,我们老师也总强调理论框架的重要,是不是理论框架就一定是用一个理论,我可不可以把不同理论整合起来? 我说当然可以。他说当我把几种理论整合起来以后就四不像了。老师批评我们"你这个还没搞懂,又去弄那个"。出现这种情况并不奇怪,因为你的积累还不够,因此在整合不同理论的时候,就可能抓不住本质,而且迁移到自己的研究问题时,形不成足够的解释力。这的确是需要积累的。我这个研究中,大家可以看得出来,它既包含伯顿·克拉克的经典三角形,也包含院校研究的思路,还包含制度分析的核心要素。如果从方法论的角度来讲，制度分析的要素更强一些。而且在制度分析中，也并非完全使用某一学派的观点。曾有社会学的人看了文章后说"你的分析介乎于旧制度分析和新制度主义之间"。确实，我不认为我们在使用社会学研究范式上可以胜过搞社会学的人。教育学研究的特点就是借鉴和吸收不同学科、特别是社会科学研究的方法与范式，以更好解释和解决教育研究中的复杂问题。我们不会把自己局限在某一学术派别里。哪一理论可以更好解释我们关注的核心问题，我们就可能借鉴和吸收。例如组织与环境的关系是一般社会学，不管旧制度主义、新制度主义都关注的问题，分析这个问题具体运用制度分析的哪一种方式，我们要根据教育组织的基本特性和在特定社会环境中的特殊问题来确定。

在我的研究中，我特别关注，或者说借用了社会学研究的三个核心概念：一个是组织与社会环境的关系，大学作为自主程度很高的社会组织可以自主适应环境、对环境的压力作出回应，并且具有自我防御、自我维系的功能。这是传统社会学研究的一个观点。从组织与环境互动的视角分析大学学位制度改革与创新的过程。我在本课题的研究中，不是把工程硕士学位的生成与发展作为一个单纯的教育事件，而是把它看成是和大学组织、社会环境（包括政府和市场）互动的结果。这样才能更好地分析高校作为行动者所具有的自主及独特作用。我们过去讲得太多的是改革开放以来大学改革的被动性，强调中国大学依附于政府的特点。这也是很多西方学者关于中国高教研究的一个基本假设。我认为中国的大学的确有对政府的依附和改革的被动性等特点，但这并不是中国大学30余年发展历程的全部。我们从组织与环境互动的视角进行研究，虽然也采用了政府、市场、大学三者关系的经典模型，但要求更细致地揭示在制度变迁过程的不同阶段，不同力量所起作用的方式以及机制。大学作为独立行动者，具有组织结构上的能动性，去主动适应并影响环境，为自己争取更大的发展空间。而且大学作为知识社会的轴心机构，作为高知识群体聚集的地方，还具有生成制度产品的能力。大学可以生产制度建设的砖块，投放社会、影响环境。那么大学是如何做的？

第二个核心概念是组织利益，这是旧制度主义分析的贡献。社会学旧制度主义的代表把组织环境视为由各个利益群体组成，而组织能够生存的关键是要被这些利益群体所接受，最大程度上与利益群体达成共识。大学要获得良好的发展环境，必须和不同利益群体很好进行沟通，形成共识，把自己的利益与社会、外界的利益很好结合起来。这一点在工程硕士学位生成过程中体现非常明显。新制度主义的贡献之一是把制度的含义明晰化、层次化，更大的意义在于将静态的制度转化为动态的制度化过程。比如利益群体的组织利益、大学的组织利益、大学自身的组织利益和外在社会的利益之间到底是什么关系？我们在分析工程硕士专业学位的制度化过程中，从法律规章、规范体系、文化认知的不同层次，具体揭示这一新型学位是如何逐渐演变、成为社会所接受的新生学位品种。制度不仅仅是正式颁布的法律法规，它还代表了一种文化认知，这种文化认知看不见、摸不着，但约束你的行为。或者相反，制度代表了从深层次的文化认知，再泛化到规范体系，再硬化成为规章体系，制度生成是一个层层递进的过程，可以从外向内，也可以从内向外。因此，新制度主义强调制度就是制度化的过程，组织利益内部和外部之间的互动其实也是制度化的过程。

　　第三个核心概念是合法性,新制度主义特别强调文化认知,过去我们认为制度就是一种规范,规范就是法令法规,新制度主义把它发展成为,除了法令法规之外还有文化认知,强调文化认知系统的作用,认为制度的稳定性取决于是否从文化认知上获得认可。被社会文化认知认可了东西才真正在制度上站得住,这就是合法性,不仅是法令规定的合法性,而且是文化认知上的合法性。构建或找回(文化认知上的)合法性就成为制度生成和变迁的根本动力。新制度主义对制度的理解不仅加强了制度的动态特征,而且为制度变迁中组织和环境的互动提供了新的解释机制。这篇文章中我用制度化过程把这个机制引出来,高度制度化的组织是以追求合法性为目标的,合法性主要由文化认知来决定,而不是技术效率(technically efficient)。大学作为地位认可型组织,不同于企业的效绩表现型组织,大学看中的是社会认可,或者组织业已形成的地位,这就说明了为什么名牌大学具有更多的发展资源,往往声誉转化为一种竞争力、一种资源。所以大学对合法性的追求尤其明显。清华、北大这样的名牌大学招生时很难通过走后门或者贿赂这样的方式进入,因为这些大学更看中自己在社会上业已形成的名望与声誉,不愿冒毁声誉的危险去做蝇头小利的事情。一些地方院校没有达到这样的声望,也就不会激起对声誉的尊重,所以它们可以去做。但清华、北大这样的学校真的不能做,这在社会学上有足够的理由。(掌声)

　　有同学问我:"我看了好多社会学的书,经济学的书,最后用到我自己的研究里,感觉特别生硬和肤浅。"我觉得这是很多年轻学者必须经历的阶段。我们在借助不同学科研究方法和理论的时候,必须要建构起使用这一方法或理论分析解决自己要研究的问题之间的逻辑关系,不能指望方法和理论自然回答你的问题。一些同学论文中写的理论部分,只是很完整的介绍相关理论,这一理论跟他所研究的问题之间的内在联系,并没有想明白,写清楚。

　　总之,制度的生成和变迁,换一个角度看,就是新的组织利益在与其所处环境的互动、博弈中,建构合法性的过程。所谓建构合法性,就是在新的组织利益和社会需求之间建立起内在联系,使新的组织利益获得社会认可,就是认同"这是大学应该干的事"。什么是大学应该干的事?每人心目中都有约定俗成的认识,但又说不清。正是这种东西构成社会文化认知层面的合法性,也是大学组织自主活动的空间。因此我这个研究的基本假设是:中国的大学并非外在于改革过程之外,或者仅仅是被动改革的对象;中国高等教育制度创新的重要源泉之一就在大学自身,由大学内部开始的高等教育制度创新并不仅仅是应对外界挑战,也有大学自主改革的需要;院校内部制度改革的尝试,很可能是整个制度变革的基础和前奏,由内向外、自下而上形成高等教育制度的创新。国外有很多研究揭示,中国的经济体制改革和社会改革是自上而下的,因此中国的教育改革是由外向内,由社会改革逐渐推动的改革。从教育体制的保守性、稳定性特质来说,这种思路有道理。但我们也可以用一些案例来说明,中国的教育改革还有其他一些可能性。我们以工程硕士学位制度在我国的生成和制度化过程作为研究对象,以清华大学为个案,通过分析高等院校在工程硕士学位制度生成过程中,所扮演的角色、发挥的作用,来展现中国高度教育制度变革和创新的独特路径。

　　工程硕士专业学位生成背景及过程简介。文革结束之后,1978 年我国高校恢复招收研究生。

1982、1983 年前后,全国第一批 20 多所院校被批准设立研究生院,研究生培养成为这些院校新的重要发展点。当时各高校都有教务处负责本科生教育管理,研究生处是学校新设机构,专门针对研究生管理,而当时如何管理研究生各校都没有经验,因此,高校开始自发举行研究生处长会议。1984 年 2 月,全国 18 所工科院校的研究生处长自发召开民间会议,讨论研究生培养问题。1984 年 11 月,清华大学、西安交通大学等全国 11 所重点工科院校研究生院的负责人,召开关于培养工程类型硕士研究生(当时已有学术型的工学硕士学位研究生)的座谈会。教育部派人旁听。会议上 11 所重点工科院校给教育部提交了一个关于培养工程类型硕士研究生的建议。同年 12 月,教育部研究生司转发这个建议并批准进行试点。1992 年,工科研究生教育改革研究小组成立,最初秘书处设在北京科技大学,后来转到清华大学。从 1984 年开始试点到 1992 年研究小组成立,工程类型硕士研究生培养一直处于停滞状态,因为它"不伦不类":从名称上看不同于工学硕士,但新名称的涵义到底是什么,功能如何定位并不清楚。

工学硕士所培养的学术型人才主要对应高校、研究机构人员的需求,至 80 年代中期开始出现饱和,而国企及经济建设的主战场对高层次应用研究型技术人才有着强烈需求却难以满足。在这样的背景下,全国重点工科院校研究生院的领导意识到,工科研究生教育只培养学术型人才有问题,要进行弥补,但如何弥补国家又没有明确政策。工程类型硕士虽然已经开始试点,但并未成为新学位类型,即缺乏合法性基础,这使其发展遇到瓶颈,长期徘徊不前。1992 年工科研究生教育改革研究小组成立,到 1995 年全国工科学位研究生教育改革研究课题组成立,就是要全面探讨工科研究生培养模式改革。至 1995 年,院校层面已经把工科学位与研究生教育改革整合起来考虑,改革重要的攻坚点就是新型培养方式和研究生学位改革不匹配的问题。这个时候由全国重点工科大学参与,秘书处设在清华大学的工科研究生教育改革研究组,已成为推动这一工作的重要机构。1997 年 4 月由国务院学位办、教育委员会研究生委员会、工科研究生教育改革研究组,向国务院学位委员会第 15 次会议提交设置工程学位硕士的说明,同年 10 月经国务院学位委员会批准,"工程硕士"专业学位正式设立。工程硕士专业学位由院校发起并实验,院校联合论证研究,到上报学位办、获得政府权威部门认可,正式成为新学位,整个过程历时 13 年。

新学位制度生成过程分析。我们将工程硕士专业学位作为一种新学位制度,分析其生成过程可以看出:院校在工程硕士专业学位的生成当中起重要作用。最初的建议由 11 所工科院校提出,培养的试点和研究工作也由院校来完成。所以这是一个典型的"自下而上"、由院校首先尝试并推动的结果。那么,使 11 所院校聚集在一起提出这样一个制度变革建议的动力何在?支撑院校自身行为的理性基础是什么?院校自身的愿望与行为又怎样为政府所采纳,进而转化成新的制度形式?在这一新学位制度的生成过程中,院校与政府、市场之间的互动与博弈呈现怎样的情景?为更好地回答这些问题,我们有必要进入院校内部,以清华大学为例,对问题进行近景、微观、动态的考察与分析。

从新学位制度生成的外部环境与政策基础来看,有这样几方面因素值得关注:第一,高等院校地位与影响力的提高。高等教育是中国文化大革命的重灾区。1978 年恢复研究生招生,八十年代出现研究生院。研究生教育和研究生院的正式建制在中国高等教育体系中的出现不但提升了高等院校的学术地位,也使拥有研究生院的院校在高教系统中,乃至整个社会,有了更大的影响力。第二,学术型人才与企业需求之间的矛盾。最初恢复研究生招生是为了应对文革所造成的高层次学术人才断层,最初几年的研究生教育在满足高校和研究机构对学术型人才的需求上,起了很好的作用。到八十年代中期,这些机构对学术型人才的需求得到了缓解,而工矿企业高级技术人才的短缺成为更紧迫问题。第三,改革具有政策上的合法性基础。1984年党中央通过了重要的经济改革决议,明确提出教育要为国民经济建设服务,为大学改革提供了政策空间及合法性基础,此后大学要为国民经济建设的主战场服务,当时清华大学的口号是"为国有大中型企业服务"。

清华大学研究生院改革案例分析。清华大学研究生院在1984年曾组织各院系主管研究生工作的院领导去湖北的二汽做调研,初衷是想了解清华大学的毕业生在厂矿工作的情况,以改进自己学校的教学,后来发现国企及经济领域对高层次专业人才需求十分巨大。当时二汽方面提出,我们等不及清华大学的毕业生来厂工作,能否把二汽优秀青年技术骨干送到清华大学去培养,这正是工程硕士研究生出现的现实基础。清华大学就利用刚开始试点的工程类型硕士研究生计划对二汽青年技术骨干进行硕士阶段培养。1985年,清华大学在工程类型硕士研究生培养上又有创新。当时清华大学有两个工程物理专业的本科生考上了研究生,但这两个学生响应国家号召,放弃读研机会去西部工作。这事引起学校关注,校方觉得这么好的学生不应该让他们失去读研机会,采取特批政策,保留了他们的入学资格,两人去西部导弹基地工作两年之后,不用考试回来直接读研究生。这种方式后来发展成为**保留(读研究生)资格**的制度安排。这种方式在1988年教育部颁发的文件中成为工程类型硕士生招生模式之一得到推广。1989年,首先由清华大学核能研究院开始,尝试实行"本-硕衔接"实验,在工程类型研究生培养上又开一种新模式。清华研究院有大量科研经费和科研任务,但人手不够,没有本科生。当时核研院的领导(后来的清华大学校长王大中院士)从清华大学学制改革的角度提出,"长学制"(当时清华本科是5年)的培养模式是对清华优秀学生、教师和设备资源的浪费,而"本-硕衔接"的做法可以使学生缩短一年获得学士和硕士两级学位。该项在工程类型硕士生名义下进行,而且获得成功。这一改革虽然在核研院仅进行了两届就停止了,但王大中院士1994年成为清华大学的校长后,演变成在全校范围内进行的"本-硕贯通"的"4+2模式",最终成为清华大学研究生教育体制中的重要组成部分。

从上面两个案例可能看出,在实施工程类型硕士生的试点工作中,清华大学有很明确的"组织利益"需求:让本校毕业的优秀本科生有机会读研、在尽可能短的时间内拿到硕士学位;改革研究生乃至本科生的培养思路,形成多样化的研究生培养模式。在"保留研究生入学资格"的改革中,清华大学将工作两年的本科生又重新招回学校读书,这批学生虽然可以归入"在职人员"一类,但代表的是本科教育和研究生资格选拔上的一种创新,它在一定程度上解决了应届本科生缺少实践能力的问题。而本-硕衔接模式更是直接将本校的本科生保送为研究生,使本科、硕士两级教育更有效地联结在一起,同时推动本科生跨学科进行研究生阶段的学习。这些改革都是在"工程类型硕士生"的名目下,但明显具有清华大学自身的改革追求和特色。

新学位的深层制度化过程分析。九十年代初,工程类型硕士生培养进入瓶颈期,影响发展的核心问题是这种新学位类型没有"名份"。九十年代中期,院校和政府都感觉必须要突破这一瓶颈。1995 年,清华大学明确提出"工程硕士"的概念,并对我国实施工程硕士学位的必要性和可行性进行研究论证。同时,政府的态度开始明朗,1996 年 3 月,在工科研究生改革课题组第三次会议上,围绕设置工程硕士学位的必要性和可行性问题进行了研讨,而且把它作为一个新的学位类型,写入报告。1996 年 5 月,教育部颁发了在部分高等学校试点按工程领域培养工程硕士的通知,以这种方式对院校报告予以认可。1996 年 11 月,国务院学位委员会办公室颁发《关于同意开展在职人员攻读工程硕士学位试点工作的通知》对工程硕士学位给予官方认可和制度确认。

制度化的重要发展。1998 年 12 月,国务院学位委员会和教育部联合成立"全国工程硕士专业学位教育指导委员会",用专家参与的方式,对这个新型专业学位进行指导和管理。这可以说是政府职能转变的一个标志。指导委员会的工作重点是:建立工程硕士培养的质量保证体系,申请新增工程领域的评审制度、质量分析和跟踪调研、培养的质量评估制度等等。近年来,它建立了 GCT 全国统一考试制度,在此基础上,各校还可以有自己的选拔标准。随着工程硕士的发展,有些地方院校把其作为一种创收方式,出现降低录取分数线,大批量招生等现象。原则上,指导委员会不具备取消学校工程硕士研究生招生资格的权力,但委员会每年公布所有单位的录取平均分、最低分和最高分,以专业标准来保障市场化环境下,这一新型学位形式的培养质量。

从这一课题的研究中,我们可以发现:如果说大学、政府和市场是高等教育发展和制度建设中不可缺少的三大力量,那么它们在制度生成和制度化的不同阶段,所扮演的角色、所起的作用、对于制度生成与变迁的影响方式和力度却并不相同。对于工程硕士学位这一新学位形式来说,大学在制度生成阶段起了主要作用,政府在制度化的过程中作用明显,特别是在制度合法性阶段,即新学位获得"名份"阶段,因为只有政府才具备使其合法化的可能。市场在不同时期都提供了制度变革的动力与空间。

从清华大学的案例分析中,我们可以看到,大学始终对于自身的组织利益有较为清晰的认识,能主动与其他社会组织进行沟通,并将自身利益需要与社会需求相联系。在整个过程中,清华大学不仅积极促成工程硕士专业学位的设置,而且很好利用这一改革契机全面进行自身研究生以及本科生教育的改革。中国高等教育制度变迁的动力之一是高校为维护自身利益,而与环境进行的积极互动和健康博弈。中国高等教育改革与发展不能完全摆脱政治因素影响,中央集权、大学缺乏自主权都是我们现有体制下不可回避的问题,但是大学具备从微观层面重新解释教育文化的空间,不断扩大的自主权也使大学可以一定程度上影响高等教育制度变迁的方向。我们应该有信心继续走下去。(掌声)

学生 A:现代大多数的教育实验都集中在基础教育阶段,比如正在进行的基础教育课程改革,高等教育的改革似乎比较少,或者尚未形成规模,请问您如何看待这一现象?

史静寰:我很认可你的分析,我认为高等教育的改革总体上落后于基础教育。但另一个方

面，大学的改革永远在进行。大学改革不是以基础教育改革的方式来进行，所以对两者之间进行简单比较也不一定合适。大学改革的独特方式是我们应该加强研究的问题之一。

学生 B：现代大学普遍缺少像陶行知那样的教育家式的校长，对此现象产生的原因，也想听听您的看法。

史静寰：我们搞外国教育史研究的人常说，十八、十九世纪是大师辈出的时代，二十世纪除了杜威，没有哪个人物让大家都觉得是大师。所以说，缺乏大师级教育家或校长，不仅在中国，在世界范围内也如此。因为现代教育的问题越来越复杂，越来越多元，没有哪个大师能解释和解决所有问题。所以现在的研究越来越采用专门化的方式，在不同领域都有一些在本领域内认可的代表人物。校长，特别是大学校长，具有一种时代特色，是特定时代的产物。往往越是在制度不健全的时候，人治作用强的时候，校长个人的魅力、能力发挥的作用越大，赋予机构的特色越明显，而现代大学越来越成为一个程式化组织，一个专业化机构，不是校长一个人说了算的。世人都知道哈佛大学，但是没几个人能说出哈佛大学校长的名字。可能以后的大学发展就会是这种样子，大学不是靠校长一个人，而是靠完整的制度和特有的文化来支撑。

学生 C：社会认可度高的大学所支配的资源，是令众多学校羡慕的，一般大学为此不惜盲目扩招学生、搞硬件建设，结果适得其反。您怎么看待一般大学的发展路径、模式？

史静寰：现在各高校争相向研究型大学、综合型大学发展，这是有实际利益考虑的。政府资源配置方式容易导致大学发展趋同的现象，如果市场机制真正作用于高等教育的发展，可能会一定程度上缓解这样的矛盾，形成一种新的大学分类发展格局。有人说美国卡内基高等教育分类使美国的研究型大学增加，但是科尔在设计卡内基分类时，初衷决不是使大学发展同质化。为什么会出现这样的情景？这可能和研究型大学获得资源的能力强有关，但这种能力是和研究型大学面临的压力和所要做的贡献联系在一起，而且社会认可度也不是改名能解决的。一些地方性学院升格变成大学以后发现，自己并未真正具备大学的声望、地位和影响力。大学发展的时机很重要，大学能不能找到适合自身发展的模式更重要，只不过中国高等教育还没有发展到这一阶段，大家更多的是追求同质性所带来的好处，没有看到分类发展对自己的意义。我觉得政府现在需要在政策上作一些调整，其实政府实施的重点大学发展政策更多是从国家发展的需要，并不是从大学自身发展需要来考虑，所以"985 工程"、"211 工程"最大的受益单位是我们的国家。北京大学、清华大学在获得资源的同时，必须承担责任。如果你在北京大学、清华大学，你会体会到那种压力。虽然大学是地位认可型机构，但是地位是靠可以测量和不能测量的东西建构起来。划出重点大学是国家现阶段发展的需要，并不是永远的需要，在合适的时候这样的政策会作出调整。

学生 D:您提出的知识、国家、社会、市场四要素影响下的高等教育发展模式当中,您认为这四个要素之间的关系,或者说其张力达到什么样的状态时,对高等教育的发展比较理想。如果用您的这种模式来分析我们的高等教育现状,您认为现在最主要的问题是什么?

史静寰:这不是一个可以简单回答的问题,很难说达到什么状态就理想了,这是一个问题导向、阶段性平衡的问题,即在这个问题上这一要素起的作用更大,用这样的解决方式效果更好,在另外一个问题上又是另外的解决方式好。高等教育在发展过程中,张力和平衡不是永恒的,是过程性、阶段性、不断发展和改变的关系。在我看来,没有圆满的、唯一的答案。中国这么大,可能有的措施在一些地方实施,矛盾得到缓解,但在另外一些地方实施,可能会使矛盾加剧。所以中国高等教育发展如何体现多样性、灵活性,是制定和执行政策中必须面对的。高等教育在公平和效率、质量与效益等问题上出现矛盾和冲突,并不是靠我们简单几句话或者颁布几个政策就能解决的,需要理论和实践上的长期探索,而且要对具体问题做具体分析。

学生 E:本硕衔接、保留入学资格等在学术性学位方面、硕士学位方面,是否继续使用,这些怎么和后面的工程硕士的东西联系在一起?

史静寰:关于工程硕士专业学位的研究,并不仅仅因为它是一种新型学位,而因为它带来整个研究生培养模式的改革。清华大学工程物理系"保留入学资格"的例子,是利用了工程类型硕士的招生,来满足研究生招生和培养模式改革的需要。这两个学生本身考上了学术型的工学硕士研究生,保留入学资格回来后,进入到工程类型硕士,走应用型人才培养之路。这本身就代表了不同类型研究生培养之路有贯通的基础和可能性。清华大学核研究院的例子最初也是工程硕士,它是以工程硕士的名额来招收保送生,但是到本硕衔接"4 + 2 模式"的时候,已经是学术型和应用型都有了。1997 年之前,清华大学是全国唯一一所工程硕士可以招应届毕业生的大学,别的大学都是招在职生。目前应届毕业生读工程硕士专业学位已经成为全国实施的模式。应该说,清华大学关注的重点是整个研究生培养模式改革,工程硕士改革是整个研究生培养体制改革的组成部分。

学生 E:工程类型硕士在培养形式上是不是不同于学术型硕士?

史静寰:我国设立的应用性专业学位已经有 19 个。这些专业硕士是不是形成了不同于学术型硕士的培养模式?工科教育、特别是研究生如何培养不仅在中国引起讨论,也是美国大学、甚至国际社会争论的热点问题。到底应该怎样定位?怎样区别课程设置、培养方式上的特点?现在还都是远没有解决的问题。虽然我们设立了工程硕士和工学硕士两类不同的形式,其实在课程设置和培养模式上,特别是在条件不太好的院校,基本上一样。国家只规定工程硕士招收在职人员,目前政策又突破了这一点,今年扩招的 5 万研究生,主要用于专业学位研究生。扩大专业硕士学位招生规模首先是为了缓解大学生就业压力,但接下去,一系列新问题都会出现。如有人提出培养了这么多工程硕士,接着读下去就要设工程博士专业学位。2009 年刚通过的培养教育专业博士试点,代表了应用型博士学位的扩大。其实我们还远远没有想清楚,培养应用型博士和学术型博士之间到底有什么本质区别。

学生 F：从您刚才介绍的情况来看，院校研究中制度的生成、创新，我想可能只有少部分大学可以做到，因为其他大学不能像清华大学、北京大学一样，它所做的事情能引起政府的重视，并上升为文本或政策、法规。

史静寰：我认为这涉及你对制度生成本质的判断，如果你认为制度就一定是全国范围内实施的法令、法规等，我同意你的观点，可能不是所有机构都有那样的影响力。但我们正处在多元化发展的今天，如果制度可以具体化到解决困扰我们的许多现实问题，那么，很多并不那么知名的高教机构也有许多机会。中国在社会转型期面对许多问题，我们必须采取制度创新的方法，去解决这些问题。这些制度安排不一定是全国范围内的，可能只涉及某些方面，比如民办高等教育的发展。如果一说民办高等教育的发展，就说我们要出台一个全国范围内的民办教育法令、法规，可能并不容易。但我们在民办高等教育发展中遇到那么多现实问题，我们能不能通过民办高等教育院校自身的实践性探索和有说服力的理论研究，在力所能及的范围内去推进民办教育的改革与发展，通过解决实践性问题的成就获得政策支持及制度建设的合法性空间，我觉得是有可能的。所以不要将制度简单定义为国家、中央政府层面的行为。我们要更多关注在我们生活和工作的特定范围内，怎样通过实践创新来推动制度建设。比如现在大家都很关注高等教育的分层、分类发展问题，到底要怎样构建和实现分层、分类发展模式？我们能不能先在基层，或者在院校层面做一些尝试，积累经验，形成突破，然后产生辐射效应，产生区域性或更大的影响？我持乐观态度。我在工程硕士专业学位的案例中之所以用清华大学的案例，是因为我们考察的是一个新型学位制度，如果我们考察的不是学位制度这么严格的需要国家认可的制度形式，我觉得会有很多研究空间。最近，美国哈佛大学费正清研究中心的主任到清华来访问，他很自豪的事就是使西安外事学院的发展成为哈佛商学院的案例。西安外事学院在中国并不是很知名的大学，但它都可以成为哈佛商学院的一个案例，足以说明小机构也可以有大影响力。09 年 10 月，西安外事学院资助北京大学在哈佛搞了一个研讨会。如果从这个角度来评价，小学院也可以有很多空间。（掌声）

学生 G：现在有一种教育叫做职业教育，分为中等职业教育、高等职业教育、技校、技术本科，在学历层上，如果它继续往高层次走的话，是不是往工程硕士这方面去，如果不是的话，它的走向和您说的学历体系会有什么样的区别？

史静寰：现在正在做的国家教育中长期改革发展规划纲要，希望建立的是终身学习社会中的学历学位教育的立交桥。如果你上了中职就注定只能上高职，我想就不符合立交桥的特点，但这里又要有一些基本的条件。在不同阶段，教育有互相连接的桥梁，人有做出选择的可能，但并不是完全可以按照自己的意愿选择。克拉克·科尔对加州高等教育发展战略提出的发展模式的基本假设是使所有加州适龄青年都可以接受高等教育。这绝对是一个高等教育大众化普及化的结构，但其中也是分层分类的，如加州大学系统、加州州立大学系统、加州社区学院系统。这样三类大学，既作为层次又作为类型。社区学院也有通道让有潜力、有追求、可以适应学术型人才发展的人转进来，但并不是完全随意的个人选择。加州大学作为教育发展规划的经典性设计，很好地把大学教育的目标性、理想性和现实性结合在一起。

学生 H:请问这次的国家教育中长期教育改革发展规划纲要,和以往的比起来有什么实质性进展?

史静寰:前期的中长期教育发展规划讨论工作我是参加的。这个规划纲要最明显的是增加了三个主题:一个是教育公平和协调发展的问题,这是温家宝总理提出来的;一个是素质教育的问题,是胡锦涛主席提出的;后来又增加了一个党建专题,这十二个战略研究专题,说明了政府对现阶段教育要强调的部分。至于新的规划,我相信会在我们大家共同关心的问题上有新的突破。教育改革问题,不仅仅为教育界所关注,也为整个社会所关注。我们要拿出一份对社会负责的规划,还有很长一段时间,还要征求各方面意见。

学生 H:我导师要我关注一下国外是如何进行创新型人才培养的,我在收集资料的时候发现,很多文章没有说明如何进行创新型人才培养,而是从小学到高中、大学,如何在课堂中培养学生的创新型思维。我想请问我国的创新教育如何在高等教育方面实施? 我国的创新教育和国外的创新教育有什么不同?

史静寰:大家谈论最多的,往往是最缺的。我们现在总在谈创新教育,其实这就表现出中国教育中存在的问题。创新型人才本身就是教育的目标? 我觉得从教育的角度很难去概括。大家都在说我们的教育培养不出大师来,但大师是不是教育培养出来的? 这个要另说。有时你做的东西并不是你意愿选择的结果,是现实、文化、传统、历史发展到今天赋予你的东西。你有很好的理想,但你并不一定能够做到,缺陷并不在于你的理想中,而在你的文化积淀和传统当中。教育所培养的人,其实很难具体对应哪一类人。教育的作用是开发人发展的潜力。从这个意义上来说,培养创新型人才,不如我们说怎么样能更好地激发学生去探索自己未知的世界。如果我们各个教育阶段,都以这样一种教育方式去设计,那么走出来的人,始终保持着对新事物的好奇,保持着一种质疑的态度,愿意探索未知的世界,那么他自然就创新了。哈佛 2006 年的通识教育改革中,目标定位在要使人去质疑他所熟悉的世界,要让人形成自主选择的能力,并没有说创新。但我们能看出它所追求的是能够达到创新的、基本的东西。国外和中国很难在这方面进行简单比较。国外是什么样代替不了我们是什么样,你觉得国外做得好也很难去照搬,因为它是一个历史文化的产物。中国的教育改革不能采取全盘否定现在的做法,过于理想地改变或者建立一套全新的东西,很可能行不通。我们现在新课程改革所提出的一套理念,我觉得非常好,至于这套理念在现实中所引发的问题,是我们要真实面对的。在我们解决这些问题的过程中,我们会看到新课程改革追求的那些理念,离我们越来越近。实际上我们能感受到新课改带来的变化,只不过我们期待它走得更远。(掌声)

录音整理:葛　丽(华东师范大学课程与教学系)

乔卫丽(华东师范大学教育学系)

学 生 感 言

● 清华大学教育学院的史静寰教授给我们最大的震撼就是展示了那个时代的学者们坚守学术的执著精神。她不为政治压力所动,坚守自己的学术本分。同时敢为人先,做别人没有做过的、不敢做的学术研究,对敏感的政治话题也不为所动。她对学术的认真探索精神完全展现在她的《构建高等教育研究的整体框架》中。她不仅为我们讲解了这个理论框架,还利用案例给我们展示了如何应用框架的问题,让我们感受到了史老师的认真和严谨,不禁心生敬畏!(华东师范大学 秦洁)

● 史教授是这一次暑期学校中的两位女教授中的一位。对于女教授和女博导,一直以来总是怀着一种别样的崇拜之情。所以虽然史教授的两个报告都是关于高等教育的,我还是认真地去听了。因为,我不仅仅是想了解一下高等教育的一些知识,也是为了感受一下作为一名成功女性的独特之处。(华东师范大学 姚林群)

● 史老师对自己的研究历程的讲述以及对个教育名家理论观点的引用,使我作为一名教育学二级学科的学生对自己的研究生生涯有了更深的思考,如何做学问,如何做人,将成为我作为一名研究者铭记在心的问题。(北京大学 胡瑛)

教育改革:全球和本土视野

讲演者:李子建

时间:7 月 13 日 8:30—11:30
地点:大学生活动中心报告厅

讲演者简介

李子建　哲学博士,英国环境科学学会会员及特许环境学家。现任香港中文大学教育学院院长、课程与教学系教授、博士生导师、大学与学校伙伴协作中心主任,2010 至 2011 年担任香港教育学院副校长(学术)兼任课程与教学讲座教授。主要研究领域:课程与教学、教育改革与学校改进、环境教育与可持续发展教育、教师发展及教育评鉴等。发表著作十数种,主要专著有《中小学环境教育理论与实践:迈向可持续发展》、《善用教学资源》及《课程:范式、取向和设计》等。

主持人:早上好,我是华南师范大学的李紫红,非常荣幸今天能在这里为大家主持这场讲座。现在请允许我介绍一下今天的嘉宾——香港中文大学教育学院院长李子建教授。除了在香港中文大学课程与教学系担任教授,李老师还在全国各地多所大学担任客座教授,其中就包括我们华南师范大学,非常期待下次在广州再次向您请教。李老师的研究兴趣主要集中在课程与教学、教育改革和学校改进等领域。李老师的著作非常的多,在这里也不一一介绍了。现在很难用三言两语向大家介绍李老师的独特魅力以及他非常丰硕的研究成果,还是把宝贵时间留给大家,请允许我和大家一起,聆听我们学术前辈的教诲,领略我们现代青年学者的风范!现在掌声有请李

老师。

李子建:各位老师、各位同学,早安。(掌声)我从香港过来,所以你们应该用香港的普通话标准评价我比较好。我没有学过普通话,我们那个年代,课程里没有普通话,普通话几乎是自学的。我对自己的普通话还是有信心的,去过东北,压力大一点,因为他们的普通话特别好。

我特地从香港过来,非常高兴和荣幸看到全国的研究生,所以很期待和你们交流。我知道大家都很用心,把很多资料抄下来、录下来,这点是好的,但大家是研究生,有不少是博士研究生,所以这三小时的讲座是你们的。三个小时,我大概说一个半小时,希望你们每个人用一张纸写下问题,我可能不能一一回应,但是可以挑十个问题出来,过一个多小时有一个总结。

教育变革(educational change)——全球和本地视野,本地的视角,我先留给大家去思考,下午谈香港的时候我们着重谈。全球方面,我今天上午谈得多一点。你们来自不同的地方,可能是南部,可能是东北,可能是西部。西部可以包括西北、西南,我刚从西北回来。不同地区对同一个课题的思考可能不一样。就我们国家而言,我不知道你们是否去过不同地区的学校,我讲学时,去过不同地区的学校,观察都是不一样的。

在此首先要谈一个基本问题:全球化对学校有什么样的影响;之前还要思考,全球化对教育制度有什么样的影响。我举几个例子你们就知道现在的影响如何。我们有一个很重要的国际评比——学生能力国际评估计划(PISA)。这是在中学三年级进行的关于学生沟通能力评量的PISA。全世界都很重视每三年公布的结果,你们知不知道我们国家有没有参加PISA?(学生:上海参加过)我们国家为什么要挑上海?你可能会说上海比较近。其实,参加PISA有一个抽样的要求。我们中国现在这么强大,在国际评比里面如果结果不是很理想,好不好?所以PISA要用大城市作为单位。全世界都很重视国际评比的结果,如PISA,因为它是全球化的展现之一。如果想PISA的结果理想,就需要学校配合。进行国际评比,PISA有严格的抽样要求,从不同的学生抽出来,要保证不同学校的学生表现基本一致。你们知道美国在"PISA"的表现吗?(学生:中间偏低)对,中间偏低。从国家投入教育的资源与学生最后学习表现的层次来看,美国的教育制度是不理想的。在国际评比中,全世界语文素养最突出的是哪些国家?(学生:芬兰)对,大家想想现在芬兰和我们的生活有什么关系?诺基亚。(笑声)如果有时间,我们可以聊聊芬兰值得我们学习的地方。还有什么国家?东南亚。你们知道新的教育副部长两个星期前去了哪里考察了吗?新加坡。在很多国际评比中,新加坡都是在前面的,所以成为我们研究国际教育时的学习对象。他们意识到,一个教育制度要整体提升出来,最关键的单位就是学校。每个地方的学校差异都很大,但是要看最好学校和最差学校的差异量,即变异量的大小。一个好的教育制度要把这个差距缩小,这是一个基本原理。一个地方,最好和最差的差距还是了解的,所以一个基本单位是一个学校,这很重要。我们理解教育改革的时候,这也是一个非常重要的概念。教育制度的改革是一个层次问题,而当教育制度和教育政策实施时,最主要的地方是学校。我问大家一个问题,可以和隔壁的同学讨论一下,在你们所读过中学的特征里,说一个你最欣赏的。

学生A:我们初中的时候是不分重点班的,每个班都是平行班,我认为这是比较好的。

学生 B：我们的高中在高一、高二的时候重视素质教育，我们有很多闲暇时间，每天都可以踢球。我们还有心理咨询课。

学生 C：我上高中的时候，有同学在镇上，我当时在县上，县上图书馆的资源是对学生开放的。但镇上学校的图书馆是不对学生开放的。我觉得这点比较不好。

学生 D：我来自福建省永定第一中学，在土楼客家，我们中学最好的应该是她的优良校风："勤、严、实、勇"。

李子建：这四个字里面体现最厉害的是哪个字？

学生 D：当然是第一个字，"勤"。应该说这种校园文化一直深入我心，伴我一生。

李子建：谢谢。我总结一下这四个同学所说的。前两个同学谈的，一个是有差异的同学没有分班，而是采用平等的处理方法；另一个是有课外活动，重视素质教育。但是我估计，你们这两个学校的成绩都不是这个地区最好的。

学生 B：我们学校是市里面最好的。

李子建：学校既能层次好，又有课程空间，这个非常好。你回去可以反思这个现象，平常是有矛盾的，我们很多层次好的学校，同时牺牲了课外活动，其他课程的空间。另外一个同学说编班（分班）的问题，在高中有没有编班，落后的学生怎么办？

学生 A：高中时是分班的，落后的学生就编到一个比较慢的班。如果成绩上来了，他们是可以流动的，比如成绩达到一个标准，他们可以随时跳到一个好一点的班去，如果差的话又会下去。

李子建：高中是分流的，初中是平等的处理。

学生 A：但是现在我们初中也开始分班了。

李子建：所谓回到主流的做法。好，谢谢。那边说的是一个资源问题，有些学校资源比较丰富，有些学校资源不丰富。最后一个例子，是一个校风的问题，这些都是一所学校不同层面上的事情，稍后我们都会涉及到。在学校改进里谈一些定义，就是指一所学校如何才算一所改进的学校。首先，school improvement（学校改进），有系统性的、持续性的力量。"持续性"很重要，做出改变，那么改变主要在哪些方面呢？在一个学习的环境、学习的条件里，一所学校最重要的是学习环境。学校改进与否还是看学生的表现，不管是成绩方面，还是其他方面。所以最后的问题还是一所学校最后的条件、水平。一所学校有学习的条件，周边有许多内部条件，其中学生会说她学习的气氛如何，学习机会如何，老师的教学如何，编班情况如何，老师专业发展如何。不同的内部条件都会影响学生的最后学习情况，每所学校最后都会达成一个教育目标，最关键的还是学习的环境，这是 1987 年国际学校改进经常引用的一个定义。按照一个著名英国学者的定义，学校改进是指，用一个一般的力量使学校变得更好，为学生的生活、学生的学习。他有两个定义，学生学习、学生生活是一个，具体一点，学校改进就是教育变革的一个策略，用以提升学生的成果。加一个维度，就是增加学校应付改变的力量。一所学校本身不是一个封闭的系统，外面有许多不同的政策。现在大部分政策都是对学校提出的要求，首先是升学。另外，家长对学生有没有要求？课程变革应不应该落实到学校里？老师为了应付改革要做什么事情？参加研讨班、工作坊，进行科研。现在很多学校要应付外部评价,上海要比其他地方先进一点,先有外部评价,再有自我评价。原来简单一点,我们有督学,看学校里的中文英文课,最后写个报告。现在是学校先有自我评估报告,教育局要看这个报告,然后还要再听课,对学校的要求也不少。学校应付这些问题也有一个能量问题(capacity),还有空间的问题。如果外面改进得很厉害,老师、学校应付不了,会产生什么问题?

另一个定义,学校改进就是改变学校的文化,还有学校里最重要的人——学生、老师、家长,所以改变学校的文化涉及到人际关系的质量,学习经验的质量。学校改进是指改进学校的组织、知识学习的情况,包括改进她的目标、期望、组织、学习的方法、教学的方法以及组织的文化。总体而言,学校改进主要有两大维度,一方面就是 sustainable effort(可持续力量),sustainable development(长久发展的力量,持续发展的力量);另一方面就是学生成果的提高,成果不仅仅包括成绩,还有非学术性的成果,如态度、表现等等。下面一个维度包括改变学习的条件,就是使学校变成一个让学生学习比较好、生活比较好的地方。另一方面就是学校内部的条件要改变,这点其实很重要。学校应付改革的能量和空间有多少? 有教授说过,改革有两大维度,一是教学方面的改革,这是针对学生学习的,很多学校改进都和学生学习有关,所以首先一个重要维度是"以教学为中心的改革",但不能只改革教学的问题,因此另外一个维度就是"以内部组织为本的改革",这两个是并行的、相辅相成的。教学上的改革是第一层的改革(first order change),组织上的是第二层的改革(second order change)。

要是对这个领域有兴趣,同学们可以从不同的文献中去学习,我们今天谈的比较多的是学校改善研究。如果要理解这项研究,我们要掌握很多相关的知识,其中一个是领导的发展研究。一所学校里面的领导很重要,除了研究一个学校的教师发展、教师领导外,我们还要研究校长领导。优质学校的教育实践情况是怎么样的? 下午有时间我放些片子给大家看,让大家对香港的情况有一个直观的理解。

一所学校里面的工作,最重要的方向是什么? 一个英国的学者在 2001 年的时候指出,有十个未来工作要改进的不同方向。第一个,学校一个很重要的功能,是让我们的学生准备来应付社会的改革,所以第一个很重要的方向——发展学生的技能和素质。因为外面的变化很大,我举个例子,上海可能也有这种趋势。我先说我们香港的大学情况,香港的大学念工程学院的毕业生,从事工程工作的百分比大概是多少? (学生:40%)还要高一点,一般是 60%—70%左右,不同学校有差距。念法律的,是高还是低? 还是比较高,90%左右。其他的大多不是从事大学培养的本科知识(专业),但教育学院从事教育,当老师的比较多。念完本科从事的不是本科的行业,这对我们的学校有什么启示? 出去找工作,在香港和美国可以作一个比较。在香港,对于 25 岁以下的人来说,什么是一个好的履历(CV)? 在香港,一个 25 岁左右的人要求职,首先是好的大学,好的工作经历,每一年转一个好的工作,薪水增加,这就是好的履历。五年前、十年前,我们会说一个人转工作,有问题,但现在不是,你转工作,如果这个工作比以前的好,就是一个好的履历。这又对大学的课程有什么启示? 我们的大学,最主要的功能就是"培养沟通能力",本来是一个职业取向,现在变成了"沟通能力的培养",这是一个很核心的变化。现在要求的不是很专门的知识,要求的是分析能力怎么样、批判能力怎么样、和人交际的能力怎么样、团队能力怎么样。现在要求的是能力,你在一个行业里面能很快地掌握这个工作,这与中小学的教育不一样。所以我们要想想应试教育的问题,现在我们的工作在不断地变化,很多大城市,像上海、北京、广州已经这样。我们国家经济发展之后,这些变化引起我们工作这样的要求,工作的要求引起学校的变化,这个很重要,大家可能没有注意到我们学校功能的改变。

第二条是重视学习者的学习,还有他对教学的影响。大家现在上网的机会多不多?(学生:很多)学生上网的机会越多,对老师有没有冲击?(学生:有冲击)有什么冲击? 他的知识可能比老师还要厉害。问下去,学校老师的功能在哪里? 你们讨论下,随着互联网的发展,未来学校老师最重要的功能在哪里?(一分钟讨论)

学生 E:李老师,您好。我感觉我们大陆讲老师对学生的影响叫"言传身教",随着信息技术的发展,我认为老师的位置应该放在"身教"方面,用他的人格魅力去影响学生,影响学生的为人处世。这是未来老师的最主要的作用,这是任何信息技术都替代不了的。

李子建:谢谢,这个说的非常好,这个是任何时候都不能替代的功能。

学生 F:李教授,您好。我觉得这个时候是不是教师给学生的应该是学习或生活的一种方法,而不是知识的本身。因为有时候学生获得知识,比教师要更快、更丰富,或他在某些方面懂的东西要比教师多,这个时候教师要交给他们获得知识的一种方法,学习的方法、生活的方法,而不是知识本身。

李子建:好,谢谢! 方法比实际的知识来得还要重要。

学生 G:李老师,您好。我觉得老师应该更多地教给学生分辨知识的能力。因为网上的知识良莠难辨,对大脑冲击之后不知道哪些知识是有效的,所以要教给他分辨的能力。

李子建:说得非常好,分辨的能力! 在网络上很多的知识、很多的价值观,我们叫后现代社会,大家经常听到"后现代",后现代社会是什么? 多元价值取向是好还是不好? 多元听起来是好,但到底是不是好? 多元没有终极的价值取向,没有对错,没有行与不行,没有权威。老师最不是权威,老师最不是权威好不好?(笑声)刚才谈到的"示范"之类,没有了权威可能是个冲击。

学生 H:后现代主要是针对现代来说,现代的工业化社会人文思潮的反应,同时指数学的模糊理论之类的。

李子建:这个书中都有说。能不能用生活中的例子说明现在是后现代,有没有意识到我们的生活受"后现代"影响非常明显,后现代在强调什么? 书上所说的都是对的,后现代反映到我们生活中很重要的一个就是感受,"谈感受"。有没有看过广告?"今天的感受是最重要,明天谁都不知道。"所以有时候讲"活在当下",明天都不要想了,明天太遥远了。这个对教育冲击大不大? 在网络上面,媒体上面,电影上面,有没有反派的,有没有绝对的反派? 反派的人物有好的,好的人物有坏的,这才是真实的世界。学生好的和不好的都搞不清楚,当老师越来越不容易,所以说深层的思考、深层的学习比较重要。这对我们的老师,在思考、价值观等很多方面的要求都很高。

学生在他的世界观上是多元的,未来最需要的就是有不同的老师,帮他去理解、判断和解释价值观。

学校也要自我评价。第三是什么? 听听我们学生的声音。以前学校很少听学生的声音。我在香港做过一个调查,给学生的问卷之后有开放题,"如果你是校长,写下三个你想做的事情。"你们猜一猜,香港学生的回答是什么? 你们讨论下:如果你是你们母校的校长,你要做的事情是什么?

学生 I:我想做的是两件事。第一件事是改变评价学生的体制,因为现在只是用考试,高考这个指挥棒太强大了,底下的都太被动了。另外一件事是将学校真正回归到儿童真实的生活世界,而不是在成人的生活世界去指挥儿童去做什么、学什么,就是他的学习是基于他自己的生活的。

学生 J:假如我是校长的话,我想为学生提供一个很轻松愉快的学习氛围,尽管很难做到,但我至少在某一个角落,某一个时间段可以尽情地享受在学校的生活。这个生活包括学习,包括娱乐,就是这个生活你想怎么过就怎么过。因为我现在读研的话有这样一种心态,我希望学生也能够在学习的时候开心。

学生 K:李教授您好! 如果我是我们学校的校长,我想做两件事。第一件事,我可能会去向上面要钱,希望用来缩小我们班级的规模。因为西部地区现在班级规模还是非常大,比如小学或中学里面,一个班会有 60 多个孩子,所以老师很少有工作的乐趣,很多精力都用在管理学生上,说不上是教育学生了。我想如果班级规模能够下来,老师能够享受工作的快乐,学生也能够被老师兼顾。第二件事,还是向上级部门呼吁要钱,(笑声)要钱干什么,主要是在学校里面建图书馆,为孩子提供一个便利的读书环境,满足他们的求知欲。谢谢!(掌声)

李子建:我告诉你香港的学生希望做什么。其中是把一些不好的老师炒鱿鱼,很强烈要求老师 fire(辞掉);减少抽样考试;要多出去考察、去旅行。

其实不同的学生对学校有不同的诉求,我们有时候不喜欢听,因为有的事情需要钱。一个学校最重要的是请好的老师,做好这件事差不多能解决很多问题。你记得有机会让老师和你分享经验。一个学校要运作得好就是请好的老师。请回来不好的老师,出现的很多问题只靠制度很难解决。最重要的是,请回并培养好的老师。(学生:什么是好老师?)好老师的标准,就是有基本的能力、知识,但最重要的是他有没有思考,对事物有没有深层理解。好老师的生活经验很重要,所以学校要找成熟的老师,有思考的老师,有立场、有想法的老师。因为老师对学生的影响确实比较大。

另外还有几条,领导与管理,网络。我们现在讲第八,教育改革里面一个非常重要的是 community,大陆的说法是"共同体"。网络,fellowship,伙伴关系,还有一个 connected improvement,不同环节里面改善的方法,还有 sustainable improvement,可持续性如何。刚才就是你能看到的我们调查的一些结果,如果你是校长,你希望怎么样? 管理学校好一点,改变学校的精神;增加户外活动,改善学校的环境,对学生好一点;减少功课;和学生家长联系多一点。

不好的学校怎么样? 刚才提到好学校的一些特征,不好的学校有以下的特征:通常学生的成绩不是很理想，教学的质量不是很高，学校的气氛也不是很佳。还有，最重要的是校长的领导力比较弱，老师工作的态度不是很好。

学校可以分类，这边是有效的"improvement"。有关有效和改变的意思，我可能要回到一个图里面。我们去一个学校，问这样的问题，"过去五年、六年发生过什么事？"你看下面是一个年期，一年到六年。在任何地方，学校可以分三种水平：平均，平均以上，平均以下。大概问一下就知道一个学校的水准，询问过去六年这个学校发生了什么情况：是稳定，是进步的快，还是效能的下降。有些学校是不断进步的，有些学校以前很好，现在不行，所以我们对学校的效能有两个维度，一个维度是绝对的情况，在一个地区、城市里面大概的水平，是平均、平均以上还是平均以下；另外一个维度就是进步或者退步。如果我们回到这个图，你就知道，一个维度——是进步还是退步（improving or declining），另外一个维度——绝对效能是高还是低（effective or ineffective）。所以你看到中间就有不同的分类。

看看这类学校，improving school（改善中的学校），还是不错，但已经退步。我们有一些学校，在"吃老本"，如果去学校里面研究会发现，第一个特征是很满足（contentment）"不错，我们学校还不错"，其实已经退步。没有压力去改变，问他的看法，他说没事，很满足，不觉得自己退步，这已经是一个危机的信号。第二，如果校长让老师做件事，老师就说"不关我的事，把这个事情交给另外一个委员会讨论"。第三，"吃老本"学校里面有一个很重要的词——山头主义，很多小团体在里面，没有团结感，目标不明确，很分散。做事不团结，"我这边做得很好，你们就不要干扰了"，有新的东西进来不愿意去做。

第三类是"inactive"（被动），let's wait and see。改革有句名言"Change is good，You go first！"，心态是"let's wait and see"，长期的由下而上的领导。在大陆一般是校长领导作决定，在国外、在香港就不一样，我们一般说"top-down leadership"，由上而下的领导。Conformity（遵守），以前怎么做，现在我就怎么做，你怎么做，我跟着你怎么做，"Don't rock the boat"；Nostalgia，怀旧心态，"以前怎么好，我们学校过去是怎么样"；blaming others，有些新的同事太积极，很冲动……如果一个学校有这样的讯号的话，就说明学校文化的一些因素不利于改革。这是从研究中总结出来的。

"Staff tend to be congenial，but not truly collegial"。到学校中去看，老师很和谐，什么是和谐？没有暴乱、没有吵架，关系表面还是很好，但不是 truly collegial，我们有没有一个共同的志向，同事是否团结，有志向去发展？和谐是一个层次，我们有没有一个共同的愿景去打拼是一个层次。我们关系很好，但是不做事，如果是学校是这个样子就有问题了，这是不愿意改变的讯号。我们现在怎么看学校？学校是一个系统的，systems thinking，学校本身有没有系统思维？和隔壁同学讨论学校本身有没有生命，有没有思维？为什么我要提这个问题，为什么要强调"学校本身"？

学生 L：谢谢李老师，我觉得学校本身作为一个系统是有生命的，比如说一个好的学校，我们可以把办学的理念比如成灵魂，她依靠老师来进行学校各项工作的组织，就像我们的身体一样，学校的教学成果就是他的成长，各方面协调，在不断的充实和冲突中维持学校的发展。我认为这是在矛盾互动过程中形成的一个系统。（掌声）

李子建:说得很好,但是你们知不知道我的问题为什么要着重标识"学校本身"这个概念?

学生 M:李老师的意思可能是说,学校自己固有的心智结构,大家没有注意,在改革的过程中容易受到这个结构的阻碍,影响改革的进程。

李子建:我来说说我的想法,一个新的学校要有方向、有目标,但是会受到教育进程的影响。如果进程长久,一个校长、一个人不容易影响她的进程,所以她本身有一个发展的历程,我的理解起码是这样。所以学校本身就是有生命的。所以说,一个学校是有精神、有价值观、有方向和进程的、有一个发展目标的。

第二,现在将学校研究纳入"系统的思维",每一个学校都有故事、有目标,每个学校不一样,就因为她组成的人不一样,但不是"1 + 1 = 2",有时超越了"2",这是很复杂的。学校里面是有生命体的,以前的人留下一些核心的信念,每个学校都有她的特色,有不同的地方,做法也有不一样。

第三,其实每一个老师都对学校的生命体有一个影响,虽然是不明显的、潜在的,现在很多研究者从复杂理论、系统理论去研究学校的发展。

最近谈论比较多的是学校的可持续发展(sustainable development of school),持续改善有四项基本原则。持续改善是不断的可持续学习,我们的学校,我们的老师、学生、家长有没有持续学习的气氛,你们觉得动力在哪里,怎么样产生这个动力?

学生 L:学校"胃口"的来源比较复杂。首先来自学校的社会责任,作为一个校长的话,时刻会感受到这个责任的存在;另外就是一个老师、一个校长有没有兴趣投入到教育事业上。您刚才说的非常好,好的老师对学校的发展很重要,他们在成为老师之前是为了工资还是为了孩子,兴趣非常重要。

李子建:不知道大陆有没有,我们香港很久以前有所谓"三等老师",等放学、等放假、等退休。你想想如果学校有很多"三等老师"怎么办?另外,学校怎么有胃口,学校怎么样才能"饿"?这个很重要。

学生 M:我认为老师在学校能够获得成就感,有被认可感,个人和学校的发展保持一致,这样他就会有活力,可以跟学校一起成长、发展。

李子建:说得很好。我打个比喻,你们现在饿不饿?学校要有饿的状态才会有"胃口",就是不断地思考发展。只有看到东西好看,有吸引力,我们才会有胃口。看到别人吃的很有胃口的东西也很有胃口,我们要从生活中提炼智慧。我看到大家很不错,但是说的话都是书本上的话语,你们的书念得太好了,要从生活中提炼一些东西。你们有没有懂烧菜的人,一般懂烧菜的人比较容易饿。从这里你们也可以提炼学校怎么样才可以饿。

学校之间有竞争,需要有竞争,但问题是要良性竞争,不要让对方的利益受损,这是一个社会公平的问题。在公平的地方求进步。可持续改变就是利用现在的资源,争取更多的资源;另外是怎样维持老师和领导情绪的影响,主要问题是让我们老师的情绪维持一个平衡,这个很重要。可持续发展还是一个共同的责任,有时需要有外面的人对不公平的事情提出抗争,提出一个合理地发展的理由,可持续发展还要遵从一个多元性,不同的环境不一样。

我们谈学校的改革,通常有几个维度,这中间你看到课程领导的问题,如果你记得我最开始讲学生的学习,就可以看到课程很重要,所以很多谈到学校的课程领导和知识管理。学校改革的过程中有很多经验,如何整理经验,把经验知识变为改革的动力很重要。在很多大公司,他会投入很多的资源在研究与发展上(Research & Development)。学校也是这样,在发展过程中有很多很好的知识,如何管理和领导很重要。

这个周围有四个方面。上面,反思与探究行动研究,学校帮助老师整理学校里面的经验、教学的经验,提升里面的知识,当然影响教师的发展、学校的发展,同时促进校本的课程发展。在外面影响两方面的学习,一个是学生的学习;一个是作为一个机构的整个学校的学习。

我从一个学校核心的部分,一个学校改变的策略,来到一个相当重要的问题——校本课程的发展。在我们大陆,对校本课程有两种基本理解,一种是放置三级课程管理体系里的理解。我们的国家有中央课程(国家课程),地区课程,还有学校课程,所以第一个理解就是学校行政管理层面的第三级的校本课程。当然,还有第二种理解,每个学校都有不同的特色,它发展出来的课程都叫校本课程发展。一个是体制下的理解,一个是以学校不同特色为本发展而来的理解。

为什么在西方,在香港出现一个校本管理(school based management),香港每个学校有一个校董会,大陆没有。校董会怎么组成? 在美国,首先是地区教育局的代表,加一些外聘的专家和一些老师的代表、家长的代表。香港有很多办学团体,所以很多是办学团体的代表去校董会,另外,通过选举,把家长的代表、教师代表选进去。所以是由校董会去管理学校。因为有校本管理,进而需要有校本课程的发展。每个学校的课程,除了中央课程以外有什么特色? 一般有四个方面要想的:第一,学校有什么内容方面的特色,你可能想我们大陆没有空间,但总有一些课程时间是由学校自己开发的"自留地",可能香港多一点。第二,环境怎么样,乡村的学校或城市的学校,老区的学校或新区的学校,发展起来的校本课程是不一样的。通常发展课程有一些问题要解决,比如看某个学校一方面做的很好,香港叫"全方位学习",大陆有综合实践活动,每个学校的综合实践活动都是不一样的。另外一个,希望通过校本课程提出跨科性,统整课程的概念,有一种不明的情况是,我希望通过校本课程去解决一些问题。有些学者认为老师用合科的方式实现协同教学,有些学者赞同学习取向胜过课程的统整,究竟哪种策略比较有效,学校要根据校本课程提供看法、经验。所以校本课程一个很重要的工作是回顾、检讨前人的研究,评价方案的可行性,校本课程的理念、目的要做情景分析,然后规划校本课程,通常是由一个小组去开发校本课程,这是台湾和香港一般用的模式。校本课程有三个重要方向:一个是发展校本的特色,学校一定要想想我做这个和其他学校有什么不一样;第二,要尊重专业知识,因为这是学校、老师、学生自主的课程,所以要专业自主;第三个是优化学生学习。这三个是很重要的方向,引导我们开发校本课程。

我们发展课程要注意外面三个主要的原则。第一,循序渐进;第二,相互观摩;第三,成长。有行政资源,帮助老师解决困难;有沟通,因为开发校本课程,要让家长知道,要进行问题解答等。另外,做完之后要有一个评价,要重视教师的参与。

这个图上有四个常驻性因素,这是我们要特别注意的因素:第一个是情景分析,做一个校本课程一定要分析学校特殊的情景;第二个是评鉴与修正,要配合学校的愿景,做校本课程不但是做课程,而是要通过这个课程促进老师和学生的成长,所以另一个就是专业成长。蓝色的是情绪性因素,你看到的是一个螺旋,首先从学生的需求开始,想老师需要什么,学校需要什么,然后想可能的方案,想出可能的方案,挖掘这个方案,传播解释知识。要做出很多困难的,新的东西,校本的东西,有时候外面的人要帮手,有时候内部的人要帮手,这要全方位支持,最后实施方案。所以上面有两个支持性因素,一个是需要社区支持,还有是你本身有没有课程领导的方向。

还有一个模式是从研究学生的学习开始,看学生学习的情况是如何,风格怎样,理念怎样,研究之后推上去看"backward mapping(往后勘察方式)"。学生是这样,教师策略对应是什么样,学校机构的组织建构怎么配合这些情况,比如我们的时间表怎么样,我们的空间怎么利用,我们的资源怎么配合的问题。但是大家知道有一个问题是,每个学校、每个老师要做的事情都很多,怎么选择?还有一个评价。

你看两个模式都很好,但都要注意评价和调整。有一个模式你看到很好,你看是从学生的学习开始的。我们要针对学生的需求、老师的取向开始,这个很重要。

我现在做一个总结,这个总结是英国的一个学者,研究薄弱地区(disadvantaged area),但做得好的学校。他们研究条件不好,为什么这些学生做的好,总结了一些很关键的因素。一个最基本的问题,做校长怎么选老师、聘老师最关键。如果一个学校里面有 60 个老师,不及格的老师有多少,这个学校就会有问题?大概不要超过十个老师。但是你请过来是很好的,老师质素会不会下降?最重要的是让老师觉得有不断的改进才行。第二,学校最重要的是学校的核心价值,办教育的最重要的价值在哪里,不但要说得出来,还要相信它的存在。第三,关系的质量(the quality of relationship),师生关系,同学之间的关系,高级教师和普通教师的关系,家长和老师的关系等等。在西方来说,领导一般是分享的领导。最近很多书都很出名,叫《分享的领导》(*Distributive Leadership*)。另一个,就是不断有要进步的要求,这个很重要。另有一个,学校里面有什么志愿者人员,有没有志愿者帮手、家长帮手,这个很重要。还有校本课程,有没有超越国家的课程,有没有个别化的教学,特别是针对弱的学生,有没有利用网络把学生的档案放进去。现在可以通过网络和其他的学校进行联系。还有就是我们的学校为了谁在发展,有没有成功的因素可以找出来,这些我都不再展开。

我们来看这个 25—75 法则:一个学校的成功,75% 的关键是"the importance of context(脉络)"。每个学校都不一样,把一个学校的成功借鉴过来,等不等于自己就成功了?大家之前看没看过成功人物的传记,能不能举出一个关键的因素?

学生 N:我认为最关键的因素是"慎独"。

学生 O:我觉得应该是"坚持"。

学生 P:能够抓住机遇!

李子建:能够抓住机遇,加上慎独,加上坚持,是不是一定能成功?加五个因素进去,八个因素进去能不能成功?不一定,这就是 75% 原则,把这个因素放在你的情景里面,关键 75% 能不能放在学校本身的情况。看不同人的经验,学校也好,不同人也好,能学习的是 25%,最重要的 75% 是要看放到你自己的处境里面是不是能实现出来。

如果你要看最新的书的话,就可以找《持续性领导》(*Sustainable Leadership*)。它源于环境教育的发展。书上提到原则,领导方面,学校改建方面:一个是信度,学校里面,领导里面有没有道德的问题,为学习而领导(leadership for learning),我作为领导是大家都要学习的,为关怀他人而领导(leadership for caring for and among others)。第二,领导还要注意学校生活里面一个强度的问题,包括领导的延续问题。第三,宽度(breadth),每个人,每个领袖、机构、国家可以控制所有事物,很重要的是分配性领导(distributed leadership)。第四,公益,不要伤害学校,与其他学校平等地公益地分享知识和资源。多样性,资源丰富,随机应变,发展资源,很重要的是避免太多的创新。保存,对过去直接经验的学习,好的经验保留下来。第五个原则是活动原则,积极的活动,用不同的网络、联盟,用数据分析看有没有负面的信息。耐性、透明度,还要看最新的东西。2009 年,Hargreaves 在 Change wars(改革的战役),提出第四个取向的改革,未来的改革怎么做。学习成果在国家的愿景和支持下、公众参与及专业投入下相互影响。中间还是我最开始说的,一个学校最重要的是学生的学习、机构的学习和他的成果,核心东西是不变的。外面的因素,一个国家,需要一个国家层次的愿景,我们国家的愿景最早是什么,在八十年代有一个取向是"科教兴国","三个面向"等。现在谈"科学发展观",对教育最新的基本理解是什么?

学生 Q:我觉得科学发展观放在教育上就是要追求科学的、可持续发展。科学就是可持续、全面、统整这几个内涵。目前教育追求目标的核心理念就是以终身教育为最高指导,从纵向来看,就是既要充分地保留我们的传统,又要发展。

李子建:还是没有回答最关键的"科学",我们做这些事有没有数据,做科学发展有没有基础,有没有很清楚的根据是什么? 是科学。现在提出来要配合我们的教育制度来说,就是证据为本。你现在做的事情有没有基础,这个基础是有没有数据去证明你作为一个学校、一个系统、一个机构作出的决策。

我们现在中央的核心领导,两年前,听说每一个星期,请一些国内最好的专家作报告,论证报告,每一个范围都有。听了之后影响他的政策改变,所以政策不是提出来的。国家的目标,中央的政府最核心的驱动方向如何确定,有无知识都是很重要的。现在我们国家比以前更重视专业发展(professional development),公众对教育的意识是怎么样,现在大众对教育的敏感度增加了,就是不同的力量中间的提升。未来有五个很重要的方向:有没有共同的目标,有没有公众的投入,有没有投资,有没有共同的责任去推动教育,动员我们的学生。还有三个重要的专业发展:高质量的专业老师,我们的专业性强不强,我们的学习共同体动力怎么样。当然,有四个催化的元素:第一个,持续性的领导;第二个,网络;第三个,责任先于问责;第四个是从下面建起来,从上面去引导。

总结部分就是:第一,知识和意念,主要有没有意念;第二,现在是一个个人化的年代,是领袖的年代;第三,不稳定是经常性的,不必害怕紊乱,什么都清楚就不用做。(掌声)

学生 A:您能否简要介绍一下香港对教师职业道德的要求?

李子建:香港在教师的职业道德上没有明确要求,只是对他的专业培训有要求,我觉得是非常重要的,但不容易做,大家想一想,你说一条教师的职业道德要求出来,你能说清楚吗? 大家想一想。

学生 B:学校很多做法是和社会制度相关联的,受到社会制约影响,其根本来源和基础是社会变革,学校改革是一项长期而艰巨的任务。您是否认为学校的改革根本上应该是社会的改革?

李子建:倒回来,你认为学校改革容易一点还是社会变革容易一点?(学生:学校改革)所以我们不要放弃这点,如果做到这一点,可以慢慢带动社会改革。我们有些看法是社会改革非常难,学校改革也很难,不要做了。应该调过来讲,应该从学校变革开始,我们的社会变革还要变得有前景。

学生 C:我想知道教师在课程领导的时候是怎么样? 校长和教师之间的关系怎么样?

学生 D:东部大学如何支持西部大学的发展,进而促进西部基础教育资源的逐步改善?

李子建:我觉得这个问题比较复杂一点。第一,东部大学和西部大学的联系如何加强。第二,东部大学如何支持西部大学发展并支持教育资源的改善。你的假设是西部大学能够发展的话,西部基础教育资源也逐步改善。不过我觉得这个逻辑要梳理清楚。西部的教育资源代表的是什么? 如果是基本的建设学校、改善条件,通过政府去改善好一点,而不是通过大学。如果是教师的培养,通过大学是可以的。问题就出来了,为什么你认为东部的大学对教师的培训要比西部的好,好在什么地方? 所以思考这个问题要思考清楚才回答。我想投入的资源是一回事,但培养师资是另一回事。

学生 E:学校作为社会的一个子系统,受到多重影响,在改革中应该如何发挥自身的相对独立性,少受到外部系统的干扰?

李子建:首先你觉不觉得它是干扰,或者这个干扰是否是有帮助的,这是一个心态的问题,有时候干预可以变成不干预,甚至变成积极的推动。还有,学校自身发展的独立性,这个独立性是什么意思,是自由还是独立性,这是两回事。独立性是你把这个东西变成优势也是独立性,是自由还是独立性,概念要搞清楚。我的理解,避免干扰,就是你不要干扰我了,我自由一点。另一个极端是任何的干扰我都要服从,这是两个极端。这两个极端之间是有很多组合的,是独立性问题还是自由性。独立性就是跳跃所有的干扰产生自己的看法,对干扰有自己的看法,不等于自由。

学生 F:"后现代"强调追求快感,追求情感体验,对现在学校课程产生什么影响?

李子建:很多学生追求快感,他会要求老师怎么样? 他会觉得上课很闷,要求很多刺激性的东西、体验性的东西、很短期的东西,很容易产生对学校的课程、对老师和学校不满的情绪。我们学校一直有一个保守原始价值的功能在里面,学生一直要追求快感的话,会有很大的冲击。

关于香港的问题我们留在下午讲,一起回应会比较好。

学生 G:您在大陆政府和学校本土化方面怎么看?

李子建:本土化是相对全球化的一个概念,本土化有几个元素要考虑。本土化首先有个本土文化层面,他现在通过校本课程发展达到本土化发展的维度,但是对政府来说是不容易的,不同地区和民族有不同的文化,对政府本土化来说比较艰巨,在学校实现比较容易一点。

学生 H:教师在课程领导的角色是怎么样的? 校长与教师的关系是怎么样的?

李子建:这个问题很好,校长是一个行政人员,但校长是不是课程的领导? 文献里面的看法不一定是,但是他对课程的发展要关心多一点。是不是领导,要想一想,小学里面校长的课程领导角色要重一点,中学里都是各个课程的专家,校长的课程领导就没有那么明显。

学生 I:刚才您提到在改革中给教师一点动力,您说到 hungry(饿)这个词,我认为这是在给教师施加压力的做法。我想应该先满足教师各方面的需求,再给他们动力,而不是给他们过大的压力,因为教师的压力已经够多了。

李子建:这个问题很好。我们中国有句古话“衣食足,知荣辱”;心理学家马斯洛的人的基本需求中谈到,只有满足了住房等,才可以想高层次问题,这是相通的。我的 hungry 是 mentally hungry(精神上的渴望),教师的待遇和条件是先要满足的。另一个,还要有一个激励的机制,中国人是现实一点,我们有一个激励的机制要好一点,但是长时间靠机制推动的话还是有问题,所以要靠 mentally hungry,但是这样还是有局限性的。精神压力,说到底还是心态问题,压力还是要变成动力。

学生 J:李老师,很荣幸能够听到您的报告。我想请教的问题是,教学当中有许多教师对学生进行惩罚的现象,您对这个现象有什么看法?

学生 K:李老师您刚才讲了校本管理,香港是校董会的校本管理,大陆是党委领导下的校本管理。我想这两者在实施上有什么不同,您对大陆的校本管理有什么看法?

李子建:我认为体罚这件事很有趣,我上学的时候你们知道是什么样的学生? 在评量当中我应该是过度活跃,经常问老师的问题,老师都非常尴尬。我小时候经常到校长室见校长,当时见校长的有两种学生,一种是好的,一种是调皮挨打的,我两种都是。在这个问题上提出体罚的一个经历,在一个热带森林里面,一个很复杂的系统经常受到大自然冲击的,有一个很关键的因素,硬度。每一个心理上的承受能力是不一样的,有的打一两下就不行了。要看学生是不是能够承受这个冲击,但是很难评估。

另一个问题,党委书记领导的学校,我有几个假设,第一个条件是校董会里面有多少认同党的领导,第二个条件是学校最核心的任务是我们的学生怎么学得更好。我想应该怎么做,我们的党和我们的校董会都有一个理性的选择。谢谢大家!

主持人:我想今天李老师的讲座真的很精彩,您的风趣、幽默把我们每个人都激活了。我觉得您对大陆的教育真的很熟悉,非常了解这些政策方针,让我们这些研究生很惭愧,还有您提炼的“在生活中提炼智慧”也给我很大启发,今天下午还有机会和李老师共度美好的时光,讨论问题,谢谢。

录音整理:陶　洁(华东师范大学课程与教学系)

乔卫丽(华东师范大学教育学系)

香港课程与教学改革:迈向反思实践、专业学习社群、伙伴协作

讲演者:李子建

时间:7 月 13 日 14:30—17:30
地点:大学生活动中心报告厅

李子建:上午谈国际教育的趋势和发展比较多,这个部分,谈论香港会多一点。大家对香港的情况熟不熟悉? 我看大家不是很了解,我跟大家谈谈。

大家知道,香港以前是英国的殖民地,1997 年回归,这是个事实。现在是 2009 年 7 月份,香港还受着英国学制的影响,到 9 月份就会不一样。现在我们的小学是六年制,大陆有的地方是五年制。上海好像是五年制,中学分为初中 3 年、高中 3 年。我们简单一点,因为英国没有初中概念,根据英国的做法,中学是五年制。英国的学制是 5 年,5 年考一次试,这个考试以前称 GCE,现在称 GCSE, O-level。O-level (Ordinary-level)考试,是一个基础考试,你在英国念 5 年后,会有一次 GCE-level 考试。现在香港也是,5 年有一个"中学会考"。念完之后进入预科,预科是两年制,英文为 Sixth Form,准备上大学的意思。所以英国学制是 5 年加 2 年的,我们现在还是这样,但 9 月份有点变化,9 月份我们的学制改革后会和全世界有些一样。我们叫"三三四",初中 3 年,高中 3 年,大学是四年制,和我们大陆是一样的。我们现在的大学是三年制的,那么以后就是七年制。殖民地造成的影响,这是学制上面的特征。

第二个特征,殖民地时的办学(现在也是)、办教育和其他地方有点不一样。这个要说明的是,其他地方比较少。我们的学校,政府直接办学校很少。作对比就知道,在大陆,大部分的学校

都是政府学校，政府直接管理，如果我的理解没错的话，小部分叫民办学校，私立学校很少，是完全独立、不受控制的，非常非常少，可能有一些国际学校，是不是这样？在香港，大部分学校都不是官办的，不是政府办的。大部分学校都是由教会、宗教团体或慈善团体办的学校。我们的学校叫津贴学校（aided school or subsidized school），这是香港特有的、不一样的背景。如果我说下去，可能会比较明白，中间有几个脉络，能掌握比较清楚。因为它不是官办也不是政府办，是教会、慈善团体办的学校，办下来，政府还要拨款，给它支持。所以钱是政府的，但是权——有时候部分权还是放在办学团体里面。所以每一个学校都有一个校董会，校董会大部分的成员都是办学团体派一些它的代表过来。举个例子，宗教学校分很多，有天主教的学校、基督教的学校。而基督教里又分很多，圣公会——英国国教，还有很多其他基督教的学校。还有佛教、伊斯兰教的学校也有一些，没有宗教背景的慈善团体也有很多。所以加起来有很多。你看香港学校的名字就能看出来，它的大概来源、办学团体的背景。

第三，所有先进学校的老师，是不是都是先培训，才能上岗的？是不是要有这个资格，才能去学校教书？大概全世界都是这样。香港不是这样，到目前为止，只要一个学校愿意请你的话，不论你有没有培训，都可以先当老师。你可能会问，没有先期培训怎么办？他可以补。学校请了你的话，如果你没有教育训练，可以回到大学再补资格。我相信全世界是非常非常少，几乎是没有的，一个先进的系统，还是可以允许理论上没有资格的，没有先期培训资格的人当老师。

今天下午我做的报告，多一点香港的故事，特别是有我参与的故事，当然中间有很多很复杂的视角，希望大家多交流。有兴趣的话多交流，你们希望知道香港哪一方面多一点，都可以提出来，如果不是国家机密的话我都可以说说。（笑声）因为我参与很多委员会的事，国家机密不可以跟普通人说，但是大方向是可以告诉大家的。

我大概的脉络是这样：先说学校发展与课程发展之关系，然后谈一谈回归之后香港课程改革的脉络、发展阶段，再谈"跃进学校计划"，这是我在90年代末期，即从1998年到2002年，做的一个香港最大的计划，涉及背后的一些理论，关于学校改进等。简单谈一谈第一点。今年开始的新高中，课程里有一个叫做通识教育的课程发展，这个部分，我最近完成了一个优化教学的协作计划。这些文件，如果你有兴趣的话，可以在网络上先找香港教育局，很容易查的。香港教育里面，有一个香港教育局的课程发展处，或者是课程发展议会，这些词都可以找到我们香港课程方面的纲要。

我今天早上讲到学校改进、学校改革，里面有三个改革的点、线、面。最基础的点，就是从什么开始——从一堂课开始，我们的改革从一堂课开始，称为课堂教学；当然一堂课，不同科组，牵涉到不同课的性质不一样，每个组里面老师的合作、科研、发展不一样——这是线；最后，不同学校之间差异很大，学校内部也有差异。所以这三个层次都是进行学校改革要关注的，尤其是课程改革要关注的情况。

今天早上我们谈了几个图。这些图都是我们做香港课程改革一个很重要的依据。一个学校的发展，离不开教师的发展，而教师的发展是通过课程——校本课程的发展来发展，也可以通过校本课程发展里面的自我评估、反思及行动研究来发展。所以中间是互相带动的过程。我们做校本课程不单是做课程,其实通过这个课程,老师本身有发展。老师有发展,其实也带动整个学校的发展。通过课程发展也带动学生发展等等。这是一个流程,一个互动的流程。

在这之前,有几个方面要介绍。香港有一个学校的自评政策。每个学校要做一个自我评估,现在每一年每个学校都要做自评报告,看看这一年自己做的工作,做个总结。你看整个架构就是这样的。下面就是香港学校的教育目标,你可以去网上查到,大概很多学校都是一样的目标。然后,,教育局评定,建立一个表现指标,表现指标要求每个范畴里面大概的方向是怎样的。有指标之后,学校按照这个指标进行自我评估。根据这个指标,外部的督学——今天早上我提到不同地方都有一个督学——素质保证视学。督学也按照这个指标、方向去评价学校的表现。通过这个体系,产生一个学校改善与问责。运作的概念大概是这样。

关于指标部分,我们再讲。指标部分,你看到我们的范畴,一个学校里面表现的指标,有四个部分。要看一个学校的表现,我们香港主要看四个部分。第一个部分是关于它的管理与组织,范畴下面有范围,中间有修订,最新的你可以网上再查,这个经常修订。中间,当然是我们的学与教,不是教育学,我们香港以学习为主导。我早上讲过,学习改善最核心的部分是学习,所以最重要的部分是学与教。范畴里面就有范围。再者校风及学生支持,关于学生方面,家长关系方面,学校文化方面的范畴。还有就是学生表现方面的,学生表现、态度行为、参与成就等等。四个范畴,每个范畴下面都有相关的范围。

关于教学的范围,再细分一点,教学的范围要评估教学能力。学校的情况怎么样,按照教学能力评估、自评,老师在以下的重点能不能作出一个表现。例如,一个老师能不能组织教学活动,设计教学环境,选择应用教学的参考书,设计课业,运用信息科技、计算机科技,教学应变,教学评估、反馈等等。这是一层一层上去的。从大的范畴到范围,再到评估项目。评估项目有评估重点,例如组织教学活动,有表现的例证,成功的准则。一层一层上去,所以整个指标有很多不同项目、不同方向。如果你研究学校的改进、管理这些,有兴趣的话,可以上网去,全部网络上都可以查到。例如设计教学环境,看能不能使得布局促进学校互动、学校环境。例如选择及运用教学参考书,看看有没有广泛地阅览教学参考的数据,建议很多。

上午有一个研究生问,教育的研究人员,应该用什么身份去参与中小学改进,在你谈这个身份之前,我们有一个共同的语言去学校。大家知道,我们从大学,或者其他团体去学校的时候,除非你用教师的语言,不然,我们就首先建立一个教师的共同语言。我们有共同的语言,才能促进改进。所以共同的语言里面,我们很重视行动研究的取向,或者说是行动学习的去向,叫4-P模式,就是带动我们的老师怎么去想,怎么去做。我们的模式叫问、想、做、评。问,就是老师现在要面对的情境问题的目标是什么,要解决的问题的目标是什么;想,就是制定一个策略,怎么解决,怎么计划去做;做,就是推行这个计划;评,就是评估我们计划的进度,安排。这是一个取向。

另一个取向是,我们有一个文件——如果你对教师教育感兴趣的话,可以参考它——2003年的文件,网络上都有的。怎么查呢? 你查师训与师资咨询委员会,或者你查这个标题《学习的专业、专业的学习》——这是文件的名字。这什么意思呢？它说，我们的教师是不是一个专业？当然是。专业的话，是什么性质的专业。它希望我们教师的专业是一个学习的专业。我们今天谈了很多 learning，所以这个文件很重视我们这个专业，作为老师，经常要学习。但是怎么学习呢？要专业的学习。学习有很多方法，你买一本书，经常去看网络都可以，但是这个文件在专业的学习上提出两点，一点是教师专业能力理念的架构。所以如果做教师专业能力理念的架构，就可以参考这个文献。如果研究香港的多一点，关于香港的教师持续专业发展（CPD, Continuing Professional Development）或者理解为在职的专业培训，也可以参考这个文献。教师发展包含学生的发展，通过教与学发展。但在教与学发展中，其实有一个是专业群体的关系，谈了一个共同体的问题。还有就是学校发展，学校要发展，才能带动学与教、教与学的发展。我们整个教育专业的发展，一方面帮助老师提升教与学，另外促进学校的专业团体的关系，这个很重要。

今天早上看了这个图，我就不再展开。看这个学校，其实是有变化的，通过五六年的变化可能不一样。首先，一个学校可能在平均以上，或者平均，或者在平均以下，你看它，有些不断进步，有些很稳定，有些慢下来。你看这两个学校。这两个学校最初是有区别的，一个平均以上，一个平均以下，六年以后，这个学校的差距就接近很多，所以其实学校是有改变，可以进步的。有兴趣的话，可以参考这个研究，这个研究很出名，叫做"研究学校改善的一个英国的研究分式"。我来谈谈这个分式，先花一两分钟看一看。

这个表，大家先看这些数字代表什么。这个数字是按照上面那个图"percentage of teachers in the school reporting substantial amount of changes over the last 5 years"最近 5 年，有多少个老师报告，在这方面有具体实质的变化。数值越多，表示老师在访问的时候，觉得在过去 5 年，在这个方面的变化越明显。数字最高的，第一行，最厉害是 100%。有些小一点，但是总体，数字还是高的。第一项，"Ways the school is run and organized"，学校的运作、学校的组织的方式，5 年之内，觉得很多学校有变化，这个容易一点。你看到很多学校都觉得，要改变的话，5 年之内都可以产生变化。最容易改变的就是一个学校怎么样令学校的运作、管理产生变化。最容易做的事，也是最难的事，是什么？换了这个校长就可以。换一个好一点的领导，它就可以产生变化了。第二项，学校的气氛，学校的氛围、学校的文化。因为这不是一个人的事，大家都可以培养。第三项，学校对规划的态度和取向，关于规划、行政、领导这项，5 年之内，只要用力，就可以改变。

相对下面的数字，下面少一点。第一个是学校的课程，课程上最难一点。最后是"Quality of teaching and learning in the school"教与学的质量是不容易改变的。所以，一个学校最难改变的是什么——教与学，教与学是不容易改变的。我今天早上也谈到，最关键的任务——在教育学里面——是教师。很多问题，你请了一个好的教师，就容易解决。如果你请了不好的教师的话，就不容易改变，这个很重要。

怎样才能改善学校效能？在 1997 年做了一个非常好的，现在经常引用的总结，这个总结有 11 条，即 11 个因素，称为"校效能及改善的互补因素"，几乎所有学校里，你搞好这 11 个因素就可以，有改进的空间。这是西方的，你要注意，你们听完之后的小组讨论，我希望你们想一想，这 11

条有哪些是不一定与我们中国学校相通。有些因素,可能是文化因素不一样。这些都是西方的概念,想一想在中国适不适合。第一,参与式领导,注意这是个西方的概念,在中国是不是适合,你们想一想,就是比较民主,参与;第二,共同远景和目标,就是一个学校有没有共同目标,这个很重要;第三,团队工作,有一些你看出来就知道,大概是比较容易明白的;一个学习的环境,就是我们经常说的,学校是不是一个学习的机构,现在如果你看文件,从90年代到现在,有几个词你会经常看到,一个是learning school,学习的学校,learning organization,学习型组织,一个学校是不是一个learning system,学习的系统,都有很多相对的名称,学习的氛围;还有,一个学校当然是不是强调教与学的重要性;还有高期望;有没有正面的强化;有没有监察和探究;有没有重视学生的权利和责任;还有目标是不是为众人学习;还有伙伴和支援等等。11条,如果学校都能参照这11条的条件的话,都能发展地比较好。我们叫"学习的效能和改善的互补因素"。我举个例子,共同远景和目标。学校效能最终的图画:目标一致,这是我们的目标。今天早上这个同学问:"不同校董会的组成,有没有好处?"我认为,最重要的还是,成员是不是目标一致,这个很重要。

怎么做? 什么条件可以创造建构学校的远景? 未来5年,未来10年是怎么样的? 第二,利用演进式规划课程,慢慢演进式规划,慢慢共同研究课程。关于团队工作,这个要稍微讨论一下。团队工作是一个很复杂的概念,我们今天早上谈到了"关系很好,其实不是一个团队的",我们的关系很好,但是做事起来不是很团结。有没有注意,有一些学校是这样。当我们说,一个团队的工作,其实是有没有同志感,就是大家是不是同志,大家有没有共同目标去做,能不能有时候牺牲一下自己的利益,为大家共同的目标去努力。有时候有牺牲,有时候因为一些共同的东西,大家要牺牲一下。

怎么做? 很重要的是要看教师有没有参与。但是有几个事情我还搞不清楚,因为在我们的社会里面——在东方的社会里面,研究数据告诉我们,我们的老师不喜欢参与。不像西方的老师,西方的老师经常争取民主,他还要求我们去参与民主。我可能不能说得太明确,中国的老师不一定很喜欢参与他的学校的行政。有机会给他,他可能说:"这是校长的事,不是我的事。"我不知道这是文化问题还是什么问题,还是老师不愿意参与。但是我们的数据,很多研究都告诉我们,在华人社区里面,我们的老师希望参与学校行政方面的意愿不是很高。所以有一个叫赋权的概念。在西方来说,就是老师没有机会,老师没有权力、没有空间去参加,所以叫"empowerment",给他一个权力,他怎么样? (笑声)赋权问题,赋权就是指西方的老师是没有时间、没有空间、没有权力去做,所以赋权,给他一个空间。你想想,大家都是中国人,曾经当过老师的举手。有一些,大部分是一毕业就念研究生,大多是这样。你想象一下,校长给你参与:"我们一起想想,我们学校怎么样? 我现在给你机会,给你权利了,你的想法是什么？"你们商量一下，在我们的氛围里会不会参与？你不会参与？已经说不会参与，你说一说为什么不愿意参与。

学生 A：因为在我们国家是校长说了算，你参与可以，只要意见和我是一样的。

李子建：现在我是校长，你对我有点信心好不好？我真的给你参与。

学生 A：李老师，我也做过几年老师，其实学校管理就是这样，意见反馈基本上跟没反馈一样，所以这种情况造成人家有意见也不会反馈。

李子建：我知道，但是如果真的有一天，校长说，我真的给你机会，我听你的。你怎么样？然后你说不说，做不做，你想不想做？

学生 A：校长可能是引蛇出洞？（笑声）

李子建：他是有阴谋。你放心，别担心，如果还是不放心，是历史令你不放心还是？对，有历史的包袱，你觉得可能是没办法，是不是这样。我们香港有一些老师，不能代表所有老师，是这样想的，校长说："请你参加。"他说："校长，你薪水比我高，权力比我大，你就多做一点。"（笑声）你现在叫我赋权，说的好听一点是给我工作，加重我的工作量。他怎么理解这个赋权，他觉得这赋权是不公平的赋权，薪水又没有加，要多做一点。好听说是给我赋权、给我空间，其实是要我吃亏。所以不同文化，不同理解。我希望大家理解这个东西，在西方来讲的话，经常要争取参与、赋权，但是到了我们的社会，怎么理解，要想清楚。

还有一个学习的环境。学习的环境有一个很重要——鼓励冒险的地方。什么叫冒险的地方，任何的改革，任何新的东西，都有风险的。一个新的东西要尝试，都会有风险。有风险的话，要有冒险的精神。你用新的方法，你可能失败的。一个老师用新的方法可能失败，但是有鼓励冒险的风气是很重要的。强调教与学的重要性。

看看学校效能因素的比较。高效能学校、低效能学校，你看看有什么分别？在课堂里面、校长的表现等，有什么分别。低效能学校，课堂的进度表现，悠闲的步伐，不平均，低度的互动性教学。低效能学校是很多东西要做，但是教师单打独斗的教学。高效能也是西方的研究发现，有计划的学术推动，高度与中度的互动性教学，多元化课程，教师寻求新的教学策略。从校长来说，你看到有分别的。高效能学校把握课程教学法的重点，今天早上有老师问："校长用不用有一个课程领导，你的看法怎么样？"你看，高效能学校，要把握课程方向和教学方法的重点，寻求综合他校的良好经验。作为校长，要知道其他好的学校的经验怎样，要把握方向。低效能学校很少讨论，学术和课程以官僚的方式出示，是有分别的。课堂条件都有很多，我不展开。第一部分是这样。

第二部分，香港回归之后的教育政策脉络和发展阶段。我们的课程是 2001 年开始改革。这个改革有一个很重要的文件，你在网上可以看到，是《学会学习》。《学会学习》有几个蓝图，包括透过培养学生的共通能力——一些超越学科的能力，如沟通能力、批判能力、创作力等。我们课程里面分为八个学习领域，包括中国语文、英国语文等不同领域。把学科组织分为八个学习领域，我们重视价值观、核心态度，发展学生独立学习的能力。学生为本，这个和国内的一样。然后优先推行四个关键项目，课程改革推行四个关键项目，包括推行德育及共同教育；从阅读中学习；

专题研习——国内的研究型学习;运用信息科技进行互动学习。即学校进行课程改革,先选一些比较关键的项目,现在就开始做。

我们完成了重点工作,包括创造空间、引发动机、有效的教学策略,帮助他们掌握基本能力。九种共通能力,优先从三个能力开始做:批判性能力,创作力,沟通能力。你看这个图,这就是香港改革的图,这个图当时影响很大,往后就产生很大的影响。改革的重点,当然希望创造空间。因为希望每个老师多一些学校的空间,可以进行改革。改革的重点是希望增加学习机会。我们以往,学习不好的话,他有一个学习的机会,兴学的机会等等。然后,终身学习才能发展。还有,改良教与学。目标是终身学习才能发展。通过不同的政策,改革入学的机制,改革公开考试,提供学校发的津贴,改革课程,改良教学法,改良评分机制,增加高中学额,推动专上教育发展等等,做了很多。有兴趣的话,你可以找几个网站。一个是香港资讯教育城,你希望查找有关香港校本课程的材料,学习资源的话,你可以打香港资讯教育城的网站,都可以找到。(掌声)另外一个是课程发展处的网站。这两个你打进去,就可以找到香港很多的资料,都是公开的,可以查的看的。我们的课程改革有四个路向,一是建立学与教的新文化,学的文化方面;一个是全面与均衡的课程;学校课程改革的关键项目刚刚已经说过,四个项目。还有支持学校教师的发展策略。你可以去参阅这两个网站。

我们的课程改革时间表是这样的,现在已经是中期,2009年是中期。我们已经完成了前面的部分,如校本课程等等,已经做得不错了。当然中间有很多不好的经验,我后面会说,对老师造成的压力等。所以现在我们的阶段就是,在上一个阶段培养的经验上面,逐步改良教学法,发展学校。现在我做的项目主要是改良教学法这部分。

现在说说我们报纸的情况。每一年,教育局(以前叫教统局)都有一个抽样测验,在小学三年级、小学六年级、初中三年级,组织一个抽样,抽一些学生测验中文、英文、数学。抽出来的学生,代表香港不同年龄阶段的学生在中、英、数学科里的学习情况。在2003年,课程改革开始不久,看看新闻,就知道过去几年香港发生过什么事。2003年,70%的老师每一天在学校工作11个小时,60%的老师觉得压力很大,不满教育改革的政策,朝令夕改,你刚刚看到很多政策。也会同步产生很多问题。不单是教育改革,同步又改革了很多,我们的视学报告——报纸里面可以看到视学报告,你们的报纸有没有看到学校的视学报告? 看不到的,但是在2004年的时候,可以看到视学报告,狠批数校的师生。"教育统筹局上个星期在网络上公布新一轮……视学报告,其中四所中学,两所小学,低于预想平均水平。"如果你是这些学校的校长,你担不担心?"当初来的时候,我的学校是低于平均水平,其中两所中学,学校上课时不守规矩。""不守规矩"有没有看到? 然后你看到她的负面评价,看到报纸上很多批评,"再一次失败我们可承受不了","回归七年有余,董建华对香港教育绝不手软"。

郑燕祥教授上个星期来过,他有没有提到香港的教育改革? 提到。2004年他写的这个标题,他说:"教育改革的瓶颈危机",压力很大,什么"缩班封校"。学生不够,缩班,把班级人数减少,本来5个班级变成4个班;封校,学校外评、自评,管理创新,超高工作量的结构瓶颈。他说:"脱离现实的课程革命。"又是郑燕祥教授，"教师已陷入危机"，他有没有说这个？说到了。你要注意，不同的报告都说，25.2%的教师患上情绪病，情绪病是什么意思？轻的焦虑，重的就是有一点点神经衰弱。你想象，四个里面有一个，所以不假，这个很严重。

从 2006 年到 2007 年，可以说是香港课程改革分歧最严重的时候，就是反抗很激烈，气氛很紧张的时候。现在气氛上比较平和。我们香港有两种教师，学位教师和文凭教师，这两种教师有比例。2007 年，学位教师的比例增加了。明年，小学每班减两人，"杀校"的底限放宽。我们以前每个班最少 23 个学生，但有很多学校，收一个学生都很艰难。因为香港有一个社会问题，人口下降。现在香港是全世界出生率最低的一个地方，所以在过去的一到两年前，我们的特首说："欢迎你们去香港。"有没有留意新闻？华东师范大学的学生应该知道。我们的出生率是 0.9，人口要平衡，起码要 2.1。2.1 个小孩，其实要 3 个小孩，人口才能增加，0.9 才会慢慢下降。这个问题很严重，所以我们就关心多一点。因而我们现在有"杀校"问题，招收学生的人数底线从 23 降到 21 人，"杀校"的情况就是这样。

香港改善的三个时期：起始时间是 1997 年之前，发展阶段是 1998 年到 2003 年，巩固阶段是2004 年。这些我就不再展开。香港的改革，我想要标示一下我们的缺点，有很多小型的校本改革计划。对于香港的不同地区而言，有不同的取向，所以要带动改革，会有多元维度的做法。政府的很多精神令老师压力很大是一方面。另一方面，学校之间不同的团体会组成不同的运动，其中一个比较出名的(现在还有)叫"学校的达善运动"(Towards a Better School Movement)，可以在网络上查到。这个运动就是，有一批校长，通过它自己学校的历史、文化和日程，订立自己发展改善的优先排次，并通过网络去分享。确实有一批校长，组成自己的学校达善运动。香港教育学院，在 1997 年之前已经有一个"协行发展计划"，很强调学校与大学之间的网络。香港中文大学，在1997 年时，已经开始有一个"以人为本"的伙伴协作计划。其实，香港有很多风气就是大学与学校的访问计划，很早就有这样的取向。

理解香港 1998 年到 2003 年的教育改革，重要文件有几个。第一，2000 年的蓝色文件《终身学习，全人发展——教育改革的蓝图》；第二，2001 年，《学会学习，课程发展路向》，这个文件可以查到，网络上都有。如果希望针对《基础课程指引》，看看不同课怎么做，有兴趣的话，可以打"课程发展议会"，看这个文件，网络上下载可以看到全文。1998 年，香港成立优质教育基金，这是董建华特首在 1997 年香港回归之后成立的有 50 亿的基金，鼓励大学、鼓励学校申请不同的项目，我最早就是发展这个项目的，"优质学校计划"，后来也做了不同计划。不同学校其实都做了不少，可以参考一些。"教师启导"(mentoring)，"启导"就是以老带新的概念，在国内，教师培养经常有一个说法"以老带新"，专业的说法叫"教学启导"。有兴趣的话，可以看《教学启导与中学课堂教学评估计划》，香港教学做得不错的计划。香港大学，有发展"学校及实习教师联合的专业发展计划"，做法是，有些教师放下教务 5 个月，回到学校去培训，共同发展研究计划、发展计划，然后这个小组向我们学校提供服务。其实，很多不同类型的计划都很好，另外地区的校长会以网络方式交流支持计划。例如不同区域的校长会，制作了一个交流计划，其中一个区的校长，针对中文教学，有了质量的圈,就是好的中文教师变为教学的共同团体。教统局有一个"地区教师专业交流计划"等等。

但是我们发现,在实行了课程改革一段时期后,发现并总结了学校改进还有以下方面可以加强改善。一方面是中学方面的政策还是要加强,因为我发现中学的科组文化比较强,同事之间不容易建立学校发展的共识。不同的科组,它的看法不一样。另外,教师较不愿意尝试校本课程改革,以免影响学校的成绩。另外,提升学与教,学校评估、自我评估等等。你可以看到政府不断给大学和学校提供资源,提供架构和发展方向。教育局(原教统局)在2004年成立一个网络上的"学生为本的专业知识计划",提供资金由大学来做。它有几个网络,一个是"校长支持网络",教育局提供资源,让校长互相支持,互相发展。例如,它定期参加活动、交流等等。另外有一个是"学校支持伙伴计划",有一些学校,作为一个支持学校,提供经验给其他学校去发展。现在大陆开始重视这个,台湾也重视这个伙伴计划,我们做得比较早一点。另外专业发展学校,美国带过来的概念就是,从师资培训到学校的功能,一个专业发展学校。另外的项目是"大学——学校支持计划",有很多,我负责其中一个。

学校的支持宜针对下列重点。因为我们课程改革,教学改革里面很多不同元素。很多项目,你看,校本课程就做了很多很多类型。但是问题就是学校同步对教育目的的理解是怎么样,回到一个原点的问题。做了这么多教育改革,我们对教改的目的、课改的目的怎么理解。要强化。还有,一个学校要面对的事情太多,要协助学校排列优次,首先做哪一些,其次做哪一项,有规划地做好一点。建立改革的附加能量,还有针对学校的需要的支持。在学校层面,强调课程之间的、校本课程之间的协调性。发挥改革对教与学最大的影响。这些都是我们观察到最近几年做的事情。还有,建立"知识管理平台",每个学校总结经验,怎么样能经常分享活动,不同的学校都来分享。但问题是,分享活动是不是延续和持久性的合作关系,不能只听一次;是不是每所学校都能维持一个比较持久性的合作关系,共同进步,互相支持这样一个网络。另外,分享计划应该是协助学校建立自己的议题,不只是听,要有自己的议题,有自己校本的概念。还有,可探讨问题解决的策略,就是可以不听他人好的东西,反而可以探讨,他们怎么解决中间面对的问题,然后帮助学校建立创造知识体制,因为每个学校都有很多经验,帮其建立一个知识管理体制很重要。

然后谈一谈,我在1998年到2002年的一个大型计划,"跃进学校计划",这个理论里面,你们看看,怎么从西方的做法,转成我们香港地区的一些做法,是一些经验的交流。背景我们已经说过,我再强调一下,香港的工作量非常之高,教师工作量比大陆还高。一般来说,一个星期的课节,有28—30个教节,在大陆大概是十多个教节,一个星期,大概有28,最少的20多,每个教节30到40分钟。部分小学,现在少了很多,大部分小学是全日制,部分学校是实行半日制,每隔一个星期,星期六上半天课,这是教学法的传统,也是90年代末期背景因素,现在稍微好一点。当时中学的管理可以来说是课程化,校长的权力比较集中。当时90年代还没有校本管理,就专业发展来说,小学通常都是安排每一年有三天,通常是请一些专家,外面的团体代表,做一些讲座。这是跃进学校计划,有兴趣的话,可以参考。跃进学校计划"accelerated school"是美国十个比较出名的学校改进项目。美国政府过去针对不同学校的改进计划都给予支持，例如一个学校挑其中一个项目参加，学校可以获得政府给予它的支持。学校可以挑，觉得有什么计划可以参加的时候，就有支持。这是关于美国的跃进学校计划的一个介绍，有兴趣的话，可以看 accelerated school plus，这个计划很出名。

在 1997、1998 年，它的原创者，Professor Henry Levin（韩立文教授），他是一个教育经济学家，也是一个很出名的教育家。他来到香港的时候，就探讨有没有办法在香港这个地方，进行大型的改革。当时我就和一些同事在 1997 年，找到两三个学校开展这个小型的项目。后来在 1998 年，有优质教育基金，政府拨了……到现在为止还是香港最大的项目，猜一猜三年拿了多少钱推行这个计划？我当时压力真的很大。港币，三年是一个亿差不多。六千两百五十万，三年期。50 个学校，三年之内怎么推动"跃进学校计划"这个大型的项目。当然最后还是比较成功的。有兴趣的话，可以在我们学校的网站，看这个香港"跃进学校计划"，我们有很多学校活动的局域，参与等等。照片上这个是我，看看，现在有点变化。

"跃进学校计划"有三个原则。第一是目标一致。今天早上如果你留意一个学校改善的很重要因素：共同远景（shared vision）。所以我们很重视学校成员，它的老师、校长目标是不是一致。我们的学校发展目标是不是一致。第二是发挥所长。我们相信每一个学校都有它的长处，它的老师、学生、家长，它的课程都有它的长处，所以最重要的是要发挥所长，把它学校最好的亮点发挥出来。第三是赋权承责。最难的部分，我刚刚已经提过了，我们的社会里面，难度比较高的部分。即如何使我们的老师、家长觉得有权力、空间，负责推动这个改革。我们叫"赋权承责"。这里是三个部分，三个原则。

三个原则里面，有五个步骤。作为一个学校，第一个步骤"检讨情势"，就学校，分析一下情况；第二个步骤"发展远景"，学校的远景是什么样的；有远景，但是学校要做的事还有很多，所以第三个步骤是"订立优先次序"；第四个步骤"设立管理架构"，管理它，知道它要做什么，它的做法怎么样；第五个步骤"实施探究过程"，检查它，理解它的进度怎么样，有些地方可以遵循行动研究等等。中间可以成立很多团队，你可以成立一个教学团队，关心学校的文化团队、课程团队等等。根据需要，学校可以设立不同的团队。这五个步骤叫"大齿轮"，一个学习最重要的部分是它的运作模式，不同的小齿轮是可以按照你的需要，设立一些重点，你需要发展什么重点，我们叫"小齿轮"，其实一个学校的发展，是大齿轮带动小齿轮，互相带动起来的一个动力。这个概念是这样，我们一个学校，首先要订立一个原则，然后五个步骤，不同的重点。所以发现大小齿轮的互动，使学校形成良好的团队精神，民主的决策机制，订立自我改善策略，逐步形成包括下列价值的学校文化。所以这个计划是一个全校取向的模式。"跃进学校计划"是全校性的，因为它涉及整个学校的运作，是全校性的一个改革的模式。它不是针对某一科，而是针对整个学校的文化，整个学校的规划进行的。关心师生和学校，富有冒险精神，愿意试验创新活动，注重平等的观念，强调学生主动学习、教师和家长参与决策，重视反思，信赖学校是一个专业中心等等这些价值是我们这个计划的价值观。发展学校最重要是核心的信念（core-believes），这些就是我们的核心信念，希望每个老师、每个校长都同意这样的核心概念、核心价值。

但是有很多挑战,有很多考虑。首先是结构性考虑。因为刚才也曾提到,我们做这个计划时,没有课程改革(课程改革是 2001 年)。我们的计划是 1998 到 2002,是刚刚开始、准备教育改革前期的一个计划,所以那时空间还是很小,教师的专业空间、学校的改革空间还很有限。那时,教师很少有共同备课的习惯,现在很普遍,你去香港参观、访问的时候,就可以看到。我们很多教师共同备课,我知道我们大陆是很普遍,你们有备课的时间,准备教节的时间,香港现在好一点,以前很少,基本上没有时间去准备教节,一般来说,还是在课余和放学之后进行计划,所以不宜增加老师的工作量。

文化性的考虑。一般来说,还是由校长个人决定,或经由校长与部分资深教师或行政会议咨询后而作决定。现在好一点,因为现在我们有校本管理的气氛,以前我们做的时候,还是校长为主的领导。我们知道的东亚地区学校的脉络迹象,就是参与阶层化,教师参与是职务的需要,不是一种民主事务的需要。此外,就课室文化而言,受儒家传统文化的影响,师生关系还是偏向传递的取向、操练的取向,一般学校还是注重成绩,所以我们推行时,仍有很多价值观不易融合。

领导及改革媒介的考虑。做这个计划本身是一个实验计划,优质教育基金让我们做试验,看是否可以成功。在西方,一个大型的改革,要看香港能否成功。所以在香港来说,当时的教统局较少对学校进行直接的干预,政府的态度就是"我给你钱,你自己做",倾向采取平等而不干预的取向对待学校改进计划。"我反正不干预你,我也不给你特别支持,你反正去做,我不干扰就是",所以很多时候,没有政府行为,我们大陆经常说的"不是政府行为"。没有政府行为,它的效果还是有限的。所以很多时候,计划的推行程度和状况,受教授、校长和学生小组的影响。所以很多时候,我们主要的合作对象,怎么样说服我们的校董、校监、校长,来推动这个计划。

伙伴关系的考虑。我们在文献里看到,大学与学校伙伴的建立需要经历三个阶段,一个人的合作或一个团体的合作,都有阶段性。首先,最初的时候,可能出现敌意和怀疑,我不知道"大学"过来对我是怎么样,"学校"对我们的印象是怎么样,有一个说法,叫"引清兵入关"。我们是"大学",去学校的时候,老师就说,校长开一个门,"大学"的清兵就去搞乱他们老师的工作,所以对我们的印象是比较负面的。不熟悉的两个团体互动的时候,有敌意和怀疑。然后,由最初缺乏信任,慢慢转向温和地接受。因为我们开展的工作,对老师的工作、对学校的发展有帮助,所以开始温和地接受。慢慢地接受后,就持续发展。这是有一个流程的,是一个阶段性的发展。所以我们的工作很艰难,难度很高。我们要支持学校,我们的同事要共同建立一个互动关系,难度特别高。我们的观察是,长远的大学——学校伙伴关系很不容易建立和维持。和交朋友一样,交朋友要长远的关系,除了双方有共同的信念外,还要有校方间互信的关系,互信很重要,相信我是来帮助学校,不是搞破坏的。这个理解是很重要。还有校方的协作,能各显所长,各取所需,各尽所能。这个合作不是单向的,因为只有我帮你的话,你就觉得"我是不行的,我经常要你帮我",我过来其实是能发挥校方的长处,是一加一大于二,协作才有所为。

评估准则的考虑。我们有很多挑战,我总结了很多,有兴趣的话,你可以参考一下。我编了

一本书 *School Improvement：International Perspectives*，这本书编了很多专家写的，其中也包括我介绍的香港跃进学校计划，这本书可以在网络上查到，有些章节在网络上可以免费看到的。如果你希望研究学校改进的话，我这几本书可以看。最近我有一本书，和另外几个同事一起写的 *The Changing Role of Schools in Asian Societies：Schools for the Knowledge Society*。这个书介绍的是亚洲教育改革里学校改进的不同环节的情况，还有教育改革、学校改进里面一些相关的议题。对亚洲教育，就是东亚地区的一些关键的课题，有兴趣的话，可以看这本书。

在"跃进学校计划"里，不同的人或许采取的评价观念、要求的计划推广不一样。对美国的专家 Henry Levin（韩立文教授）所领导的美国跃进计划和外界评估专家而言，要求很简单，他们很希望香港的推行能尽量配合美国的情况和条件，并从一个"忠实"的标准，考虑计划的进展，他希望"你要做的好，就跟着我们美国的做法。"这跟麦当劳汉堡包的原理一样，美国麦当劳的汉堡包、上海的麦当劳与北京的有没有分别？美国先不用说，大陆里面，上海和北京的麦当劳，你觉得有没有分别？是连锁，所以没分别？标准化？以前就是这样，以前是要求全球标准，后来发现全球化和本地化的问题。我可以保证告诉你，每去一个地方吃汉堡包，都不一样。我对这个问题很关心，每个地方的汉堡包是不是一样。我可以很准确地告诉你，北京和上海的汉堡包不一样，是有分别的。所以当初，他做这个计划的时候说："你根据美国的标准，你跟着我做，一定会成功。"坦白说，压力很大。把美国的东西搬来香港做，我们本土的情况又不一样。他要求很简单，他没办法保证，他的担心我其实很理解，美国的韩立文教授的计划在美国做的非常成功，但是在香港不成功怎么办？香港不成功，不但引起一些问题，还有他担心影响他的品牌。所以我压力很大，他压力也很大。但是他的基本点就是，"你跟着我们美国的方式去做，应该是没问题。"但是，你想想，完全按美国的在香港做，行不行？我几乎可以告诉你，应该是不行的，根据我们的研究，文化想象也好，比较也好，问题就来了。一方面你要调试，但是调什么程度。调得太厉害了，就变为不是他的汉堡包了，离开太远就不是麦当劳的汉堡包。所以美国化和本地化要平衡地好，这是我的挑战，每天压力很大。你想你拿了六千多万的项目，搞不出来，不单是你的问题，还有影响他的名誉。所以我是冒险，我这个人冒险精神很高，刚刚就可以看得出来，但是还是打拼去做。我的信念就是，调整了一个方式，能成功，就行了。

所以根据他的意念，要调了。他的评价就是，他希望有一个评价的根据，"你根不根据我美国的做法去做。"但是香港学校改革的历史很短，所以香港的做法是另外一个取向，我们用的方法是"调适取向"。根据质量，根据它的进程去调出一个香港的方法出来。根据他的原则、理念，我们尽量把这几个理念放在香港的学校去做出来。这样做出来的，跟美国总有一点差距。我们的难度就是在这里。这些调试方法，怎么调呢？首先是训练模式的调试。美国训练模式就是集体工作法，美国做法是一个星期集中培训的。但是香港不行，香港老师这么忙，不可能从学校抽一个星期去进行这个培训。所以我们的做法是简短一点，工作坊简短一点，然后辅以校本核心小组的培训。不像美国，美国是放一个星期假，所有的老师集中培训。我们的做法是，短一点，几天，也要配合校本的核心小组培训，而非像美国般以一星期时间集中训练。这是一个调试。

培训内容的调适:不少学校在"探究过程"(校本课程)里面还没准备,行动研究还没准备。所以我们计划偏向多一点的校本计划发展的订立。我们在前面的规划过程先做多一点,行动研究部分相对少一点,因为它的准备不足。美国老师这方面的准备相对好一点,我们老师的准备相对弱一点。现在做就没问题了,我后面说,我们现在做的计划,没问题。当时在 1998 年到 2002 年,还没成熟。你强迫去做,一定不成功,所以需要调适。

另外就是,教与学的调试。我们在美国,推行一个强而有力/强效的学习活动。但是我们的做法是用一个相对独立的方法去做,而不是渗透到常规课程活动里面。另外,美国很多学校,强调校区与家长的参与。因为美国的学习,它的经费是来自学区的税,他交税,所以家长很重视区里面的教育。对学校的运作,他发言权是很厉害的。香港不一样,我们的税是通过另外渠道去影响的,所以我们在家长参与方面,就不能和美国的做法一样。所以我们就小部分参与学校,家校合作方面,相对容易弱一些。这是我们的脉络,我们的情况又作了调整。不完全能跟美国的做法一样。这个调试是这样。这是我们 1998 年的经验。

换一个话题,我们新高中的课程——通识教育的课程发展。我们在 2007—2008 年,刚刚成立了两年的施政大纲,每一年都由我们的行政长官——曾荫权,在施政报告里面,提出一个香港教育改革的新方向。他使我们回归以来,十年时间,充分发展教育改革,达到预期目标等等。现在呢,教育改革进入巩固期,它怎么巩固呢,其中推行 12 学年的免费教育,2007 到 2008 年,他就说,从 2009 年这个学年——九月份开学——开始,我们实行三年的高中学制。我刚才说过,九月份开始,政府提供 12 学年的免费教育。目前旧学制的学生,政府提供 13 年的免费教育。新、旧都让他有免费的教育,这是我们最近这几年要做出的政策改变。

我们新高中改革有不同文件,有兴趣的话,你可以打"教统局",或者是打"香港新高中改革",就会有很多资料,相关的文件都可以查到。在网络上你可以看到"课程发展处",你可以打新高中课程评估责任,不同的版本都有。我们新学制就是,今年的 9 月份,初中三年,高中三年,大学四年。所以到 2012 年,我们的四年大学制就开始了。但是有一年,新旧的学制的同学在 2012 年,新旧学制的同学同步了,这一年还是我们学生特别多,进大学也好,公开试也好,就是我们还要应付一个挑战就是,同一个时间,新旧学制的同学要经历公开考试,和进入大学一年级。

在四年的大学里面,我们未来的发展是要更均衡而全面发展,与国际主流社会接轨,我们大的方向是这样。均衡的意思是什么? 我们每个大学现在开始发展通识教育的课程,大学层次的通识教育,现在我知道大陆的院校很多都在发展大学层次的通识教育,这是我们的大方向。为什么会有这样的改变,是有新高中改革,很多大专学生的素质被批评,他知识面很窄,很多知识都不太掌握,发现我们中学选科,文理分科,欠全面发展。另外,我们发现我们的学生对世界大局、文化、时事意识不足,竞争不够,他的专科表现不错,但是欠广阔的知识基础。

所以香港要持续发展为国际城市,我们新的教育目标,香港的教学目标,就是新世纪人才必须具备适应能力、创意和批判能力、独立思考能力、终身学习能力——共通能力,要求我们同学是新世纪的人才,有共通能力,对现代中国及世界有深入认识,善用两文三语。"两文三语"在我们香港，"文"就是中文、英文，"语"就是广东话、普通话和英文。我的语文排序是，广东话是我的母语，英文是我第二语言，普通话是第三语言。所以我的普通话不太好，你们还是可以理解的，这是我的第三语言。我估计我的英文比普通话稍微好一点，希望你们帮一下。还有积极的人生观和态度及团队精神。所以我们期望奠定广阔的知识基础、全人发展、终身学习等等。

我们的特色是新的高中课程，首先是灵活、跨学科、多元化、均衡。因为现在是三三四制，中学六年只有一个考试，所以减少公开考试次数，有较多时间学习。但有另外的问题，因为六年只有一次考试，所以六年的考试变为一个高风险的考试，只有一次机会。六年之内只有一次公开试，所以压力特别大。以前考两次，五年考一次、预科考一次，现在只考一次。这样希望有机会进行个人的发展，还有兼顾语文及共通能力。我们现在的要求是这样，每一科都有新的课程进行探究式学习。每一科几乎都有独立的专题探究，很多课，都希望我们的高中同学能够独立进行专题探究。我们的同学有一个选科的机制，鼓励跨学科学习。我们改革考试的评估模式，还有师资培训。

改革后的香港高中课程由三大部分组成：核心科目、选修科目、其他学习经历。针对核心科目，学校的安排比较灵活，占课时总量的45%至55%。核心科目有四个：中国语文、英国语文、数学、通识教育，每一个科目都一定要开的，所以从9月份开始，每一个学校的高中同学，都要念通识教育。另外，选修科目大概占课时总量的20%至30%，就是从20个科目中选择2至3个选修科目，即两个选修科目或三个选修科目。这样，四个核心科目加两个选修科目或三个选修科目，当然，也可选择职业导向教育的科目。有些能力不是很好，或者希望应用性多一点的，允许有一科是应用学习科目。和选修课差不多，每个学校都要安排"其他学习经历"，占课时总量的15%至35%，包括德育及公民教育、社会服务、体育发展、艺术发展及与工作有关的经验，如就业见习等。未来，每个学校都会提供一些空间来做。这就是希望有机会进行个人发展：灵活、跨学科、多元化、均衡。

评估方面。将来的评估是参加"香港中学文凭"，就是六年中学之后，有一次香港中学文凭考试。将于2010年首次举行。当然每一科都有公开考试，但是每一科也都有校本评核，大陆就没有。公开考试出来的是大部分分数，而每一科的小部分分数是一个校内的分数，叫"校本评核分数"。这有两个意思，第一，减少公开考试的高风险，降低一次考试的百分比，把这个风险放在平时，在"校本评核"方面多一点。另外，通识教育要求每一个学生有一个独立的专题探究。每个学校对学生学习有一个概览，Student Learning Portfolio SLP，一个档案，对学生学习不同的经验，刚才提到的，他的德育方面的经验等等，将来评估是多元化一点的。

我们新课程的核心科目有四个：中国语文、英国语文、数学，还有通识教育。选修科目，我举个例子，科学又分传统的、生物、化学、物理；科学分综合科学，还有组合科学；科技，又分新的组合式课程，例如科技和生活是一科，有一科是信息及通讯科技，还有一科是健康管理及社会关怀等等。不同的项目，网络上都可以看到。

我们新高中通识教育的课程发展里有三个部分的学习范畴。第一个部分，自我及个人成长。

单元一,个人成长与人际关系。第二个部分有三个单元,它的学习部分叫社会与文化,包括今日香港、现代中国、全球化。第三个部分有两个单元,范围叫科学、科技及环境,包括公共卫生,能源科技与环境。你看到它的组合,三个单元六个部分。独立专题探究,可以有一些独立的探究题目,举个例子,可以根据这三个方面,找一些课题研究,可以在传媒、教育、宗教、体育运动、信息科技及通讯中挑一些课题,进行一个专题的探究。但是关于新高中通识教育,也有挑战和批评。我们的同事曾荣光教授说:"通识课代表的是一种跨科知识应用以及探究,是可训练理解,缺少习惯培养的课程学习。和现行的高中课程中间的支配地位,以专科为主导,以公开为标准化考试为取向,以知识记诵为首要的课程取向文化,明显地格格不入,引起互相矛盾。"也即通识课不容易配合,它所主张的和现行的文化、制度是不配合的,对此,他有担心。林智中教授也说:"既然每个学科都可以培养学生学会学习的能力,为什么还要开一科叫必修的综合科目呢?"学理方面有很多讨论。

通识课,如果你教这个科目,你有没有信心? 我找一个老师教所有,有没有信心? 三年之内教六个单元,有没有信心? 有几个老师对个人成长,对香港、中国、全球化,对公共科技、公共卫生、科技都比较了解? 很难找一个全能的老师,文理相通、视野广阔、思考能力高等等的老师。比较通常的方法是找不同的老师,协同教学,找一些理科老师,调整一下教理科相关的一个题目,找一些历史科、地理科的老师,帮一下社会及文化等等。由不同老师组合来教这个课。所以,有个同事说:"通识课不单要求教师在思想模式上的重构,"思想模式就是你怎么样思考通识课,"要求教师遵循跨学科、跨年级的协作教学。"难度很大,因为以前是一个老师自己教,现在你要求几个老师,不同年级去配合教这个课,协同教学有协作的问题,所以要求在课程领导,管理都需要重构。因此重新思考,重新组织,难度特别大,9月份我们就看看它怎么办,现在做了支援的计划,但学校的差异都很大。

现在发现另外一个问题。高中现在有通识教育,有很多学校校长或副校长,担心我们的学生现在9月份突然要念通识教育,很多新的课,如科技、科学发展、全球化,都是不容易掌握的议题。初中时已经开了不同形式的通识课,有些叫综合人文课,你说好还是不好? 大家思考一下这个问题,高中出了新的通识教育课,初中先准备一下,开一些初中通识课,你觉得好不好,会产生什么影响? 好的影响和不好的影响? 初中先开一些通识教育课让学生先熟悉一下,好的影响是什么?

学生 B:我觉得好处肯定有一个前提,就是说,综合人文课是以选修的形式,而且尽可能课程不要太多,太多的话,学生的压力就会大,因为我之前看到一个英文文献,说美国在小学开展一个"哲学运动",就是让孩子更早地开始思考人生,学些哲学启蒙的一些东西。所以我觉得,从这个层次来说有好处,让学生更早地开始思考哲学层次的一些问题。不好的话,它作为衔接的通识课,我不知道初中课程里面的一些人有没有跟高中的老师,或者是制定高中课程的一些专家,他们一块坐在一起商量,他们是不是真正地衔接了,是不是连续。我觉得这些问题还有待解决,谢谢。

李子建:说得很好。中间很复杂,衔接好还是衔接不好,搞不清楚。有些学校高中念全球化,初中先学学全球化,这样的好处就是,我先理解一些基本知识,到高中就没有那么吃力。但问题是,你到高中时又是全球化,学生就会说:"又是全球化,我初中已经学过了",除非你真的把全球化弄得清楚一点,有层次。还有就是,出现初中的通识课,把原本传统的科目如历史、地理、政治融合起来,融合起来会有什么负面影响?就是原本学科的系统知识,系统的思维训练就没有了。这是一个课程组织的问题。这个实验成功与否,我们不知道,但是可以想象有一些情况,有负面的影响。其实把原本的学科传统,可能不强调学科传统的角度。我们在自己学院,两年前要开一个准备培养通识教育科的"教育学士"的本科,准备培养通识教育的教师。我们同事之间有大的争论。有些同事认为,通识教育基本上是不合理的,他们认为最重要的是学科训练。你首先让他有个很清楚的学科训练,先专再广,这样他的基础会好一点。很多同事,很多文献都认为是这样。也有另外一些同事说:"不是。"我们首先从一个议题开始,把学科融合起来,学起来好一点。所以其实在学理上有两派的看法。学校的情况,我们抓不准,究竟在初中先安排一个初中方式的通识教育课,是好还是不好,我们现在说不清楚。但是在学理上,有它的好处,也有它的不好的地方。我希望在香港的脉络里面,多一点点。

今天最后一个部分,有关最近完成的"优化教学的协作计划"。这个计划的背景就是,2004 和 2005 年,我们在每一年教育局的视学周年报告里面发现:教师的提问缺乏启发性,提问技巧一般,教师互动不足等等。我们这个计划的目标是 2004 到 2009 年刚完成的,有兴趣的话,可以在网络上找"优化教学的协作计划",有详细的介绍。我们的目的是为中小学提供不同领域、不同模式的知识,提升教学效能,发展大学——学校协作关系等等。

我们用了一个"往后勘察模式"。从学校到教学改进,再到学生组织的往后的设置安排,通过回顾评价 4 - P 的研究,去帮助调整。我们首先总结了一些关于优化教学、有效教学的文件,提出一个很简单的框架,让老师在检视、设计、推行优化教与学的时候,有一个简单的理念。我们把这个理念分为三个部分:投入、过程、产出。投入方面,分为两个部分,一个是优质的规划,就是教与学的话,你首先要在教学目标等等规划优质,做一个比较好的规划;另外是优良的气氛,就是怎么样培养良好的师生关系,从这个角度去考虑。过程里面,我们希望教学有三方面,教学多元化,就是有不同的方式,同一个方式里面都有多的变化;希望提高学习的高动机,学生的高投入,从学生的经历来说,有新的探究,是一个探究型的学习,它的意义比较新,能不能掌握他学习的意义。还有一个产出是高效能,就是记得他讲过多少。最后理念基础就是这些了,学习中心、建构等等。用了这个框架,我们帮助老师,共同备课,改良他学科里面的提升。

最大的困难是什么?大学人员本身的工作量十分繁重,我们不但要作为一个大学老师,我们计划要聘一些全职的人员过来,可能是副校长,可能是资深老师,聘过来以后培训他成为我们的大学发展人员,但是工作非常繁重,每个老师去不同的学校支持,工作非常繁重。另外最重要是探索与应对大学人员如何与学校同工建立信任而达致伙伴协作关系是计划成功的关键。之前,我谈到一个很基本的问题是,在这个伙伴协作计划的进程里面,重要的是大家有一个互相信任的关系,他要认为我们去学校是一个相辅相成、互相补足、互相促进的关系。不能完全是我们帮他,要互相都有好处的计划,这是一个关键。我们要聘请这些经验丰富、灵活多变的改革先锋并不容易。我们学校的改进难度非常之高,还有伙伴协作计划的建立需要时间和耐心,但问题是时间很短。虽然有 5 年,但是每一年参加的学校,教育局都希望能有成果。所以很多时候,我们对老师的工作有压力,需要在短时间内争取比较好的成就。我们一个改进经验就是不断地尝试、修正、改进,我们今天早上谈校本课程的改进也是如此,根据学校的要求,作出计划调整、修正、改进,是一个不断完善的过程。

我们 5 年之内有 3 期计划。第一期是以两个关键领域作为重点,两个关键领域就是学校一方面希望做科学,一方面希望做关于社会、人文方面,有一些希望做数学等等。第二期,我们集中力量,以一个关键学习领域作为优先的对象,后来开始尝试采用"4-P 模式",作为一个促进改进的工具。现在两岸三地关于"4-P 模式"的介绍都有,有兴趣可以把"4-P 模式"搜索一下,有些谈到我们怎么在两岸三地运用的文章。第三期,我们怎么根据校内的需求,把学校进行分类,来加强他们之间经验的交流,进一步完善行动研究的"4-P 模式"等等。我们每一期,每一年,都做接近 40 所学校,每一次都有不同的对象。我们的质性研究做了很多,不断地发表文章,有兴趣可以在网络上看看我们的成果。我们参加的学习领域,他们有兴趣参加中一到中三,初中时候个人、社会及人文教育科,有的学校挑中一到中三的综合科学,有不少学校选数学作为改进,有些选择小学的常识里面的科学方面多一点。我们请不同的小组,成员包括学校班主任,高校教师等等。我们高校的资源很多,包括不同的项目。首先和学校建立一个建议计划书,建议每一年具体的工作要做的怎么样,学校班主任和高校教师共同备课,同时我们试教,并为教师上示范课,我们观课、听课、评教、课后反思评课,为学生举办工作坊。全校性的教师发展工作坊,教家长的工作坊等等都有安排。同步邀请学校班主任,同时要求我们学院不同领域的教授、经验丰富的前任校长也安排工作坊。工作坊不是听课的,而是大家共同研究,设计一个项目。我们推广了很多"4-P 的模型","4-P 模型"我今天早上也介绍过。

我举个简单的例子,一个学校——黄埔学校的数学科,我们协作教师的角色是,把它变为一个小组,小组里面有数学课程主任、教师,我们安排他集体备课,同程跟课等等。我们通常是这样,6—8 月份,首先请教他们一些问题,他们希望做什么,我们的行动发展由我安排,针对数学这科做什么。订立计划通常先做前访前测,先做前瞻理解,他要教的学生的情况,然后讨论一个计划,然后中期报告,然后后访后测,成立报告等等。另外我们鼓励全体教师协作交流,不单是每一科,是整体。不同于整个学校里面的数学科,而是请整个学校的老师和其他老师进行交流。我们有前后的测验等等。很多项目要求实验的学校制定教学的计划,进行分析、报告等等。不同的案例我就不展开。

做一下简单的总结。我们香港课程改革,大体上符合西方 Goodson 教授提出的变革阶段模式。他的模式是,一个课程发展是有阶段的,首先有改革的意念出来,然后进行课程改革的措施。通常三个阶段,初始之后就是立法,很多地方将改革进行立法,改变考试。英国,在 80、90 年代有一个国家课程(National Curriculum)。有兴趣研究课程史、教育史的研究生可以看看英国课程改革（National Curriculum）发展史，有很多文献。如果你研究教育史的话，我建议可以看看。另外Goodson 的文章也可以看看。他提出最后一个阶段是变革的立法，立法问题关键在于评估，考试能不能挂钩，任何地方都是，不但是香港，大陆也是，都是应试教育的问题，有公开考试的话，还是会对我们的课程、教育有影响。所以要成功的话，还是要变革的立法，把整个课程和评价挂钩、处理得宜。我们发现有时，考试其实对课程教学产生不少影响，其中我们要有反流的作用（backwashing），很多时候影响怎么看，教育改革最后还是落实到评估的改革。评估不改革的话，怎么改革都没有用，因为最后还是看考试，考试是指挥棒，所以要改革的话，还是要针对考试进行改革。

另外针对课程实施来说，学校文化和领导的动力是关键因素。我今天早上已经谈到，我们要改革，中间一开始能带动的关键的、能改变的东西是文化方面的。文化方面是相对容易改变的，改变之后才影响下面的课程与教学的实质的改变。首先领导方面、管理方面，后到文化方面，然后到课程与教学方面。所以要做得好，文化和领导这个动力是关键因素。首先要把学校的整个动力先搭起来，搭起来以后再慢慢进行教与学的改变。另外教育改革面对反对的声音是无法避免的，是经常的。有反对的声音，有抗拒是无法避免的。有时候是好的，有一些不好的、抗拒的声音是好的，对我们是提醒，避免我们改革过线，所以有时候是好的。关键是怎么样吸取先前的良好经验，强化沟通，争取认同，最重要是小步开始，给予充分支持，持续发展，持续发展尤其重要。谢谢！（掌声）

我们有三个问题是上午留下来的。第一个问题，香港是不是存在基础教育与高等教育的衔接问题？当然，全世界制度上都有某种程度的衔接问题，我们的衔接问题，看到新高中改革（上午的报告）里面的衔接问题是：以前文理分科，现在还是文理分科。我们的大学生知识面比较窄，所以要改过来，希望我们的新高中改革，拓宽一点大家的空间，希望未来的同学，在通识教育方面，有一个独立探究，希望空间多一点。成不成功，我们现在还要看，但是你们看到了我们在改革背景，改革动机方面是比较明确的。

第二个问题，简要介绍香港怎么和家长沟通的，有没有办家长学校？这个学校不普遍，我知道你们大陆办一些家长的学校、家长的课程，我们有很少的学校，有一些家长课程。因为香港的家长很忙——我不知道大陆的家长忙不忙——要干活，要生活，要找工作，所以没时间。我们与家长沟通时，他的年纪是相关的，幼稚园的家长是最积极的，小学稍微好一点，初小好一点，高小你想想，高小家长和学校的距离已经相对远一点。中学，几乎是很少沟通。所以，从这个角度，你就知道，这个不是香港问题很多，我们的教育制度里都有这个问题。怎么加强沟通，还是我们要探究的问题。其中一个就是家长忙，怎么驱动家长参与是一个问题。特别是条件相对薄弱的家庭，他们的家长都很忙，找不到他们，要干活，怎么加强沟通，通过家校沟通，帮他们的孩子成长，是很重要的元素。

第三个问题，我大概都解决了。好了，公开交流时间。

学生 C：李教授您好，我有两个问题要向您请教。第一个问题有关课程改革，在课程改革中，怎么对评价制度改革做相应的改革？我就联想到大陆,大陆在这么多年来,先后在中小学实施素质教育,新的课程改革的理念,但是事实上,考试指挥棒,中考、高考指挥棒一直没有改变过。"穿新鞋走老路","新瓶装旧酒"。香港进行课程改革中,是怎么改变评价制度的。评价制度的改革,不光是教育内部的问题,是整个社会的问题。就大陆来讲,高考是不是需要改革,是不是要取消高考,高考取消的话,对评价制度有什么影响？香港怎样来改评价制度？

李子建:谢谢。你这个问题问得很好,不容易回答,但是我可以简单回答。社会改革,你刚才提到一个很重要的"流动"问题,过去的考试,是一个重新分配我们生活机会的机制,积极地流动的机会。中国考状元——当然考状元都是男的——就是改变我们生活的机会。这一定要配合整个社会的改革才行,包括升学、就业,开拓这个配合,不光是考试改革能够做到。但是考试改革同时配合流动机制的改革,这是第一个。关于考试内部的改革,还有有一些问题要思考。中国那么大的国家和香港那么小的地方,可能面对的问题不一样。首先,很多家长都很重视公平性的问题。公平性的问题就产生我们现在说的校本评核问题。校本评核,如每个学校一百分,公开考试七十,学校的分数三十,我问大家,如果你是家长,如何对整个中国进行校本评核,担不担心公平性问题？你担不担心？

学生 C:非常担心。

李子建:你非常担心,如果非常担心那不能办,对吧？但是在很多地方,要减低一次性的风险,还是有一个可能性——从校本评核的角度,当然这个校本评核要注意公平性的问题,你怎么保证不同的校内学习分数是反映这个同学的平时表现,同时也是公平的,这是一个问题,要改变的维度。第二个维度是大学选拔的标准,我们现在,看到未来希望大学多考虑学生的公开试成绩,还有一个叫学生的学习档案,现在大陆有没有这个档案？有。大学考不考虑？除非你是国家运动员,是不是？据我的理解,你学的很突出的某一种,是不是？考不考虑,参不参考？

学生 C:参考。

李子建:参考。我们觉得应不应该加重它的重要性？

学生 C:应该。

李子建:我觉得是应该的。说来说去,考试是不是高风险的问题。考试总有风险的,问题是风险有多高。我们能不能平时增加学生在学习课程里面的参与机会,评价的多元化,这是第一个维度。能不能大学方面,升学方面,参考分数以外的一些质量,这是第二个维度,我们要考虑。当然这有一个主观性,你说我档案弄得很好,可能有怀疑它的背后的东西。但是从一个良好的理念来说,还是好的,当然执行方面怎么做,还是要考虑。第三个维度,就是题目的问题。你不改公开考试,公开考试考查同学思维能力的东西越抽象,就越没标准答案。你觉得一个公开考试,多一点标准答案好,还是少一点好？很矛盾是不是？越高层次的话,越少标准答案,要求学生要发挥,要怎么样,就要评价人员、改卷的人员,他们的感觉非常准确。在香港有面对这个问题,大陆很多考试有这个问题,当你要提高学生真的思维能力的时候,我们考的时候,你出的题目,要减少标准答案的要求,但是公平性、客观性问题又出来了。所以第三个维度要大家思考,很复杂的一个问题。另一个问题是什么？

学生 D：李老师好，我是来自厦门大学的，我有一个台湾的同学，在台湾当校长的，他经常给我提起，说香港的教师会，类似的组织，我想了解教师会这个组织在你们学校系统中的地位，以及在"跃进学校计划"和新高中改革中的作用。

李子建：他说的教师会，是不是工会方式的教师会？

学生 D：跟我们大陆的工会可能相似。

李子建：在台湾有不同名称的教师会，我知道你说的是什么，谢谢你的问题。给掌声。（掌声）我先从宏观去谈谈这个问题，为什么会出现教师工会这一类的组织，大陆里面应该不是很常见。在专业化的课程里面，大概有两到三个方法去争取整个教师专业发展的策略。教师专业化（professionalization），首先是提升整个教师团体的知识、能力、态度。我们整个专业所有老师的质量提升，这是一个方法。另外，社会人士觉得我们现在老师不错，是专业化的途径。第二，通过工会的组织，了解工会的活动，争取教师专业的权益，以及公众对教师的形象的印象。在这个背景之下，台湾和香港不一样。台湾教育和政党是有着一定的关系，你是"蓝色"还是"绿色"，每一个政治的取向都可能会影响教育政策发展。在陈水扁之前，提出以"民主"为口号的取向，大力推动教师会的功能，利用工会的手法去争取教师的手法。香港有没有？香港都有工会的组织，我们有一个"教育专业人员协会"这样一个组织，有工会和专业团体的功能。有时候，老师上街游行，所以你看到台湾有教师游行，香港有教师游行。我对这个没有什么大的意见，不说好还是不好，反正它可能是专业化课程里面争取的一个策略。第三个途径是立法，对教师专业的发展、要求进行立法。这三个途径就是常见的方式，简单的我一起讲了。谢谢。

学生 E：李老师您好，我有一个问题，我是来自西南大学的。刚才听到您对优化教学、教学协作计划很感兴趣，我想问一下您在这些计划中，是如何对教学效果进行有效的评价。因为我对教学评价非常感兴趣，所以我想了解一下。另外，刚才您在优化教学协作计划里面，如何对教学效果进行评价的。

李子建：我们是通过一个行动研究的方式，评价最重要是我们知道我们要看的重点是什么，评价有两三个不同的取向。一种教学评价取向是有外部的标准、要求。好的教学是ABC，我就按照ABC去评价，这是一种。第二是追加性、移动性的评价，就是说，我们没有外部的标准，但是根据我们需要的去评价。就是说，你今天看，你可以拿两个标准看李子建，一个是看好的教学有ABC标准，看看李子建今天的录像的分值，有多少，做得到还是做不到。另外，我可以说，今天我用的自我评价标准，今天的评价标准是"互动性"，我可以根据互动性分析一下我六个小时与大家互动的情况，做个分值。可以根据我们共同订立的需要，进行一种评价，这也是我们计划里面比较常用的一种评价。就是我们先定下需要看的一堂课，共同认的教学点是什么。所以要看评价的取向，要搞清楚用的是什么取向。我们计划中，后面这种用的多一点。

我手上好像有个题目，先解决这个题目。题目是"我觉得在网络上，或者在英国中学校长的公开信里面，可以知道英国对自己的教育体制非常自信，总是自信它国家的教育体制是全球最完善的之一。"之一是没问题,"所以我的问题是,在香港回归后,在香港的课程改革,将英国本土化,或是学习其他的经验,例如美国,还是自己的改造?"

谢谢,这个问题不错。简单回忆一下。肯定不是跟英国,因为回归了,肯定还是跟我们的祖国。还有看看台湾的情况。我说过简单的就知道,我在公开的演讲中经常说,我们现在的课程,用学习领域去分,我们现在有八个学习领域。你们刚才听了很多关于共通能力,我们现在的课程中有九种共通能力,八个学习领域。在台湾,它有一个概念是学习领域,你们猜猜它有多少? 他们有七个学习领域,共通能力有十个,加起来是一样的。我们八加九,他们七加十,总数是一样的。我用这个例子是说,其实我们是互相参考的。我们也参考祖国课程改革的情况,全球其他的地方,我们反正都参考。最近,我们的副部长,我今天早上说我们教育部的副部长,和我们香港教育局的局长,同时去考察哪个国家还记不记得? (学生:新加坡)新加坡。我看我们很快就会有一些新加坡学习回来的,可能会有一些新的想法。经常在亚洲地区,我们都互相学习的。我简单讲一下。刚才是不是有老师要提问。最后两个问题好不好?

学生 F:您好,李老师。我是有自己的一点想法。刚才你说香港有教师自杀的现象,让我联想到大陆有学生自杀的现象,我想这中间背后产生的原因不一样。可能是我们把学业,或者学习的压力施加给了不同对象。我在想,当中是不是能找到一个点,稍微避免这类悲剧的发生? 这是我的一个想法。另一点是,刚才您提到家校合作。我们大陆比较提倡的是学校与学校之间的合作,所以我就想了解你们那边开展的家校合作的过程当中,都涉及哪些方面的内容? 如何进行合作的,谢谢。

李子建:家校合作在香港不容易办,其中一个问题,我刚刚已经说了我们的背景。我们的背景是香港很多学校都是不同办学团体办的学校。不同办学团体首先一个问题就是办学的理念不一样,有些是基督教的,有些是天主教的,有些是佛教的。你看,交流容不容易? 宗教团体和非宗教团体好像谈不拢,对不对? 很多地方,一开始的理念就不一样,学校之间的交流已经不容易。大的办学团体容易一点,但是办学团体、学校之间相对难度高一点。所以办学团体问题造成交流问题。还有竞争问题,因为办学团体也希望竞争,所以这个比其他地方难度还要高一点。你第一个问题,我不太掌握具体的问题是什么?

学生 G:李教授您好,我有一个问题想请教一下。就是您提到在高中的通识教育里面,要培养高中的通识教育教师,教育学士。培养的具体方案有没有出来,这跟我们高等师范学校里面教育学这个专业,有没有一些差别。

李子建:教育学当然有差别。

学生 G:它的差别在哪里? 因为在我们中国大陆里面,以前中学的老师由中等师范院校培养,全才的,样样都会的,但是现在已经没有了。现在目前的高等师范学校的教育学专业也面临同样的弊病。

李子建:我知道。我们现在的做法是,用一个比喻——我不知道这个比喻好不好——我们用一个"搅拌机",搅拌机就是把不同的生果放进去,地理学一点,历史也学一点,个人发展,心理学学一点,搅拌机搅一搅,希望那个老师自己打通。

学生 G:那学的比较浅。

李子建:担心有浅化,但是问题就是,我们要专门化、通识化中间的平衡不容易,你要专门化,就要牺牲通识这个面,这是内部的。我们长期做,我告诉你,我们用的比喻,其实已经暗示了不好,"搅拌机"就有这个倾向。最后一个问题。

学生 H:李老师您好,您能不能谈一谈有关教育研究的一些心得?或者朴素的一些经验。

李子建:这个课题比较大。(笑声)你是说我读书的,还是什么?

学生 H:教育研究的心得体会。

李子建:教育研究的体会?

学生 H:经验。

李子建:经验性的。你要我说哪方面?

学生 H:课程研究。

李子建:课程研究,这个问题很大。可能起码要一个、半个小时。简单说,我经常讲,看其他的老师,问问:"你的读书方法怎么样?"可以请教很多老师读书方法。我最重要是找出自己的风格吧。最重要是你的风格是怎么样,你的强项是什么?今天一个东西,我希望你带回去,就是先作情景分析,包括自己的强项在哪里,兴趣在哪里。每个人不可能每一样东西都精通的,每个人有他的故事,他以前强的地方在哪里,喜欢的东西在哪里。与未来接轨,要看你的兴趣,将来发展的空间在哪里。在这个先定下你做研究也好,读书也好,有几个经验是我希望今天和你,和同学们交流一下。第一,时间是有限的,你还是要睡觉,我还是要睡觉,对吗?书还是很多,每一天醒来就一大堆的书,看不完的书,所以你还是要挑。书还是要挑,挑一些有影响力的书,尝试去看,读书还是这样。挑一些对你有启发,有兴趣的书。挑还是有技巧的,要听听人家说这个书怎么样。第二,生活和自己的研究也好、将来的工作也好,要尽量结合,不然你将来会很苦。我明天要回去了,后天要上课了,听起来还是很苦对不对?我不觉得苦,最重要是很享受这六个小时带来我们的互动。起码对我来说,是很惊艳的一个经验。所以,把生活和自己做的东西连起来。第三,教育研究,是对我们的身边工作的一个研究,有个说法是,"你们做了教育研究,有些批判我们的教育研究,研究出来的东西好像我们很熟悉,common sense,很平凡的东西。"曾经有一位教授回应说,好的研究是研究我们平常的生活,我们平常学生、老师的生活,清清楚楚地把我们生活的内涵反映出来,就是好的研究。我希望这几句话作为我的总结,谢谢!(掌声)

录音整理:雷丽丽(华东师范大学高等教育研究所)

乔卫丽(华东师范大学教育学系)

学 生 感 言

● 李子建老师从全球和本土的视野为我们展示了教育改革的现状,同时他为我们呈现了香港的课程改革现状,给我以崭新的视角来思考课程改革面临的问题。通过李子建老师的讲座,我想我对香港的教育多了分认识。(华东师范大学 潘晓)

● 李子建教授,学友们课下都爱称他为"卡通教授",作为香港中文大学教育学院的院长,他没有表现出一点"霸权"和"严肃"。香港的课程与教学改革始末在谈笑声中娓娓呈现,其中的波澜起伏在不经意间提醒着我们:做一件事情难,做好一件事情更难,做好一件关于教育的事情更难上加难。(南京大学 范利群)

● 李子建老师的幽默诙谐给我留下了深刻的影响,台上与台下的互动让我们深深体会到一个学者的风范。(华东师范大学 乔卫丽)

学术自由的故事

讲演者：张斌贤

时间：7 月 14 日 8：30—11：30
地点：大学生活动中心报告厅

讲演者简介

　　张斌贤　北京师范大学教授，博士生导师。教育部高校文科重点研究基地北京师范大学教师教育研究中心副主任、北京师范大学中国教育调查与数据分析中心主任、中国教育学会教育史分会理事长、全国教育专业学位教育指导委员会秘书长。主要研究方向为西方教育思想史、西方大学史。主要著作有《教育是历史的存在》、主编《大学：社会分层与社会流动》、《大学：自由、自制与控制》、《西方高等教育哲学》等，发表论文《教育史学科的双重起源与外国教育史课程教材建设"新思维"》、《论高师院校的"转型"》、《高等师范院校教育院系的重建》等等。

　　主持人：相信许多同学对张教授并不陌生，尤其是教育史专业的学生。张教授是北京师范大学博士生导师，担任中国教育学会教育史分会理事长、全国教育专业学位指导委员会秘书长、教育部普通高校人文社会科学重点研究基地北京师范大学教师研究中心副主任，曾任北京师范大学教育学院院长。主要研究方向是西方教育思想史、西方大学史，他现在主持了全国科学规划项目、教育部社科人文规划项目及教育部跨世纪人才等重大科研项目。张教授的论著也是非常丰富的，相信许多同学都已拜读过。他在《教育研究》、《教育学报》、《北京师范大学学报》等杂志上

发表了大量的学术论文,并引起了极大的社会反响。下面我们从另外一个侧面来进一步了解张教授。张教授的学生是这样评价他的:张老师非常儒雅、富于个人魅力,善于用最简单的语言表达最复杂的道理。相信在接下来的学术报告中同学们会深深地感受到张教授身上所散发出的魅力。今天上午报告的主题是《学术自由的故事》,下面有请张教授为我们作报告,谢谢!(掌声)

张斌贤:谢谢主持人。非常高兴也非常荣幸有这样的机会和来自全国这么多高校、这么多专业的这么多研究生一起进行学术交流。刚才主持人讲的,听上去不像是我,当然这是礼节。说我的学生对我的评价,她没有说全,在我们学院,有的学生叫我张爷爷,后面还有一句话"好可爱的爷爷",听完之后,学院很多老师安慰我:"他们不是说你太老,是说你可爱。"(笑声)

上午讲的题目是《学术自由的故事》,主要通过三个案例来讲有关学术自由的问题,这里既涉及历史的问题,也涉及政治的问题,还涉及理论的问题,当然也有实践的问题。我特别希望我尽可能地少讲,而把更多的时间留给与同学们交流。前面我简单地把学术自由研究的一些情况和一些概念讲一下。大家对学术自由的概念并不陌生,尽管每个人对它的理解可能不一样,但概念本身以及概念包含的主要意义,大家应该很熟悉。讲三个事件,分别是施潘事件、列文事件和波林事件,后面也会讲为什么选这些案件,最后简单说一下结论性的东西。当然这个结论更多是讨论性的。

关于学术自由有很多界定,很多工具书都能找到相关的界定,一些教科书、学位论文也对此进行讨论。仅仅从概念本身来说,诸多界定主要是表述方式的不同,核心内容基本一致。简而言之,所谓学术自由,就是指大学或者高等学校教师、学生探索、研究以及发表学术观点的自由。这是从广义上的理解。我这里所列举的界定应该是比较完整、比较权威的。大家可以从字面看到,所表达的意思大同小异。我们一般会把学术自由分为教师的自由和学生的自由,其实学术自由主要指教师的自由。在学术自由的源头——德国是如此,后来在美国也是如此。这并不是说学生不重要,而是在学术自由中反应的主要问题是教师的问题而非学生的问题。所以,尽管我们讲学术自由包含两方面的自由,但是最主要的还是指教师的学术自由。

根据我们现在的文献检索,从中国的教育学术界来说,真正开始把学术自由作为一个问题来研究大致始于1993年。从那时以来,特别是从这个世纪以来,关于学术自由的研究文献急速增加。在中国,能够把学术自由作为一个问题研究,这本身就是一个历史性的变化。在很长的时间里,由于我们认识的问题,"自由"在我们的生活语言当中,往往是个贬义词。考虑到这样一种背景,所以说学术问题作为一个问题研究,这本身就是一个历史性的变化。经过这十几年的探索,中国学者关于学术自由的研究重心主要在这样几个方面:一是关于学术自由的概念。第二个方面是实现学术自由的基本条件,到目前为止,这些基本条件主要谈的是校内的问题,至多谈到宏观的管理体制,包括前些年讨论比较多的关于学术权力和行政权力的关系的问题,这在讨论过程中也会涉及学术自由的问题,也会把这两个权力的关系作为实现学术自由的基本条件,这是一个研究重点。再一个研究重点是学术自由的意义,这个问题相对来说讲得比较少一些,我认为这与我们认识所达到的水平有关,学术自由的意义对于学术共同体的意义、高等学校的意义、国家的意义，其实现在还没有能够完全说得很清楚。第四个方面主要是学术自由在国外的一些状况。

那么，我国学术自由研究存在的问题主要有哪些方面？这个涉及我们后面要讲的内容，即我们为什么要选择案例研究。由于研究启动时间很短，研究积累很薄弱，所以应当说目前我国的学术自由研究尽管取得了一些进步，但仍存在不能忽视的问题。这些问题主要存在哪些方面？第一，学术自由空洞化。把学术自由作为一个空洞的概念，作为一个静止不变的东西。因为这个概念本身没有太深奥的东西，如果仅仅把它作为一个概念，而不阐释概念形成变革的过程，那么对这个概念认识本身就会有缺陷，这是第一个方面存在的问题。第二个方面是学术自由的泛化，即容易把一些看似相近的问题都归结到学术自由的范畴中。如果把这个概念界定到不能再控制的范围之内，这个概念本身就没有任何意义。第三个方面是对学术自由的条件的研究过于抽象化。这个问题受制于现行的体制，也受限于我们对学术自由条件的认识。

考虑到这样一些原因，这几年以来，我跟我的学生在有关学术自由的研究过程中，希望能够转化一下观察问题的视角、思考问题的方式。就是选择一些比较经典的、影响比较大的案例，对案例进行逐个的研究，从各个案例反应学术自由历程的艰难和复杂性，提升或者拓展我们对学术自由的认识，进而为我国实现或推行学术自由做一些基础性的工作。案例研究有一个很突出的问题是案例怎么选择。对这种方法的运用，尽管教育界说得很多，但从我们来说，在方法的训练方面，还需要再补课。

今天讲三个案例。为什么选这三个案例，主要考虑几个因素：一是国别因素，这次案例分别涉及到德国和美国。为什么选这两个国家，它们本身有特殊意义，德国是学术自由的发源地、学术自由的故乡，而且在很长时间内被认为是学术自由的理想王国。美国的情况更加特殊，尽管从政治体制上说，美国是自由民主国家，但恰恰是这样在一个自由的国家，学术自由的案例发生得最为频繁，这与美国特有的高等教育的管理体制有很大关系，这个我们后面也会涉及到。还有一个因素是类型因素。学术自由的案例很多，可以选择的空间很大，只要点击 AAUP 的网站（美国大学教授联合会），点击"保护学术自由"，那里面有很多很多的案例，这还是被公布的案例，没有被公布的案例可能会更多。在这个网站当中选择什么，选择哪些案例来进行研究，这个本身也有很复杂的因素。我们这里在美国选择两个案例，在德国选择一个案例，实际上分别涉及到学术自由当中最基本的方面，这个后面也会提到。还有一个影响因素，就是这些案例在当时或甚至对以后的学术自由都有特定的影响。所以我们主要从这三个方面来考虑，当然如果说还有什么因素，那就是时间因素。这个因素分别涉及到了上世纪 90 年代和本世纪初，尽可能考虑到时间的覆盖面的问题。下面开始讲三个具体的案例。

首先是施潘事件。每个案例我都会分三个方面来讲：第一个方面是故事人物，其次是对故事过程做扼要说明，最后对故事本身进行解读和分析。

首先讲的故事的主人公是施潘（Spahn）。我费了很大力气找这个人的相片，先后找过英文的网站，找过德文的网站，找过法文的网站，就是找不到他"老人家的玉容"，如果你们能帮我找到，我一定奖励你们。这个人物其实很简单，如果没有这个事件，历史上是否存在过这样一个人，大家可能既不会关心,也不会去注意。在他的生平中,大家可以注意到他的宗教背景,他出生于一个天主教家庭,和当时许多青年学子从事学业的过程一样,施潘在取得博士学位以后就申请做编外讲师和编外教授。他之所以成名,就是因为在1901年这一年,"天上掉了个馅饼"正好掉在他头上。时年26岁的施潘,被任命为斯特拉斯堡大学的正教授,这在当时来说应该是非常罕见的事情。还有一个原因跟故事本身有重要关联,他是天主教徒,而斯特拉斯堡原先属于法国,法国是天主教徒占多数人口的国家,这是很重要的因素。后来它之所以成为一个故事,这是一个很重要的因素。

这个人你们认识吗?大名鼎鼎的阿尔特霍夫(Friedrich T. Althoff),他也是这个故事中的主人公。在当时的德国,他确实是一个很了不起的人物,他做的官并不大,相当于现在教育部高教司的司长,但这个人在德国高等教育史的地位可以和洪堡相提并论。他是一个非常典型的普鲁士官员,受过良好的教育,经过长期的磨练,忠于国家,忠于职守,这就是典型的普鲁士官员。他并不完全是个学者,但受过很好的学术训练,同时也长期从事和文化教育相关的行政管理工作,特别是曾在阿尔萨斯地区服务过,对当地的情况非常了解。阿尔萨斯地区包括斯特拉斯堡大学,都是天主教徒占多数的地方,但在那个地方属于社会上层的却大多是新教徒,所以直接造成了教徒之间、不同教派之间的文化冲突,这在德国被称为文化战争。因为这样的背景,阿尔特霍夫着力做的事情就是调和不同信仰之间的矛盾。怎么调和?他有一个很重要的办法,就是干预大学教授的任免。按照德国大学的体制,大学正教授是由大学推荐,由教育行政部门来任命。通过这样一种权力的使用来影响包括斯特拉斯堡大学这样比较特殊、敏感的地区,不同信仰的教授的比例,使得政府包括德意志第二帝国的一些政策得到贯彻。这在他之前很少有人这么做。作为一个行政官员下大力气去干预大学的事务,而且由于他本人和王室、政府官员有着非常密切的关系,使得他的这种干预、努力往往能够成功。在他担任主管高等教育的官员之后,德国的高等教育得到了长足发展。19世纪在教育史上一般被称为德国的世纪,或者称世界的学校,很少有哪个国家在建立近代教育制度过程中没有受到德国的影响的,包括我们中国。特别是德国的大学,在19世纪后期成为全世界最高水准的高等教育的代名词。所有这些与阿尔德霍夫都是有直接关联的,所以他被称为"教育事业的俾斯麦",他的这些做法在德国被称为阿尔德霍夫体制。

第三个人物蒙森(Mommsen),在座的可能学历史的不是很多,学世界史的话,只要提起蒙森,没有人不知道。这是个非常伟大的历史学家,我们可能比较多地知道兰克,但他在世界史的影响不小于兰克。他不光是历史学家,还获得过诺贝尔文学奖。他和阿尔特霍夫是非常好的朋友,他在德国的学术界和政界都有一定的影响,多次当过国会议员,但是在施潘事件当中,他是最早"跳出来"和阿尔特霍夫进行斗争的这样一个学者。因为他的影响非常大,所以他的言论在当时造成很大的影响,他在整个事件中扮演了一个学术自由的捍卫者。他的一些言论虽然也遭到了很多批评(后面我们会讲到他的主要观点),但这些主张中包含了学术自由当中一些普遍的问题。还有一个人阿道夫·米歇里斯,我也找不到他的照片,这个人名气应该比施潘大,但是也找不到他的照片,不知道是什么原因。他实际上跟蒙森的情况是一样的,也是个学者,也是在捍卫大学学术自由这样一种立场上，也发表了很多很重要的言论，也产生了很大的影响。故事的人物也就是这几个主要的人物。

接下来，我简单地把故事的过程说一下。1902年，当时的斯特拉斯堡大学哲学系出现历史学教授空缺，按照德国大学的案例，一般一个大学的正教授如果出现空缺的时候，或者因为教授死亡，或退休，或者因为其他原因，惯常办法就是由大学教授通过一定的程序提出三个候选人名单，然后由教育行政部门来敲定，当然教育行政部门也可以不理会大学教授的推荐，由它在推荐人选之外推荐，它去确定人选，这也是可以的。但是，在惯例上来说很少有这样的情况。道理也很简单，因为学者比官员更了解他的同行。因此，当这个职位空缺之后，斯特拉斯堡大学按照惯有的方式来开始准备推荐候选人。但在这个过程当中出现突发事件，大学还没有申报候选人名单时，却接到了来自教育行政部门的通令，教育行政部门已经确定了人选，直接任命当时年仅26岁的历史学家施潘来顶替这个空缺。这马上引起了很大的反响。从斯特来斯堡大学来说，认为政府强硬地干预了大学的推荐权，在没有和大学进行任何协商的前提下，就直接任命一个人担任教授，所以大学当时采取的一个方式就是越级告状，直接告到德意志第二帝国的皇帝，并且表明拒绝接受施潘。我们可以想象，这个大学本身确实很有骨气，能够做出这样一种举动，现在我们还能不能找到这样一所大学？但是没有想到的是，德意志帝国的皇帝非常支持阿尔德霍夫的这一做法，并把这个任命通过广播公开，"生米做成了熟米饭"。但是这个事情本身，后来是以一种意想不到的方式解决的，就是施潘拒绝接受。应当说这个人还是很明智的。这个事情尽管这样结束，但却引起非常激烈的争论。争论有几个方面，主要的方面围绕施潘本人，质疑一个年仅26岁的学者有没有资格担任大学正教授。因为一般在这个年龄，大多数的学者普遍还是私人讲师，做的是"有活干没钱挣"的差事。大家都知道这是当时德国的体制，大学教师最低的一级是编外讲师，也有人翻译成私人讲师，第二是编外教授，再就是正教授。正教授属于国家公务员，由最高教育行政当局直接任命，但由大学推荐；编外讲师和编外教授都是大学聘用的，不属于国家的公务员。编外讲师是没有薪水的，他的收入来源主要靠学生选他课时交的一部分学费。但是一般学者，不管是后来多大的教授，几乎无一例外，都要经过这个过程。所以出现一个26岁的一个历史学家成为正教授，学术界哗然一片。质疑的焦点是施潘有没有足够的学术威望和学术成就能够赢得将来同事的尊重。还有一个因素也引起争论，施潘本人虽然初出茅庐、乳臭未干，但是后来，也相当于我们现在所采用的人肉搜索的方式了解到一点，就是他的父亲老施潘当时是德意志帝国一个政党——中央党——的主席，所以别人很快联想阿尔特霍夫跟施潘父亲之间是不是有个人交往或者个人交易，或者说政府为了谋取这个党派的支持，所以安排这次人事任命。但是这个事情很快地不为人们谈论，因为当时人们对阿尔特霍夫的人品是毫无争议的，没有人会怀疑他有不良的举动。接下来的重点就是施潘的宗教信仰，从阿尔特霍夫本人来说，他之所以任命施潘的一个重要原因就是改变当时斯特拉斯堡大学教授中的宗教信仰的比例，逐渐增加一些信奉天主教的学者在大学任教，缓和当地或大学师生的情绪。政治考虑是阿尔特霍夫的主要出发点。但阿尔特霍夫出于政治的动机，选择一个信仰天主教的教授去大学任教，本身就干预了大学学术自由。这也是当时政界和学术界争论中最为关键的问题。大学要捍卫自己的教授推荐权,其根本目的是维护大学的学术自由,而政府之所以违反常理干预大学人事任命,并不是为了政府官员的私利,而是为了国家的利益,这些都是很明确的。这里面又出现一个问题,就是阿尔特霍夫包括一些官员认为由大学教授组成的学术委员会只注重捍卫大学的学术自由,捍卫教授的推荐权,而不顾及国家的利益。学术委员会已经成为一个非常封闭、只顾自己利益的集团。所以大学做不到的事情就由政府来做。这里就出现一个根本性的问题,在学术自由这个问题上,政府的权利和利益与大学的权利和利益究竟是一种什么样的关系? 很显然,在大学看来,为捍卫自己的权利,保护自己的利益,那么就应坚持享有教授的推荐权。只有这样才能发展科学,振兴学术,最终为国家服务,这是大学的逻辑。但是从政府的角度来说,大学做不到的事情,只有通过直接行政干预来行使权利,捍卫国家的利益。

故事的基本情况就这样。怎么看待这个故事? 发生在一百多年前的故事不能因为故事的结束而结束,它的影响以及带给我们的思考应该说直到今天仍然是有意义的,不管是认识上的意义,还是其他方面的意义。

首先,在这个事件当中,突出反映的一个问题就是阿尔特霍夫体制。阿尔特霍夫执掌高等教育事务以来,确实做了一系列很重要的事情,他花了很大的精力为不同的大学特别是普鲁士的大学物色一些出色的学者到大学任教。包括大家都熟知的马克思·韦伯也是他慧眼识英才相中的,但是后来韦伯也反对他。因为他的努力,当时柏林大学聚集了一大批当时世界上最优秀的学者。从他的角度来考虑,他物色的人才,一般从学术来说是最优秀的,同时因为他的职位使他能更好地理解政府的意图,不会只站在大学的立场上考虑问题。这就出现一个问题,以国家利益为名来行使合法的权利,这体制本身的合法性和正当性都不存在问题,但其效果如何? 近期效果绝对不会有问题,长期效果是怎样的? 这里最主要的问题,涉及到学术自由中一个核心的问题:大学和政府的关系。更深层次地说,大学的利益和大学的目标与国家的目标是否一致? 如果一致,是多大程度上的一致? 是眼前的一致还是长远的一致? 或者是不一致。第二个问题是洪堡神话。在19世纪后期,留学德国的学者来自世界各个国家,仅美国就有两万多名留学生,这些留学生回国后很多在美国大学任教,他们写了很多回忆性的文章或者观察性报告,几乎可以说无一例外地推崇德国大学,特别推崇德国大学的学术自由制度,把德国作为一种学术自由的理想王国。大家都知道,洪堡在创办柏林大学的过程当中提出大学的两个基本原则:自由与统一的原则。所谓统一的原则强调知识之间的关系,一是强调知识本身是平等的,二是强调知识本身必须要有相互关联,这样才能促进相互发展。这个原则表现在大学的教学与科研的结合。在洪堡看来,大学是师生共同探索真理的场所,所以教和学不能截然分来,必须是一致的。自由原则主要处理大学与政府的关系。洪堡在筹办柏林大学的过程中曾说过一段非常精彩的话,这段话可以帮助和启发我们思考许多问题。柏林大学筹办之际,正是普鲁士王国乃至整个德意志民族处于生死存亡的关键时期。法国拿破仑打败了普鲁士军队,占领了普鲁士,逼迫普鲁士签订了丧权辱国的条约。在这样一种民族危亡的情况下办一所大学,政府不可能不对大学本身有所期望,这点对作为学者加官员的洪堡来说，肯定是非常清楚的。但他坚持认为，国家希望的应当是大学的结果，不要指望今天办一所大学明天就得交税，明天就把想要的东西拿出来，这是不可能的事情，也就是说，大学办好了以后，培养出了一批优秀人才，才有可能回报国家。所以国家不要干预大学的事务，特别是不要干预大学学术事务，包括学术任免。因为柏林大学太特殊，洪堡的思想太美好，因此在德国内外形成一种神话，即德国是学术自由的王国。但是我们都知道，一方面是存在这样一种很美好的画卷，向世界各国展示，但同时在德国内部实际在整个神话传播的过程当中，不断地发生政府直接干预学术自由这样的事件。"施潘事件"在某种程度上宣告了洪堡神话的破灭。应当说，在当时的世界上，德国与其他国家相比仍然是最具有学术自由的国度，但是不存在这样一种神话。

　　第三个解读，将要涉及到德国的学术自由的特质。德国大学的体制实际上和世界其他国家的体制都不一样，跟欧洲的英国、法国不一样，跟美国不一样，跟我们也不一样。德国的大学具有双重性，一是它属于政府开办的机构，由政府来批准设置，政府提供经费，政府颁布相关的法律，也要任命学监，但它同时又是一种学术法人，是独立的学术自治组织。大学实行高度的自治，在大学内部同样实行分权。学院或学部相对地具有独立性。由于这种特殊的体制，德国学术自由的事件主要表现在政府和大学的关系上，就是政府出于自己的利益来干预大学的某些学术权利，从而引发了学术自由的案件，这是德国大学学术自由的一个特点，和美国是不一样的。从历史角度看，学术自由在不同时期所遭遇到的危险、威胁来自于不同的方面。在欧洲，最早影响和干预学术自由的势力主要来源教会。在民族国家兴起和强大之后，世俗政府逐渐成为威胁学术自由的主要势力。

　　我要讲的第二个案例是列文事件。列文（Michael Levin）是犹太人，是纽约城市大学学院的教授。从1988年到1990年，列文先后在《纽约时报》等一些报刊发表文章，阐述自己的研究成果。他认为，黑人之所以在教育和学术领域落后的原因，并不是由于种族歧视或经济地位低下，而是因为在智力上，一般的黑人比一般的白人要差。"一石激起千层浪"。纽约城市大学学院40%的学生是黑人。列文的观点公布后，一时间在纽约城市大学学院掀起轩然大波，学生抗议，教师组织也发表声明表示抗议。1988年12月20日，纽约城市大学学院的教师委员会发表声明谴责列文的观点。此后，有很多政客也开始介入到这个事件当中，包括纽约州、纽约市的官员和议员以各种各样的方式试图影响大学的决策。由于列文已经获得终身教职，不能开除，也不能解聘，所以大学只好采用迂回战术处理这个事件。当时城市大学学院院长希望由教授委员会调查这个事件，但遭到拒绝，所以他只好另行成立一个委员会来进行调查，调查的重点是列文是否有不适合担任教师的言论或行为。这个委员会经过九个多月的调查，最后得出了一个模棱两可的结论，校方无奈，所以只好采取另外的方式，就是开设"影子课程"，即开设与列文所授课程同样的课程，聘请其他教师讲授，同时以某种方式来影响学生，让学生来选其他老师的课，而不选列文的课。列文因此把学校送上法庭，他诉讼的理由主要是大学侵犯了他的言论自由。最后的结果是列文胜诉。这个事件之后不久，城市大学学院的院长宣布退休，实际上是被迫辞职。

那么我们怎么看这个列文事件？首先应当说，尽管是列文的言论是经过科学研究出来的，应该可以讲他是深思熟虑的，但是这个言论从伦理、道德的角度来说，显然是不正确的。这种明显违反政治正确的言论，它是不是属于学术自由，或者广义上属于言论自由保护的范畴？也就是说，错误的、被社会主流价值体系判定为错误的言论，是否应该享有自由？这是一个根本的问题。保护言论自由，实际上同时保护说正确话的自由和说"错话"的自由。这个案例的判决说明了这一点，即使被认为是违反道德常规的言论、错误的言论，它仍然应该享有一些自由，仍然属于言论自由保护的基本范畴。之所以选择列文这个事件，原因就在这个地方。明明说错了话，受到很多人的指责，但最后仍然在法律上胜诉。我们需要注意这个事件本身所包含的意义，就是学术自由包含的范围究竟是什么。不是你说正确的话，我保护你，你说错误的话，我不保护你。这不是学术自由。

这里还涉及一个问题，就是大学的学术自由是不是仅凭大学自身就能保护？如果超出了大学职能或职权范围以外，是否有更重要的权利来保护这种自由，这是我们需要注意的。

还有一个问题，我们经常讲学术自由保护或学术自由包括的是教师的教学自由、研究自由和发表自由，这是学术自由的核心。如果一个教师的言论超越了学术的领域，比如说他既不是在大学里面发表自己的言论和学术成果，他发表的东西又不完全是在他的学术领域，这种情况是否属于学术自由保护的范畴？在美国历史上，许多著名的学术自由的案例，基本上不是和大学老师在校内的活动有关，而是和老师在大学之外的活动有关，这里面就出现一个问题，学术自由的边界在哪里？

再一个方面，就像我们前面所说的，如果言论荒唐到违背一般的伦理，是否应当受到制裁？是否应当受到保护？列文事件的结果明确告诉我们，即使是这样一种言论，同样是受到了法律的保护，法院判决的基本依据是美国宪法修正案第一条"言论自由"。这个言论自由适用于所有的美国公民，当然也适用于大学教师。这就引出了另外一个在学术界被人们争论的问题，就是学术自由和广义上的言论自由究竟是什么样的关系？因为这里涉及到大学教师或者学者，他首先是公民，所以宪法赋予公民的权利，他应当享有，但他同时又是一个特殊的职业群体成员。学术自由究竟对他来说是个什么？是一个公民的基本权利，还是一个职业的权利，还是二者皆有？

（课间休息一刻钟）

现在我们讲第三个案例。先说一下故事人物，波林（Paulin）是一个有特殊背景的人，他的本职是一个诗人，在牛津大学担任教师。他的成长当中有一个很特殊的背景，早年生活在爱尔兰，也曾经在北爱尔兰的贝尔法斯特生活过。大家都知道北爱尔兰有一个共和军，这个组织前些年一直折腾整个英国和北爱尔兰，实际上也是清教徒和天主教徒持续多年的冲突。他因为曾经生活在贝尔法斯特，看到过英军对北爱尔兰共和军的镇压，所以他的政治立场受早年经历影响很大。成年、成名之后，波林的政治立场开始转移，对中东事务开始感兴趣。在这个问题上，他表现出对巴勒斯坦人的同情和支持，这和他早年看到的是一样的，即一个民族对另一个民族的欺凌，他因此谴责犹太人，特别是他提出犹太人对阿拉伯人的政策，就像当年希特勒纳粹德国一样。大家都知道犹太人是被纳粹德国屠杀了600万人的一个民族,把犹太人和纳粹联系起来,对于犹太人来说不是一般的刺激。他的言论基本上都是在美国以外发表的,在美国国内本来没有人会注意到。因为大家都知道美国是世界上最自我中心的民族,对世界上以外的事情,只要和他没有关系,他一般都不关心,除非跟他有关系,他才会去关注。只要在美国呆过,就会发现中国人连个文盲都知道美国在哪、美国大概怎么回事情,但是在美国问一个受到一定教育的人关于中国的情况,他真的可能认为中国人直到现在还梳着辫子。确实不了解,但也无可指责,老百姓把自己日子过好是最主要的。过去我们经常讲"胸怀祖国,放眼世界",自己还饿着肚子,这个显然是不正常的。

这是一个故事的人物,昨天的午间新闻,还专门播了他。他在美国是一个赫赫有名的人物,一是因为他的出身很厉害,他出身于经济学世家,但他的经济学不怎么有名。我说一个名字你们可能知道,萨默尔森——诺贝尔经济学奖获得者,这是他亲叔叔。他有很显赫的学历背景,在麻省理工学院读本科,在哈佛读博士,在克林顿时期当过美国财政部副部长,最后一年接替辞职的鲁宾担任财政部部长。财政部部长卸任以后,担任哈佛大学校长,在哈佛大学校长里他的任职期是比较短的,他的下台也有故事,我们以后会提到,这个人本身就是一个非常有争议的人物。他现在是奥巴马政府的首席经济顾问,昨天午间新闻为什么报道他,因为他发表言论说美国经济还没有触底,他这个话肯定会影响纽约的股市。这个故事可能比前面两个更加曲折,更加具有故事性。2001年的冬天,按照惯例,哈佛大学文理学院的英语系要邀请一个诗人来出席每年一度的诗歌朗诵会。被邀请的人一般都是比较有影响的诗人或诗歌评论家,这一年被推荐的人是波林,推荐人都是赫赫有名的人物,一个是文德勒,还有一个是格洛尔姆德夫妇,文德勒是哈佛大学的University professor。美国大学教授职称和我们是不完全一样的,他们有助理教授、副教授、教授,在教授之上有一个不成文的等级,就是讲座教授。比如说有一个捐赠者,他希望捐助设立某个讲座,专门资助比如黑人研究、女性研究,要选聘一个教授来主持这个讲座,主持这个人首先必须是教授,然后才有可能被聘为讲座教授。就香港中文大学来说,讲座教授是一个等级,高于教授的一个等级,收入都是不一样的。哈佛大学在讲座教授之上还有一个University professor,这个是大学专门聘的教授,大学确认你在这个领域是全世界最优秀的学者,才有这样一种荣誉。文德勒就是这样一个教授,可见他的学术声望和学术地位,由他来邀请的对象肯定不会有问题。但就在这个过程当中,逐渐发生了一些小的事情,一些小人物引起一些小动作,最后引起了大事件。当时哈佛大学有一个讲师叫哥德堡,她本身是犹太人,她在无意中知道了波林要来,就上网去查询一些关于他的资料,发现波林曾经有一些反犹言论,她很震惊。她本身在哈佛是芸芸众生中的一员,但她家族很厉害,她先生是哈佛大学经济学教授,后来做过经济系的主任。通过一个很偶然的机会,在一个年度的party上,她见到了当时的哈佛大学校长萨默斯,就把这个情况告诉萨默斯。如果萨默斯不是一个喜欢乱说的人,而是一个老练的政客,这个事情就可能到此为止,不表态就能说明他的立场。但据说当时萨默斯很含蓄的表达了自己的意见,所以哥德堡马上将波林要来哈佛大学朗诵诗歌这个消息、他的情况以及他对犹太人的言论,通过E-mail发给当时犹太人的一些组织。犹太人在美国势力是非常大的,不光是在经济界,在学术界也有很大的影响。在这种情况下,当时哈佛大学文理学院英语系的主任比尔,主动去征询萨默斯校长的意见。这个事情本身就是违法常规的,因为哈佛大学的体制和我国大学的体制很不一样,尽管哈佛大学有很多学院,各个学院的自主性是非常大的,像这类事情他完全没有必要去请示或征询大学校长的意见,这是他的权力。这个事情可能换个时间、换个人,就不会发生,但是校长本身很强势,当过财政部长,另外比尔本身又是非常谄媚的一个人,想巴结校长,所以主动放弃了自己拥有的权力去征询他的意见。萨默斯在一个不恰当的时间,发表了一个不恰当的意见,一方面尊重英语系的意见邀请波林来,但又说如果是他自己,他不会邀请波林,也就是说这个邀请是不恰当的。实际上美国人的表达方式,不像我们想象中的那么直率,特别是政客,他们的表达方式是非常巧妙的。日本人爱绕圈子,其实美国人爱绕圈子一点都不亚于日本人,相对来说中国人反而是比较直率的。当然,可能有时我们对他们的文化、语言把握不准确。大家都可能知道,十年前的五月份,美国轰炸了我国驻南斯拉夫大使馆,当时克林顿在比较早的时间发表电视讲话来表示道歉,后来很多学生去美国大使馆游行。美国人很纳闷,他们道了歉,还引起了这么大反美的活动,后来他们分析认为克林顿用的词有问题,就是对美国人来说他的道歉程度已经可以,但在中国人来说"sorry"这个词才是真正的表示抱歉,"apologize"这个词表示抱歉程度比较低。这个事情出来以后,系主任请示了校长,而校长又表达了意见,系主任就应当有所作为,这时候邀请函已经发出去,就不能不邀请。

这时他就通过文德勒做一个小动作,因为当时波林正好休学术假,在纽约哥伦比亚大学讲学,所以文德勒很婉转地把哈佛大学发生的一些情况跟他做了通报,并且提出了一个建议,即是不是有可能、在一定的场合,谈一谈自己的种族倾向,或者澄清他是不是有反犹倾向。这个要求肯定是在原来的邀请之外的,所以波林就婉言谢绝了。这个事情本身就到此为止,从系主任这个事情来说,怎么突然之间从邀请到不邀请,他发了一个帖子说明可能由于某种原因,这个会不再举办。但萨默斯又多此一举,发表了一个声明表扬英语系的主任,认为他们的作为是适当的。外部的事情安抚了,但内部开始着火。当时哈佛大学法学院的教授开始写文章,公开批评英语系的做法。很明显英语系是受到了某种压力,然后以一种很不恰当的方式来处理这个问题,因为在哈佛大学历史上曾经邀请过很多政治倾向饱受质疑的学者、社会人士来哈佛演讲,没人因为他们的政治倾向、宗教倾向、种族倾向而被拒绝,这是哈佛大学的原则。因为他们认为哈佛是一个自由王国,要捍卫自由,但确确实实在这个自由的地方发生了这么一件事情。这样又逼着哈佛大学文理学院英语系老师对这个事情要有一个说法,所有老师就集体表决,除了少数人之外,大多数人坚持要邀请波林,但波林拒绝了邀请。这件事本身很小,就发生在哈佛大学内部,但在美国有些地方和中国是一样的。哈佛大学有个学生摔了一跤,可能能上社区报比较重要的版面,如果发生一个老师和学生打起来了,可能会上全国报纸的头版,地方院校能上全国报纸头版,除非死个人。因为哈佛大学太与众不同了,它发生的事情,哪怕是小事情,造成的影响都不是小事情,就因为它是哈佛大学。萨默斯在犹太人这个问题上表明自己的立场,对于反犹的人持一种排斥态度。美国有一个"肯定性行动"，就是大学里面为了照顾少数群体，会有很多优惠政策，但是萨默斯当校长期间对这个政策一直持一种非常消极的态度，实际上也很潜在的反映了他的某种种族主义倾向，后来他又公开在学术的高层次领域表达观点，即女性不如男性，造成了哈佛女老师的反对，最后辞职。在哈佛大学担任校长时间很短是不多的，而且是因为不正常的原因。像鲁敦斯坦，是因为身体健康的原因提出辞职，董事会也认为他的身体不能再担任校长。

对于这个事情我们怎么来看？如果说前面那个事情说明了大学与政府之间的关系，也就是大学内外部之间的关系，那么第二个事情主要涉及种族的问题，涉及到大学教师与大学当局者之间的关系，第三个事件说明了大学内部不同组织之间的关系。虽然萨默斯用一种很巧妙或者很隐含的方式，但事实上是强有力的干预了英语系的决定。这里就出现一个问题，大学当局是不是有权力干预大学内部组织的决定，也就是说，作为一个机构它的内部之间的关系应该是怎么样？学术自由到底是谁的自由？学术自由是个人的自由，还是一个机构的自由？或者它同时包含了大学机构的自由和大学教师的自由？如果是大学机构的自由，那么大学当局干预学院或者系的决定，是不是破坏了学院和系的学术自由？萨默斯做出这种学术干预的依据是什么？做出这样一种干预，它导致的结果是什么？不仅仅是波林来不来的问题，还是它所产生的连带性后果。更实质的问题是，过去人们讲威胁学术自由的主要势力是教会，以后不断的是政府，在美国还有很特殊的现象，就是企业和基金会。大家都知道斯坦福大学创办人——斯坦福夫妇，斯坦福大学上个世纪初曾经发生过一个很重要的事件——伊利事件，这是早期美国最著名的学术自由的案例。伊利这个政治经济学教授在很多公开场合，谴责铁路资本家，通过垄断来榨取不正当的利益。所以这些铁路资本家向当时的校董事长——斯坦福夫人，施加压力要解聘这个教授，当时在美国还没有实行终身教授这个制度，后来出现董事长和校长乔丹之间的博弈，最后伊利被解聘了。说实话，应当感谢伊利被解聘。伊利被解聘，他个人利益受到影响是毫无疑问的，但正是因为他被解聘，所以他发奋要去捍卫大学教师的学术自由和学术权力，后来和很多教授发起联合成立了美国大学教授联合会，AAUP (American Association of University Professors)。AAUP最早的章程都是关于大学教师职业安全的问题，因为前前后后发生了像伊利这样很多的事件，而在西欧是没有这种情况的。这种情况现在是以另外一种形式存在，九十年代美国有一个犹太人的组织，资助哈佛大学的亨廷顿几千万美元让他成立人权研究中心，这是以正面的方式来影响某种研究，同时也意味着它会影响别的研究。在美国这是很特殊的，企业和基金会对于学术研究有这样一种影响。除了这些主体之外，大学本身是不是可能成为威胁学术自由的主体？从波林事件来看，这种情况是有可能发生的。这些事件让我们对于学术自由的认识，对于这个事件本身的认识变得更加复杂。过去我们认为大学和大学教师这二者是一致的，现在看来这个假设是不能成立的，或者只能是假设，也可能它是事实，也有可能它不是事实，或者是处于对立面的东西。

首先我们应当意识到一点，它是一个原则，但它并不完全是一个抽象的思想原则，如果这个原则仅仅停留在原则层面、理论层面，对我们来说永远是可望而不可及的，因此对我们来说没有什么实际的意义，这个原则可以通过一系列的制度设计而变成某种现实。近几年，在很多场合教育部的官员在讲学术自由的问题,虽然他们所说的学术自由和我们所说的学术自由不是一回事,但至少肯定了这个概念本身的合理性和合法性。学术自由作为一个思想原则,在美国是怎么变成一种现实或者制度的? 主要有几种途径,一种是 AAUP 所制定的关于学术自由和终身教授的声明,前后修改了很多次,而且很多大学都加入了该组织,并认可了该声明,当然很多大学到目前为止并没有签署,但不管怎么说,这是被公认为基本的东西、不能撼动的东西。在美国,保护学术自由基本的措施之一就是我们所说的 tenure(终身教职)。Tenure 这个词的意思是长期供职,没有终身的含义,事实上美国也没有什么终身教授,国内理解终身教授是不退休的教授。终身教授实际上是保护教师的职业安全,使你免于来自经济方面的恐惧和外在威胁的恐惧,特别是你的言论本身而造成的威胁。一般没有合理或者合法的理由,这种教师是不能被解职的。当然这个制度在美国也是广受争议的制度,从学术界来说,他们认为这个制度本身是美国全部高等教育的基石,但从外界来说,这是不可思议的一点,崇尚自由竞争的美国居然还有"铁饭碗"。另外一种保护学术自由的措施是法院的判例,这是更具有权威性的,法律的判决之所以支持学术自由的原则,它的前提并不是特别为大学老师设置法律,最主要的是强调公民的言论自由。还有一个保护学术自由的是大学的相关制度,美国大学和英国大学、欧洲的大学不太一样。国内所说的教授治学,并不是说教授在治我们自己的学,而是指学校,教授治学与教授治校是一致的。可能在西欧一些国家存在教授治校的传统,但在美国一般情况下不存在这个问题,耶鲁大学是一个例外。在西欧很多大学是由大学教师创办,所以大学的教师和学生是大学的主人,他们能行使内部管理的权限,这方面是教授治校,但不是所有教授都在治校,而是通过一个程序,比如组织选举成立评议会,由他们来聘任校长来管理学校。美国的大学不是这样,美国这个国家都是人造的,更何况是大学。公立大学都是通过州议会通过立法来建立的,很多大学都是通过企业或者其他社团来建立的,大学建立以后,聘请教师作为自己的员工来工作,从这点而言,大学教师和企业职工从法律上来说没有什么不一样,但是大学这个组织太特殊,大学老师没有人认为自己是一个打工的。在美国高等教育界有一个流行很广的故事,艾森豪威尔是美国五星上将、盟军在二战的最高司令,他曾经当过哥伦比亚大学校长,在第一次和哥伦比亚大学的教师见面时,他表达和哥伦比亚大学的雇员见面之后很高兴,但讲完之后大家都很尴尬,这时有一个教授站起来了说:"将军,我们不是哥伦比亚大学的雇员,我们就是哥伦比亚大学。"在美国一直都在争论一个问题,即大学教师的法律地位问题。学术自由一直是我们应当追求的原则和理想,但它并不是像乌托邦一样是不可追求的,它可以通过很多制度来设计,使这个理想能够变成接近现实的东西。

　　学术自由到底是个人的自由,还是机构的自由,还是同时兼顾二者的自由? 这样也就引出了二者的关系。过去讲的学术自由主要是从教师的群体来讲,大学教师所具有的这种教学、科研的自由,因为只有在这种自由状态下,人们才有可能去探索真理、发现真理、促进知识的增长和发展。当机构享有学术自由的时候,我们把它理解成学术自治,这就是为什么会出现学术自由、学术自治这两个概念,是有这种不同认识。如果学术机构具有这种学术自由,那么它和教师自由之间的关系又是什么? 从理论上讲两者是相互统一的,但是我们都知道在历史上多次发生大学机构侵害大学教师自由的案件。这些年来由于美国教师聘任制度的变化,逐渐出现比较多的案例,就是没有获得终身教授的教师或兼职(part-time)的教师,他们有没有学术自由的问题。九十年代以来,美国很多高校由于财政问题,聘用了很多 part-time 的教师,在有些学校,part-time 教师甚至占了 60% 以上,那么他们有没有学术自由的问题? 如果他们也有学术自由,那么他们和终身教授制的学术自由是个什么样的关系,在范围或边界上有没有什么不同? 实际上从现在的情况来说,侵害教师个人学术自由的主体主要是大学,美国大学教师协会有一个制度,就是每年都要通过协会确定调查学术自由,因为每年都会有老师来上诉、检举或举报个人、同事受到大学不公正的对待,这些都会反映到大学教师协会,哪些调查、哪些不调查都是由 AAUP 来决定,然后每年的调查会公布这些案例。被确认侵害大学教师学术自由的大学,往往会被采用一种谴责的制度。现在都是这种情况发生,学术自由的事情和政府、教会关系较少,而更多来自大学。

　　大学教师搞学术是他的职责范围,是他的自由,这是毫无疑问的。问题是他出了大学校门,讲的又是公共的话题,他还享不享有自由? 这种自由是不是学术的自由? 因为原来的学术自由讲的是校内的,现在出了校外,它是不是属于学术自由? 现在有一种界定,在大学里面的是学术自由,大学以外属于言论自由。如果要做这种划分,校内的保护和校外的保护有没有不同? 它的边界有没有不同? 再有,学术自由是目的还是手段? 相信对于政府来说,大学的学术自由就是它的手段;而对于大学来说,学术自由既是目的又是手段。如果作为大学的手段,那么它的目的是发展知识;如果作为政府来说,这种自由本身就是一种手段为国家利益服务。作为目的的学术自由和作为手段的学术自由是完全不一样的,一种是充分的自由,一种是不完全的自由。如果把学术自由作为一种手段,本身就是对学术自由的一种阉割。就像正义、公平就是我们人类追求的基本原则,自由也一样如此,如果把自由作为手段,那么什么不能作为手段? 这个不是达到目的的手段,而是目的本身。上面所提到的说明,学术自由并不是像我们有的研究所想象的这么简单,它包含了一个非常广大的问题范围领域,包含着巨大的复杂性。

　　还有一个问题,学术自由到底是一个基本的权力还是特权? 这在美国是有争论的。前面我们提到,美国法院判定的依据是美国的宪法,这种情况下它把大学教师作为公民,所以他们享有和其他公民一样的权力,即使他们说错话了也不应该受到制裁,为什么在普通公民权力之外,还要一种叫做学术自由的权力? 这种学术自由权力是不是大学学者为自身利益,所编制的一个谎言,目的是为了维护自己的特权? 这也是争论比较多的。那么如果只是教师有这种特权,那么大学当中其他群体是否也有这种权力,比如说大学的职员。1999 年,耶鲁大学很多职员进行了无声的抗议,抗议耶鲁大学对他们的不公平,侵犯了他们的学术自由,很多人认为学术自由只包括大学的教师,而不应该包括这些人,但又没有一个非常明显的依据来说明这一点,更不用说学生有没有这样一种学术自由。如果职员也享有学术自由,那么学术自由是不是原来意义上的学术自由? 再有就是自由与责任之间的关系,这也是我们中国学者所愿意探讨的,我们还没有开始讨论自由,就先想到了自由还要有约束和责任。可能是我们确实不太习惯这些东西,因为这些词不是我们自己的词。如果说在考虑学术自由的时候,考虑了很多责任,那么这个自由就是不充分的自由。在 AAUP 对大学教师行使学术自由的权力的时候,它也有告示,它并不是说大学教师可以随便乱说的,但它是这么表达的:大学教师作为大学的官员,第一,你没有权力来代表这个机构;第二,因为你是这个机构的官员,所以你在校外的言论要谨慎,因为这会让人觉得你是代表某个学校,或者对你所服务的学校造成不利的影响。而我们在讨论的时候,往往是说教师要这样或者那样,这就不是学术自由。

自由和责任这二者之间其实是没有太大关系的,自由首先是一个权力,当然在行使权力的时候要遵守法律、道德上的约束,这是毫无疑问的,但把这两个对等起来考虑问题,哪个问题都想不好。还有就是学术自由的条件。我们前面谈的比较多的还是教育内部,因为教育外部很多问题不好讨论。现在内部的东西讨论的比较多,都还是关于大学关于体制改革的问题。我们可以看到随着高等教育不断地扩展,社会投入的不断增加,在某种程度上高校的管理重心在不断地上升,因为学校掌握着资源的分配。过去大学里没这么多资源可以分配的,所以那个时候大学官本位没有这么严重,原因是官员除了常规工作以外,别的事情很难做、或者做的非常有限。现在不一样了,我们公立大学的拨款体制,决定了我们资源分配的制度,学校参与一级分配,院系参与二级分配,学校掌握资源分配权,自然属于强势人物。这就是为什么一个处长有七八个教授去争,这些人看懂了大学的游戏规则,尤其是在有些学校,教师作为个人也好、作为一个子机构也好,他争取资源的能力不强,他更多的是依赖学校的资源。在这种情况下,学校能够分配资源、不管什么资源的职位的角逐,自然会非常激烈。过去我们没有把学术自由作为我们的基本原则,现在这个现实使得我们的高等教育要像周济部长所强调的实行学术自由,实际上更加困难。我们首先考虑学术自由的问题,不是在高校内部考虑,因为高校的体制是受制于校外的体制。第二,我们过去总是把学术自由和政治自由划等号,这个认识是有误区的。在德意志第二帝国时期,基本上实行开明专制的统治,没有我们现在说的政治民主和政治自由,但是学术自由是被确立为一条法律原则的,这个二者之间并不矛盾。同样在我们说了一些民主国家,对于学术自由是有法律约束的。比如说,在新加坡有些议题是不希望被讨论的,比如种族问题,因为新加坡既有华人,又有马来人,又有印度人,还有其他的一些民族和种族。在以色列,总理、议员都可以选举,但是,大学老师在有些问题上是有禁令的,特别涉及巴勒斯坦问题,涉及以色列国家的安全问题。如果这两个完全划等号的话,那么我们在中国不要讨论这个问题,我们等着就行了。换句话说,在我们现在的情况下,通过学者的研究,通过我们自己的努力,我们是可能对这个事情的改变发生作用的。如果我把什么事情都寄托于一个基本的前提,没有这个前提,我们就不能说,同时我们又把矛盾的主要问题归结于我们校内,很多问题我们解决不了。如果这样,学术自由在中国可能永远只是个空谈。后面的附录参考书目可以拷给同学们。下面我们相互交流。

学生A:张老师,您好,我叫吴元,来自西北师范大学。想问一下您,关于北京师范大学成立教育学部的问题。前段时间我们从主流媒体上看到大肆地宣传北京师范大学成立了一个新的部门叫做教育学部。教育学部的成立在媒体的宣传当中是所谓的一种行政和学术的分离,那么我想知道您个人对教育学部的成立是一种怎样的看法?教育学部的成立和您这里讲的学术自由之间有怎样的关系？谢谢。

张斌贤：北京师范大学是我学习、工作了三十年的学校，我对本校充满了感情，尤其是我们的教育学科。应该说教育学部刚成立，在决策中也充满了不同的意见，因为北京师范大学这个学校还是比较民主的，有一定的学术自由，起码我们可以公开发表自己的不同意见。有不同意见，这个也很正常。现在成立了可能需要有一段时间调整、磨合、探索。既然这个事情已经做了，我们希望能够做成功。我一直认为北京师范大学的教育学科不只是北京师范大学的，它对于整个的国家教育学科都有责任和一定的使命。我希望它能做得很好，更希望它通过机构的重新设计，使我们的学科能够发展得更好，能够为全国的教育学科的发展做出更大的贡献，为国家教育事业的发展、为民族事业的发展做出更大的贡献。

学生B：张老师您好，我这里有两个问题。谢勇以前是一个自由的知识分子，前几年，他作为人才被引进到厦门大学，可能当时在社会上引起了一定地讨论。很多人质疑，作为一个自由知识分子被引入大学后，在这种大学的环境里他是否适应大学的这种评价体制？我以前听过谢勇老师的课，他上课非常生动，很受学生的欢迎，这可能是一个很好的例子。还有一个就是陈丹青教授，在清华大学美术学院辞职以后，也算是一个中国自由的知识分子，那么我想我们大学管理者如何来接纳这些很有成就的自由知识分子进入大学？第二个问题就是，您作为一个知名大学的学院院长，假如院里的一些教师有什么矛盾冲突，您是怎么解决的？因为前几年我也在网上看到，有知名学校的领导和下属教师产生争论后就被辞掉了，这些在学术界沸沸扬扬的。作为一个行政者，和下面老师之间产生矛盾冲突的时候，应该怎么解决？

张斌贤：其实你这两个问题都不好回答。到底什么叫自由知识分子，在我们国家有没有自由知识分子，这个概念在西方国家和我们国家是不是一样的。我理解的是没有固定的职业，以思想为生，不像大学里他是以知识为生的。中国有没有自由知识分子，我不清楚。谢勇老师在大学是怎样的，我也不了解。其实，现在不光是中国的大学没有很好的条件让自由知识分子很好地生存，恐怕在美国也是如此，在很多国家也差不多。因为现在的大学接近于非常高效率的企业，成批量地生产知识和人才，而自由知识分子不受这种评价制度的约束，在大学就很难生存。如果他完全适应了大学的生活，那么他恐怕也不能思想了，所以陈丹青走了。这件事的意义我们很多人还没有解读出来，他的走涉及现代艺术教育里不可克服的一个矛盾。为什么现在不能出大师，有些东西比如书法、绘画、音乐等，培养一个人的技能，在大学里面能够做得到。但这些东西往往要靠天赋，大学可能使很平庸的人成为天才，但确实也会使天才变成庸才，这种高度科层化的管理体制和学术体制，一些讲究标准和规范，确实会约束这些东西。这是我对你第一个问题的回答。那么第二个问题我不太好说，在现行高校内部管理体制下，学院的院长是没有权力解聘教师的。

至多只能代表校长和教师签聘用合同。我的看法是,一旦发生教师与管理者的冲突,恐怕只有靠制度。目前,我国大学还没有很好的制度设计,对教师管理的制度确实越来越多,而维护他们权利和权益的制度设计却大大滞后。不同层次的学校,情况可能有很大差异,我所了解的情况是部分大学好一些,"985 工程"学校可能会更好一些。

学生 C:张老师,您好,我是陕西师范大学的高等教育专业的同学。我有个问题可能要回到您讲座的最开始,您前面提到学术自由包括学的自由和教的自由,学的自由我们可以理解为学生的学习自由或者学习者的学习自由,那您今天主要谈讲的学术自由是教师的自由。我想问的是,美国大学以选修制为切入点,推行以学生的学习自由为突破点的改革,以此实现高等教育的现代化。在我们国家,现在的学术自由对学生的学术自由关注太少,您对于学习自由在我国高校中怎么看?学习自由与创新培养有何关系?

张斌贤:首先对你的问题我发表我的不同看法,其实埃利奥特的选修制改革的出发点不是解决学生的学习自由的问题,而是解决课程改革的问题。就我国高校的状况而言,首先还不是学习自由的问题,而是权利和权益问题。现行相关法律对于学生在高校中的法律地位和权益没有明确的规定。至于同学问的学习自由的问题,我觉得现在的情况很不理想。为什么这么讲?我们的本科生一般情况下要修 150 个学分以上的课程,学生基本上成了上课的机器,在这样的情况下,你怎么还有自由?我觉得学生的学习自由的基础还是学生在学校的学习地位的问题,这才是解决问题最有效的途径。

学生 D:张老师,您好。我是华东师范大学高等教育研究所的博士生,我有两个问题。第一个问题想跟您探讨一下学术自由是手段还是目标的问题,从学术发展的历史来讲,首先是学术追求、学术探索,然后到学术原则和思想。要推断学术自由起点的话,应该是洪堡大学,我这里谈一下我的看法,希望您再讲一下学术自由是手段还是目标的问题。我认为,洪堡之所以推崇学术自由,最重要的是把学术自由作为一种手段,更主要的是服从新人文主义的目标,即复兴德国。这个复兴是更长远的目标或发现,然后服务国家,在洪堡那里已经有论述。从这一角度讲,学术自由是有一个限度和责任的,学术自由的群体不是一个特殊的群体,知识分子的特殊性决定了必然会影响他的学术自由。学术自由会牵扯到学术领域内和学术领域外,就学术领域内还有个伦理道德的问题,更别谈学术领域外,所以我觉得学术自由会受到更多的限制。第二个问题,关于学术自由的原则,您谈到德国大学的复兴及柏林大学复兴,新人文主义和民族精神与复兴德国的民主有关,请您谈一下德国大学的复兴与德国民族性的关系?谢谢您。

张斌贤:第二个问题我很难回答,民族性本身就是一个非常复杂、超出我们教育范畴的问题。严格来说,柏林大学创办之前,哥廷根大学(1734 年创建)、哈勒大学(1694 年创建)都已经在许多方面进行了实践。柏林大学涉及的一些东西都已经过了很长时间的实践,包括学术自由。你要说跟德国的民族性有什么关系,我没有特别具体的证据来说明这一点,但确实与德国的政权是有关系的。因为德国的教育在宗教改革以后,它从精神上已经切断了和梵蒂冈的联系,所以它培养一些能为世俗统治服务的人,过去教士可以作为官员、王子的顾问,现在这些人显然是不能够为他们所用,所以他们自己培养自己所需要的人。在这个过程当中,确实得益于新人文主义,新人文主义的很多东西确实成为 18 世纪或者 19 世纪德国教育当中的一个指导性原则,一个精神的支柱。但是要说跟民族性有关系,这个真的很难讲,可能在学术上跟德国人特有的思维方式有关,如哲学。如果你有兴趣,可以继续探讨。关于学术自由是手段还是目标,这个我没有想好,本来关系就是相互的,在不同条件下它们可以置换,但是我更赞成、更愿意说学术自由本身作为一种原则,作为手段来说它很容易沦为被操纵的东西。把它作为一种原则对于我们的追求会有一种更高的境界,作为手段会使得我们的认识高度会受到很大的影响。但是作为手段和作为目的具体表述有什么差异,这个我没有系统梳理过,表面上没有很大的东西。很多都是没有定性的。

学生 E:张老师,您好,我是河南大学的王艳琴,首先非常感谢您给我们带来的学术自由的故事。我了解到您的研究方向是西方教育思想史,所以我想问一个有关教育思想的问题。德国的高等教育在 19 世纪走在世界高等发展的前列,而且当时出现了一大批世界闻名的教育家,比如洪堡、费希特、赫尔巴特等等。我们可以把它们称为德国的一个教育家群。我的问题是这个德国的教育家群产生的原因有哪些,应该从哪些方面来考虑。谢谢您!

张斌贤:对我来说,你提出了一个很艰难的问题。19 世纪是德国的世纪,从 18 世纪末到 19 世纪末,甚至到二战以前,德国确实出现了一大批对世界教育发展都具有很深远影响的人,这确实是一种很特殊的现象,原因有几个方面:一个是就当时的欧洲来说,德国在 1870 年以前处于分裂状态,所以当时很多诸侯包括一些统治者大约在 18 世纪流行一种政治现象即开明君主,很多君王表明自己是开明君主,在吸纳人才方面下了很多的功夫,不惜重金请学者到宫廷里,客观上是对人才的一种重视,这是一个很重要的外在环境,包括当时的德国也是这样的情况。例如莱布尼茨不仅是大哲学家,在康德之前是最大的哲学家,他对当时德国大学嗤之以鼻,但是他在王宫服务,国王支持其学术研究,当时确实对于学术的发展创造了很好的条件,这应该是大的背景。再一个背景,是德意志被法国政府打败以后,当时德意志上下一个一致的想法就是国家在物质力量方面受到巨大的创伤,如人口、土地、经费,当时被分割了三分之一的人口和三分之一的土地,当时财富的来源就是人口和土地,所以物质的牺牲要用精神来弥补。那时强调振兴德意志民族,要发展教育。这么艰难的情况下建立柏林大学,当时此大学的校址是王子的宫殿,改革中等教育,发展初等教育,很多人可以去学习,把教育作为复兴民族的一个手段,所以极大地推进了德国教育的发展,这个也应当是产生教育群体的一个很直接的原因。再一个原因是哲学的兴盛,应当说近代的哲学在德国形成一个高峰,尤其像康德哲学、黑格尔哲学,据说代表欧洲哲学的一个很重要的发展阶段。哲学这种思维对教育影响很大,当时很多很重要的教育家本身也是哲学家,包括康德。赫尔巴特首先不是教育家,而是哲学家、心理学家,他跟康德经历有点类似,当过家庭教师,在大学讲哲学,然后开办教育研究班,后来附设学校,黑格尔也有教育思想。我们认为是教育家的人,他们本身就是哲学家,所以哲学的影响对于教育的兴盛提供了一个很重要的基础。

学生 F:张老师,您好,我是来自南昌大学教育学院的聂伟。您刚才讲到的 1993 年之后出现一个研究学术自由的开端,我想知道为什么那个时候出现这个端倪? 第二个问题是,您刚才讲到三个案例,对我们来说感觉很遥远,我们国内有没有学术自由的案例。谢谢!

张斌贤:为什么1993年出现,首先问作者,其次问杂志的编辑,当时他们是怎么想的。大家都知道,1989年以后中国的政治形势非常复杂,包括世界环境。1992年邓小平南巡,扭转了当时的风气,中国社会重新进入一个宽松、和谐的状态,这个可能是1993年开始学术自由研究的一个主要的背景。至于国内的案例,我觉得很难讲,我们现在没有一个法律是把学术自由作为一个办学的基本原则,所以有些事情即使违反了学术自由的原则,也无法判断是否违法,因此这个案例很难找,可能这样的案例实际上存在很多。至少我觉得在目前案例不好找,尤其是好的案例。我希望你将来有兴趣可以找一找,我们共同来分享。

学生G:张老师,您好,谢谢您今天的精彩讲座。我有一个问题想请教您,包括您讲的我们国家高等教育领域学术自由这方面的案例很难找是因为当前我们没有一个有关学术自由方面的法案或法律,那么我们国家是否能够在较短的时期内形成这样一个类似的法令或法律。第二个问题是,您是否可以谈一谈当前有哪些主要的因素或者机构会对我们国家的学术自由形成一个比较大的威胁。谢谢您!

张斌贤:第一个问题,我的回答是"一切皆有可能"。

学生H:张老师,您可以简单地跟我们说一下您预期的时间段吗?

张教授:那我就是算命先生了,这个就不是我的职业了。至于威胁,我们现在的问题是,包括教育行政部门,包括高校,都可能是学术自由的潜在威胁,当然我希望这么潜在的威胁永远是潜在的,不要发挥作用。(掌声)

录音整理:葛　丽(华东师范大学课程与教学系)

乔卫丽(华东师范大学教育学系)

近三十年我国教育知识来源的变迁

——基于《教育研究》杂志论文引文的研究

讲演者:张斌贤

时间:7月14日14:30—17:30

地点:大学生活动中心报告厅

张斌贤:下午我们换个话题,上午你们说我讲的跟你们比较远,那么我们换一个比较近的话题。在讲这个具体内容之前,我想讲一些背景,就是我们当时为什么要做这个研究。大家都知道,2008年是我们国家改革开放三十周年,从2008年年初开始,我就接到一些任务,参与一些关于纪念改革开放三十周年的一些书籍的编纂活动。2009年又是中华人民共和国成立六十周年。从我们这一代的人来讲,1977、1978、1979三年对我们来说是很重要的、具有符号意义。因为改革开放三十周年,也就是我们这一代人从一个中学生成长为一个大学教师的过程。这个三十年是国家变化发展的一个重大时期,也是我们个人成长发展的时期,这对我们来说有一种特殊的意义。我想若干年以后,你们恐怕也会开始有一种怀旧,去追忆过去的事情,有这样一种心结。那么,除了这两个大事件以外,还有一个小的事件。今年是《教育研究》创刊三十周年,这个杂志,至少就我个人来说,我一直是认为我跟它有特殊关系。因为我是1979年下半年到北京师范大学,那个时期应该说我是一个很穷的学生,但即便这样,我还是自己花钱订了《教育研究》。在那时,对于一个大学生来说,订杂志是很少的,因为我们的经济确实很紧张。就因为订了杂志,看得就很认真,不管是哪篇文章,因为那时也不知道是哪个学科专业,上面印成字的我都会去看。看了很

多年,一直在读《教育研究》,包括后来从读者变为作者,读硕士研究生后期,一直到工作初期,在《教育研究》先后大概发了有十篇文章,在当时是比较多的作者之一,中间大概有十年。我在《教育研究》发文章时,连《教育研究》杂志社的门往哪开都不知道。从我来说,实际上《教育研究》是我的一所学校,是我的一个老师。这么多年来,一直就有这样一种特殊的心结。

在一个比较短的时间内,要对三十年的中国教育研究,哪怕是某一个领域的发展,进行全面的梳理,难度都是很大的。之所以如此说,一个方面,这些年来,教育界的知识产出效率是很高的。据全国教育科学规划办公室的一个项目统计,现在每年公开发表的教育类的论文,是两万到三万篇,不包括出版的书籍,也不包括没有公开发表的,比如学位论文、会议论文,还有研究报告,所以说产出量是很大的。在一定时间内很难通过文献本身去回顾、反思、梳理三十年来哪怕是某一个知识领域的演变。那么实际上就是促使我们如果做同样的工作的话,必须调整角度,用一个比较小的角度去看一个大的问题。再一个方面,当时我们也感觉到,如果仅仅用文献解读的方式,实际在某种程度上来说,阻碍了我们对三十年教育研究的反思或者梳理。

从去年9月份开始,我带了三个学生,一个博士研究生,两个硕士研究生,当时想把《教育研究》这个杂志作为我们的对象来进行研究。确定这个对象以后,用什么方法,当然我们也有很多讨论,最后想尝试借鉴文献计量学的方法。通过引文的分析来研究,就通过《教育研究》这个杂志,运用文献计量学的方法来看这三十年我们国家教育研究的一些变化情况。想通过一个比较确定的对象,相对来说比较具体的带有某种定量的方法,这样一种组织研究的方法来做这一工作。这个工作到现在为止,实际还没有结束。今天讲的实际上是阶段性的成果,还有一些我们想到的问题,现在还在进一步梳理当中或者在进行理论的阐释。今天讲的主要是我们到目前为止已经完成的研究的一些情况,供大家参考。因为这里面涉及的东西很多,所以有时,从我们自己来说,由于专业的限制,我们可能也有些学员,不一定好把握,这里面实际就是一个探讨性的问题。这是我们研究的一个出发点,就是想通过这样一项研究,从某一个特定的角度、视角来回顾和反思改革开放三十年以来,中国教育学术研究的整个发展历程,以及在这个过程中,所包含的一系列的问题,并且说明我们对这些问题的分析,哪怕就只是初步的分析。研究的视角,前面已经讲了,就是选择《教育研究》杂志。比较巧的一点,《教育研究》是1979年4月创刊的,到今年整好是三十周年,为什么要选《教育研究》这个杂志,后面我们也会有解释。

我们主要想把握的是通过这样一个引文的分析,来说明这三十年以来,我们国家教育学界所产出的教育知识的主要来源。同时从中看出,我们教育研究发展所发生的变化和存在的问题。我们当时找了很多书籍来参考,但都没有找到非常明确的关于教育知识的界定。我们主要是作一个宽泛的把握,即是宽泛意义上的概念,人类的主体,不管是个体还是一个群体,对于教育问题或者广义上说的教育现象的认识、思考、理解等的系统表述,称为教育的知识。所谓教育知识的来源,主要是指这些系统表述得以成立的理论依据,或者说使这些表述合理化或条理化的已有的知识成果。不管我是根据什么,不管是根据马克思的语录、毛泽东的语录,还是国外某个教育家的思想,抑或是我的调查,我根据这些得出我的研究结论,所有这些,都可以认为是一种知识的来源。哪些东西在帮助我们思考教育的问题，哪些东西在支持我们提出关于教育问题的见解，这就是我们所谓的教育知识的来源，而且一直发行到现在为止。从某种意义上来说，教育杂志经历了过去三十年间中国教育研究的变化，同时也见证了这种变化，所以相对来说，它比其他的学术刊物，可能更能完整地反映这三十年间中国教育研究的进展情况。这是一个基本的依据，几乎没有什么杂志能够在这方面取代它，比如说《人民研究》。《人民研究》创办得比较早，文革以前就有，但是我们没有选它的一个很重要的原因是它是教育部的机关刊物，而不是纯粹的学术刊物。尽管在文革期间，很长时间内，很多学术文章就是通过它们发表用于人民教育的，但这个杂志的总体定位是教育部的一个机关刊物。其他刊物相对来说，时间创办得晚一些，不像《教育研究》那样时间长。那么第二个依据，到目前为止，尽管大家认为这个评价组织并不总是准确，但起码大家约定俗成，公认为《教育研究》是我们国家教育学术界最有权威、最有影响力的教育学术刊物之一。我教的很多学校，包括我们北京师范大学，都把《教育研究》作为教育学的最高刊物。

按照文献计量学中的布拉德福文献离散规律，在曾作过的科学社会学中做了很多研究，即核心期刊是怎么来的，实际上主要通过这样一些研究来的。就是说一个学科当中，它的有影响力的学科刊物，主要发表在哪些刊物上，这些刊物就称之为核心期刊。那么《教育研究》现在被公认为是教育研究学术中最有影响力的刊物，按照这样一种离散的规律，我们可以假定教育研究中主要的或者说比较重要的学术论文，或者说评述率比较高的，会发表在《教育研究》。当然这不排除有许多其他的学术刊物也会发很多很好的学术论文，但由于时间限制，由于各方面的局限，我们不可能同时对各种各样的刊物都进行系统的把握。而本来我们就是选择这样一个作为个案研究的方法，所以我们也是考虑了技术上的处理，选择《教育研究》杂志而没有同时去考虑其他，当然我们后来在这个过程当中也有考虑。在我们之前，国内有些学者同样运用文献计量学的方法，对其他的学术刊物进行了研究，比如说有学者对我们学校办的《比较教育研究》，进行过引文的分析。也有人对《上海科研》杂志，也有人对山西省创办的《教育理论与实践》作过这样的引文分析，我们同时也参考他们，但主要还是确定《教育研究》。

根据研究的目的，我们主要确定了五个指标，进行统计和分析。这个五个指标分别是：第一，被引文献量的统计。按文献计量学的说法，所谓被引文献量，主要强调被引文献总频次、平均引用频次，这两个方面，称之为引文量。通过这种分析，它能够把握什么？就是这个期刊它本身的成熟度，比如《教育研究》发表的文章，现在也有统计，就《教育研究》发表的文章被引用的量，被引用的次数，和其他的学术刊物相比，它是明显高的。我们这里面，实际上考虑的是什么问题，就是说文章本身有没有引文，但在很长一段时间我们教育类杂志的文章是没有引文的，这个后面我会提到。还有一个就是同样的包括引文的数量，从 1979 年 4 月创刊到 2008 年 12 月，《教育研究》前后总计发行了 347 期，刊载论文 5228 篇。这当中不包括领导人的讲话，也不包括短讯、学术动态、书评、综述等，主要严格限定在学术论文。这 5000 多份文献，我们的学生确实下了很大的力气，5000 多篇翻一翻，也得翻一阵的时间，而且还要对每篇文章后面的附录、引文进行统计。当然后来我们反思一个问题,就是如果当时做的工作再细一些,可能后面的研究成果会更加丰富。当时有一些工作没有做,我们只查出来,某年如 1979 年,某人发表了一篇文章,它后面引文的文献是五种,但我们没有同时把这五种文献记录下来。我们当时对五种类型有记录,但是没有对作者、文章名称、书名等做记录。如果这个做出来的话,那应该说我们后期成果可能会更加丰富。通过这 347 期 5228 篇文章,我们主要进行这样五个方面的指标统计:被引文献量;被引文献的类型;被引文献语种分布;被引文献的学科分布;教育学科被引文献次级学科分布。

首先我们看看引文的统计。这个数据有一个简单的表,从前几个数据可以看一下。如果把过去三十年按照自然年度分为三个十年,那么总体情况是这样:在第一个十年,一共刊载了 1812 篇文章;第二个十年,相对第一个十年要少一些,是 1698 篇;第三个十年,相对第二个十年更多一些,1718 篇。从文章的篇目本身数字来说,我不知道你们能看到什么。这里面有两个因素,第一个因素,《教育研究》杂志从 1981 年开始,由双月刊变成月刊,所以相应地,每期杂志或者总的发文量当然会增加。还有一个因素要考虑的,就是它的扩版,过去很长一段时间《教育研究》一期只有 90 页,现在一般都是 110 页左右,甚至更多一些。在我们统计过程当中,发现一个很明显的现象,就是期数有所增加,一年从 6 期变成 12 期,文章、期刊扩版了、篇幅增长了,但是文章数量本身在减少,或者说,并没有随着前面两个因素的变化,而出现明显的变化,原因就是每单篇的论文的篇幅增加了,过去 90 页可能发 20 篇文章,现在 100 页可能只发 10 篇文章。单篇论文的变化,不是一个小的事情。在我们读书的时期,《教育研究》只有一期时,发的有两页的文章不少,而现在这样的文章几乎没有。这说明什么问题,我们以后也会提到。值得注意的是这里面有这样一个统计,附引文论文本身数量及其在全部发文所占比例的变化。大家可以横向对照一下,可以看到《教育研究》所刊的论文当中,附引文的比例从第一个十年的 21% 提到了第三个十年的 86%。在很长时间以内,附引文的主要是马克思列宁主义著作和中国共产党内的一些重要的文献或者领导人的讲话。但即使这样,它所引的引文有的比例也是比较小的。这是一个要注意的变化,再有一个要注意就是平均每篇论文附引文的数量的不断变化。从第一个十年,平均每篇有引文 1.58 篇到现在的 6.74 篇,应该说有了很大的变化。我不知道,你们是不是已经完成了开题报告,现在我到一般的学校,教师不管有什么样的要求,肯定会有一个要求,写论文要有引文,引文要注明出处,出处必须规范。我们现在都认为这是常识,这个都做不到的话,你就什么也不要干。今年 6 月我有幸参加了一个学校的论文答辩,当时硕士生和博士生的论文答辩合在一起,我连同他们本校老师都感到很惊讶,一篇硕士生的论文,仅第二页有注释,除此以外,全篇论文没有一个注释。当时我们都觉得不可思议,后来学生找我们解释。当然我们都已经不听他的,没办法听他解释,尽管如此,也是手下留情,当时希望他再修改,把注释补上去。现在我们也都认为这是常识。说实话,在我们读书的时候,包括工作,没有人指导你,没有人说一定要有引文,一定要有注释。实际上从引文数量、比例以及每篇引文的量来看,说明了一个很重要的趋势,我们教育研究尽管进展非常缓慢,但这三十年以来,在学术规范方面还是取得了很明显的进展。大家可以普遍的注意到,不仅在研究中注意了这种规范,也把这种规范应用到了我们的人才培养。这是我们要注意的一个指标,有引文的论文数量、它所占的整个比例以及每篇文章它的这个量。

第二就是被引文献类型。我们要去查被引文献主要的载体,因为不同的知识载体所反映的知识不一样,无论是它的深度、它的广度以及研究本身的主题、指向性都不一样。在这里,我们有这样一些统计,在三十多年当中,对于教育研究来说,知识类型或者文献类型主要是图书、书籍。三十年来,这方面几乎没有明显变化。其次就是期刊的论文,这里面有些变化,我们在后面会看到。其他的比如报纸、会议论文、学位论文、网络资料、政策报告等,它的比重不大,而且有些类型的文献,是这些年逐渐出现的。这里面有一个表格,大家注意一下,一个是图书,被引的数量和占引文的比例,这三十年来几乎没有明显的变化,尽管减少了一些比重,但没有根本性的变化。从前十年的68.25%到最后十年的61.96%,差了6.66%,7%左右,总体变化不大。实际上说明,教育研究的知识来源主要是以书籍形式反映出来的。第二个研究是学术期刊,总体呈增长的趋势,从第一年的19.15%到最后一年的34.06%,应该说变化是比较明显的,有两位数的变化。报纸的变化应该不大。这里面要注意一点,学位论文的引用比例在不断的增加,在过去很长的时间没有,后来逐渐增加到0.61%,但总体来说,比重还是偏小。从现在网络资源上来说,还是处于一个比较低的引用水平,现在我们都已经知道,一般来说,比如包括我对我的研究生指导的时候,一般我会告诉他要非常注意引用网络资源,不是不得引用,而是要非常谨慎,因为有时很难把握它的准确性。这里面有让我们感到非常奇怪的一点,就是会议论文引用的数量和比例,一直没有明显的变化。实际上,不管在理科也好、国外也好,会议的论文,尤其是一些比较重要的学术会议的论文,通常它都是引用率比较高的,都是比较重要的。可能有一种解释,这些会议的论文,要么事先已经发表,要么事后被发表。可能只能这么解释,否则,我们很难解释,开了那么多学术会议,有那么多学术会议的论文,但这些论文本身,引用率这么低。如果完全是这样的话,那我们不得不对我们的学术会议产生质疑。

第三个方面是被引文献语种。三十年基本不变的被引文献语种,第一当然是中文,也包括外文著作的译文,这个比例是最高的,后面我们还会专门讲这个问题。除了我们的母语之外,其他的外文文献当中,主要存在英语、俄语、日语、法语、德语和韩语,其他的像西班牙语,阿拉伯文基本上很少,基本上可以忽略不计。我相信以后这种趋势可能随着我们中学外语教学的状态,会越来越集中于英文、日文和俄文,其他的语种会越来越少。这几个被引文的所占比例最高的是母语,是毫无疑问的,有一点值得注意,就是我们的外文译为中文所占比例是非常高的,是22%。直接从英文文献引用的比例只有14%,其他五个语种加起来只有1%。大家也可以看得出来,这些外语文献的分布情况,看这个表格,我建议大家重点看纵向的东西,这样便于比较。可以看到,这三十年来,中文文献的被引文数量和所占比例实际在增加的过程当中,从第一段的55%,中间段是66%,到第三十年是62%,有这样一个小小的曲折变化,但变化并不是非常大。总体上,三十年所占引文的平均数为61.62%,62%,这个数字应该说是非常高的,甚至在我们看来,高得有点异乎寻常。这后面我们还会提到的。还有一个就译文本身,从总体来说译文本身呈下降的趋势,但也应该说所占比例是很大的——20%，平均数是 20.47%，正好是一倍于英文的平均数，这里面应当就能看出点问题。

第四个指标，被引文献的学科分布。这些文献，不管是用中文，还是用其他语种写的文献，不管它是以什么形式呈现，报纸也好、专著也好、学术期刊论文也好，它的学科分布是什么样的情况，我们主要指第四个指标。总体情况，就这三十年来，教育研究对教育产生的实际影响，这种知识来源在学科分布上并没有根本变化。这种情况可能一方面是跟我们的教育学科本身的分类涵盖有关，再可能跟我们这么多年采用的学科分类有关，我们采用的是国家技术监督局用的学科分类。之所以当时要用国家技术监督局的分类，是因为技术监督局的分类比较细。比如教育类一级学科，在国务院学位委员会 1997 年发布的学科类中，只有一个二级学科，但在国家技术监督局的分类中，教育学有几十个二级学科，分得非常细致，这便于我们做研究。当时我们用了这样的学科分类，根据这样的学科分类，我们可以看一下整体的包括教育学和教育学以外的学科当中，被引文数量排前十的学科，主要是这样几个学科：教育学；哲学；马恩列斯毛著作，我们不好把它作为一个学科分类；再就是心理学；然后分别就是历史学、社会学；所谓政策文件，主要是指中共中央国务院和教育部发布的一些文件，比如《中华人民共和国教育法》和教育部关于《中国教育改革发展和纲要》。这样一些文件，我们称之为政策文件；可能还有一种类型是自然科学总论，这里面包括自然哲学；还有工具书、经济学；这样的十大学科。换句话说，也就这些学科，它承担起主要支持我们教育研究的使命，除教育学以外还有九个学科，主要来源于这样一些学科的支持。这里我们要注意一个细节问题，就是在整个我们前面所用的十个学科当中，教育学被引文献量的变化。在文献计量学中有一个概念，叫做自引文献。所谓自引文献，就是一个人做研究，引自己以前发表的文章，这叫自引，这是合理的。我们可以把这个概念扩展到学科自身来说，也就是说，教育学的研究引用教育学同仁的一些研究成果作为支持，我们可以把它作为学科内部的自引文献。应当说这三十年来，学科内部文献的自引率，或者说数量，都呈现非常快速的增长，从前十年的"1415"到现在的"7148"，这是一个非常显著的变化。至于如何看这个变化本身，其实，这里面有积极的、有消极的，或者兼有积极的与消极的，搀杂在一起。这个我们后面再去讲。再一个我们需要注意的学科是哲学。这里的哲学同时包含了中国哲学、西方哲学、马克思主义哲学，这里面不包括我们刚才所说的马恩列斯毛这些人物的著作，总体也是呈非常明显的增加。实际上我们也可证明一点，就教育学这个依附的相关学科当中，哲学所占的比重这些年明显增加，它的支撑性也明显加大，这是马恩列斯毛的被引文献的变化。今年 4、5 月份我们在台湾开教育社会学年会，我是反串还是客串，我也不知道，反正去讲这个东西，我这个表格出来，很多台湾学者很惊讶，因为他们对我们其实不是很了解，这个数字是客观的，并没有加主观的东西。这是一种很重要的变化，这方面后面我们也会提到。

第五个指标，被引文献教育学二级学科分布统计，就是在教育学内部，不同的二级学科，这些被引文献的分布的状况。总体来说，比较稳定，变化不大，除了个别学科以外。这个顺序基本上是按照它的位次来排序的，我们排了十五位，应该还有更多。被引文献数排列前十五位的教育学二级学科分别是：教育学原理、教学论、高等教育学、普通教育学、教育心理学、教育史、教师教育、教育经济学、德育原理、课程论、教育社会学、比较教育、教育研究方法、教育管理学、学前教育学。还有一些学科这里面都没有列到，比如特殊教育学，教育技术学等等，都没有涉及到，我们主要指排列比较多的。那么教育学原理，应该说这个学科一直是稳定地处于第一位状态。这里提到的教育学原理和我们所说的教育学原理实际上不是一回事情。我们现在所说的教育学原理包括教育社会学、德育、教育研究方法这样一些二级学科，在 90 年代末学科调整过程中被合并掉了。当然，现在我也知道有些学校把合并掉的学科又重新从教育学中分划出来，比如说德育，现在又从教育学中分划为一个独立的二级学科。在我们这里，教育学原理就是我们所说的教育基础学原理和教育基本理论，包括教育哲学。即使这样，它的位置应该是很高的，数字很大，如果加上教育社会学、教育研究方法、德育原理，那么这个数字会更大。第二个学科就是教学论，我想这个也可以理解，因为教育学当中，主要的问题实际上是基础教学问题。过去在旧教育学当中重点是教的问题，而不是课程的问题，新课程改革以来，才逐渐强调课程的概念。其他的学科，依据这样的情况，总体来说，整个的格局变化并不是很明显。有的学科可能这些年有些变化，比如说教师教育，过去因为我们没有把它作为一个专门的学术领域，因为那个时候全国研究学术教育的可能一个也没有，但你再仔细问，可能有好几百个人。因为我们没有把它作为一个研究中心，所以有可能实际上都在做，但也有可能没有一个人把它作为自己的唯一的或者说主要的学术领域。

下面我们就对这些指标、这些数据进行一些初步的分析，这里面更多的是可以讨论的问题，我们就是根据这些数据本身，根据我们在做数据过程当中所阅读的相关的一些文献，提出一些初步的观点。

第一个值得注意的是从被引文献的类型来说，在我们前面演示的过程当中，可以看到，在三十年当中，始终保持稳定不变的是图书在各类文献当中所占的比重，这比重一直是非常高的。其他值得注意的变化是期刊论文，这个引文的比重在不断的提高，这是需要注意的一个现象。其他的像报纸、会议论文、学位论文等等，应该说变化都不是很大，为什么要谈这个问题，下面我们会具体来说。

第二，从上面统计当中可以看到，从被引文献的语种来看，过去三十年当中，中文文献包括译文，始终是教育学界教育知识的主要来源。尽管其他语种的文献，数量前后有变化，包括英文文献，有一些明显的提高，但是并不影响中文文献在整个文献当中所占的比重。这是我们要注意观察的地方。

第三个值得注意的地方是教育学科以外的被引文献的数目、比重和学科类型。在

这方面,当然我们在做统计和做研究过程当中,实际上我们没有过多地花费精力。因为当时主要涉及我们教育学科内部比较多,但是在教育学科之外相关的学科,其实也是能注意到,因为这里面可以看到我们教育学科的变化。那么在教育学科以外的被引文献的学科属性的变化中,我们重点要注意一个现象,总体上来说,除了哲学以外,其他人文学科包括像历史学、语言学、文学,被引的文献量和所占的比重,总体上呈现一个下降的趋势,但哲学例外,我们前面已经给大家演示了。那这里面反映出什么问题?人文学科文献所占的比重下降的同时,诸如经济学、社会学、法学、管理学这些学科,被引文献的数量和所占的比重在逐步发生上升的变化,从这里我们是不是看到教育学科的一些学科属性在发生一些很微妙的变化呢?大家都知道在长时间内,我们国家的教育学科,它的主体属性,按照我自己的观点,属于人文学科,包括我们所研究的对象、所运用的研究方法,主要是人文学科的东西。这个也很正常,因为在1949年以后,大量的社会科学学科,被禁止了,如法学、管理学、社会学,有些学科被调整了。可以说,从1949年到1978年改革开放,我们的社会科学属于一片荒芜之中,而在这三十年当中,很大一批教育研究工作者正好是在那个时间接受教育,因为这样的原因,我们的教育学科的教育属性,非常偏向于人文学科。通过这样的一种文献的变化,是不是可以看到教育学科的属性正在发生变化,逐渐地朝向我们所谓的社会科学变化,这是值得我们注意的问题。如果真的是发生这样的一种变化,那么它可能对我们教育学科产生一种什么影响,无论是研究的发展方式、方法,还是其他方面,甚至对学科本身的合理性、合法性本身可能都会有影响。

这里面有一个很重要的数据变化,大家可以注意一下。总体情况,社会学学科本身的变化、经济学本身的变化以及政治学本身的变化,在这里面让我感到比较吃惊的是政治学学科的比较,在第二个十年到第三个十年当中,呈大幅度的增加,这个是我感到比较奇怪的。因为在过去,尤其是经过解放特别是文革,我们老一代的学者,大多数都是谈政治色变的,这个不怪个人,确实是个群体记忆,抹杀不去,这变成一个本能的东西,对政治充满恐惧或者说畏惧,那就必然敬而远之。所以在很长一段时间,大家可以看到政治学的文献在教育学当中,它的引用率或者它的被引用文献应该说是比较低的。但是到了第三个十年当中,有这样一个明显的变化,尽管所占的比重在整个学科当中并不高,但它变化本身却是值得关注的。再有就是教育,还有就是社会学。总体所占的比重并不高,但一个单一学科占了3%,也属不易。这里面似乎也预示着某种趋势,我自己有一个观点,我认为在我们国家教育学科当中,将来可能最有生命力的学科方向之一是教育社会学。所以前几年我们当局也采取过一些办法,如迅速积聚一批有社会学背景的学者来展开组建这样一个学科领域,但后来因为各种各样的原因没有实现这个目标。至少我个人有这样的判断,但最后是否出现,我也不敢说,我只是有这样的一种感觉。这是一个值得我们注意的变化。

再一个需要注意的变化,前面已经看到,就是教育学科自引文献的数量增加得非常迅速。这种现象,应该说本身是一种很积极的变化。过去之所以需要依靠其他学科,特别是教育学科以外学科的文献,实际上说明了一点,我们自身可以被引用的东西,实在是太少了。为什么这么讲?

改革开放三十年以来,如果要引用教育学自身的东西,实际上只有两个源头。特别是前十年,一个源头就是文革以前我们教育研究的成果,再一个源头就是国外的东西。但实际上我们都知道,在文革前,很多教育文献,现在连作者当事人可能都不愿提及。我注意到这几年有一些教育学者,包括其他学科的学者,在收集自己文集当中,一般都非常慎重的挑选文革以前所发表的东西。这对于很多人来说像噩梦一样,当时可能出于各种各样的原因,或者说受命令写这样一些文献,到这个时候,可能这批人自己都不愿去看,更不愿去引用。而文革前很多教育学的文献,包括我们后来知道一些比较有名的学者的文献,将更多是对政治的阐释,那么时代变了,政策变了,他怎么再去引用,很难引用。外文的东西,对于境外的东西,当时我们能看到的最现成的就是苏联。而因为当时特定的中苏关系,实际上对苏联教育学的东西,当时也是拿不准的。哪还有我们可以引用的呢? 这就是现实。为什么在一定时间内,教育学被引用的文献的比例会比较低,而到一定的时候,会出现这样一个大幅度的增长? 所以从积极的方面来说,也可以看出,教育学学科,或者我们教育学的研究本身,不断在成形,资源也在不断地壮大,成果在不断地丰富,所以有可引用的东西,至少被其他教育学认为,它的这个东西值得去研究,我需要引用。更重要的是什么,当然就我自己的观点来说,改革开放三十年来,中国教育研究,如果说只能允许有一种,就是说表达一种评价,就它只有一个变化的话,我觉得最大的变化是教育研究逐渐摆脱了对于现行教育政策的阐释,开始逐渐形成了专业自主性。这就是最为重要的变化,没有这样的变化,应该说后来很多东西都是说不上的。如果现在我们还在阐释教育部的政策,还在采用中文教育这样一个政策,那我们不需要培养这么多人,我们学科就没有希望。这是我们要注意到的一个现象,有些问题我们还要回过头来,还要接着讲。这是教育学科本身的被引文献的变化。

　　前面主要是通过几个指标,从《教育研究》所发表论文的引文,分析了这三十年间我国在教育知识来源角度的这样一些质的变化。至少像我们这个年龄的人,不管处于怎样的身份,应该说,整个过程既是一个经历,同时也应该说是很大的受益者。尽管从横向上比,不管是国际的教育学科研究的水平,还是我国其他的学科,如哲学、社会学,或者传统的学科,如文史哲,或者一些新兴的学科,如经济学、社会学、法学、管理学,教育学应该说还是有很多的问题,这个后面重点会讲。但这三十年来所取得的成绩,确确实实是非常重要的。这三十年所取得的成就,我想可能至少应该和二三十年代所取的成就相提并论,甚至可以远远大于那个时期。大家都知道,教育的研究,实际上在中国来说,是舶来品,尽管我们存在着很多的经典,都是很有名的经典,如《论语》、《大学》、《孟子》。但是把教育作为一个专门的学科进行研究,在中国来说,是一个很新鲜的事情。大概在 19 世纪末 20 世纪初,到现在为止也就是一百年多一点的时间。在这一百年当中,真正平稳发展的时期,大概不会超过一半的时间。二三十年代和抗战前期是比较稳定发展的时期,尽管当时军阀混战,但是相对来说还是比较稳定的。当时主要来说,一个中心是北平,一个中心是南京、上海。1937 年以后基本上处于战争,就是抗战八年,然后就是国共内战四年,1949 年以后到文革结束,这二十多年基本上没有现在所说的这种纯粹学术意义上的教育研究。真正平稳发展也就三十年,所以前后加起来时间很短。现在有这样一种成就,应当说是非常了不起的,三十年来外部来说没有大的战争,内部来说没有大的动乱,这个恐怕是很直接的因素。而且这几年,特别是随着中国综合国力的增长,教育研究可以运用的资源也越来越多。另一方面,中国人对教育事业的重视程度,也是支撑我们教育业研究的很重要的一个文化基础。但是站在我们自身来说,我觉得不管教育取得了多么大的进步,始终应该有一种非常警觉的意识,教育研究存在的问题颇多。

5 月初的时候,当时我们在台湾参加台南大学的一个亚洲教育社会学论坛,当时华东师范大学的陆有铨教授、马和民教授也去了,包括还有其他院校的一些老师都去了。我对这个论坛很有体会,也很有感触,当时这个论坛也请了个别的外国人去讲,也有大陆的一些学者,还有一些台湾自身的学者和学生,特别是研究生。我曾经主持一个论坛,最初是他们一个老师讲的,后来是几个硕士研究生在讲。听完之后,我非常有感触,我觉得跟他们相比,我们有很多课要补。首先从你们学生角度来说,因为他们有很严格的规定,每个人发言的时间就是十五分钟,旁边有人计时,到一定时间有人会敲钟。学生报告时落落大方,站有站相,坐有坐相,这个很不容易的,我不敢说你们在座的每个人都能做到这一点。在我们学科里面搞研讨会的时候,我一定要学生站直了再说话,这是一个面貌的问题。你是怎么对待学术的,怎么对待你所表达的东西的。再有一个,时间控制得非常好,几乎没有人需要提醒,这个都不是主要的,主要是他讲得非常清楚,肯定要跟你讲做这个研究的整个过程。所以我们大陆去的几个老师,后来在一起沟通,都觉得在这些方面,台湾学生的训练比我们要好得多。我们会讲,研究用什么方法,用文献法,用比较法,用这个法,用那个法,说完就完了。这个跟没有说是一样的,重点是要说明你为什么要用这个方法,怎么运用这个方法,研究方法有很多种,为什么你要用这种方法,这个不是随便你说的,要有根据的,我们感触确实非常深。这不仅反应出人才培养中的差异,实际上也反应出学科成熟度和学科本身的差异。

在我看来,我们的教育研究,尽管前面讲了很多很积极的方面,但实际来说,存在着很多的问题。下面我们侧重一下问题。因为我想你们在座的有很多,相当大的一部分人可能会加入到教育研究这个队伍中来,我希望你们能够比较清晰地看到,一方面自己所拥有的这样的一种前所未有的条件,另外一方面,也要意识到自己的责任。昨天我坐飞机来的时候,在飞机上看了一本书,我这两天一直在读这本书,我觉得挺好玩,一直在读,就是朱克曼写的《科学界的精英》,我不知道你们在座的有没有人读过。他说有很多社会学家研究自然科学,获诺贝尔奖金的平均年龄,你们知道多少岁吗? 三十多岁! 很多诺贝尔奖获得者自己在回忆工作的时候,都认为自己工作奠基都在青年时期完成。所以我想,对你们来说,确实有很多机会,因而可能挑战也比较多,但从我们的角度来说,你们的机会可能更多一些,但怎么去把握,我觉得需要自己不断地训练自己。首先,前面提到了过去大量没有引文的现象,到开始出现引文,有引文的论文在所有文章中的比重不断地增加,每篇论文引用的文献数量也在增加。这是从纵向来比较的。从横向来比较,说实话,这个话提都不敢提,我们是六点几篇。国外有一个统计,上个世纪 60 年代,国外的人文社会科学单篇学术论文被引文献数量,平均是十二篇,那是半个世纪之前的事情。且不说我们现在很多引文,有的时候是摆设,就跟我们很多同学做论文一样,一共可能看了五本书,后面开列参考书,能开列五十本,有的东西一看就跟你的论文一点关系都没有。且不说有这种现象,就算全部都是你所引用的,或者说是有参考的文献,六点几篇的数字,也是非常可怜的。为什么要有引文,我们的所有研究,不管你是教授、副教授,还是硕士、博士研究生,我们所有的研究总是在一定的研究基础之上进行的,这是我们所有研究得以开展的一个根本性的东西,没有这个东西就没有研究。过去我们学生写论文开题的时候,经常会讲,本文的意义是填补空白,现在我们是不让写这些东西的,但有的院校还会讲。一般只要我主持答辩,我都会建议大家不要用这个东西。我说填补空白,不是人家有空白,是你有空白,你根本就不知道你做的研究,前人做了一些什么,所以你敢说填补空白。所以被引文献的多少,实际上直接展现了你对已有研究状况的掌握,你看了一篇文献,你就只知道这一篇文献。那么是不是有一个研究主题,前人没有人写过,可能有,但问题是这个题目值不值得研究,所以尽管纵向来说,有这样的变化,但确确实实,在规范化方面我们所要做的工作,还有很多很多。一个学科是否成熟,它的科学化程度实际上首先取决于它的规范化程度,而规范化至少有一个表现的方式,就是对已有文献的尊重和运用。没有这个东西,你研究的东西是无根的,所以你可以自说自话。同样,前面我提到的,在规范化方面,我们所要走的路,应该很漫长。不是说,知道要有引文,加注释,这就有规范,在这方面我们差得很远。我在2007年到香港中文大学参加他们的博士论文答辩,当时是教育博士。教育博士和哲学博士,大家都知道,有很明显的区分,尽管是一个层次,但要求不一样,教育博士还是更实践一些。那么按照我们这边,实际上是对它的学术要求要低一些。但这篇论文,让我感到非常吃惊,一篇论文三百多页,它的文献综述,用了将近一百页,而且这个综述,你可以看得出,这些东西他确实是看过的,而不像我们现在有些开题报告,他都不知道这个书在哪,他敢引用这本书,是间接引用吧。我们还有很漫长的路要走。这一点从我们同学来说,我有一个建议,不要只指望老师,读研究生期间,至少我是这么过来的。我很幸运,我的两个老师,都不怎么管我,我是比较主动去找老师汇报,每星期都到我们老师家去,那个时候老师也没怎么说过。那时当然带的学生少,所以老师家的客厅就是我们的教室,但现在不一样了。我觉得现在,你们可能更多的,除了自己主动争得老师指导以外,还要在学术规范方面和研究方法方面培养一种意识,只靠大学开设的那些课程是远远不够的。其实我知道从本科开始就开设教育方法课,到硕士还开,到开题的时候还是出错,到写论文的时候还是出错,一个错误都不会少犯,所以自己平时要有这个意识,不能仅靠课程。这是我要提到的在我们教育学中存在的一个问题。

研究当中还有一个问题,就是前面提到的书籍的引用比例始终是非常高的。实际上,从我们学科属性上来看比较明确。前面已经提到,在很长时间,应该说教育学科主要属于人文学科,人文学科和社会学科、自然科学相比有一个很重要的差别,从引文本身来说,泛泛来说可能有一个很大的差别,对书籍依赖的程度可能更高一些。就我们这个学科,可能更多的是相信被确定的权威,而不是在形成中的权威。因为大家都知道,书籍从写作到最后的出版,需要一个比较长的周期,相对来说,论文的周期要短的多。那么同样地,书籍所反映的知识的进展,和论文所反映的知识的进展,从新旧程度来说是有差距的、有不同的。所以原来我很奇怪,学校一些理科的老师,看到我们有这么多书,很惊讶,我们从读研究生就有一种感觉,文科的学生一大片的书,理科的学生没几本书的。他们主要看文献,看论文,他们所谓的文献主要指论文、期刊内容、学校杂志论文,看书就看教科书,跟我们不一样。当然学科性质不一样,不能完全一致,不是理科的要看论文而我们不需要,现在的心理学学生,除了教科书以外,主要是看论文。这实际上跟我们学科的属性有关系,我们会比较多的尊重比较确定的权威。这跟教育本身变化也有关系,教育事业和很多社会现象不一样,它变化的周期性应该是比较长的,就像它这个事物本身是比较稳定的。所以也因为这样,我们对知识这种新意的追求,不像有些学科这么明显,在做引文统计过程当中,我们注意到,包括全国教育研究发展办公室也有一个这样的引文的统计。就是说这些年来,在教育学界引用论文,单篇论文引用率最高的是北京师范大学王策三教授的那篇论文。在过往有一个不完全统计,就王策三老师写的《教学论》这本书,引用率非常非常高,这本书是80年代写的。我们读书的时候,王老师给我们上课时,用的是讲义。这本书应该说写得很好,因为二十多年了,还有这么多人引用,这本书写得好是毫无疑问的。但是可以注意到一点,我们所引用的东西往往都是他的观点,而且不是其他人研究的,比如说事实、数据。所以对我们来说,书籍没关系,二十年前的书籍,对于我们仍然是很重要的资源。这个实际上也反映了教育研究方法上存在的问题,这个我们后面还要提到。与我们研究的主题有关系,与研究的方法有关系,所以我们对知识的新意的追求,可能不像其他学科来得这么强烈。这个是不是教育研究存在的问题?尽管很难找出根据,因为说它是比较多的引用图书而非期刊,或者会议论文,或者学位论文,你就简单得出这个结论,恐怕谁都可以反驳我。但是我至少从这个角度,可以把这个问题提出来,是不是和教育研究的方法、教育研究的范式、教育研究的主题有关系?

再一个问题,前面已经反复提到,中文文献,包括译文的文献,在各种引用比例中一直是非常高的。而且可以看到,这三十年以来,中文文献的引文比重在不断增加,至少呈增加的趋势。译文所占的比重当然是下降了,英文的比重有所增加,但不是特别明显,仍然是个位数以内。当时在做数据处理过程中,我和我的学生讨论过,都有一个很奇怪的现象,在做以前,我们认为情况不是这样的,至少英文的文献,被引的数量应该会呈现比较明显的变化。但实际上不是这样,跟预期的是基本相反的。当然我们可以说,中国的学者,研究中国的教育问题,主要依靠母语文献,这确实无可厚非。但是问题在于哪里?第一个问题,中国在三十年来,一个最大的变化就是不断地走向国际,不断地向世界开放,不断地融入整个世界体系,相应地,我们的教育也是如此。尽管教育的国际化程度和经济的国际化程度不完全一致,但至少我们已经不是像过去一样,在一个闭关锁国的环境下,来观察、研究我们的教育问题。那么怎么去把握全球教育这样一种现状,从而确定中国教育在目前世界上的地位;怎么去把握国际教育发展的趋势,从而反观我们国家教育改革和发展的趋势,这是一个方面。第二个方面,大家都知道,现在不仅是我们学生的论文,包括很多老师写的文章,中国学者写的文章可以不引,外国学者写的文章必然要引,而且往往都是会说,把它作为一个很重要的论据。哲学中有一个说法,实际上就是大家讲的,像哲学界,我们国家哲学界研究的,无非就这么几个人,柏拉图、亚里士多德,这是古代的,到后来都是西方的东西。其实教育现在也是如此,以至于有些老先生会批评学生,说你们不引用洋人的话,还能不能写出文章,还包括大量的国外的文章。两相对比,不禁要问一个问题,我们平时讲的关于国外的东西,不管是国外教育的实践、改革的趋势还是学者的研究成果,是从哪儿得来的,究竟从哪儿得来的? 我知道有的文章,比如说,我也写一篇关于美国基础教育改革的文章,我也写一篇"不让一个孩子掉队"的文章,但是我根本不懂英文,我也会写,为什么? 因为写这个文章,后面有英文的文献,我也把英文弄过来,这种情况有,但我相信是少数。那么大量的文章是怎么回事,关于国外的知识是哪里得来的,关于国外的学者的研究成果是怎么把握的,这是让我们感到非常蹊跷的一个现象。我们很多人很反感,港澳台有些学者写文章,后面列几十篇英文文献,有关没关都列,我们也经常批评人家,尽管都是私下里批评。批评别人很简单,但关于自己的东西从哪里来,关于国外的知识从哪来? 这是要注意的一个问题。

还有一个问题,前面提到的教育学科的属性问题,它究竟是更偏重于人文学科还是社会学科? 就我自己的判断,目前总体而言,教育学科还是偏重于人文学科。这主要表现在我们研究的主题,还有一个是研究的方法。到现在为止,我们所应用的研究方法,比较多的还是思辨方法,用现在的话说是质性的方法。至少从研究方法上来说,我们的教育研究更多地偏重于人文学科,而不是社会学科。但是问题在于,中国教育存在的社会基础发生了根本性的变化。现在所面临的教育问题确实太复杂,一方面是变化非常迅速,再有就是社会多种力量都在影响教育本身,在这样一种复杂的形势下,教育学者是不是要发生一些根本的变化才能够应对社会的需要和社会发展的需要?

单一的或者说传统的研究方法,能不能完成? 能不能完全充分地使我们履行我们的职责? 这是当下必须认真考虑的问题。从我自己所受的训练和我所从事的专业,运用文献是最省事的。这就是人文学科常用的、基本的方法,当然在运用文献时,我们也会注意采用一些比较的方法,或是个别时候还会想运用一些定量的方法。没有哪一种研究方法最好,包括定量研究也是如此。但是如果说一个学科只有一种研究方法,或者主要有一种方法,是不是太危险了? 现在的教育学科非常尴尬,"上下不靠",决策部门对我们不满意,中小学对我们不满意,同样的,我们自己也不满意,这样的结果是要么被抛弃,要么被收编。

客观地说,教育行政部门需要学者的支持,这个支持是多大? 不知道。当然要是说让教育部、教育厅听学者的,全世界哪里都找不到。因为学者只反应自身的利益,只反应自己的视角,但起码研究成果能干预,或者能为合理的决策提供一个支撑,你也只能做到此。中小学对教师的需求也同样如此,对教育研究工作有要求,但它的要求是不是都合理,我们可以分析。但不能不顾它的要求,包括我们学校过去办了很多培训班,很多人不爱听我们学校老师上课,他愿意听中学校长、退休教师的,这我们也能理解。因为中小学老师就是要你告诉他们学科上的事情,而教育学院的老师基本上都没有学科背景,包括中小学校长也是只要求你告诉我们怎么做,而我想我要能告诉你怎么做,那我们两个互换位置就可以了。确实我们中小学老师都很功利,他们的价值倾向和我们作为学者的价值倾向是有差距的。但是如果说,一个学科,被最重要的"客户"排斥了,它的合法性就有问题,合理性就更有问题。所以我觉得中国教育研究将来一个必然要走的道路,就是社会科学化。教育研究是否能在社会当中发挥它应有的作用,或者学者期望发挥的作用,实际上和它社会化、科学化的程度有关。我觉得,从总体上来说,教育研究有两个基本的功能。一个是解释问题,这个可能更多的靠我们人文学科。就教育学科的人文学科的属性,"解政府之疑,解百姓之困",要解他们的惑,教育现在这么复杂,不是谁一拍脑袋就能说得清楚的,要有专家去说,我们现在有没有这个解释问题的能力? 可以说是不理想的。再一个是解决问题的能力,解决问题既包括决策问题,也包括中小学教育教学管理、规划的问题,实践的问题,不同的学科在这里面都可以找到自己的位置。如果哪个学科做不到这一点,没关系,还有别的学科,如果整个教育学科都做不到这一点,那就要命了,那我们就是在自说自话,自娱自乐。当然现在有一种状况,我也感觉有一种很可怕的趋势,就是我们国家现在盛行的这种经验主义。中国文化传统,可能跟西方不一样,从来就缺乏这样一种追求纯粹思辨的传统、追求纯理论的传统。现在社会整个状况,应当说更加追求眼前的利益,即所说的"急功近利"。相应来说,在教育当中,更多就是一种经验主义,什么就是拿来就用的,就是好的。而对于纯粹的理论思辨的东西,对于基础学科的价值,则多少抱着怀疑的态度。对于教育学来说,我们的人文学科化和社会科学化,相当铁轨两轨一样,必须要同时发挥作用,否则学科很难在整个知识殿堂里找到应用的地位。

再有一个问题,对于教育学科自引文献数量的不断增加,一方面我们感觉这是这个学科在不断地丰富,另一方面也由此担心,是不是有可能会造成教育学科的故步自封,对其他学术、知识领域的进展毫无所知,或者说知之甚少。其他学科比如数学、物理、化学、哲学、文艺,有些东西只是人们精神享受的一种需要,有的是理智探索的需要,教育学科不完全是这样。在现实当中,不存在数学生活、物理生活、化学生活,也不存在什么样的文学艺术生活,教育却是我们每个人实实在在生活的内容,教育活动本身这样的特殊性,决定了教育学的复杂性。所以,教育研究并没有自己独特的研究方法,甚至都没有独特的概念知识,我们必须更多的依靠不断地从其他学科中汲取养分,这样才能不断地完善自己。在走向自主的过程中,这种自我封闭的趋势,应当说是非常可怕的。这可能是今后对于我们,不管是学者还是学生做研究,我觉得这是一个需要特别关注的一个问题。我自己带研究生,从来只跟我自己的学生讲,无论你是本科,还是硕士读教育专业,我希望给你开出的书单,都没有教育方面的书,更多的是其他学科的东西。吸收其他学科的知识至少有一个好处,帮助我们开拓眼界。一个人视野越广阔,看问题会更周全,尽管不一定更深刻。这是一个要注意的问题。

再有一个,前面提到教育当中有一个很重要的变化趋势,就是非意识形态化,或者意识形态色彩的逐渐薄弱。当然另外一个方面,就如我们人类总是要给自己造一个崇拜的偶像一样,过去不管情愿不情愿,被迫还是主动,总有几尊神在面前。现在逐渐地开始摆脱这样一种对偶像的崇拜,意识形态的一种束缚,但这几年来,我觉得有两个现象对教育研究造成了比较大的影响或者冲击。一个就是在教育界当中,充斥着大量翻译得极其不规范的、阐释得非常不清楚的国外的一些术语和一些学者的观点。平时有时候看一些文章根本看不懂，我相信有的时候，并不是真正外行到这个程度，有的东西明显看出译文本身有问题，或者说至少中国人不这么说。之所以需要翻译，就是希望把外国的东西翻译成中国读者能够接受的东西，在教育学现在很多新名词当中，这样的词应该说很多，我不敢举例子，一不小心，就不知道得罪谁了。但你们自己可以注意一下，不是外语水平高不高的问题，也不是专业水平高不高的问题，完全偷懒，特别是从日文的文章翻译过来的，更是如此，把日文的汉字直接变成中文的汉字，那我估计中国人真得动脑筋才能想明白。这还不是很可怕的，很可怕的是把中国很多教育的东西，都和国外学者现在研究的东西，几乎不加过渡，或者不加区分地搅和在一起。现在流行的很多概念，说实话，本身理解就有问题。再有，我们国家教育发展水平是不是已经到了国外有些学者现在所批评的他本国教育的一些状况，或者说他主要提出的一些解构的东西？一方面需要不断学习国外的东西，但更主要的是把国外的经验吃透、弄明白，在这方面我们上的当吃的亏是很大的。至少我们应该有这样的自信，跟国外的学者，至少在人格上、智慧上应该是平等的。我们可以学习，跟人家平等的交流，并不是把自己当作学生。

改革开放三十年来，教育界是最热闹的，也是最喧嚣的。这个可能跟教育学研究本身的传统有关系，或者说跟我们不注重学术传统有关系。每到教育部或者中央国务院的一个重大教育政策出台之后，你们可以看到经常会有成篇成批的论文或成果出来，来讨论这个问题。关于素质教育，输入"素质教育"这个关键词，文献你知道有多少吗？几十万篇，我相信这里面，恐怕真正有价值的，不会太多。学教育的，搞市场经济的都去写教育改革和经济、市场经济的文章，一搞新课程改革，都去研究课程改革，整个的教育圈子，没有一个很稳定的教育生态。就学者本人来说，也没有这样一种稳定的学术研究方向，现在虽然说好一些，但总体来说，我们现在主动的趋利倾向非常明显。过去是不自觉地崇拜一些东西，现在虽然意识形态的思维淡漠，但是受行政决策的影响越来越强烈。你们可以看一下学者个人研究的积累情况，确实可以反映出学科本身的传统，很难说已经完全建立。至少可以说，如果有这个传统的话，这个传统还没有发挥使人能够心平气和的作用，建立这个传统或者重建这个传统，我们还需要很长的时间。在这个过程当中，我特别觉得我们的同学也应该有所作为。今后用不了太长的时间，我觉得中国教育如果不发生一些很重要的变化的话，可能日子会很难过，当然在现在的体制下，我们也不至于失业，但至少自己说话的声音，自己说话的底气，可能不会这么足。

我讲的大概就是这些。下面如果有比较多的时间，我们来交流。（掌声）

学生A：相对来说，能在《教育研究》上发表文章，都是相对老一点的名家，而这些名家的外文基础可能相对较弱一点，这限制他们文献检索的能力。所以按照我的想法，引文中，外文文献就少一点，这能否这样解释《教育研究》也是我们国家学术霸权的一种代表性的反映，这抑制了学术的自由，对我国教育的推陈出新，发展进步起到了一定的阻碍作用，不知张老师您是否同意这样的一种近似于偏颇的看法，附带说明一下，我无意于攻击咱们的教育学家。

张斌贤：近似于什么样的看法，我没有听明白？

学生 A:偏颇,偏见的偏。

张斌贤:偏颇往往造成一种深刻的东西。《教育研究》上发表的文章,我们没有统计过作者的年龄,这个你们可以接着做。我在《教育研究》上发表文章的时候是 25 岁,文章是 24 岁写的。我始终也没有觉得《教育研究》有多么的了不起。现在来说有阻碍,你这个说法我觉得很新鲜。因为我也第一次听说,我不好说你的观点偏颇不偏颇,因为你只要有根据,它通常是自然能成立的,当然别人能不能接受,是别人的事情。因为没有做过作者年龄的统计,所以我们不好说它的发表因为作者的年龄比较大,外文比较差什么的。其实作者年龄大与外文差能划等号吗? 好像也不能。其他的学科可能也有一些老学者也在写文章,他们是不是也因为自己年纪大,可以不看文献就写文章了? 我也不知道,我也不敢说,但是你的问题我觉得很难回答,从一般的规律来说,任何一种东西,它本身在形成很多积极方面的时候,可能除了它的提升作用,是不是还有压抑的作用? 从这个角度来说,你说《教育研究》怎么样,这个也能够成立。我不好对你的观点作评价,我也表达不清楚,说不清楚你的观点我应该同意不同意,站在我的立场,我肯定会说,你这样想不一定对。但是我又找不出根据,说你的观点是错的。但是同样我也相信,你也未必有确实的根据,特别是你讲的教育霸权,我们有霸权吗? 开个玩笑,下一个同学。

学生 B:张老师,您好! 我是来自厦门大学教育研究院的学生。我的问题是和您刚才的主题稍微有关的一个问题。您设计这样一个研究的时候,要考虑中外文献的篇幅。外文文献的篇幅通常比较长一点,而国内的期刊对这种篇幅要求比较苛刻,还有就是这种期刊的引文文献,通常会有一个控制。我相信您担任不少期刊的编审或者编委,应该有这方面的考虑,是不是说我们将来评价这种期刊的时候,需要给出这样的指标,它们应该要把这种文章的内容扩充一点,达到一种比较充实的内容,或者是您刚才的要求。还有第二个小问题,我看到介绍您的头衔中有一个是北京师范大学中国教育调查与数据分析中心主任,那我想您要做实证性研究,或者是这种大规模的研究,这种基础性的工作是非常值得尊重的。但是这种工作通常需要一些很大的投入,它需要有相应的研究人员的支持、设备的支持还有良好的研究设计。这样的研究方式,需要很多人的支持。作为一个研究生,他在三年攻读学位期间,通常是很受限,不能获得积极的支持。您在从事数据分析的工作,这种调查工作能够给我们研究生将来提供哪些便利的条件? 谢谢!

张斌贤:提供条件我不知道该怎么说,前面你说的这个问题,文献杂志还是有一些变化。比如说我们的《教育学》报,在正文当中是没有论文字数限制,这是最初我们改刊时明确提出来的,这个跟国外办刊的方向是基本一致的,我相信以后应该有些变化。但现在比较头疼的问题,就是有些刊物可能收版面费,所以有一些杂志的文章数量越多越好,页数越短越好。当然这些杂志还是少数,我觉得这个恐怕不是很难处理的事情,难的就是说,文章的字数多、篇幅长,其内容也随之丰富。

至于你后面说的我可以多说一些,因为这些年来,尽管我自己的专业是教育史专业,也因为工作的需要,也因为其他各种各样的偶然的或者不偶然的因素,实际上我一直觉得中国的教育研究,或者说中国教育学者,在和国外教育学者交流的时候,困难很多,阻力很多。那么我就在分析,什么因素造成的? 当时北京师范大学教育学院和我们前年在新加坡成立了一个国际教育学院联盟,现在是十家,包括中国大陆,整个的华人地区或者中华人民共和国版图之内,加上新加坡南洋理工大学、英国伦敦、美国威斯康星、巴西里约热内卢,当然是要找这些国家最好的机构或者最好的机构之一。其实我们对外交流当中,始终存在障碍,第一个障碍可能是语言,当然我觉得这个对于很多的学者来说,已经不是问题了;第二是文化,中国人的表述方式和外国人的表述方式是不一样的,所以这个也影响交流;第三个我觉得最主要的是方法。文化不能改变,语言是可以改变的,外国学者学不会中国话,中国人聪明,勤快点,把他们的语言学会了。文化不能改变,我们改变不了他们,他们也改变不了我们。还有一个必须要改变的,阻碍我们交流纽带的核心的东西——研究的范式。从选题来说,我们研究的题目都是比较大的,做教育史的一般研究至少十年以上,甚至五十年、一百年。当然现在好多了,过去我们读博士,论文都写一个朝代的,后来写一百年,后来写五十年,当然到现在为止,我们希望学生最好能写一年,能写一些更好的。我们遇到过这种问题,从选题来说,大多数情况下,选题不对称,其实并不是说他们跟我们没有交流的内容,没有交流的需要。其实是无法交流,你在"半空中",他在"路底下",你说不着话,这是选题。再一个是方法。教育很多依靠背后很复杂的文化背景,你如果做一个问题很依赖于文化背景的东西,说实话,没有一个老外有这个耐心听你把这个背景讲完。他们的研究问题都很具体、很实际,方法也不一定就是所谓定量的东西。有的时候会是定量研究,有的时候是定性研究、定量研究结合,有的时候还会应用别的方法。这是阻碍中外学者交流的最主要的因素。当时也就是极力想倡导定量研究,所以成立了这样一个机构,为什么成立这个机构呢? 当时香港有一个老板跟我们签了一个协议,资助我们来做研究,就是说拿资本家的钱,做社会主义的事情,就要做定量的研究。在 2006 年,我们做了一个全国性调查,18 个省市自治区,做了将近两万个样本,花了大概60 万的经费。调查题目是什么呢? 我们现在都在讲,上学难、上学贵,当时我们选的题目是"义务教育阶段家庭教育支出",我们谁都知道入学贵,连温家宝总理也在说入学贵。这个概念本身,仔细分析是非常不确定的,非常有问题! 就跟我们买东西一样,你说这杯水、这瓶水,对于同学来说,可能没有问题,对于收入比你们还低的人,他们可能觉得还是个问题,对于朝鲜有些人来说,那是要了命的价格,一般矿泉水三块钱人民币,相当于朝鲜一般人的半个月的收入,相对性这么大的东西,你怎么能够确定它是贵还是不贵? 当时我们主要针对这样一个问题,当然做这样一个调查,农村的和城市的都做了。最后统计出来的一个数据是城乡有别,在农村上学贵的问题,应该说远远低于城市。因为农村都实行两免一补,实际上这个花费主要是在学校之外。我们统计的家庭,一个学年总共两千多元,对于很多家庭来说这应该是不低的。

当时做这项研究也发现,艰难的程度比想象的大得多。当时从我们来说,不怕经费,也不怕没人,这些年引进了很多都是以定量研究见长的老师,还有一支学生队伍。最怕的是什么? 没人理你,比如我要到你这个地方做调查,没有一个单位接待你,你这个调查就做不成。有单位接待你,单位都不知道你要干什么,它得请示,这一请求,十有八九是做不成的。比如校长请示局长,局长请示县长,这一请示完了之后,半年过去了。难就难在这里,但是我觉得这个事情,是非做不可的事情,就像市场经济是中国不能不补的课一样,实证的研究是中国教育研究不能不补的课,应当说现在主要是意识的问题。过去我们做研究,确确实实没有条件去做实证调查,因为课题两三千块,买书都买不到几本,还怎么出去搞调查。现在我觉得主要不是条件的问题,条件问题有,但主要是我们的意识问题,观念问题。首先,相当多数的教育学学者,觉得定量研究没有意义,所以你费了半天劲,花了很多钱调查一个结论,我都知道,你调查什么?那我现在对这种说法,我说我调查出来的东西,比如知道的要准确,这就是我调查的目的。我们中国人思维方式,本来就比较容易大而化之的,总体上,一般上。但是如果是真要科学,你必须准确,至少要尽可能接近准确,这个只有靠调查,只有靠定量的研究。那么我们现在没有这个能力做全国性调查,那可不可以做区域性调查,我做不了一个省的,能不能做一个城市、一个区,甚至做一所学校的,每个人都去做这么一点,加起来就不得了。没有数据你很难做定量研究,但是你总不去做,永远就没有数据,你只能跟老外说,我认为……老外不知道你认为的依据,事实依据是什么,前面我们讲到的,就是为什么会过多的依赖图书,因为很多研究不需要事实,不需要数据支撑,只需要逻辑顺利就行了,但是我觉得这个事情,早晚有一天要做。我不知道我是不是回答了你的问题,至于你说要提供条件,我不知道你是需要我提供什么样的条件。

学生C:非常敬佩您在推广基础教育方面的调研工作,我觉得这个是非常非常值得肯定和佩服,但是基于这些数据,为了让它更有影响力,实际上应该让我们的研究生,让我们的这些学者来分享这个数据,因为我们知道社会科学界的这些最新研究最近已经开始逐步开放使用,那这些也就是提供给学者分享这些数据的一个平台,同时扩大了这些数据真实的影响效果,我觉得这对推进我们的研究是更有意义的。谢谢您刚才的回应。

张斌贤:完整的报告现在没有公开的出版,本来想在教育科学出版社出版,后来因一些原因搁置。但是有些文章已经发表在《教育研究》和《教育科学》。我们几个课题组成员,已经发表了一些研究成果,有些已经报给了国务院发展中心、全国人大党委会、全国政协,包括教育部办公厅,全文的东西现在没有发表。这不是保密,我们没有什么可保密的,客观的原因是说没有及时出版或者及时发表,主要是这个原因。如果你需要我可以提供给你,没有问题。我有EMAIL地址,你给我发EMAIL,我可以给你提供一部分东西,但希望你能注意引用。

学生D:张教授,您好!我是华东师范大学的一名研究生,今天是第二次听您演讲。我第一次听您演讲是我读本科时。

张斌贤:在哪?

学生D:我就读于河南师范大学教育学专业。今天我想问一个关于教育学专业本科生培养的问题,因为现在全国各个地方都开设了教育专业,并且招生人数每年都在不断地增加。这些学生毕业后,大部分走向了"考研",还有许多走向了"市场",选择了就业,但是他们在就业的时候,碰到了很多就业的限制。那么我想问的是,你对我国教育学专业本科生的培养,有什么样的想法?

张斌贤:这个不是我有什么想法的问题,接下去这个教育专业的本科生肯定要发生变化,而且教育学专业的研究生的招生培养情况也要发生很大的变化。今年大家都知道,教育部决定全日制硕士研究生增招五万人。五万人当中，其中五千是招了教育硕士。很多人会认为这是一个临时性的决策，为了减缓今年的就业压力。但是我们知道，按照今年的就业压力来说，这五万人无异于"杯水车薪"，但是现在我们知道的起码来说有一种意向，将来在硕士研究生层面，可能是以教育硕士为主，也就是说，我们现在学术型教育学的硕士在招生数量会有明显的变化。至于有多大幅度，我不知道，但是我相信会有很明显的变化，至少变化得能让你能感觉得到，由此将影响两头，下面影响教育学本科专业的招生，上面影响我们教育学博士研究生招生。这个影响至于是什么样的，说实话谁也说不清楚，但是我相信，这个趋势出现以后，教育学本科专业肯定会受到极大的影响。

学生E：关于研究，您觉得我们应该注意些什么，谢谢！

张斌贤：因为专业不一样，所以研究工作本身的情况不一样，很难一概而论，我也只能说总体的。反正至少从我来说，在学生选题的时候，我提出的一个最高要求，就是小问题大视野，这是我提出的一个最重要的要求。就我们研究的本身来说，一定要选尽可能小，小到不能再小为止。当然问题本身是有意义的问题，找一个没有意义的问题，研究意义也没有很大的。那么一旦有一些，就是说我们往往可能不是确定一个题目，而是一个范围，确定这个范围之后，我觉得从研究方法，首先一点，就是要充分的占有与这个问题直接相关和间接相关的已有的研究成果。这是特别关键的，别人都已经做过了，你再去做一遍，又不能跟别人一样，更别说超过别人，你这个工作就是无效的，重复劳动，那是没有意义的，既浪费了你的青春年华，又浪费了我们的资源，何苦！这个工作我觉得是非常好的，对我们同学来说，非常好的甚至包括体力、智力、毅力的锻炼，而在这个过程当中，大家一定要善于去学习其他的人。我有一定的体会，就我的学生当中，会查资料与不会查资料，不说天壤之别，起码也有高空一千米的差距。我跟有的学生讲："我告诉你三个关键词，你帮我去查。"他查一晚上，然后告诉你："老师，没有。"那我说："没有就没有。"但从直觉上来说，不可能没有，或者不可能只有他告诉我的那一点东西。我另一个学生，他一晚上会打一个很大的文件包给我。同样的研究生，也没有教他独门功夫，没有给过他偏方。我觉得现在对我们同学来说，信息的搜索能力、处理能力、运用能力可能一点不亚于你们的语言能力和运算能力。怎么去查资料，怎么样能够用比较快的时间，比较低的成本，收集尽可能多的资料，而且是有价值的资料，同时能够很好地去阅读它，这是研究生的基础。那么在这之后，有的研究可能需要去访谈，有的研究可能需要去做问卷调查，有的可能需要用其他的方法，这个可能因题目不一样而不一样，没有一个方法是普遍适用的，或者是放之于四海而通行的。那么在做研究当中，我只讲做研究的基本套路，第一步，弄清楚已有研究基础。第二步，一定要逐步把自己的问题弄清，我到底要研究什么问题。有时候，我们很多的包括已经写成论文的所谓的题目，实际上不是论文的题目，只是研究的对象。这个之间是有很大的不同。我举个例子，曾经看见过，有的学生通过答辩硕士论文，他会讲子女教育的问题，或者说教师教育的问题，或者某一个地区的教育教师聘任，或校长聘任，那我们看完这个感觉没有问题。一篇文章最怕没有问题，我们现在比较多的就把对象当作问题，我的研究对象，比如说这个瓶子，这只是我的对象，我的问题是什么，比如它是什么材料构成的,这就不一样了,你研究这个瓶子是一个路子,你研究这个瓶子里面的问题又是另外一个路子。路子不同,你的方法自然不同,角度变化了。

再一个我们这么多年指导学生,包括毕业学位论文答辩,我自己感觉,同学一定不要图省力气,这个只有害你自己。这个当然不是研究方法,我是特别希望跟同学说,一定不要偷懒。当然这不完全是同学的问题,有的时候是学校安排的问题,甚至有时是导师的问题。有的论文一看这个题目,就知道导师没有好好看。所以很荒唐的事情就会出现,你稍微把点关,这个问题就不会出现。但如果你要图省力气,那这个论文是不会好的。我经常跟学生讲,在一件事情上,你尽全力去做,实际上就你自己的智力水平,你的工作能力,相对地得到提升,你下次做事情是在新的高度上去做的,这样你就越长越大。什么事情能过去就过去,最后受害的是自己。这个说起来是老生常谈,我上小学时老师就跟我讲过,这么多年了,但是我现在觉得,最难做到的事情就是被老师常谈的事情。你们在座的同学,谁敢说每一件事情都做得全力以赴? 自己做到几次? 我不敢说,有时候会偷懒的,人有惰性。但起码来说,在关键事情上,一定要倾全力去做。其实我跟大家讲,这个事情实际上就是自己生活的经历。我有时也跟人讲我们不太愿意在别人身上学习东西,总觉得因此显得自己差了,其实不是这样的,我说很多人是花了很多的代价所赢得的教训,免费提供给你,对你来说是多么划算的一件事情,为什么不好好去学。你不能说,以后不会像他这样,这个你可说了不算,我想人生当中、人的成长当中,只有几个是关键阶段,每个关键时期,它总有几个关键点。你把这关键点该做的事情做好了,你就可以非常好的平稳地度过这个关键时期。今年是我们大学入学三十年,下个月要在北京搞同学聚会,实际上我也在反思自己,其实我自己心里很有数的,论智力、理论各个方面,我和其他同学都是一模一样,只是运气好而已。我们班当时是一个大班,53 个人,论年龄我属于比较小的。你要知道跟学生有什么可讲的,就是我做事情一直是比较认真的。有的时候说到认真,说实话,我的学生比较害怕我。也没有要求你这么做,只是我多年工作,多年这么做的,所以养成习惯了,不这么做反而别扭,这么做我也不觉得累。我们并没有觉得自己有多么了不起,只是从生活经验来说,我觉得各位同学现在你们做什么,方法不主要,关键是你们的态度。我知道各式各样的学生都有,那你至少为你自己负责任,咱们不说大的,为你自己,就为你自己家庭,我觉得这个态度是第一位的,做事情一定要严谨、要认真。

再一个在论文过程当中,可能还有一个技巧,这是我们当年做论文时使用过的,我觉得很好。你在做论文过程当中,尤其做论文比较关键的时候,比较别扭的时候,就恨不得有要去跳楼的感觉的时候,前进着没法"how to do",这个时候你也不可能跟哪个老师去交流,当然最好是经常跟老师交流。如果做不到,就经常跟同学交流,特别是跟你一起做论文的同学交流。我觉得这个特别管用。因为有的时候,你自己想不明白,你跟人家讲,讲着讲着,你就会发现,我自己没有想明白,或者有的时候我认为我自己想明白了,我讲着不明白了,我就知道其实没有想明白,或者跟别人讨论的时候,别人可能无意当中一句话,也可能对你有醍醐灌顶的作用。

至于具体研究方法,我想可能各个学科,不同的论文选题都各有差异,所以不好泛泛的说,我只能说说做论文过程当中,可能对同学精神状态有这样一些建议和想法。还有问题吗?

学生 F:张老师,您好! 我有一个问题,您在讲的过程当中,也讲到了很多论文的引文可能是摆设,但您既然做的是引文研究,那您在这个研究的过程当中,有没有对这些所涉及到的论文,它的引文出处进行排除,因为那很可能涉及到这个论文的信任度,可靠性,那您有没有做这个工作?然后还有一个小小的不同的解释,就是对于会议这一事件,不是我的解释,是曾经元老师的解释,他认为会议论文是一个很麻烦的事情,因为有些人不是没有引用,是他直接用了,但是没有注明出处。很多港澳台的学者很害怕开这种会议,因为开一个会议之后,他的很多观点就被大陆学者所用,也不能说剽窃,就是直接引用,但是没有标注,所以说这是不同的解释,就是很可能不是说论文没有被引用,而大家直接引用没有标注。第三个小小的疑惑,就是您提到了曾经对一个没有任何引文的硕士论文的学生手下留情了。因为您今天一些学术观点对我们来说,可能并不新颖,但是很深刻。因为如果是我们来说,那就是发发牢骚,但是对您来说,而且您是负责任的说,那就是能有证据的,更有说服力。但是在这之后隐藏着一个更大问题,就是就像您说的,即使这样,陷于学术内部的权力的也好,或者说学术利益共同体也好,您或者您身边的人因为一些面子问题,最终还是手下留情,其实是放过了一个很好的机会去惩诫,我觉得我们学生可能还是年轻,至于掌握学术权力的人,如何在学术利益共同体之内,能够在制度上去规范和引导,很可能是一个更值得思考的一个问题,谢谢您!

张斌贤:我感觉好像都不是问题,你都已经自己解答了。

学生 F:就是第一个问题,您有没有,最近一个排查的工作?

张斌贤:坦率说,没有。因为不好查。比如说,我写一篇文章,后面放了五个注释,你说你找出一个说,这个是为了增加引文放进去的,这个工作,实际上我们没做,而且我觉得也不太好做。

至于会议论文,我不知道是否存在你说的那种港台学者所认为的大陆学者的那样。我觉得双方互相不了解。这几年交往多一些,但双方的了解仍然有限。至于你后面说的事情,说实话,世界上的事,不如意的事常有八九,这个没有办法的。我们自己在校内可以狠一些,但是出来,有的时候毕竟到别的学校是客人,有的时候也不能反客为主。其实每年我都碰到这种情况。

学生 G:张老师,您好! 我来自东北师范大学,我有一个问题,教育研究方法,不仅包括就您刚才说的量化研究方法,还有一种质化的研究,那我想请教您的就是,我们在做论文的时候,能否将量化的研究和质化的研究同时使用? 谢谢!

张斌贤:这个问题其实我觉得就看你研究的这个问题是什么,其实最好的研究方法的使用,可能是几种研究方法相互在使用。我有一个学生是学历史出身的,他做一篇论文,当时所有答辩的老师,包括校外的,都说这个硕士论文写得太好了。他写的什么题目,我不知道我这儿有没有学世界史的同学,他写的是英国 18 世纪的一个社会阶层,叫约曼农,后来消失了。消失的原因是一部分进入到上一层,一部分沦为农民,它实际上处于中产阶段和赤贫之间的这样的一个阶层。他当时的研究是教育在约曼农这个阶层、这个社会分化所发挥的作用。在里面运用了一个很重要的东西,掌握大量的数据,社会学的方法、视角,社会史的内容,教育史的内容,又同时采用了文献的方法,比较研究的方法,最后特别重要的采用了计量史学的方法。为什么这篇论文,大家的评价都很高？多种因素，他都结合，所以我刚刚跟你们讲的，尽可能多读一些教育学以外的东西。教育学以外很多方法，可能相对比较成熟一些，用它们的方法来研究教育的问题，往往是容易出彩的。所以说研究方法哪个好，我觉得恐怕不能一概而论，只能是根据研究工作的需要。

学生 H:尊敬的张教授，您好！我是福建师范大学的李恒庆，很荣幸能够第二次聆听您的讲座。我是成人教育学专业，成人及终身教育，第一次听您讲座是在北京师师范大学，2005 年的时候。我的问题主要分为两部分，您今天的讲座，下午这一部分，就是关于《教育研究》杂志引文，那么我看了确实印象非常深的，或者我注意到一点，就是您有提及到，比如说我们国内的学者在引文部分有可能对中文占一个绝对性的优势，对外文的文献似乎有所忽略，虽然在近十年，有所增长，有所重视。那么我想向您请教，作为我们年轻的学生，或者说未来的教育工作者，以后如果去做好这方面的努力，也就是说如何重视外文文献在教育研究上的应用，自己如何做？那第二部分的问题是，我注意到，在文献部分一般来说我们目前中文的出版物，索引(index)，似乎有 index 的书比较少，而外文的文献，不管是英文、日文或者其他的德语什么语，一般来说，全部的书都有 index，似乎这个在我们在运用参考文献方面比较方便，如果有 index 的话，所以我向您请教一下，就是对于教育的出版物，就是书籍，或者说社会科学，自然科学也好，您对 index 索引这个问题怎么看，谢谢您！

张斌贤:说到 index 的事情，其实我在读研究生的时候，就注意到一点，查英文的东西比查中文的东西要容易得多。因为它们有索引，中文到目前为止，基本上没有索引，但现在有一个好的变化，一些译著，出版社会把这个索引保留下来，过去连这个都要删掉。那么什么时候有中文这个东西，我不敢说，但我觉得确实有这个东西对于帮助研究和学者查询，是确实起很大的作用，这也便于检索。第二个问题，我觉得其实从我跟我的研究生打交道的过程当中，我发现一个问题，我们的同学其实可能一个是胆量的问题、一个是习惯的问题，不敢碰英文的资料，我现在的硕士研究生进来的时候，第一批就开始碰英文的资料。我跟学生讲的是，我相信，你的英文水平一定比我的英文水平要高，我的英语学过多少次，都是从头开始学，在大学我们还是从头开始学的。应该说我们很多年纪比较大的同学没有学过英语，所以就"炒冷饭"，不知道炒了多少遍，在小学高年级的时候基本上换了一个老师从头到尾重新学了一遍，而且基本上很多坏习惯都是我们老师教的，就拿一个来说，中文的注音。我觉得你们可能会比我们好，所以首先对你们来说，不是能力问题，所以是胆量问题。看不懂没关系，你一天只能看一页，没关系，看出门道来了，你看得也就很快了。这就是熟悉的问题，那么里面有很多单词，看中文的东西，你也不敢说，看的东西里所有单字你都认识，不可能的事情。我觉得首先还是一个胆量，但更主要的还是一个意识的问题。我觉得国外不是什么东西都是比中国好，但是在教育研究方面，有一种规范的程度，确实需要学习。刚才我讲的台湾的学生如何，其根源就在于他们的老师，相当大的一部分，要不就是留美的，要不留英，个别是留日的，还有小部分留德国的，还有极少数留西班牙的。它的套路我们很熟悉，他们一讲我们很熟悉，国外就是这么弄的，至少从研究的规范来说，是不是还有不好的东西，我不知道，但至少从规范化来说，我觉得要好一些。我觉得现在你这样一个所处的时期，对于国际教育这样的一个掌握,可能比我们在你们这个年代的必要性和重要性要大得多。你们的老师可能年龄比我还要大,有的可能比我的年龄还要小。但我们这些这种背景下成长起来的人,可能对于外文资料,由于成长环境当中特有的一种影响,我们确实不是很重视。有些学科没有英文杂志,没有英文资源,不能写东西。大多数学科一般来说,能不用就不用,能少用就少用。实际上也是和他的外语熟练程度有关系,也跟他的意识有关系。

学生 I:张教授,您好!我来自东北师范大学,我的研究方向是中国教育史。针对您的这个讲座,提两个比较小的基础性的问题。第一个就是您在表五里面说了被引用文献排前十名的学科,其中把第七个政策文件和第九个工具书作为学科来列,请问是出于什么理由?然后还有表九,对于一些交叉学科的论文,你是怎么进行统计的,怎么归类,比如它既属于教育史,又属于教育心理学,你是把它归为其中一个,还是两个都归类,是怎么统计的,就这样两个小问题。

张斌贤:因为政策文件在这个学科目录里面不好归类,它既不能归成教育学,也不能归成别的东西,所以当时我们自己,为了便于统计,就当设计了这样一类,确实它不是学科。因为主要是要和其他学科进行对比,至于你说刚才说的有交叉的问题,这确实是一个好问题。在我们做的过程当中,这个问题是最为头疼的。所以后来只好这样,比如说,看它的文章标题,可能是既属于学前教育,也可能偏向于说理,你说它是学前教育的还是教育史,它可能都可以算。那么我们一般都这样,不重复计算,你列入了教育史就算教育史,它不会再出现一遍,这方面本身肯定是有问题的。当然问题就是说,在没有这样一个东西的时候,你做了总是要比没做要强,所以当时他们也有,包括我们学院的学生也在问我,为什么做这个,后来我就说原因很简单,做杂志的,用引文的,在我们之间都有,但就是说对一个杂志做三十年的研究,我现在没有。那么我们所尝试的工作,肯定会有很多问题的,一个研究要把每一个问题都解决了,这是不可能的事情。你刚才讲的事情,就学科归类,确实有这个问题。这样还算好的,就是说它还能够分类,最怕的就是有些文章你根本无法分类。有这样的文章的,但是比较少。

学生 K:张教授,您好!我来自南京师范大学,我有一个问题想向您请教。在我们教育研究领域,在教育学界,我们知道有一种越来越深刻的感受,现在阅读的外国文献越来越多,而中国文献越来越少,我想在座的各位,肯定没有人没有讲过《理想国》,没有人没有讲过亚里士多德,就是古希腊三哲他们的作品,也没有系统地读《中庸》、《大学》、《论语》,不是说他没有看过。刚才在您的讲座中,因为您今天给我们的讲座内容是三十年来,教育知识的来源的变迁,其中有一项统计的是,就是中文文献,还有译文典籍,英语文献,我注意到在译文文献中,它有这样一种趋势,这三十年中,英文文献,它有由高到低发展一个变化的过程。正好跟我们自己,在实际的研究当中,我们所感觉到的,阅读的外文文献越来越多,这刚好是相反的,而且您在最后一张 PPT 中,有一段话,意思是这样的,在学术研究领域,这种非意识形态化趋势,教育研究的非意识形态化趋势表明教育学科摆脱教育政策,教育意识形态的影响,逐渐走向独立。但是与此同时,应该特别提醒我们要注意对国外教育研究成果的当代依附,所以我想请您解释一下,实际我们在越来越多地读外国文献,但是您这个研究结论中,刚才是相反的一种情况,您怎么做解释?

张斌贤:其实我觉得这个实际上不矛盾,因为我们只能就得到的数据来呈现,至于说数据怎么去解释,可能仁者见仁,智者见智。实际上我现在感觉,就是说,从大的方面来说,五四运动以后,就中国人从思维方式、价值观念,应该说有一个极大的扭曲,过去我们对于自己的固有的传统、自己的文化,这样的一种自信破坏了。有学生跟我讲,也是有一次讲座,在课堂上,这个学生问我们某个老师读什么书好,比如说读赫尔巴特的《普通教育学》,还是读陶行知的?后来我们老师这么答复学生的,赫尔巴特的可以读,陶行知的可以不读,太老了。我说,如果说这个老师还在和你聊这个,你让老师查一下,赫尔巴特跟陶行知谁更老。在我们的一些知识分子中,孔子是可以不读的,他说的都是"老生常谈",柏拉图是要读的,他说的是真理。这是我们自己的这种价值观的问题。现在来说,一方面我们讲英文当中,一是译文在增加,一是译文在变化,在由多到少,再一方面英文在增加,但我说的是一个什么情况?译文和英文的这种变化,和我们国家参与国际的趋势实际上就是呈现一种很复杂的关系,不完全是一一对应的。但起码也不该是这样一种状况,我们比较担心,就是说,教育研究是不是有可能,在一个相对封闭的环境当中,缺乏与国际交流这样一个状态下进行研究的。另外一个方面,很奇怪的一点,那就是我们经常是引用这个斯基,那个拉夫的语录,而我们绝不想到这句话,孔子、孟子比他们说得好的多。或者说国内的学者就挟洋自重,这个情况就不光在教育学术界,在其他社会、人文社会科学,也都是非常普遍的,非常必然的。包括我们有些老师讲,有些学生,引用国外学者的话,往往我跟你说美国著名教育家,其实我估计这个人在美国就没几个人认识的,但就为了表明我引用的这个人的权威,我给他封个著名的,反正也不花钱,这个没成本又提高我的权威性,是很合算的一件事情,但是说实话,这也反映出我们这样的一种心理。我觉得,这点倒不可怕,就是应该要意识到我们有这样的问题。但是另外一个方面,就是说很快我们会经历这个过程,但我担心挟洋自重的这种状况,是不是很快经过一个非常迅速的过渡,到另外一个极端,我们是容易出现一个这样的极端的。两个都是很危险,都很可怕。(掌声)

录音整理:葛　丽(华东师范大学课程与教学系)

乔卫丽(华东师范大学教育学系)

学 生 感 言

● 张斌贤教授在讲完学术自由的故事和分析完近三十年我国教育知识来源的变迁后,告诫我们教育研究需要科学严谨的态度,强调在解决中国教育面临的问题时要考虑中国国情的复杂性,从中国的实际出发,这种对中国教育的关切深深感动了我。(华中师范大学　陈实)

● 张老师的严谨最为深刻，他的思考基于一个更广阔的视域，因而深邃。学术自由的种种就在我们身边，只是我们没有注意到而已。张老师的讲授带我们关注一个就在我们身边的但却容易被我们忽视的领域。（西安交通大学　贺莉）

● 北京师范大学张斌贤教授在 7 月 14 日下午做的报告应该算是教育研究方法指导的报告，主要表现在报告的结语部分，同学们听得很认真，虽然有些内容也算是老生常谈了，但是听张老师用数据说话，用事实说话，我还是受到了很多启发。（厦门大学　林上洪）

界定教师知识与教师学习:最近发展和新的趋势

讲演者:Lynn Paine

时间:7月15日8:30—11:30   13:30—17:00
地点:大学生活动中心报告厅

讲演者简介

　　Lynn Paine　美国密西根州立大学教师教育学院教授,社会与女性研究所兼职教授。主要研究领域包括:比较教育与国际教育研究,教育社会学,主要研究兴趣:中国、美国和英国的教师学习、教学和教师教育的比较研究。

　　学生主持人:大家好,我来自华东师范大学,非常荣幸担任今天的主持。今天来到我们现场的嘉宾是 Lynn Paine 教授。让我们用热烈掌声欢迎她,欢迎来到中国,欢迎来到上海。下面让我简单介绍下 Lynn Paine 教授,Lynn Paine 教授来自美国密西根州立大学教师教育学院,主要研究领域为教师教育。今天她将与我们分享她在教师教育研究领域的成果,她还对社会变化与教育关系,地区与国家,特别是东亚的教育非常感兴趣。下面让我们欢迎 Lynn Paine 教授为我们做精彩演讲。

　　Lynn Paine:这里有多少人是硕士生?有多少人是博士生?有多少人曾经教过中学?有多少人曾经教过小学?(举手)很好,你们都学习教学法,学习教育。我今天的主题是教师知识与教师学习,主要关注美国的一些研究发展及新的发展趋势。先来介绍一下今天的整体安排,一共分两个板块:第一板块是教师知识及教师学习;定义教师知识和教师学习的框架,主要包括界定教师知识;在社会文化学及情景视角下的关键概念;界定教师学习,这些概念在今天的研究中非常流行。第二板块是近期研究的三个案例,包括职前教师教育,新任教师学习和专业教师/经验教师学习。以下是三个研究方向:(1)从比较的视角对未来教师的知识的研究;(2)通过比较分析重新思考初任教师;(3)在实践团体中审视教师学习。介绍我们如何界定、了解、理解师范生知识,如何研究新教师培训,如何进行经验教师的培训。这就是我们今天要讲的内容,如果你们感到累了就告诉我,我们就早点休息。

首先,我们进入第一部分,教师知识。主要是建立在 Lee Schulman 的教师知识的框架上,你们有多少人知道 Lee Schulman? 在美国,Lee Schulman 是个很有权威的学者。他做过美国教育研究协会的主席,是过去三十年中,教师知识研究领域的研究领头人。在两次非常重要的辩论中,1986,1987 年,他认为教师知识是一种特别的知识,今天在美国的教育研究领域会说这是很正常的观点,但在那个时候,这是个全新的观点。人们谈论教师需要有特别的技能,但认为知识就是指学科知识,如数学教师要有数学知识,物理教师要有物理知识,或者普遍的知识就可以了,但是没有人说教师需要有特殊的知识。但是 Lee Schulman 认为一旦我们把教学看做是项专业,教师就需要有特殊的知识,而且是专业的知识。这些知识应该是容易定义的,容易测量的,可以被记录的。于是,他就开始研究教师的知识。他认为要辨认、实证记录,分析知识的特殊部分,教师知识应该不仅仅只有基本技能、学科内容知识和教学技能。Schulman 对教师知识基础进行分类,包括:学科内容知识、教学法知识、课程知识,包括、学科教学知识、学习者知识及他们的特点、教育情境知识、教育结果、目标和价值的知识以及他们的哲学和历史环境。同时,Schulman 指出教师知识应该同教师一起有所发展,教师头脑里拥有的知识,不一定能从他们的嘴里清晰地表达出来,教授给学生。所以,他认为研究者需要学习,这对教师知识很重要。他的观点现在有很多人认同,即教师应该有更多的学科教学知识,但在此之前,人们主要关注技能,人们去测量、观察这些技能,但他提出同时也要关心知识的思考、推理、理解和主动使用。

他对教师知识的描述有很多类,首先是学科知识,比如我是数学教师,我必须有数学知识,第二是普遍的教学知识,能理解普通的教学原则,这比只明白技能要重要,知识是不仅仅知道是什么,还要知道为什么。比如说你知道如何备课,备些什么内容,还要知道为什么这样备,如果你知道原因,那你就掌握了学科知识。然后是课程知识,这和学科知识不同,这是关于学校多年发展的知识,各年级学生的知识水平,比如小学到初中的数学知识,同时也要理解学生学习各阶段知识的关系,课程是如何随着教育变化而变化的。这是一些特殊的知识。一个数学家可能有学科知识,但数学家不一定知道一个二年级的学生学点什么数学,其他学科学了什么。然后,他描述了一些他称作学科教学知识的内容,这是特殊的和学科相关的知识,教师需要这些知识来支持他们的教学,且这些知识与学生的学习有关。这一概念很有争议,但重要地是,很多文献里人们都引用 Schulman 的观点,我知道在中国也有很多学者引用他的观点。Schulman 提出教师需要有关学习者及其特点的知识,他们要理解教育环境、教育政策、学校组织、政府组织等等。同时,他提出教师也需要这些知识。

这是一个全新的观点,教师的学科教学知识概念(PCK)引起了极大的关注,超过 12 000 的研究文献使用了这一观点,Schulman 提出这一知识是唯一针对教师的。他们仔细研究了教师的教学工作,他们对教学的认识,他们称作的学科教学知识有两种:一个是对学科内容的表达。比如在数学里,一个核心概念是"相等"。数学家很理解"相等"的概念,但对于一个教师,他需要知道对不同的学生用不同的表达方式,比如对一个少年如何表达"相等",对一个青年如何表达"相等"。同时,教师也要知道多种表达方式,比如当学生无法理解第一种表达方式的时候,教师有第二种表达方式去帮助学生理解,而不是仅仅重复一种。学科教学知识里另一个关键是表达知识并使学生理解的知识。学生如何理解概念的,比如有学生可能会有具体的方法理解"相等",比如这个和那个是完全一样的。但我的理解方式和她的不同,如果学生出现误解,教师要意识到为何学生会误解。这是两个关键方面,不是仅仅关于学科知识的,也不是关于普遍的学生如何理解的原则,而是学科教学知识,是指学生在学习数学时,这些意味着什么? 或者学生在学习语言的时候,这些现象意味着什么?

现在有很多人在使用学科教学知识这一概念,他们学习并研究学科教学知识和普通教学知识的区别。最近,Deborah Ball 和她的同事们很努力地工作,希望区别学科教学知识和学科知识,她现在提出了特殊学科知识。Schulman 提出的内容,我们可以画一个圈表示学科知识,另一个圈表示学科教学知识,他们之间有交集,但很难区别在哪里。Deborah 认为我们要辨清教师的知识,要对每一个分类都有清晰的定义。她研究了上千名数学教师,希望理解他们所拥有的知识,并希望对每个分类有清晰定义。她说确实存在内容知识,对教师来说,是特定的学科知识。她同时指出,在研究中,他们给出了数学教师和数学家的例子,有时候,Deborah 所理解的数学内容知识在数学教师和数学家之间是不同的。在美国,我们认为数学家的数学知识比数学教师强很多。但是,对于特定的年龄段,比如小学数学,数学家可能不如数学教师了解学生需要哪些数学知识,如何教会他们。在她的研究中,她提出了教师所需的用于教学的知识。她提出,很多研究关注了教师以及他们所拥有的知识,我们要做其他研究,研究教师需要什么。我们来分析一下教师需要什么,这是一个分析教师需要的数学知识的过程,使他们能够备课,授课,关注学生,评价学生学习,看到学生的学习特点。她的项目研究教师的知识理解如何,他们还需要做些什么。在她的研究中,包括了她称做普遍知识;垂直的知识,领域里相关的及与未来相关的内容;特定的内容知识,包括学科知识和学生知识的关系,联系学科知识和教师,学科知识与课程的关系。她说,在研究中,我们应该多关注知识的分类,对每个学科知识的特点。我们也要界定核心知识。现在,在美国,有很多研究者感兴趣研究这些知识,他们观察教师做了些什么,为什么做。我稍停一会,看看大家是否有问题。

学生 A:请您解释一下内容知识和课程知识的联系及区别。

Lynn Paine:关于内容知识和课程知识的联系及区别。学科知识指:比如我在数学系的学生,不管我是否做教师，我都要学习数学学科知识。但如果我是一名数学教师，我要知道学校里的数学，比如在大学里，学校数学是高等数学，但是在中学，是基本的数学知识，理解数的概念，是非常基本的知识。课程知识是指理解学生何时学习何种知识，比如何时学习数的概念，这一概念的学习和初中、高中中的关系如何。学生的代数学习在哪个阶段，如何学习的。所以，学校的课程知识是在一个学校里，不仅是一个年级而是一个学段里，了解数学的学习情况。大部分学生高中毕业，他们学习过这一课程，但他们从未分析过这一课程，他们仅仅知道课程的知识，但不知道其中的结构，关系和逻辑。还有其他问题吗？

学生 B：您能否用例子来说明何为普通教学知识？

Lynn Paine：我将用我们大学的一个例子来说明。我们认为，教师教学需要理解如何去组织管理课堂，在美国，一个课堂里大概 25 个学生左右，我希望我的学生在课堂里有交流、合作等，无论我是哪门学科的教师，我都需要知道如何去组织这些课堂教学活动，和所教学科无关，这就是我们说的普通教学知识。和学科无关，但是学科教学知识就和学科有关。

学生 C：学科教学知识与学科是如何相关的？

Lynn Paine：学科教学知识是和学科相关的，我个人的想法是好像在中国，学习的概念有很长的历史。但在美国，我们在学科内容上非常自由。我们用普遍教学知识就觉得已经够用了，但 Schulman 指出我们不仅仅需要普通教学知识，还需要学科教学知识。

学生 D：对于普通学科知识和垂直的内容知识，我还是有疑问，对于教师，这两种知识都需要吗？

Lynn Paine：对于教师来说，这些知识都很重要，它们帮助教师理解知识之间的关系。但是，数学家，在实验室里工作可能并没有很好的垂直内容知识，因为他们可能仅仅只需要某一知识内容。我知道可能还有不少同学有问题，我们等下再说。

在中国，教师需要有一种知识，这一知识不一定是正规的知识，但是是教师非常个体的知识。Schulman 把这类知识叫做实践知识，研究者有许多研究与之相关。我知道北京大学的陈向明是这一研究领域领头人。这里强调了生活和实践中得来的经验与知识的重要性，这与 Schulman 和 Deborah 的知识体系不同，有些人可能觉得是非常不同，哪些是可以组合、测量、分类。加拿大的一名教授，写了很多关于实践经历的作用的文章，以帮助教师发展这类知识。他的研究包括动机、情景等，并且植根于个人经验，和教学知识、学科教学知识不同。很多研究者希望研究这一知识。

今天我将和大家分享，在社会文化下的教师学习与知识。有一些教育心理学家提出，对知识的理解对教师知识和教师学习很重要。首先，概念是建构的，最初人们认为知识是传授给予，但现在人们觉得我不仅仅是给予知识，而是学习者自己建构知识，不是传授者独自给予，而是学习者参与教学，参与课堂，交流，对话，自己建构各自的知识。第三，他们提出知识是和情景联系相关的，不是普遍的，也就是知识是和所在的情景相关。最后，他们提出知识是分配的。实际上，如果我们去看看某一知识,比如飞行员,在飞机上不只一名飞行员,他们都知道关于飞行的知识,在他们中有各自的工作和任务分配,每个人所需要的关于飞行的知识是不同的。所以,如果我们认同知识是社会的、建构的、情景的,分配的。那我们就需要以不同的视角研究教师知识,我们要知道学习者如何理解各种知识,他们如何在各类情景中学习这些知识,我们要关注工具。比如飞机上的机械工具,或者是教师使用的教具。教师如何使用教材的,教材如何影响教师的知识及观点。很多人觉得知识是文化性的,因为人们一起分享知识。

　　我认为我们应该把教学看作是一种实践,在我们的研究中,我们应该关心教学活动,教具,教材,教师办公室,学校政策,黑板,价值观。我们还应关心教师和其他人分享的想法。我们把教学看作是文化性的,我们看到了很明显的不同,中国、美国和印度的文化都不同,教学的文化不同,法律的文化不同,医学的文化不同,他们都是专业,都有自己的文化,语言。如果我是教师,我的行为里会有很多和律师非常不同的行为和方法,人们希望从文化的角度去研究教师的行为有哪些不同。有些人提出,今天的世界里,中国的美国的教师很相似,德国、加拿大、新加坡等地的教师很相似,因为他们都教数学,他们能分享教学文化。当我们讨论教学时,国家间的不同变得不那么重要了。但有些研究者,Stigler,即使都是教数学还是存在文化的理解,如在日本教八年级数学的老师和美国教八年级数学的教师在文化上会有很多不同,即使他们教授的是同一个数学概念或内容。我想知道在座的同学有多少人知道 TIMSS 研究?(举手)有一些同学知道。TIMSS研究如果我们对待同一个教学内容,可以从课堂教学的录像研究里发现教师如何备课、如何教学、如何组织学习者,在不同国家不同文化里有很大差别。

　　对于教师知识的介绍先告一段落,接下来讲讲教师学习。我先有一个问题"你们有多少人本科是在师范大学读的?"(举手)很多,很好。在中国,你们管这个叫"师范",你们可能在翻译到其他外语时会有不同。你们将"师范"翻译成英语是什么?Teacher education? Teacher training?学生回答"normal"。是的,你们将"师范"翻译成"normal",这是个非常有趣的现象。在美国,很多年以前,我们提 normal(师范),normal college(师范大学),normal education(师范教育)。但现在,如果我对我的学生们说"normal",比如说"Welcome to normal college"欢迎来到师范大学,学生们会完全不知道我在说啥。单词似乎很容易改变,但它所包含的意思很重要。在美国,我们说 teacher education, teacher training(师范),但是在中国 teacher training 是指教师培训。是不是在中国教师培训主要指在职教师?师范不用培训?但在美国,我们用 training 来指职前学习。在英国,人们经常讨论职前教师培训。问题是教师培训是否建议教师仅仅学习一些技能?比如我去驾驶学校,我学会如何驾驶、如何倒车、如何停车等一些驾驶技能。对于教师技能,如何提问,如何站立,如何板书,如何写好粉笔字。但如果我们说教师知识,这就不仅仅是技能了,知识和技能是不一样的,使他们知道这么做的原因,帮助他们做出决定,作出推理,就不能用技能这个词,因为技能这个词没法表达如何这么做的原因。我很喜欢中国食物,但我不擅长做中国菜,所以我只能说说西方食物,尽管它没有中国食物好吃。对于做西方食物,我们都能写一张菜谱,放多少面粉,多少水,多少鸡蛋,多少时间,然后就能做出一个蛋糕。培训就像做菜,教师测试学生,1 个小时,10 个问题等等，然后学生会学习，但这是一种很可怕的教师教学方式。

在1980的美国，当研究者提出教师不仅需要技能，还需要特殊的知识，我们开始讨论教师学习而不是教师培训。然后，认为有问题存在，人们学习成为一名教师，他们本身就是一名学习者，所以，在今天的美国，不说教师培训，也不说教师教育，而是叫做教师学习。一个原因是因为教师学习是一种持续的学习。我们关注的问题是学习的目标，结果。这里是一个人，想成为教师，他进入教师教育，然后完成教师学习后，他就能成为一名教师。但是，问题是刚毕业的开始教书的人，希望成为一名好教师，需要继续学习。在美国，把职前教师学习和在职教师教育分开了。我们经常认为它们是分开的，但是，我们应该认识到这些是持续的，连续的教师学习。当人们成为一名教师时，他们已经有做教师的准备，他们自己是学生的时候，他们看着自己的教师是如何做教师的，他们已经学到了很多如何教学的方式。他们已经有了很深入的对教师的概念，他们看着教师教学，比如李老师上课一直讲笑话，学生很开心，他们就知道了这种教学方式。我想中国也好美国也好，师范生都有一个实习的时间，可是这个实习时间有时候很短，比如韩国只有几个星期，中国也很短，美国一般是一个学年。但是，他们实习两个学期后，还是不很清楚教师的教学。开学的时候，他们看带教老师上课，但仍然不知道如何做。只有到教师真正做的时候才知道，不是一个星期，一个月可以知道的。

然后，在他们的在职教师阶段，我们希望他们能够继续学习，能学到一些技能、方法、对课程能有更深的理解。所以把这些看作是连续的很重要。我知道在上海，丁钢教授提出职前和在职的教师教育是连续的。

在西方，我们一直说在教师学习中有一些关键的两难，在我的研究里也会讨论这些。一个是关于教师的信念。有时候，教师的信念会影响他们的教学，如果他们相信只有一些孩子适合学习，这就很难教，或者他们只相信数学是纯粹的思考，这样就会使让学生在日常生活中使用数学成为困难，这是教师信念方面的问题。在职前教师培训时候，教师应该要发展帮助学生学习理解的信念。在美国，我们相信要建立课堂使学生在课堂里能建构概念，而不是仅仅记住做些什么。比如数学学科中，他们相信重要的是如何快速解决问题，他们学习如何做到，如何关注学生的思考。

第二个问题是关于理论与实践的关系，教学实习是很好的例子。让理论进入实践，在美国，他们分析一些方法，发现三条不同的方法：第一是教师需要的知识，以帮助他们教学，大学教给他们这些知识，教师应用。师范生在大学里学习这些帮助教学的知识，然后去应用。但是这些知识很模糊。这是教学知识，也是教学里用到的知识。这不是正规的知识，不是在大学里学到的，而是在实践中，反馈中，个体自己建立起来的知识。从这一观点看，学校教授就不那么重要了，是个体自己通过反馈，和其他教师的讨论中得到。第三种是为教学的知识，不同于前两种，而是从系统的分析及批判性思维里得到的，可能从研究中得出，这些是我们用来支持教学的。不是大学教授做个报告，而是大家一起参与，共同交流。这是对教师学习的不同的观点。一些人认为大学是中心，对教师学习非常重要，另一些人以为大学离教师太远了，没用。有些人甚至认为不需要教师教育,他们会从教学里学习到,但在我所在的大学,认为大学对教师教育非常重要。有些人讨论谁来帮助教师发展,在中国,你们有教研员,在美国没有,但有教师发展辅导者,他们帮助教师发展教学及知识。但他们的知识哪里来,他们的角色是什么,值得讨论。在中国,我知道你们有特级教师,在美国没有这种分类。人们会认为这样的评定很可怕,你如何知道这个教师比我好,我们是一样的。但是,在这里,你们会认可这名教师是非常出色的,在美国很难。还有问题是关于教师如何支持他们的学习。

在你们提问之前,我有三个问题问你们,你们可以和同伴们交流:

1. 作为一名教师,你学习的资源和来源有哪些?

2. 在教师教育过程里你如何定位作为知识的接收者? 知识的概括者? 知识的分享者?

3. 上述不同方法中,每种方法的优势和局限有哪些?

你们可以和同伴讨论问题,这是非常美国化的方式。(笑声、掌声)

学生 A:如何获得学习资源? 我觉得首先是和学生进行交流,因为我们的目标是学生;第二种方法是和我们的同事讨论,交流教学方法。第三种是和专家交流,但有时候我们过分关注了专家,我认为在中国一些专家自己本身没有学科教学知识。第四种方法是从图书馆里学习,学习一

些来自欧洲或其他国家的经验。我发现在中国,很多研究者和教师开始更多的关注中国的情况。最后,我认为可以在每天的教学结束后,记录一些教学日记,想法,这样几个月或者几年后,就会有自己的想法。

学生 B:谢谢给我这个机会。我做了 10 年的教师,最开始,我非常喜欢教学,我在小学和初中教了 3 年,我很喜欢我的工作。我现在思考一个问题,我可以为我的学生做些什么,我不知道。我想在中国,教师自己的经验和经历对他的教学工作非常重要。

我想在这里做些总结和评论,谢谢你们的回答,我对你们的英语和勇气很惊讶。你们说的其实概括了知识是社会性的、建构的、分配的,你们说的那么多的教师知识的来源,虽然没有提到很细节的,但我相信这些知识的来源会改变的。比如这位教了 10 年书的教师,当她最初得到知识的来源可能和现在得到的知识来源是不同的,比如我从学生的错误里得到信息,或者从同事那里得到的信息,我听别人的课。我们可以说,一名新教师通过这些方法可以学到很多,但对于有经验的教师,他们已经学到这些了,他们从其他渠道学习。所有你们提到的这些知识来源都告诉我们教师知识是社会性的,而不是单独形成的。有些人提到了从每天的教学反馈中得到,这些是和学生的交流中得到的。如果我们希望帮助教师改善,我们如何提高学生? 很多教师每天都在教室

里和学生接触,但他们可能得到的信息只是诸如"我不喜欢这个学生"、"这个学生真笨"、"这个女孩很漂亮"等等,这不是我们希望他们得到的信息,那如何帮助他们? 我觉得这是对教师来说特殊的知识,我可能可以询问我的兄弟,如何教学? 但他没法告诉我如何反馈学生的学习,如何评价他们的学习。所以,这是社会性的、建构的、分配的。

你们都有很好的耐心,但我觉得我们该休息一下了,去活动一下,呼吸点新鲜空气,清醒一下。然后进入我们的下一个话题。

首先,谢谢你们的讨论及你们的提问,我希望我们可以多讲点。在我们开始前,我使用你们的例子来说明教师知识是社会性的、建构的,但我们现在要知道教师知识是文化性的,不是全球统一的。我要开始我的第二部分内容,这是第一个研究案例。

这是对职前教师的案例研究。你们还记得我所画的那些教师教育过程吗? 在学生开始成为教师前,他们持续接受教师教育。我重点介绍一个职前教师教育的案例。我想先说这是个国际性的比较研究,希望可以说明教师知识是文化性的。我将文化放入教师教育研究。我希望可以通过这个案例和我下午的两个案例说出一些教师教育的研究方法。你们都要写论文,都要用研究方法,如何设计研究,如何使用研究方法。这里我会介绍一下。

在职前教师教育中,一名美国学者研究美国教学的比较研究,他提出"在世界教育体系,近几年得到关注最多的问题是如何保证小学和中学的课堂里都充满了合格的教师。尽管有些国家的学生,比如中国,在国际性测试中取得较高成绩,他们的教师质量也是该国家关注的问题。"在教师知识和教师教育的话题中,越来越多的人对国际比较研究感兴趣,但问题是如何操作,怎么研究。我记得有男生说过教师可以在图书馆里阅读关于其他国家经验的研究。但问题是,我们如何实施教师质量的研究,特别是在那么多不同的国家和地区里比较研究。上海和纽约有很多相似处,但也有很多不同之处,中国和美国也不同,那我们如何比较? 是不是类似比较苹果和桔子,它们都是水果,但是很难比较。在比较研究领域,有两种较为普遍认可的研究方法,一种是做小样本的调查,比如我们在英国的一个学校里研究,或者在日本研究两个教师,在美国研究两个教师,但问题是样本非常小,我们如何得出结论。另一种方法是做大样本的研究,但问题是如何做大样本的调查,如何保证效度。我参与了两个大样本的研究,尝试将教师教育作为一种学习,很多人问过培养教师需要多长,英国是三年,美国是四年,难道我们仅仅比较时间吗? 还是比较学位? 但这样比较,仅仅是个黑盒子,我和我的同事们进一步深入查看内部的内容。

我今天讲的是未来教师的知识,项目名称是"MT21",比较的是初中数学教师,低年级的教师。这是来自六个国家和地区的合作研究:保加利亚、德国、墨西哥、南非、中国台湾、美国,最近中国香港也加入了研究。这不是一个国家的样本,我们在每个国家有很多样本,但不能说是代表国家的样本。比如在美国研究四年的教师项目和一年的教师项目,我们研究他们的课程,师范生和教授。我们做了 2627 名师范生的调查,调查了他们的数学知识、数学教学法知识、普通教学法知识、信念和学习机会。在他们刚入校和毕业前都做了调查,以得到他们入学与毕业时候有何改变。比如,大学会说所有的学生都有这样的经历,但我们希望询问学生,他们是否真的有过这样的经历。我今天只谈普通教学法知识,仅仅是其中一个小部分。整个调查需要学生花2个小时去做,非常细节,非常认真地思考回答。我讲的是普通教学知识,不是学科教学知识。在这六个国家里,他们除了学习数学,还要学习普通教学法知识。我们知道在各个国家里普通教学法知识是不同的,但有三点是类似的:备课、评价、社会多样化及个体多样化。在六个国家和地区,师范生都有机会学习这些内容,他们如何学习的呢? 有这样一个调查问题:我们问每个国家的师范生,发现学生成就和社会经济地位相关。

我今天不是要讲我们的研究结果,而是要讲讲研究中我们遇到的问题,第一个问题是在我们的比较研究中,我们考虑将认识论作为教师知识的一部分;第二个问题是在分析分类中的局限;第三个问题是我们需要慎重考虑语言和文化。我们发现普通教学法知识并不是普适的,同时受到社会环境和文化环境影响,所以教师知识是受多维度影响的。在数据分析的时候也遇到不少挑战,包括影响人们信念的认识论的假设,在人们的语言中的潜台词、措词。所以,普通教学法和教师信念对教师的教学很重要,我们对文化和社会环境的研究对这两方面也很有意义。我们问过这些未来教师"你如何解释学生成就和社会经济地位的关系?",在数据分析时,我们发现一些"缺失模型",这类模型关注的是低成就中的问题,如因为教师不公平导致学生学业失败了,或是因为地区的教育资源不充足使得学生学业失败等等。另一个模型是"资产模型",关注较高成就的现象。从语义上区分高和低,我们有如下一些结论:韩国的数据显示,来自较低的社会经济地位的学生基本上居住在一个不怎么理想的生活区内,这给他们带来很多压力,同样,如果该学生在学习上遇到困难,他们也无法在需要的时候请家庭教师。而中国香港的数据显示,来自富有家庭的学生不仅能够接受学校教育,而且还在放学后参加许多课外辅导,并且他们有足够的财力到其他国家开阔眼界,丰富经历。当尝试用认识论来作为推理的框架的时候,我们可以从高和低两方面入手,较低认识论:低成就的学生是问题的中心,我们想知道他们为何比平均水平低。较高认识论:高成就学生建立起人们模仿的标准,我们不禁要问他们是如何超出平均水平的。我们给出一些比喻,在较早的研究中,可以分为:手工劳动者、拉拉队员、咨询顾问、管理者和翻译者。

在一些子研究中,我们从德国、中国香港、韩国、中国台湾和美国收集的20个调查反馈中发现,现在仍然有一些和之前研究非常相似的比喻:管理、技术、花匠等等,这些比喻在不同国家非常不同,并且在国家内部也多种多样。理解这些比喻对跨文化及不同语言组的作用,比如对"帮助"一词的理解:一是作为"提供资源"理解,以下是一些来自各个国家的新教师的声音。

美国:使我的课堂中所有学生都能获得尽可能多的我自己能得到的资源。

中国台湾:帮助并为学生提供资源。应该为那些真正希望学习的人提供帮助。

德国:我尝试为学生提供材料以反映他们的学习成就水平。

二是将"帮助"作为"额外"帮助理解。

中国台湾:帮助可以是更多的实践和练习。

美国:额外的时间,额外的帮助。

德国:学生需要尽可能的额外的帮助和支持。

三是将"帮助"理解为理解。

当然,在研究和数据处理中也存在不少挑战,比如我们如何正确合理地翻译所指的"比喻"?我们现行的语言和文化差异中会给研究结论带来的问题。比如在各个国家和地区,有帮助、辅导、补、照顾等不同的词语表达相似但又不同的意思。我们思考从数据分析与重读数据中可以找到哪些合适的新的方法,比喻会带来很多启示,但同时,如果我们忽视它们或者忽视它们的复杂性,研究就会出现危机。

第三部分,我们来谈谈怎样做关于新教师的研究。我们说,如果从社会文化的视角来进行研究,那么把教师学习作为一种社会实践来研究是非常重要的。要了解不同文化中教师学习的差异,可以通过比较研究来进行,包括国内的和国际的比较研究。在美国我们经常用下水游泳的比喻来讲教师学习。教师是在教学的过程中学习教学的,好像把人抛进水里来学习游泳。在很多国家都是这样,这是传统的做法。但是在美国,现在大部分州都要求新教师参加一个入职培训计划。这一措施背后的理念是:入职阶段对于职业生涯的沉浮其实是极其关键的,我们不能把新教师直接扔进水里了事。过去关于入职阶段的研究主要关注那些失败的教师,关注怎么防止失败。然而,不能仅仅关注怎么防止新教师"沉下去"。需要知道:教师学习意味着什么。因此我们决定研究一些新教师的经历,以他们的学习为中心,而非关注他们的失败。

那么入职(induction)是什么意思呢?入职可以指每个教师都经历的一个走上教师岗位的过程。也可以指一个正式的入职培训计划,来帮助教师学习。我在这里用的是第二个意思。其实我觉得入职这个东西始终是有的,它不是个创新。在过去150年里,德国的师范毕业生在开始从教后有一段时间处于入职阶段,教的班级数较少,但是是独当一面的。可见入职这个概念有很长的历史了。通过对不同国家和地区的教师入职进行比较研究,来更好地理解入职学习。我们现在来看一些新教师的例子,他们并不在沉没,但是有很多需要学习的地方。因为教师学习并不仅意味着防止沉没。

首先是 Helen 的例子。Helen 是一位数学教师。她教授的是一家市中心的学校。美国的情况是这样,市中心的学校一般条件比较差。而且学区对学校管得很死。学生主要是穷人的孩子,辍学率很高,学校里采用比较传统的方法来教数学。Helen 于 11 月上任前,班上已经换过 4 个老师了。所以你们可以看出,这是很差的学校、很差的学生。很有意思,研究发现,Helen 从一开始对自己的数学知识就很有自信,她对此并不担忧。她希望她能使数学在学生面前变得"活起来",并使学生明白数学在日常生活中的重要性。她一开始最担心的是和家长的关系。但她并没有把这个问题跟数学教学联系在一起思考,她只是想理解学生和家长的生活。所以她说她的目标之一是更好地理解这个社区,更好地理解学生和家长。我想你们注意到,她是如何地强调这其中的社会性,不是把学生看成学习者或者数学学习者来看,而是一定社会背景中的人。所以你们发现,在三端问题空间里,一开始她着重于和学生间的关系。至于和内容的关系,她现在还并不担忧这个。

但是在从教的第一年末,她开始意识到她的学生并不是都一样的,水平上有差别,因此对数学的理解也不同。第一年末她说,她学到的最重要的东西是,在备课和评价的过程中,要清楚你所面对的环境,要了解你的学生和他们的当前水平。她开始认识到,作为教师必须因材施教。这是她思维方式上一个巨大的变化。在实际行动上也发生了变化:她开始更多地让学生到黑板上来写。在一开始,她的课充斥着讲授:她讲解,然后她命令学生做题。她的导师——在她的入职培训计划中为她安排了一个教师来听她的课、为她提供建议,导师对她说:你讲得太多了。导师建议她每节课开始的时候在黑板上写一些题目然后让学生上来解答。Helen觉得这一措施很有用,增加了课堂参与。但是在学生上来解题后,Helen只是让他们回去坐下,然后开始讲新课。虽然她已经开始让学生参与建构课堂,但幅度很有限。

在从教的第二年末,她不仅已经更多地让学生参与课堂,而且开始试图理解学生学习数学时的思维过程。但是我们观察到有许多次她在这上面遇到了困难。我给大家呈现一下她上课过程中学生提问的一段记录:她正在上课,有个学生对黑板上写的一道题感到困惑。这个学生叫泰伦,他在课堂上向Helen提出这个问题。她明白这说明泰伦没听懂。要是在几个月前,她根本不会理睬他,她只会接着上课。但现在,她改变了原先的上课计划,试着了解泰伦为什么不懂,并且在黑板上写了一道新题来讲解。讲了一遍后,他还是不懂。但这个时候她不知道怎么办了,只是把原先讲的又讲了一遍。

在她的从教历程中我们可以看到,一开始她只是把教学看成知识的传递。从她一开始的叙事来看,她提到她“从事”教学、把知识教“给”学生,仿佛知识可以这样直接递给学生似的。现在她学会把学生和内容联系在一起来思考,让学生建构自己的理解。我们能看到,她理解了数学知识、理解了学生、了解到学生作为数学学习者是有个体差异的,但她还是无法很好地回应那些课上听不懂的学生。

我们看到她的关注点在三端问题空间中推移:一开始,她关注教师与学生的关系,而不关注内容;后来,她开始关注学生与内容的关系,例如她认识到泰伦没听懂她的课。这是一个巨大的转变。在第一年里,即使有学生听不懂她也不去调整自己的教学——不是她不想调整,她不懂得如何去调整。她不懂得怎么帮助泰伦,她给泰伦讲了一遍他听不懂,她就想不出别的讲法了。她也还不知道如何“钻进学生的脑子里”,去了解学生感到困惑的点究竟在哪里。很明显,Helen仍然有很多需要学习的东西。她需要学会如何综合利用关于学生和关于内容的知识来完善教学。在Helen身上我们发现,她在备课上有很大进步,但是对于上课过程中突发事件的处理,她还需要学习。这是你在师范教育阶段学不到的,一定要在实际上课中学习。Helen的导师有建议她增加学生的参与,但是没有帮助她学会理解学生,没有帮助她学会理解泰伦的困惑在哪里。所以尽管她有导师,但导师并没有真正关注到Helen需要学习的那些方面。

接下来我举另一个例子,Ona的例子。她跟Helen有些类似的问题,这些是研究中发现许多教师共同的问题。Ona这个例子里有趣的地方在于,她主要欠缺教学法的内容知识,在这里也就是数学教学论的知识。她说我不懂得该怎么教他们、教他们多少、他们能告诉我什么、我又能告诉他们什么,尽管我不知道该怎么做,但却不得不想个办法来做。是的,教师不能说:我现在不能教,我得去想清楚一点才能教。不行,必须天天上课。对不对? 所以尽管 Ona 还在想办法解决这些问题,但是每天她还是得走进课堂去上课。很有趣的是,西方的研究往往集中于新教师如何建立一种职业认同感。他们经常关注的是新教师在管理学生上遇到的困难。我们却发现新教师往往希望能成为学生的朋友,他们希望成为开明的领导者,成为学生的看护者。要是谈到如何成为学生面前的权威,他们就觉得不舒服。但是从 Ona 的视角,她思考的是怎样教数学,而不是怎么做学生的朋友,她思考的是:当一个数学老师究竟意味着什么呢?

她说,课堂管理有时候确实有困难,因为我经常让学生讨论。Ona 的学校是一个比较革新性的学校。他们的学生有很多项目作业、很多小组合作学习,所以课堂看起来很热闹,学生跑来跑去做各种事情。看上去很生动活泼。因此她觉得班上太吵啊、控制不住学生啊,对她来说都不是大问题。她的问题出在怎么教数学上。她到底该从多大程度上干预学生的学习过程? 我们回顾了一些数学教育方面的文献,关于教师话语的。这些文献里把数学教师的话语称为数学话语(math talk)。他们指出传统数学教学与新式数学教学的差别,这种差别可以从话语中,即课堂提问的类型、对数学思维的不同解释、数学观念的来源和学习的责任分配上看出来。对 Ona 来说,她自己确实怀着这些新理念。她想要做个革新型的教师,起到帮助学生学习的作用,通过创造适当的情境使学生自己来学习。她觉得最理想的状态是,学生可以在没有老师的情况下学习。并且希望设置条件来做到这一点。她认为这才是好老师的做法。她希望实现"基于标准的"数学教学,"基于标准"在美国就是代指比较革新的教学方法。但是要是看看她的课堂,我们会发现她的课堂其实是相当传统的。她时常把自己插到学习过程中,充当学生与内容之间的中介。她没有真的让学生自己去学习,她告诉学生该学什么、她自问自答、给出所有的讲解,当学生说出答案时她总是会给个"正确"或"错误"的判断,她还重复学生的话。她把自己塑造成数学上的权威,她是唯一"懂得"数学的人,学生必须从她这里获得"对"或"不对"的判断。她的课堂看起来很热闹,有很多项目作业、很多小组活动,但课堂上教的数学其实却很传统。

我举个小例子,有天 Ona 正在向全班讲解一道作业题。学生在这道题上有困难,所以 Ona 把这题写在黑板上。这道题要求学生统计抛硬币的实验概率。Ona 在黑板上写下 $4 \div 10 = 0.4$,也就是她直接给出了这道题的答案。接着她又进入下一道题,这题要求转一个转盘时指针停在 B 上面的实验概率,题目给出了停在 A、B、C 上面的次数以及总数。有个学生 Remona 得出了答案:25 除以 60。Ona 就开始讲解起来:总共有 60 次,其中 25 次停在 B 上,所以是 25 除以 60……她只不过是把 Remona 所说的用另一种方式复述一遍。另一个叫 Jess 的学生听不懂,他说我听不懂。这时第三个学生 Kelly 试图讲解给他听。Kelly 的解法是与众不同的,是原创的。但是她有个计算上的错误。因此她提出了一个新解法,但是得数是对的(译者注:解法可能有问题,但是由于中间又有计算错误,结果阴差阳错算出了一个正确的得数)。Ona 问:"你得出来是多少?"Kelly 把得数报了一遍,Ona 马上说:"你不可能算出这个得数。"接着另一个学生又想要帮他们。但是每次

Ona 都会说"正确""不正确""对"……或者就是把学生的话复述一遍。其实学生们已经试着互相教对方，但是 Ona 总是要把自己插进去。所以尽管她有这个理念，她希望即使没有老师，学生也能自行和内容建立联系，但是实践中她总是要把自己插进去充当中介，哪怕学生其实已经在互相教授、试着自己弄懂内容，她却总是打断和干涉他们、重复学生的回答、对他们的答案做出迅速的正误判断，以至于学生都没有时间理清自己的思考过程。她总是在呈现自己的思考，而非学生的。她并不制造理解学生思维的机会，虽然她的理想是应该要理解学生的思维。有趣地是，我们听课时发现，她上课时会给出一个任务，学生可以走来走去，而她则到处走，只在学生有困难的时候才去帮忙。正因为此，她只理解学习上有困难的学生的思考。这使她对学生思维过程的理解十分有限：她只了解学困生的思维，对于理解了的学生究竟如何理解的并不了解。

那么这个例子对于支持新教师的学习有什么启示呢？我们知道 Helen 的学校是比较困难的，教师留不住，来了又走了。所以学校里的导师们说：我们只有办法帮助那些"最需要"帮助的新教师。这就是所谓"会响的轱辘有油喝"。而 Helen 做得还可以，所以他们觉得 Helen 没问题，至少Helen 班上没有学生离开课堂、没有学生打架，并且她能把内容都上完。问题在于，她浪费了很多教育机会。学生们想要弄懂，但 Helen 不懂得如何理解他们的思维，不懂得如何帮助学生同内容建立联系。也没有人帮助 Helen 找到这些问题。因为导师们所看到的仅仅是表面，即她做了什么。他们并不去研究 Helen 是否理解了学生。在 Ona 的例子里，她希望成为一个比较革新的教师，在这方面得到了很多帮助。但她还是遇到了很多困难，尽管她有不错的理念，但是她的教学还是像其他很多老师一样：她成为标准答案的提供者、学生回答的评判者、学生自主思考的干预者……而要她改变又相当困难。她不是个坏老师，没有老师是坏的，我想她只是处在成长的道路上。但是我们必须搞清楚新教师的学习究竟需要什么？新教师要想把学生和内容联系在一起思考，既需要知识，也需要得到支持，而恰恰很少有老师获得这方面的支持。即使对于那些没有遇到太大困难的教师，那些在游泳而非下沉的教师，也有很多需要学习的地方。他们不仅在课堂管理方面需要帮助，在学科教学上同样也需要。单纯的鼓励是不够的，像 Helen 和 Ona 这样的老师需要有意识的指导，以帮助她们检视自己的实践、帮她们搞清楚自己的课堂上究竟发生了什么。在 Helen 的课堂上，当小男孩泰伦需要帮助时，她稍微改变了上课的安排来给他讲解，但是讲了一遍还听不懂时，她却没有注意到，她只感到必须接下去把课上完。她需要学会如何"检视"，或者像你们早上所说的，从与学生的互动中来学习，她需要意识到她能从学生身上学到什么。类似地，Ona 需要学会怎样建构自己的角色，以成为一个帮助学生学会学习的数学教师。

Sharon Feiman-Nemser 说，入职阶段意味着教师从职前的准备进入到实际的实践，从学教育的学生变成教育学生的老师。这些语汇告诉我们，入职阶段带来了角色定向和认识论上的巨大转变：师范教育阶段是通过正式的学习来了解教学，而入职阶段则是从每天的所面对的挑战中来学会教学。成为教师意味着，一是建立一种职业认同感，二是建立一种专业实践。我们说教师在入职阶段的学习，就好像边开车边组装汽车。车已经在跑了，但你还正在往上面装轮子、还正在往上面装方向盘。从事实践和指导实践，这两头要兼顾很困难。入职阶段需要学习的东西很多，正如 Lampert 所说，新教师的学习需要同时建立三个联系：教师与学生、教师与内容以及学生与内容。我们的研究发现，新教师的导师起着非常重要的作用。问题是许多导师不知道新教师需要学习什么。他们只知道他们要支持新教师、帮助新教师，但是对于新教师需要的知识是什么？他们没有很深的理解。我认为，导师需要在教师学习方面获得培训。并不是好的老师就一定能当个好的导师。你必须了解教育，但你还必须了解学习中的教师，必须了解新教师的现在发展水平，了解他们需要学习的东西，从而给他们比现在水平高一点的东西。事实上，可以把导师也加到 Lampert 的三端问题空间里面。导师必须了解内容、了解学生，更关键的是要理解新教师同两者之间的关系。

　　因此如果我们考察下其他国家是如何支持新教师的，我们就能了解其他国家在入职学习上的理论路径。所以我要花些时间简要介绍各国在入职上的措施。当我们的视野限于美国时，就好像井底之蛙，只能在我们已经知道的这些东西里面打转，不知道世界上还有别的办法来做这件事情。所以国际视角给我们以新的认识。也许我今天讲一些东西的时候，你们会觉得：她讲这个做什么？这有什么稀奇的？对于一个地方的人来说，别的地方的人说话做事的方式显得很奇怪。但这很重要，这显示出对你而言什么是"应该"的，什么是习以为常的。我们经常需要反思我们脑中的一些假设。如果从一个国际视角来看入职学习，首先看到在有的国家入职并没有一个正式的计划。但如果有的话，各国间有很大的差别，并不统一。在不同国家有不同长短的入职阶段，从几个月到几年。

　　我们首先谈谈为什么要有入职教育？在美国，入职被视为可以解决不少问题，一个是改进教学，一个是防止教师辞职。在美国，40%的教师在第一年的教学中离开岗位。这是个巨大的问题。所以在美国，入职很大程度上是帮助新教师生存下来。无论哪个国家，这么一个入职阶段的存在都反映了师范教育的不足。但是在很多国家，我觉得入职并不意味着修补问题，而是建立教师的专业能力。

　　在日本，师范生的实习时间很短。但成为教师后，在入职阶段他们有导师，教学负担不重，因此可以经常去教师工作坊，或者经常跟导师交流，可以经常反思自己的实践。

　　在法国，他们基本上没有师范生，就是普通的大学生，如果你想当老师，上大学之后考个证就可以成为入职教师。但是没有任何实践经验，因此在入职阶段要从理论实践两方面来学习。法国的新教师每周都要教自己的课，要去其他学校听课，还要去大学作理论研修。这是很不同的办法。

　　在瑞士，你当师范生时的导师会继续担任你入职阶段的导师。

　　在中国，我作为一个来自外国的研究者非常感兴趣的是中国的教师参考书里在课程内容中划分出的"重点"、"难点"、"关键点"。我觉得这对于教师学会教学很有用。以前，我来上海研究入职教育的时候，跟校长、新教师、导师、区领导、教委领导等等面谈的时候，我问他们新教师最需要做什么，他们总是说要"熟悉课程"。我当时把它翻译成" familiarize yourself with the curriculum"。从我作为美国人的视角出发，我以为"熟悉课程"就是指看看课本，了解课本的内容。后来问得更多的时候,大家才谈到"熟悉课程"指的是了解哪些内容是重点难点。这其实就是在帮助教师建立起教学法-内容知识,把知识点同学生的学习联系起来思考,把一个知识点同其他知识点联系起来思考,以及如何在教学中帮助学生理解某一知识点。通过研究课程内容里哪些是重难点,新教师为自己的教学建立起一个框架。这是很有意思的一种办法。据我了解,是不是师范生在还没进入学校前就对这些重点难点的概念有所了解了? 而且在学校里不仅新老师,所有的老师都使用这些概念,对不对? 所以这有助于新老师加入这么一个专业共同体,在这里大家都使用这个分析框架,从而新教师能够和其他教师用这些语汇来交流。这是相当独特的一种做法。

我的研究团队在许多国家研究时,发现,比如说,尽管法国的入职教育跟中国很不一样、日本跟瑞士也很不一样,但是新教师的学习需要是相似的,包括建立有效的学科教学方法、理解和满足学生的需要、评估学生的学习、反思性的实践、与家长的互动、成为学校共同体的成员、以及从个人角度和专业角度实现自我理解。在美国我们一直把教师个人的专业发展和教学的质量看成一对矛盾,需要从中取舍。但是我们发现在别的地方,这两者是统一的。所以各国的观念是很不相同的。

因此国际比较研究中,我们需要关注新教师的学习需要,以及入职培训计划如何满足这些需要,并且探索那些有助于教师学习的工具与活动,而不仅仅是入职的模式。从对 Helen 和 Ona 的研究,从国际范围的研究,我们了解到教师学习是在情境中发生的,需要思考情境中有哪些资源在支持着教师的学习。

今天我们按照教师学习的这么个连续系统来进行讨论,从师范教育阶段讲起,接下来我讲讲教师在学校中的学习。我们观察了有一年、两年甚至十年教龄的教师,他们怎样在岗位上继续学习。如果我们从一个社会文化视角来考察,我们不仅需要知道教师脑子里知道什么,还需要知道能支持他们学习的活动和工具。在我讲课的最后一部分,我将使用来自上海的研究数据,以探索在职教师的学习,探索支持教师学习的角色、关系、活动和工具。因此我把这一部分叫做"在实践中为教师学习提供支持",一个人如何在实践中学习、从实践中学习,他的学习能得到怎样的支持。

我的这个个案研究,涉及一个在学区中作为"内行的旁观者"(insider-outsider)的人,如何帮助教师学习。

首先,为什么我们要研究对教师学习的支持? 早先我们谈到了在实践中学习。对于在实践中的学习,学习的情境,或者说场所,是非常重要的。我主要谈谈对教师学习起支撑作用的社会背景与活动。在过去,大量的研究集中于讨论"角色":导师应该是什么样的? 哪些老师适合担任导师等等。但并没有考虑支持教师学习的过程。所以我想要探索的就是支持教师学习的具体做法。

我们的研究团队对上海的教师学习进行了研究,作为世界上五个地方教师学习的比较研究的一部分。当我们对上海的新教师学习进行研究时，我们发现新教师从许多方面获得支持，他们参加教研组、参加备课组，另外他们有教材、教参，给他们以很多的帮助。另外上海的很多区，似乎也开展了很多特别针对新教师的培训活动。这一切都成为新教师学习的资源。这和其他许多地方不同。在其他地方，新教师通常只得到一个来源的支持，即为新教师指派的导师，而在上海有许多人在帮助新教师，而且似乎不仅是他们帮助新老师，而是互相帮助。教师这个专业共同体同时是一个学习共同体。他们在一起谈论他们的实践经验、深化对教学的认识。这里我想提醒大家想想"为了实践的知识"（knowledge for practice）、"实践中的知识"（knowledge in practice）、"实践的知识"（knowledge of practice）这几个概念。Cochran-Smith 和 Lytle 这两位作者在写这本书的时候，他们只是描述美国的一些情况。在美国，教师经常被视为灌输知识的对象。大学老师会告诉你该知道的东西，教育专家会教给你该学的东西。另一方面，教师聚在一起的时候会说：大学那帮专家一点也没用，我们可以一起合作来改进教学。我想，今天讨论的这个个案研究将告诉我们：实践的知识怎样把局内人和局外人带到一起。同一所学校里的教师们，以及其他来自外面的人，可以共同创造出一种学习机会。

　　我们对学习是怎么看的？按照我们早上所讨论的，我们认为学习是情境化的，是在一定的环境中发生的。事实上 Jean Lave 和 Etienne Wenger 这两位美国学者，写过一本很重要的著作叫做"*Situated Learning*"，在这本书里他们说，其实不仅是教学，在其他很多的行业，比如说裁缝，他们不是通过去上个什么课来学习的，而是通过与他人的共同工作。通过与他人、与一些更有经验的裁缝共同工作，裁缝技术就得以分享。教师也是一样。Lave 和 Wenger 的"*Situated Learning*"这本书原本就在教育学领域里产生了很大的影响，包括在教师学习的领域。但是他们并没有直接提到教师学习，只是我们发现他们这个框架可以为教师学习的研究所借鉴。后来 Wenger 另外写了一本非常厚的书，叫做"*Community of Practice*"，在这本书里他希望了解实践共同体包括什么、它起什么作用等等。在这本书里他提到了共同体中一些能把局外人的观点融合进来的事物，被称为"边界对象"（boundary objects）。这种边界对象能扩展共同体的知识。这就是共同体生长和学习的方式。

　　我讲我的一些观点，希望你们指正。我觉得在教育领域，一个教师可以通过反思自己的实践、观察自己与学生的互动、还有通过读书等等方式来学习。他们同样也可以通过与同事交流与合作来学习。但我非常感兴趣的是校外专家的角色，这里我不是指大学里那些专家，我指的是那些并不在学校里从事教学、但是却是从教学一线走出来的人。在美国，这种人很少。我们只有大学里的专家、学校里的教师和学区的教育行政人员，可是学区里没几个专管教师教育的人……有是有，一个学期就那么一两个，他们不可能跟学校里的老师有密切的接触，他们顶多是开展些活动，比如偶尔开个研讨会什么的。所以我对中国教育体制里的教研员这个角色很感兴趣。我在上海的研究发现，教研员们起着非常独特的作用。当然我并不是说只有在中国有这个角色，在中国叫做教研员，在其他国家可能有不同的名字。但是，教研员是这样一些人，他们不在学校里从事教学，却是从教学一线走出来的，并且担负着支持教师学习的职责。我对这样的角色非常感兴趣,所以我很想了解你们对这个有什么看法。

举一个教研员为例,我在这里叫他李老师,当然这不是他真的名字。这个李老师是个数学教育的专家。他说:针对这些新教师,我给他们开一学期的课,有 30 个新教师参加。课上我主要让他们讲,问他们在教学中遇到了什么困难。有个老师反映教师的教学和学生学到的知识存在着差距。有的学生觉得数学知识太抽象,怎么把抽象的东西讲得生动明了? 另外一些老师说学生的水平参差不齐,要怎么激活学生的学习动机、使他们主动地学习? 教师们提出了很多这样的问题。所以李老师的职责之一,就是组织不同学校的这么多老师一起进行讨论。教研员的职责可以说很广,既包括帮助新老师,也包括帮助在职教师。但如果我们仔细考察他的职责,我们会发现他的工作,比如说,与我作为大学教授的工作相比,有很大的不同。我们都关注教师学习,但是他关注的是实践中的问题,而他的职责是真正的把理论与实践结合在一起,并从实践中提炼理论。你们看到,他组织讨论时,并不是讲一个他预先定好的题目,而是从教师那里去了解他们遇到了什么困难。通过研究他们遇到的困难,就可以深入地了解教学的一些比较基本的比较重要的一些过程,等等。这里面确实有一个理论的维度,但是是从教师们所发现的问题里提炼出来的。

教研员的职责还包括帮助教师进行教育研究。我想起我第一次到中国来是 1982 年,我到东北师范大学去呆了两年。那个时候我很年轻,差不多三十年前了。我向师大的老师介绍我这个研究的课题,当时我想了解周围学校的情况,他们跟师范教育有什么联系。那么他们说:好,我们可以介绍你去一些中小学了解情况。我第一次去的是一个小学,那时候我刚到中国几天时间,而且那时候我都用中文,不用英语。那么我去了学校,他们首先介绍学校的概况,学校有多少个学生、多少个老师、有几个班级,这些我都懂,虽然在美国没有班这个概念,但是我翻译得来。后来他们说我们学校有多少个教研组。我说:对不起,“教研组”? 我知道每个字,“教”“研”“组”。每个字都理解,但这个词对我来说是全新的概念。(笑声)当然你们听了会笑,因为教研组在你们看来就是学校的不可或缺的一部分,就像黑板一样,你们司空见惯了。但我们需要思考,教研组这个概念到底意味着什么? 它使什么成为可能? 又有怎样的局限性?

教师可以参与某种教育研究,这是个很有意思的理念。美国的中小学里分成各个系(department),但只是个组织架构,与教育研究无关。当然我知道有些教研组没有发挥好作用,并且在历史上有的时期教研组并不受重视。但是对于外国人而言,教研组的理念本身是很有意义的。你们考察美国的教育时也会发现一些有趣的理念,使你以新的思维方式来思考。

李老师说,我给老师上的课,是关于数学教学的艺术的。这种教学的艺术并不是由我来传授给他们,毕竟这些老师在大学里也学习过理论知识了,所以我首先让他们谈自己遇到的问题,然后把他们组织成一个个小组,以共同思考对策。这非常有趣,李老师明白他们进行过理论学习,但是仍然有着继续学习的需要和愿望。而且我觉得他说的是数学教学的“艺术”,用的是艺术这个词。我们知道大家所说的,教育是一门科学,但他选择艺术这个词,从中看到他的一种姿态,一种独特而重要的姿态。他让教师在小组合作中发展出自己的观点。

　　接下来谈谈校本教研。李老师，他可以去听公开课，校长可以请他来本校听课。我和李老师见过很多次面，他知道我对教师学习这块很感兴趣。有天，他突然对我说：走走走，快！我们叫一辆出租车，穿越了上海繁忙拥挤的交通，到了学校就往楼里跑。我问：我们去哪？我们走进了一间房间，在那里校长向我们问好，然后送我们到一个小房间。小房间里又有些其他人，我不知道他们是谁，似乎不是这个学校的老师。过了一分钟校长来了，递给我们一张课表，写着当天所有的课。他说：去吧！原来这些人都是教研员，他们是来这个学校听课的。老师们知道今天会有人来听课，但他们不知道教研员们会不会来自己的班级听课，也不知道会来几个人。那天我和这些教研员一起去听了许多课，上课的教师也水平不一。中午我们和教师们一起用餐，然后就开始了讨论。每当我和美国的教师或者美国的教育研究者讲到这个故事的时候，他们觉得非常了不起，一天之内听这么多课然后进行讨论。讨论的一开始当然是礼貌的讲话，接着大家就按学科分开来，由教研员和各学科的老师们座谈。对于我这样一个外国人来说，这完全是一种新的体验。我当时在中国已经呆了十几年，也听过了很多中国老师的课，但是看到李老师他们这样子和教师进行讨论仍然令我很感兴趣。讨论的参加者，包括了被听了课的教师也包括没有被听课的教师，还有教研员、校长、副校长、和我。每个人轮流发言。

　　所以李老师和其他的教研员在这里面起什么角色呢？他们的作用，同校长的作用、同学校教师的作用、同大学里的专家的作用，究竟有什么差别呢？许多教师反映，上公开课是相当艰苦的工作，压力很大，但是从备课过程中可以学到很多。他们觉得公开课过后的讨论过程是最有助益的。讨论确实很重要。在我们的研究里，我们注意到教师们如何在教研组里合作、或者在别的学校或者本校听课。过后他们见面时，还会聚在一起探讨听过的课，虽然不是正式的讨论。教师通过谈论教学来了解教学。从社会文化视角来看，这种关于教学的探讨是非常重要的，因为这使教师们拥有一种共同语言。一个教研组里的老师未必互相喜欢、未必互相赞同，但是他们能使用共同的术语、共同的说话方式来交流、来探讨教学。在对中国、英国和美国的教师探讨教学的方式进行比较研究时，我们发现美国教师谈话时，年轻教师谈得最多，老教师讲得少。中国则正相反。除了探讨的方式外，探讨的内容也有差别，比如我们发现美国教师更关注学生个体而非整个班级，"我发现这个学生趴在桌子上，没有用心听课""我注意到那个学生有困难"……而中国教师更少关注单个学生，而更经常以班级为单位，关注学生的整体，较少关注个体差异。同时，中国教师，无论老教师还是新教师，很多时间都在关注内容与教学的关系，特别是喜欢寻找现象背后的因果关系：为什么某人要做某事，原因是什么？你这样做，产生了什么样的结果，你应该试试别的做法……在这样的情境下，教师对于教学与内容的关系能够学到更多。

　　在我们对各国的教师谈话进行研究时，对教师的评论（comment）作了分类，你对别人的课可以做一般评论，比如"干得好"；可以做教学性评论，比如"我不喜欢你刚上课的那几句话，太空泛了"；还有教学建议，教学建议又包括教学性建议，比如"你该先考虑这个然后再那样做"，和技术性建议，比如"你的板书应该更清楚些""你的板书太乱了"；有对别人批评的辩解；有单纯地赞同他们；还有对别人的观点加以阐释和完善。我们发现中国教师更倾向于发表教学性评论和教学建议、以及完善他人的观点。而美国教师则更多地进行一般性评论、辩解和赞同。所以他们的评论并不够接近教学的实质。

如果你看看教研员的角色,这是一个多出来的角色,这个局外人起了什么作用?如果我们看看李老师的这一天,李老师和其他的教研员是以一种"同行批评者"(critical colleague)的方式工作。一方面,他们把这些老师当作同行,大家都是教育者,但是另一方面,他们又有些距离,使他们能够对教师进行批评。在我们美国人看来,这样的批评实在是太狠了。我旁听时都为其中一位教师难过,因为教研员对他的批评得很多,而他也只能坐在那里听。但是他们所说的内容是很有意义的。

我这里给大家一长段对话里的一节。这是一位教研员对一个他听过课的教师说的,校长、副校长、其他教研员都在,总共大概有 8 个人。这个区教研员说:"另一个建议是,我觉得一个数学老师要上好一节课,除了我刚才说的之外,还必须对板书的艺术多加留心。不是你想往黑板上写什么就写什么,只要有空白就随便往上写。理想的板书是这样的,即使一个人没有听你的课,在上课结束时看看你的板书,就能了解你今天讲课的大致内容。"在他们的探讨中教研员批评了这个老师对黑板的使用。请大家注意,我给大家念的只是一个小片段,一方面,这段话是针对当天那节课的板书而言的,具体地指出了该怎样做,另一方面,这段话又对于黑板的功能给出了具有总括性的理论原则:比如说,要能通过板书看到教学内容。他接下去还继续谈了板书要能够展现出讲课中思路的演进。这是个一般性的评论,但又给出了具体的范例。教研员接着又说:"你板书之前就必须想好,哪些东西是必须一直留在黑板上的?哪些内容是我归纳总结的时候用得上的?哪些是可以擦掉的?我也跟你们校长说过,如果教室里配备了投影仪,一些东西就可以由投影仪来呈现,那么黑板就可以用来记录最重要的一些内容。"教研员在帮助教师思考教学工具的使用。一方面,这是针对当时当地的具体问题,另一方面,又是帮助教师思考教学的一般原则。

再看看另一段教研员的评论,在我看来这是局外人对局内人的教导。这个教研员说:"作为刚毕业的新老师,你的进步是有目共睹的。复习课确实是比新课难上,因为教学材料需要你自己设计。"你看了可能觉得没什么,但是我觉得这事实上挺有意思的,因为他已经在帮助教师分析不同的课型,复习课和新课。复习课对教师的要求与新课不同。你们继续看,他说:"最难的是,复习课要求教师准确把握一些难点、准确把握学生的薄弱环节所在,然后指导他们进行相应的练习。"作为局外人,他们不仅给出具体的建议,也针对教学的各个方面的问题进行分析。当然,同一所学校的其他老师听课时也可能给出像这样的一些意见,但我觉得教研员作为局外人,而且是有一定权威的局外人来发言,可以说得出一些别人不便说的话。

据我的观察,教研员不喜欢这位教师的教学方法。因此他建议了一种特别的教学策略,他认为教这一块内容时教师要帮助学生们理清概念。一个很重要的方面就是辨别,比如对于代数分式的概念,很多学生懂得怎样辨别,但是他们真的理解吗?接着他谈到了帮助学生理解代数分式时可以使用的教学策略。这是对这一块具体教学内容,以及对学生理解与否的很清楚的分析。他说:"我觉得你需要多训练学生的技能,你今天采用了在练习中讲授的方法。你怎样才能讲得更有效？我想打个比方。你们知道足球教练在训练球员的时候，并不是每天都把整个比赛过程演练一遍。相反的，教练会针对一些重要的技能，有选择地进行专项训练和提高。"这里，教研员在帮助教师拆解学生的数学能力，并帮助教师在学生学习的不同阶段给予不同帮助。

可以说他确实批评得很狠，他说："上课时学生犯了个错误，但你却没有及时发现。他在黑板上写的计算过程里，同样的错误就出现了两次。这是个很典型的错误，可是你只指出了其中一处。我很怀疑你自己到底有没有好好做过这道题？"他担心这个老师备课时没有自己把题目做一遍。数学老师需要的知识之一，就是要知道哪些是典型的错误，要料到这些错误的出现、为此做好准备。这也是教师在师范阶段只能有所了解，而只有在一块块具体内容的教学中才能真正掌握的知识。这时另一个听课者追问老师："你事先到底做过这道题没有？"教师支吾着说："做是做过，就是……"这时教研员说："这是基本的要求，你必须做到的。"他们确实在给老师很大压力。但我们看到，李老师和其他教研员这样子在逼问教师的时候，同时也是在对教师进行支持。他们为教师指出进一步学习的方向。他们也和校长交流，当着教师的面，指出他们的成绩和缺点。用维果茨基的语汇来说，教研员们指出了教师仍有待学习的地方。

教研员对校长说："我听了她的课，（对着那个教师）你的课，我也跟校长谈了，最好学校能搞个板书比赛……"这时候他提到了学校该做些什么来提高教师的知识和技能。回想一下前面提到的实践共同体中的"边界对象"，我觉得教研员起的就是这么一个边际性的作用，把学校以外的观念带进来，使教师们学到更多。教研员说："现在我们强调要加强学生的学习能力。学生需要反馈，反馈理论是非常实用的。至于教学的有效性……我看到每次安排练习后都有很多学生举手，我们也检查了学生的作业、看了他们怎样订正错误。这证明教学是有效的。我们的专家提出的意见是，年轻的教师们还需要继续提高他们的教学水准，只有怀着这种想法，才有前进的动力。因此我们要如何培训年轻的教师呢？我觉得年轻老师在教学中往往对学生如何学习和可能遇到什么困难考虑不够。"因此，一方面教师有自己的小目标、当前的目标，而教研员提醒他们注意一些额外的、更高的目标。

总之，教研员起到了既是内行、又是旁观者（局外人）的独特角色。他们带来新鲜的视角，和同一所学校的其他教师所能提供的不同；他们对教师是同情的，尽管有时候在给教师压力，但他们理解教师、理解年轻教师、理解那些遇到困难的教师；他们将理论与实践相联系；并且他们帮助构建教师共同体。教研员把各个学校的骨干教师聚在一起，或者把各个学校的青年教师聚在一起来讨论，从而帮助教师之间建立联系，从而创造出能让教师互相学习的共同体。他们引导教师系统地反思实践。他们强化了教师们的共同语言，并把教学和教学研究同更广阔领域中的改革进程联系起来。

当然，我相信像教研员这样的"内行的旁观者"也会产生一些问题，也有局限性。但对于教师学习和专业发展而言，我们需要研究，怎样更好地利用"内行的旁观者"这样的角色？他们需要拥有什么样的知识？（掌声）

学生 A：我们知道，美国有许多教师团体，例如 ABCTE，有这么多团体都致力于促进教师学习，那么他们之间的关系是怎样的？

Lynn Paine：美国教育在很多方面都跟中国教育不一样，我想这点你们也很了解。比如说美国的教育是高度分权化的(decentralized)。我们对于师范教育没有国家的要求，各个大学可以开设师范课程，只要获得州政府的批准就行。但是美国有很多非政府的组织，比如 NCATE（the National Council for the Accreditation of Teacher Education），比如 TEAC（the Teacher Education Accreditation Council），还有 ABCTE，这个可能是最新的一个。它们之间是相互竞争的关系，都在从事教师教育课程的认证（Accreditation）。在美国，我们有这个认证和发放教师资格证的问题。一个人要是想在公立学校当教师，他必须获得教师资格证。资格证由州颁发，比如我大学毕业时，我就有了高中英语教师资格和中文教师资格两张证，这是新泽西州政府颁发的，只在新泽西通用。要是我想在密歇根州任教，密歇根州或者会直接承认别的州的教师资格证，或者会要求我加修一些课程或者参加某种考试（依据各州的不同政策）。但是教师要获得资格证，就必须学习某个大学或机构开设的教师教育课程，而开设教师教育课程必须经过认证，保证这个课程能培养出符合要求的教师。所以教师资格证的发放是针对个人的，而认证则是针对开设教师教育课程的机构的。但是并没有某个政府部门来负责这个认证，因此就形成了一个认证市场，上述三个认证机构形成了竞争关系。我所在的密歇根州立大学开设的教师教育课程是比较成功的，很受大家的认同。我们过去是由 NCATE 认证的，每五年或者十年重新接受评估。但是后来我们认为 NCATE 的标准还不够高，我们希望做到最好，因此我们转而由 TEAC 来认证，他们的标准更高。因此你是可以从多个机构中选择的。

学生 B：我对您提到的社会文化视角以及您介绍的两个研究案例很感兴趣。我想问的是您的研究方法是什么？您似乎使用的是个案研究，您是否使用了别的研究方法？比如量的研究方法或者质、量结合的方法？

Lynn Paine：我想你当然可以用质、量结合的方法，但我这里给你呈现的只有质的研究方法。实际上我们也使用了一些量化数据，我们有调查的数据，以及对质化数据的编码，比如对于教师谈话的研究，我们对谈话记录进行了量化分析，这是非常重要的。我想最大的挑战始终在于，要把一个小规模的研究做得有深度、能得出更广泛意义上的启示，就需要足够的人手和时间。在那个 Helen 和 Ona 的那个研究里我们实际上研究了很多新教师，我只是举了两个例子来说明我的观点。

学生 C：在中国的一些地方，一个班级里有 40、50、60 甚至 70 个学生。但根据国际标准，小学的一个班只有 14～16 个学生，我甚至看过一个图片，一个教室里只有 6 个学生坐在地上上课。我想班级规模对于教育的改革而言是很重要的因素，改革的决策者需要更多地考虑到中国班级规模太大这一现实情况。您对此怎么看？另外，您刚才提到教师的信念可能需要很长时间才能形成。您在讲课时也提到中国的教研员，而教研员有时只是告诉教师：你们得这样做、那样做……我想教研员不应该老是告诉教师怎样做，应该给教师更多思考的自由。您对这个问题怎么看？谢谢。

　　Lynn Paine：首先，班级规模的问题很有意思。一方面，中国的班级规模确实比较大，在美国的一些地方也比较大。在美国也很少有那么小的、6个人的班级，但是25人、30人的课堂是很常见的。问题是，在美国我们保持这么小的班级规模，但教师必须全天上课。在中国，班级规模虽然大，但教师一天就上两三节课而已。美国的教师，如果是小学老师，他们整天教课，除了午餐时间、除了体育、音乐、美术之类课他们不用教之外，其他时间都跟学生在一起。所以虽然班上的学生只有二十几个，但是他们没有在校的备课时间、听课时间、交流时间，一直都跟学生在一起。中学老师比较不一样，因为美国的小学老师是包班的，而初高中是分科的。可是他们一般，比如说，一天的六节课里，他们要教五节，只有一节课算是备课时间。因此，虽然同有60个学生的中国老师比起来，他们在课堂上的灵活性更大，但是也牺牲了很多，因为他们没有时间。所以这是有利有弊的。我认为你说的是对的，我和我的同事认为，一个中国教师，由于他教40、50、60个学生，他对"如何了解学生"的理解就会跟我们有很大不同。中国教师在办公室给学生辅导或者批改作业，这是很重要的教学活动。但是在美国我们并不关注这个，我们的教师连办公室也没有，他们在家批改作业。

　　因此如果你们的官员咨询我这个问题，我会说你们为什么把班级搞得这么大？但事实上这是某种既定的决策。中美的教师学生比例基本一样，就看你要怎样安排一天的时间。中国也可以缩小班级规模，但是让老师一天多上几节课。美国也可以把班级扩大一些，这样老师不用上那么多课。那为什么我们现在呈现这样的分别？这里面有两国价值观和社会期待的不同，人们对于学校该是什么样的，有不同的看法。在美国，人们觉得一个班级里要是有四十几个人太不像话了，可是这样一来教师就没有了思考的时间。

　　你的第二个问题是，教研员是否对别人的思考强加指导。这个问题很重要。

　　在美国，我们说，教师应该发现自己的教学风格，教学是件很私人的事，你不能跟我说我这样教是好还是不好。而教师聚在一起的时候也并不讨论教学，教师们在休息室见到就讨论电影、讨论饮食、讨论恋爱……他们不讨论自己学生的学习。因此从某种角度来说我们的教师确实有思考上的自由，但是这种自由一定程度上被浪费了，他们并没有很好地利用这种自由来使自己成为更好的教师。只有一部分人这样做了。反过来，中国有很久远的教育传统，中文"师范"这个词的原义，并不是教师教育的意思，而是"模范"的意思，从一个模范身上来学习。我想美国教育的传统是以创新为最高理想，从实践中创新。但是现实是我们的创新并不多，我们的很多教育很糟糕，非常无聊，我们以为是创新的，其实并不是创新的。我想中国人传统的这个向他人学习、向模范学习的观念，说明你们认为指导别人是没有问题的，指导别人怎样做是我的责任。但我明白这也有局限，这种文化传统可能压抑教师和学生的个性发展。我的感觉是，现在在中美两国的人们都在努力寻求创新、打破传统。但是要忽略各自的传统是很困难的。我想如果让美国教师学会互相从别人身上学习,应该是有好处的。同样的,中国教师也可能并不喜欢别人来看他们、给他们指导,希望有更多自由。但是这种文化传统是很难改变的。

学生 D:您对中国教育了解得不少。有个情况您是否听说,在中国的中西部很多中小学校很缺乏老师。因此一些师范院校的低年级大学生志愿前往这些学校支教。您对此怎么看?

Lynn Paine:我对此略有听说,确实是很困难的情况。一些别的国家也有类似的做法,因为如果你这个国家学生太多而老师不够,你就只有几种选择。要么扩大班级规模,一个班有很多学生,但是学习质量会降低,结果学生不愿意上学,加上学校太远了、一个班级学生又太多。所以师资不足是很大问题。因此一些国家采取了中国目前采取的这种办法,即由非教师职业的人临时担任教师,或者由未经过培训的人担任教师,教上几年再去接受培训。我不知道你们的具体情况是如何因此无法给出我的意见。但是使用志愿者或者未经培训的人担任教师必然会导致良莠不齐的现象,只能碰运气。因为你没有办法帮助这些教师发展某些知识。当然我也理解教师缺乏是个很困难的现实,我们也没有办法那么快地生产出很多教师。即使在美国,我们在师生数量问题上没有那么大的烦恼,但也有一些学校是紧缺教师的。这些学校也只好雇用一些没有当过教师的人,赶鸭子上架让他们去教。但是这些人从教时间很短暂,很多人没过多久就离开了。让这样的人来当老师好,还是没有老师好?我说不准。你们的观点呢?你们怎么想?

学生 D:我认为支教的行动从某种意义上能帮助那些农村学校,而参加支教的低年级师范生也能借此提高教学技能和帮助他们理解书本上的知识。谢谢。

Lynn Paine:谢谢你。

主持人:Paine 教授,已经五点半了,我想我们再问一个问题,然后就结束。

学生 E:不好意思,我问的这个应该是最后的一个问题。您今天谈到了教师的入职。您能不能谈谈在美国成为教师的渠道是什么?

Lynn Paine:传统上,小学教师里女性比男性多得多。至今仍是这样。中小学老师一般是由大学应届毕业生来担任,而且一般是接受过师范教育的毕业生。可是越来越多的新老师是未接受过师范教育的,或者是半路出家改行来当教师的,只接受一个短期的师范课程。当然大部分人还是通过师范教育这条路成为教师的。小学老师在大学一般学的是初等教育专业,不一定是学某个学科的专业,因为他们是包班的,要教所有的学科。而中学老师则必须专门研究一个学科,例如数学老师应该是数学专业毕业的、英语老师应该是英语专业,这样。

主持人:谢谢 Paine 教授,我想到了该结束的时候了。您的讲课帮助我们对教师学习有了更深的了解,希望大家用掌声感谢 Lynn Paine 教授精彩的讲演!(掌声)

录音整理:纪雪颖(华东师范大学课程与教学系)
黄　睿(华东师范大学课程与教学系)
乔卫丽(华东师范大学教育学系)

学 生 感 言

● Lynn Pain 教授虽是一名外国知名教授,但她却有着"中国式"的亲切。这位普林斯顿的毕业生,用自己的勤奋与努力在本科、硕士、博士期间学习了三种不同的专业。多元的学术背景赋予她与众不同的研究视角和路径,当她带着我们从四个不同角度来分析教师教育问题后,我们深深体会到多学习其他学科研究方法的重要性。(南京大学　范利群)

● Lynn Pain 教授在 70 年代就曾到过中国台湾,80 年代在中国大陆长期开展实践研究,这使得她的研究更具有客观的、科学的视角。此外她对中国大陆上海市的教研员在教师成长过程中的作用非常推崇。(华中师范大学　陈实)

● Lynn Pain 教授给我们展示的是教师知识和教师学习的概念化内容。她不仅有较新的理论研究成果,同时她通过几个案例为我们展示了当前教学中的一些矛盾。(华东师范大学　乔卫丽)

当前我国职业教育发展中的难题、课题与话题

讲演者：石伟平

时间：7月16日8:30—11:30
地点：大学生活动中心报告厅

讲演者简介

　　石伟平　华东师范大学职业教育与成人教育研究所所长，教授、博士生导师。国际职业技术教育科学研究委员会委员，中国职业技术教育学会副会长兼学术委员会主任，全国教育规划领导小组职业技术教育学科评审组成员，中国职业技术教育学专业学科建设与研究生培养协作组组长，上海市教育学会职业教育专业委员会主任，上海市中等职业教育课程教材改革专家咨询委员会副主任。发表学术论文140多篇，出版各类著作8部。

　　学生主持人：非常荣幸由我担任主持，今天来到我们暑期学校的是华东师范大学职业教育与成人教育研究所所长、教授、博士生导师石伟平教授。石教授头上光环耀眼，要我一一数来，我还背不下来，所以，我要看一下稿子才行。（笑声）石教授是国际职业技术教育科学研究委员会委员，中国职业技术教育学会学术委员会副主任，全国教育规划领导小组职业技术教育学科评审组成员，中国职业技术教育学专业学科建设与研究生培养协作组组长，上海市教育学会职业教育专业委员会主任，上海市中等职业教育课程教材改革专家咨询委员会副主任。今天石教授将为我们带来"当前我国职业教育发展中的难题、课题和话题"，让我们掌声欢迎。

石伟平：今天来暑期学校做讲座，我非常高兴，也非常荣幸，不过我也看出并不是所有学生对我们的职业教育都是关心的。但是我也不奇怪，长期以来，我们职业教育的位置就是这样。在我国，问各级政府部门的职业教育管理机构在哪儿？可能在偏、最角落的地方。我们职成所的起点，大概也在这么一个地方。我自己有这样一番苦涩的经历。十天前当人家评价我们这个学科会这么说的："伟平啊，你还可以，你是比较教育出身。"可见职业教育这个学科不怎么样。当前我国三大教育发展重点：基础教育，我国文件中用的是"巩固"；高等教育用的是"提高"；而职业教育，则是"大力发展"。不知道大家有否思考过，为何三大教育领域中唯一要"大力发展"的是职业教育？国家要把职业教育作为教育发展的突破口，即重中之重，那么国家为什么把职业教育提到如此高的地位，给予如此重视，原因何在？

首先，简单点一下，为什么国家要大力发展职业教育。先讲几个数字，在我国高中阶段教育，普通教育和职业教育的学校数与在校数的比例达到了大体相当。即近一半的学生在接受中等职业教育。具体是什么情况？等下我们详细讲。另一个数据是高等教育阶段，高职教育招生数超过了本科招生数，高职教育在校人数接近高等教育的一半，这是从学校教育方面介绍职业教育。此外，在座各位所在的大学中，有职业教育硕士或博士点的大学的学生请举手。（有学生举手，石教授问"请问你是哪个大学？"，学生"河南大学"。）河南大学开设职业教育研究的，还有我们学校的学生未举手。据我了解，我国职业教育硕士点不超过 50 个，博士点就 10 个。

从 2005 年起，国务院召开会议，提出要大力发展职业教育，此后，全国各自治区、县都召开类似会议。我国为什么需要发展职业教育，以下我们一条条介绍理由。第一，农村劳动力转移。目前，我国农村存在大量的剩余劳动力要转移，但是，如果这些进城务工的劳动力没有技能就成了"盲流"；如果"盲流"找不到工作，生活问题无法解决，就有可能"铤而走险"，就有可能变成"流氓"了。（笑声）还有一个问题是农民和农业，我们的教育发展那么多年，给我们的农民和农业带来了什么？我国 70% 的人口在农村，现在在国际市场上粮食比石油还珍贵，没有石油大家还能活下去，没有粮食行不行呢？因此"粮食危机"可能比"能源危机"更可怕！所以，亿万农村富余劳动力转移，需要职业教育与培训；农业发展、粮食生产的保障也需要职业教育与培训。第三，城市中有相当数量的无业、待业的大学毕业生，还有大量的无技能或低技能的从业人员，包括前面提到的农民工，他们的就业、专业技能的提升需要职业教育。

为什么要大力发展职业教育？大而言之，这是当前我国的一大国策。但我对我们职业教育的同行说，不要被现在的"高关注"陶醉，别以为职业教育一直会有那么高的关注。我现在走在校园里，人家会说，伟平啊，你们现在那么受重视。我说，谢天谢地，谢谢现在那么高的失业率。（笑声）当然，这是开玩笑。现在有两块大石头，农民工和大学生就业，压在国家领导人的心头。温总理说"我可以告诉大家，职业教育已经进了中南海。"韩正市长说"抓职业教育，就是抓产业升级；抓职业教育，就是抓就业与再就业；抓职业教育就是抓劳动力素质的提高"。仔细想想，这些话太对了！职业教育目前在我国肩负着"繁荣经济、促进就业、消除贫困、构建和谐社会"的重要使命。在教育学 10 个二级学科中，职业教育肩负的使命，一点不比其他学科轻，甚至更重！所以，下面这些话要说给大家听,希望大家有志加入职业教育研究队伍,现在不是职教专业的,以后来读职教专业的博士;博士不是,以后来读博士后。谢谢大家! 希望这些介绍对大家有用,但说了那么多职业教育的重要性,其实职业教育面临的问题是一大堆,以下先讲问题。

第一部分:当前我国职业教育发展中的难题

一、生源不足的现状与中职扩招任务的完成

我们都知道,教育发展和人口数量波动有关系。现在你们还年轻,以后为人父母,记住什么都可以凑热闹,生孩子可不行,像奥运宝宝,金猪宝宝,以后升学、就业都挤在一块儿。这个现在跟你们说早了点,但还是要知道。(笑声)

在 2005 年,我国中职扩招了 100 万,2006 年继续扩招 100 万,2007 年又扩招了 50 万,2008 年扩招 50 万,2009 年还要扩招 50 万。这里我讲的"中职"是"职业高中、中专和技校",也就是我们通常所说的"三校"。但是,根据全国人口统计,近年来高中阶段生源一直在减少,目前基本上高中的生源都已经见底了,中职要继续扩招,就要和普通高中抢生源,这很困难。

既然生源不足,但为什么要扩招呢? 上个世纪 80 年代中期后,我国进行了中等教育结构改革,扩大了中职招生数量。几年后,使高中阶段的普职比例几乎达到了 1 比 1。但 90 年代中期以后中等职业教育开始滑坡,很多地方 70% 是普通高中,职业学校才 30%。在这次经济危机之前,中国的制造业发展良好,需要大批技术工人,于是,我们把职业教育的规模扩大,与普通教育基本达到相等。这是非常必要的。为什么高中阶段普职比例大体相当后,在生源不足的情况下还要扩招呢? 我想主要是为了实现普及高中阶段教育的战略目标。要在 2020 年前普及高中阶段教育,难点和重点在农村,而在农村普及高中阶段的主要途径是发展中等职业教育教育。因此,我的理解是中职扩招的增量部分,主要在农村地区。一般认为,农村地区还有扩招的潜力。

但是,我这儿担心的另一个问题。我们作出扩招规划的依据是什么? 如果是通过大型的调研,通过人力规划,那么得出的结论和建议还是符合市场需求的,中职毕业以后还是可以找到工作。但是如果扩招的决定缺乏非常科学的依据,我担心以后会出问题的。因为 350 万的中职学生毕业后,如果我们没有额外的岗位让他们就业怎么办? 国外的做法是"往上走",即继续深造,将人力储备一下,等经济状况好了,就业机会增加了,再就业。这样既能使毕业生找到工作,又提高了劳动力水平。

生源少量,职业学校眼下怎么办? 以下的话是我以前跟职业学校校长们说的:"生源少了怎么办? 不要紧,利用这样的机会,从单一的招初中毕业生扩展到招高考落榜生、下岗工人、农民工"。我认为,为了度过"生源锐减"的"三年自然灾害",职业学校要实现生源多元:在继续招收初中毕业生的同时,还要积极开展农民工培训、企业职工的职后培训、"高考落榜生"的就业培训、失业人员的再就业培训、社区的成人教育。使"中职"学校功能多元化:就业、升学、社会服务"三位

一体"；服务于学生、服务于行业、服务于社会；真正做到"双证融通"，"中高职衔接"，"职前、职后一体"。

二、高中阶段普职比例的政府硬性规定与市场机制下学生、家长自主选择

过去，学生和家长的选择权有限，要么高中，要么职业学校。但现在的选择面大了不少。政府希望普通高中和中职的比例为 5∶5，但是这一政策就说明政府对家长和学生的心态，特别是现代化城市里家长的社会心态不了解。在经济、文化、教育发达地区，大多数家长希望孩子在高中毕业后上大学，"二本"、"三本"进不了，至少在就业前上个"高职"；即便学业成绩不理想的学生家长，大多也没有让孩子在 18 岁就进入劳动力市场的打算。另外，这些地区高等教育发达、"高职"门槛不高的状况进一步助长了家长的这种社会心态。这样，就业导向的"中职"自然成为学生家长的"最后选择"。还有一部分家长，把高职院校当成托儿所。有些教师向家长反映，孩子上课不听讲，一直睡觉。家长的回答是，没事，我觉得孩子 18 岁去工作太小了，在这里，只要不出事，公安局不找他就 OK 了。上海前几年高职录取还有个门槛，250 分。（笑声）现在实行自主招生，几乎没有门槛，想进就可以。现在上高职很容易，升学的愿望很容易实现，这样就业导向的中职就没有优势，没有竞争力就没有人来读。所以，政府就用政策来调控，关掉一些民办高中，希望将学生引导分流到中等职业学校，但这又会导致其他方面的问题。

所以，职业教育需要一定的吸引力。在农村地区，职业教育是免费，紧缺专业的职业教育政府也给予一定的补贴。这样一来，有人就觉得只要政府出点钱，就能使职业教育具有吸引力了。但事实上，并不是这样的。我们前一阵举办校长培训，广西南宁有所职业学校的校长说了这么个事情。校长去农村，跟家长说：你把孩子送来职业学校学习，我们不要你出钱，你的孩子又能学到东西，何乐而不为。家长说：我孩子初中毕业，我本来要送他出去打工的。你现在让他进职业学校学习，那三年后他出去打工和现在会有什么区别。校长不敢回答了，这是因为三年后还真有可能没什么区别。我常把职业学校类比驾驶员培训学校，驾校需要两个条件，自己会开车的教练，同时，学校里要有车让学员练。但是，在农村的许多职业学校，教师不一定具备他所教专业所应具备的技能，学校也缺乏实训设施和场地。设想一下，在黑板上教怎么修汽车，能学到修车技术吗？所以，如果是接受这样的职业教育，家长会认为这是浪费三年时间，而不是钱的问题。

因此，要增强职业学校的吸引力，就要构建真正通畅的职业教育"立交桥"；高职、高专主要面向职业学校招生；高职、高专招生考试要重视技能，要单独命题；劳动部门要严格执行"就业准入制度"。要建立通畅的职业教育体系，使中职升高职很便利，专升本很便利，本科毕业后读研究生也很便利。我国台湾地区就是个不错的例子，绝大多数发达国家也有类似经验。我们理论上也有，但是现在专升本很麻烦，不考技能、技术，而是考基础知识。原来作为技术技能型人才培养，升学考试却要考学术理论，这样看看也很别扭，立交桥不畅通了，学生和家长就觉得这个职业教育是没有吸引力。还是拿台湾为例，科技大学首先招职业学校毕业生，如招不满再招普通高中学

生；如果学生考科技大学，有技能证照可以加分。但是，我们现在是考试成绩从高到低排序，我们的考试卷子和普通高考一样。这样的考试方式，普通高中学生占有明显的优势。

另一方面，学校要在初中阶段就加强"生涯教育与指导"，让学生认识自我、自己的职业倾向，使其认识到：适合自己的教育才是最好的教育。我们初中开设劳技课的本来目标是让学生会用工具，培养学生的职业兴趣。但是我们现在的状况是：学生使用工具做了体力活，老师就问"苦不苦"，学生答"苦"！老师马上教育学生"你们现在不好好学习，以后去职业学校，一辈子做这个"。劳技课程变成为我们职业教育做反面宣传的课了。（笑声）所以，我们要在初中阶段加强"生涯教育与指导"，让学生认识到自己是红木，适合做家具，那就不要拿去做热水瓶塞子。如果学生认识到自己是软木，适合做塞子，那也不要勉强做家具。

总的来说，要增强职业教育的吸引力，政府的政策调控、职业学校提高质量、初中阶段加强生涯教育，三者同等重要。

三、政府的"就业导向"与学生的"升学需求"

职业教育不仅仅是"就业教育"，现在很多职业学校开的课程都只跟就业相关。但是我们中考就考一次，有些学生考砸了，其中包括那些想升学、能升学且适合升学的学生。于是，这些学生白天在职业学校里，一边听着老师上与就业相关的课程，一边睡觉，晚上在外面去参加补课，补普通高中的课，希望日后参加高考。三校生中也有一批外语较好，且家境也不错的学生，他们想留学且能留学。对这批学生来说，他们平时在学校睡觉，周末去新东方学外语。澳大利亚和英国现在有面向这类学生的对口留学计划。这类学生的"升学需求"或者"留学需求"是否合理？我个人认为，这是一种合理的现象，职业学校应该具有"就业、升学"两大功能，但应以"就业教育"为主，"升学准备"为辅。同时，这一"升学"功能应该强调"职业技能优先"而非文化基础优先，应与高职的"高技能人才"培养目标相匹配。

接下来我们讲讲什么是人民满意的职业学校？一言以蔽之，就是"想就业的，都能高质量就业；想升学的，都能升成；想留学的，都能留学成功；想创业的都能成功创业"。我们经常讲要办人民满意的教育，什么是人民满意的教育？就是所有的学生接受教育后都有出路，学生的潜能通过教育后得到充分发展，这些就是吸引力，也符合我们讲的教育本质。所以，我刚刚讲的看上去都是现象，其实好好想想，都是理论问题。

四、专业建设：建"超市"还是建"专卖店"

现在我们到国内的职业院校去看看，会发现职业教育这几年确实发展得很快。2000年，我去美国之前，当时我国高等职业院校在校生数超过1万的学校很少，在校生达到5000的都不多。但是现在，高职院校在校生数不超过5000的很少了，甚至有学校学生数达到1万3的。这样快速发展的主要原因之一是受惠于"高校扩招"与大力发展职业教育的政策。学校要规模扩张，就得扩充专业数量，专业数多了，学生自然也就多了。但是，这也产生一些问题，就如电视剧水浒唱的一样"你有我有全都有"，学校专业设置就像办超市，品种很多，但没品牌、没质量、没特色。所以，高职强调内涵建设，中职今年也明确提出实行战略转移，从规模向内涵发展转移，所以，现在是我们职业院校从"超市"向"专卖店"回归的时候了。

我们说，职业教育谋求"量"的发展，扩张规模时，确实需要职校在专业建设上开"超市"，因为学校的专业数量决定着学校的规模。但是，在中职谋求"质量提高"、"特色发展"的今天，在专业建设上要开"专卖店"，因为只有"专卖店"的商品才有质量，才有品质，才有特色。所以，职业学校当前应该抓住机遇按"扶强"、"扶特"、"扶需"的原则进行专业调整，优化专业结构，开出有特色、有品牌的"专卖店"。

五、学生文化基础薄弱与职校文化课功能的重新定位

现在有很多人持这样的观点，认为为了学生更好的生涯发展，为学生将来多次就业，必须加强文化基础。我们都觉得文化基础太重要了，所以，我们要将职业学校的文化课提高到普通高中的水平，现在还有不少人这样说。我可以与这些人打个赌，"比如高中英语，让我们这些职业学校的孩子三年什么都不学，只学英语，然后参加高考，如果学生能考过那些普通高中的学生，我石伟平就从静安寺爬到外滩；如果考不过，你们就倒过来爬。"用这样方式来加强中职生的文化基础肯定不行的；而且也没有必要这样做。我的观点是强调某一阶段职业教育的有限目标与主要目标。文化课是重要，是需要加强，但是，该怎么加强？我们应该牢记科学的发展观：学校职业教育首先是为学生的第一次就业作准备，其次才去兼顾学生多次就业的需求。应强化职校文化课的服务功能，服务于学生的专业学习，服务于学生的生涯发展；强调文化课的学习尽可能与专业学习相结合，与学生的生活世界相联系，可以进行分层教学。

目前课程改革要解决的难点是，如何使学生"学有兴趣"，"学有乐趣"，"学有成效"。比如学烹饪的学生，让他知道菜名的英文怎么说，他肯定感兴趣。但如果给他讲字母，讲单词，讲语法，一讲就睡觉，因为九年义务教育他就是那样过来的。（笑声）所以，教师不要觉得上课睡觉，发信息，玩MP3的就是坏孩子。其实他是好孩子，因为他不影响别人上课，虽然听不懂，但还坐在那里，三年都是这样。容易吗？对他们来讲，非常不容易！中职生需要的是用一种合适的方式去激发他学习的兴趣。

施良方说过"教育研究的问题不在书本，不在图书馆，而在实践中。"我恳切地呼吁我们的研究生，改变我们的研究范式，明确自己研究问题是"真问题"还是"假问题"。中国的问题太多了，但是理论问题、政策问题要到实践中去寻找。回到刚才说的那些加强文化课的例子，加强英语是好，但是如果方式不恰当会让中职生最后"残剩下"的那点学习兴趣给"灭了"。

（休息10分钟）

现在已经有同学有问题了,我等下留时间我们互动。

六、加强"实践性教学"与职业教育基础能力建设相对滞后

就业导向,职业院校必须加强实践性教学。要加强实践性教学,有两个基本条件:专业师资与实训设施。职业教育有两个特点:一个是要教会学生,自己要会;另一个是要有条件有场地。职业教育基础能力建设讲的主要是专业教师师资队伍建设与学校实训中心/基地建设。但是,目前职业教育教师对将来学生要就业的领域不了解,也缺乏相关经验。就像我前面举的驾驶学校,教师自己不会开车,驾驶学校没有汽车和场地,或者10—20个人学开车,只有一辆车供轮流练习,学生没有足够的时间练习,只看怎么能学会? 这是为什么国家把职业教育基础能力建设作为一项重要的国家工程来狠抓。

在职业院校强化实践性教学,还有另外一个原因,只有"做中学、做中教、实践中教理论",才能把我们的学生"教会"。这是职业学院学生的专业学习基础与特有的认知特征所决定的。"我知道"和"我会"是两个概念。研究课程与教学论的同学有这种感觉,到学校去的时候,觉得理论基础有了,但实践起来却并没有那么简单。文化课和基础课是不同的,职业学校的学生和我们的大脑结构是不一样的,思维的强项也不一样。我们是抽象思维活跃,他们是形象思维活跃,他们的抽象思维不发达,讲概念推导,一推就睡着了。我最佩服的是我们的幼儿园教师,特殊教育的教师,职业教育的教师,因为要把这些学生教会不容易,要讲究方法。而大学教师,不大讲究方法,反正不教学生自己也能学。因此,职业教育必须强调"做中学、做中教、实践中教"的理论。

加强实践性教学的根本出路在于"校企合作"。我国目前这种学校本位的职业教育实施体系,在教学内容、实训设施、专业师资上,存在三个靠自身无法克服的缺陷:不管学校的教学内容如何先进,与生产、服务一线所应用的最新知识、最新技术、最新工艺相比,总有距离;不管学校的实训设施如何先进,与生产、服务一线最新生产设备相比,总有距离;不管学校的专业课师资如何"双师型",与生产、服务一线技术专家、操作能手相比,总有距离。这些"致命缺陷",只有靠"校企合作"才能克服。但是,单从教育内部谈"校企合作"是没有意义的。目前我国的"校企合作"中,"学校爱企业,企业不爱学校"。我们希望企业里有能工巧匠来带教,接受职业学校学生去实习。企业说,"你们职业学校能帮助我们做什么?""要我爱你们,你们职业学校有什么可爱之处?"学校说"我们可以帮你们定单培养新员工。"企业说"不要,新员工我可以向社会招聘,招的肯定比你好。"学校说,"我们帮助你们搞员工培训",企业说,"你们学校老师自己都不会,能培训我们吗?"学校说,"我们可以帮助你们技术研发"。企业说"你们职业学校现在有这个能力吗?"看看,我们职业学校目前的服务企业的能力与水平确实有限。

我们常说德国职业教育如何如何好,但德国发展职业教育的方式是完全不同的。首先,在文化上,德国的企业家觉得参与职业教育是应该做的"善事";其次,法律上企业有责任和义务参与职业教育;其三,在政策上,企业参与职业教育有好处。在许多国家,参与职业教育的企业可以享

受"抵税"、"减税"、"免税"的优惠。我国说企业有责任有义务参与职业教育。但是，企业说我就不参与，政府也没办法。我出了个"毒"招，所有的企业都要交职业教育与培训税，参与职业教育与培训的可以"退税"，参与好的，政府给予奖励。当前，我们如何借鉴德国、澳大利亚等国经验，在政策上建立激励机制，让企业有积极性深度参与学校职业教育过程，形成互动、双赢的校企合作体制，使"学校学习"与"职场学习"真正紧密结合起来，是我国职业教育体系未来发展面临的另一个重要课题。出台相关的税收政策是推动校企合作的当务之急！

七、"双证融通"与"证出多门"

就业导向与能力本位的教育与培训，职业资格证书教育与学历教育的有机结合，要"双证融通"，这里双证书指毕业证和职业资格证书。我们要从"学历社会"走向"能力社会"，指的是要将学生的生存技能、职业技能、工作技能等方面的能力同时发展。把职业教育与学历教育整合也是全球趋势，但在中国很难。因为在我国职业资格证书是"证出多门"，以计算机证书为例，有组织部门的、人事部门的，劳动部门，信息产业部门的；有政府的，有企业的；有境内的，也有境外的。"双证融通"与哪个证书去通啊！这种"证出多门"的现象影响了"双证融通"的实现。

在"汶川大地震"那天，我在上海开职业教育座谈会。当时，做了个发言，我说，在一个没有人愿意当工人的社会中，职业教育不可能真正发展起来。人家问，难道有哪个国家的人愿意当工人？我说"有！德国和日本，人们就愿意当工人，不想当工程师。他们从工人，技术员到工程师，不论是工程师，还是技术员还是工人，大家的起薪相差不大。当工人到了高级技师，技术员到了高级技术员，他们之间薪水也差不多，主要的区别在于工龄和技能等级，工龄越长，技能水平越高，工资越高，那人家工人当的好好的干嘛去当技术员。所以，职业教育要有吸引力，一个跟职业资格证书相关，另一个跟企业的用工与薪酬制度有关。我们要统一职业资格证书制度，开发"双证"课程与教材，建立职业资格证书制度，建立与技能等级挂钩的企业"薪酬制度"。终身教育体系要这样发展，人们才有接受终身教育的意愿。终身教育的概念最先其实就是从职业教育角度提出来的，所以说职业教育还是有点意思的。

八、"做事"与"做人"

我们现在大学里，教育学生"做事"和"做人"是分开的，职业教育里也是。法律、人生、道德等方面的教育，有专门队伍，如班主任、辅导员等，而培养学生职业能力则完全由另一支队伍来实施。但是，做事和做人为何一定要分开呢？难道一位教师在对学生进行道德教育，其他教师就没有这责任了？不是这样的，应该是在教学生"做事"的过程中让学生学会怎么"做人"。我曾经跟上海劳模李斌交流，我问他你怎么做到"做人"与"做事"合一的？把每件事情做好，就能把人生做好。今天，我有些学生也在现场，我有句话一直说，你要想把学问做好，就要先把人做好。（掌声）

有些人学问做得不好了,就是这段时间人没做好,开始功利了,浮躁了。职业教育目前的问题是学会"做事"与"做人"两张皮,德育的有效性在于"渗透"与"整合"。如何"整合"?"学会做事"的同时"学会做人",这才是职业学校德育的"路径"与"特色"。

第二部分:职业教育领域的研究课题

一、中、高职的培养目标仍不清楚

我常说,我们现在应该先慢下来,将一些根本问题考虑清楚,思考一下为何要大力发展职业教育? 我们不同层次的职业教育人才培养目标清楚吗? 中职应该培养什么人才? 中职培养技能型人才。那么,高职呢? 高职培养高技能人才。那么高技能人才,"高"在何处? 我们知道技能有两种,一个是心智性的,即动脑的;一个是操作性的,即动手的。职业教育现在教的是动手的操作性技能。在天津刚刚结束的全国职业技能大赛上,中职学校学生的操作技能往往都超过高职学生,为什么? 因为操作性技能是练出来的,年纪越小,手脚比较灵活,心思专一,技能形成相对容易,较快就练出成绩来了。所以,在技能水平上出现了"高职不高,中职不低"的尴尬局面。(笑声)高职的高技能"高"在什么地方? 是"操作技能"还是"心智技能"? 什么是"心智技能"(Mental Skill),就是人们顺利认识特定事物、解决具体问题所运用的智力活动方式。另外,我们还要思考把高职培育目标定为"高技能人才"之后,高职与高级技工学校的区别在哪? 这一层次"技术教育"的使命将由谁来承担? 因为技能型人才、技术型人才和工程型人才三者之间还是有区别的。

因此,中职和高职两者在培养的过程中,需要完成哪些任务,需要形成哪些技能? 与中职相比较,高职到底高在哪里? 以数控专业为例,中职是操作数控机床,而高职呢? 除了操作之外,更多的是要会编程之类的技术。这些在教育目标上要明确,不然就无法实施。如果高职不"高",中职就被挤压了,如果农民工培训后,技术提高了,中职就夹在中间了,那我国中职的发展问题就会越来越严重,会引发一系列的问题。这里我再呼吁一下在座各位,如果你找不到研究课题,职业教育领域里都是课题,欢迎加入。

二、职业教育发展的质量不高

目前我国职业教育质量不高主要表现在没有基于市场需求的专业设置,没有基于人才规格的课程结构,没有反映一线需求的教学内容,没有类似工作现场的实训条件,没有适合这类学生的教学方法,没有一定实践经验的专业教师,没有一套适合职教的评估手段,没有有效校企合作机制作保障。比如本科院校有一个专业叫"学校管理",这个专业应该最起码是研究生层次,面向在职人员。但是如果是本科生,那么这个专业的毕业生,出去做语文教师吧,不如中文系的,做英语老师吧,不如英语系。所以说,专业有没有发展,有没有社会需求很重要,这些都要反映在课程结构中,人才规格和课程结构要匹配。我自己所在的研究所中,我们也有争论,人力资源开发与管理专业毕业的学生,会不会用测评工具,能不能做薪酬计划,会不会开发培训方案? 如果都不会,只会研究人力资源,那哪个企业会要? 所以,求真与求用要相结合,不能光会研究!

英国著名课程论专家劳顿曾经说过,课程是一种文化选择。回过头看我们职业教育的许多课程,除去公共课以外,很大一部分课程都是与实践相脱离的,而且严重滞后,不能很好地反映了实践的要求。曾经有学生自己读了4年本科和3年硕士生,之后回到母校教书,发现所教的专业教材还是他8年前他用过的教材。从职业教育到高等教育都存在这个问题。我们的课程内容是否反映一线需求的内容? 比如,现在都用word,老师还在教wps,有用吗?

还有一个问题,我们职业学校的学生中厌学情况非常严重,许多老师归因于学生专业学习的基础差,没有毅力、不够聪明。其实,我们的学生有自己的长处,关键是要通过合适的课程与得当教学方法,激发他的学习兴趣。比如,男生玩网游,可以不吃不喝,能说他们没有毅力吗? 但是,我们都做不到,这是因为他有兴趣。学生看日语的动漫,不认识的语言都能看,而且能看懂,能说他们理解力差吗? 玩网游要记密码,那么长的密码,我读好几遍,还是难记住,他们马上能记住,能说他们不够聪明吗? 所以说,职业学校的学生并不是笨,关键是激发他们的学习兴趣! 我一直说谁能把中职生玩网游的兴趣、热情、效果引到课堂学习中来,他可以得职业教育的诺贝尔奖。(笑声)

三、非正规、非学历、部分时间制的成人职业培训远未充分开发

长期以来,我们的职业教育重视的是:正规的学历教育(非学历培训不屑去做),全日制应届学生(部分时间制的历届生尚未成为职业学校的主要目标群体)。事实上"非学历培训"可以成为职业学校的主要"业务"之一;"部分时间制的历届生"有可能成为中、高职的主要"生源"。大力发展职业教育,建设"人力资源强国",重点在"职前"还是"职后"。国外的职业院校,是晚上比白天热闹,周末比平时热闹。如在美国费城,在各类职业院校,如社区学院中学习的学生,本科学历占大多数,还有不少研究生。职业院校承担的是继续职业教育的使命,终身教育的使命,比其他教育更重要。因此,我们在理解大力发展职业教育,不仅仅是大力发展职前的职业学校教育,更重要的是大力发展在职培训。

四、终身职业教育的体系尚未构建

终身职业教育体系的特征应该实现纵向上的"中高职贯通"、"专升本通达",横向上实现"普职渗透"、"教育与培训相交"。而实现构建终身职业教育体系的条件则是在纵向上构建相衔接的课程体系,要做的基本工作就是完善职业分类和专业建设;横向上实现普职教育等值、职业教育与职业资格证书结合,基本工作则包括提高职业教育的地位、完善教育与劳动部门的协作机制。

世界上许多国家,职业教育都是自成体系,且与普通教育体系相互沟通与联系的。中等职业教育结束,可以就业,也可以继续升入专、本科,还可以在本科结束后进入研究生院攻读研究生。既有职业教育的独立体系内部上下衔接,也可以进入普通高等教育体系。这就是相互衔接的体系。我国台湾地区、日本就是这样的。只有这样,才能使职业教育有地位。现在职业教育有地位吗? 没有。今天空的那么多座位,就说明没有地位。(笑声)我们现在的职业分类还不够清晰与科学,我们的专业建设没有"与时俱进",我们的教育部门与劳动部门之间还没有建立(或还没有运行)正常的、制度化的协作机制。这些都严重制约了我国职业教育独立体系的建立,职业教育到目前为止都还是一种"断头教育",也就是说,到了专科层次就没有了,学生向上攻读的通道不畅,那么学生发展自然受到很大影响,职业教育的地位也会被削弱。

五、基础教育分流制度给职业教育带来的灾难

我国实施的是基础教育阶段普职分流制度,15 岁、18 岁各一次。之所以要分流是因为学生是有差异的,学生个体的特征是不同的,应该是学生和家长主动选择的结果。如果一个孩子喜欢动手,喜欢烹饪,那选择做厨师就很好。因为他喜欢,而且确实能够做,有很大的兴趣,而不是因为文化程度不高,必须去做。但是现在,选择中职,高职都是无奈的选择。这是精英教育扩大化的结果。精英教育在国外是特殊的教育,所谓"gifted"孩子是具有特殊的需求,接受特殊的教育。整个比例里不会超过同龄人的 5%,其中还包括残障儿童。我们现在把这种通过考试筛选精英的教育扩展为"全民教育",结果以造成大批量的失败者为代价。不是吗? 中考,近半数的学业失败者进入中等职业学校;高考,只有一本录取的学生才有成功者的喜悦,进入二本、三本、高职的学生大半伴有学业失败者的心理。那些进入一本的所谓"精英",最后其中的不少人还是流向了美国,因此从某种程度上讲我们成了美国的精英人才培养基地。(笑声)

如果全世界的大学都办成研究型大学,那么这个世界也就差不多了。以美国为例,那么多高校,本科和研究生教育基本都是培养应用性人才,连博士教育都只有 Ph.D 才是科学研究型博士,更多的人都是应用型人才,如果都按照精英教育和学术教育的理念来培养人才,必将导致教育的灾难。

学生多元化的发展需求呼唤多元化的教育,社会多元化的人才需求呼唤多元化的教育。两种教育分流理念将带来完全不同的两种分流结果:如果分流是为了适应多元化的教育需求,那么职业教育就是学生和家长主动选择的结果;但如果教育分流是为了筛选"精英",那么职业教育就是学生、家长"无奈的选择"。但从目前我国的现实看,我国基础教育阶段的分流是对职业教育的典型"伤害"。基础教育的"精英教育"扩大化,形成了大批"学业失败者",使中职成为"失败者"的"无奈选择";高等教育则将学术教育扩大化,以大批"就业困难者"为代价,使高职、技术应用型本科成为"二流的高等教育"。

"职业教育"是天底下最伟大的"慈善事业",我们从事的是"失败者"的"拯救工程",对做人没

尊严的,给尊严;对自己没自信的,给自信;对未来没信心的,给信心;对生活没乐趣的,给乐趣;对就业没技能的,给技能;我们容易吗?(掌声)

第三部分:当前我国职业教育发展中的热点话题

一、"示范性高职"与"重点高职"

2006年11月,教育部、财政部开始共同组织实施国家示范性高等职业院校建设计划,支持100所高水平示范院校建设。示范性高职建设强调职业院校的教学、管理等活动都要以切实培养学生的职业技能为重点,重视专业建设、课程和教学改革,推动专业师资队伍建设与专业教学环境的改善,践行"工学结合"的人才培养模式。但需要注意的是,在这一过程中在思想认识上存在着"误区"。在相对一部分人看来,示范性高职院校建设是高职院校的"211工程",是要建设高职院校中的"重点学校"。

到底是要建设"示范校"还是"重点校"? 如果是"示范校",那示范什么? 目前高职院校发展中面临的一些带有普遍性的问题,如学生厌学、老师厌教,校企难以合作、工学难以结合,"双师结构"教师队伍难以形成等难题,这些示范性高职是如何解决的? 如果是真正的"示范校",应该提供成功解决这类问题的"范式",以供其他高职院校学习。如果是"重点校",那是政府集中有限的资源重点投入到个别相对基础较好的院校,旨在建设一批各方面高水平的高职院校。但是这类享受政府特殊政策的"重点校"自然难以成为其他高职院校的"示范",因为它们太"特殊",其他学校没有条件向其学习,因而它们的"示范意义"有限! 如果"示范"与"重点"的关系没处理好,不仅"示范校"起不到"示范"作用,还容易造成"扶了几个打击一批"的问题。

二、"工学结合"与"顶岗实习"

在职业教育中,"校企合作"、"工学结合"、"半工半读"经常会被放到一起作为人才培养模式提出来,但从严格意义上讲,"校企合作"是一种办学模式,"工学结合"是人才培养模式,而"半工半读"则是"工学结合"的一种形式。采用"半工半读"方式的学生,可能是周一、周二、周三在学校学习,周四、周五在企业岗位学习;这种"工读交替"的方式,也可以在上午与下午之间的展开。"半工半读"可以将工作和学习更紧密地结合起来,但是"半工半读"的方式目前主要用在贫困生的职业学习上,而"顶岗实习"是"工学结合"人才培养模式中一个重要环节,或者说是"工学结合"人才培养模式的一个重要组成部分。因此,"工学结合"才更具普遍意义。因此,我们必须将办学模式、培养模式的相关概念梳理清楚,是我们发展职业教育的基础性工作。

目前的问题是,当前已经被"顶岗实习"作为人才培养模式要求职业院校进行制度安排,而实际上,企业是否接受职业院校实习生,不是学校说了算,教育部文件也难于监管整个过程。"顶岗实习"的落实需要在国家(而非教育部)层面上出台对企业具有约束力的国家制度作保障,需要一种国家层面上的制度安排。否则,学校很难操作。目前,"顶岗实习"过程中出现的一系列问题,都与此相关的国家制度缺失有关。如何推行"工学结合"的人才培养模式?"工学结合"要靠"校企合作",校企"合作"不起来,怎么办?如何使企业深度参与职业教育?"顶岗实习"效用、安排与管理,这一系列的问题,需要在国家制度层面上解决。

三、"一年基础、一年技能、一年顶岗"与"做中学、做中教"

职业教育中的"老三段"是"基础课、专业基础课和专业课",现在我们开始强调"三个一",即"一年基础、一年技能、一年顶岗"与"做中学、做中教",这种模式强调职业教育学习中的三个阶段,这三个阶段之间应该是有机联系、而非机械隔离的。温家宝总理所说的在"做中学是真学",在"做中教是真教"。这不仅符合职业教育教学特点,也符合目前中国职业学院学生的认知特点。所以,职业学习的关键是"做中学","做中教",在实践中教理论,这样才能使我们的学生真正地"学起来"。如果机械地理解与实践"三个一",在一年级没有"技能"实践机会的"基础"知识学习很难有效发生的;到第二年强调培养学生技能时,没有有效学习的"基础",事实上也成不了学生"技能"学习的基础;第三年如果对"顶岗实习"过程缺乏有效的监控,那非但预设的教育教学目标难以达成,而且会带来大量的管理问题。这样,"新三段"就会陷入"老三段"的困境。

四、"对口升学率"降低与"中职就业率"、"中职吸引力"

我国一直将中职对口升学限制得非常严格,原来还有20%的"对口升学率"比例,但现在把比例减少到5%将意味着什么?我们这里的各位可以思考一下下面几个问题:一是中国目前中职毕业生90%以上的高就业率中,有相当是"升学率"所作的"贡献",因为在中职统计就业率时往往把这部分升学的学生也计算在内。如果有15%的毕业生原来可以升入"高职"现在要加入就业大军,那么会对中职就业率产生什么样的影响?如果没有15%的新增就业岗位,中职的就业率就会大幅度下降。二是升学渠道变窄,毕业生的出路单一,或者说缺少升学的优势,那么中职的吸引力将会大打折扣。三是"对口升学率"仅为5%,意味着95%的中职生将进入劳动力市场,加上逐年增长的扩招因素,那么,劳动力市场容纳能力将受到严峻考验。

五、职教课程改革的难点:是"开发"还是"实施"

职业教育课程改革一直是职业教育发展中的重要内容,课程改革一直在改,所追随的模式也一直在变,可以说是换一个领导就换一个思路,这种改革的"多动症"已经引发了课改的"疲劳症"。要克服这个问题,首先要明确改革的出发点:一是如何让学生对学习感兴趣;二是让学生学到的知识有用,对其就业有用,对其未来的职业生涯发展有用。

当前课改的一个严重不足就是重开发,轻实施,把教材当做课改最终成果。所以我们必须要转变观念,要认识到课程成果的不仅仅是教材,更重要的是改变学生厌学、教师厌教的状况,帮助教师改变教学观念、教学行为与教学模式。因此,职教课程改革一定要"落到实处",一定要到"教师",一定要进"课堂"。当前,课程改的攻坚战在"课堂",改革的重点是让我们的学生"学有兴趣"、"学有乐趣"、"学有成效"!要达到这一目标,要在眼下重在课改的校本实施,包括教师的素质(观念、方法、技术)提升,教学环境(实训室、实训中心、实训基地)建设,保障制度(校企合作机制、课改激励机制、课改支持体系)建立等的配套改革。如果说课程开发涉及的是个别骨干教师,那么"实施"涉及本专业的所有教师,涉及需学校配套的各个方面。

六、如何从根本上提高职业院校教师队伍的水平

首先,我们要考虑提高职业院校教师的待遇问题,实行职业院校教师特殊津贴,因为职业院校的学生的难教、难管,教师所花费的精力和时间都不是其他教育的教师所能够比的。我们应提倡更加公平的教师薪酬制度。此外,要从根本上提高职业院校教师队伍的水平,要提高职业院校新教师入职门槛,一般应该是本科专业毕业,2 年以上相关工作经历,并具备职业教育教学与研究方面的硕士学位,这也是国际上职业教育师资队伍建设的主要做法与经验。要重视双师结构的师资队伍建设,我的观点是:"双证"是希望,"双师素质"是要求,"双师结构"才是必须。

我上午的报告就到这里,谢谢大家!

学生 A:石教授您好,我是学教育史的,对职业教育不很了解,但很感兴趣。您的报告句句切中要害,您提到了我国职业教育发展中的问题、难题与课题。我想换个角度问,您觉得这些年来我国的职业教育取得了哪些重要的成就?从近代来看,有哪些成就可以值得借鉴?

石伟平:你提到职业教育的发展成就,我是否可以从以下几个方面谈:第一,从政府重视程度上讲,建国后我们国家是非常重视职业教育的,文革前,中专和技工学校得到了空前发展,为我们国家培养了大批技术技能型人才。虽然文革中中专、技校停办,造成中等教育机构单一,但是 80 年代中期中等教育结构改革之后,职业教育得到了空前发展;高职从 90 年代起也到达长足的发展。但是我国政府真正把职业教育发展作为战略重点,那还是本世纪的事。新世纪以来一系列的职业教育工作会议及相关文件的颁布,确定了职业教育战略重点的地位,并且本届政府以来,给职业教育的投入强度还是空前的。我想政府重视,可以说是我国的一条重要教育政策。

第二,从事业规模上讲,在政府的高度重视下,职业教育得到了空前发展,高中阶段已经普职比例相当,高职已经构成了我国高等教育的半壁江山。尽管高速发展,带来了一些质量问题,但是从我国劳动力的规模与结构上讲,确实也需要这样一个事业规模的职业教育来支撑经济的高速发展。

第三,从科学发展的角度看,在规模扩张的同时,我国一直关注包括师资与实训设施的职业教育基础能力建设,并且取得了一定的成就。此外,职业教育开始关注促进就业、消除贫困,构建和谐社会的战略目标的实现。强调城乡统筹发展职业教育,农村职校生与涉农专业中职生免学费。在关注经济目标的同时,关注促进公平的社会目标。

学生 B:石教授您好,我是来自福建福清,福建推出了第一份福建终身教育条例,我知道上海也在做。职业教育在终身教育体系中的作用您刚才也提到了。我想问的是我们要如何采取措施,解决中职学校的生源差的问题。另外,很多职业学校聘请的教师也不够专业,如何对待这一问题。

石伟平:在终身教育体系中,职业教育的作用很重要,我之前已经提过了。我知道福建是第一个颁布了终身教育相关法案。美国很聪明,他们把职业教育改成了 career(生涯),每个人都有生涯。学校里的工作人员,如何从一般教师到校长,都有职业生涯的过程。跟这些生涯相关的都可以归为职业教育,都可以归为是职业的继续教育。如果在职业学校里,强化其职业功能,社区服务功能,可以促进终身教育体系的建构。类似的,在英国,接受教育是个人的事,不是国家的事、企业的事。但是政府要求学习者所在单位在时间上给予方便,企业也鼓励员工在职学习,在升职时会优先考虑有职业资格证书的人。个人的一些发展需求,根据市场来调节。各类学校与培训机构会主动了解社会中有哪些类型的需求,并且根据需求设计并开设课程。当然对课程提供者的资质和办学条件政府要审核。这样对于企业员工,如果想晋级,就会读相关的资格证书课程。课程在哪里? 可能在大学,在继续教育学院,也可能在专业培训机构,学习者可以选择适合自己的时间、空间、内容、方式的学习就会(课程),拿到证书后,企业优先安排高一级的工作岗位,学习者可以享受高一级的薪酬。我个人认为,英国的这种模式也适合我国。

第二,讲到学生。我不喜欢用“生源差”这个词语。这是我们无法选择的,我们不接受他,他去哪儿,收容所? 监狱? 街头? 但是,尽管如此,我们还是要让他成为有用之才。这很难,而且将来还会有更差的,这是为什么我把职业教育说成“世上最伟大的慈善事业”。

第三,问的是“教师谁来做,已经在教的怎么办”。我们假设一名教师现在有硕士生学历,职称是中级教师,但是不是合格的教师呢? 首先要看,你要教的东西你自己会不会,如果不会,你怎么把人家教会,这就需要教师自己补课;其次,你是否了解我们所讲的“职业教育 ABC”,职业教育是什么? 中职生的认知特点是什么? 怎么当职业学校教师? 怎么去传授技能? 因此,现在教育部财政部花了 5 个亿,希望提高中等职业学校教师素质。昨天,我们在做这一项目的中期考核评估。

录音整理:纪雪颖(华东师范大学课程与教学系)

张松铃(华东师范大学教育学系)

世界职业教育体系的比较

——一种新的分析框架

讲演者:石伟平

时间:7 月 16 日 14:30—17:30
地点:大学生活动中心报告厅

学生主持人:大家下午好,很高兴下午的讲座由我担任主持。上午听了石教授精彩的报告后,我想用三个"第一"来谈谈我的感想。石教授是我国职业教育研究第一人,他是我国职业技术教育学第一个博士生导师,他主编了我国职业教育研究第一套学术丛书。相信石教授下午的报告也会同样精彩。石教授,在您的报告开始之前,我有个小小的请求,你能否为我们讲讲您自己的"创业"人生路? 我想这是我们在座所有学员都希望听到的故事,也是值得我们大家学习的经历。

石伟平:既然大家要求,那就先讲讲我自己。我本科读的是上海师范大学英语专业,硕研读的是比较教育,当时我所有的专业课程作业都发表了,除了一篇未发表。三年硕士学习收获很大,参加了各种活动,包括英语沙龙。当时我也谈恋爱,但我们相互约定,如果计划的事情不干完,就不见面,我们就这样约束自己好好学习。我是 1987 年留校的,留在本校的国际与比较教育研究所。幸运的是,我拿到工作证的第 11 天就出国了,去参加国际会议,是当时会议上最年轻的与会者。这次机会使得我比较早地接触到国际社会,接触到英国学者,为我日后的英国留学奠定了基础。后来,在英国留学期间,我导师对教育与经济发展、农村教育发展特别感兴趣。我出国前,曾经收集了大量中国农村"燎原计划"的资料。当时觉得很兴奋,觉得中国做得很不错。但是到了英国,跟导师讨论后,导师让我看两本书,是芝加哥学派的,他们对职业教育和农村教育提出的问题非常有意思,促使我重新深入思考。出国前我主要研究师范教育,1993年回国后发现,当时同事中已有两个在从事师范教育研究,但是我发现没有人做职业教育研究。同时,我受叶澜老师影响,对实践比较关注,一旦实践中发现问题,我尝试从国际比较的视角,分析研究我国职业教育的策略,并就此开始了我的职业教育生涯。

但是,这一路走得并不顺。我最早的一些观点和文章受到了政界与学界的攻击。我当时提出,我们国家的经济正在转型,由计划经济转向市场经济,市场条件下的职业教育和计划条件下的不同,因此那种计划招生、计划培养、计划分配的计划经济模式已经不适合当时我们所处的时代。但是我很多观点被受到学界的攻击,政界的"封杀"。当时,我第一次感觉到做学术不是没有风险的,尤其是政策研究,其实是有很大风险的。后来,我要感谢当时的领导,国际比较教育研究所所长钟启泉教授,他跟我说"你认为对的东西,你希望影响政策,这很好,但是你用的方式不对。"我开始反思,当时我很批判,给领导及其他人的感觉像台湾的陈水扁。(笑声)钟启泉指导我"要先找出政策中的亮点并加以肯定,然后再指出'如果在以下几点稍加改进,那政策就会更加完善',下面就讲你自己的观点。这样,领导就比较容易接受你的观点了"。我开始尝试这样的方法,效果果然很好。外界对我的评价是,我慢慢从一个"批判型学者"变成了一个"建构型学者",我与教育部的关系,与各级领导的关系,也从争辩者到合作者,最后成为好朋友。

我们国家职业教育整体上呈弱势,高校中没有许多人在研究。我2002年从美国回国后,把建设好我国第一个博士点当作自己的使命,当起了所谓的职业教育"教父"。2004年,我们举办第一次中国中青年职教论坛时,与会的代表不到40人,到2008年在广州召开2008中国中青年职教论坛的会议时,与会代表已近200人了,其中大部分已经是教授、副教授,拥有博士学位的中青年学者,这支队伍真的壮大了!我们常说职业教育事业要上品牌,上层次,必须要把学科建设好。从最初的3个研究方向发展到至今的8—9个研究方向。当高职出现时,我们就增加高职方向;当学生需要生涯指导时,我们就添加生涯指导方向。在课程改革过程中,我们加强职业教育课程与教学论研究。在为教育决策与教育改革实践做贡献的过程中,为发展学科,做了不少里程碑的事情。

华东师大的二级学科有10个,有七个二级学科去竞争上海市的重点学科,经费300万对一个二级学科来说是很多的。我们参加了竞争,当时除了教育史、教育原理、课程教学论没参加,其他都参加了。竞争很激烈,最后全市教育和心理科学只上了一个二级学科,就是我们的职业技术教育学。职业教育从最初的不被人重视渐渐上升到了现在的地位。

上面讲的是我的个人发展,也是华东师大职业教育的学科这些年的发展。我们说"做学问,心胸有多大,学问就有多大。"(掌声)我有时侯在家开玩笑说"中国职业教育发展好不好,我有什么责任?"这个十字架和重担是我自己背的,我们累并快乐着。(掌声)

下面介绍世界职业教育体系的比较。我的研究领域是个交叉学科,比较教育和职业技术教育学。昨天给北京师范大学一个老朋友打电话,他还说"伟平,你还是我们比较教育的人"。可见,我还是离不开比较教育的研究。现在出国的机会多了,领导出去的机会也多,去看了国外的都觉得挺好。国外的是有挺好的,问题是是否合适我国?如何借鉴?要借鉴国外成功的经验是有条件的,要看如何在我们这里生根、开花、结果;要看是否有这样的环境让其生长,而不能抽象地讲好。

一、研究的基本思路

当今世界各国、地区不乏成功的职业教育模式与经验,而这些模式与经验又是深深扎根于其经济、福利政策、文化等社会要素之中。对各国职业教育体系的变化进行动态的观察,并分析这些体系与其社会特征之间的内在联系,可以获得适合我国国情的不同经验组合。需分析的社会要素主要包括:经济发展水平、经济发展模式、福利制度、产业结构、就业情况、文化等。任何一个国家或地区职业教育模式的形成,都与这些因素有着极为复杂和密切的联系。我们如何判断对我们是否合适,要有方法、工具,要建立新的分析框架,进行比较。

我们说影响一个国家或地区职业教育模式的因素主要包括:经济发展水平(高/低),经济发展速度(快/慢),经济发展模式(计划/市场),福利制度(高/低),薪水政策(高/低),就业状况(就业率高/低),技术应用程度(高/低),产业结构(高新产业、服务业/制造业),文化因素(职教观/就业观/劳动观等)。

首先,看经济发展水平,主要分为:传统农业型经济贫穷国家,如大部分亚非欠发达国家;正在进行现代化,但仍处于贫穷的经济发展水平,如中国、印度、巴西;富裕但仍在进行现代化的经济建设,如日本、德国、英国;富裕并且已基本完成现代化的经济大国,如美国。

其次,看经济发展速度,原来经济发展速度较快,现在持续发展的国家——美国;原来经济发展速度较快,现在已经放慢的国家——德国、日本;原来经济发展速度较慢,现在快速发展的国家——中国、印度;原来经济发展速度较慢,现在依然很慢的国家——大部分发展中国家。中国现在发展速度很快,进入世界大家庭,但是中国人口多,把人口一除就穷了。我们也不要看美国现在处在经济危机中,但是还是比我们好,人家喜欢把问题讲多点,我们喜欢把成就讲多点,要知道瘦死的骆驼比马大。

第三,看经济发展模式,计划经济还是市场经济;福利制度,高福利还是低福利;薪水政策,高薪水还是低薪水。新福特主义:以美国和英国等为代表。主张通过减少国家、社会和工会对经济干预的力量,建立更加灵活的市场,减少工资、福利、税收开支等手段,来增强企业的经济竞争力。新福特主义从里根和撒切尔夫人开始产生的,现在新福特主义受到很多批判,人们认为今天的经济危机就是来自于这个。他们对竞争性个人主义很推崇。后福特主义:以德国、日本、新加坡等为代表。反对通过降低劳动力报酬和福利,反对通过抨击劳动力保护法,来建立高度弹性的市场以发展经济的战略,即反对新福特主义的主张。主张通过政府、雇主和工会的合作,给所有工人提供好的工作条件、高工资、高福利,鼓励工人参与企业管理,在劳资之间建立高度的信任等措施,以提高产品和服务的质量,创造一种"高技能、高工资的魔术经济",来增强企业的经济竞争力。包括韩国在内,后福特主义现在在很多国家受到推崇。

第四,就业状况。失业率高还是低,特别是青年失业率状况。技术应用程度是高还是低,高新技术在生产过程中的应用程度,生产/服务的智能化程度。产业结构,高新产业、服务业为主、制造业为主还是农业为主。文化上,劳动观、择业观、职教观的区别。

这些因素相互作用,形成了不同的社会模式,从而需要不同的职业教育模式与之相适应。这些是基本的假设,由此可以建立一个简单的模型。

经济发展模式 / 产业结构 / 劳动力制度	制造业 ←——————→ 第三产业 高新产业	
	计划模式 ←——→ 市场模式	计划模式 ←——→ 市场模式
低福利、低工资、高就业		
低福利、高工资、高就业		
高福利、低工资、高就业		
高福利、高工资、低就业		
高福利、高工资、高就业		

这个模型是三维的,你们觉得中国属于哪里?(学生:低福利,低工资,低就业)石教授"你们认为是三低?这里没有三低。(笑声)"文革前的中国是低福利、低工资、高就业,36块钱的工资。低福利、高工资、高就业,这是原来的美国、台湾。在美国必须高就业,因为美国的福利很差,必须要高就业。所以,最聪明的人是拿了加拿大的护照,在美国打工,老了回加拿大享受高福利。高福利、低工资、高就业是澳大利亚,福利很好,税收很高。高福利、高工资、低就业是德国,东德地区现在的整个失业率达到11%,全国的失业率接近10%。高福利、高工资、高就业是日本。我国的发展方向是澳大利亚的这个,高福利、低工资、高就业。

二、主要国家或地区社会特征与职业教育模式

(一) 我国台湾

台湾我去过三次,最长的一次是一个人在那待了三个月。经历难忘,因为一个人去很自由,我在政治大学,第一个月主要时间在图书馆里,看了很多这里看不到的东西,对台湾的整个政治、经济、宗教、文化和职业教育做了功课。第二个月做实地考察,进行学术演讲。台湾学者很惊讶"石教授,你怎么那么了解台湾"。我做过功课的,包括每日看报纸。第三个月主要收集资料,做一些与课题相关的工作。在台湾每次演讲都是以学术问题开始,以政治问题结束。他们经常会问"如果你是江泽民,你会怎样看两岸关系?"这是他们的一个心结。(笑声)

台湾社会基本特征是福利比较低,员工工资收入很高,制造业很发达,说是市场经济,但是政府高度集权。台湾的职业教育体系是普、职、成三位并列,技职教育自成体系。职业教育在台湾

教育体系中拥有很高地位,它独成体系,在职业教育系列,最高可以获得博士学位。台湾通过完整的职业教育学校体系培养技职人才,培训的人才是专深型的。高就业率,是这一体系成功的基本条件。台湾从幼稚园到国中后,有分流考试,进入高中或高职。在台湾,高考叫联考,公务员考试叫高考,第一次联考面向普通高校,第二次考试主要是科技大学、技术学院、专科学校招生。科技大学里也有博士班,硕士生班,和普通大学的硕士博士差异不大。台湾的职业教育与普通教育主要是中间分,上下两头差异不大。高就业是这个体制成功的第一因素,没有就业就没有薪水,没有就业就没有高福利。

它的发展趋势,由于中低端制造业向大陆转移,中职发展遇到困难,有向综合高中发展趋势;由于产业结构的调整,高职也呈现出与美国趋同的势态,所培养的人才也由"专深"向"广博"发展。但是现在,中职发展遇到困难,主要是面向第二产业的毕业生,在台湾没业可就。厂大都迁往大陆,就业就得到大陆来,不然就升学。目前,台湾1/3是普通高中,普通高中面向第一次联考;1/3是综合高中,综合高中是既选择第一次联考,也可以选择第二次联考,基本上是升学导向;1/3是职业高中,毕业生就业的不多,绝大多数也选择升学。即使到了专科学校,也是升学导向,不是就业导向。我们今天在谈高等教育大众化,在台湾,要普及的不是专科,而是本科了。

(二) 美国

美国的社会基本特征是典型的新福特主义代表:低福利、高收入、高就业率,就业流动性高。中低端制造业很少,主要产业是第三产业与高新技术产业,在世界新经济的发展中处于领先地位。它的职业教育体系是一种与职业证书课程结合的职教体系。职业教育的实施机构主要是综合高中和社区学院,职业教育培训的人才是"宽专多能型"。这一体系成功的关键是经济保持持续增长与高就业率。它的发展趋势是金融危机背景下经济发展减速,失业率继续上升,向这一体系提出了严峻挑战。美国生涯与技术教育的体系发展,使得美国职业教育朝着两个重要方向继续发展,即职业教育的终身化与大众化,也就是"全程的"职业教育与"全民的"职业教育。

给你们讲个小故事,我看有些人想要睡着了。(笑声)我曾经作为美国富布莱特学者在 UC-Berkley 待过一年,美国国家职业教育研究中心曾经在那里。我在 911 事件之后第五天到美国的,去不久美国国务院就召开 911 事件与美国对外政策的研讨会,邀请当时在美访问富布莱特学者参加。会上一位来自美国著名媒体的资深专栏专家作主题发言,他讲美国不仅应该对伊拉克进行制裁,也应该对中国进行制裁,说因为中国没有人权。他说"你看我们这儿的中国鞋多么便宜啊,因为这是由中国的劳改犯制造的,劳改犯不用发工资。"他就这样一直讲,我实在忍不住就举手问他"你到过中国吗?""没有。""你知道中国工人一个月的工资多少吗? 我一个大学教授的也就这么点。中国工人的劳动成本就那么低,所以价格那么低很正常。我了解中国,你不了解,不了解就别瞎说。你们现在制裁萨达姆,可他现在养得白白胖胖的,吃苦、挨饿、甚至饿死的是大批的伊拉克儿童,这人道吗?"当时,我们其他学者拉我衣服说"我们拿他们的钱,还是说话客气些",(笑声)那个专栏作家问我们"我们美国对你们这么友好,你们为什么还如此仇视美国?"我说"你们美国要做世界宪兵,我们没意见,但是又不玩国际民主政治,总要把你们美国的利益放第一位怎么行呢?"我话讲完,全场响起热烈的掌声(掌声)。回国后,有人帮我宣传这件事情,很多人说你在这样的场合上,维护了我们国家的尊严。其实那天中午吃饭的时候,那个美国专栏作家特意过来跟我道歉"对不起,你刚才的提问对我触动很大,我们美国媒体确实常犯这样的错误"。好了,故事完了。我们言归正传!

美国以前职业教育改革运动叫"school to work",现在叫"school to career"。美国现在不太用vocational education这个词,常用 career education(生涯教育)取而代之。在美国,和我们一样,大都认为职业教育也是给那些学习不好、升学无望的学生的一种教育。所以,觉得职业教育的名字不好,改叫生涯教育,因为每个人都有生涯。这使得美国的职业教育成了全民性的。有一点,我觉得美国做得非常好,把职业两字去掉了,但是保留了技术,他们知道尽管美国科学家得诺贝尔奖的最多,但是一个国家兴旺,单靠科学是不行的,技术才能立国。现在"职业技术教育"在美国的全称是"生涯和技术教育(career and technical education)"我的感慨,在我们国家,一直说要科教兴国,却忘记科教还包括技术。

(三) 德国

德国的社会基本特征也是后福特主义的代表,高收入、高福利、低就业率;在产业结构方面,仍然保持着世界中、高端制造业中心的地位。德国传统文化对职业教育很重视,德国的职业教育体系是"双元制",培训的人才是"专深型"。近年来由于经济增长缓慢,企业难以提供足够的培训岗位,使"双元制"在德国的发展也面临着困难;东西德合并以及当前的高失业率,也给"双元制"带来了新问题。德国职业教育体系目前的发展趋势主要是"职业教育后移",以及随之而来的如何建构更高层次上的"双元制",承担这一任务的是"职业学院"(Vocational Academy)。

(四) 英国

英国的社会基本特征也采取新福特主义,尽量引入市场化机制,减少福利、提高收入。产业结构主要是高新产业、服务业、中高端的制造业,认为培训主要是行业的责任。它的职业教育体系是一种与职业资格证书结合的课程体系,教育与培训并举,随着"教育和科学部"与"就业部"的整合以及后来"教育和就业部"演变成"教育和技能部",英国的职业教育与职业培训基本整合到一起。"现代学徒制度"在英国职业教育中日见重要,大有成为中等职业教育主渠道之势。2007年"创新、大学与技能部"的成立与上个月"企事业创新与技能部"的组建,使英国高等教育和继续教育机构的科学研究、技术创新与高技能人才培养能更好地服务于企业需求、产业升级、经济繁荣、国家竞争力的提升。NVQ框架的构建以及职教与普教等值体系的建立,一个纵向通达、横向联系的"终身职业教育体系"正在英国形成。

(五) 日本

日本的社会基本特征:采纳后福特主义,追求高收入、高福利、高就业率的模式。他们更多地希望通过团队合作,而不是个人竞争来发展经济。产业结构仍然主要是中高端制造业,企业结构以大型企业为主。它的职业教育体系,学校职教不发达,主要由企业自主职业培训。这一体系成功关键是终身雇佣制,而终身雇佣制存在的基本条件是经济持续增长带来的高就业率。工业职业高中已向综合高中发展；职业培训主要仍在企业中。由于目前失业率高，员工不再终身受雇于一个企业，终身雇佣制受到挑战，因而其企业内培训可能会产生一些改革。

（六）澳大利亚

澳大利亚的社会基本特征为追求高福利、低收入、高就业率，基本产业为服务业、中高端制造业、农业。它的职业教育体系：管理——劳动部门发挥主导作用，标准——国家职业资格框架（12级证书），体系——职业资格证书课程，实施——TAFE，沟通——高职阶段与高等教育衔接（文凭/高级文凭），人才特征——专深型、普适型，体系特征——职业教育是层次，也是类型，因为整个教育体系就业导向，强调能力本位以提高技能水平。

近年来澳大利亚职业教育体系的一个重要发展趋势是，大力发展"现代学徒制"，扩大培训机会；强化"客户为中心"、"就业导向"的职业教育与培训，强化官产学合作培养高技能人才，注意构建职业人才成长的"立交桥"；在教育国际化进程中打"高职"牌，向外开拓"远程校园"，在内建设"国际化校园"，在其校园内建立国际化的环境，让外国留学生感觉方便舒适。

以上对一些主要国家或地区的职业教育体系、发展趋势及其与社会特征的关系做了简要描述。尽管这些职业教育体系错综复杂，变化多样，但仔细分析可以发现，他们主要是在三个维度上展开的，即：在职业教育的责任上主要是由政府负责，还是由行业、企业负责；在职业教育的形式上主要是学校本位的职业教育还是企业本位的职业培训；在所培养的人才类型上是专深型还是普适型。

三、对我国的启示

（一）我国社会的基本特征

我国是属于正在进行现代化建设，但仍然贫穷的国家。尽管我国的福利制度逐渐完善，但福利水平仍然很低。在工资方面，尽管改革开放30年来，我国城镇居民收入有了很大提高，但总体收入水平仍然不高，并且随着金融危机的影响，经济体制改革的深入，产业结构的调整，以及农村剩余劳动力的转移，我国的失业率正在增加。在产业结构方面，尽管我国的服务业和高新技术产业有了很大发展，但在较长的一段历史时期内，制造业——特别是中低端的制造业将仍然占据主体地位。除了少数大型国有企业外，大多数企业的规模也不够大，江、浙经济发展始于集体经济和个体经济，因此这些地区尽管经济比较发达，但企业规模总体偏小，其他省市也基本如此。

（二）我国目前职业教育体系的特征

目前我国职业教育体系的责任主要是由政府，特别是教育部门承担的；在形式上学校职业教育占据着绝对主体地位；所培养的人才基本属于普适型，技能的专深程度不够，与工作的关系不够密切。职业教育体系的这些特点与我国当前的社会特征不相适应。

尽管我国目前职业教育体系的发展遇到了一些挫折，但是低福利、高失业率的社会特征决定了"工作"仍然是我国劳动者获取收入的主要手段。并且劳动力市场的竞争会越来越激烈，而在激烈的劳动力市场竞争中要获得比较满意的工作，劳动者就必须接受高质量的培训。因此，职业教育在我国的发展实际上拥有广阔的潜在市场,关键是必须设计出符合市场需要的职业教育体系。

(三) 我国未来职业教育体系构想

我国未来职业教育体系的发展,应当根据我国的实际情况,综合地借鉴其他国家或地区的经验,形成与我国社会特征相符合的职业教育体系。在所培养的人才类型上,制造业为主的产业结构决定了我国职业教育体系所培养的人才应当"专深型",而不是目前的"普适型"。因此,"综合高中"、"学术本科"不适合当前我国产业结构的实际需要。

在职业教育责任上,企业规模普遍偏小、职业流动率高的特点,决定了行业、企业在未来较长一段历史时期内不太可能承担主要的职业教育责任,政府必须在职业教育中继续发挥主体作用。尽管目前政府已在发挥主导作用,但这一任务主要由教育部门承担,我国未来职业教育体系的发展,应借鉴澳大利亚的经验,大大扩大劳动部门的作用,促进各类培训的大量发展,并借鉴英国经验,将教育与培训整合起来,采用证书体系,促进学历教育与职业证书教育的整合,技能证书与专业证书的整合。因此,完善职业资格证书体系应当是未来我国职业教育体系发展的重要内容。

在职业教育的形式上,企业本位职业教育和培训发展在我国"先天不足"、"后天营养不良"这一事实,决定了在相当长的时间内学校本位职业教育仍将在我国占主体地位。如何借鉴德国、澳大利亚等国经验,在政策上建立激励机制,让企业有积极性深度参与学校职业教育过程,形成互动、双赢的校企合作体制,使"学校学习"与"职场学习"真正紧密结合起来,是我国职业教育体系未来发展面临的另一个重要课题。

因为目前这种学校本位的职教实施体系,在教学内容、实训设施、专业师资上,具有三个靠本身无法克服的缺陷:不管学校的教学内容如何先进,与生产、服务一线所应用的最新知识、最新技术、最新工艺相比,总有距离;不管学校的实训设施如何先进,与生产、服务一线最新生产设备相比,总有距离;不管学校的专业课师资如何"双师型",与生产、服务一线技术专家、操作能手相比,总有距离。这些"致命缺陷",只有靠"校企合作"才能克服。

此外,目前国际职业教育的一个重要发展趋势是,努力打破职业学校与培训机构之间的界限,打破工作与学习之间的界限,由多元的实施体系转向一体化的实施体系。因此,如何通过科学的职业分类、贯通的课程体系、弹性的学制来建构一个服务于个人职业生涯可持续发展的终身职业教育体系,应该成为我国今后职业教育体系建设的一个重要目标。由于我国疆土辽阔,地区差异大,因此全国实行统一的职业教育模式是不现实的。比如上海,目前其人均 GDP 已达 5000 美元,达到了中等发达国家的水平,特别是其产业结构,明显地朝着以现代服务业、先进制造业和高新技术产业的方向发展。因此上海职业教育体系的发展,采纳美国模式或许更合适。"二元经济"的特征以及"东西部"明显的地区差异,决定了我国城乡之间、东西部之间应该有不同的职教体系。

本报告的主要目的,在于为世界职业教育体系的比较研究提供一个新的分析框架,该框架还有待于我们在体系的研究中不断完善。因此,今天提出来,仅供大家参考。(掌声)

学生 A:大陆专而深的职业发展是比较理想的模式,但我之前对职业学校教师的调查,他们觉得要发展学生"普适性"的技能,而不是针对某一个具体的岗位的。这样的观点是否与您所提到的"专深"矛盾?

石伟平:很好的问题。这要看你在哪儿调查?如果在上海,上海的产业结构上高新产业、现代服务业为主,当然需要的是普适性人才。还要看你在什么样的职业学校调查?如果其专业设置主要是面向现代服务业的,那么其培养的人才应该是普适性的;如果是面向制造业的话,即便在上海,我相信培养的人才应该是专深性的。这还要看你这调查那个层次的职业学校?如果你调查的是高职,你们它强调是要培养学生的多岗位适应能力,当然是普适性人才,比如汽车产业,有制造、销售、理赔、维护保养等等,高职希望培养出来的学生能多岗位适应,能从制造走向了服务。如果是中职的话,则更强调具体的岗位能力,如汽车修理是个服务业,但修理的技术要求专深,我们说人才类型的"专深"是主要是从职业院校专业特点以及所面向的产业特征这个角度考虑的。因此,不能笼统地一概而论。

录音整理:纪雪颖(华东师范大学课程与教学系)

张松铃(华东师范大学教育学系)

学 生 感 言

● 石伟平老师依其多年来对中外职业教育的理解、思考及把握分析了当前我国国家政府开始重视职业教育的原因,而职业教育现实发展状况却不尽如人意,他深刻地阐述了发展中诸多难以克服的问题以及亟待解决的课题。(石河子大学　范树花)

● 石伟平教授的讲解幽默风趣,句句切中要害,会场中时时发出阵阵笑声,石教授在国际会议上捍卫国家尊严的事迹深深感动了我。(华东师范大学　潘立晶)

● 石伟平教授的厚道,他对当前我国职业教育发展中的难题、课题与话题客观分析,对世界职业教育体系的比较分析,让我们了解了他所从事的充满艰辛和挑战却又具有开创性的事业。(华中师范大学　陈实)

高深知识与高等教育:理论的讨论

讲演者:陈洪捷

时间:7 月 17 日 8:30—11:30
地点:大学生活动中心报告厅

讲演者简介

　　陈洪捷　现任北京大学教育学院教授,教育与人类发展系主任,兼任北京大学德国研究中心主任,《北京大学教育评论》杂志主编,中国蔡元培研究会秘书长;研究领域包括德国高等教育、中国高等教育史以及高等教育理论;著有《德国古典大学观即其对中国的影响》、"取士:科举制度的观念基础"、"论高深知识与高等教育"、"中国对德国教育的接受与研究"等。

　　陈洪捷:有机会和来自全国各地这么多院校的教育研究新秀见面,我很高兴,也很兴奋。（掌声）

　　今天我讲座的题目是"高深知识与高等教育",这个题目并不是一个固定题目,也不是一个有完整结论的题目,而是一个探索性题目。之所以今天在这讲探索性题目,是因为我想把自己不算成熟的东西拿出来和大家探讨,这会有很大的好处。第一,我自己的思路会更加清晰;同时,还可以借助各位的思想、眼光,给我提供一些灵感。所以今天我请各位一定不要吝惜你们的意见、评论和问题,再尖锐都不怕、都很好,我很珍视这种机会。当然,今天的时间不多,可能展开讨论的时间也不多,但是提出问题对我就是很大的帮助。另外,从我的角度来讲,我之所以谈这种探索性的题目,是想给大家一些启示,教育研究、人文科学研究其实有很多问题是需要你注意的,但不是研究结论,而是你的思路、方法和一些基本性的东西。这就是我选择探索性题目而非定论题目的想法。

题目是"高深知识与高等教育",我想分两段讲,一部分是关于理论的探讨,下一部分是关于历史的讨论。在说这个主题前有一个开场白或引言。你们在学习过程中多少都会参加研究,今天谈研究时都会想到一个问题,就是课题,大家可能多多少少也参加过课题,而且还可能承担重要角色。那么课题从哪来呢?有国家社科基金的项目,如国家教育基金项目,很多政府部门也在给研究人员提出很多课题,如教育部、教育部的各司、地方教育主管部门。不知大家感觉到没有,我们在做课题时往往会和课题委托人有某些冲突或想法差异,经常听到决策部门课题的委托人会说"你们搞教育研究的人就不太了解现实,很多东西都是书本上的、理论性的",言外之意就是并不满意。一方面,课题委托人很需要课题研究,另一方面他们对我们做得研究又不满意。另外,我们会听到从事研究的人员、学术圈说这些从事行政的、负责管理的人员不懂研究、只懂他们自己的东西。所以双方往往会在课题、结论方面产生冲突,也就是说研究人员不能依自己的想法下结论,要听从课题委托人或上级,依照他们的思路。我们现在做的中长期规划,其中有一位学者比较耿直,对一个问题提出自己的想法,"我就要这么说、这么写",坚持自我。一位负责人就说我们从国家角度、战略角度是不能这么写的。但这位学者还是坚持己见,他要按照自己的知识、理解来进行。因此他们就僵持不下,这位主管就说如果你这么坚持你就无法参加我们的课题,这样这位学者就走了。这个例子很明显地反映出我们今天做研究、做课题面临的两种逻辑,这个大家都会感觉到,这个问题并不是多么了不起的问题,但却是很重要的问题。如果我们从事这方面的研究,就必须想想这是为什么?能不能解决?怎么解决?我对这个问题的解释是,教育主管部门对问题、研究有一种逻辑,而研究人员自己又有另一种逻辑,这两种逻辑是不一致,甚至是冲突的。这个问题不是我发现的,其实有些人早就发现了。今天我要讲的、想说的就是引出布迪厄的一些概念。众所周知,布迪厄一直都在提出一些概念,如场域、文化资本,实际上他一再强调对社会学研究的一个重要的、基础性的概念,即研究对象的构建。这个概念是说社会上存在的问题是由我们的认识产生的,他引用著名语言学家索绪尔的一句话"你观察的视角、方式产生了你的研究对象"。这个道理大家应该很容易明白,比如说我们去照相,每人照的相都不同。一个大师、专家可能照出一些特别好的照片,但是我们初学者、不太会照相的人就拍出来很一般的东西。对于照片中间的对象,这是由观察视角、角度产生的。虽然外界客观存在,但每个人照的照片是不一样的,专家照得可以得奖、很漂亮,我们照得只能自己玩玩、没水平。这个例子就能说明布迪厄想说的问题,他说社会中存在大量问题,如犯罪、老年人、妇女、黑人、工人、农民,问题很多。作为研究者面临这些问题时有一个要做的工作,这个工作就叫做"研究对象的构建",你要有一个取景框、取景方法,到现实世界把东西挑出来,要是挑不出来就不要说做研究、也没什么研究了。在这里他批判的是唯实证主义的研究思路,就是很多问题只要存在就是问题,不用考虑就可以去研究。实际上这就是教育主管部门的思路,他们的思路是工作的思路,因为教育要发展,他会考虑其主管的范围,认为他的问题无需构建,他的问题就是他的工作范围,他们的问题不需要在学术意义上进行构建,工作范围的事情全是可研究的事情。现在很多研究资源都掌握在教育主管部门手中,他们有钱、有资源,并用这些钱委托专家、研究者搞研究,这个初衷是好的、没问题,既支持研究,也为解决工作中的问题寻找思路。但两者思路的不同,就产生了两者之间对话的冲突,冲突的根本就可用布迪厄的这一概念解释,两者的取景框不同,研究对象就不同,虽然是同一个东西,但隐藏在后面的逻辑是不一样的。布迪厄特别批评"社会中预先构建的概念"。我们生活的社会中,很多概念已经预先构建好,愿不愿意、理解与否,都已经存在了。比如说教育,社会预先构建的东西并不是真正研究的东西,要做研究恰恰要与这些东西做一次决裂,要与其保持距离。布迪厄说得很清楚,如果不与其保持距离,你只是这个问题的一个对象,是这个问题的客体而不是这个问题的主体,对于研究者你应该是所研究问题的主体,你的取景框取出来的问题才是问题,不是别人取好、定好的问题。如果你接受预先构建的这些问题进行研究,那你只能跟着它的逻辑走,没有自己的东西,这是布迪厄反思社会学的核心观点和出发点。一定要有反思在里面,但这种反思很困难,很多学者也很难摆脱,最终跟着社会预先构建好的概念及其背后隐藏的概念走。但是做高水平的、好的研究,第一步工作就是对研究对象本身的构建,如果不做这项工作,其他的就免谈。我想这句话对我们从事研究的人应该是一个警钟,我们不能跟随社会逻辑、跟社会常识走,否则这个研究不会有重大结果,只是在论证东西的合法性。比如,你研究一些优秀企业家,你去采访他、写他,他都很高兴,其实这预先肯定了他们的存在、意义和价值,研究到最后他们可能还会给你钱,因为研究对于提高他们的声誉、地位很有好处。社会预先构建的东西,是研究者首先要保持警醒的,这一点也是我们在教育研究中特别注意的,因为教育中研究的很多问题、很多概念的来源是日常生活、相关行政部门预先构建的,很多词汇、概念早已存在,如初等教育、高等教育都是早已有的,所以很多时候我们根本不用也不会想这些概念是否是研究的概念、是否需要构建的过程,稀里糊涂就拿来使用,这是教育研究中非常常见的问题。这个开场白是一个非常重要的引子,是社会科学研究方法论的警钟,大家有时间回去可以看看布迪厄的相关论述。布迪厄的论述资源来源何在?他是从马克思、韦伯、涂尔干等人那里借鉴来的,但主要是从马克思那里来的,他特别佩服马克思,认为马克思特别注重研究对象的构建。我们也经常学习、研究马克思,但反而对马克思方法论的东西不太清楚。当然布迪厄也说这个过程非常困难,就像一个辛苦的工作,要不断地尝试与社会预先构建的东西作斗争,然后才能真正建构一个好的研究对象。这不是几个原则、几句话就能帮我们解决问题,正像摄影一样,不是只要有人和你讲一讲就可以了,需要我们去尝试和努力。

　　再回到今天的主题"高深知识",先说说高等教育。高等教育的概念,对布迪厄来说,他很可能认为它是社会预先构建的一个概念。我们自己先来看看这个概念,很多人都在研究高等教育,但高等教育是什么?这个问题有定义,这些都是非常权威的,我把这些定义先摆出来给大家看看。《教育大辞典》中说高等教育是中等教育以上程度的各级各类教育的总称;《辞海》说高等教育是中等教育阶段以上的专门教育;联合国教科文组织在60年代(1962年)有一个定义,这个定义被大家广泛认可、反复引用，经典的重要的教材都在引用，包括《简明不列颠百科全书》。这个定义比较详细一些，是指大学、文理学院、理工学院、师范学院等机构所提供的各种类型的教育、其基本入学条件为完成中等教育，一般入学年龄为18岁，学完课程后授予学位、文凭或证书，作为完成高等学业的证明。熊明安在我国第一本高等教育史《中国高等教育史》第一页中写道，高等教育是学校教育体制中的高级阶段的教育，是受过中等教育或具有中等文化的人进入高一级学校所接受的一种专门教育，是一种传授和学习高深的知识与技能，并进行高级职业能力和高级道德规范、行为训练的教育。

这几个定义有一些共同点。以联合国教科文组织为例，一个共同点是强调一些机构，什么是高等教育？是以一些机构来说的。这些机构已经列出了，包括文理学院、理工学、院师范学院等机构。另外一个大家可以看到的共同点就是中等教育，不用机构而是用中等教育来说高等教育。要问什么是高等教育，他就说是中等教育之上的，包括熊先生也谈到"受过中等教育或具有中等文化的人进入高一级学校所接受的一种专门教育"。

这个定义有没有问题？你们想过吗？一开始我也是不假思索地就接受了，但一细想、一思索就有问题。问题在哪里？最初的问题就出现在如果说是中等教育以上的机构，如果没有中等教育，那么什么是高等教育就说不清楚了。按照教科文组织说的"机构"，如果没有这种机构，高等教育存不存在？这个问题就出现了，实际上早有人看出问题，比如潘懋元、薛天祥先生都是在普通教育或在中等教育基础之上强调这一点。问题就在于，如果我把定义的前提抛开，你如何定义？看到这些问题首先是搞历史的，搞历史的就发现如果你要用中等教育定义高等教育，他们就无所是从。刘海峰教授说如果研究唐朝的高等教育，你如果说是中等教育之上的是高等教育，那就无法定义了，因为唐朝没有中等教育，所以必须避开中等教育。他说广义上的高等教育，是指在一定社会条件下，人们所能受到的当时最高的终端教育。而严格意义的高等教育是指建立在初等和中等教育基础上的专门教育。我认为广义和狭义是古代与现代的区别，如果它有初等教育，那么我们就拿初等教育来说高等教育。还有高奇先生，他用终端这个概念绕开我们刚才所面临的这些问题，像中等教育问题，他说高等教育是指在一定社会条件下人们所能受到的最高的终端教育。

但大家想想，终端教育有没有问题？好像也有问题，什么叫终端？尤其在今天，终端很难想象。本科、硕士还是博士算终端？终端又不能说清楚了。所以终端好像避开那个问题，自己又面临另外一些问题。所以通过高等教育概念本身，大家看一看就会发现，这么一个简单的概念要定义、说明起来还真不容易。对高教司来说没什么困难，因为他对高等教育很清楚，他管的高等教育就是基础教育之上的，所以他们不需要界定。但是我们做研究就面临一些问题，你到底给它一个什么样的定义。给定义不是一个表述的问题，它涉及我们对高等教育这个现象、活动的认识程度，通过定义就可看出你对其认识的清楚、明白与否，如果你的认识不清楚那你的概念就不清楚。我希望大家动动脑筋、想想对高等教育概念的界定，这是一个很基本的问题，似乎不是问题的问题。这个问题就构成了我的思考起点，当初看了，我自己也很糊涂，怎么解决？后来看到布迪厄讲到的概念构建,我想我们面临的实际就是这个问题,高等教育这个概念,是已经从社会中形成的一个概念,不经过我们的讨论、允许就已经出现了,你也接受了。那么在你接受时需要重新做一个概念构建的工作,既然要研究这个学科领域、学术方向最基本的概念,你就要把它弄清楚。

我发现有一个概念在谈高等教育时很重要,先前的定义都没有谈到,它们谈到过中等教育、专门机构、年龄、终端,但就是没有谈到高深知识。但我们稍加注意就会发现,高深知识与高等教育有着非常密切的联系。我们可以看看众所周知的 Borton R. Clark 的一个说法,他说只要高等教育仍然是正规的组织,它就是控制高深知识和方法的社会机构。它的基本材料在很大程度上构成各民族中比较深奥的那部分文化的高深思想和有关技能。他在谈高等教育时,将高等教育与高深知识联系在一起,提到"各民族中比较深奥的那部分文化的高深思想和有关技能",虽然不是在定义,但他已经看出并指出两者之间的关系。他还提到高深知识"处于任何高等教育系统的目的和实质的核心"。他是非常强调这一点的,但我们在定义高等教育时却没有看到这一点,我也觉得有些奇怪。还有 J. S. Brubacher 也谈到每一个较大规模的现代社会……都需要建立一个机构来传递深奥的知识,分析批判现存的知识,并探索新的学问领域。这是他的一个说法,其实深奥知识也可以说是高深知识。上述是外国人的说法,我国的蔡元培先生在100多年前已经说得很清楚,"大学者,研究高深学问者也"。大学是干什么的? 就是研究高深学问的。

所以我觉得他们这些研究者、教育家的言论给我们一个很好的启示,我们在探索高等教育时往往从现有的工作体系、社会中预先构建的概念出发来做定义,但实际上高等教育与高深知识有着很密切的关系。这就给我们一个启示,我们能否从高深知识角度来理解高等教育? 我觉得这个道路是行得通的,这就避免我们刚才说到的很多问题。首先,从技术角度避免了从初等教育界定高等教育;第二,避免从机构界定高等教育,这些机构是永远列不完,有大学、学院,今天又出了高职,这些机构没有办法去穷尽的罗列,各国也不尽相同。

我们再做一个稍微系统的思考。前面已经有人指出高等教育与高深知识的密切联系,但这种联系在哪? 我们不妨大致清理一下高深知识与高等教育的关系。首先,高深知识是高等教育活动的基本前提,也就是说,没有高深知识就没有整理、传授高深知识,同时也不可能从事培养掌握高深知识人才的实践活动,所以高深知识是从事高等教育的最基本的活动。薛天祥先生曾经提出过一点,高深知识是高等教育的逻辑起点。但我觉得逻辑起点还不够,它其实就是最基本的问题,没有它何谈高等教育。第二,高深知识是高等教育机构从事教育活动的基本工作材料。高等教育的3大职能,教学、科研、社会服务,没有高深知识都无从谈起,都是建立在高深知识上,都是运用高深知识来完成所有的职能。高等教育机构从来就是积累和传授高深知识的重要场所,教学、科研与社会服务都离不开高深知识。第三,高深知识的发展状况,往往都是高等教育机构发展的推动力量。虽然两者相互依赖,但高深知识的发展往往更具有主动性。大家稍微回想一下历史的发展就可以看出来,比如说,中世纪大学产生于十一二世纪,中世纪大学之所以产生有一个很重要的前提,就是10、11世纪欧洲的知识复兴。罗马法的发现、古希腊的经典从阿拉伯世界翻译回来,这些探索、知识的活跃才导致一些大师的出现。最初的大学都是学生追随大师在不同的地方游动,他们没有大学,但他们在探讨高深知识。正是由于这种知识本身的活跃,才导致大学的产生,因为有这批人的存在需要有一些制度来规范他们的生活、与当地城市的关系、与世俗及宗教最高统治者的关系。所以西方大学产生的一个重要前提,是高深知识本身的发展,有了这些活动、从事这些活动的人才最终产生大师、产生大学。中国也是一样,先秦时代的稷下学宫、私学活动的前提是百家争鸣、诸子百家的兴起,随着高深知识本身的发展、活跃才导致其走向制度化。最开始它可能并不是制度化的,它只是知识本身的发展,但随着它的发展、参与此活动人员的增加,必然要有相应的制度规范来作保障,这才有我们所看到的有形的高教机构。所以我认为,高深知识的发展往往是推动高等教育发展的重要前提,包括今天,我们在知识经济、知识社会时代,我们的高等教育为何面临很多问题、危机、冲击和挑战,首先是因为知识发生很大变化,在当今社会,知识的地位、作用、性质、生产方式都在变化,这些对我们现存高等教育体制、结构、制度提出挑战,所以我们的高等教育需要不断的进行调整。从古到今你都可以看到,高深知识的发展对高等教育机构、体系有着至关重要的作用。第四,高等教育的目标,一是培养掌握高深知识的专门人才,二是高深知识的生产、创新(特别是博士层次),从目标上也可以看出高深知识对高等教育的重要性。

从以上作的简单梳理,可以看出两者的密切关系。大家会质疑它为何如此重要,但在界定高等教育时却没用到高深知识? 我的解释是,以前我们对高等教育的理解是从其他思路出发,对知识本身恰恰有所忽视,所以说这是高等教育一个被忽视的维度。可以看到,先前书籍对高等教育的讨论、章节的安排一般不会提到知识。好在最近情况发生了变化,最近英国出版的《高等教育研究》一书,对世界但主要还是英国的高等教育做了一个大致梳理,其中就谈到知识领域,这是世界范围的一个新近进步。它谈到对于高等教育,知识问题最为基本,知识的探索、发展、分析、阐释、传承和传播都是高等教育活动的主题,但相关研究却最少。相比高等教育的教学、科研、政策等等,知识问题研究最少。为何呢? 它给了两个理由,首先,知识研究不直接与教育实践相关。高等教育的发展,西方是从50年代开始,而中国是从改革开放以来才发展。高等教育之所以受关注是因为它面临一些实际问题,要招收更多的学生、要保持好的质量、要做科学研究,这都是一些很实际的问题,所以高等教育的研究就是围绕一些实际问题开展起来的,可以看到在国外、国内都是一样。第二,知识研究的理论化和概念化程度较高,不易入门。知识的研究很少,它是一个非常基础性、理论性的东西,所以往往不是大家都关心的,特别是我们的教育主管部门不关心这个东西,他们的逻辑是关心如何改进自己主管的工作,体制如何改革、经费如何使用、需要什么样的政策,他们并不关心高等教育与知识的关系这样一个没有实质作用的问题。这两点总结得很好,这也反映我们中国的情况,对知识关心的不够。

既然我们发现高深知识与高等教育之间的密切关系,我们就可以走一条新的道路,不从初等教育出发,也不从专门机构出发,也不从终端出发,我们就从高深知识出发界定高等教育,这是一个尝试,也是一个问题。能不能成立,今天就提出来。希望各位看看,这个当然不是一个很好的表述,只是把这个意思先说出来,它还只是一个思路,即从高深知识界定高等教育。我们可以说,高等教育是传授高深知识和培养掌握高深知识人才的活动。这个表述是否更清晰、明白？高等教育机构是传授和发展高深知识、培养掌握高深知识人才的专门机构。这个定义、说法不但适用于 21 世纪，也适用于 9—10 世纪的唐朝、11—12 世纪的欧洲大学，将高等教育作为一个活动、一个领域提升出来，不受时空界限。否则，从初等教育界定就有很大的时空限制，说明得了今天，说明不了昨天；说明得了昨天，又很难说明今天。所以我们就从一个新的角度，从高深知识的角度来构建我们的对象，这不是一个结论，而是一个问题，大家可以思考一下这个思路是否可行？有什么问题？当然，这个概念肯定有一些问题，看看有什么问题。我先做一个补充，打消你们能够想到的顾虑。第一，有人问什么是高深知识。这个问题就复杂了，我们在界定概念、构建研究对象时，构建是将你要研究的东西与理论联系起来，通过研究研究对象往往能够回答一系列问题，构架过程实际上背后有一个理论构建问题，有很多问题在等着你，并不是那么简单的。我们探讨什么是高深知识，这个问题不解决，光靠上述定义、说法大家也不太会接受。下面讲讲我的思路，我是怎么说明、界定高深知识的。一提到知识，这个问题就复杂了，知识现在是一个非常热门的话题，我们生活在一个知识社会中，知识经济时代、知识管理，可以说知识满天飞，我们有必要首先看看知识，看看大家在谈知识时是在什么意义上谈知识，现在很多研究把不同的问题混在一起，这样越讨论越不清楚。

首先是哲学层面的知识问题，这是最古老也是大家知道最多的问题。哲学层面的知识与我们所要讨论的知识不是一个概念，为什么？哲学层面的知识是讨论一个认识问题，如何认识经验世界，如何认识超远的史世界，和我们所讨论的知识有联系，但很远。他们的知识是何以能获得关于世界的知识？知识的来源是什么？我能获得我想要的所有知识吗？我的知识是否有限制，有哪些限制？康德的基本问题是知识问题，什么是知识？知识如何可能？什么是人类理性的界限？这是哲学论所关心的知识，要明确这个知识论不应和我们谈论的知识论混杂在一起。

还有知识社会学，里面有很多派别，但我们引用最经典的曼海姆的说法。曼海姆从马克思主义的基本观点出发，认为社会存在决定社会意识。他研究的是与意识形态相关的知识，研究像道德、政治这些知识社会存在的基础。不管是资本家、资产阶级，还是无产阶级，他们所谓的知识、道德、宗教、哲学，实际上是和他们的社会存在相联系的，不是超然的、不是真理、普天下存在的。知识社会学最基本的任务是研究这些知识，实际上是人文、特别是社会科学方面知识的社会存在依据、背景，自然科学他们不关心。换句话，在马克思主义，包括马克思本身看来，自然科学不存在社会存在问题，自然科学本身就是真理，不管是无产阶级的科学家，还是资产阶级的科学家，研究的问题是同一个，和社会存在没有关系，所以马克思不研究这个问题，这个问题在讨论之外。他关心与意识形态相关的道德、哲学问题。

我们更常听到的是"知识社会"这个概念，我们都生活在知识社会中，知识社会的论述很多。最早的应该是美国人 Fritz Machlup 写的《美国的知识生产和分配》，提出了"知识社会"的概念，知识是"认识者对已认识事物的含义所作的主观解释"，将知识分为五种类型：实用知识，细分为专业知识、商业知识、劳动知识、政治知识、家庭知识和其他实用知识；学术知识，包括自由知识、人文和科学知识等；闲谈和消遣知识，包括传言、故事、新闻、笑话等；宗教知识；不需要的知识。这是他提出来的经典分法。Daniel Bell 在 1973 年出版《后工业社会的来临》中提出的观点很重要，后来一直都在引用其观点，并且很有先见之明。他说知识是对事实或思想的一套有系统的阐述提出合理的判断或者经验性的结果，它通过某种手段，以某种系统的方式传授给其他人。因此，他把知识有别于新闻和文娱。知识包括新的判断（研究和学问）或者对老判断的新提法（课本和教学）。提出知识是一种客观上已认识的事物，一种精神财富，冠以一个或一组名字，由版权或其他一些社会承认的形式（如出版）所认可。

在知识经济上，经合组织提出一个知识的概念，知识经济直接依赖于知识和信息的生产、分配和使用，把体现于人力资本和技术中的知识作为经济发展的核心。特别是下述 4 种知识已经是家喻户晓，Know-what，关于事实方面的知识，如北京多少人口；Know-why，为什么的知识，自然原理与规律的知识；Know-how，怎么做的知识，指技能和能力；Know-who，是谁的知识，涉及谁知道及谁知道如何做。前二者是编码知识，主要靠读书、听课等获得；后两类是缄默知识，主要靠实践获得。

另外一个来源是知识史的研究，即关于历史的研究。大家可以看看《知识社会史》一书的研究。Peter Burke 提出知识指"经由深思熟虑的、处理过的或系统化的"知识；不同于资讯，资讯是台湾的一个说法，资讯指"比较生的、特定的和实际"的知识。大多数关于知识的研究是研究精英分子的知识，而较少讨论通俗或日常知识。本书的重点是具支配性乃至"学术性"知识，也就是近代早期所谓的"学问"。葛照光教授在《中国思想史》(2001)中也谈到，有一种是一般的知识，有一种是经典的知识，两者之间有区别。经典知识有专门的讨论场所，比如杂志、书籍；一般的知识不需要讨论，是大家日用而所不知的知识；一般的知识与思想是指最普遍的、也能被有一定知识的人所接受、掌握和使用的对宇宙间现象与事物的解释，这不是天才智慧的萌发，也不是深思熟虑的结果，这些知识与思想通过最基本的教育机构构成人们的文化底色。和依赖著述而传播的经典思想不同，这些一般知识、思想与信仰的传播并不在精英之间的互相阅读、书信往来、共同讨论，而是通过各种最普遍的途径（如娱乐、一般性教育、大众阅读等）；它可以成为精英与经典思想发生的真正的和直接的土壤和背景。

我们回顾这些知识的概念想说明什么呢？我们看到从哲学、知识社会学到知识社会、知识经济、知识史，关于知识的概念特别多。所以大家一定要小心不要把这些概念搅在一起，这样容易造成混乱。大家也可以看到，一些书籍、文章想把一些问题通通搅在一起，但是这样会出现很多问题。实际上，我们要谈的知识不是哲学、知识社会学层面谈的知识，而是已经客观化的知识体系，人文、科学、自然维度的知识全部包括在内的一个概念。在此基础上，我们把高深知识做一个具体的说法，回答大家刚才可能提出的各种疑问。拿高深知识来界定高等教育，那么什么是高深知识？我们先蹚一下路，把知识的路蹚完了，我们就回到自己的想法。第一，高深知识是知识中比较高深、深奥的部分，建立在普通知识的基础之上。与普通（通俗）知识做一个区分，大家一般都可以接受。普通知识与高深知识是可以区分的，但区分的标准、界限何在，我们姑且不论，至少它们可以分开了。今天我们都很清楚,初等教育要传授的知识是普通的知识,不是高深的;而高等教育要传授的知识往往是高深的知识,在今天的语境下用"机构"是可以说明的。

第二,高深知识是专门化和系统化的,需要专门的学习和训练才能掌握。"专门化"意味着非普通的、需要专门训练才能掌握,意味着它有专门的术语、理论和方法;"系统化"意味着经过加工整理、形成一定的体系,而不是一般、未加整理的。此外,学习的时间成本很高。在人类历史很长时间里,从事高深知识要没有生活压力,是有闲、有钱阶层的研究。所以闲暇和金钱长期以来都是学习高深知识的重要前提。其实今天也一样,从事高深知识要有很多方面的支持,如国家为学生提供资助,特别是层次越高资助的力度越大,因为学习的时间成本很高。

第三,它通常有专门的交流和认可制度。这种制度建立在学术共同体基础之上,对特定领域的知识范围、结构、生产和交流做出了成文或不成文的规定,也就是说高深知识有一个我们今天所谓的学术共同体,这个共同体对你的研究思路、方法、界限,都有一个成文或不成文的规定,不是随便就能进来的。普通知识没有什么门槛,每个人都可以讨论,但是进入高深知识就有一个明确的或不明确但实际存在的门槛,不是谁都能谈的。如在专业期刊上发表文章,这不是你随便写些什么东西都可以的,它有一个审核制度来看你的文章到底行不行。大学时一个数学老师讲过一个故事,北大数学系有一个在全国顶尖级的刊物,每年都会接受很多投稿,其中有专家投稿,也有很多自学成长的数学家来投稿,自学尝试论证一些定论、猜想。每年收到很多例如乡村人的一些论证,这些审稿是由年轻教师来看,他们觉得是在乱说,连一些基本概念都没运用。可以看出,在高深知识学术圈有一个共同的认识论基础,你如果没有进入就没办法发言,这里有认可制度及交流体制,你只有被认可,才可以参与交流,是有门槛界限的。我们大家接受研究生训练也是很重要的,你是在学习这个领域的、这个学术共同体的基本规则。当你达到一定程度后,你说出的话、写出的文章、发表的意见,别人才会认可,否则你的东西就不入流。这实际上就说明,高深知识有一个认可体制和交流体制,如果你不被这个体制认可、不进入这个体制,你就没办法参与。这和前面一点也有联系,高深知识是系统化、专门化的,它有一系列的专门理论、方法。有些人可能批判这是门户之见,具有保守性,但却保障了它的学术领域、知识体系的相对完整性及系统性,不允许随便什么人都来讲。我自己也有一个经历,有一位来自山西的农民以前发表小说,后来对教育感兴趣,写了一本20万字的《教育论》投到北大教育学院,领导就让我看看这本书。这本书是拿一个小笔记本,认认真真用手写的。作者没有受到任何教育方面的训练,就每天坐在北大未名湖畔写,他想用这本书做博士论文或获得博士学位,仔细看其中确实有很多好的想法,但没有引用一个他人的观点、没有一个注解,全部都是自己一个人想出来的。你说他这本书有价值吗?但我发现把它放在学术共同体中就无法与其对话,不知道它的论点是什么,通篇都是结论。他到北大出版社谈,出版社也婉言谢绝。我想他作为圈外人要参与圈内讨论有困难,这是否会流失人才?可能会。但这套认可体制对学科发展很有作用,它有理论的线索、积淀,知道你所说的某句话的前人研究结果,这是积累、相互继承的。你什么都不考虑就一个人独闯天下,这会有很多问题,尤其是一些术语都没有经过定义,一些问题就没办法讨论。所以拥有认可制度非常重要,不要觉得它无所谓。

第四，它通常与特定的专门机构相联系，在特定的机构中得以整理、传授和创新。特定的机构最主要的是大学或者相关的专门机构。社会中涉及高深知识的机构有很多，比如图书馆、博物馆、皇家私人的翰林院都与高深知识有联系。但从整个人类历史上来看，都有从事高深知识的专门机构，比如中国的太学、书院，西方的大学、专门性的学院，如法国国家科学院。没有专门机构难道就没有高深知识吗？我一个天才整天一个人在家里研究，与研究机构没有联系算不算高深活动呢？历史上肯定也有大量的人在从事自己的活动，但是我们在研究高深知识时是从社会角度来看的，将高深知识作为一种社会建构，忽略一些个别、零散的个人活动，这些活动构不成社会中的一些制度，不是我们所要研究的对象。

第五，高深知识是一个无价值判断的概念，与高贵或高雅无关。不存在价值判断，只是站在客观立场上、在层次上对知识作出划分。先前对高深知识所做的定义是一个外部定义，是我们在社会中能够观察、看到的一些外部特征，不一定叫做定义，实际上是对其特征的描述。我们可以再看一遍，第一，高深知识是知识中比较高深、深奥的部分，是建立在普通知识的基础之上；第二，是专门化和系统化的，需要专门的学习和训练才能掌握；第三，通常有专门的交流和认可制度；第四、通常与特定的专门机构相联系；第五，高深知识是一个无价值判断的概念，与高贵或高雅无关。主要是前 4 个方面。

下面我想从高深知识内部做一个尝试性的梳理，即高深知识的内部特征。我想有了内部和外部特征，我们的高深知识是不是更加清楚？第一，它的不确定性。高深知识或多或少是对未知领域的探索，没有明确的答案。高深知识与普通知识有很大区别，普通知识不具有探索性，是大家公认的、普遍接受的；高深知识往往具有不确定性，有一定的探索性。

第二，编码程度低。高深知识很难用文字说清楚，如果用文字说不清楚，就很难标准化。我们知道层次越低的知识越明确，小学里面给小学生教的知识是很明确的，对与错无须讨论，很清楚，但如果把这些问题放到高深角度来研究就不一样了。普通知识容易标准化，所以在初等教育有很好的教材，这些教材是编码程度很高、很标准化的体系描述。但随着层次的提高，编写教材的需要和可能性越来越少。当然在我们大学还是有很好的教材，现在我们尝试在硕士阶段也编写很规范的教材，但谁听说过博士阶段也在编写教材？怎么编写？没法编写，因为其编写很难标准化，不确定性增加，很多是未知的、探索性的、不确定性的。考试方式也一样，层次越低，就可以使用填空、对错判断；但是博士阶段再出对错题就很难作答，所给出的一些题目都没有标准答案。往往随着知识层次的提高，它的编码程度、标准化程度越低，到极致时高深知识已无任何对错概念，已经说不清楚，只能去探索。所以层次越高，越容易引起学术争论，因为此时已经没有可依据的标准了,而层次低的知识却是比较明确的,它有一定的规矩、标准、明确的答案。这就是编码程度标准化的问题。

第三,缄默成分多。默会是波兰尼提出的一个知识。这个概念是说很多知识不可言明,要靠参与、实践才能学会。知识层次越高,默会成分越多。波兰尼所研究的问题,特别是在科学中间,很多默会成分起到很大作用。我们日常经验也可以体会到这一点。默会可以存在于任何层次的知识、技能,但在知识视角中,层次越高默会成分越多。这就是为什么越是初级教育越可以大班教学,层次越高班级规模越少,最后变成一对一教学。自古以来都是这样,层次越高的东西学起来越不靠语言,而是靠实践,要跟着做。所以说一些大师,就说现在的博士培养不在教授什么知识,而是在参与,做论文的过程就是参与、学习的过程,不是靠导师的教授。相反层次越低老师越能讲明白,集中一天、几天就能通过大班教学讲清楚,层次越高越不能通过这种讲、说培养出来。就说品酒师培养、科学研究都需要实践,许多知识是默会的,跟着才能学好,不参与是学习不了的。我们就举极端的例子,诺贝尔奖获得者再培养获奖者的概率很高,你没有诺贝尔奖获得者的导师,你想获奖的机会就比别人少很多。原因何在? 后来就有人问师从诺贝尔奖获得者的再传获奖者,你从导师那里到底学来什么东西、秘诀,使你也如此容易的获奖,答案就很能说明默会知识。他们讲到其在导师那里得到的一个指点往往比知识更重要,导师的提问方式、思路使他能够站在很高的起点,这些东西导师很难写成教材,写出来对你拿奖也没用处,但是你通过与导师的交流、参与其课题、讨论,你才能学会,这就使默会的成分越来越多。相反,在普通教育中,如果我们换老师,如果老师基本合格的话,基本教学效果出入不会太大,其教授知识的含量和你的要求不会有太多差别。但随着知识层次的提高,换导师就是天壤之别了,诺贝尔奖获得者与无名小卒的区别就太大了。大家的日常经验可以验证,高层次的大师是一人难得,名师出高徒,一个名师能出很多高徒,不是名师的很多人在一起也出不了一个高徒。这不在于导师所掌握的编码化知识的多少、是否系统、记忆力是否强,关键在于他对问题特有的提问方式、思路,这些是不可言传的,你只能参与其中。所以传统学徒不靠师傅的讲授,不靠师傅上课,只要追随他、观察他。这就是默会知识的作用,而默会知识恰恰是不能通过编码化、标准化的教学方式、教材、考试方式、培养制度培养出来的。

第四,高深知识与普通知识的界限模糊,具有一定的相对性。我们大家有一个共识,就是这两类知识有一个界限、一个区别,这个界限不是一条线,而是一个区域。跨越这个区域就是高深知识,不跨越这个区域就是普通知识。在区域之间包含两种成分,有些是确定的,有些是不确定的。我们讲区别时就要用最普通和最突出的极端案例,为何以诺贝尔奖获得者为例,因为越极端越能体现高深知识的内部特征,并不意味所有高深知识都是如此高端,其实大量知识都不是那么高端。高深知识只是一个相当概念,而且有一个迷糊的界限,不能把它想象为界限如此清晰的东西。

我并不能清晰界定高深知识,能做到的就只能说是我们大概有一个框架、思路,根据这个框架能不能大致对高深知识做出一个轮廓性描述。我只能通过外部、内部这两方面对高深知识有一个这样的界定。这个思路很好,但怎么界定不是一下就能完成的。关于知识的研究其实还很少,在我国也一样,我们的积累研究也还少。所以我们能够在这方面做些工作,将高深知识的特征、性质、边界、内涵能够有一个大致清晰的共识,我们前面的定义也就基本能够站住脚了。我们的高等教育是以高深知识为基础,传授高深知识,培养掌握高深知识的活动。当然这只是我的美好愿望,愿望能否实现还是问号,还有望各位的参与。

实际上,高等教育、高深知识都是相当的概念,高等教育没有一个绝对的定义,高深知识也一样。所以高深知识是一个历史的概念,历史的概念并不意味它的对象不存在,只是它内部结构的构成会发生变化。我举一个例子,技术在传统上不属于高深知识,早期传授高深知识的机构与技术是毫无关系的。技术就是技术,是经验性的东西,没有理论化、系统化,只要跟着学就行。德鲁克说从远古开始,知识与技能是分开的,知识的地位高,技术的地位不高。传统上我们的君子、读书人对于技术是不屑一顾的,相反,我们要读一些高深知识,如儒家,这样你才能通过科举考试获得地位、有所发展。在欧洲,对于苏格拉底和普罗塔格拉来说,技能(Techno)不是知识,技能局限于特定的用途,而且缺乏普遍性的原理。中国古代对高深知识有明确界定,对技术却没有。之后,近代技术走向专门化、系统化,丰富了高深知识,随着高深知识体系的丰富,高等教育体系也在丰富。

学习技能的唯一方法是学徒制和经验,Techno 无法用文字进行书面或口头表述,而只能演示。直到 1700 年甚至更晚,英国人谈及手艺,不用 crafts,而是用 mysteries。因为掌握手艺技能的人要宣誓保守秘密,而且任何一门手艺,按其定义,不拜师学艺,是学不会的。但到近代发生一些变化,技术提升了,第一是因为其社会用途,第二是因为其自身开始系统化、专门化。随着高深知识体系内涵的增加,高等教育体系的内涵也在丰富。18 世纪初期,出现了技术一词,除了大学,同时还出现了工程学院、农学院、矿业学院等。人们开始对秘传而已经发展的“手艺”进行汇集、整理,并编纂成书出版,他们把经验转化为知识,于是,学徒制变成了书本,行业秘密变成了整套方法,行为变成了应用性知识,所以高等教育、高深知识体系在不断丰富。高深知识随着体系的变化而变化,今天的高深知识增加许多先前没有的东西,这需要我们研究新事物,有些被接受,有些则不被接受。今天我们处于非常混乱的时期,19 世纪以来建立的社会体系现在崩溃了,如何构建新的体系? 它的内部结构、界限、门槛都需要我们去讨论。所以关于高深知识本身就有很多研究的问题,这些研究课题会对高等教育培养体系、知识生产体系产生一系列影响。我们不要认为高深知识是一个固定的框,符合标准就是,不符合就不是。高深知识是历史概念,历史的概念并不意味它没有规则、没有界限,只是其界限会随着时代、文化的变化而变化。相反,高深知识有很强的界限、认可体系,不同时期具有不同特征。大家不要认为今天我们讲知识经济、大众高等教育,高深知识就过时了,没办法用了。高深知识取决于我们的定义,之所以现在还没有定义,是因为我们对它的研究还很初步,但我们的目标是给它一个比较清晰的概念,这样对于我们构建高等教育研究对象就迈出了一步。一旦这一步迈出,就会对我们高等教育研究体系、理解体系、培养系统产生一系列新课题。所以不要小看一个知识定义的概念,我觉得它只是一个小小的突破口,一旦能够突破,那我们就会有很广大的研究空间。

学生 A:高等教育与高深知识都是相当的概念,选题的来源或起因何在? 研究的预期结果又是什么?

陈洪捷:为何研究? 我觉得先前概念很奇怪,不能说明问题。如用初等教育界定高等教育就说不通,就有了终端教育;而终端教育又不能说清楚,又要有其他界定。这就是我的最初出发点。我们要把这个问题说明白,这个出发点非常简单,但简单之后就是不简单,涉及到研究对象的构建。当你的研究对象都不清楚时,你研究什么? 这是一个非常基础性的问题。所以这是高等教育学里一个非常基础性的研究,基础性的研究有没有实用价值? 没有直接的,我把这个问题研究清楚了,也许对国家教育政策也许丝毫不起作用,但基础研究用处是长远的、基础性的,如果我这个定义可以建立,那后续就会有很多研究。举个例子,如果我们高等教育是传授高深知识、培养掌握高深知识人才的活动,这就可以看到高深知识的特征。既然我们了解高深知识的特征,那么这些高深知识会在很大程度上决定高等教育的性质、样式、模式,会决定我们教学的方式,这就有一系列研究的可能性。比如说传授方式,现在我们培养模式有一种趋势,即给博士加课程,那给博士加课程是不是有助于提高博士的创新能力和培养质量? 这就是个问题,如果我们遵从普通教育的原则给你加课时量就能提高培养质量,那么在博士培养或研究生培养中是否是这样,这就是一个问题。高深知识本身的特点会决定我们的相应行为方式。再比如说,高深知识内部的变化,刚才说到高深知识在 19、20 世纪以学科为基础,而在现在它不再以学科为基础,而以问题为基础,那么我们以学科为基础的高等教育设置体系是否要改变? 当前我们都在高喊跨学科教育、跨学科培养,但真正要跨学科教育、跨学科培养,高等教育就面临许多困难,因为我们是以院系、学科为基础建构的大学体系,所以任何跨学科院系都要跳出原有院系建立,说明现有体制容纳不了它,不帮助它,反而阻碍它。而当发展到这种程度时,我们是不是应该对整个高等教育体制设置基础提出质疑,如何根据知识本身的问题导向设置人才培养模式,我们的教学体制、管理体制等,也都是如此。科研成果统计、奖励系统都对跨学科非常不利,你要报奖、要拿项目非常困难,拿到教育不算教育、拿到管理不算管理,往往还让人看不起。一旦我们对高深知识本身的研究能够深入一步,我们就会对整个高等教育体制有新认识。现在大家都知道对学科的研究非常热门,如学科的功能、作用、文化,那么学科研究是什么? 就是高深知识内部结构的研究,高深知识不是一堆杂乱无章的东西,高深知识内部有非常严格的制度,是有认可体系、专门化、系统化的。学科不光是知识的划分与集合,后面跟随一系列制度。如果我们对高深知识、学科体系、学科内部有更深入的认识,那么对我们人才培养会有深远影响,甚至会导致我们思考更广阔领域的问题。高深知识的生产模式、工作条件也有研究意义,当你不了解它时就会产生很多问题。如团队,团队是现在知识生产中一个很重要的概念,知识必须靠团队来培养,单个人是完成不了的。因为历史上大部分时间知识生产靠个人而非团队,许多伟大的发现、创新都是由个人完成的。那个人如何进行知识创新? 传统知识需要与社会有相对距离,需要一个安静环境、一个象牙塔。现代高深知识发生变化,它需要社会、需要团队,因为高深知识本身发生变化,它开始变成问题导向,无须和社会保持距离、不能在象牙塔里搞,所以整个理念、大学架构、培养制度必须相应变化。一旦高深知识概念确立后,后面会有一系列问题研究,这个问题的研究有很大的潜力及意义。高深知识好像总与大众高等教育不对路。我们要知道高深知识不等同于高等教育,在历史上从来没有划等号,今天也不是划等号。在我们人类历史上,从事高深知识研究,传授、掌握高深知识的人不局限在高等教育机构,高等教育机构是高深知识的重要载体,但绝不是唯一载体。高深知识的外延远远大于高等教育,所以可以看到,在古代一些不是高等教育的机构在从事高深知识的研究,先秦时期,我们没有高等教育机构但就有从事高等教育的人和活动,如私学;近代的科学院,如英国的皇家科学院、法国的国家研究院,这些机构并不是高等教育机构但也在从事高深知识的研究;一些业余科学家也在成立俱乐部从事高深知识的研究。到今天,这一问题更加突出,知识生产体系在变化,现在在大学之外出现愈来愈多的研究机构、教学机构、培养机构,并且随着终身教育、成人教育的发展,高等教育对高深知识的垄断程度越来越低。只是在一定程度上,高等教育与高深知识有重叠,但不是永远有重叠。这句话同样适用于高等教育本身,高等教育传授的不全是高深知识。我对当前知识社会的高等教育有一个尝试性解释,有两条路子。第一条路子是,我们可以看看高等教育机构里面传授的有多少还是高深知识,有多少已经不是高深知识,谁也没有命定大学必须传授高深知识,它可以传授高深知识,也可以传授并不高深的知识。现代高等教育性质的扩展使其接受很多非高深知识传授、培养人才的任务。另外一种思路,高深知识在知识社会,其外延扩大,纳入一些原来不属于高深知识的新内容。我更倾向于高等教育接受更多不属于高深知识的传授与人才培养的任务这一思路,就是说高等教育的性质发生变化,如果在传统上、在19世纪,高等教育的唯一任务只是传授高深知识、培养掌握高深知识的人才;但在今天,高等教育已经突破了这一限制,第一,它从事高深知识的传播和人才的培养,第二,它同时承担不属于高深知识、技术性、职业性、实用性很强的知识。这实际上是符合我们经验的,我们的大学承担很多工作,如信访专业、学生辅导,这些并不是有多高深,但由于社会的需求也被纳入其中。我们可以理解、解释高等教育机构的唯一任务不是传授高深知识和高深知识人才的培养,还可接受其他任务,如培训。高等教育的任务、性质可以变化,但并不意味高深知识本身也随着发生变化。

录音整理:张　婷(华东师范大学课程与教学系)

陆　艳(华东师范大学教育学系)

高深知识与高等教育:历史的讨论

讲演者:陈洪捷

时间:7 月 17 日 14:30—17:30
地点:大学生活动中心报告厅

　　陈洪捷:各位同学、老师,下午好! 我觉得下午讲座的难度很大,一是由于上午我们进行的是理论建构,可以说天马行空、自圆其说,下午则要进入历史场景,里面许多都是历史事实,我们无法去构建,必须遵守历史的现实,而且由于夏天的下午容易困。(笑声)

　　为了使大家不困,我先提一个问题。我们下午的讲座主题仍然是高深知识与高等教育。上午我们做了一些理论的讨论,还与大家进行了很好的互动,这促进我去思考一些问题,比如我在思考、表述上有没有偏差、问题,并且很多同学提出了非常好的问题,对我进一步的思考和题目的讨论很有帮助。希望我们能够继续讨论下去,直到这个问题大致明确。下午的工作是从上午的理论框架出发,我们把它的理论框架运用到中国高等教育历史中,看看这个框架的作用。因为中国高等教育历史很长、问题多,不可能在一个下午讲完,我只选取 3 个点一步一步展开。

　　如果让你写中国高等教育史,你从什么时候开始写? 有没有研究教育史的?(学生:鸦片战争开始写,到五四运动以后;学生:稷下学宫开始写。)为什么从稷下学宫开始写?(学生:百家争鸣在稷下是学术最自由、百家最多的地方,在中国大地上的讨论也最多。学生:我所理解的高等教育,最重要是体现西方概念,尤其洋务运动期间像曾国藩他们引进西方理念,到五四运动以后尤甚。)还有其他想法吗?(学生:我记得最起码到稷下学宫,但我记得孔子还向老聃学习,所以应该再向前推进。学生:虽然我是教育史专业,但我的兴趣在基础教育专业。应该从京师大学堂开始，鸦片战争之后的高等教育并不属于中国，中国真正的高等教育应该从京师大学堂开始。）

我们可以看一下，从不同的起点开始，就涉及到什么是高等教育？由于对高等教育的界定不同，如果拿西方的概念来界定，那么中国的高等教育最多到鸦片战争以后开始，或者我们可以聚焦在京师大学堂，因为它是我们接受西方教育理念建构的高等教育；但如果以稷下学宫为起点或者再往前推，对高等教育的界定就不是以西方为样板的高等教育，而是本土的高等教育。关于高等教育概念本身的界定，就会产生很多问题，界定不同，写史的起点就不同；写史的起点不同，我们理解的高等教育就会很不一样，这是完全不同的境况。如果我的定义、理解是从本土角度出发，那么就会将稷下学宫作为中国高等教育的起点；但如果我把西方的高等教育或者中国引进的高等教育作为起点，那么就是从 16 世纪开始。我们可以看到高等教育概念存在着问题，当然现在有一种做法就是高等教育可以叫做现代高等教育，以此化解刚才这种矛盾，就是说现代高等教育从鸦片战争以后、京师同文馆、京师大学堂开始，因为现代教育与西方有关系，是在接受西方教育以后建立起来的。那么我们还有古代高等教育，就不妨把稷下学宫作为起点，这样也可以把它们区分开来。但在没有古代和现代的细分之前，写高等教育历史从哪里开始就是一个需要解决的重要问题。

还有一种说法，不是高等教育史，而是教育史从什么时候开始写？（学生：生产工具的制造，旧石器时代开始写。）还有没有其他的起点？关于旧石器时代能不能站住脚？完全能够站住脚，因为旧石器时代的人类要从事生产劳动，和大自然作斗争，维持生活必须有一些技能、知识的积累，这些技能要不要传授，教给年轻人呢？完全需要，说教育从新石器时代开始是完全可以站住脚的，但是我们教育史还有一个区别，就是教育史跟正规教育或学校教育还是有区分的，学校教育就会晚一些。即使再晚教育史总不可能从鸦片战争开始，那就成为断代史了，也不能从稷下学宫开始写，最早可以到新石器时代，当然再往下还有一些时间点可以选择。

现在最重要的是，我们在选择时间点的时候必然有判定的依据，为什么？为什么从鸦片战争开始？因为中国从这个时期才开始有真正意义上的西方高等教育。我的标准是以西方高等教育为判断依据，那么就从这点开始写。刚才问这位同学为何以稷下学宫开始，因为稷下学宫开始有百家争鸣，那么学术自由或百家争鸣能不能作为判断高等教育有没有的依据？所以我们使用的概念与我们的判断依据是相联系的。我们说教育史是从新石器时代开始，那是因为我们知道那时有了教育活动，甚至还有一种说法，只要有人类就有教育，即使没人类，动物也有教育，生物起源说认为没有人类就已经有教育了。所以从什么时候开始，取决于你的判断依据，判断依据不同，对历史的理解就不同，写史的起点也就不同。这就是为何我问大家从什么时候开始写中国高等教育的原因。

今天我们先姑且把古代与现代的差别放在一边，超越古代与现代，将中国历史作为一个整体来看中国的高等教育从什么开始写？大家应该知道，我们还有一种说法，就是汉代的太学，有些教科书写到汉代太学是中国高等教育的真正开端，因为它是国家层面建立的最高学府，这也是大家公认的一种说法。这些不同的说法实际上都有依据，我们做研究实际上就是要讲求证据，说出理由。所以任何一个概念的界定,背后实际上都蕴含了理论关怀和理论框架,没有这些理论关怀及框架,讨论不清对高等教育的源头从哪里算起、判断高等教育的依据。所以高等教育的源头从哪里算起,就涉及判断高等教育的依据,这个判断的依据应该有一套理论的论述、理论的框架。今天我就想把上午的理论框架放在高等教育中间来,看看可不可以帮助我们解决问题。

我国高等教育的著作往往没有说明历史从哪里开始,但是搞历史的人都知道起源问题非常重要,研究历史通常会把起源作为第一要务。怎么研究历史呢? 产生、发展、变化等等。连历史起源都搞不清楚怎么来研究历史? 因此,起源很重要,但我们的教育史或高等教育史又恰恰没有交代这个问题。为何不交代? 这也是我的一个困惑。我认为,我的困惑缘于在判断高等教育时没有一个依据、理论框架,说不清楚高等教育到底从哪里开始? 如果将"高等教育从一定社会条件下接受的终端教育"一句放在历史中,寻找历史起源就会一片茫然。从什么时候开始接受终端教育,就成为高等教育的起源,但找不出其中的关系。所以我们必须有新的概念、框架、体系,有标准才能衡量高等教育的起源,从哪里开始? 这是我的一个基点,中西方都面临这样的问题。高等教育从什么时候开始? 怎么算作有? 怎么算作没有? 是稷下学宫、孔子时代、太学? 依据何在? 这就是我下面讲授的基本出发点。

大概看一下中国历史早期的历史时间表。旧石器时代是约 60 万年至 1 万年前,这个时候有没有高等教育? 觉得好像不会有,但为什么没有? 你有什么证据来说明? 同样新石器时代是约 1 万年至 4 千年前,这个时期有没有高等教育? 有没有教育? 好像这个问题比较好回答,教育已经广泛存在了。但是高等教育有没有? 好像没有,为什么? 因为缺乏证据,缺乏论证的标准。夏商西周(公元前 21 世纪—770 年),有没有高等教育? 好像有,为何有? 还要拿证据。东周(春秋战国,公元前 770—256),特别是战国有了稷下学宫,为什么说在稷下学宫之前没有高等教育,之后就有了? 可以看出高等教育的构建是多么重要,如果你自己都不清楚概念,你稍微应用到一个题目上就会很茫然。如什么时候开始算中国高等教育的历史这个问题,你这个概念用得上吗? 这很快就表现出来了,就说不清了。

据传说,夏朝已经有大学,当时称"序",《礼记·王制》记载"夏后氏养国老于东序,养庶老于西序",东序称为大学,西序称为小学。这里的大学算不算高等教育? 有人摇头,看来不算。能不能说说不算的理由? 殷朝设右学为大学,左学为小学。西周"大学在郊,天子曰辟雍,诸侯曰泮宫"。西周的辟雍和泮宫算不算高等教育? 算与不算都没关系,我主要看的是证据。我们可能找不到考古材料,但你可以从理论上猜想,这就是我上午一再强调的布迪厄所说的"构建研究对象很重要",构建不清楚,概念就没有用处;构建好了就有依据,有了依据就好说话。如果我有地方说错了,你可以拿出新的依据批评我,我们在不断的讨论中达到共识,没有依据的讨论是没办法进行的。我现在关心的就是依据,有了依据,我们说有也好,没有也好,这都没有关系,没依据就没有意思了。大家不要认为这个问题只是我一个人在思考,翻开高等教育史的著作,可以看到高等教育历史是从夏商周开始讲,但没有说明这样讲的缘由。所以在历史研究中面临这样的困境,我也感觉到我们需要一个可以用于历史研究的概念构建。上午讲到研究高等教育需要构建,同样历史研究中也需要构建，只有构建出这么一个概念，你才能开始起步做你的研究，否则你连起步都很困难，一问你，就卡壳。

第一，我们接着上午的思路，我们说到"高等教育是传授高深知识和培养掌握高深知识人才的活动。高等教育机构是传授和发展高深知识、培养掌握高深知识人才的专门机构。"如果接受上述论述，我们进行历史研究时就有依据了，这个依据就是看看存在不存在高深知识、传授高深知识和培养掌握高深知识人才的活动、传授和发展高深知识、培养掌握高深知识人才的专门机构。这样就有了判断的依据，如果你反驳，你就把你的论据拿出来，你说明从什么时候开始，你的论据是什么，这样的讨论才能够有进步。我们既然有了知识视角，我们就尝试从知识的视角，看看中国高等教育的历史、中国的高等教育知识的状况如何。不妨借助其他人的研究看一看，清代著名历史学家章学诚提到，"理大物博，不可殚也。圣人为之立官分守，而文字亦从纪焉。有官斯有法，故法具于官。有法斯有书，故官守其书。有书斯有学，故师传其学。有学斯有业，故弟子习其业。官守学业，皆出于一，而天下以同文为治，故私门无著述文字"。主要意思是过去国家管理的事情很多，圣上、天子分守不同的领域，有文字记录他的工作，主管某一领域的人有某些规则，形成文之后就成为书，有书之后就有这方面的知识，有了知识就可以传承，然后就有这个职业，有人追随他学习，官家从事知识的传授、人才的培养。人们觉得这段记述是比较可靠的，说明最少在西周时期我们的知识是垄断在官员手里，除了官垄断的知识以外，其他人没有知识。当时是血缘社会，通常在家族内部传授，什么职位的官培养的子孙后代就是什么职位。根据记载我们可以看到，知识的传授在这个时候已经有了。

书是什么？我们要做一个考量。书分三类，在这里借鉴古文字专家李零教授的观点。第一类是档案之书（文书），可以分两类，官文书，分仪典类、占卜类、法令类、文告类、案例类、簿籍类、契约类、书信类，这些是在官府之内的；私文书，分占卜类、簿籍类、契约类、书信类等，是私人的。第二类是典籍之书，即历代史志著录的书，古人称"艺文"或"经籍"。这类书很多是过去贵族教育所使用的书，尤其是人文教育。中国古代的"书"是以源出诗书礼乐的人文学术为主，并涉及天文历算和医学卜农桑等实用技术。战国秦汉时期，前者叫"文学"，后者叫"方术"，学术就是两者的并称。第三类是学术之书，这种"书"的出现，是以前两种"书"为前提，但相对前两种"书"是一种"超越"。这种"超越"，没有个人的"独立性"、思想的"自由度"是不行的（当然，没有金钱和闲暇，可以堆书的房子和起码的衣食之源，也不行）。第三种"书"的出现是世界史上的大事，大圣人、大哲学、大宗教皆赖此而生。可以看到，这三种书有继承关系，有时间的先后顺序。在学术之书之前，即章学诚所谈到的"书"、"学业"之前，档案之书，档案之业，典籍之书，典籍之业是以技术和使用为主，没有高深的知识，因为高深知识的一个重要特点是系统化、经过整理的、专门化的知识，这种记录、文稿不算高深知识，它不具备系统性和专门性。第三种书是一种超越，以个人的独立、自由为前提，有批判、反思，这时候的书是有体系的，是一种体系的阐述，关于天道、人道的论述有理论体系在后面，这个时候的书才能说有高深知识，之前的书是无高深知识可言的。如果这个说法可接受的话，我们可以说在此之前没有中国高等教育史，因为它没有高深知识，更不存在高深知识的传授和高深知识人才的培养。虽然也有学在官府,也将知识、技术传授给子弟,但它没有体系化、专门的、系统论述的书,这些只是档案之书、典籍之书,学术之书才能真正符合高深知识的知识体系。自从学术之书出现,即春秋末年、战国时代,我们今天看到的知道的最早著作都是在这个时代出现、产生的,在此之前没看到过,根据历史的记载我们还不知道更早还有什么书。除了作为档案记载的书,系统阐述的书、学术之书之前没有,大部分都是在战国时代出现。

大家都比较了解诸子百家,但强调一下,关于他们的论述可以看到知识和高深知识的体系,当时的知识或高深知识研究什么问题。最早《庄子·天下篇》指出诸子包括儒、道、墨、法、名五家。后来《汉书·艺文志》通过对前代的系统整理,又分出儒家、道家、阴阳家、法家、名家、墨家、纵横家、杂家、农家、小说家十家。先秦诸子的知识体系大致可以分为两类,一类是以诗书礼乐等古代贵族教育为背景或围绕这一背景而争论的儒墨两家,一类是以数术、方技等实用技术为背景的阴阳、道两家和从道家派生的法、名两家(刑名法术之学)。等会还要讲两类知识的含义,这很有深意。大概讲一讲数术,这个概念比较生疏,今天的人对它的了解比较少。数术方技可以分为两类,有时也可以放在一起。它是古代的"技术"总汇,既包括今天所谓科学技术,也包括渊源古老的巫术和方术。数术具体包括天文、历谱、五行、蓍龟、杂占、形法。方技:医经、经方、房中、神仙;其中,数术偏于天道阴阳,方技偏于医药养生,各为阴阳家和道家所本,是他们的知识背景。根据李零教授和一些新的研究,战国竹简、帛书的发现使我们对古代人的研究有了突破性的进展,发现数术方技在古代十分盛行。儒家讲《诗》《书》,实际上早期的儒家与数术关系密切,儒家很多知识来源是数术,如《周易》就是卜筮书。数术偏于天道阴阳,方技便于医药养生,各为阴阳家和道家所本。阴阳家与道家都讲道,但则重不同。阴阳家脱胎于数术,关心天道阴阳(大宇宙);而道家讲道,则关心养生(小宇宙)。

再次回到知识体系,回到历史的时间点,知识有了,但知识体系化是什么时候出现的?在学术之书出现前是没有的,就是说战国以前没有。其他人的研究也支持这一观点,他们讲到战国以前大部分是官方文件,如档案之书是集体写的,现存的先秦史料很少有私人著述的资料,我们不知道也没见过、听过战国之前有没有人写过书。战国也出现了一些书,但极少是个人完成。在战国时代以前,大部分都是官方文件,或是不署名的集体写作。现存的先秦史料和诸子的著述中,很少有关于战国以前私人著作的资料。在先秦,著作的观念尚未形成。采用某人名义作为书名的书籍,不一定完全是某人的著作,也许是门人记录而成,或是多位学者集体完成。《论语》长期以来被认为是先秦私人完成的书,并不是孔子本人所写,而是其弟子整理而成的,估计最早动笔也是在春秋末年,即孔子的晚年,真正成书是在战国之后,长期被认为是第一本私家著述。孔子这本《论语》还谈不上是最早的私家著作。王锦民在《古学经子》写道,诸子出于入仕干禄之目的而求学,出仕是其理想,而非著书立说。诸子往往在乱世追求个人抱负的施展,帮助君主攻占领地,要立功而非立言,后来培养出很多士人,使他们的立功机会越来越少,很多人立功不成就改为立言,坐下来写书。所以诸子著述立说在当时才开始。有人论证,孙子兵法是第一部私人著述,应该是在春秋而非战国。我们可以看到战国以前,没有学术之书,战国时代,才是书产生的时代,才有了成体系、有一定目的的书，才构建出知识的体系。以前的只是萌芽，还没有成型。

引用李零教授的说法，研究古书分类，首先我们得注意一点，即我们所说的古书，私人撰著的古书，并非自古就有，而是大约在春秋战国之际才突然出现，成为十分显著的现象。官学是它的源头，想了解这个源头，通常有两个背景参考。一是古代官书旧典（档案），二是古代的贵族教育（如春秋、诗、令、训典）。他们既是后世的经史之书，也是后世诸子之书的源头。我想强调战国时代有学术之书，有自由的意识，有独立的思考，有知识体系的出现，所以我们就说这是高深知识产生的时代。我一再引用是想把别人的研究拿来验证我们的高深知识体系到底在何时产生，通过古书的研究、古思想史的研究、历史的研究，就是想说明我们的高深知识是在一个时间上形成的，其形成对我们研究高等教育具有特别重要的意义。没有这个体系的存在，我们就免谈高等教育，所以我们必须把这个问题搞清楚。

研究中国古代史的大家陈来在《古代思想文化的世界》中写道，从西周到春秋，代表文化发展的一大景观，是文献的原始积累和这些文献的逐步经典化。这种文献的发展十分惊人，使得文明的发展取得了至少在形式方面的极大突破。他谈到"经典"，那么经典是什么呢？他又指出，思想经典的特质是把描述性的经验上升为规范性的论说。以前官府的档案、记录最多就是经验性的描述、事实的记录，没有什么思想深度。但是现在上升为规范性的论说，换句话说它变成一种体系，有人的理性、自由意志在里面，变成学说，否则它就是描述性、经验性的文字，文献再多也不是高深的知识。经典化的过程是人们首先要把多种经历的经验总结、提炼为格言，以达到表述上的普遍性，而经典则是一套论述体系，而非一两句格言。经典化是体系化的建构，也就是我们的高深知识。

引用陈来的观点也是想说明，大致在春秋战国时期中国文化和知识有个突破。大家可能知道德国哲学家雅斯贝尔斯提到的轴心时代，在公元前500年，世界的不同的地方出现了一次文明的突破，大的宗教的产生、古希腊的文明、中国先秦时代的到来，这个突破是什么意思？在这个时间思想和知识发生了质的变化。在人类发展的很长时间，没有知识或高深知识，当然也正在积累，不同的知识也在进行教育、传承，但这种知识还处于经验性，无体系化、专门化的陈述。知识的突破无论在希腊还是中国，都意味着在漫长的积累中，突然有体系化、专门性知识的产生。因此，我们就毫不犹豫地把这种突破看成是高深知识产生的原点。这个时候才开始有高深知识，之前都是技术、经验。商代造的鼎，工艺十分精美、造型非常精致、技术难度高，但这只是一种技术、经验，还没有上升到高深知识，高深知识是有体系的、专门化的方法。这个时代，说是经典时代、突破时代也好，学术之书产生的时代也好，它有一个质的飞跃。李零教授所说的"突然出现"与"突破"有异曲同工之妙，都强调突破。

再放大一下历史镜头，刚刚只关心与文化人联系的书本。在西周之前，没有高深知识，这是为什么呢？在西周之前，存在着两种传统，一种是巫统，一种是血统。巫统所代表的是巫术信仰，血统代表的是祖宗信仰。巫统是人类早期很重要的一个生活形态，大家面对自然无法解释，就把希望寄托给冥冥在上的神灵，让它主宰我们的命运，让我们听从它的安排。西周发生了变化，统一了巫统与血统,出现了统一的信仰体系,即所谓周礼。就像陈来说的"由自然宗教转向伦理宗教"。在自然宗教的时代,根本没有人的理性、主动性,人只是听从神灵摆布的一群生物,没有理性、批评的思维。转向伦理宗教就迈出了新的一步,伦理宗教也有别于血统。人开始把目光从神灵转向和自己一样的祖宗。春秋之后,因为社会动荡,这个伦理信仰体系也随之崩溃,新的天道信仰出现,数术即在此时出现。其实,数术是当时全体中国人的新世界观。从巫术到数术的变迁,期间体现了人的意识的觉醒。在巫术时代,人们把自己生活安排交给了神,而此时尽管人们还没有完全掌握生活的主动,但让一个有规律的系统(即数术)来安排自己的生活,比起由有意志的神来安排,毕竟是一个巨大的进步。数术是因人们对物的认识水平进一步提高而从巫术发展而来的,本身包含了对事物认识的量化、细化、具体化的意思,其中所蕴涵的科学内核是显而易见的。与巫术不同的是,在数术这一观念下,物之于人的吉凶利害是有定数的,人们要做的就是去探求物之数,发现其对人的利害法则,从而实现趋利避害。陶磊在《从巫术到数术——上古信仰的历史嬗变》中提到,数术的出现与所谓文明的突破联系在一起,正是由于文明的突破,原本的数卜经历了数术化改造,才成为我们所知的数术。

　　放大历史镜头可以看到,就是在春秋时代、西周末年,整个中国人的意识觉醒,这种意识的觉醒是任何高深知识的必备前提,因为高深知识是以理性、探讨、批评、自由为基础的。如果连这个都没有,前面的就无需再谈了。既然谈高等教育,就要关心高深知识,而高深知识决不是什么时候都有的,不是相对的。根据我们的定义,高深知识有它的特征,将其放在历史中进行研究就会发现它有自己的起点,这个起点是可以论证、有依据来判定的。这是我要说的第一个问题,高等教育的起源,因为高深知识的起源在逻辑上,应该比高等教育的起源更早一些。我认为,在知识本身的成熟之后才能形成系统化的传授。我认定在高深知识产生之后,才有系统、专门的研究、传授、培训人才的一系列活动。这是我们利用上午所构建的概念框架来探讨的第一个问题,高深知识的起源。我的思路是,有了高深知识的起源,再来谈高等教育的起源。

　　我们做一个从先秦到晚清的跳跃。为什么做这样一个跳跃? 通过晚清可以看到高深知识对高等教育的影响。鸦片战争后,西方侵入给我们带来影响,其中一个重要影响就是西学的引入。战国传统上有自己的知识体系、教育体系、培养目标、培养方式、培养方法,不管它好与坏,一直延续了好多年。晚清发生了改变,晚清的知识分子认识到中华帝国面临着千年未遇的大变局。首先冲击中国人的地方就是知识、技术,西方船坚炮利,有火枪、机器,这些是中国所没有的。他们认为我们输给他们,就是输在这个地方,我们有很好的传统,儒家的文化、历史等等,可以引以为豪,但我们在实用性知识方面不如西方人,缺乏西学。那我们就引入西学,这是很大胆的一步,最开始可能连引进的勇气都没有,保守派反对学习西方,只有洋务派、开明官员才倡导向西方学习,引进西学,用他们的实用性知识来对付他们,最终达到富国强兵的目标。可以看到,首先受到冲击的就是实用的、技术的、关于声光化电的知识。冲击的结果是什么呢? 学习、引进、模仿他们,建立新式教育机构,如京师同文馆、福建船政学堂、江南制造局等等,很多实用性的学堂参照西方理念开始建立。当时的口号是"中学为体,西学为用",不放弃自己的知识、信仰,有限地借鉴西方,过去传统的教育体制、人才体制、科举体制仍然保留,只在有限的知识领域学习、借鉴。洋务运动经历60、70年之久最终以失败而终,发现这么做不行,最后又进入到制度层面的改革。在知识的层面从有限的借鉴技术知识,到发现我们的教育体制、方法、目标不行,最后怎么办? 兴学堂。真正到后来不得不实行新政时,才把它提到议事议程。虽然维新时提出建立新式学校,百日维新提出建立京师大学堂,但最后实现是在晚清新政时代。到1905年,废除科举考试,废除书院或改成学堂,学堂是按照西方的理念建立的,其知识体系、培养目标、培养方式借鉴西方。这在中国历史上是一个重大转折,高等教育在这个时间发生了一个断裂,放弃传统,建立京师大学堂,开始新的现代高等教育时期。这个转变的背后,知识、高深知识是个非常重要的推动力量。当时我们的国人看到,西方比我们强的是知识,特别是实用主义的知识,包括他们的知识体系以及传授这种知识体系的方式都比我们强,我们不得不放弃原有的高深知识体系,接受他们的高深知识体系,用他们的工科、农科、医科等的知识分类,现在西方的高深知识及其体系、学科制度被复制过来。为什么要做这么重大的改革? 从实用的角度我们缺乏这样的人才,他们的知识体系以及伴随这种知识体系的传授、培养制度比我们强。出于这样的现实,我们才做了前所未有的大逆转,废书院,兴学堂。书院需要废除吗? 其实不用废除,当时没有任何讨论,没有任何人说书院留着吧,大家一股脑认定书院不行了。书院和科举制度密切联系的高深知识体系失败了,我们要救国、强国,就必须接受西方的知识体系。晚期教育的改革,特别是高等教育的转折、断裂、重建,主要的推动力是高深知识体系的变化。为何说高深知识是高等教育的前提、巨大的推动力量、重要基础和内容,你在这可以看到知识体系可以产生巨大的推动力,使得有形的体系发生逆转、变化。在早期,高深知识的产生,可以促进新的高等教育形式的出现,如大学、书院、稷下学宫。清末高深知识体系的变化导致整个建设、使用了2000多年的教育体制不得不放弃,必须根据它来建立新的机构,如分科的大学、分科的人才培养。引进的不光是知识,还有知识背后的制度。可以看到高深知识对高等教育的作用何其大,高深知识可以改变和推动高等教育。从晚清兴学堂的过程我们可以得到一个基本结论,高深知识对高等教育的构成、模式有决定性的影响。因为高深知识是高等教育的依据,高等教育如何安排、培养都取决于高深知识的性质、特点。

　　下面还是从历史的角度,谈谈高深知识对高等教育机构影响的另一个方面。大家都知道李约瑟问题,中国在明末前跟西方相比,我们的科学、技术、文化都领先于西方。但西方在明末以后,即工业革命、现代科学产生之后,便扶摇直上。中国为什么没有产生现代科学家,这可能就是原因所在。很多人从不同的角度回答这个问题,实际上我们搞教育的最应该回答这个问题,因为它与教育的关系太密切了,特别是高等教育。实际上这跟什么有关系? 我认为跟高深知识体系有关系。高深知识体系是有门槛和限定的准入制度,这个准入制度可能明确写出,也可以不明确写出,但它是实际存在的。什么知识算高深知识,在当时特定的历史环境下有一套制度,高深知识在特定的条件下,是有价值判断的。数术是关于自然的,是中国历史上在先秦时代的一块重要知识,占据半壁天下,当时的知识一部分是儒家的知识体系礼乐诗书,另一部分就是数术方技。这么大块的知识,后来到哪来去了? 以至于今天我们谁都不了解这块知识。在战国秦汉时代非常流行,一半读书人都在研读,包括唐代读方术的人还很多。但到宋代正经人就不读方术了,或只有少数朝廷供奉的专家、江湖术士才研究。为什么？高深知识在不同的历史条件下有个界限,有一套认可制度,这种认可可能是规范性的认可、技术性的认可,也可能是意识形态、价值观的认可。汉代的重要国策"独尊儒术,罢黜百家",太学的建立虽然是很完善的高等教育机构,但它只允许儒家学说的传播,并且只有经文经学,连古文经学都不接受。这就意味着,高深知识在汉代划了一个圈,假如这个圈一半是儒家或诸子百家,另一半是数术,但当时的高深知识认为只有儒家的学说价值高,不禁止也不鼓励其他的学说。这实际上就造了一个门槛,有些知识进不到太学里面去传授,虽然是高深知识也进不来。在各朝代、国家,高深知识并不是一个中立的概念,它在历史现场永远不是一个中立的概念,永远有一个界限。秦始皇焚书坑儒,他把儒家学说划在高深知识之外,将它划在其鼓励、认可的体系之外,不但不认可还要消灭。我们在研究历史的时候,每个朝代、政治体制下,高深知识是有界限的,有的是规范性的,如库恩讲的知识。当学术共同体承认的时候你才存在,不承认你存在也没有用,你进入不到大学、教材、科学院,你是自生自灭的。汉代以后,特别是科举制度兴起以后,我国高深知识体系开始一次一次的缩小范围。前秦时代的知识非常丰富,数术和方技(方术)很流行,在唐代也很普及,至少没有人禁止,还在一定程度上受到鼓励,但宋代后再也看不到了。尽管它还存在,但在认可的高等教育机构、选拔官吏的圈子之外,这些知识可以自生自灭。高深知识有一个认可体系,不认可的东西是进不到高深知识的体系之内,一旦认可就获得对知识存在的制度性和体制性的保障,进入这种机构知识,就可以积累和发展下去,所以儒家学说没有断层,不断丰富。但数术的知识为什么就看不到？《墨经》失传、埋没了两千年,同样是在先秦被称为显学的知识,为何就被埋没、失传？显然可以看出,儒家经典逐渐成为意识形态,被国家认可,受到国家体制的支持,从而得以不断的延续、不断有人研究。研究墨经就没有认可与支持,研究成果由谁传承？没人愿意学,学习这个知识没有什么前途。这是个别行为,没有社会保障,这是很容易消失的。你看李约瑟的《战国科技史》,他挖掘出中国历朝历代的创新,很多比西方早很多年,但十有八九最后都已失传。当初我就不明白这么好的东西怎么会失传？大家还不争相学习、模仿、应用先进的科学技术,失传的原因就在于没有制度的保障,它是靠个人的聪明才智、兴趣、偶然的机会。如果宋代、明代就建立工学院,先进的科技就不会失

传。有了制度的保障,个人的、偶然的活动才有可延续性。如果没有纳入认可体制,任何聪明才智、高深的思想很可能就消磨在历史的茫茫大海中。高深知识的门槛非常重要,一旦被这个门槛限定了,命运就很难说了。西方也有门槛,如18世纪后,技术才进入高深知识体系,建立专门的工程技术学院、矿业学院。长期以来,西方技术发展也处

于很低级的水平,但一旦被高深知识体系接纳之后,那就不得了。在短短 100、200 年间,西方科学技术迅猛发展,把中国远远甩在后面,而我们到 19 世纪末、20 世纪初才开始引进。高深知识永远具有筛选性。希特勒当政时烧毁一批书,但今天他的书《我的奋斗》也被剔除。所以知识体系永远是一个价值体系,在特定历史场景下,高深知识不是一个我们想像的界限,知识的三六九等非常严格。可以看到,在历史发展长河中,知识的界限在不断变化、有不同的含义。中世纪的高深知识和唐代的高深知识的外延、内涵完全不同,但他们都满足呈系统化、专门化的体系标准。历史长河中并不是每一种高深知识都被接纳、允许。不光人文社会学,自然科学也是一样。如哥白尼、布鲁诺,他们的知识不但不被接受还被消灭。高深知识体系从来是权力斗争的场域。今天仍然存在这个问题,比如说什么知识可以纳入我们的知识体系,这不是一个简单的问题。大学设置专业,国家设置新的一级学科、二级学科,这不是技术性问题而是价值判断的问题,有些东西不用讨论,重要就是重要。所以知识体系有很强的价值判断,任何特定历史环境中都有筛选的功能。19、20 世纪之交社会科学在西方建立时,很难进入大学。马克思,韦伯也不是以社会学教授身份进入大学,因为当时的高深知识体系不认可社会学。科学史也是很晚才作为一个学科进入大学,一个比利时人在美国创立了科学史,在大学创立这个专业、教授职位。经过各种层次、类型的斗争才能进入高深知识体系,所以高深知识体系是一个权利体系。进入就是对你的认可,这个认可制度非常厉害,不进入就是不认可你,那发展起来就非常困难了。中国历史就是一个很好的例子,中国任何时期都不缺乏研究自然的兴趣、有造诣的研究高人,但为何我们在自然科学、工程方面落后西方。从知识的角度看,因为我们的高深知识门槛不让其进入,不允许其在认可的高等教育机构里传授,不鼓励也不完全禁止。实际上,还是有人把这些知识纳入到教学内容里面的,比如苏湖教法,但它毕竟没有得到整个高深知识体系的支持,只能是昙花一现。因为高深知识的体系连带其制度,把这些知识看成是下等的、不入流的。这种在高深知识体系之外的知识就是再高深,也不可能算是高深知识。如果我们要回答李约瑟问题,就可以从我们的角度提出高深知识体系是有筛选性的,实际上已经把某些东西排除掉了。而西方恰恰在同一时间点把这些我们排除的知识纳入到知识体系中,建立专门的学院和机构来发展、扶持它,认可它的地位。德国是近代高等教育改革的模范,但洪堡强调纯学术,排斥技术性的东西,认为其没有价值。所以德国随着工业和学术的发展,他们的技术性知识挤不到高深知识圈子里面,只能另立门户,在大学之外建立工科大学、技术大学,被嘲笑为铁匠学院。到 20 世纪,他们的地位才得到认可,在高深知识体系、高等教育体系、大学里面才有自己的一席之地。古今中外的例子说明,高深知识体系是个权力场,是个争斗的过程,并非风平浪静。顺着这条线索,还有很多东西可以探讨。

　　以上就是我想说的主要内容,通过上午的高等教育界定的框架,尝试对高等教育的历史做一些探讨,换句话说,一个新的概念的构建,会给我们带来更多新的思维空间。这才是我们构建一个概念的真正意义,概念不是为了概念而概念,实际上任何概念的界定、研究对象的构建,都是我们开展研究的前提,它会为我们的一系列系统性问题带来思维空间。我的这个概念本身以及利用这个概念进行的其他分析,都还处于最初阶段,还不成熟。第一,我想宣传一下,使大家有所了解。第二,我特别希望我们的年轻学者能够富有批判精神地进行讨论,我深信,只有更多的人参与讨论,才能把理论和概念解释清楚。我所做的工作还非常初步,它是一个跨学科领域,需要不同知识背景的同仁、同学参与,才有可能更往前迈进一步。我现在其实有一个野心,从高深知识的视角对整个中国高等教育知识、传统做出新解释。我现在已经有几个基本点,觉得还是可以挖掘的,能够提供一个新视角看我们的高等教育,我特别希望能够为我们判断事情提供基本依据。(掌声)

学生 B:上午讨论高深知识的界定,下午讨论高深知识和起源,那么上午的界定对下午的起源是如何进行推进的?

陈洪捷:其实下午做的工作,完全是按照上午的界定进行的,大家还记得上午界定高深知识的几个特征吗?第一个特征是,比较高深的、区别于普通教育之上的,所以我们要有这个标准判断先秦时代的学术之书。我想这是没任何问题的,先秦诸子百家创建的理论无论是在当时还是今天应该可以到达这样的标准,属于高深知识体系。第二点,是专门的、系统化的知识体系,这也是我们刚才一再讨论的春秋战国时期新的知识体系突破的一大特点,它是系统化的理论知识体系。首先,这两个它都已经具备了。接下来我们进入了下面一个课题,高深知识有一些门槛、认可体系。就是有一套制度,这套制度在早期我们还看不出来,因为知识是新产生的,还不太完善。另外一点是,高深知识通常与特定的机构联系起来,这点在先秦时代、春秋战国时代还没有形成,这是我们下一步要讨论的问题。如果以这几天标准看,它基本满足了我们的评价标准,是完全可以成立的。第一步是,高深知识的产生,历史上高等教育的发展、高等教育机构的产生,往往是由于高深知识或知识本身的发展带动起来的。我们知道,古希腊正是有一批哲学家和思想家形成了他们的理论、体系、学说,才有了传授这种知识体系的机构。如古希腊的学园、里克昂,这些机构都是在时间顺序上或功能上,是由于知识的兴起、传播的需求、大师的产生而产生的相应机构。那么中世纪大学,也是在知识繁荣、发展的基础上产生。正是有一些大师带领学生到处游学,最后固定下来形成我们的大学,借鉴当时社会制度形成其行会。对于中国的情况,我们先看到春秋战国时代,高深知识的产生、发展、繁荣,诸子百家的出现就直接推动了高等教育的发展。例证之一,相对于高深知识的产生,私学的产生是比较晚的,但几乎也就是同时,总体上还是晚了一步。因为有了这些知识的产生、人的产生,才开始培养人,不光是自己来构建、思考还要培养人,所有在战国时代私学开始兴起,私学兴起的前提就是高深知识的繁荣。第二点,稷下学宫,用今天的眼光来看,有高等教育的成分,有固定的场所、教学活动、辩论等等,都是制度化的。稷下学宫之所以可以产生,一个重要前提是高深知识的存在、掌握这些高深知识的学者的出现,他们要带学生,最初带学生肯定是个人活动,不是体制化的活动,个人活动要追溯到什么地方?我们不知道,但是我们可以肯定,有这些大的思想家、学者,有人跟随他学习,当这种个别活动出现到一定数量的时候,就成为一种体制化的活动。就是说,私学是一点点积累的,私学的概念是没有的,但当很多人都带学生时,它就不是一种个别、私人、偶然的活动,而是社会活动,这种社会活动虽然没有完整的制度化,但是已经成为社会中已经认可的活动,甚至是一种职业,得到社会的承认。所以说,高等教育如果从稷下学宫开始写,我不反对,也可以支持。但是我们最关心依据的问题,通过私学、稷下学宫我们可以看到一个很清晰的线索,在战国时代随着文明、知识的突破,新的知识体系、高深知识的出现带动了这种活动的体制化,在社会中机构、体制的保障。开始时,它是没有保障的,个别行为变成群体行为,群体行为最后变成机构的产生。稷下学宫就是最早的雏形、机构。还有一种说法,就是汉武帝时代太学的产生是高等教育的起源,这一说法我们也可以接受,因为大前提已经存在了,即高深知识传播活动已经出现了。太学是更加完整意义上的机构,因为它有很明确的规章、制度,如年限,毕业去向,招生标准、名额,老师的聘任、报酬。太学与还带有很强私学色彩的稷下学宫来比的话,太学是完整意义上的高等教育,可以作为高等教育的起点,因为它已经满足条件,体现高等教育活动的基本特征。

录音整理:张　婷(华东师范大学课程与教学系)

陆　艳(华东师范大学教育学系)

学 生 感 言

● 17 日的上海早在"出梅"后随即进入了持续潮热的"高烧"天气,尽管如此,北京大学的陈洪捷教授的《高深知识与高等教育理论的探讨》报告引发了我们高等教育学专业甚至其他专业同学对"高深知识"的热烈讨论,大家发言的兴趣很高,我也怀着忐忑的心情与心中的疑问举起了右手提问。(陕西师范大学　郑婷)

● 北京大学的陈洪捷老师治学严谨、见解深刻,所有这些怎能一字一句可说清？也许我们每个学员都饱含着对这些教授们的深深热爱,带着他们的激励与希望,准备继续奋斗在教育事业中,一路前行,勇敢无畏!(华东师范大学　张松龄)

● 陈洪捷老师从理论和历史的角度对高深知识与高等教育进行了解读,由浅入深,深入浅出,在理论与历史中间穿梭,让我们的思维在更深的高度得以徜徉。(华东师范大学　李晓洁)

教育·文化·社会(一)

讲演者:丁　钢

时间:7月18日8:30—11:30
地点:逸夫楼报告厅

讲演者简介

　　丁钢　国务院学位委员会学科评议组(教育学)成员、华东师范大学教育科学学院院长、博士生导师、"紫江学者计划"特聘教授、华东师范大学终身教授;主要研究领域为中国教育、中国文化教育、教育文化与哲学、中外教育关系研究、教育叙事研究;著、编有《中国佛教教育:儒佛道教育比较研究》、《书院与中国文化》、《文化的传递与嬗变:中国文化与教育》、《中国教育的国际研究》等专著多部,在海内外用中英文发表学术论文百余篇。

　　这样一个题目我已不是第一次讲,为什么考虑把教育、文化、社会联系在一起,因为教育本身就是一种生活,这不仅仅杜威讲过。事实上,我们从小到大,尤其是在学校,大部分时间就是在学校度过的,在这段成长过程中,学校就是我们的常规生活。所以,把教育和社会生活相关联,这是一个很自然的事情。另外,其实教育关乎价值,任何一种教育都是在一定的或者特定的文化区域当中发生,一定会受某种文化价值影响。而我们在自己的文化土壤上发展教育的时候,也会发展自己特有的价值。尤其在全球化的时代,这个问题特别重要。价值就是关乎文化的问题,教育和社会生活,以及与文化的价值是密切相关的。在此我会把它分成三个部分来讲,但是三个部分还是相关的,包括里面有一些内容或许需要动点脑筋,为什么呢? 因为到目前为止,教育的理论立

场和学科地位仍然不理想,与其他学科相比教育学似乎显得比较弱势,但是教育又是如此重要,中国又承担了如此巨大的教育人口,在这个过程中没有人能够否定教育的价值,教育对人的发展有着巨大的影响。但是教育学究竟研究什么? 教育学究竟怎样促进人的发展,这个问题还是需要我们一再思索,因为它到今天仍不清晰。

康德作为一个哲学家曾经努力把教育从哲学中分离出来,很早开设了教育学讲座。我们在读从德文版翻译过来的《论教育》这本书的时候,发现康德讲的一些东西依然非常切中我们现在思考的问题,尤其是因为教育作为一门学科在实践性方面强调得非常多。但是真正的教育学科的发展相比其他学科而言,依然是一个年轻的学科。在发展过程中,教育学受到了其他学科的很多挑战,包括教育在发展过程中还是借用了其他学科非常多的话语。在这样的过程中,教育学怎样树立自己的话语,怎样能够确立自己的理论疆域,包括方法论、知识范型,这个首先是需要厘清的。这样的厘清并不是说我能够给它提出一个定论的东西,而是做一个讨论,也是和大家做一个分享,在这个过程当中,看我们应该从哪些角度、哪些路径来探讨这个问题。所以今天第一个要讨论的问题就是教育及其学科的问题。

一、教育及其学科的问题

在这里,我们说为什么首先要讲用多学科的角度来研究教育,因为在这个世界上没有一门学科能比教育更复杂,因为没有任何学科能比研究人、培养人这门学科更复杂,因为人是多元的,是不同的。真正从多学科的角度进行教育研究的话,应该说前苏联解体前他们就有一个学派产生:合作教育或者合作学习。这个学派虽然因为苏联很快解体,很可惜没有得到充分发展,但是当时短短的几年给国际教育界有很大的震撼。其通过多维的角度去研究问题,动用哲学、文学、历史学、政治学、心理学多角度进入,去研究教育,去看教育怎样来更好地培养人。我感觉到这在当初的教育研究当中还是比较石破天惊的,尽管时间比较短。到后来的90年代,美国的教育科学院组织了一个大型调查,这个调查其中的一个目标就是中国。当时教育科学院集中的除了有教育专家,还有政治家、哲学家、心理学家,包括人文学科的在内的各个方面的人才进入中国进行调查。

尤其对当初梁漱溟做过的乡村教育的邹平县,他们扎下去,重新去梳理,看中国乡村的教育,现在的学生发展如何。另外包括在上海、北京的一些地方,他们定点地拍大量录像,比如在上海的一师附小,他们基本上把这个学校一年级到五年级所有的课程全部拍了下来,里面还拍了一个"老带青"的录像。因为中国人培养新教师是师徒制的,当然这和建构主义的师徒制还不一样。这个

师徒制也就是说新教师一进入学校,就要派一个有经验的教师来带,带一年,这算一个实习期。他们也拍这个过程,就看当初的青年教师是如何上课的,有经验的教师又是如何对他进行指导的。我在1993年到美国,年底的时候去密西根州立大学参加了一个会议,包括 Lynn Paine 她参与的那次调查,比如一师附小的"老带青"项目。当初在密西根州立大学请了众多位美国的公立学校的教师,来看这个录像。当然是中文的,请研究生直接翻英文,讲解给大家听。录像中播放一堂课上完,然后请老师去评价这个青年教师:这个地方上得不太好,那个地方上得比较好,哪个地方要改进,她把指导的过程整个拍下来了。结果那个时候美国的公立教师马上就提出,这个是中国的事情,这和我们没关系。这是两个文化,谁给老师这个权力可以对这位青年教师指手画脚?在美国,这有侵犯人权的嫌疑。谁给她这个权力使他可以这样呢?他们不接受。怎么来说明这个问题呢?事实上这个当中有一些问题是可以解决的,比如说我们先把文化的问题放在旁边。一个青年教师的成长,应该可以通过直接经验和间接经验两条路达成,其实大部分的时间我们接受的是间接经验,无论他是接受师范的训练,还是他接受的是在职培训,这些都是间接经验的东西。也就是说,如果全部要靠直接经验来成长为一个优秀教师,那么就如恩格斯所说的,人类永远停留在8岁,因为我们是踩在巨人的肩膀上的。所以对于这一点来说,间接经验自然占大多数,那么我们就需要考虑,间接经验可以有很多种,比如书本知识之类的,包括去听课,做"observation"(观课)之类的。但是中国这样的方式,比如青年教师的个别指导——"老带青",也就是有经验的教师带没有经验的教师,传帮带这样的方式,也可以算间接经验一个重要的环节。先把文化放旁边,这样有没有必要?感觉如果只是改变方式也是有必要的,也是很好的方式,那么我们再把文化请过来,也就是说在不同的文化背景下,我们的处理方式不同。也许在中国的方式当中,是长幼有序,一直是讲究师道尊严的,其实这些东西,从古到今,这个文化一直在生活当中。所以中国人在这个方面相对是很容易去接受的,但是美国人无法接受,但是可以改变形式,可以用完全平等交流的方式。后来他们接受了这个方式,也曾经一度吸收了这个方式,放到了密西根州的教育法规中去了。但是改变的前提是适宜了他的文化基础来改变的。在这样的一个很小的例子中我们也可以看到,其实教育不仅仅是教育的问题,其实也关乎于文化。而且教育一定是在自己的文化背景上发展的。就像美国,他认为传帮带不错,但是他认为不能够用这种中国式的方式,这种形式是有悖于他的文化信念的。而中国之所以这样做,也是建立在自己的文化基础上的。因为我们的生活当中,依然可以接受这个。

而我们现在有很多的改革,包括全国课改,包括上海一直的独立课改,第一期课改、第二期课改,与全国是不同步的。在这个课改中,我们也发现一个问题,课改有必要吗?必要的。课改有它的必要性,而且8次半的课改也是一个与时俱进的发展过程。当然课改的方式——推倒重来未必很合适,我们说渐进的方式可能更好。关键是课改怎么去改。课改难道只是知识的排列组合吗?难道只是一个知识安排的技术处理嘛?我感觉到,课改在很大程度上,包括我们,包括香港当初也在课改。香港大概在1999年到2001年也在进行整个香港的课改。当然他们是公开讨论啊,整个决策的程序非常好,但是也有问题。说我们现在知识爆炸了,知识多了,看我们以前的知识陈旧了,然后我们要加新知识进来。这个想法是不错的,但是知识加进来以后首先要面临两个问题。一是从技术上考虑,理念要对头,因为新知识多了,旧知识需要调整。但是这样不是要做加法,加法是解决不了问题的。这不是"一加一等于二"的问题,而应该要用到一个概念,那就是整合。整合的概念其实真正从哲学上理解的话,应该是"一加一"从质上大于"二",从量上小于"二"。也就是说,这种知识的整合,在质上面已经超过了"一加一等于二"这个概念了。很好地做有机整合,就不会去增加这个量。而我们的很多做法方面,包括课改,课改到最后大家感觉到,负担好像越来越重,没见减轻。还是新课本老课本、新教材老教材不敢扔啊。因为在这个里面,可能是知识衔接的问题,改革不能忽视知识的系统性问题,在新老教材之间应该注意知识的衔接性和持续性,关键在于解决好整合问题。

最关键的还不在这里,任何的改革都是建立在自己特定的文化区域中的,所以肯定要考虑改革的文化理由。我们现在所有的改革什么理由都讲,就是不太讲文化理由。没有文化的依据,那你是在哪里改革呢? 毕竟不是在美国吧,你也不在俄罗斯吧。哪怕你把俄罗斯、美国的东西拿来,那还是在中国的土壤上进行。文化的理由是非常重要的。我们拿课改来说,课程的背后是什么? 是知识体系,知识体系背后是价值体系,价值必然关乎文化,所以课改应该是关乎文化。但是这方面我们讨论比较少。讨论比较少的时候,我们就会把这个变成一个技术处理的过程,也就是说变革的技术化的倾向比较重。我这套言论对课程来说,可能有点奇谈怪论,但这个不是我们整个课程教学里面所应该思考的吗?

我曾在香港做了两年教授,我选择的是课程与教学系。教了两年书,因为那个时候大陆没有课程教学系,没有课程教学专业的。正因为没有,所以我愿意到课程教学系,其实我是一边教书一边学的。对于这点,你们可以放心,我肯定没有误人子弟。我自己是非常认真地去备课。实际上我教了十几门课,两年滚了两遍,所以我很有体会。再回过头看课改,又从其他学科的视角再回过来看。我们教育不但关乎文化,而实际上文化的问题必须是多学科的。以前在80年代文化热的时候,哲学最厉害,那个时候我已经转向了,读文学,读其他去了。讲文化的都是哲学,都是哲学人的话语权,然后是历史学、文学,就是没有教育学的话语权。对教育的研究,那个时候对文化几无涉及。80年代文化热当中,你没有发言权,尽听着人家在那样说。我在想,为什么会这样,并不是说你不能去谈文化。其实谈文化,真正的背后是文化底蕴。文化底蕴的铸造需要多学科,需要很好的知识架构,哪怕学习和研究的经历。华东师范大学教育科学学院是全国第一个成立,即1980年成立的二级学院。那个时候全国连其他的二级学院都没有。这个二级学院按当年刘校长的意思是加强研究,当时和系是分开的。教育科学学院相当于研究院,全部是研究所。可以说华东师范大学很多教育方面的开拓和建立是与刘校长是有关的,而从这个方面来说,刘校长恰恰又是一个多学科背景的,他以前也是搞哲学的,他的学科背景,包括他的学习经历非常复杂,所以他对教育的有关问题的看法就是不太一样。我最早带硕士的时候就要学生到哲学系去听课,不需要拿学分,旁听就行。旁听不管是听中国哲学史、西方哲学史还是哲学原理,关键就是要听哲学是怎样去分析问题的,它思维方式的关系,不得不承认教育的理论目前还有进一步锤炼的地方。理论方面我们还需要加强。但是反过来说,我也并不同意教育学走向哲学,因为教育学和哲学是不同的。从这些角度我们可以看到,实际上20世纪以来我们有很多的教育发展也开始跨学科了,包括我们教育经济学,教育统计学等等,这些都是跨学科性质的。但是这个"跨"呢,我感觉到依然有个问题,这种"跨"真的跨成了一门独立的学科了吗? 好像没有。学教育社会学的人经常说他是用社会学的方法在研究教育,那显然不是教育社会学。教育经济学说我们用经济学的视角研究教育,甚至我们也有一个博士后,在出站的时候,我问他你这个教育社会学的观点在哪里? 怎么都是社会学的视角在看教育学呢? 他说因为教育学不成熟,社会学比较成熟。其实从人文学科来说,谁也不敢说哪门学科是成熟的学科。学科都是在发展的过程当中的。

从学科的发展方面来说,我感觉教育应该去反省自己,怎么提升自己的学科地位。也有人告诉我这个工作不需要做,现在是后学科时代,现在最时髦的都是在其后加上一个"后",还有一个时髦就是什么研究都加个"元研究"。教育是一个实践性非常强的学科,包括所有的发展,最重要的在于教育要给自己很好的定位。跨了学科并不等于可以回避教育自身的问题,因为教育自身的问题没有很好地站住脚,跨了学科可以借别人的来说话,但依然不是一个严正的教育学的立场。

在霍斯金《教育与学科规训制度的缘起——意想不到的逆转》这篇文章里面,他谈到"教育学不是一门学科"。今天,即使把教育视为一门学科,这也会使人感到不安和难堪。教育学是一门次等学科,把其他真正的学科共冶一炉,所以在其他严谨的学科面前根本不屑一顾。在讨论学科问题的真正学术著作当中,你不会找到教育学这一术语。这个话是说的最狠的了。但是你知道,他也是教育学出身。他的这篇文章真正的含义是想为教育学来定位,他并不认为这个观点是对的,但是的的确确说出了教育学依然面临的尴尬局面。所以他提出三个实践方式:考试、评分、书写,他认为这种实践方式,实际上也是以前康德的东西,从实践的方式来看考试、评分、书写,这是教育实践中最基本的元素。另外是研讨班、实验室、教室这三种教学法。他认为这三种实践方式和三种教学法建构了全新的世界,也连接了权力和知识,用知识去形成了一个新的世界。因为通过这种教学的手段和实践的方式来实现教育的目的,也论证了中国的科举制度和西方的文官制度的关系。霍斯金认为教育就是这样起作用的,所以教育的地位不可替代。那么反过来,教育要研究的东西,就变成教育要研究考试,研究怎样书写评分、以及怎样开展实验、研讨,以及研究课堂教学。

而拉格曼,前哈佛大学教育学院的院长,她写了一本《一门捉摸不定的科学——困扰不断的教育研究的历史》,这个是教育科学出版社出的一套哈佛教育丛书。书里说,"许多人认为教育本身不是一门学科。的确,教育既没有独特的研究方法,也没有明确划定的专业知识内容,且从来没有被视为一种分析其他科目的工具。但是,我把教育看作是一门受到其他多种学科和跨学科影响的一个研究领域与一门专业领域。"她的这种说法现在很普遍。在我们国内,也有人干脆宣布教育就是一个研究领域。当然我是不同意的,研究领域有很多,如果说教育是一个研究领域,那么教育还有更多的研究领域。研究领域的概念绝对代替不了学科。我感觉把教育作为一个研究领域不太合适。这里面她说受到许多跨学科影响，"影响的学科"那还是说明没有自己的东西的。当然我们现在受哲学的影响特别多，甚至于教育学有人认为，只要进行理性分析就要用到哲学。我说我是哲学系出身的，但对于这种话，我却听不太懂了（笑声）。搞哲学的人绝对不会说这样的话。在这里面，比如说没有独特方法论，没有规定的知识内容，其实方法和知识内容在于理论疆域的定位。没有分析其他学科的工具，比如说和方法结合起来。人类学用田野工作的方法，我们现在经常听到说"我这个研究用了田野工作法"。单从研究方法方面来说，我们的确要研究教育有什么方法是我们独特的，我们的哪些方法是别人从来没有的。

在这里首先要讨论关于教育自身理论界限的问题。这个界限的问题，我想很简单，回到最初的问题，教育是为了谁？一切的研究、一切的理论界限本身就是来自研究和培养的对象。狭义来说是在学校当中的人；广义来说是在终身学习过程中的人。这一点是肯定的。有人说这一点并不新鲜，哲学、文学、社会学、心理学都是研究人的，关键在于这里要区别，历史讲的是历史当中具体的人，它同教育中人的概念是不一样的，哲学讲的是世界观、人生观，它的人是从这个角度讲的。当初哲学系的人都是牛气冲天，为什么？因为所有的学科都是具体科学，只有哲学是一般科学，当初就是这么定义的。为什么？因为它是掌握世界观、人生观的学问。它告诉你宇宙是怎么回事，其实到今天我们仍然不知道宇宙是怎么回事。哲学研究什么是存在，那个时候研究古希腊的巴门尼德的存在、伊壁鸠鲁的原子论等等，本体论要求我们去讨论存在等等这些东西，感觉到哲学非常玄妙。但是后来哲学发生了很大的变化，哲学从本体论重心转向认识论。哲学做了一个正确的判断，转向！我们用科学的认识方式逼近真理，所以科学哲学兴起，科学哲学有许多流派，这些流派都是用不同的途径去逼近真理的认识。所以认识论在哲学中变成显学。从这个方面反观，我们教育学还在搞本体论，我感觉到我们方向也需要稍微调整一下。

讲社会学，我们必须提到迪尔凯姆，也就是涂尔干，翻译的不一样罢了。他的《社会学的方法规则》就是一个分水岭，在20世纪初左右发表的一本书，其实很薄，这本书现在有很多版本。这本书一直被誉为社会学作为一门独立学科的里程碑。迪尔凯姆在这本书里面谈了社会学的研究对象，社会学是研究社会现象，研究社会群体的，这就定下了一个基调。"社会阶层"是社会学中很重要的词汇，"群体"就是其中之一，比如我们经常说的"弱势群体"、"强势群体"都是社会学的概念。社会学是去研究这样的东西。当然社会学也不是没有问题，比如既然把群体的特征作为研究对象，那么它会比较多的否定个人特征。它认为个人的特征只能在群体中获得体现，离开群体就没有所谓个人的特征。这个问题我们感觉到换个角度思考没有个人的特征怎么有群体的特征。比如它讲族群，一个群体的特征塑造了个人的特征。社会学现在的发展也逐渐去关注个体了，也意识到以前在社会学的研究中，过多地研究群体、阶层了以后，忽视了个体在群体之间的关系，所以现在有关研究个体的论述也多起来了。

那么再说一下心理学。心理学我们知道是研究个体本身，潜意识、有意识、无意识的。比如弗洛伊德的这些东西，包括到现在说的内隐记忆、记忆加工、信息加工等等之类的，很多的概念、理论去研究人作为个体的认知特点和风格等这样的一些东西。

那么教育学研究什么呢？就是差异的学习个体及其关系。如果把教育去做一个定位，硬要给它找个逻辑起点，我不太同意学资本论的方式——商品，所以"学习"、"教学"是核心这样的说法。我感觉到这样都不太容易去理解教育。如果真要给它一个定法，其实就是教与学的活动及其关系。这个是谁都离不开谁的东西。从这个角度来讲，我们关心的是不同学习差异个体之间的关系。不但是不同差异个体，还有不同差异在师生之间的关系。这种关系是比较复杂的。然后说到底，用一句话来说，理科经常说文科是描述性的概念我们听不懂，因为他们觉得科学的真理越简单越是真理，相对论不过是一个公式。但是我们觉得这个不适合人文学科。但是如果我们硬要说一句话，我们也可以这样说。比如拿基础教育来说，教育学的理论界限在于把共同的知识让不同差异的学习个体分享和理解。如果用一句话来说就是这句话。这句话从古就有了，孔子说过"因材施教"，为什么要因材施教呢，因为人是不同的嘛，所以因材施教是教育自古追求的理想，那是公元前的理想啦。公元后，从上个世纪到现在，我们知道哈佛大学加德纳提出的多元智能，我是把他看成当代版的"因材施教"。他就讲了我们有七种智能、八种智能或者九种智能。然后他提出五种教学的途径，什么意思呢？我们用科学的方法做出一个结论就是，因为学生有不同的认知方式，所以我们的教学在于用我们的教学策略去接通不同的认知方式。只要接通不同的认知方式，知识就能够被分享，就能被理解。当然我们必须记住中间还有一个环节，所以加德纳说的不错，其实多元智能并不是他的发明，这种思想还来自于孔子。因材施教，是公元前就提出的概念。然后中间是20世纪40年代，美国的心理学家做了大量心理实验。在40年代之前，认为所有的人可以用一种方式来教，因为大多的认知方式是趋同的。40年代以后美国的心理学家做了大量的实验进行推翻，提出了著名的场心理学，即场独立性、场依存性。北京师范大学的张厚璨教授80年代在国内的中小学做了实验，证实了这个理论。这个概念我们不去说它，其实它带来一个我们人人都熟悉的说法，就是性格的内向和外向。这就是场独立性、场依存性即场心理学带来的概念。在教育学上的结论就是内向性格擅长理科，外向性格擅长文科。所以场心理学告诉我们，无论你是文科的老师还是理科的老师，当你在教书的时候要注意，坐在下面的学生既有文科思维，又有理科思维，你要至少变换两种策略。很可惜，我们现在有哪个老师能够这样上课。没有老师是这样上课的，所以现在理科好的，作文不好。文科好的，理科一塌糊涂。为什么呢？严格意义上说，也就是说课堂上我们没有去解决这个问题。理科的老师非常推理地、逻辑地讲，他感觉自己讲得非常清楚。的确，对理科思维的学生来说，讲一遍就能够听懂；而文科思维的学生听了没懂，因为他还需要讨论一下，有些不清楚的概念大家还要辩论一下。文科的很多东西就是在这个过程中产生的。文科不能用非常直接、非常逻辑的思维方式来教学。鄙人数学也不太好，我看到数字头也比较大（笑声）。我想我们每个人都有自己的认知倾向，要跟我讲数学的确要多讲几遍。你感觉到讲清楚了，但我还是没懂，但是老师不会这样教书，数学老师一教把文科的学生扔出来了；文科的老师按照自己"天马行空"式的方式一教把理科的学生给扔出去了。我们反对把作文知识化，讲怎么开头、怎么结尾，但是这种方法对理科的学生有点用。其实我们现在的作文，比如高考、中考的作文，对于文科、理科都不太合适。文科人太"天马行空"，有的孩子说我想凭我的真情实感,凭我的感觉去写作文,那肯定完蛋,高考不会考虑你的感觉。理科很严格按照程序来写,那个又不像作文,所以对谁都很难。这里面我就感觉到,其实从因材施教到场心理学,再到多元智能都在解决一个问题,就是怎样能够使不同差异的人得到知识。前一步是孔子提的,后面两步都是心理学做的,我感觉到这令教育有点惭愧。其实心理学提出了这个问题,但是心理学并不能解决这个问题,解决这个问题恰恰要靠教育学。但是我有的时候也说,光靠教育学也不行,因为教育学又做不出心理学那个基础来,所以教育学、心理学完全应该在一块,这两者事实上关系是非常紧密的,谁也离不开谁,光教育解决不了问题。所以我们在教师的培训当中经常提倡两个系列:心理学的系列和教育学的系列。教育学和心理学都不要分开,缺了哪个系列都不行。例如比较早的时候在上海的七宝中学,学校建立了心理学会,每个老师都是心理学会会员。他们组成了整个心理咨询系统,做得非常好。甚至做到后来,高考你应该报什么专业都能给你测试,感觉到你是选择什么专业比较好。

在这个方面,我感到教育学提不同差异的学习个体应该学会知识理解与分享的问题,这并不是一个非常新的问题,但是就这么一个立场却恰恰被忽视。我为什么要追溯这个过程,这一点看上去容易,其实是最难的。孔子提出"因材施教"到目前为止还是个难题,更不要说在应试教育的背景下,更不要说现在中国这么大的教育人口。你去县城中学看看,五六十人算小班的,一百人左右那也是经常的。在这样的一种情况下就不要说因材施教了,就像我们说用大铁勺炒饭、炒菜似的。学生要个体发挥,自己领会。(笑声)我们传统的教学就是这样的,学习不好,学习学习再学习;成绩不好,用功、用功再用功。我老师已经讲清楚了,学得好不好是你们的问题。但是从效能的概念看这恰恰是最错误的,效能的概念就是说,教学的目标是师生共同的,而且你应该帮助到不同差异学习个体的学生。只有这样,才能提高教学效能。而效能的概念在中国不流行,一个原因是"不知道",第二个原因是"知道了也不愿干",因为这个累人啊,这是辛苦的活。有的人说我们就是应试教育,我们不这么干还能怎么干呢?我说这个完全不是理由,一个做教育的人说这样的话是违背你的教育良心的。人家不懂教育可以这么说。家长很多不懂教育,只要孩子考的好,你怎么压迫他都没关系。但是作为教育中人你知道不是没有任何办法的,甚至在大班里面,当然一百人是太大了,就是五六十人的班其实也是可以的。所谓小班化,其实上海的某区已经是"空城计"了,一个区只有三十几所中小学,你想想,简直太幸福了,一个局长就像当个大校长,小学 25 人;中学 35 人,小班化了吧,但是如果没有解决根本问题,小班化哪怕只有 10 个人教学效果也等于 0。为什么呢?我就是 10 个人了我还是这样教,那不还是一样吗?关键是改变,改变才是最重要的,就是把个别教学的原则如何运用于班级教学,这是改革很重要的取向。但是如果我们从这个方面考虑,我们可以引出许多,教育做的大量的工作是围绕它的。因为个体既属于公共事务,又属于个人活动。为什么是公共的事务,因为个体的发展是受到关注的,而且也是一个教育话题。一个个体的成长一方面满足个人的需求,但是这个人的发展也要对社会有所承诺。一个个人的发展并不仅仅是个人的事情,它还是一个公共的话题,因为关乎到学校、家庭、国家。但是它又是一个私人的活动。教育学的本质经常会讲,教育是为社会发展服务的,教育是为个人发展服务,但这个话没有连起来。究竟哪个是主要的呢? 这样两个并列的目标,平均用力是抓不到教育最本质的东西,其实教育首先是为个体服务的,通过个体服务于社会。我们去培养不同差异的个体,通过培养这些个体,服务于将来的社会。所以教育的任务很重要,我们培养出什么样的一种人,他才是对社会将来的发展是有益的。我们可以做这样的一个梳理,我们可以把差异的个体发展看作是教育学研究的首要任务,并通过对不同差异个体的培养发展,来促进社会的发展,就是遵循这样一个逻辑,体现个人与公共的关系。

从方法论的取向来说,我也要谈一谈。我感觉到教育的问题首先是一个社会和文化的问题。因为理解教育,我们没有办法离开对教育所处的社会和文化情境的理解。我们都在一定的文化处境下。英文当中"culture context"直译的话指上下文,其实就是指关系。特定的情景会用"situation"这个词。从这个方面来说,我们必须要认识到怎样去理解文化,其实文化是一种生活方式,而且文化又是一定的地域文化所决定的,这种地域文化反过来又决定了你的发展方向。从这个角度来说,我们如果不关注文化,我们的一些经验就要受到这方面的影响。我们要注意全球化的说法可能会具有淡化所谓国家的、民族的文化的意思,然后谁先进就听谁的。在西方最早研究中国的历史,提出"挑战与回应"的理论,这是典型的西方中心论的观点,什么叫"挑战与回应",就是西方挑战了你的传统,然后你的现代化发展必须回应这种挑战,而回应这种挑战就要按照西方的路数去走。这是不适合发展中国家的,也不能解释中国的状况。我们也知道,其实任何一种变革都是在某种文化情境下进行的,我们并不能离开这种情境。既然有这样的一种认识,我们把教育置于一定的文化情境中,教育研究的文化取向就非常值得关注。我并不是把它作为教育本身固有的或者唯一的一个方法论,而是在于我们研究教育,教育作为文化的中介,其实文化的研究取向是很重要的研究取向,是非常非常重要的。而我们在以往的研究中,恰恰这块非常缺失。

第一,努力把握教育作为文化在继承过程中的中介作用,教育对一个民族的思想、道德、风俗、艺术起着重要作用,担当着每一个时代的认知图式的传递功能。其实就是研究教育是离不开研究文化的。我倒感觉教育家最应该成为文化学者。但谈文化的问题千万要小心,要把自己功夫练好一点再去谈,免得人家一追问破绽就出来了。文化又是非常可爱的,因为现在时髦。学校文化,各个中小学校长现在一开口就是文化,其实可能并没懂什么是真正的文化,没太搞清楚。文化需要你下很大的功夫,你从教育对文化传递的功能,对民族思想、道德、风俗、艺术以及认知图式的功能上进行研究,这个容易嘛? 这个是不容易的。跨学科要了解很多的知识,要把知识搭配得比较好才行。

第二,教育的文化诠释,即要从文化的角度对教育进行多元地解析。如此,那你对文化要非常熟。比如现在教育现象用文化的角度进行分析,你要怎么分析? 你首先要对自己的文化有所了解吧,对自己的传统历史的文化有所了解吧。越是不了解的人,要么说好,要么就是一塌糊涂,把自己的文化踩在脚下。真要进行文化诠释,就必须真正了解自己的文化。

第三,重视文化和教育变迁的双向作用,也就是说你要从文化教育的双向作用进行分析,看他们之间的关系,当然难度就更大。但是唯有这样才能把教育搞清楚,教育是发生在一定的社会文化变迁环境中的一个东西,然后看它的前后左右与各方面的关系,就像我们今天来说,以前谈教育的时候谈的人是政治人,改革开放以后变成经济人,现在变成文化人。倒也不是这么说,但是至少角度在变化。比如从现在的角度来讲,一点不懂经济也是不行,教育需要很宽的知识面。现在最奇怪的是,我们有些青年学者已经开始做大师状,我是百思不得其解。我学问做到现在依然是惶惶然的,因为感觉到涉及到那么多的学科你能懂多少? 我承认许多地方还是皮毛而已,皮毛不要紧,关键是皮毛当中你要抓住它最本质的东西。你可以请教在这一行中的行家,但从原理上我要知道它。就像我现在也去搞教育技术和课堂教学的整合,我定位很清楚,我不要做技术专家,我也不可能做技术专家,但是我要知道它的原理,它能派什么用处,它的发展前景,以及它和教育之间的关系如何进行整合。我知道这些东西,就可以知道它的发展方向。至于做,需要一个团队来做,不要感觉到样样你都能做,这个是不可能的。教育的研究当中,虽然有一个文化取向的问题,但是实际上这个东西不容易。不容易还说它干嘛? 我想不容易才要说,只有这样的思路,我们多去思考的话,你的"学术武功"提升就很快。我可以说,你思考这样的问题,哪怕思考半年、一年以后,当再跟大家谈问题时,你的思路、视角保证不同。但是你要用点心,不是说把书瞎翻,翻完了就完了。而要用不断学习扩大你的视野,扩大你的知识面,让你的知识结构更好。从这样的角度重新思考问题的时候你怎么会没有改变呢? 一定会有改变的。

再讲到教学过程,为什么要从文化的角度看呢? 因为教学从实质上不是你教我知识、我学知识的过程,其实是一种价值的分享。教学是加入到不同差异的学习个体中进行价值分享和理解的过程,这就是教学过程,教师和学生共同参与的过程,不是仅仅停留在知识传授的过程。人是社会性的,人和人之间是需要交流的,我们要进行知识分享。教育是一种生活方式,作为生活方式,主要特点在于人际沟通。也就是说师生之间、生生之间都是需要沟通的。当小孩子上了幼儿园,哪怕上了托儿所,他已经脱离血缘关系的环境,进入非血缘的交际场所了,这个当然不是一个标准、真实的社会。我们称学校是一个准社会,为什么呢? 因为学校总是进行正面的理想教育的,在学校中不可能把社会中各种东西都放进来。也就是说你一生当中受到的最理想、最正面的教育都在学校中,没有哪个国家会放弃这个原则的,这是你一生当中塑造你的理想和正确的人生价值观的非常重要的阶段。所以他可能会屏蔽一些社会上乱七八糟的东西,不会拿到课堂中、教室中来的。但它又是一个社会状态,因为有社会的最基本的元素:人际交往、人际沟通。无论你讲课堂的故事,讲任何的东西,其实就是人和人之间交往的关系。我们要考虑,教学活动——教与学的活动,其实也是一个人际沟通的活动,不仅仅是一个知识传授的活动。

这一点往前看,行为主义最早已经提出,说教师在课堂上的言语行为和学生的学业成就是正相关的,这一点,教育中已经不会有人发出异议了。教师在课堂上对学生的关注程度,比如他喜欢这个学生,如果他教语文的,这个学生大概语文差不到哪里去。数学老师喜欢李四,李四的数学差不到哪里去。如果数学老师不喜欢张三,张三的数学绝对好不到哪里去。也就是说老师对个体学生的关注度直接影响学生学业成就。这个行为主义已经研究了很多了,教学是如此,所谓隐性知识的东西,动作、语气也是这样。比如说问你做某事行不行,你说"行",这个态度很好,没问题。你要是回答"行、行、行"就是不耐烦。说"行啦!"就是发脾气。同样都是这个字,没什么改变,语气不同意义完全不同。包括动作,包括在课堂上的动作,这些对孩子的影响非常大。尤其小学,我们以前进小学听课,听课的第一次感觉就不好。小学选老师讲究挑形象好成绩好的老师,我们小学的老师都可以走 T 型舞台、时装表演了。可这样的形象在课堂上却凶的不得了,个个像"后妈"似的,非常凶(掌声、笑声)。我们说不对,先不谈别的改革,至少先和颜悦色一些。对小孩子你发什么火呢?尤其一年级,一年级的男生比较可恶,因为是根本没方向的,"找不到北"的,在幼儿园也是玩的,一下要他坐下来,他难受啊,难受他就要发泄。相对来说女生比较乖一点,所以大队长都是女生,男生做个小队长就已经算"福星高照"了(笑声)。这样的一种行为主义的研究都在告诉我们不要小看教师的言语行为,这些都属于显性或者隐性知识,现在显性、隐形知识炒的不得了,我说这些不是早就有了吗?行为主义讲的东西不是隐性知识吗?而这些东西很重要。我们反过来说,其实在教学中,从行为主义中我们意识到,不仅仅是知识的传授问题,讲到我的知识如何传授,其实还和学科教学有关,包括前面讲的效能问题,效能问题体现在师生之间的教学目标关系程度越高,效能越高;关系程度越低,效能越低。因为关系程度越高,你针对不同差异的学生你能够帮到他。关系程度低也就是你根本不针对他的特点。没有照顾到差异。所以从这点来说,关系程度低当然效能也就低了。

而在学校里面,我们还要从生活的角度去理解,我后面会讲从生活质量的角度看教育。要提供一个另外的视角,文化的关注,它是一个价值的分享,价值分享当然包括学校的生活状态,所以我们讲德育的时候经常讲。我曾经有个博士后,他博士论文做的是希望德育,来了以后说"能不能跟着你继续把希望德育再写下去"。我说我看过了,希望德育属于基本没有希望。为什么没有希望呢?那是理论到理论的。你应该进中小学,我说大致给你一个框架:在学校制度背景下的学生道德生活。道德是一种生活常态,道德不是靠大道理说教就变成一个道德的人的,要靠践行的。所以道德是存在于生活的点点滴滴、方方面面的,培养一个学生尤其对于未成年者,你以为遵守行为守则就道德了?他不是这样的。道德是一种生活态度。然后他去做了,尽管做的非常辛苦,但是他感觉到还是觉得非常有感受。这个是很细致的,这个需要你对生活有非常敏锐的观察能力。这种理论到理论的事情尽量少做。我经常说一句比较恶劣的话,概念演绎来演绎去就靠几本书倒来倒去,写出的论文,说别人不信,其实他自己都未必信(掌声)。蒙人了是吧,反正说出来大三条、小三条;左一章、右一章,其实看得云里雾里,把你绕晕了为止。教育是一个实践性非常强的学科,我们都希望搞教育的人能够到实践当中去,因为实践是滋养理论的最好的源泉。从古到今、古今中外,大的教育家哪个不是从实践当中来提出自己的理论,尤其是基础教育。真正的教育家的思想好像都是对于基础教育的,高等教育比较少,不是说高等教育没思想(笑声),在座肯定有高等教育的,等会就要打我板子了。高等教育在相当程度上和国家的政策各种方面太密切了,而基础教育当中对教育的基本问题比较纯粹。当然高等教育的发展,也有很多原理性的问题。从文化的角度来说,我们关心学生的生活状态,把生活渗透到教学,教学也是一种生活常态。那我们对教育学的理解也会发生新的变化了。总结一句,研究教育问题我们不能忘记教育学本身所具有的实践性特征,而必须从内涵的实践本质来开展理论研究。简而言之,概括为一句话就是,教育研究是建立在每个个体发展的基础上,并且存在于对其镶嵌的社会文化情境的理解之中的。

(中场休息15分钟)

　　教育学发展的许多特点是理论发展的困难,比如教育学编了许多书,大概有两三百本了。老外经常提一个问题说看不懂,中国为什么编那么多教育学。因为他们感觉到好像没有这门教材,而我们有这门教材。我们反正从红领巾少先队一直到教育基本原理,全部在这样一本书里了。南师大开始做了一点比较理论化的工作,但是我感觉到教育的概念依然存在一些问题,关键是教育的一些概念是不是只存在于一种比较抽象的范畴当中,而我的理解感觉到实际上还是要和实践对话。在和实践对话的过程中形成理论的张力。这样来形成我们的一些概念,而不是仅仅靠科学的那种方法,经过推理的方式、逻辑推演的方式来形成这些概念。像教育的理论解释方式必须要依赖于对于实践的解释,离开了这种实践的解释,可能意义就会丧失。实践的解释不是空的,是要在个体和集体的经验当中去概括。这样我们就需要尽量让普通大众能够自由地谈话表达,原汁原味地反映日常生活的想法。这点对于我们的教育实践也是这样,我们要去倾听实践当中的声音。当然这一点还需要补充一下,倾听不等于全听,不等于全信。有的人说我们搞教育的,就应该听校长怎么说,老师怎么说,我们才知道教育怎么做。我感到这样的话只说对了一半。为什么呢? 因为从社会学的角度来讲,我们每个人都是一个社会角色,每一个人的社会角色限制了你只能从一种角度看问题。所以教师和校长也是从自己的一种角度看问题,而理论工作者应该是基于实践,而高于实践的,他始终有一个理论工作者的使命。他要从实践当中去提炼理论的话语。就像孔子当年一样,孔子提出"仁义"的概念,其实并不是孔子自身完全关门制造出来的,他也是从当时的发展过程中概括出来、提炼出来的概念,从实践中提炼出来的概念成为一种精英的话语。所以就教育的发展来说,本身也应该是这样的。教育充满着矛盾、冲突和有意义的沟通,我们要去解读这些现象。而解读的本身就带来了概念的形成,这一点我想是比较重要的。但是并不是说,我们现在的理论概念不重要,概念依然是重要的,但是关键理论的概括需要用实践的经验去滋养,来促进这种理论思考。既然涉及到实践,实践就是关于经验。我们经常把经验看做不太好的东西,说你写东西怎么写得像个经验总结报告,就是说你文章写得比较差。在思辨性的文章当中,经验是看不见的。因为说经验已经被提升了,已经上升为理论了,当上升以后,经验没了,不见了,这也是这么多年来我在倡导教育叙事研究的时候,提出为什么我们不能把经验的东西完全抹掉。所谓教育叙事,包括质的研究,其实反过来,恰恰是把主观的经验世界推到前台,把客观事实推到后台。但是后台并没有隐掉,他不像思辨的文章,把经验隐掉了,而是让客观事实世界和主观的经验世界不断地交叉,做交互分析,要形成这样一种研究的方式。在这个过程中,要重视经验本身。我们可以说,直接经验是所有教育的基础,当然经验是很重要的。但是我们又很清楚,我们不可能把所有的东西都建立在直接经验基础之上,因为我们间接经验还会有。

在这个当中,我们要想去感受实践当中的变化,感受每一个实践个体的变化,包括学校、包括教师个体,包括学生,但是我们又没有能力经历所有人的经验,这是肯定的,那怎么办呢? 实际上,这个过程中我们可以去参与别人的经验,去体验别人的经验,这点很重要。做叙事研究也是这样,叙事研究的一种做法就是在参与别人的经验,因为我们不可能去体验所有的经验,我们可以通过参与经验去丰富我们的经验世界。从这样的理解上来说,我们就可以发展我们的理论。因为在这个过程中,这两个东西是不可或缺的,从理论和经验的关系来说,两种研究都不可或缺。理论必须是可检验的,而检验靠什么呢? 明确的经验内容要靠经验研究的支撑。经验研究也要以理论为指导的,指导的关键不是受现有的理论概念的约束,而是在于他通过经验的研究去促进理论的建立,包括检验理论的概念,修改理论的概念。这样的话,反过来说,理论可以去扩大经验的认知范畴,以及积累知识。再反过来,经验又可以去澄清概念,这两个东西是相互关系的。理论与实践的相结合其实也可以理解为理论和经验的关系,对于经验就必须要有重新的解读,没有这样的解读,我们始终会纠缠在这里面,会感觉到经验并不是很好处理。进一步来说,对理论和实践的关系我有自己的理解。我感觉到理论和实践的关系永远不可能丝丝入扣的。理论和实践其实是有一点的距离,不是滞后就是前瞻的。怎样保证理论和实践的协调,在于理论和实践之间寻找平衡,平衡需要一种妥协,这种妥协从理论上讲不清,用我们比较通俗的话来讲可以把它讲清楚的。理论和实践之间的矛盾和冲突是永远存在的,在于理论的研究是提供实践的一种选择,而实践是需要学会选择的。当他去选择理论的时候,理论在创造自己的本身,其实理论和实践的关系是自己的创造和学会选择的关系。而且实践不会不折不扣地拥有某一个理论,否则这样我们就会很奇怪地感觉到,好像某种实践就是某种理论来指导的。其实这个概念需要改变,实践都是在消费理论,对每一种理论来说只是做出了一种选择。而这种选择不会完全替代它的本身,只是做改变。所以所有的教育改革都存在于非常平凡、非常细微的生活中,我们不易察觉的这种行为改变之中。拿老师来说,老师在教学过程中,哪怕是新教师,教了一个学期也有了自己的经验积累,也有把别人的经验参与进来的一些经验总结。他这种经验的发展过程中,当他去接受一个新的理论,实际上他不是没有选择的,是从他自身的经验教育来选择。所以他选的是一些对自己比较合适,又能使他有所改变的某些方面。明白这一点是非常重要的,因为理论工作者常常会热情过头,觉得我的东西是最好的,今天我来了,把你的东西全部擦掉,把我的东西装进去,于是你就进步了。这样的东西说得严重一点,这种做法有点"法西斯式"的做法。给人家洗脑,把人家以前都擦光了,你的以前算是白干了,今天我来了,所以你按我的干是最好的。把自己又装扮成一个救世主了,这种想法我感觉是错误的,是不合适的。实际上理论的生命力只有能够和不同的经验很好地结合起来才能得到真正发挥,理论的生命力不在于替代所有人的经验,替代所有差异的经验。如果是这样的话,这种东西是有害的。或者可以进一步说,就像某些名家所说的,理论是"灰色的"。从哲学的角度说,每个理论都是片段的,哲学经常讲,我们是从相对真理走向绝对真理。在每一个阶段,我们创造的都是相对真理,所以他是片段的,正是因为有片段,我们才能够去拼接整体的概念。但是只要人类存在,这个认识过程是不会终结的,庄子所说的"吾生有涯而知无涯"，我们明白了这样的关系，就非常重要了。我们知道，理论和实践的关系是这样的，是双向的作用力，双向的推进。所以理论和实践没有孰高孰低的问题，而是在于相互的尊重。在相互地运用智慧的过程中去妥协，去平衡，去改革，去结合，它是这样一种关系。在这样的过程中，我们的理论就可能会有所修正。我们的理论概念也有所修正。所以概念不是一个固定的东西，用黑格尔的话说，"凡是现实的都是合理的"，如果你考哲学，答了这句话，就得了一半的分数了（笑声）。因为黑格尔还有一句话，现实是变动的。也就是虽然一切现实的都是合理的，但是它是变动的，它的合理性也是变动的。以此来看，理论和实践的关系也是这样。尤其理论的概念是这样。概念存在具有合理性，但是因为实践是变动的，概念也是变动的，概念的合理性也是和实践的合理性变动是紧密结合的。所以不能够用一成不变的理论概念去涵盖所有的实践。

还有一个路向的问题。从哲学的路向来说，我们经常说从具体的到抽象的，学哲学的经常是这样的一种理解。但是教育的理解恰恰是相反的路向，它是要从一般下降到特殊中去。我们不得不借助现在的一些概念，但是我们真正要让概念能够落实，必须落实到实践当中去。用实践去丰富这些概念的内涵，然后可能改变和修正这些概念，让概念更具有生命力。从这样的角度，我们可以说，教育的概念包含了教育的意蕴，也是我们获得教育理解的重要途径。但是从概念来研究概念，我们依然不会得知教育的实践底蕴。因此可以这样说，我们可以在概念的引导下进入实践，然后在实践的经验世界中，对概念进行具体的和创造性的思考。这样教育的理解及其意义就在整个实践过程中得到发展，我们需要这样来理解概念的形成。

然后谈到一个知识范型的问题。如果把知识范型看作是人们广泛推崇的生产、评判、整理知识的过程，那么无论是以辩证和逻辑为规范的社会科学，还是以实证研究和定量分析为规范的自然科学，又是怎样规范教育学科呢？教育学科究竟怎样来看教育学科的知识范型的呢？可能这是一个我们不得不面对的问题。面对这样一个问题，我们先看马克思说的，马克思在《政治经济学批判导言》中曾指出："整体，当它在头脑中作为被思维的整体而出现时，是思维着的头脑的产物，这个头脑用它所专有的方式来掌握世界，而这种方式是不同于对世界的、艺术的、宗教的，实践-精神的掌握的。"这个里面什么是掌握世界的方式？这个讨论是非常多，包括许多人类学家都在讨论这个问题。先从教育的角度来看，掌握世界的方式也可以意指认识世界、反映世界以及改造世界的方式，其实它真正的实质是思维的方式。马克思没有进一步诠释，按照他的话来理解，如果把它按照人的精神生活来理解：理论的方式也可以是哲学的方式、宗教的方式、艺术的方式、实践-精神的方式。而宗教的方式我们知道，尽管马克思主义认为宗教是"鸦片"，宗教是对现实世界的异化。但是在80年代哲学流派最兴起的是南斯拉夫的实践派。他们提出一个最石破天惊的观点就是，宗教是伴随人类认识的整个过程的。只要人类依然在对真理的认识过程当中，宗教就不会消失。为什么呢？人总是在追求一个终极的真理，比如说追求一个真理的目标。用康德的话来说，是最高理性。康德说最高理性是那么高，由于上帝是万能的，所以只能放在上帝那里。所以有人就批评，说康德是个有神论者，其实是曲解了康德。康德只是一个比喻，说如果有，上帝是万能的，那么这个最高理性放在那里，因为我们始终在追求最高理性。

人类的认识也是,人类在追求这种终极的认识过程当中,因为是一个不断的追求过程,认识就允许有各种途径,宗教是一种认识方式,艺术也是一种认识方式,哲学也是一种认识方式。其中实践-精神的方式有各种各样的异议,说马克思提出这种方式究竟指什么?

当然,我们现在已经无法揣测马克思当初的意思了,但是如果把它引申到教育上来,我感觉到和教育倒是非常贴切的。教育学科是一个实践性非常强的学科,但同时也是一个精神活动,教育的价值就是与活动相关。比如说我们强调教育本质上是一门关于人类教育生活实践的学科,我是这样把它定义的。那么教育作为一种社会意识和社会关系,与科学、艺术、宗教等社会意识形态的社会关系一样,它也属于社会的精神生活,它具有非常明确的精神价值的特征。但是教育作为实践的精神,它强调知行合一,强调身体力行,具有一种非常强烈的实践主体的品性,它的实践性非常突出。所以这样去理解教育,可以看到教育不仅仅是价值,更是体现价值的行动,是一种有目的的价值行动。就像董纯才和刘佛年他们在教育大百科全书里面对教育下了一个最广义的定义一样,"一切有目的、有意识地影响人的活动就是教育"。这是一个教育大的概念,而这个概念当初来说,不容易被接受。其实从人类学的角度,人类学来观察教育的时候也是这样,学校教育只是一个狭义的教育概念。而人类学认为即使没有任何仪式,甚至没有任何纸质文本或口耳相传的形式也是一种教育活动。无论是东方还是西方,最早的方式都是口耳相传,而口耳相传的方式现在依然是教育中最基本的方式。无论师生互动,还是生生互动,其基本形式都是问答。这种最基本的方式在运行,它也是一种最基本的活动。教育其实就是处理社会方式的实践,也是改造主观世界的实践。它是人类实践活动的重要形式,它的理想是对崇高精神世界的设计和构想,是人们对理想世界的向往与追求。教育给你这样一种东西,但是反过来,在实践中,又想引导实践,通过努力实践把理想变成现实。从这个意义上来说,教育作为实践精神,是理想与现实的统一体。由此教育就成为一种把握世界的特殊方式,是不同于科学,不同于艺术,不同于宗教的。在这其中,教育的核心是教学,如果把教与学的活动及其关系作为根本的话,那么教育是通过一种教学调节来指导人们的知识和行为目的,来规范人们知识和行为方式为内容的世界。实际上,就构成一种它的范式理解,也就是说教育学是以判断是否形成调节、指导和规范人们的知识及行为方式为内容的实践,来构成生产和评判教育真理性的知识范型。我们对教育做的各种各样的改革,其实都是在调整一个更合适的,能够调节、指导和规范的人的知识与行为。寻求这样一种方式,无论因材施教也好,多元智能也好,各种各样的改革都在寻求这样的一种方式。如果要从范型来探究,我们也可以说这是教育在这样的过程中所要寻求的一种范型。我们知道,理论上可能可以做这样的判断,但是在实践中做起来并不容易,尤其从理论本身的实践过程中，这一点依然不是非常明确的。所以我感觉到，在这里我是提出了一些可能性的解释，但这些解释并不是定论。

现在有人提出，说我们现在教育的研究出现了一种不好的取向，你们看《教育研究》现在有多少中小学老师读得懂啊？我们中小学老师已经不太看《教育研究》了，所以《教育研究》要改变。我不大同意这样的话，中小学老师完全可以看《中国教育学刊》等刊物。因为《教育研究》应该是一份理论性的刊物，《教育研究》在近年来做了很大的改变。的确比以前办的好多了，我们知道政府推行的是一种公共政策，公共政策从来不会是某一个理论为主导的，它是一个大杂烩，它是把一切可能用的东西吸收进来，然后制定政策时让绝大部分人能够接受的。如果从学术的角度来讲，它是一种普及性的，大众化的学说。但是对教育本身来说的确是需要自身路向的探讨。我也可以举一个例子，英国社会学家波恩斯坦，当初人家反映他的书看不懂。波恩斯坦当初反驳，说了一句很牛的话：我写的书就是让你看不懂的。但是他说这个话是有底气的，现在研究社会学的有哪个人敢绕开他。他提出的"社会编码"、"社会语言学"之类的东西，现在搞社会学的人没有人会绕开他。"社会编码"是研究什么呢？它们研究家庭的经济背景对学生学业的影响。教育当中经常会引证这个东西的。比如他对八年级的数学课做了一个调查，发现一个问题：老师教的都不一样，同一个知识范畴，教法都不同。所以在中国课改的时候就提出了一个中国的俗称——法定课程和师定课程的关系。也就是说法定课程是政府、专家编出来的，师定课程是老师真正在课堂上教的。在国际上也有一个说法，教师才是课程的真正决策者。因为当教室的门关上，多大的官、多大的专家都在门外，所以老师说了算。（掌声）我怎么讲，学生知道，我知道，天知道，地知道，别人都不知道。你能天天陪着他上课吗？从这里再引申一点，课改不是最关键的，因为课程的实施就是教学，教学是要靠老师的。所以老师的素养和能力决定了课改的成败，老师才是最重要的。所以教师专业发展成了世界的转向，是核心主题。他们真正意识到了这一点。波恩斯坦做了很多工作，对后来影响非常大，尽管他的书不容易读，我感觉到其实理论的东西不一定都需要这样做，有些东西需要大家都看得懂。比如说我们在做教育叙事的时候。当然我说教育叙事和教育叙事研究还不是完全一回事。因为中小学教师可以做教育叙事，他们就写自己的故事，然后去做专业的分享。没有高低之分，很好，他找到一个非常适合他的方式。你让他写理论文章，大三条、小三条，不够再加"ABC"，他实在做不到，他只能"小报抄大报"。叙事的方式中小学为什么这么喜欢，因为叙事本身就是人类最基本的表达方式。其实你天天在叙事，你说今天在路上碰到我以前的小学同学，以前我们在哪里读书的，现在他在做什么，什么工作，他有什么变化。你和别人讲今天在路上碰到这个人的这件事，讲的过程中，场景、情节、人物、时间、对话，什么故事的要素都在的，试想一下，你去掉几个要素，人家就会当你有问题，前言不搭后语了。实际上我们每个人都有叙事的本领，因为这就是人类的表达方式。但是叙事研究不太一样。叙事研究需要很好的人文素养，很好的洞察力，因为你要透视点点滴滴，非常细微、平凡无奇的生活现象，去发现背后的价值和意义。所以研究生做和中小学老师做是不一样的，对研究生有要求。（掌声）我写了一本《声音与经验——教育叙事探究》，写得很理论化，而普及工作谁都可以做，我感觉到首先应该把理论讲清楚。但是另一个方面,你可以说中小学老师的叙事和叙事研究究竟有多大差别吗? 我说我不需要谈这个问题,他们不需要往这条路上走。因为我们承担的角色不一样,他用叙事的方式可以做到很好的专业分享,这个目的已经达到了,你干嘛还要像研究者一样这样去研究呢? 而研究者本来就应该这样做,他应该看得更深、更远。以上这些,我主要是对教育及其学科的看法。

(中场休息15分钟)

二、文化与教育

关于文化的概念,我列了一些最通用的观点,比如泰勒的观点:泰勒把文化看作是复杂生活的整体,以及人作为社会成员所需的各种能力和习惯;威廉姆斯的定义:文化是一种物质上、知识上和精神上的整体生活方式。这是一个比较流行的观点。包括在另一本书上,比如说从人与文化方面,像克罗伯和克鲁克洪的一些观点:文化由外显的和内隐的行为模式构成,认为其核心是传统的,尤其是他们所带来的价值。文化体系看作是一个活动的产物,又看作是进一步活动的决定因子,其实他把文化看作是一个动态的过程。这些东西发展到后来,就是解释学的观点。一谈传统的问题,传统属于过去,但从解释学的观点来看,传统既属于过去也属于现在更属于未来。托夫勒在讲第三次浪潮的时候,他有一个观点:什么是现实,现实就是过去和将来的结合,是形成的现实。从解释学的观点来说,现实包含传统,包含未来,包括现在,包括将来,因为它们都是有联系的。这一点也就是修正80年代文化热时经常喜欢说的一句话,非常斩钉截铁,好像非常有力:现在我们面临一个"文化的断裂",感觉越是断裂越是好。其实"断裂"的概念是继承了所谓"五四"的小传统,就是反传统的传统。当然我不是太同意这个观点,因为当初说要斩断这个传统,陈独秀说要否定一切价值,鲁迅他们都说"打倒孔家店"。当时的那些背景,把胡适作为全盘西化的代表,其实倒是有点冤枉。胡适在当年的东南大学做了一个报告,关于《书院制度史略》,胡适是认为书院制度可谓中国的第五大发明,和蔡元培是相互呼应的。蔡元培当初是认为,北大改革以后学校都变成班级授课制了,他感觉到不行。大学之为大学,应该是研究高深学问的,而要做研究,书院的方式是最合适的。我们中国有自己的传统,所以他发起成立研究所、研究院。我们知道清华国学院恰恰是胡适提倡发起的。他不是四大导师,四大导师都是饱学之士,搞国学的人。国外所有研究中国教育的,对中国的书院是极为关注的,他们认为在中国的价值当中书院是最具价值的东西。其实陈独秀、鲁迅的说法比胡适都是有过之而无不及的地方,当初形势需要,因为中国从近代经历过一个痛苦的过程。我们从洋务运动开始改革到甲午战争失败而告终,我们的大炮、兵舰都造得比日本先进,结果却被日本打败了。因为当初从西艺到西政,"艺"就是军事和技术。严复这么先进的知识分子,大概算近代史上最先进的知识分子了,也是学"西艺"出身的,他在福建船政学院,去学造船造军舰。中国近代还有一个传统,就是"名不正言不顺",所以当初要不要改革,这个"中体西用"争论得不可开交。到底是"中体西用"还是"西体中用",最后张之洞的《劝学篇》所提出的"中体西用"占了上风。顽固派和改良派之争,争了半天,我们的变法运动比日本还早,日本最早看西书是中国人翻译的,比如说上海的江南造制厂那个时候翻译的。到后来,中国人看西书从日本过来的。因为当我们在名不正言不顺的时候,争论怎么正名的情况下,我们虽然也在变法,日本也在变法,但是日本明治维新变法变成了一个现代国家了,中国依然是一个封建社会,没有本质发生变化。大家可以去看看两本劝学篇,福泽谕吉的《劝学篇》和张之洞的《劝学篇》。张之洞的《劝学篇》"中体西用"是核心概念,从"西艺"到"西政",康有为和梁启超主张的不过是君主开明制,依然希望一个好皇帝。而日本明治维新就变得不一样了,天王依然在,但是有共和制。为什么,福泽谕吉提倡的劝学篇恰恰是中国近代所没有提倡到的呢?因为他抓住了卢梭的契约论,而契约论的基础就是"天赋人权",每个人都是平等的,所以人和人之间的交往需要契约,契约形成制度。西方的民主制度都是建立在卢梭的《契约论》基础上的。应该说福泽谕吉当初学西学,成为洋学派,他们是抓住了西学的根本。我们说日本的科学为什么上去,为什么中国的科学没上去?中国的科学一开始也是学制洋枪洋炮,但结果也没打过人家。我曾经写过一篇《中国早期教育现代化的选择与失落———一个比较研究》,比较中日两国,日本对西学的学习带来了根本的变化。因为天赋人权,他创造了一种相对平等的概念,而平等的概念恰恰是科学精神一个很重要的支柱,中国人派出去的人才大量学习技术,制枪炮。而日本人学科学,端他的底子去了。因为日本当初明确我们真正做好技术,需要科学的底子。而比较当初的京师大学堂和东京工学院,也就是东京工业大学的前身,两个都是大学堂,以前都是西方人的教官。但日本等变法全部结束,里面基本都是日本教官,中国人依然是西方教官。你没去端别人的那个东西啊,科学就不能进步。记得中国80年代的超导,超导技术已经在世界上领先了,大家都感觉到应该可以拿诺贝尔奖了,结果还是给老美拿走了。为什么呢?你这个技术是建立在他的理论基础上的,所以他才是头功,你是二功,也就是说基础理论是最重要的。包括我们在改革开放以后,又是大批派工学的人,又是学技术,这个东西没改过来。如果说是金字塔,技术是在前面,是在塔尖上的,但是它是靠底下的基础撑起来的。在文化辩论中,我们也应该先针对目前的变革做出决定。想起来就像邓小平后来搞改革开放,"不管白猫黑猫,抓得到耗子就是好猫"。不要去争论社会主义还是资本主义,干得好的就是社会主义。邓小平说了一句大白话,恰恰是这句话对中国的改革开放意义极为重大。映照历史,我们在历史上走过太多的弯路,因为先正名,才能够行动。名不顺啊,怎么能动呢?我们就是历史上吃了太多亏,等我们搞清楚了,人家已经完成了,你已经落后了。邓小平这样的思想,我感觉到,对历史的纠错,恰恰是非常合适的。因为当下的行动更重要。

再从文化的角度看,为什么说它是一种生活方式,又是一种变动呢?我们又要看,它的价值取向是在一定的历史环境下形成的,我们在文化的研究当中,掌握三点很重要。

第一,文化是一种生活方式。不管物质或精神,它都涵盖。生活方式也是如此,它通过物质、精神的传递流传下来。包括我们可以解释,为什么我们今天哪怕四书五经读得很少,我们依然是个中国人,因为我们的生活方式在延续我们的文化。有人称,"现在当代青年因为不读四书五经了,所以传统的文化在当代的青年中只是一种遥远的回响。"很诗意,但不对。因为好像只有读四书五经才能传递文化。这种说法是有误区的,这种误区也体现在我们教育当中。你们可以看看关于文言文的争论,误区在哪里呢? 文言文是应该多一点、少一点;难一点、容易一点呢? 争论的焦点在这里。但是文言文是干什么的? 其实从文言的学习当中,我们更多的是学习中国的一种文化精神,一种审美的观念,包括他的手法。当然都是以文学的东西为载体的。我们现在学习文言文是工具性的,你能够看文言,借助工具能怎么样。孩子为什么不愿意读呢? 因为在现实情况下你能用文言吗? 我们传递文化也许可以有一批人这样做,但是真正的传递文化应该是欣赏、阅读、领会和体验它的意境,是一种审美力量。也就是中国人所说的精神气的东西。这些东西化为自己民族写作的气质,就算写现代文,也会透出来。那就是中国人写的,就不会是别国人写的。不会出现像别人批评说年轻人现在写文章都是欧式长句。诗人现在连标点都不用了,我这个是新诗啊。中国句式是短句式,排偶对仗,散韵结合。短句式是中国的特点,就算是翻译,翻译是给谁看的呢? 中国人看的嘛! 所以翻译也是一种再创造,意思要对,但是表达的方式就是一种中国式的方式。生活方式的含义渗透在各个方面,尽管我们没读四书五经,我们在通过这样一种对传统文化的了解,这种精神气质潜移默化就存在了。

另一方面,文化也是变迁的,文化是受特定区域所决定的。前面我已经讲过了,改革是在我们的文化区域当中,我们要尊重这种文化。研究我们学习的思路,甚至是研究学习,要看中国人的思维方式。中国人的思维方式比较共识的判断是整体性的、直观性的思维,你完全用西方式的、逻辑式的、推理式的东西是不是能行得通呢? 有人说现在的孩子早就不是那种思维了,那开玩笑,从生物学的意义上来说,一千年、一万年只是一瞬间,在思维的研究上,我们和古人在思维上具有同构性。古希腊所提出的哲学问题,虽然是哲学的儿童时代,但是依然是我们现在面对的问题,它具有同构性。从这个意义上来说,文化具有这种制约的作用,不仅仅是制约,恰恰要考虑的是改革的时候需要关照到文化。

再次,文化也是动态的。为什么了解这点很重要,有人说我们现在研究话语都不对,我们现在的话语体系都是西方的。那么反过来说,你用古代的这些概念来研究我们的教育,那有谁看得懂呢? 通通用古人的概念来研究,代替西方的概念。其实并不在于你现在借用了西方的概念,关键是概念的内涵和概念的解读都是可以改变的,关键是要结合自己的实践,你才可能改变。而概念本身不是最重要的,概念的内涵根据实践的改变才是最重要的。我们说不折不扣地去了解传统,是一种方式。有些在语文课本改革中,说我们多放一点古汉语,我们的文化就保存下来了,你以为能保存下来么? 现在这种教法学生最讨厌,尤其讨厌带点字。说解释带点字,那个连我们都解释不清楚。你要记那么多,从小学到高中,那个真是痛苦啊。其实你需要去理解,但是考试的时候恰恰断章取义叫你解释。其实这种教学方式根本不是了解文化,只是了解工具,只是把它当作了解工具,教学目的就不对了,这种做法不可取。而在文化的解读当中,我们必然是每个时代有每个时代的理解,每个时代的参与是必然的,是不可避免的。其实文化在很多程度上也是在每个时代理解上的累进,是在推进过程中发展的。我们以前说你怎么可以说发展马克思主义? 这个话谁敢说啊？改革开放以后,我们两代领导人都说发展马克思主义。马克思主义是发展的,不等于马克思没有说过的就不是马克思主义。马克思主义的精神结合中国实践,像这样一个重大的政治问题都可以这样理解,其实这个理解是对的,当然发展成什么样子是另一回事,但是发展是必然的。就像邓小平说的:"发展是硬道理"。这个硬道理在于每一个时代都有自己的理解方式,而且你的理解毕竟是比前一代人进步了。你正是用自己的当今理解在解读,在不断地推进文化的发展。

所以这三个方面,我感到都需要很好地去了解。

报告暂且到此,下午继续进行,谢谢。(掌声)

录音整理:胡乐野(华东师范大学教育学系)
吕传振(华东师范大学教育学系)

教育·文化·社会(二)

讲演者:丁　钢

时间:7月18日13:30—16:30
地点:逸夫楼报告厅

　　上午谈到文化的问题,全球化问题其实也关乎文化。汤林森的《文化帝国主义》不知道大家看过没有,这本书还是值得看一下的。他的书里面说道,现在已经到了一个全球化的时代,其实60年代已经开始了,强调的是全球各地域之间的相互依赖和关联,但是这种相互依赖也削弱了各自文化上的同一性。所以他说:"现代性已经转向了后现代;文化帝国主义变成了文化的全球化,这是一个当代的文化宿命。"全球化从60年代以来,其争论是非常之大的。并且有两个作者写了一本书,模仿共产党宣言的写法,说"一个幽灵在全球徘徊,这个幽灵就是全球化"。包括第三世界国家的好多学者也为此做了许多理论上的抗争。尤其到了后现代以后,后现代实际上是一个思维方法,后现代并没有告诉我们多少理论的结果,而是提出了一个重要的理论方法就是解构。后现代最重要的就是反对一切统一性、同一性,包括完全按照一个同样的规律做事情,其实就是把当时很多所谓次序的方面都解构了。后现代从福柯就开始探讨话语和权力之间的关系的问题了。这个引申到教育,尤其到知识论方面上的文章有很多。你的话语权,话语方式和权力是结合在一起的,作为一种文化具有一种强大的经济背景做支撑的话,就成为了强势的话语,这种强势的话语在全球化当中就成为所谓的主流意识。这样以来,似乎民族主义就不要谈了,因为没有所谓的各地域的民族。这个里面就发生了很大的争论,全球化不应该是这样一个东西。所以"谁的全球化"问题被提出,当经济引申到政治、引申到文化的角度的时候就不是那么简单的事情。民族化的问题能不能与全球化的问题搁置起来,这始终是一个充满挑战的问题。从我们的观点来说当然不应该这样,事实上就像人类学的判断一样,以前人们95%的时间生活在彼此隔绝的处境当中,现在全球化了、地球村了,一切都要打开了,不应该这样看了。报纸上也有一些说这个人是哪个外国公司的买办,或者他是做代理的等等,说他整天跑东跑西,全世界地飞,结果创造一个概念是国际人。其实国际人不是人,哪有这种人。这个概念都是非常虚幻的。事实上不管你怎么跑,生活的基础依然是特定文化处境。人们对全球化的判断依然是不准确的,全球化了,通讯、经济方面大家都需要有共同规则,需要用一个游戏规则来考虑大家之间的关系,但是并不等于消除了差异,消除了文化的差异性和大家之间的差异。其实恰恰应该反过来说,正因为有不同的文化,文化的差异性丰富了全球化。从文化的根来说,你的生活方式其实还在。不管你吃了洋面包,饮食状态也变了,生活状态也变了,香烟不抽我抽雪茄了,我有钱了,但实际上并没有变,这只是一种很表面的东西,你生活中一种很内在的价值并没有变。就像我们学生现在说,不看以前的古书,我现在都看英文版的、外文版的原著,但你还是中国人。全球化不过是个文化帝国主义的替代物,其实它不是一个新鲜的东西。但是在全球化的过程中,由于信息沟通方便了,而且我们需要一个共存的环境,所以有些规则我们需要彼此约束。但是并不等于放弃我们各自的文化经验方式,也恰恰是有文化和经验方式的差别才构成了全球化背景下的文化理解,也需要像经济原则那样,建立共处。就如我们在 WTO 中,但是 WTO 并不是完全按照一个原则,其实是可以讨价还价的。尤其对于发展中国家还有保护政策。这里面完全可以为了自身利益,去争取共存的原则,享受平等的待遇。这个问题想清楚了,中国当然要积极地参与。中国也是利用很多规则,你玩游戏要精通规则,精通规则大家都可以玩,大家都可以为自己争夺空间。事实上全球化的问题并不像一些发达国家想的那么美好,可以用他们的原则来掩盖世界上所有不同的差异。在教育中,我们当然也要考虑。(掌声)

　　教育中全球化的模式其实也存在着选择和融合的关系,是一个文化多元和共同发展的原则对话。在这个过程中我们就要寻找我们自己的发展道路。我们越有自己的发展道路,就越有明确的发展思路,我们越能在世界的发展潮流中立足。改革开放初期,一个经济学代表团到美国,大讲中国的经济发展。美国人就会提出一个疑问,说你发展中的国家,你这个后发的国家,我们在经济学上贫困也有贫困经济学,那么中国有什么经济学? 我们听来听去好像耳朵很熟,都是我们的东西。我们的东西怎么变成你们的东西了? 经济学上经常讲这样的例子,我们有些人问那些诺贝尔经济学的获得者,你们看看中国能够怎样发展。他们就觉得很奇怪,他们认为这个问题其实是一个伪命题。我怎么能够帮你发展呢? 因为你是有不同的国情的,你首先考虑你的国情,而不是我帮你开处方。当然中国现在改变了许多,当初的改革方法就是这样一个姿态。所以对于这一点,其实都是说明你有非常明确的发展思路而且越有自己的特色道路越容易立足。因为在世界之林的发展过程中,重要的是你占据一个什么样的地位,发挥一个什么样的作用。如果没有发挥的话,你的话语权就没有。

　　我去美国的纽约大学,碰到他们经济学家也在谈中国。访问的时候吃饭时也在谈,说现在经济学界有一个论调,中国经济现在这样飞速地发展,迅速成为一个不可忽视的经济体——不能说强国,至少是一个经济大国了。马上要占据世界 GDP 的第二位了,超过日本。当然从 GDP 的人均说起来还是在 100 多位以后,从总量来说已经达到了。而且腐败现象不断发生,但是经济还是能这样增长,靠什么? 当初中国的经济学家用了很多西方的理论来推进自己的发展。到今天,西方的经济学家也感觉到,用西方的经济学理论已经解释不了中国的经济了。于是就开玩笑说,谁能解开这个谜,他就是下一届诺贝尔奖金获得者。说明中国的地位还是在提升的。中国的这种发展的道路,曲曲折折有很多。但是的确我们没有回过头来很好地反思过,其实我们这方面做得不多。这样的文章倒不是要批评,而是要更多地反思:我们究竟走了什么道路? 我们也会有自己的特色啊,当然也会有自己的经验教训。这些东西其实是非常值得去做的。在这样的状况下,我们真正做了反思了吗? 我们真正做出了真正有学术含量的反思了吗? 我觉得我们还不够。

理解知识本身,也要了解知识和能力的关系。这个里面已经有很大的转换了,一个富有文化知识的人,其实对于能力的诠释不是运用某种知识的能力,而是在于综合运用知识的能力。在这个基础上,我们说现在变了,我曾经也谈过创新性人才,以前我们说复合型人才,外语加计算机,现在是笑话,这两样不会连工作也找不到。现在是跨学科的人才,看你能够跨几个领域。你说我没有学习的领域,但是可以增加我跨学科的研究经历,参加这种团队,我感到这个是非常重要的。在美国最近的研究生教育报告中,里面有一句很重要的话就是认为"创新的活动往往是发生在交叉融合的地带"。到现在这个社会一切都可以交叉,学科有边界,但是学科的边界可以打破,学科的边界打破了,创新就会发生。当然,归根结底还是一个人才问题,我们缺少跨学科的领衔人才!如果一个人能够同时通几个学科,他能够做这种跨学科的攻关项目。哪怕他专攻一方面,但是同时具有跨学科的眼光,这样跨学科就不是虚的,那是非常实在的。尤其是应用理论中,非常难以突破。其实教育在很大程度上也算一个应用文科,应用性很强,这样的突破方式我们非常需要,当然我们也要基础理论。这些方面我觉得需要重新理解。

包括知识的方面,什么知识最有价值? 谁的知识最有价值? 这一点来说以前是这样讨论的,但是讨论到今天,我觉得这个问题已经不需要这样来提了。因为真正有价值的知识一定是适切于社会需求,而社会需求又同时适切于你的文化土壤。尤其对人文学科是如此,因为任何人文学科在做的时候,完全不可能是价值中立的。一定是有价值的卷入,有意识形态的卷入的,这意识形态一定关乎于文化价值。从这样的角度来说,人文学科必须坚持自己的立场,这样的知识才是有价值的。因为没有放之四海而皆准的价值。我们必须要这样去看一个问题。

另一方面,知识也是在变迁的。教育当中进行知识传递、分配。选择、评价和应用其实都会反映整个社会的基本知识状态。而社会制度和教育也反映了一个社会如何生产、分类、分配、传递和评价他所认为的合法知识。因为教育绝对不是一个真空的东西,教育是和社会的方方面面联系在一起的。关于知识的生成,我在另外的文章《教育的日常生活实践》中讲过这个问题,在这我就不多讲了。一直到今天,我们现在经常说的"knowledge based economy"这么一个知识经济,当代社会的构成,这其中其实也有一个交叉的含义,当然他是从组织系统上来说的。如果我们的体制都是线性的,一环到一环再到另一环,那么这样容易发生变形。因为很简单,在综艺娱乐节目中,大家经常会看到一个节目,几个人站在一起,中间用板隔开,前面一个人教他一个动作,而后板一抽,第二个人再教第三个人,教到第十个人,其结果是完全不知道是什么样子了,这个游戏很形象地说明线性的东西是会变形的。我们以为线性的这种科层结构会上行下达,下行上达,其实里面会"变形"。"变形"换为老百姓的一句话,就是"上有政策下有对策"。因为这个有空间嘛。OECD还画了另外一张图,就是不同的组织之间,他的非线性的联系。我和他、你和他、他和他完全不是线性的,认为这样的一种非线性的结构,最具有创新性,因为它是互相交叉的。其实从组织结构来说,他也是一个扁平式的,不是一个金字塔结构的科层式管理。所以从这方面,我们要理解并不是仅仅说以知识为基础的经济,说知识怎么来,知识怎么创新,知识怎么发展才能促进社会的发展。

至于两种知识模式,《The New Production of Knowledge: The Dynamics of Science and Research in Contemporary Societies》这本书 1994 年就出版的,但是你看亚马逊网站上,它是五星级推荐性的书,五星级不是妄得虚名的,都是读者评的。这本书里面关注了知识生产模式,比如说要创新,其认为知识生产在不同层面是有不同理解的。

第一种知识生产的模式是学术型的,后一种是在应用环境下的生产。高水平的大学中,它的任务就是应该要求你有知识贡献力,我们的大学有多少能够做到这点呢? 而在应用的环境中,我们可以和企业联合,可以在应用学科当中,以问题的情境来组成这种知识创新,所以区别是很明显的。一种是比较精英型,比较纯学术的,是由学术兴趣所引起的。一种是应用的问题所引起的,但这两种东西都有意义。但是如果按照中国人的概念,可能一块算创造,一块算革新。因为就像我说的,你学人家技术,其实你拿不到诺贝尔奖的。你必须攻克基础理论,科学中的基础理论要突破,因为人家按照你的基础理论做出来的东西,但是功劳还是你的。所以这个知识贡献力是相当重要的,这是"根"。而就这种应用环境来说,我们当然有创造力,实践没有创造力吗? 有。但是实际上它类似革新。如果把英文词分一分,第一种知识生产应该是 creativity,第二种知识生产是 innovation。Innovation 在英文中用的比较普遍。真正创新性人才指谁? 那是有着"creative thinking"的这种人。所以 innovation 可以在现有基础上改进,然后吸收一些知识,把它再重新组合。反过来,对于创新来说,这个绝对没有贬低的意思,对于大部分的创新来说我们只处在 innovation 的基础上,只有极少数的一小撮人才能站在 creativity 之上。否则全世界都是天才了(笑声)。在这种模式下,学术驱动和应用环境下的生产是不一样的。而且从学科角度来说,模式一是学科分类,模式二是跨学科。从教育角度来讲,学科分类当然重要,但是对于科研应用开发来说,学科是束缚的,它需要穿插起来,在这个里面需要一些学科之间的对话。新的生产模式,也会产生一种新的社会化的分配过程,因为基础研究是知识创新能力的保障,而应用研究可以直接转换产品,直接推动经济社会发展。就像我们在教学当中,我们要讲基础理论,其实基础理论的突破是很难的。要贡献新的知识,这其中要长年积累。但是教学当中要有所改变,比如我有所经验,我现在学习了新的理论方法了,然后我把它拿过来"mixed",我自己也去改变,改变完之后我做的东西不像别人的，也不像我以前的，就可以说是一个"innovation"了，它改变了。但是我们并不能说这个是他的 creativity，分清这两种知识生产是至关重要的。对人才的培养，对大学的发展，对我们整个教育发展，包括科学研究都是很重要的，否则我们在其中就会混淆。而我记得第一次大学校长论坛，也请国外的好多人来，我看材料里面好几个大学校长提到这本书，就是作为大学知识生产的问题。我感觉到这个问题是非常有意思。

另外我再谈一个教育文化与思维的关系。有这样一本书，2003 年出版的：《思维地理：亚洲人和西方人怎样不同思考——为什么？》是和中国科学院的心理所，包括韩国、日本合作的成果。这本书非常有趣，这里面 Nisbett 做了个非常有趣的实验，针对科学学习，他从文化的差异性，思维方式，以及如何促进学习。这里有一张图，一个实验，两类学生：美国学生和东亚学生。美国的学生大多把注意力放在池塘的鱼身上，说："有条大鱼在前面，有条鲑鱼正在游向右面。"然而东亚的学生倾向于关注池塘。他们认为这是一个湖，或者池塘。实验表明，东亚的学生比较整体地去看，首先去看一个环境。西方的学生，首先注意局部。思维方式的确是不太一样。中国人对于世界构造会讲金、木、水、火、土相生相克，认为天是一个大宇宙，人是一个小宇宙。在古希腊伊壁鸠鲁讲，世界万物怎么形成呢？是原子的上下运动发生偏差，碰撞后形成了世界万物。对于中国人来说不好理解，看得见吗？又看不见的。看不见的东西去讨论它干吗？中国人最抽象的思维其实是老子，老子说一生二，二生三，三生万物。然后大家就琢磨一是什么，二是什么，说他具有抽象思维。其实他里面并不是说抽象思维就高，形象思维就低，没有这个说法。中国人整体的思维在世界需要和谐的时候还管点用。而且直觉思维、抽象思维、包括逻辑思维这些东西在思维的研究当中都是很重要的一块。因为直觉思维最容易抓住本质。也就是说，思维方式是不同的。包括另一种实验，说给他一个两极分化的问题，一个矛盾体。然后美国人对矛盾的反应是彼此清晰，你看西方人的讲法，为什么西方人听中国人说的英语，你没有说错话，他听不懂。他理解不了，因为西方人讲话先两极化，然后对或错，或是两个不同的东西辩论。你把问题这样处理，他一下子就听懂了。这是 A，这是 B。然后中国讲话是喜欢绕着走，你们看弗朗索瓦·于连的《迂回与进入》。中国人骂人也不好好骂人，拐了弯骂人，骂得你还喜洋洋的，其实他在骂你。中国人的表达方式，尤其文言文，虽然语言很少，含义非常丰富。中国人的思维方式就是彼此信仰得到缓和是一个中庸的观点，不是两极化，而是一有矛盾，马上考虑怎么缓和这个矛盾。西方人是一有矛盾先把他们分清楚，分清楚我们再来考虑，这个两极的东西怎么解决。比如给出一个情景，通常如何期待行动，韩国学生引证情景因素，因为情景因素对于行动是有作用的。而美国的学生，倾向于行为的人格特征，因为人在里面最重要，而不是情景。其实这是反映了，无论从环境还是从关系的缓和，还是从注重情景因素的角度，东方人注重一个关系场，所有彼此之间重视关系，而美国人注意个人的特征。在这个里面，东亚的思维倾向于整体性的思维，而美国的学生更注意整体中的细节，在鼓励相同的领域的关系探索当中，其实也是强调像原子论一般的和以规则为本的问题解决方法。这两种都有差别，一个是原子的个体活动，强调个体。一个是规则为本的，一个是考虑关系为本的。中国比如说从阴阳爻、易经、八卦这些东西中解释社会，你可以说它是自然法则和社会法则的混淆,但是事实上他就是这样存在的。中国人的中医,最有意思的是,我去京都大学,很早90年代,有一个争论。那个吃洋面包出来的人回到京都大学教书,他就说,这个针灸,美国人已经开始用机器了,有设备了,针灸比你中国更准。我说再怎么准还是要懂穴位吧,不懂穴位乱扎要扎死人的。所以他依据的还是中国的经络学,否则他敢用针往里扎? 根本来说,不管他是不是用机械,他用的就是中国的理论。而中医是非常典型的,它把世界看作一个大宇宙,人是一个小宇宙。天有四季,人有四肢,一步步这样划分。所以中医的治病,从来不会头痛医头、脚痛医脚的。而是任何一个地方出毛病,要全身调理,当然来得慢一点。西医不管,一刀下去,给你开刀,哪里有问题就往哪里奔,非常直接。而中国人先讲究调理。当然有人说中医不可靠,经络学在现代科学中站不住。那中国人无所谓你站得住、站不住,这么多年用下来了,管用就行。在这其中,它有自己的思维方式,八卦都是比附自然法则,来附会人文。就像李约瑟所说的,中国科技发展最发达的就是观察科学。观察科学和直觉思维就有关,和直观性、整体性的东西有关。所以我们的阴历和阳历差不多的,算的非常好。为什么要讲这些呢? 这些和教育有什么关系? 当然有关系!

比如课改的时候,数学计算带几何,还是几何带计算。当然几何里面也有计算。但是平面几何直观一点,解析几何抽象一些。究竟计算带几何还是几何带计算,关键在于和我们的思维方式有关。就如李约瑟所言,我们是观察科学一路过来的,包括我们的九章算术,一元一次方程等我们早就有了,关键是我们怎么表达? 用语法表达,所以先学好文法再来学科学,它是用语言表达的。所以人家 XY 符号逻辑一进来把我们冲晕了。因为中国不是这种符号、数字逻辑的国度,中国是用语言来描述的。这个和整个思维方式相关,在这种思维方式下我们就要考虑,在我们的文化背景下依然具有这种思维同构性。我们必须考虑民族的思维方式与我们的学习路径设计。

当然,并不是以此可以否定课改。不会,课改依然有作用,只不过是希望我们将来的改革,恐怕在这个方面都要下点功夫。因为中国的改革不是在他国进行的,是在本国进行的,必须要考虑文化理由。而且尼斯贝特也说,美国的亚洲人在第二代在迅速转向美国人的思维路向时,他认为"把一种文化的工具教给一种没有完全沉浸在这种文化中的个体,如果假设这是一种容易的事情,那可能是一种错误。"移民的第二代也未必沉进去,移民多多少少还是会有家庭周围关系的影响。而另一方面也说明,不同的民族文化拥有不同的教育,教学方法也是不同的。有人提出科学是跨国界的,也未必这样说。莫顿早就解决这个问题了,当他在写 16 世纪的英国科技发展史的时候,其实作为科学认识论已经解决这个问题了。科学可能是无国界的,这些符号可能是无国界的,但是科学的认识是有国界的。只要你进入认识领域,他肯定是有国界的。就像中国的中学教师和美国的中学教师,我们同样去讲美国的南北战争,我相信文化的价值都会在后面起作用,讲出来的就会不一样。照这点,我们就可以很清楚,我们的改革应该做何种思考。

尼斯贝特的书里说中国的认知方法是圆套圆,问题都是连在一起的。而西方思路就比较直线,又是逻辑的,这么一层一层地推。比如注意与感知的模式,东方人更多注重环境,西方人更多地注重物体。东方人比西方人更有可能发现事物之间的关系。关于世界形成的假设,东方人看到的是物质,西方人看到的是物体。中国人看到的物质,金、木、水、火、土是实实在在的看得见摸得着的东西,五行的相生相克。我们说"消息"这两个字现在是当新闻报道来说的,小道消息、大道消息之类的。其实真正的"消息"是指阴阳的消长。就是八个单卦里面的,所谓的阴阳的彼此消长。就是一个周而复始的过程。

关于环境控制能力,说西方人比东方人更相信能够控制环境。因为他相信自己的力量。中国人说"人定胜天",那是一种意念;西方人相信人定胜天,那是天生的。因为他从来就感觉到,个人是他们自己可以肯定的。所以西方的英雄主义和中国的是不一样的,我后面会讲。

关于静止和变化的默认假设,西方人看到的是静止,东方人看到的是变化。中国人总是在这个当中变。

对事物解释的偏好模式,西方人关注的焦点在于物体,东方人则网罗了整个环境。组织世界的习惯,西方人喜欢用分类,东方人更强调关系。形式逻辑方面,西方人比东方人更加倾向于用逻辑规律来理解事物。辩证法的应用,当面对明显的矛盾时,东方人更倾向于寻找中间道路,西方人强调于坚持自己相对于别人信念的正确性,也就是坚持自己的。其实这一点美国人特别突出,他只站在自己的立场上考虑问题,就是看符不符合美国的利益。他也会说全球,其实根本的是美国的利益。法国也从来认为我是大法国,我是文化大国,所以处处的姿态就是大国的姿态。他们有自己的文化——你可以说是一种文化优越感,在发展的过程当中他们有很多地方占了先机,尤其是近代以后。但是反过来说,他和他的文化也是相关的,他从文化的根源发展起来,他就是相当自信,相信自己的特质,相信自己的正确性。我有一次去美国开会,一个泰国人说,我现在是他们一个教育协会某个分会的会长了,中国人觉得这有什么好说的。中国人要讲谦虚,要低调,低调就是腔调,这个是《武林外传》说的。所以中国人不会刻意说,但是在美国只崇拜成功者,从不同情落后者。有什么好的尽量说出来,我现在当了什么,人家搞不清楚,以为你当了多大的官呢?可能你只不过是一个小镇上的,但是你这么说,至少别人感觉你是成功的一步,你生活当中有成功的积淀。这点和中国人就很不一样了。当然也需要你具体,要举个例,比如做了什么? 不能够笼统地讲。也就是说,他这种文化决定了所有的表现形式都是比较一致的。

我们去了解这样一种差别,是想说明中国的教育一定是在文化的基础上去做的,所以改革需要有文化的理由。我们也可以有自己的特点,有些特点是一定要坚持,你不坚持你完全用西方的来替代无论如何都替代不了,因为没有文化基础。没有文化基础的外来东西很难站住脚,除非改造。就像佛教进入中国一样,创造自己的中国禅宗。宗教进入以后,经过中国化的改造,它才能在中国站住。最早佛教进来,用道家的语言去解释佛家的东西,这些都是有改变的,否则它就不能在你这里生根,它只是一个外来的文化。传教士用了更有趣的方式,基督教的东西中国人是不接受的。东方的宗教都是多神教,而佛教释迦摩尼还有弥勒佛呢,两个佛。道教更不用说了,仙人更多了,所以东方的宗教严格来说是泛神论的。所以老太太听你说这是仙水,她立马磕头。因为祈福总没什么坏处,尽管可能是一潭死水。所以旅游景点的地方要编故事,不编故事景点也看不出什么东西。到黄山去处处是景点,你要按照故事去想象。其实日本也是,日本的庙宇当中什么教都有,他可以混在一起。正因为这样,所以中国没有哪个教成为国教,也没有一种宗教至上的东西,它的包容性就大了。在西方,基督教、伊斯兰教都是人格神的一神教。这种就容易走向另一方面。从这个角度来说,中国的思维方式,其实严格来说,虽然是个内陆国家,不等于没有包容性。只不过由于地理环境,以前打开的太晚。在古代的时候,内陆国家可以自己发展。唐朝达到鼎盛的时期,近代要打开自己的世界的时候,中国突然见到这个世界,就出问题了。

我们对于教育文化品性的了解是非常重要的。我们只有了解这些才知道,我们教育的发展一定要考虑文化的因素。不考虑文化的因素,教育研究本身会缺少文化的秉性,要考虑我们所要谈论的东西? 后面是什么样的文化因素在支撑? 我讲课程变革,我会关注其文化处境;而讲中国教师专业发展,我也会力图予以文化的解释。面对国际学界,他会感觉到你讲出了我们非常需要听的东西,因为在你的文化当中,你所阐释的东西也是我们可以参考的资源。因为不同的文化有不同的视角,不同的学科也有不同的视角,其实大家可以互补。要让我们的教育学术能够站在世界学术舞台上,我们需要一种文化沟通的方式,而这种方式就在于我们要通过基于不同文化的理解方式的交流而获得彼此的理解。一方面我们自己的发展要站在我们的文化基础上,这才是符合我们的变革。另外一个方面,我们要站在世界舞台上,就必须理解和融通他人的文化,这样我们才能真正地站在世界舞台上。

社会发展和教育的取向

关于社会的本质和差异,这个和前面所述相关。

关于本质和差异,从古希腊来说,他们的文化从来就是自己可以掌控自己,自己选择自己的行动。因为个人的特质是可以自我确定的。在中国人的范围当中,这个是不可以的,你这样太不谦虚。你怎么能自己说自己好? 中国的文化是要经过社会的转换。社会的评价才能决定个人的特征。在西方不是,因为个人可以确定自己的特征,你看他的文法学校,就是采取一种辩论的方式,因为在辩论讨论过程中才能分享各自的价值,结果这种延续到政治制度中也是辩论。包括雅典的元老院,也是辩论。这是种具个人主义的文化——个人主义并不是一个贬义的词。

而中国所谓集体主义的东西,他要通过社会的转换。中国要注意许多的关系,中国人总感觉到自己是组织当中的一员。所以中国最小的单位不是家庭,而是家族,是宗族。因为他是从这么一个大家庭来看的,不像西方人,三人家庭或五人家庭,他的关系捏的很小。从这一方面来说,美国前人类学协会主席许烺光,他写过一本《宗族、种姓与俱乐部》,宗族是中国的,种姓是印度的,俱乐部是美国的。他感觉到在一个"club"性质里面,大家是可以分享的;宗族是讲等级次序的;种姓当然也讲等级的。从这样一个角度来看的话,我们就可以理解,包括我经常讲到的,我们从小到大就沉浸在评"三好学生"、"三好干部"等里面,大了以后评"先进个人"、"劳动模范"等,我们评的东西多得不得了。而这种文化一直延续到我们现在的政策当中,你看我们现在不断的政策出台就变成不断的评比,各种各样的评比,就是所谓激励机制。我们是这样的一种状况,西方人不是这样,西方人可以自己确认自己。包括我们说的个人主义都不太一样。西方人的英雄往往是悲剧,就像哈姆雷特这样的人,西方人定义的英雄一定是悲剧人物,因为是现实和理想的冲突。现实是不可能达到这个理想的,但是他就是要为这个理想而奋斗。包括马克斯韦伯去总结西方的资本主义伦理的时候,说清教徒是典型的现实和理想的激烈冲突,所以激励他们去发展资本主义的东西。说中国人缺少这种东西,当然也有人反驳,说中国也讲一种道德紧张啊,自我更新啊,中庸背后本身就是紧张,没有紧张哪有中庸啊?当然你也可以这样去解释,大家都在开始找一些文化的理由。在西方,西方电影,尤其是动作片我们很喜欢看,因为他永远不死的。英雄永远战胜邪恶,怎么打,眼看不行了又行了。所以你看得很兴奋,你感觉比较振奋。他跟你讲个人英雄主义,现在的动作片和以前的悲剧概念是不是不一样了,其实没有不一样。以前说,冲突中他一定是个悲剧,现在不是一个悲剧,而是一个成功人士,但过去和现在强调的本质是一样的,强调的是个人特征、价值和精神,个人的特质可以战胜一切,不管是死或生,那都是英雄。

西方社会的现代性的本质,就是对人的个性的重视与弘扬。就像中世纪过了以后文艺复兴,文艺复兴其实就是张扬人性,复活人性。西方对于个性的重视是建立在个人主义的基础之上的。而个人主义又成为市场经济,所谓民主政体的西方现代性的基本特征。《契约论》也是这样,《契约论》这种理论在中国很难提出来。因为中国从来就是君君臣臣、父父子子的,等级是非常清楚的,宗法制度和政治制度,在西周都是合一的。到后来这种关联也没有完全隔离的。群己之分的理论中国是很晚才认识到的。中国人讲修身养性,齐国平天下。所以天下,就是家天下,由家贯国。所以它把这些命运紧紧地联系在一起,也就是消除你的群己之分,那才会忠诚。皇帝是天子,大家都是子民,你都是他的儿女,是这样的一种社会纽带。从西方的文化当中不能这样,每个人的价值是可以肯定的。每个人是独立的,人群社会总要有一些规则,所以社会是契约的。可以说契约是它整个现代性的核心和基础。但因为个体过度的强调,所以在西方的教育中会很强调合作学习啊,团队合作啊。很多东西都是西方人提出来的,我们现在大量地在搬他们的东西。事实上,他们因为没这个基础才缺什么吆喝什么,他缺了就吆喝了,吆喝了什么就当真的,哎呀这个思想很好拿进来。其实中国有个很好的基础,中国的合作是天然的,要获得社会评价你必须合作,不合作是没有出路的。就像现在的公开课一样,必须要走这条路,这条路才能让你发展,中国的教师很乐意的,因为这是一个社会评价方式。和西方人认为课堂是个人的隐私完全是不同的。

中国的社会关系要注重文化的内在价值。儒家文化有一种内在精神,强调道德的自我更新和内在价值——命运的自我调节、意愿理想和现实次序之间的张力,包括中庸之道的处理、伦理自觉与意志自由的关系、群体人格和个体人格的关系等。中国在德育当中,知情意早就提出来了,那还是公元前啊。道德要先认知,但要培养道德情感,树立道德意志,才能把道德守住。中国有自己的一些东西,而且中国人一直认为道德需要自我的更新,包括孟子所提出的,"穷则独善其身,达则兼济天下"。守得是一个东西,当然有人这样解释,说这使中国知识分子的双重人格,这个是不对的,其实是一重的。"穷守的东西"和"达济的东西"是一个东西,人在各种环境下可以去坚持这个东西。当然我们可以说这是一种事实上的困难,但也可以说是一种内在的紧张,这种紧张就可以造成了一种内在张力,只不过这种张力在中国缺少外部冲击的情况下,几千年的封建史没能很好的展开,只有真正到了近代列强来了,这些东西才受到挑战。从今天来说,中国已经越来越成熟了,能够处理这些问题。

在今天的中国,文化传统的承继和延续需要面临的问题:集体能动中的个体权力如何体现?群己关系中的个人价值如何体现?我们从改革开放中可以看出端倪,比如以前要你关心政治,那是灌输的,讲了很多空头政治,跟老百姓没什么太大关系。但后来并不那么强调,谁最关心政治——股民。因为政治的变动对股民的影响最大,他从个体的经济利益出发,比谁都关心政治。政治报告现在应该让股民来讲,股民现在什么都知道,他整天在揣摩这个变动会怎样,现在国际形势也很关照,因为也会影响到股市。也就是说,当初的我们把政治责任强加于老百姓的头上,现在老百姓自动的把所有的责任捆绑在他自己的战车上。也就是说经济的改革,社会发展的利益首先落实到对个人利益的尊重,以个人利益发展带动集体利益,这是改革开放中的巨大变化,非常巨大的变化。以前能够讲个人吗?不行的,养个鸡鸭都是资本主义。现在只要你有本事就可以。

从所谓延续的角度来看,社会的体系和经济的体系相关联,经济的体系不能凌驾于文化之上。而中国经济的变革肯定体现中国自己的文化的演变,是从集体的关注回到了对个体利益的关注。如果说儒家文化的现代性变革,实际上是我们自己在现代对于文化的一种发展。在中国原有的文化中是并不能够这样做的,但是现在,回到对个人利益的关注中,在这两者的平衡处理中展开自身的变革之路。中国的经济也从原有的计划经济过渡到有计划的商品经济,然后再过渡到市场经济。经济上从"硬着陆"到"软着陆"的方式,从强调国家利益,到个人、国家、集体利益兼顾;从封闭的市场到内外市场的结合;从隔离的市场原则到WTO中去求同存异,都集中体现了文化变迁当中的差异与整合。

我们当然希望从这样一种文化变革中去获得一种更新发展的机制,形成自己的特色,但是依然有些问题要考虑的。比如说教育的变革方式。我再三声明,课改是必要的,但是课改的改革方式并不合适。因为课改是一个"硬着落"的方式,推倒重来,推倒重来就是革命式的。我们现在所谓的八套半课程,我们时间一算,差不多就像老人家说的:阶级斗争七八年来一次,有点差不多。推倒重来伤筋动骨,所有人重新培训,然后理解新课程等等。为什么我们不能采取"软着落"的方式呢?用渐进的方式。每年要印新教材,现在有的人说大家可以调剂,老生让给新生,教材就不变啦?教材能这样移用吗?不可能的,教材还是要改,但是可以采取今年针对需要解决的难题,做学生学习和教师教学的实践调查,分成阶梯,我们先难后易,一步步来改,七八年也是一套新教材。从量变到质变,从部分质变到根本质变,用哲学表达来说,它就是一套新教材。而这一点都不伤筋动骨,也不需要花那么多钱大家全部推倒重来,然后又要重新培训,老师弄得没方向了,不会教书了。渐进的模式,"软着陆"的模式可能是中国教育变革当中非常值得考虑的。尤其是由国家发起的一些重大的变革。

不禁想起来,1922年的学制,大概在中国历史上最独特的,它是自下而上的学制,是被当时的政府所认可的。当初全国教育会,包括上海教育会和广东教育会,很多教育会都做了非常细致的研究。而提出六三三学制,这绝对不是像别人想象的抄美国的。实际上广东的教育学会做了大量的关于欧美体制的研究,来提出分段为什么合理,认为应该加大中学一段。晚清政府以前小学是九年到八年、七年,为什么要改呢?胡适就提出,我们现在的新文化运动,作为文化载体的语言变了,文言文难学,白话文好学了,所以学制应该缩短,六年是没有问题的,没有必要学八年,七年也没必要。这样改革过程,是做了大量细致的研究工作,至下而上,然后被政府认可了。尽管当时政府是动荡不安的,但是依然宣布,实际上不同的改革方案,中央会认同一个整体的方案,但是不同的实验,可以在不同的省自由实验。我感到这个还是比较宽松的,某种程度也比较符合教育发展本身的规律。越是重大的改革,越要防止"硬着落"。因为硬着陆的方式伤筋动骨,其实损伤是很大的。国家花了大笔的钱,未必效果就非常理想。从中国经济的发展过程中,我们从中国自身的社会发展角度来说,都有必要从经济社会发展的角度去重新认识中国今天的教育变革,我们今天的教育变革应该怎样做才更好。

就像我说的,在了解个人主义和集体主义的差别过程中,中国的教师专业发展依然可以找到自己独特的道路。美国喊了半天,又没有什么学校内部的学习组织架构。中国虽然学苏联,但是一直保存到现在:学校教育内部是教研组和年级组的纵横架构。而关注社会评价又为教师的专业分享形成了良好的文化基础。我们的文化当中,可以说有一些不太合理的地方,我们可以提出。但是在合理的地方,我们完全可能发展出我们在教育中非常具有自身特征的道路,而这些我们需要深层地对文化的理解才有可能。我们不能为特色而特色,为特色而特色是永远不会有出路的,因为特色不是这么打造出来的。我们要从深层次的即从文化的层次来分析,我们需要来通过实实在在地运用文化的分析来看待我们的教育,然后进行实实在在地实践变革。这样才有可能真正地更加彰显我们的特色,也使我们中国的教育能够成为国际教育分享的资源。

由于时间的关系我只能讲到这里,下面留点时间给大家。(掌声)

(问答时间)

学生A:丁老师您好,我有两个问题。第一个问题跟您的讲座整个关系不太大,与你最近研究的领域有点关系。我知道你最近组织出版了一套教育叙事研究方法的一套书。我的问题就是,您上午讲座过程中提到了质性研究,我的疑问是质的研究和教育叙事研究有什么差别?因为据我了解,我感觉两个好像是差不多的东西。

第二个问题,上午您在讲座过程中间强调教育学是一门学科,而不是一个研究领域,那么我以前也看了一些强调学科的标准,但是我还是想不清楚,所以想请您再指教一下,判断一个领域、一个学科成熟与否,标志是什么?谢谢。

丁教授:前面一个问题其实我已经做过无数次的解释。实际上质性研究是个大概念,教育叙事研究是个属概念。质性研究有很多部分来组成，其中就包括教育叙事研究。

另一方面，你说一个学科的标志，其实我依然比较坚持一个学科要确定自己的立场。要能够区别其他学科，尽管处在一个学科交叉的时代，但是学科交叉的时代，没有一个学科的特性，就没有交叉了，交叉就不存在了。我前面也讲到了，一个是对自己理论的界限在哪里？理论的边界在哪里？第二是理论的方法；第三，概念体系；第四，知识范型。这四个方面并不是僵化的，而是一个思考的支点。从这个思考支点也许我们可以引申出很多东西，但是我觉得这些东西不能够避免，尤其理论边界和方法上的问题是不能回避的。不能回避的理由在于，你看其他学科，他们这些方面都很清楚，我是研究什么的？我的方法特征在哪里？教育学在这些方面是需要努力的。

学生 B：丁老师您好，很荣幸在一个月之后再次聆听到您的报告。针对您的全球化问题，我想向您提一个问题。就是教育在文化身份认同中发挥作用的条件是什么？谢谢。

回答：这个问题呢比较绕口：教育在文化认同中的条件。我觉得这个问题应该把它分开说。在文化认同中，比如你是个移民，移民到美国。可能在文化认同中你要宣誓成为美国公民必须认同美国的文化价值观，教育在很大的程度上会给你灌输这种价值观。从这方面来说，教育实际上是满足这样一种条件，满足一种文化认同的条件。

但在我们的教育过程中，也有另一个问题。我们现在英语学得比母语还厉害，从幼儿园开始就要学英语，我是不主张的。在教育中经常会争论一个教学语言的问题，这个问题回归到一个文化认同和政治的问题，你用什么样的语言去教。实际上我们讨论这个问题，如双语教学等，我们当然希望我们的教育国际化，但是先把母语学好，其实也是一个国家在文化认同当中的一个必备的措施。

学生 C：您上午在讲座中提到了，教育学应该关注差异性个体的学习，您下午提到了教育的发展要顾及文化背景。我想问一下，在特别强调集体主义的中国文化背景下，如何强调个别差异性的教学，您认为在实际过程中该怎么做？

丁教授：我当然在这里不可能开良方，开良方那也是一个假药。但是我感觉到，越是在集体主义的环境下，我们越要去强调。因为我们不能很好的照顾到差异的学习个体。实际上提出这个问题，恰恰是要弥补我们可能的不足。比如说，我们知道个别性的教学原则，从布鲁姆开始，目标分类。其实有很多个别教学原则是能够运用到班级授课中去。我们仅仅从数量上进行小班化，意义不是太大，当然也会有一定的价值，因为交流的机会还是多了。但是如英语教学，尤其是英语出国培训，都是小班化，完全看老师怎么教，老师偷懒的一人一张纸条，回头再来读读，对对话,老师认真的会很好的组织。其实再小的人群,你也未必能够个别化,所以如何把个别化的原则运用到班级授课当中,才是关键。再有一个,场心理学说的,我们至少针对两类的不同思维的学生。从大类角度来说,我们做不到像多元智能那样,但是可以文理科思维的学生两类照顾,因为这些事情我们都没做。只有这样去做,我们在一定程度上,至少相信,它能够更好地照顾到差异的个体。

学生 D:丁老师您好。我想问的问题是,您对文化和社会的准确的界定是什么? 因为在我听您的第三部分的时候,我感觉您论述的,按照我的理解应该是文化的部分。比如中国人喜欢从组织中定位自己以及中国人把教育天然地看成是一个生态系统。这些给我的感觉就是一个文化,而您为什么把它放在社会的这部分来说,谢谢。

丁教授:先要回答第二个问题的。因为社会的问题和文化是绝对分不开的,就像我说,中国的社会基础组织它不是家庭,是家族和宗族。家庭宗族就涉及一个关系,而宗法制直接折射了中国在历史上的政治制度,包括社会制度,也直接反映到教育制度中来。比如我们历史上的教育,其实是贵族的学校和平民的科举,或者平民的地方官学都是并存的。这两条线从来没有断过,我称为阶级性的双轨制。这个东西一直在,也就是说它的基础组织的方式也在决定着中国的政治制度与教育制度的变迁。从这一点,本身它是社会的最小细胞,同时和文化是紧密联系在一起的。而从文化的解释来说,我想是非常清楚的。我非常同意我前面所举过的人所提出来的,我把它们概括起来的一句话就是,文化是一种生活方式。从生活方式去理解文化,我感觉到是最贴切的。有人说这是精神的,这是物质的,我感觉到不能这样去分开。

学生 E:丁老师您好,我想请问一下,当前我国教育的叙事研究我觉得研究的还不是很深入,但是我听到一些对质性研究批评的声音。您觉得叙事研究的前景如何,这是第一个问题。第二个问题是,我对叙事研究非常感兴趣,您觉得当前我们研究生做这个叙事研究特别应该注意哪些方面?

丁教授:这些问题都挺大。三言两语还说不清,我跟研究生是开这个课的,叙事研究的理论与方法。你刚才说还不够深入,不知道你看过多少,因为我想有些话千万要注意,不要马上给出一个定性的评价。说这个东西比较深入,那个东西还不够深入。我从你后面的话又感觉你对叙事研究好像了解还是不多。后面的不多你怎么去判断研究的不够深入? 当然这不是批评,只是说,有的时候我们要了解更多以后才可以知道。至于前景如何,其实我从来就说,叙事不是一个唯一的方法,只是我们以前思辨性的研究太不关注主观的经验,太不关注经验事实了。所以我们有必要把经验世界推到前台来,让活生生的教育事实说话。但它不是唯一的,各种的研究方法照样可以共存并进。决定前景的并不是研究者,而在广大的教师手里。他们喜欢,它就有生命力,他们不喜欢,它就不具有生命力。其实这种生命力维持了已经快 10 年了,当初百度和 google 上面根本没有教育叙事词条,现在大批大批的。而且百度比较好事,分类,如小学叙事,中学叙事,语文叙事,数学叙事等,因为它有一个自动分类系统。我们不必担忧前景如何,应该这个不是我们所需要考虑的事情。我们只需要考虑做一件事情,如何做得更好。

　　学生做研究要注意什么,这个题目很大,但是我想,至少有一点,做叙事是不容易的。你会感觉到比做思辨性的文章要困难地多。但是最好的一个地方,是杜绝了学术犯规,因为你没地方抄,你必须进入经验的现场当中去,必须自己去收集第一手的资料,必须自己做访谈,全部要自己做,而做出来这些东西需要你非常敏锐,对生活的各种细节非常敏锐地加以判断和分析。我最早开课的时候说过,我感觉男生比女生更粗心一点,女性好像更加敏锐细致一点,结果课上女生就很多。当然我相信,男生现在也可以做出很漂亮,我这次就有男生做出了很漂亮的文章。锻炼人文学科的洞察力,首先是对生活的敏感,敏锐,那些被忽视的细节你能够注意到,不放过任何的细节。在这些细节背后你能够有很好的洞察力,能够看到其背后可能具有的价值意义,这些功夫有了,做出来就八九不离十了。当然还有一些方法,在这里不多说了。

　　学生F:丁教授您好。我能否请教一个问题,在今天上午的讲座您有提到,对于四书五经,或者像清华国学院的问题,从您整个讲座我感觉到您是学贯中西,而且对古今中外有非常深入的研究。我想请教的是,目前教育学的研究方面是否应该对文化有更加深刻的把握,对我们中国而言,我们的国学,尤其是传统文化,特别是在儒家经典,具体而言就是四书五经,十三经应该有更大的重视。而且对文言文的倾向方面,我能否向您请教是否应该更重视一些,以更好地推动传统能真正融入我们的精神深处。

　　丁教授:谢谢你的这个问题,因为我感觉到,看来你还是有一个文化关怀的。其实这个问题很重要,当然不会从这个极端走向那个极端——一会大学西学,一会大学国学。两个极端的倾向都不是我们需要的。我们特别要防止,因为这种思维方式是文革思维方式,要摒弃这种思维方式。但是像这样的国学我是不太赞同,他们是给CEO去讲国学,国学如何运用在经营管理当中,说到底,背后隐藏的还是一个钱。他怎么不给农民去讲呢?他怎么尽盯着有钱人呢?这个还是想赚钱,和当初清华国学院去培养真正的文化承继者那是不一样的。最近北师大送我一套书,其中有启功的书,启功自己说,不要叫我国学大师。很多是国学大家的,他们不要这个头衔,就像马克思说不要叫我马克思主义,孔子也说我不是圣人,不是圣人的人才会要人家叫他圣人。半瓶子醋才晃荡,满瓶就不晃荡了。往往自诩很高的人才一定要警惕,卖狗皮膏药的人很多。其实叫国学我都不太赞成,叫了国学,国学就变成什么都在里面了,这个又不好弄。历史、哲学、文学什么都能够往里面放。其实还是一种中国的文化,实际上要真正吃透,要学懂,是不容易的。因为我自己在古籍所读过硕士,我们那时候学的,六门考试的课,我数出来你们就会吓一跳。目录、版本、校勘、文字、音韵、训诂,很多和小学有关。我们要做的文言底子,拿个没有标点的《易经》,你要给他断句,官名、书名、人名、地名。你要做很多这样的基本功,慢慢进入,非积年累功进入很困难的。但是我感觉到古籍所还是给了我很多,那么多饱学之士教了我很多,给了我很多很好的功底训练。但是我并不由此以为,熟读四书五经,倒背如流,或者十三经都很熟,就一定是国学好。不是的。我并不同意读经。读经现在的讲法还是像老和尚念经一样,说现在他不懂,将来他会懂的。现在他就要念得熟了,以后张口就来。在这种社会急剧发展的过程中,这样培养底蕴是用一种非常笨的办法。其实文化在于理解,而不是用这种方法,这和县中的应试模式有什么差别？把学生都变成熟练工，什么题都让你做过，以后一看题，哦我做过的。文化的传承也是这样，其实要体会，通过阅读，欣赏，理解自己的文化。这种文化才会在你的心里生根，而不是在于那种形式。

学生 G：丁老师您好，我有两个问题。第一个问题是，因为这几天的讲座，主题基本探讨的是高等教育还有基础教育等。在整个教育的领域下，您是如何看待家庭教育，地位怎样？家庭教育对个体的发展起了什么样的作用。第二个问题，我们国内家庭教育的研究目前是怎样的情况？

丁教授：看来你是搞家庭教育的。家庭教育也有做的，我们教育学系的黄河清教授长期做家庭教育，而且带她的学生做得不错。我首先申明，家庭教育我绝对不是专家。所以在这个方面，我能够知之一点，但是知之甚少。当然，反过来回答你第一个问题。我认为家庭教育并不是不重要。家庭教育当然是重要的，因为实际上像波恩斯坦研究的是家庭经济背景，其实像社会学有很多研究，都是从文化资本、经济资本等出发，都和家庭周围的环境有关。我记得我们有一个学生写了关于中小学生中礼物的交换，我感觉写得非常好。从礼物的交换透视文化的资本、经济的资本、社会资本如何在当中起作用。学校教育尽管重要，应该说在人的一生当中是最重要的一块，因为我们从早到晚，在学期间，一大部分时间在学校。但是剩下的，最大的一头就是家庭。所以这两方面的影响的确是重要的，但是千万千万要注意一点，不要重视了家庭教育以后，弄得天下父母没有日子好过。现在一旦学校说你的孩子考得不好，说回去好好抓紧，谁的责任啊？家长的责任吗？你学校就没责任了？西方的社会中，我把孩子交给学校你了，那就是你的事情，不是我的事情。我是管他吃饱穿暖，教育你来承担，尤其是公立学校，你拿的是纳税人的钱。而我们不是这样的，老师也负责任，但是老师总会感觉到，家长不抓紧，孩子学习不好和家长有关。家长又不是教育专家，所以家长压力非常大。现在出来很多育儿经，什么《哈佛男孩》《哈佛女孩》之类的，家长看了这些书更要命了。你都要他们培养出，会有几个？我记得中央台有一次讨论文理分科的，请了两个高考状元，让他们谈谈看。人大的一位教授说，他们不用谈，他们属于神人。他们已经是神了，考文科也是第一名，考理科也会是第一名，他是神人，但是神人只是极小数，我们不能把他们当作大部分孩子的标准。所以那些东西出得越多越害人，不懂的家长有的也想努力一把，依葫芦画瓢，画不成的嘛，要弄巧成拙的。学校至今为止，重视家庭教育的根本原因还是在于希望家庭抓紧你的孩子，帮我学校共同打造高分的集体，剩下的家长就是一个资源，叫"有钱出钱，有力出力"。家长还能干什么呢？所以今天谈家庭教育，首先把这种东西拎过来，想清楚家庭教育当中究竟应该承担什么，这可能是更重要的。

录音整理：胡乐野(华东师范大学教育学系)

吕传振(华东师范大学教育学系)

学 生 感 言

● 今天已经是暑期学校的最后一天了,一直期待着的重量级的人物终于出现了,在丁钢老师做的关于教育、文化与社会的讲座中,我们足可以看到一个知识渊博、中西贯通的教授,他在儒佛道的哲学思想中和中西文化的对比中把教育、文化与社会的关系讲解得十分透彻,这不得不让人佩服。(华东师范大学　吕传振)

● 丁钢教授是我十分敬重的一位老师。他提出的教育叙事理论打破了一直以来传统的教育研究方法,注重从生活入手,由理论到实践,从传统的规训走向对话,尊重个体自由。丁老师本身具有一种儒雅的气质,谈吐之间大家的风采尽显无遗。(厦门大学　曾华)

● 教育本身就是一种社会状态,一种生活方式。这种纵向的历史的深邃的视野,横向的世界的宽阔的视野,对于我们教育研究者而言,是一种必需,也是一种必须。这同时将是我努力的方向。(华东师范大学　乔卫丽)

来自学生的声音

● 当得知 2009 年全国研究生暑期学校(教育学)开始招生的消息后,我就按捺不住要去报名的心情,于是和宿舍的几位同学一起慕名慎重地填写了报名申请表。当收到录取通知书时,当亲手拿到敲着红印的录取通知单时,心里激动不已。我想,我终于抓住了一次聆听大师研究心得,一次与来自兄弟院校志同道合的同学切磋探讨的机会,这真是难得呀!(华东师范大学　宋莉)

● 尽管是初到上海,我却对映入眼帘的校园环境感到格外亲切。正门内大道两旁的法国梧桐高大挺拔,绿荫蔽日,给炎炎夏日中旅行者带来了丝丝凉意;打听道路时,陌生的同学纷纷提供热情的指引。更使我们倍感温馨的是教育科学学院老师和同学们的热忱接待。从递交个人材料开始,各项报到、材料领取、住宿办理等环节都秩序井然,让学员们由衷地赞叹举办者的精心准备。(厦门大学　陈小伟)

● 在暑期学校,你能领略到有这样一些人,他们投身于教育实践,并在实践中提炼着理论,他们为教育理论和实践搭建了沟通的桥梁。(北京大学　安超)

● 参会数天来,我对各位享誉海内外学者的报告感受颇多。首先,每场报告都是一道可口的学术大餐,而"主厨"们则如八仙过海,各显神通。或是带来了开胃菜,引领学员窥探某个未知的教育学研究领域,让人为之心动;或是捧出了陈年佳酿,带领学员进入其数十年如一日苦心耕耘的研究领域,让人为之陶醉;要么送上了新鲜出炉的大餐,给学员呈现了某项前沿研究的初步成果,让人为之着迷。(华东师范大学　吕传振)

● 尽管各场报告内容不同、风格迥异,但有一点却是共同的,就是学者与学员之间大量的、平等的交流。讲堂上,主讲者的报告引起学员们的提问、反思,乃至批判,而不论学员们的发言如何,主讲者都给予细心的解答和诠释;休息时,学员们纷纷走近主讲者,或陈述个人观点,或提出问题以求教,还有的学员要求合影留念,而主讲者都应答如流,甚至常常因此而忘记了休息。(天津师范大学　苗梅娟)

● 盛夏的酷热,抵不过学生们参加讲座的激情;忽至的大雨,浇不灭同学们追求知识的热忱。

在这里,拥有多种学科背景的学者与学员亦师亦友,在平等对话式的交流中进行知识与思维交融,共启教育学术之门,同探讨教育科研之美。在这里,我体验到了一次充满魅力的学术之旅,也收获了一份终身受益的智慧之果。(厦门大学　陈小伟)

● 我知道,教育面临的挑战不仅来自于外部对教育的诉求,更来自于教育内在的再认、选择与提升。短暂的暑期学校,给我们搭建了互相交流的平台,而研究生创新能力的培养与发展将以本次暑期学校为新的起点。(西藏大学　金家新)

● 通过这次暑期学校(教育学),我不仅在学术上收获丰盛,拓展了视野;同时也充分领略到华师师生的风采,感动了心灵。他日返校之后,我应该多向自己福建师大福清分校或本部的师生交流此行的收获及感悟,并且期待他日能作为教师代表再次与全国各地的学员们相聚在美丽的丽娃河畔,共同探索教育科学的真谛。(福建师范大学　李恒庆)

● 享受文化盛宴的同时,我们还得到了暑期学校承办方华东师范大学细致周到的服务,大家都有"宾至如归"的感觉。其中,有三项服务大家尤为满意:第一,学员可以自愿报名当讲座的主持人,锻炼自我,亦可与大师近距离接触;第二,安排两次学术研讨(小组可以内部再分组)并开放资料室给学员查阅文献;第三,给予学员维C银杏片、板蓝根等药品,保证大家的身体健康。(南京大学　王小青)

● 在暑期学校尽情领略大师的风范,如饥似渴地学习是值得品味的,但作为一名志愿者,我也在组织一场高标准的全国培训的过程中,体会到了为别人服务带来的成就感和乐趣。更重要的是,我在负责志愿者协调工作时,体验到华东师范大学暑期学校志愿者团队的凝聚力,每一个人无私奉献的精神都让我感动,我想对我的同伴们说:"亲爱的们,谢谢! 你们太有才了,这个假期我们工作得很快乐!"(华东师范大学　陶洁)

● 同学从上海来电告知暑期学校报名的消息,自己填写完报名表格后在焦急地等待着,在惊喜中收到了录取通知书……懵懂中,上海之行就临近了尾声,回顾这十几天的学习经历,感慨良多;品味这十几天的体察感悟,收获良多;反思这十多天的学习,体会良多。(西北师范大学　吴原)

● 13天的相聚,我和其他同学一起领略大师的风采,了解最前沿的研究进展;13天的盛宴,直面心中的不解,聆听最亲近的对话,产生心灵的碰撞;13天的精彩,打开我们狭小的视角,在不同的对话中,发现最熟悉的陌生。这对于即将进入研究生三年级的我,无论是在毕业论文的完成还是在今后的生活、工作中都意义深远。(陕西师范大学　郑婷)

● 短短两周的时间,我学到的东西实在太多,有形的、无形的、学术的、为人的,感谢为我们做讲座的专家学者,他们不辞劳苦,一天六个小时地讲述自己的观点并回答学员的问题;感谢会场的志愿者们,有了你们的存在,我们的一切才会如此和谐与顺利;感谢所有的学员们,是你们的出现,让我的学术生命充满了生机。(华东师范大学 李爱荣)

● 暑期学校的辅导员和志愿者们真的很可爱、很可敬,他们每天都是最早到场最后离场,为了课堂教学的正常进行,他们花了很多功夫。课堂教学环境的整体效果每天都十分的完美,课堂上总是可以看到志愿者们在负责摄像和在做课堂教学记录,他们有时候一忙就是一天,虽然每天都可以看到志愿者微笑的脸庞和热情的笑脸,但是他们的黑眼圈却透露出了他们的辛苦和疲惫,不过他们对此毫无怨言,似乎只记得付出的美好和奉献的价值。(华东师范大学 蔡秋实)

● 在华东师范大学承办的暑期学校(教育学)为我们提供了一个知识、智慧、学术进行交流与碰撞的平台,在这里我切身感受到了人的自由、学术的自由、思维的自由,一种包容与理解的姿态,一种对学术的忠贞与执著,一种孜孜不倦的探索,一种求新求变的精神,一种严谨治学的态度,这对我的影响是极大的,能够亲身感受这些是我作为一个"教育人"的荣幸,在这里再次感谢华东师范大学全国暑期学校为我们提供了这样的机会,也希望华东师范大学以后举办的暑期学校越办越好!(天津师范大学 杜莹)

● 七月,在种满法国梧桐的林荫大道,在优雅宁静的丽娃河畔,在华东师范大学,我们近距离地感受了教育学领域中众多学者的睿智,精彩激荡的学术思想,体悟了学者们深厚的文化底蕴和宽广的视野。与此同时,与来自全国各地的暑期学校学员相聚与此,在短暂的两周学程中凝聚了真挚的情谊。(广西师范大学 温雪)

图书在版编目(CIP)数据

聆听思想:全国研究生暑期学校(教育学)经典演讲. 第3辑 /
丁钢主编. —上海:华东师范大学出版社,2011.6
ISBN 978 - 7 - 5617 - 8744 - 1

Ⅰ.①聆… Ⅱ.①丁… Ⅲ.①高等教育学－演讲－汇编－
中国 Ⅳ.①G640

中国版本图书馆 CIP 数据核字(2011)第 122751 号

聆听思想

全国研究生暑期学校(教育学)经典演讲(第 3 辑)

主　　编　丁　钢
责任编辑　金　勇
审读编辑　余　强
责任校对　汤　定
装帧设计　卢晓红

出版发行　华东师范大学出版社
社　　址　上海市中山北路 3663 号　邮编 200062
网　　址　www.ecnupress.com.cn
电　　话　021 - 60821666　行政传真 021 - 62572105
客服电话　021 - 62865537　门市(邮购) 电话 021 - 62869887
地　　址　上海市中山北路 3663 号华东师范大学校内先锋路口
网　　店　http://hdsdcbs.tmall.com

印 刷 者　上海华大印务有限公司
开　　本　787×1092　16 开
印　　张　26.5
字　　数　588 千字
版　　次　2012 年 2 月第 1 版
印　　次　2012 年 2 月第 1 次
印　　数　2100
书　　号　ISBN 978 - 7 - 5617 - 8744 - 1/G·5185
定　　价　55.00 元

出 版 人　朱杰人

(如发现本版图书有印订质量问题,请寄回本社客服中心调换或电话 021 - 62865537 联系)